de Gruyter Studienbuch

Victor Millet
Germanische Heldendichtung im Mittelalter

Victor Millet

Germanische Heldendichtung im Mittelalter

Eine Einführung

Walter de Gruyter · Berlin · New York

Gedruckt auf säurefreiem Papier,
das die US-ANSI-Norm über Haltbarkeit erfüllt.

ISBN 978-3-11-020102-4

Bibliografische Information Der Deutschen Nationalbibliothek

Die Deutsche Nationalbibliothek verzeichnet diese Publikation in der Deutschen Nationalbibliografie; detaillierte bibliografische Daten sind im Internet über http://dnb.d-nb.de abrufbar.

Printed in Germany

Einbandgestaltung: deblik, Berlin
Satz: Dörlemann Satz, Lemförde
Druck und Bindung: AZ Druck und Datentechnik GmbH, Kempten

Vorwort

In den mittelalterlichen Literaturen jener Sprachgebiete, die heute zu Großbritannien, Skandinavien, Österreich, der Schweiz und Deutschland gehören, nimmt die Heldendichtung einen herausragenden Platz ein, sowohl wegen ihrer außergewöhnlich langen Lebenszeit (mindestens vom 8. bis zum 16. Jahrhundert) als auch dank ihrer Fähigkeit, sich an sehr unterschiedliche Räume, Zeiten, Gattungstraditionen und Publikumserwartungen anzupassen. Heroische Literatur ist uns überliefert als kurzes Lied, als großes Epos, als Prosa-Saga, als spätmittelalterliche Ballade und als Fastnachtsspiel. Diese Vielfalt der Formen, in die die alten Geschichten dank des lange andauernden Interesses seitens eines wechselnden Literaturpublikums immer wieder gegossen werden konnten, macht die Heldendichtung zu einer ganz besonderen Erscheinung der Literaturgeschichte. Die Faszination für ihre Themen und ihre stoffliche Vielfalt hat sich bis in die heutige Zeit erhalten, wie der nicht abbrechende Erfolg von Tolkiens ›Herr der Ringe‹ zeigt, der sich unter anderem aus jener Tradition nährt. Doch auch die Rezeption im 19. und 20. Jahrhundert, die großartige Verarbeitungen hervorbrachte (von Richard Wagner bis Fritz Lang), sie aber mitunter auch als Instrument ideologischer und nationalistischer Diskurse missbrauchte, hat dazu beigetragen, ihre Bedeutung im Bewusstsein heutiger Laien zu steigern.

Das vorliegende Buch möchte eine Einführung in die Heldendichtung der germanischsprachigen Literaturen des Mittelalters bieten. Es ist bestrebt, eine klare und übersichtliche Vorstellung der Werke zu geben, ohne die Komplexität der wichtigsten Probleme zu reduzieren. Ich habe versucht, die Texte so zu präsentieren, wie sie uns überliefert sind, sie in ihren literaturgeschichtlichen Kontext einzuordnen, die wichtigsten Fragen zu nennen, die sich der Forschung stellen, und die Methoden zu beschreiben, mit denen sie sie zu beantworten sucht.

Gleichzeitig habe ich nicht gescheut, immer wieder eigene Akzente zu setzen und Perspektiven zu eröffnen. Es ging mir nicht um eine stringente Darstellung der Geschichte dieses literarischen Typus, sondern darum, neben den übergreifenden Eigenschaften auch die Vielfalt der Adaptationsmöglichkeiten zu zeigen sowie den schöpferischen Reichtum, den er im Verlauf der Jahrhunderte und in ganz unterschiedlichen chronologischen, geographischen und kulturellen Kontexten hervorgebracht hat. Der Blick über den Kontinent hinaus auf die Britischen Inseln und nach Skandinavien möchte dies verdeutlichen. Dabei erzwang die heutige akademische Fächereinteilung, sich auf fremden Boden zu begeben. Das war notwendig und reizvoll, birgt aber auch Gefahren, denen ich möglichst weit entgangen zu sein hoffe. Mögen mir die Gelehrten der entsprechenden Disziplinen mein Vorgehen nicht als Vereinnahmung übel nehmen, sondern es als Beitrag zur interdisziplinären Debatte verstehen. Das »germanische« im Titel soll auch nicht verstanden werden als Postulat einer kulturellen Einheit, sondern bezieht sich lediglich auf die gemeinsame Wurzel der drei Sprachen, deren Literaturen die hier präsentierten Heldengeschichten dichterisch verarbeitet haben.

Im Zentrum sollen die überlieferten Werke stehen, die vorgestellt und besprochen werden. Die Erkenntnis, dass es nur sehr bedingt möglich ist, in weiten stoffgeschichtlichen Abhandlungen hinter die Texte zurückzugehen, hat sich in der Forschung bereits seit einigen Jahrzehnten durchgesetzt. Dementsprechend interessieren uns auch hier hauptsächlich die Dichtungen selbst, weil sie uns mitteilen, welcher Reiz in einem bestimmten historischen Moment von den alten Geschichten ausging und unter welcher Perspektive man sie verstanden und produktiv gemacht hat. Sagengeschichtliches wird immer nur punktuell besprochen, wenn es dem Verständnis der Dichtung dient. Das Buch verfolgt aber nicht die Absicht, eindeutige Interpretationen der Werke zu vermitteln, sondern möchte die vielfältigen Deutungsmöglichkeiten und die spannenden Probleme aufzeigen, vor die uns die meisten dieser Texte stellen.

Dieses Buch ist keine wissenschaftliche Monographie, entspricht aber auch nicht ganz dem Typus der hierzulande üblichen Einführungen, die primär Materialien für Seminare und Hausarbeiten liefern. Vielmehr ist es an angelsächsische oder romanische Vorbilder angelehnt und wäre eher als ›Vorlesung‹ zu definieren. Es wurde ursprünglich auch für ein romanisches Publikum konzipiert und auf Spanisch geschrieben und veröffentlicht: *Héroes de libro. Poesía heroica en las culturas anglogermánicas medievales* (Santiago de Compostela, 2007). Die Herausforderung, das Buch in einer Sprache zu schreiben, in der es keine Forschung zum Thema gibt und dessen potentielle Leser ganz andere Voraussetzungen mit sich bringen, zwang mich immer wieder, die Fachsprache der wissenschaftlichen Publikationen umzusetzen in eine Diktion, die die Konzepte und Termini, die im Fachjargon üblich sind, erklärt und definiert. Nicht nur aus diesem Grund aber schien das Buch auch für ein deutsches Publikum interessant, dem seit Jahrzehnten nicht mehr eine allgemeine Einführung in diesen literarischen Typus zur Verfügung stand. Die deutsche Fassung ist allerdings keine wörtliche Übersetzung, sondern eine Überarbeitung.

Wegen seiner Konzeption als ›Einführung‹ kann in diesem Band nicht jedes Argument, das hervorgebracht wird, mit wissenschaftlichen Literaturangaben unterstützt werden. Das bedeutet aber keineswegs, dass sie nicht benutzt worden wären; im Gegenteil: Ohne die umfangreiche Forschung der letzten Jahrzehnte wäre diese Arbeit nicht möglich gewesen. Selten war jene Maxime wahrer, die besagt, dass die Abschrift eines Absatzes ein Zitat sei, die eines Kapitels ein Plagiat und die eines ganzen Buches eine Einführung; der britische Germanist Peter Johnson sprach in diesem Sinne einmal von »Plünderung«. Was aber diese Prozedur von wahrem Diebstahl unterscheidet, ist der hohe Respekt vor der Beute und seinen Vorbesitzern. Die Fachleute werden leicht erkennen, wo ich mir Gedanken entliehen habe; mögen sie mir den Raubbau vergeben. Die Laien hingegen wollte ich nicht mit ständigen Hinweisen auf gelehrte Literatur einschüchtern. Dafür steht am Ende jedes Kapitels eine kommentierte Liste ausgewählter Literaturangaben, die zur Vertiefung ermutigen möchte. Daraus wird dann auch ersichtlich, woher einzelne Gedanken stammen. Dem besseren Verständnis dienen auch die Zusammenfassungen, die jeder Besprechung eines Textes vorangestellt werden; sie sind mit Kapitel-, Strophen- oder Versangaben versehen, damit man die jeweiligen Stellen leichter in den Ausgaben oder Übersetzungen finden kann. Die Lektüre der Texte selbst können und wollen diese Zusammenfassungen natürlich nicht ersetzen. An einigen Stellen habe ich, zur Erklärung marginaler Sachverhalte, Absätze in kleinerer Schrift eingefügt.

Obwohl es natürlich auch das Ergebnis einer kontinuierlichen Beschäftigung mit dem Thema seit meinen unvergesslichen Promotionsjahren in Tübingen ist, wurde das Buch im Sommer 2000 konzipiert und zu weiten Teilen im Studienjahr 2001–2002 vorbereitet. Andere Verpflichtungen – das Eilige lässt nie Raum für das Wichtige – haben dann die Niederschrift der spanischen Fassung bis 2006 verzögert; die deutsche Version entstand 2007. In dieser langen Zeit bin ich viele Schulden eingegangen, denen ich hier mit einigen bescheidenen Dankesworten entsprechen möchte. An erster Stelle ist Walter Haug zu nennen, der mich bei der Konzeption des Buches und im Verlauf der Arbeit mit intelligenten Ratschlägen unterstützte, der diese Zeilen aber leider nicht mehr lesen kann. Auch Norbert Voorwinden und Burghart Wachinger haben mich beim Entwurf der ersten Idee entscheidend unterstützt und mir wichtige Hinweise gegeben. Alle meine Freunde, Kollegen und zum Teil auch Schüler haben meinen Ausführungen und Zweifeln im Verlauf der Jahre freundlich oder auch nur stoisch zugehört und mich immer wieder zur Weiterarbeit ermutigt; dass sie aus Platzgründen namenlos bleiben müssen, verringert nicht ihre Bedeutung. Stephan Jolie, Manfred Kern und Uta Störmer-Caysa haben zudem das Manuskript einer liebevollen und kritischen Lektüre unterzogen, wertvolle Kommentare beigesteuert und vor allem die schlimmsten Vergehen meines unbedarften Stils korrigiert; die verbliebenen Fehler und Unreinheiten sind natürlich alle mir anzulasten. Besondere Erwähnung verdient die Alexander von Humboldt-Stiftung, die beste Einrichtung für die Unterstützung von Forschung, mit der ich je zu tun hatte, weil sie mir nicht nur die Möglichkeit bot, ein Jahr lang unter hervorragenden Bedingungen in Deutschland zu arbeiten, sondern auch immer Zeichen gesetzt hat, die ihr Interesse an meiner Arbeit und an meiner Bindung an das Land bekundeten. Der Deutsche Akademische Austauschdienst und die Landesregierung Galiciens finanzierten unkompliziert weitere kurze Aufenthalte, ohne die das Projekt noch nicht beendet wäre. An der Freien Universität Berlin gewährte man mir großzügig Zugang zu den Bibliotheken; an der Universität Freiburg stellte mir Hans-Jochen Schiewer zudem einen voll ausgestatteten Arbeitsplatz zur Verfügung. Björn-Michael Harms und Lisa Soravia haben dort die mühselige Arbeit der Korrektur der Literaturangaben übernommen. Das Kulturhistorisk Museum der Universität Oslo, das Antikvarisk-topografiska arkivet in Stockholm, die Universitätsbibliothek Heidelberg, die Staatsbibliothek zu Berlin, die Hessische Landes- und Hochschulbibliothek sowie die Österreichische Nationalbibliothek haben mir großzügigerweise die Rechte für die Wiedergabe der Abbildungen gegeben. Der Verlag Walter de Gruyter, namentlich sein Cheflektor Dr. Heiko Hartmann, hat den Band mit großem Entgegenkommen in die Reihe der Studienbücher aufgenommen, und Manuela Gerlof hat ihn mit liebevoller Akribie lektoriert. Ihnen allen kann ich nur sagen: von Herzen, danke.

Das Buch hätte ich aber ohne die ungebrochene Unterstützung und das Verständnis meiner Familie – Isabel, Marc und Laura – nicht schreiben können. Ihnen sei hiermit ganz besonders für all die Stunden gedankt, die ich ihnen stehlen durfte, ohne dass sie mein schlechtes Gewissen geschürt hätten.

Santiago de Compostela, im Februar 2008 Victor Millet

Inhaltsverzeichnis

I. Einleitung

Literarische Helden gibt es viele. Doch nicht jedes Werk, das einen Helden hat, wird von der philologischen Forschung gleich als Heldendichtung bezeichnet. Diese kurze Einleitung möchte also zunächst einmal definieren, was wir unter dem Begriff »germanische Heldendichtung« verstehen. Es geht darum, das Corpus von Heldendichtungen zu bestimmen, mit denen sich das vorliegende Buch beschäftigt. Außerdem sollen die wichtigsten Schwierigkeiten vorgestellt werden, die sich bei der Erforschung der Texte einstellen, um dadurch einige rote Fäden aufzuzeigen, denen wir auf den folgenden Seiten immer wieder begegnen werden. Es soll nicht versucht werden, Heldendichtung als ein ›klassifikatorisches System‹ zu definieren; es geht mir vielmehr darum zu zeigen, dass in der deutschen, englischen und skandinavischen Literatur des Mittelalters bestimmte, als Heldendichtungen definierte Werke literarische Reihen bilden.

Beginnen wir mit einem Text. Um die Mitte des 13. Jahrhunderts schrieb der deutsche Spruchdichter und Minnesänger, der unter dem Namen Der Marner (der Seemann) bekannt ist, ein Lied, in dem er beklagt, seine Kunst werde vom Publikum zu wenig geschätzt. Dazu benutzte er einen Liedtypus, der offenbar bei fahrenden Sängern verbreitet war und der darin bestand, in gebundener Rede das Repertoire, das man beherrschte, zu mustern. Der Unterschied besteht darin, dass der Marner nicht die Lieder nennt, die er singen kann, sondern jene, die sein Publikum von ihm immer wieder fordert und die vermeintlich von viel geringerer Qualität sind als seine eigenen.

Sing ich dien liuten mîniu liet,
sô wil der êrste daz
wie Dieterîch von Berne schiet,
der ander, wâ künc Ruother saz,
der dritte wil der Riuzen sturm,

sô wil der vierde Ekhartes nôt,
der fünfte wen Kriemhilt verriet,
dem sehsten taete baz
war komen sî der Wilzen diet,
der sibende wolde eteswaz
Heimen ald hêrn Witchen sturm,
Sigfrides ald hern Eggen tôt.
sô wil der ahtode dâ bî niht wan hübschen minnesanc,
dem niunden ist diu wîle bî den allen lanc,
der zehend enweiz wie.
nû sust nû sô, nû dan nû dar,
nû hin nû her, nû dort nû hie.
dâ bî haete manger gerne der Nibelunge hort:
der wigt mîn wort
ringer danne ein ort. [...]

(»Singe ich den Leuten meine Lieder vor, so will der erste jenes, wie Dietrich aus Bern zog, der andere, wo König Rother saß, der dritte will den Sturm der Russen, der vierte will Ekharts Untergang, der fünfte, wen Kriemhilt verriet, dem sechsten gefiele besser, woher das Volk der Wilzen kam, der siebte möchte etwas von Heimes oder Herrn Witeges Sturm, von Siegfrieds oder Herrn Egges Tod. Dabei will der achte nichts als höfischen Minnesang, dem neunten ist bei alldem langweilig und der zehnte weiß nicht was. Mal so und mal so, mal hin und mal her. Dazu hätte mancher gern den Hort der Nibelungen, der schätzt mein Wort weniger als nichts.«)

Trotz der Knappheit der Anspielungen erlaubt die Strophe doch einige grundlegende Beobachtungen über die literarischen Werke, die Gegenstand dieses Buches sind. Zum einen spricht der Dichter von Liedern (*liet*), was darauf hinweist, dass um die Mitte des 13. Jahrhunderts im hochdeutschen Raum Heldendichtung weiterhin gesungen wurde; daher wird wohl auch einmal der Minnesang erwähnt (V. 13), der die andere große musikalische Gattung der Zeit war. Zum anderen sind die zitierten Verse besonders relevant, weil fast alle fiktiven Hörer, die der Marner erwähnt, vom gequälten Sänger Lieder über heroische Stoffe hören wollen. Daher gruppieren seine Anspielungen genau jene Stoffe, die den Hauptteil dessen bilden, was wir die heroische Tradition der germanischsprachigen Literaturen nennen. Hier kommen viele der Namen vor, denen wir im Laufe des vorliegenden Buches immer wieder begegnen werden: Dietrich von Bern, Heime,

Witege, Kriemhild, Siegfried, die Nibelungen. Daneben stehen auch andere, die wir allenfalls erwähnen werden – die Wilzen oder Vilkiner, König Rother – oder von denen wir fast gar nichts wissen – Ekharts Tod, der Sturm der Russen –, die aber offenbar sehr gut in diese Gruppe gepasst haben. In Marners Versen scheinen die heroischen Stoffe ein Ensemble zu bilden: Es ist weder von König Artus die Rede noch vom Krieg in Troja, von Alexander dem Großen oder von Karl dem Großen und Roland; kein weiterer jener beliebtesten literarischen Stoffe des 13. Jahrhunderts war unserem Dichter für sein Lied nützlich. Diese Kohärenz in der Auswahl der Stoffe, die der Kritik unterzogen werden sollten, ist ein Hinweis darauf, dass der Marner und sein Publikum in den angesprochenen Geschichten gemeinsame Elemente erkannten, die es erlaubten, sie zusammenzustellen.

Dennoch bilden die ›heroischen‹ Erzählungen in den germanischsprachigen Literaturen keine geschlossene und einheitlich beschreibbare Gattung, sondern sie erscheinen in Texten unterschiedlichen Formats und verschiedener Tradition: als kurzes erzählendes Lied, als großes Epos, als Prosa-Saga, als Theaterstück oder als Ballade. Zudem gehören sie in unterschiedliche Zeiten und Räume: in das karolingische Frankenreich, auf die Britischen Inseln im 8. und 9. Jahrhundert, in das Skandinavien des 13. Jahrhunderts, in den hochdeutschen Sprachraum vom 12. bis zum 16. Jahrhundert. Nur eine der Sagen – die von Dietrich von Bern – ist uns aus allen diesen Epochen und in allen Texttypen überliefert worden; für die Verschriftlichung der übrigen wurden je nach Zeit und Ort die einen oder anderen Dichtungstypen herangezogen. Es ist verständlich, dass bei dieser Vielfalt von Formen, Stilen und Epochen in den Texten der Zeit kein konkreter Begriff erscheint, der diese Art Erzählungen bezeichnen würde. Es ist lediglich von den »alten Geschichten« die Rede, wie der erste Vers des ›Nibelungenliedes‹ sie nennt (*altiu mære*), oder von dem, was »in alten Zeiten« geschah, wie es zu Beginn des ›Beowulf‹ heißt (*in geardagum*). Die Forschung benutzt im Allgemeinen den Begriff ›Heldendichtung‹, der auch hier verwendet wird. Doch soll von Beginn an klargestellt sein, dass es sich keineswegs um einen präzisen Terminus handelt, da er genau genommen die Prosa und das Drama ausschließt und eine Einförmigkeit suggeriert, die in den Quellen nicht gegeben ist. Aus diesem Grund soll hier oft auch von heroischen Traditionen die Rede sein.

Trotz der formalen, zeitlichen und geographischen Vielfalt sowie der terminologischen Unbestimmtheit gibt es eine Reihe von Kriterien, die es uns erlauben, jenen Gedanken der Zusammengehörigkeit zu verstehen, der dem Lied des Marners zugrunde liegt. Mit ihnen lässt sich eine breite, aber begrenzte Gruppe von literarischen Werken als jene bestimmen, welche in den germanischsprachigen Literaturen des Mittelalters als Heldendichtung gelten.

Erstens lassen sich die Mehrheit der Geschichten mehr oder weniger deutlich in jener turbulenten Epoche ansiedeln, die wir als Völkerwanderungszeit kennen und die sich vom 4. bis ins 6. Jahrhundert erstreckt. Fassen wir die wichtigsten Ereignisse kurz zusammen, da in den folgenden Kapitel hin und wieder auf sie verwiesen wird:

Mit der administrativen Teilung des Römischen Reichs im Jahre 395, nach dem Tod Kaiser Theodosius' I., beginnen der Osten und der Westen eine divergierende Entwicklung, die eineinhalb Jahrhunderte lang auch durch die jeweiligen Konflikte mit den sogenannten ›barbarischen‹ Völkern geprägt ist. Kurz vorher, im Jahre 375 oder 376, hatten die Heerscharen der aus Mittelasien kommenden Hunnen das Reich der Goten, das sich etwa nördlich des Schwarzen Meeres befand und dem sehr verschiedene Bevölkerungsgruppen angehörten, vernichtend geschlagen. Ihr Herrscher war damals Ermanarich gewesen, ein Mann aus dem Stamm der Amaler. Die Destabilisierung der Region, die sich aus dieser Niederlage ergab, verstärkte unmittelbar den demographischen Druck, den die Völker im Nordosten des Römischen Reiches bereits seit längerer Zeit auf seine Grenzen ausübten. Das teilweise erstarrte und sich teilende Imperium konnte ihm nicht länger Widerstand leisten. Die Ausbreitung der Hunnen von Osten her zwang die Völker, die dem zerfallenen Gotenreich angehört hatten, sich zu unterwerfen oder zu fliehen und große Entfernungen zurückzulegen auf der Suche nach neuen Siedlungsgebieten oder nach Ländern mit einem Machtvakuum, das sie füllen konnten. So begann eine breite und komplexe Migrationsflut von Völkern (*gentes* in der historiographischen Terminologie der Zeit), die zum großen Teil germanische Dialekte sprachen, aber ganz unterschiedliche Organisationsformen und Lebensweisen besaßen. Die Hunnen erreichten ihre größte territoriale Ausbreitung unter der Herrschaft Attilas: Als dessen Truppen das Reich der Burgunder schlugen, erstreckte sich sein Einflussgebiet bis an den Rhein. 451 wagte Attila auch einen Feldzug nach Gallien, wurde dort aber von einem kombinierten römisch-germanischen Heer unter General Aetius geschlagen. Das war der Beginn des schnellen Niedergangs des hunnischen Reichs, der im Zerfall nach Attilas Tod 453 gipfelte. Dennoch sollte sich der Nachruhm dieses Herrschers als *terror Europae* und als Antagonist oder Protagonist zahlreicher Sagen über viele Jahrhunderte halten. Einige Zeit nachdem sich das hunnische Reich aufgelöst hatte, fiel das Heer der Ostgoten, von Konstantinopel angespornt und unterstützt, in Italien ein und eroberte es (491). Doch anstatt die Halbinsel in das Ostreich einzugliedern, wie erwartet wurde, verwandelte es der neu ernannte König Theoderich praktisch in ein unabhängiges Reich. Kurz nach seinem Tod (526) konnte Konstantinopel Italien destabilisieren und unter eigene Kontrolle bringen, aber nur wenige Jahre später wurde es von den Langobarden erobert (568), die dort ihr Reich gründeten, das bis zur Eingliederung in das Imperium Karls des Großen (774) dauerte. Parallel dazu ließen sich die Angeln, die Saxen und die Jüten auf den Britischen Inseln nieder (450), während sich die Franken vom Niederrhein aus bis zum Mittelmeer ausbreiteten, was ihnen dank der Vertreibung der Westgoten auf die Iberische Halbinsel (507) und der Eroberung des Burgundenreichs (532 und 537) gelang. Mit dieser relativen politischen Stabilität kann am Ende des 6. Jahrhunderts die Zeit der großen Völkerwanderungen als beendet gelten.

In diesem Kontext oder wenig später scheint ein Teil jener Traditionen entstanden zu sein, die wir heroisch nennen: die über Dietrich von Bern, Hildebrand, Ermanarich und die Burgunden. Jedenfalls weisen diese Sagen in jene Zeit zurück. Andere Geschichten könnten bereits älter sein, wie die Hildes oder Siegfrieds; manche wiederum – wie die Walthersage – dürften erst aus späterer Zeit stammen. Das Kriterium der Entstehungszeit ist jedoch weniger bedeutend für die Festlegung des Corpus, weil wir sie in kaum einem Fall verlässlich bestimmen können. Vielmehr ist ein anderer Faktor ausschlaggebend, dass nämlich alle diese Traditionen Geschichten erzählen, die angeblich von dieser Epoche handeln, zugleich aber von einem Publikum gehört werden, das in einer neuen politischen und gesellschaftlichen Ordnung lebt, denn die Sagen werden für uns meist erst lange nach der Völkerwanderung fassbar. Die heroischen Traditionen geben also vor, in einer Vorzeit zu spielen, in der Zeit der Helden, oder, um es mit dem von H. Munro Chadwick geprägten Begriff zu sagen, in einem *heroic age*. Viele Anspielungen auf den heroischen Erzähltypus, wie das Lied des Marners, zeigen, dass alle jene Geschichten, die mehr oder weniger deutlich in dieser imaginären Zeit zu spielen vorgeben, als heroisch galten. Sehr wahrscheinlich gliederten sich diesem Kreis im Verlauf der Zeit neue Sagen ein, die thematisch oder motivisch locker an bestehende Geschichten anschlossen. Diese Erzählungen bilden also den Stoffkreis der heroischen Traditionen.

Das zweite Charakteristikum der Gruppe von Geschichten, die der Marner erwähnt, ist, dass sie die Heldenzeit, in der sie spielen, mythisieren, sie also von ihrem historischen Charakter befreien und sie in einen zeitlich und räumlich begrenzten Bereich einordnen. Innerhalb dieses Chronotopos oder dieser Erzählwelt werden die Geschichten einander nähergerückt und miteinander verknüpft; so können Sagen, die sich auf ganz unterschiedliche historische Ereignisse beziehen, durchaus vereint erscheinen. Auf diese Weise kann Dietrich von Bern, der sich auf den historischen Ostgotenkönig Theoderich († 526) bezieht, der Neffe Ermanarichs sein († 375), als Verbannter an Attilas Hof († 453) ziehen und dort den Untergang der Burgunden (435) erleben. Alle Helden rücken auf zwei oder höchstens drei Generationen zusammen: Siegfried, Walther, Hildebrand, Wieland, Dietrich, Ingeld und all die anderen sind Zeitgenossen und können daher in den Texten oft zusammentreffen. Die ›Thidreksaga‹ (vgl. Kapitel V,1) schafft es sogar, sie alle zu vereinen. Die Geschichten der jeweiligen Helden waren im kollektiven Gedächtnis der Autoren und des Publikums präsent, aber auch in dem der literarischen Figuren selbst; so war es einfach, Anspielungen zu machen oder Oppositionen zu konstruieren.

Ein dritter Aspekt, der alle diese Sagen vereint, ist die Tatsache, dass sich der heroische Stoffkreis nicht mit anderen Erzählwelten vermischt. Es gibt keine Geschichte, in der Dietrich von Bern mit König Artus in Verbindung kommt oder als Überlebender des Trojanischen Krieges auftritt. Die Anspielungen und Querbeziehungen, von denen soeben die Rede war, existieren nur innerhalb des Stoffkreises. Diese Trennung setzt sich auch auf der Ebene der Verbreitung fort: Die Heldendichtungen erscheinen in den Handschriften normalerweise nicht neben Werken über andere Erzählwelten. Die deutsche Heldenepik ist in der Regel nicht in Handschriften mit Artusromanen oder Trojanergeschichten überliefert (vgl. Kapitel VII,1); das ›Nibelungenlied‹ und die ›Klage‹ treten sowieso meist isoliert auf. Aber auch die skandinavischen Vorzeitsagas, welche die Stoffe behandeln, die wir heroisch nennen, mischen sich nicht mit jenen, die von den frühen isländischen Familien oder von den norwegischen Königen erzählen (vgl. Kapitel V,1 und V,3).

Diese ersten Unterscheidungen ermöglichen es, den Stoffkreis der Heldendichtungen zu definieren als die Geschichten, die sich um die Figuren Dietrichs von Bern, Hildebrands, Gunthers, Hagens, Siegfrieds, Wielands, Witeges, Heimes, Walthers, Ingelds, Finns, Beowulfs, Ortnits und Wolfdietrichs ranken. Texte, die diese Sagen erzählen, nennen wir heroisch, weil sie diese Stoffe tradieren, nicht wegen ihres Formats oder Stils. Das Corpus ist recht begrenzt: das althochdeutsche ›Hildebrandslied‹ und die angelsächsischen Dichtungen ›Beowulf‹, ›Finnsburg‹ und ›Waldere‹ für die Frühzeit; der ›Waltharius‹ als einziger lateinischer Text (ebenfalls in die Frühzeit zu datieren), das ›Nibelungenlied‹ und die gesamte mittelhochdeutsche Heldenepik um Dietrich von Bern und Kudrun im Kontinentaleuropa des 13. Jahrhunderts; die ›Lieder-Edda‹, die ›Thidreksaga‹ und die ›Volsungensaga‹ in Skandinavien; die Balladen über Hildebrand und Ermanarich, die Dramatisierungen heroischer Stoffe, der ›Wunderer‹ und der ›Hürnen Seyfried‹ im 15. und 16. Jahrhundert. Insgesamt etwa dreißig literarische Werke; wenn man allerdings die eddischen Lieder einzeln zählt, erhöht sich die Zahl auf fünfzig. Natürlich wären dem noch die zahlreichen Anspielungen hinzuzufügen, die in anderen Texttypen wie Chroniken, Inschriften oder Liedern erscheinen (Marners Strophe gehört hierzu), insofern sie – auch wenn sie zu anderen Gattungen oder Stoffkreisen gehören – eine bestimmte Kenntnis der Tradition vermitteln, der auch in diesem Buch Aufmerksamkeit geschenkt werden soll.

Mit Sicherheit gab es mehr Heldensagen als die, die hier erwähnt wurden. Oft weist ein Text auf bestimmte Ereignisse hin, die dem Anschein nach Gegenstand einer eigenen Sage gewesen sein könnten, aber in keinem überlieferten Zeugnis ausführlicher behandelt wurden, sodass wir nicht wissen, wie die Geschichte verlief. Das ist in

Marners Lied der Fall bei seiner Bemerkung über *Ekhartes nôt*. Es werden in diesem Buch einige weitere Beispiele erwähnt, doch die meisten werden nicht aufgenommen, nicht nur weil es oft schwierig ist, zwischen einem wirklichen Ereignis und einer stilisierten Erzählung zu unterscheiden, sondern vor allem weil diese Geschichten im Bereich der Mündlichkeit verblieben und in literarischer Hinsicht nie die Kategorie kurzer Erwähnungen überstiegen. Der vorliegende Band jedoch beschäftigt sich mit den literarischen Werken, also mit jenen Erzeugnissen, die das mittelalterliche Publikum für wert hielt, sie in dic Schriftlichkeit zu überführen.

Aber auch, wenn wir uns streng an die überlieferten Zeugnisse halten, ist die Definition des Corpus nie perfekt. In den lateinischen Chroniken des frühen Mittelalters finden sich eine Reihe von Erzählungen über Könige und Fürsten der germanischen Stämme, hinter denen durchaus Heldensagen vermutet werden können. Es wäre bestimmt lohnend, sie einmal im Ganzen zu untersuchen. Hier interessieren sie uns jedoch nur am Rande, weil sich das vorliegende Buch mit jenen Geschichten beschäftigt, die in den volkssprachlichen Literaturen verschriftlicht wurden. Inwieweit dieser Verschriftlichungsprozess selektiv war und aus vielfältigen Materialien eine Art Zielform geschaffen hat, lässt sich nicht eruieren.

Auch im Bereich der Vulgärsprachen gibt es Grenzfälle. Wir können mit gutem Grund Dichtungen wie die ›Battle of Maldon‹ (East Anglia oder Essex, Ende des 10. Jh.s) oder das althochdeutsche ›Ludwigslied‹ (Franken, Ende des 9. Jh.s) aus dem Corpus ausschließen – obwohl sie hin und wieder zusammen mit den anderen Heldendichtungen behandelt worden sind –, weil sie von kriegerischen Auseinandersetzungen berichten, die nicht lange vor ihrer Abfassung stattfanden, und weil sie weder auf eine Heldenzeit verweisen noch am hier beschriebenen Figurenrepertoire teilhaben oder sich ihm auf irgendeine Weise anschließen. Die altenglischen Dichtungen ›Widsith‹ und ›Deors Klage‹ werden hier nur am Rande behandelt, weil sie zwar über heroische Traditionen sprechen – ähnlich wie der Marner –, sie aber nicht erzählen. Hingegen war es unmöglich, in diesem Buch den ›Beowulf‹ auszulassen, denn obwohl sich dieses frühe Epos nur andeutungsweise in die gleiche Heldenzeit einordnet, der die übrigen Texte angehören, und sein Protagonist anscheinend nicht über dieses Werk hinaus bekannt war, lebt der Text zweifellos von den wiederholten Hinweisen auf die Traditionen, die sehr wohl zu unserem Corpus gehören. Mit zwei Ausnahmen bleibt auch die Gattung der Saga unberücksichtigt, weil sie eine eigene Erzählwelt konstruiert. Schließlich wurden auch einige mittelhochdeutsche Abenteuerromane ausgeschlossen, die zuweilen neben heroischen Traditionen erwähnt werden, wie zum Beispiel der ›König Rother‹, der in der uns bekannten Fassung in einer späteren Zeit spielt als die übrigen Helden und auch nicht in deren Kreis erscheint. Doch Marners Lied erwähnt diesen König sehr wohl, was die Frage aufwirft, ob die mündliche Tradition nicht flexibler in ihren Gruppierungen war und möglicherweise Geschichten zusammenrückte, die in den schriftlichen Fassungen sehr verschieden gestaltet wurden.

Noch eine Bemerkung zur geographischen Verbreitung scheint mir angebracht: Wenn in diesem Buch auch die angelsächsischen und skandinavischen Dichtungen besprochen werden, so soll das keine Rückkehr zum Postulat einer gemeingermanischen Kulturtradition sein. Ist im Titel von einer ›germanischen Heldendichtung‹ die Rede (im Text wird der Ausdruck bewusst vermieden), so ist damit lediglich gemeint, dass diese heroischen Traditionen in den germanischsprachigen Literaturen überliefert sind. Der Grund ist also rein sprachlich, nicht kulturell. Zwar sind die Sprachen miteinander verwandt, doch die Völker, die sie benutzten, waren sehr unterschiedlich, und noch mehr waren es die historisch-kulturellen Kontexte, in denen die Erzählstoffe literarisiert wurden. Die Heldensagen bilden kein aus dunklen Vorzeiten ererbtes mythisches Substrat, vielmehr wurden sie an einem bestimmten Ort geschaffen und verbreiteten sich dann in verschiedenen Regionen, weil man sie für gute Geschichten hielt und weil die Kommunikation zwischen diesen Gebieten dank der relativen sprachlichen Nähe gut funktionierte. Unsere Ausführungen werden aber auch einige wichtige Unterschiede zwischen den angelsächsischen, den skandinavischen und den deutschen Traditionen aufzeigen.

So, wie sie sich uns in den überlieferten Zeugnissen darstellen, bilden die Heldensagen im Prinzip einen spezifisch aristokratischen literarischen Stoffkreis. Die einzelnen Geschichten erzählen von Helden, die einer Oberschicht von Königen und Prinzen angehören. Das herrschaftlich-adlige Publikum, das bis zum Ende des Mittelalters die große Mehrheit der Rezipienten bildete, hat sich offenbar in gewisser Weise als Erbe oder Nachfahre jener alten Sippen gesehen, von denen verkündet wurde. Daher sprechen die lateinischen Quellen immer von »den Taten der Könige« oder von »den Kämpfen der Vorfahren« (vgl. Kapitel III,1). Die zeitgenössischen Hörer haben die Sagen als Bericht über Geschehenes betrachtet (*res gesta*), doch nicht weil sie historische Personen oder Ereignisse schilderten (das war wichtig, um die Wahrheit der Geschichte behaupten zu können, aber kaum eine der dargestellten Begebenheiten dürfte noch im 7. Jahrhundert als relevant angesehen und erinnert worden sein), sondern weil sie Möglichkeiten boten, generell historisches Handeln zu deuten, je aktueller, desto besser.

Das Problem des Verhältnisses zwischen Heldensage und Geschichte hat die Forschung schon immer beschäftigt. Einige der Sagen, die in diesem Buch behandelt werden – es sind aber nur die wenigsten – beziehen sich auf Ereignisse, die auch in chronikalischen Quellen erwähnt werden. Dieses und die Tatsache, dass sich die heroische Dichtung meist als historisch präsentiert, führten zu dem Schluss, alle Heldenerzählungen seien direkt aus den geschichtlichen Ereignissen entstanden. Diese Auffassung darf heute als obsolet gelten. Wie andere Abenteuergeschichten auch werden Heldensagen auf Grund von traditionellen narrativen Mustern und Erzählschablonen konstruiert. Da aber die Heldendichtung ein literarischer Typus ist, der als ›historisch‹ verstanden werden will, weil er wie gesagt über das Handeln in der Geschichte erzählt, übernehmen manche Sagen vage und meist unstimmige Daten oder adaptieren eine geschichtliche Begebenheit für ihren *plot*. Aber die Veränderung der historischen Ereignisse in den Sagen ist nicht, wie man früher meinte, die Folge einer wenig konsistenten mündlichen Überlieferung oder eines Entwicklungsprozesses hin zum Romanhaft-Sentimentalen. Vielmehr ist davon auszugehen, dass der gewählte Erzähltypus mit seinem Handlungsgerüst die Situation vorgab und dass erst sekundär durch die Wahl der Heldennamen eine vage Anpassung an geschichtliche Ereignisse stattfand.

Als Erzähltradition über angeblich historische Ereignisse war die Heldensage somit weniger Träger eines kollektiven Gedächtnisses als eine Darstellung von Handlungsmodellen, die das Publikum, also der mittelalterliche Adel, als Reflexionsgrundlage für eigenes Agieren gebrauchen konnte. Helden sind *per definitionem* einzigartig; daher waren die Geschichten über sie die beste Art, sich unterhaltsam über eine graue Normalität hinwegzusetzen. Die Kirche allerdings hatte eine ganz andere Vorstellung von Geschichte und folglich auch von Heroik als die, die in den Heldensagen zum Ausdruck kommt. Für sie ist der Mensch nicht das Subjekt der Geschichte, und sein Heldentum wird nicht an den Siegen oder Niederlagen im Diesseits gemessen, sondern – wie in den Märtyrergeschichten und Heiligenlegenden – am Erreichen des Heils im Jenseits. Zwar ist die Einstellung Roms nicht immer auf alle seine Diener zu übertragen, doch besteht kein Zweifel, dass sie einen bedeutenden Einfluss ausübte, vor allem weil die Schrift – und das heißt: die Literatur – bis in das späte Mittelalter ein Kommunikationsmedium war, das meist vom klerikalen Stand kontrolliert wurde. Vor dem 12. Jahrhundert, als der Adel noch kein ausgeprägtes Publikum für weltliche Literatur bildete, welches Kleriker mit der Abfassung profaner Werke beauftragte, und in großem Maße auch nach dieser Zeit weisen die Dichtungen den Einfluss klerikaler Denkweisen oder die Auseinandersetzung mit ihnen auf.

Hier ist auch ein weiterer Problembereich angesprochen worden: der des Kommunikationsmediums. Die Geschichten, welche die hier besprochenen Texte erzählen, wurden hauptsächlich mündlich weitergegeben. Zwar ist in den christlichen Gesellschaften des europäischen Mittelalters die Schrift ein Medium, das dank der Kleriker verfügbar war, doch die kulturellen Traditionen des weltlichen Adels lebten im Prinzip in der Mündlichkeit fort. Anders als die Schrift, die auf einem Träger erhalten bleibt (Stein, Holz, Pergament, Papier u.a.), hört die Stimme auf zu existieren, sobald sie verstummt. Folglich gibt es die

Literatur, die mündlich vermittelt wird, nur in dem Augenblick, in dem die Stimme des Erzählers zu hören ist. Zwischen einem Vortrag und dem nächsten ist die Sage nur eine abstrakte Idee, die Erinnerung an eine Stimme, oder genauer: an eine Vielfalt von Stimmen, da im Gedächtnis die Erfahrungen einer Reihe von Vorträgen zusammenkommen. Dort kombinieren und mischen sie sich, denn wo es keine Buchstaben gibt, die eine unbewegliche und nachprüfbare Wörtlichkeit zu fixieren erlauben, da stellen sich alsbald Varianten und Alternativen ein. Das Medium der Mündlichkeit impliziert einen bedeutsamen Grad an Unbeständigkeit von einem Vortrag zum nächsten, die aber durch den Vers und die Erinnerungsfähigkeit wiederum in Grenzen gehalten wird. Zudem kommt als Regulator der Variabilität noch der traditionelle Charakter der Geschichte selbst hinzu, der ja nichts anderes bedeutet, als dass ein Wissen, welches das Publikum meistens bereits hat, wiederholt und bestätigt wird. Stabilität und Wandel koexistieren und vervollständigen sich also: Es bleiben die Handlung, die Figuren und die charakteristischen Motive; es können variieren die Art des Erzählens, die Details oder die konkreten Formulierungen. Die äußere Variation bestätigt das, was unverändert bleibt, und hebt es hervor. Sicherlich lässt sich die extreme Wandelbarkeit, die Milman Parry und Albert B. Lord auf allen Ebenen bei den serbokroatischen Heldenliedern der Neuzeit beschrieben, nicht ohne weiteres auf die Sagendichtung übertragen, die der Adel im abendländischen Mittelalter pflegte, weil es sich um ganz unterschiedliche Kultursysteme handelt. Doch obwohl es Hinweise auf einen wenigstens partiellen Einsatz von Memorisierung gibt, darf kein Zweifel darüber bestehen, dass wie jede andere nicht schriftlich fixierte oder institutionalisierte Tradition auch die mittelalterlichen Heldensagen einen gewissen Grad an Variation aufwiesen, der es ihnen erlaubte, sich fortwährend zu aktualisieren und neues Leben zu schöpfen.

Der Erzähler kann die Geschichte aber nicht nach Belieben verändern, weil das Publikum sie kennt und erwartet, sie bestätigt zu bekommen; er wird jedoch versuchen, sie auf eine Weise zu erzählen, die vorige Darbietungen übertrifft, indem er beibehält, was früher besonderen Erfolg erntete, und hinzufügt, was er von anderen gelernt oder selber neu erfunden hat. Der Prozess ist nicht unbedingt expansiv, da alles Erzählen eine Auswahl unter den zur Verfügung stehenden Materialien einschließt, die je nach beabsichtigter Perspektive und Situation des Vortrags abgewandelt, verlängert oder gekürzt werden kann. So dürften dieselben Sagen einmal detaillierter und ausführlicher erzählt worden sein, ein anderes Mal hingegen knapper. Das Bewusstsein, das sowohl der Erzähler wie die Zuhörer von der jeweiligen Kenntnis der Geschichte besitzen, ermöglicht es im ersten Fall, Einzelheiten zu übergehen oder Gegebenheiten als bekannt vorauszusetzen, ohne sie wiederholen zu müssen. Daher gibt es in mündlicher Tradition nicht ›die Geschichte‹, sondern wir stehen jeweils vor ›Fassungen‹ derselben. Diese müssen außerdem nicht immer poetisch ausgestaltet gewesen sein, denn es ist damit zu rechnen, dass jemand auch einmal eine Zusammenfassung bot, am Rande ein Detail hinzufügte, nach dem Vortrag einen bestimmten Vergleich anstellte oder lediglich einen Kommentar abgab. Die Tradition ist alles das zusammen; der Terminus ›Sage‹ bezeichnet all jenes, was man sich über einen Stoff erzählt hat.

Was uns aber überliefert ist, sind keine Aufzeichnungen mündlicher Vorträge, sondern für die Schriftlichkeit konzipierte Texte, also Fassungen, die für ein anderes Kommunikationsmedium geschaffen wurden, welches neuen Bedingungen unterliegt. Das schriftliche Werk impliziert eine größere zeitliche und räumliche Distanz zwischen Autor und Publikum (die sich nicht mehr unbedingt kennen), die Unmöglichkeit der Rezipienten, an der Kommunikationssituation teilzunehmen, und daher auch einen geringeren Grad an emotionaler Beteiligung an derselben. Im mittelalterlichen Kulturkontext, in dem die Schrift teuer ist und die Anwesenheit von Berufsschreibern erfordert, muss jeder Fall herausragen, in dem man eine Sage aus dem ihr eigenen Medium der Mündlichkeit in die Schriftlichkeit überführte, weil er ausdrücklich bedeutet, dass man den traditionellen Stoff neu zu beleuchten suchte. Der Autor einer Dichtung, in der eine Sage erzählt wird, die mündlich im Umlauf ist, nutzt das Material, das ihm die unterschiedlichen Fassungen bieten, die er kennt; er ist abhängig von der Tradition und muss sie zitieren, manchmal sogar wörtlich, um das zu simulieren, was er nicht besitzt: die Authentizität der direkten Kommunikationssituation. Er wählt aber auch aus, und auf diesen Prozess wirken sich sowohl sein Verständnis der Geschichte wie die Tradition schriftlicher Literatur aus. Der Text ist unveränderbar, er hebt sich von der Vielfalt der Stimmen ab, um sich in eine Fassung zu verwandeln, die dank der Glaubwürdigkeit des Mediums echt zu sein vorgibt (zumindest bis der nächste Text ihm diesen Rang streitig macht) und die auch eine viel größere innere Kohärenz aufweist. Die Zeugnisse, die uns die heroischen Stoffe überliefern, sind gestaltete literarische Werke, die eine vom Medium der Schriftlichkeit geprägte und daher kritische und distanzierte Sicht der Sage vermitteln.

Doch die volkssprachlichen Texte des Mittelalters, oder jedenfalls die, die Heldensagen in poetischer Form wiedergeben, wurden meist nicht privat gelesen, sondern grundsätzlich vorgetragen. Dieser Prozess bedeutet eine ›Reoralisierung‹ der schriftlich fixierten Fassung. Die Nachahmung des mündlichen Stils, die der Autor mittels sprachlicher Formeln oder charakteristischer Erzählweisen einsetzt, erzeugt in dieser Situation bei den Zuhörern den Eindruck mündlicher Kommunikation. Dies wiederum aktiviert die Erinnerung an die Tradition und weckt die entsprechenden Erwartungen. Die schriftliche Fassung wird wieder in die Mündlichkeit überführt, die natürlich weiterexistiert. In diesem Sinne sind die volkssprachlichen Heldendichtungen hybride Texte, weil sie gleichzeitig an zwei Kommunikationsmedien teilhaben. Das gilt ebenso für die musikalische Komponente: Zwar ist uns keine Melodie für heldenepische Texte überliefert worden – nur eine aus dem 16. Jahrhundert, deren Anwendung auf frühere Texte experimentell möglich ist, aber letztlich immer nur Hypothese bleibt –, doch besitzen wir genügend Hinweise, um zu behaupten, dass die Mehrheit der uns bekannten Texte für den sanglichen Vortrag konzipiert wurde. Die Rückführung in die Mündlichkeit geschah demnach auch unter Einbeziehung der musikalischen Ebene.

Diese literarische Kommunikationsform, die Paul Zumthor »vocalité« nannte und andere »sekundäre Mündlichkeit«, steht genau zwischen dem Mündlichen und dem Schriftlichen. Der Text ist nicht mehr definitiv und geschlossen, sondern kann die Tradition beeinflussen; umgekehrt besteht die Möglichkeit, dass Überarbeitungen der Dichtung entstehen, welche wiederum Einflüsse aus der Mündlichkeit aufnehmen. Die Erinnerung an den gesungenen Vortrag eines heldenepischen Textes mischt sich im Gedächtnis des Zuhörers mit den rein mündlichen Fassungen derselben Geschichte, die er gehört hat. Da der Autor weiß, wie seine Dichtung vermittelt werden soll, wird er versuchen, sich dem Publikum nicht nur in der Sprache und der Musik anzupassen, sondern auch durch die Rückkehr zu einem Stil, der weniger literarisch und kausallogisch kohärent ist, um sich deutlicher paradigmatisch auf bestimmte Aspekte zu konzentrieren und eine Reihe von ›Sprüngen‹ zwischen den Teilen zuzulassen, im Bewusstsein dessen, dass der Empfänger die Lücken durch seine Kenntnis der Sage füllen kann. Der Unterschied zwischen Mündlichkeit und Schriftlichkeit wird dadurch weniger ein ontologischer denn eine Frage von Gradation oder Nuance.

Der Philologe hingegen steht nicht in der Tradition und weiß auch nicht, welches Vorwissen die verschiedenen Zuhörerschaften besaßen, welche Varianten ihnen vertraut waren oder welche Stimmen sie gehört hatten. Zwar könnte seine Kenntnis der Stofftradition zuweilen größer sein als die vieler mittelalterlicher Rezipienten, doch hat er nicht teil an der Kommunikationssituation, für die das Werk, das er studiert, konzipiert wurde; daher hat er auch größere Schwierigkeiten, mit einem Mindestmaß an Wahrscheinlichkeit gedankliche Lücken im Text zu füllen. Man kann aber festhalten, dass die unterschiedlichen erhaltenen Zeugnisse einer Heldensage das Spektrum an Möglichkeiten zeigen, welches den Erzählern zur Verfügung stand, aber auch die gleichbleibenden Konstanten hervorheben. Die verfügbaren Fassungen können demnach miteinander verglichen werden, um zu prüfen, warum sich der Autor für die Varianten entschieden hat, die in seinem Text stehen.

Die Beschäftigung mit heroischer Dichtung muss also auf das achten, was sich verändert. Es geht darum, das sich wandelnde historische Interesse, mit dem man in den jeweiligen Epochen die Heldensagen neu literarisiert hat, sowie die immer neue Deutung der alten

Geschichten zu beschreiben. Die Tatsache, dass bis ins 16. Jahrhundert hinein Stoffe, die gut achthundert Jahre alt waren, zum Gegenstand literarischer Neuschöpfungen gemacht wurden, zeigt die außerordentliche Vitalität dieser Sagen und ihr Potential, Dichtungen mit völlig unterschiedlichen Absichten und aus ganz verschiedenen Zeiten und Kontexten als Grundlage zu dienen. Die Ausführung muss also die dynamischen Prozesse vorführen, die sich bei jeder neuen Verwendung einer alten Sage ergeben, die erzählerischen und poetischen Möglichkeiten aufzeigen, die die jeweiligen Autoren sondieren, sowie auf die Verständnisprobleme hinweisen, vor die sie den modernen Leser stellen.

LITERATUR

Das Lied des Marners wird zitiert nach der Ausgabe *Der Marner*, hg. von Philipp Strauch, Straßburg 1876 (Nachdruck: Berlin 1965), Nr. XV, 14, S. 124–126. Das Konzept der ›Heldenzeit‹ wurde geprägt von H. Munro Chadwick, *The Heroic Age*, Cambridge 1912, und dann durch Sir Cecil Maurice Bowra, *Heroic poetry*, London 1952, verbreitet. Vgl. jetzt die Arbeit von Florian Kragl, »Gibt es eine Heldenzeit? Vergangenheitskonzeption in hoch- und spätmittelalterlicher Literatur«, in 9. Pöchlarner Heldenliedgespräch. Heldenzeiten – Heldenräume, hg. von Johannes Keller und Florian Kragl, Wien 2008, S. 61–85. Die Stoffe, die den Kreis der Heldensagen bilden, sind im Ganzen seit dem Beginn philologischer Forschung festgelegt. Als Meilensteine im Studium dieser Dichtung kann man die Materialsammlung bezeichnen, die Wilhelm Grimm, *Die deutsche Heldensage*, Darmstadt ^{4}1957, unternahm, sowie den groß angelegten Versuch einer Geschichte, den Hermann Schneider, *Germanische Heldensage*, 3 Bde., Berlin/Leipzig 1928–1934, vorlegte. Sehr brauchbar ist immer noch das kleine Büchlein von Klaus von See, *Germanische Heldensage. Stoffe, Probleme, Methoden*, Frankfurt 1971 (^{2}1981); vgl. auch seinen Aufsatz »Was ist Heldendichtung?«, in *Europäische Heldendichtung*, hg. von Klaus von See, Darmstadt 1978, S. 1–38 (wieder in Klaus von See, *Edda, Saga, Skaldendichtung. Aufsätze zur skandinavischen Literatur des Mittelalters*, Heidelberg 1981, S. 154–193). Neue Impulse der Forschung zeigte der Band *Heldensage und Heldendichtung im Germanischen*, hg. von Heinrich Beck, Berlin 1988, auf. Für eine stärkere Vielfalt der heroischen Traditionen plädiert neuerdings aufgrund der lateinischen Überlieferung Benedikt Konrad Vollmann, »Paulus Diaconus und das Heldenlied«, in *Impulse und Resonanzen. Tübinger mediävistische Beiträge zum 80. Geburtstag von Walter Haug*, hg. von Gisela Vollmann-Profe u.a., Tübingen 2007, S. 45–56.

Das Studium mündlicher Traditionen wurde grundlegend verändert durch die Monographie von Albert B. Lord, *The Singer of Tales*, Cambridge (Mass.) 1960 ([2]2000). Vgl. dazu die Arbeiten, die in *Oral poetry. Das Problem der Mündlichkeit mittelalterlicher epischer Dichtung*, hg. von Norbert Voorwinden und Max de Haan, Darmstadt 1979, versammelt sind. Den Begriff ›Vokalität‹ hat erstmals Paul Zumthor, *La lettre et la voix. De la ›littérature‹ médiévale*, Paris 1987, definiert; vgl. auch seine Einführung Paul Zumthor, *Introduction à la poésie orale*, Paris 1983. In die deutsche Forschung wurde der Begriff eingeführt von Ursula Schaefer, *Vokalität. Altenglische Dichtung zwischen Mündlichkeit und Schriftlichkeit*, Tübingen 1992. Zur Distanz von schriftlicher Kommunikation vgl. Wulf Österreicher, »*Verschriftung* und *Verschriftlichung* im Kontext medialer und konzeptioneller Schriftlichkeit«, in *Schriftlichkeit im frühen Mittelalter*, hg. von Ursula Schaefer, Tübingen 1993, S. 267–292. Zur Stabilität von mündlicher Überlieferung s. jetzt den Aufsatz von Alfred Ebenbauer, »Improvisation oder memoriale Konzeption? Überlegungen zur Frühzeit der germanischen Heldendichtung«, in *Varieties and Consequences of Literacy and Orality. Formen und Folgen von Schriftlichkeit und Mündlichkeit. Franz Bäuml zum 75. Geburtstag*, hg. von Ursula Schaefer und Edda Spielmann, Tübingen 2001, S. 5–31.

II. Frühe Heldendichtung in der Volkssprache

Im Jahr 98 nach Christus schrieb der römische Historiograph Tacitus eine kleine Abhandlung, bekannt unter dem Namen ›Germania‹, die über die germanischen Völker berichtete, welche die Gebiete bewohnten, die nördlich und nordöstlich des *limes*, der Grenze des römischen Reichs, lagen. Darin steht ein kurzer Satz, der – zusammen mit weiteren ähnlichen Formulierungen – in beträchtlichem Maße das Bild beeinflusste, das sich die philologische Forschung des 19. Jahrhunderts von der heroischen Dichtung machte:

> Celebrant carminibus antiquis, quod unum apud illos memoriae et annalium genus est, Tuistonem deum terram editum.
>
> (»In alten Liedern, die bei ihnen die einzige Gattung der Geschichte oder der Annalen ist, feiern sie den Gott Tuisto, der aus der Erde entsprossen ist.« – Kap. 2)

Heute wissen wir, dass Tacitus wahrscheinlich nie ein solches Lied gehört hatte, denn sein Buch basierte, wie zu jener Zeit nicht ungewöhnlich, keinesfalls auf eigenen Beobachtungen, sondern bearbeitete und kombinierte frühere Quellen. Es war auch nicht seine Absicht, die Gebiete und Gewohnheiten exakt zu beschreiben, wie es moderne Anthropologen tun. Vielmehr wollte er die Dekadenz der römischen Aristokratie kritisieren, indem er ihr das Bild von Völkern gegenüberstellte, die trotz ihres notorischen Mangels an Zivilisation vom Historiographen oft sehr lobend als jung, dynamisch und edel dargestellt wurden, Tugenden, die es ihnen angeblich ermöglicht hätten, sich einer Eroberung durch das römische Reich zu widersetzen, welches er damit implizit als veraltet, starr und korrupt bezeichnete.

Obwohl jene von Tacitus beschriebenen Chatten, Cherusker, Kimbern, Markomannen, Semnonen, Tenkterer und sonstige Völker nichts mit den Alemannen, Bajuwaren, Burgunden oder Franken zu tun hatten, die sich einige Jahrhunderte später auf denselben Gebieten niederließen, wurden dennoch ab dem 16. Jahrhundert diese mit jenen gleichgesetzt oder als deren Erben betrachtet. Auf diese Weise verwandelte sich das interessierte Lob des römischen Geschichtsschreibers in den Augen der neuzeitlichen Leser in eine öffentliche Anerkennung der edlen Tugenden der primitiven germanischen Völker – ausgesprochen von einem Vertreter der größten Zivilisation jener Zeit! So wurde Tacitus' ›Germania‹ zu einem der Gründertexte eines deutschen Protonationalismus, denn sie erlaubte es, für diese ›Nation‹ eine andere Herkunft als die der umliegenden Kulturen (besonders der romanischen), ein gleiches oder höheres Alter und vor allem eine Reihe von Tugenden zu postulieren, die bald als typisch germanisch und als immerwährend betrachtet wurden, sodass sie nach dieser Theorie noch eineinhalb Jahrtausende später die Einwohner des deutschen Reichs charakterisierten, während Italiener und Franzosen, zum Beispiel, jene Dekadenz geerbt hätten, die Tacitus der römischen Führerschicht vorwarf.

Zu Beginn des 19. Jahrhunderts, als das Aufkommen des modernen Nationalismus sich mit dem Entstehen der Philologie als akademische Disziplin überschnitt, war die ›Germania‹ noch so präsent im kulturellen Horizont Deutschlands, dass sie wenig später zur Pflichtlektüre in den Schulen wurde. Der Eifer, sozusagen an Rom vorbei die vorchristlichen Wurzeln der germanischen Kultur zu finden, beherrschte das Interesse, das man an die alten Texte herantrug, die nun wiederentdeckt, veröffentlicht und fleißig studiert wurden. Unter diesen gewann besonders das ›Nibelungenlied‹ – das 1755 aufgefunden und 1782 erstmals vollständig ediert wurde – wachsende Anerkennung. Es wurde bald als die ›deutsche ›Ilias‹ bezeichnet, womit gemeint war, dass es den Gründungstext einer Literatur mit eigenem Rang darstellte; ein Urteil, das allerdings nicht nur von Akademikern, sondern auch von fanatischen Patrioten gestärkt und deutlich von äußeren Faktoren wie den napoleonischen Kriegen beeinflusst wurde.

In diesem Kontext waren Tacitus' Hinweise zur Liedüberlieferung bei den Germanen nun auch auf die Völker übertragbar, die später Deutschland und Österreich bildeten, und damit verwandelte sich die heroische Dichtung des Mittelalters, die ja von den Taten der Vorfahren zu berichten vorgibt, in die Fortsetzung des genuinen literarischen Ausdrucks jener Stämme. Texte, die von kriegerischen Auseinandersetzungen aus der Völkerwanderungszeit berichteten, wurden als mehr oder weniger direkte Zeugnisse einer archaischen, mündlichen Liedgattung angesehen, die vor der Christianisierung und Romanisierung der deutschen Kultur entstanden sei. Was im 9. oder im 12. Jahrhundert niedergeschrieben worden war, wäre dieser Deutung zufolge Teil des volkssprachlichen Kulturerbes, das in dem Moment zu Tage getreten sei, in dem man ihm eine ähnlich Bedeutung wie dem lateinischen Schrifttum beimaß. Daraus ergab sich eine scheinbar unzweifelhafte Folgerung: Je älter die erhaltenen Zeugnisse waren, umso näher dürften sie ihrer ursprünglichen Gestalt sein. Aus unserer heutigen Perspektive bedeutet dies, dass die ältesten Texte am ehesten in der Erwartung gelesen wurden, in ihnen germanische Altertümer zu finden, anstatt sie als literarische Produkte ihrer Zeit anzusehen.

Hinzu kam der Umstand, dass die frühesten erhaltenen Zeugnisse größtenteils kurz waren, was ihre Nähe zum mündlichen Gesang zu bestätigen schien. Aus diesen Überlegungen entstand der Gedanke, am Anfang habe das kurze Lied gestanden, und die spätere Entwicklung sei als ein Prozess zu verstehen, in dessen Verlauf das Lied erweitert wurde, bis die Dimension und Komplexität der großen schriftlichen Epen des 12. und 13. Jahrhunderts erreicht worden war. Karl Lachmann entwickelte in der ersten Hälfte des 19. Jahrhunderts die Theorie, die langen Epen seien durch die Aneinanderreihung mehrerer kurzer Lieder entstanden, welche jeweils Teile der gesamten Geschichte erzählt hätten. Größere Bedeutung erlangte die These Andreas Heuslers, der zu Beginn des 20. Jahrhunderts behauptete, dass das kurze epische Lied bereits die gesamte Geschichte *in nuce* erzählte, gleichzeitig aber die Möglichkeit zur poetischen Erweiterung in sich trug, an dessen Ende das lange Epos stand, welches die im Hochmittelalter am weitesten verbreitete Gattung ist. Eine Konsequenz dieser Theorien war die Überzeugung, die Logik der Entwicklung lasse sich philologisch rückgängig machen und die primitiven Lieder könnten in vielerlei Hinsicht rekonstruiert werden.

Seit Mitte des 20. Jahrhunderts hat die Forschung wiederholt die methodischen Mängel aufgezeigt, die diesen Theorien zugrunde liegen. Zweifellos besaßen die germanischen Völker narrative Traditionen in mündlicher Überlieferung, aber wahrscheinlich waren sie nicht Träger einer unbeweglichen geschichtlichen Erinnerung, sondern erzählten Geschichten, die dem Wechsel der Zeiten angepasst wurden. Selbstverständlich können die ältesten Texte Entwicklungsstadien der jeweiligen Sagen widerspiegeln, die früher als das anzusetzen sind, was uns in späteren Zeugnissen begegnet, aber so verhält es sich nicht zwingend; umgekehrt können in jüngeren Schriften ältere Motive oder Varianten erscheinen. Je älter die Niederschrift eines volkssprachlichen weltlichen Textes ist, umso mehr muss sie uns als Sonderfall überraschen, denn ein Laienpublikum, das an schriftliterarischen Werken interessiert ist, scheint es erst ab dem 12. Jahrhundert gegeben zu haben; davor haben sich die Hörer anscheinend mit dem mündlichen Medium zufriedengegeben. Folglich müssen die frühmittelalterlichen literarischen Zeugnisse mehr denn je unter der Perspektive studiert werden, dass ihre Existenz wahrscheinlich von konkreten Interessen geleitet wurde, die über die Verbreitung einer Geschichte zur Unterhaltung des Adels hinausgingen. Das ist allerdings nur dann möglich, wenn der historische Kontext der Entstehung der Texte fassbar bleibt, was – wie im Folgenden zu sehen sein wird – nicht immer der Fall ist.

Dieses erste Kapitel bietet eine Einführung in die heroische Dichtung des Frühmittelalters. Der erste Text ist deutsch (Abschnitt II,1), der zweite skandinavisch (Abschnitt II,2) und die letzten beiden britisch (Abschnitt II,3). In keinem dieser drei Sprachgebiete hat sich zu jener Zeit eine Tradition weltlicher, schriftlicher Literatur etabliert. Daher erscheinen uns die erhaltenen Zeugnisse vielfach wie Inseln im Ozean des lateinischen oder klerikalen Schrifttums, und ihre Deutung ist umso schwieriger, als Vergleichsmöglichkeiten fehlen. Im fränkischen Reich beginnt unter Karl dem Großen eine nicht unbedeutende Übersetzungstätigkeit religiöser und liturgischer Schriften. Nicht einmal die erhaltenen Zaubersprüche oder die Dichtungen über die Schöpfung oder über das Letzte Gericht können als genuin weltliche Texte angesehen werden. Das einzige profane Werk dieser Zeit ist das ›Hildebrandslied‹, das hier an erster Stelle vorgestellt werden soll. In Skandinavien wahrt die Wikingerkultur bis in das 11. Jahrhundert hinein ihren schriftlosen Charakter, entwickelt aber eine elaborierte weltliche Dichtung (lyrisch und narrativ), die auch heroische Stoffe übernimmt. Sie wird jedoch erst im 13. Jahrhundert schriftlich fixiert, als das Christentum das kulturelle Panorama beherrscht. Hier werden wir das ›Atlilied‹ als herausragenden Vertreter der alten erzählerischen Tradition präsentieren, obwohl es nicht der einzige Text ist, dessen Entstehung wahrscheinlich in die Wikingerzeit zurückgeht, und obschon es andererseits Hinweise dafür gibt, dass zahlreiche Eigenheiten des Liedes auf späten Einfluss zurückzuführen sind.

Auf den Britischen Inseln schließlich konnte die klerikale Kultur durch den aus den irischen Klöstern stammenden Impuls viel früher Fuß fassen als im übrigen Europa. Daher ist dort eine viel größere Anzahl an Texten in der Volkssprache überliefert. Doch die große Mehrheit ist religiöser Art, und die weltlichen Dichtungen bleiben die Ausnahme. Hier aber begegnet uns die Besonderheit des ersten Werkes, das wegen seiner Länge und Komplexität als ›Heldenepos‹ bezeichnet werden kann: der ›Beowulf‹. Das angelsächsische Beispiel beweist, dass der Umfang eines Textes nicht von der chronologischen Entwicklung des Erzählens von diesem Stoff abhängig ist, sondern darin als Möglichkeit von Beginn an enthalten war. Eine Passage des ›Beowulf‹ steht in Beziehung zu einem kürzeren, nur fragmentarisch erhaltenen Stück, der ›Finnsburg‹, das ebenfalls hier vorgestellt werden soll. Ein dritter altenglischer Text wird dann im fünften Kapitel behandelt.

LITERATUR

Die ›Germania‹ ist bequem zu lesen in der zweisprachigen Ausgabe *Tacitus: Germania*, hg. von Manfred Fuhrmann, Stuttgart 1972 (RUB 9391). Über den Einfluss Tacitus' auf die Entstehung einer Ideologie des Germanentums erscheinen mir die Bücher von Klaus von See, *Deutsche Germanen-Ideologie*, Frankfurt 1970; sowie *Barbar, Germane, Arier. Die Suche nach der Identität der Deutschen*, Heidelberg 1994, grundlegend. Vgl. jetzt auch den Sammelband *Zur Geschichte der Gleichung »germanisch – deutsch«. Sprache und Namen, Geschichte und Institutionen*, hg. von Heinrich Beck u. a., Berlin 2004. Über die Anfänge der Philologie und der heldenepischen Studien informiert Jens Haustein, *Der Helden Buch. Zur Erforschung deutscher Dietrichepik im 18. und frühen 19. Jahrhundert*, Tübingen 1989. Zur Geschichte der Germanistik im Allgemeinen ist die Einführung von Jost Hermand, *Geschichte der Germanistik*, Reinbek 1994, sehr nützlich. Die Rezeption des ›Nibelungenliedes‹ in Deutschland ist gut dokumentiert in *Die Nibelungen. Ein deutscher Wahn, ein deutscher Alptraum. Studien und Dokumente zur Rezeption des Nibelungenstoffs im 19. und 20. Jahrhundert*, hg. von Joachim Heinzle und Anneliese Waldschmidt, Frankfurt 1991. Eine methodisch aktuelle Einführung in die frühesten Zeugnisse der heroischen Dichtung bietet das Buch von Wolfgang Haubrichs, *Die Anfänge: Versuche volkssprachiger Schriftlichkeit im frühen Mittelalter*, Tübingen 1995 (Geschichte der deutschen Literatur von den Anfängen bis zum Beginn der Neuzeit, hg. von Joachim Heinzle, Bd. I/1).

1. Das ›Hildebrandslied‹ in seinem karolingischen Kontext

Das althochdeutsche ›Hildebrandslied‹ ist eines der ältesten Zeugnisse mittelalterlicher heroischer Dichtung in der Volkssprache und wegen seiner literarischen Qualitäten gewiss auch eines der bedeutendsten. Es handelt sich um ein Gedicht, von dem nur die ersten 68 Verse erhalten sind und dessen Ende nicht überliefert ist. Es wurde in den frühen dreißiger Jahren des 9. Jahrhunderts in eine religiöse Handschrift des Klosters Fulda eingetragen (Kassel, Murhardtsche Bibliothek, 2° cod. theol. 54). Dieser Konvent, der zu jener Zeit vom großen Abt Hrabanus Maurus geleitet wurde, war eines der wichtigsten intellektuellen Zentren und Skriptorien der Zeit. Dort entstand im Jahrzehnt zuvor dieser Codex mit biblischen Texten, der in den folgenden Jahren mit anderen theologischen Stücken aufgefüllt wurde, bis nur noch die Außenseiten des vorderen und hinteren Vorsatzblattes frei waren, also jene Seiten, die in direktem Kontakt zu den Deckeln standen und daher meist nicht beschriftet wurden, weil dort der Text am wenigsten geschützt war. Auf diesen zwei ungünstigen, wenig repräsentativen und weit auseinander liegenden Freiräumen wurde nun wenig später das ›Hildebrandslied‹ abgeschrieben. Der Text springt also vom Fuß der Vorderseite des ersten Blattes zur Rückseite des letzten und bricht am Ende derselben mitten im Satz ab; wir wissen nicht, ob der Schreiber auf der Innenseite des Deckels weiterschrieb (die Handschrift wurde später neu gebunden) oder ob er den Text einfach unvollendet ließ. Der Fall ist nicht untypisch für die erhaltenen deutschsprachigen Schriftstücke des 8. bis 10. Jahrhunderts: Im theologischen und lateinischen Kontext, in dem sie leben, wird ihnen nur ein geringer Wert beigemessen; und daher werden sie oft ohne besondere Vorsicht und ohne Interesse für Vollständigkeit auf leere Blätter, Freiräume oder Seitenränder geschrieben; so haben meist nur der Zufall und die Geschicke des Codex bestimmt, welche Zeugnisse uns überliefert wurden. Dennoch bedeutet der Umstand, dass man einen doch nicht ganz wertlosen Platz auf dem teuren Pergament und vor allem Zeit und Mühe in die Abschrift dieses weltlichen und volkssprachlichen Gedichts investiert hat, eine gewisse Anteilnahme am Lied oder an dessen Funktion durch die Verantwortlichen der Handschrift.

ZUSAMMENFASSUNG

[1] Zwei Kämpfer, Hildebrand und Hadubrand, Vater und Sohn, reiten aufeinander zu und bereiten ihre Waffen und Rüstungen zum Kampf vor. Im Hintergrund stehen ihre jeweiligen Heere. [7] Hildebrand fragt nun seinen Gegner, wer er sei, und Hadubrand nennt seinen Namen und den des Vaters. [18] Von diesem erzählt er nun, dass er vor langer Zeit mit Dietrich ins Exil musste, um sich vor dem Zorn Otakers zu schützen; Hadubrand sei erblos zurückgeblieben, weil er noch zu klein gewesen sei. Hildebrand habe dann in vielen Kämpfen seine Tapferkeit erwiesen, doch wahrscheinlich sei er nicht mehr am Leben. [30] Hildebrand behauptet nun, er stünde vor seinem nächsten Verwandten, und nimmt einen kostbaren goldenen Armreif von seinem Rüstungsschmuck, um ihn dem Sohn zu reichen mit den Worten, er gebe es ihm als Zeichen der Huld. [36] Hadubrand weist das Geschenk vehement von sich, bezeichnet es als eine List und beschimpft den Vater als alten Hunnen, der nur dank seiner Tücke überlebt habe. Und er beteuert diesmal ganz entschieden, Hildebrand sei tot. [45] Nun wird der Vater kritischer und wirft dem Sohn vor, dass seine guten Waffen auf einen freundlich gesinnten Herren weisen, der den Jungen nicht ins Exil geschickt hat. [49] Danach beklagt er, dass er nach 30 Jahren Verbannung

überall sein Leben habe verteidigen können, nun aber vom eigenen Sohn erschlagen werden soll, wenn er ihn nicht selber töte. [55] Schließlich provoziert er den Jungen mit der Aufforderung, es doch zu versuchen, ob er von so einem alten Krieger die Rüstung erbeuten könne. [63] Die beiden Krieger beginnen den Kampf, zuerst mit den Speeren, dann mit den Schwertern, mit denen sie die Schilder vollkommen zerhauen.

Liest man es einmal laut vor und versteht – soweit es geht und natürlich nur nach gründlichem Studium – die Sätze und Verse, so ist das ›Hildebrandslied‹ ein großartiges, packendes Stück Dichtung. Der Stil dramatisiert stark, enthält viele Dialoge, steigert die Spannung präzise, ist zugleich aber nüchtern, klar und schnell, lässt die Information die Rhetorik überwiegen, ist zudem reich an Wortschatz und verwendet zahlreiche Synonyme, besonders im Bereich der kriegerischen Terminologie. Im Allgemeinen lässt sich sagen, dass die Sprache des Liedes wesentlich älter scheint als der überlieferte Text selbst. Einige phonologische Eigenheiten, vor allem aber der Wortschatz, sind wohl archaisch. Die wenigen Verse enthalten eine beachtliche Reihe von Wörtern, die in keinem weiteren althochdeutschen Text bezeugt sind und deren Bedeutung aus dem Kontext oder aus wurzelgleichen Ausdrücken in anderen germanischen Sprachen erschlossen werden muss. Dieser lexikalische Archaismus könnte auf ein hohes Alter der Dichtung weisen, kann aber auch ein absichtlich verwendetes stilistisches Mittel gewesen sein.

Der interessanteste sprachliche Aspekt des ›Hildebrandsliedes‹ ist aber die eigenartige Mischung von phonologischen Elementen des Hochdeutschen, konkret des Bairischen, mit dem Niederdeutschen oder Altsächsischen. Alles weist darauf hin, dass das ›Hildebrandslied‹ ursprünglich in bairischer Sprachvariante geschrieben und dann von jemandem ins Altsächsische übertragen wurde, der diese Sprache nicht beherrschte. Das lässt sich daran erkennen, dass der ›Übersetzer‹ mechanisch die hochdeutschen Phoneme durch die niederdeutschen ersetzt hat. Die sogenannte zweite Lautverschiebung, die schon vor dem 8. Jahrhundert das Hochdeutsche von den übrigen germanischen Sprachen trennte, hatte ja als markanteste Folge die Umwandlung der Laute /p/, /t/, /k/ in /f/, /s/, /j/ (z. B. englisch *appel*, *sit*, *wake* –

deutsch *Apfel, sitzen, wachen*). Somit hat der Bearbeiter überall wieder die ›alten‹ Phoneme eingesetzt und *heittu* statt **heizzi* geschrieben, *werpan* statt **werfan* oder *ik* statt **ich*. Er behielt aber die hochdeutschen Endungen bei und beachtete auch die Umlautungen der Stammsilbe nicht; so schrieb er z.B. *sitten*, statt richtig *sittian*, oder *heittu* statt korrekt *hêtu*. Seine Übersetzung ist also voll von Fehlern und Hyperkorrekturen, die ihn als Unkundigen entlarven.

Wichtig ist auch die Beobachtung, dass der Bearbeiter dort, wo im Althochdeutschen gewöhnlich *zz* geschrieben wurde, meistens auch ein doppeltes *t* statt – wie im Altsächsischen üblich – eines einfachen geschrieben hat. Das deutet darauf hin, dass er eine schriftliche Vorlage besaß. Das überlieferte ›Hildebrandslied‹ wäre somit nicht die erste Verschriftlichung dieser Heldensage. Wie viele es gegeben hat und wann das Lied zum ersten Mal niedergeschrieben wurde, können wir nicht wissen. Nur dass die Vorlage des uns überlieferten Textes aus dem hochdeutschen Sprachraum kam, scheint einigermaßen gesichert.

Obwohl die Handschrift durchgehend geschrieben ist, lässt sich leicht erkennen, dass der Text in Stabreimversen verfasst wurde. Der Stabreim unterscheidet sich vom im Hochmittelalter üblichen Endreim darin, dass sich nicht die Endsilben zweier Verse klanglich entsprechen, sondern die Anfangslaute bestimmter tontragender Silben (sog. Stäbe) innerhalb eines Verses übereinstimmen. Stabreimverse stellen sich als zweiteilige Langzeilen mit jeweils zwei Hebungen oder Betonungen pro Halbvers dar. Die ersten drei dieser Ikten fallen auf Wurzelsilben von Hauptwörtern (Substantiven, Verben, Adjektiven), die mit dem gleichen Laut beginnen, die also miteinander alliterieren. Diese Alliteration ist der ›Reim‹. Zwischen diesen gleichklingenden Tonsilben können beliebig viele unbetonte Silben liegen. Als Beispiel können die Verse 5 und 6 des ›Hildebrandsliedes‹ dienen; die Hebungen sind durch Akzente gekennzeichnet, die alliterierenden Laute fett hervorgehoben.

gárutun se iro **g**úðhamun, **g**úrtun sih iro suèrt ana
hélidos ubar **h**rínga do sie to dero **h**íltiu rìtun.

Das Ganze produziert eine hoch emphatische Diktion, die mit Sicherheit sehr geeignet für den mündlichen Vortrag war, weil der

Rhythmus stark variiert werden konnte und die Struktur des ganzen Aufbaus sehr flexibel war.

Doch während der Stabreimvers in den bedeutendsten alt- und angelsächsischen Texten der Zeit mit erstaunlicher Präzision kultiviert wird, weist das ›Hildebrandslied‹ – wie auch die übrigen althochdeutschen Texte, die diese Versform benutzen – bedeutende Unregelmäßigkeiten auf, sowohl durch das Ausbleiben von Alliterationen wie durch das Fehlen oder die Verkürzung der Halbverse oder umgekehrt durch Hypertrophie oder Anhäufung von Halbzeilen mit gleichem Alliterationslaut. All dies führte zur Annahme großer Störungen in der Überlieferung und zu ganz unterschiedlichen Rekonstruktionsversuchen. Die heutige Forschung ist in dieser Hinsicht wesentlich vorsichtiger geworden und geht davon aus, dass der Text kohärent und im Wesentlichen korrekt ist. Wie die metrischen Unregelmäßigkeiten zu erklären sind, wissen wir aber noch nicht. Möglicherweise war im hochdeutschen Sprachraum der alte, germanische Stabreimvers schon am zerfallen oder wurde nicht mehr mit der gleichen formalen Strenge praktiziert; vielleicht ist diese mangelhafte Ordnung der Verse auf den Prozess zurückzuführen, in dem die erzählerische Tradition ihre metrischen Grundlagen veränderte und der in der Übernahme des Endreimverses gipfelte. Das ›Hildebrandslied‹ wäre damit schon formal gesehen kein Text mehr, der eine genuine germanische Tradition überliefert. Es ist aber ebensogut möglich, dass unsere Vorstellung vom Stabreimvers allzu sehr von den alt- und angelsächsischen Texten geprägt ist, oder auch von den skandinavischen. Die große Mehrheit dieser Werke wurde von Klerikern mit solider rhetorischer Schulung geschrieben, und man kann nicht ausschließen, dass die metrische Regelmäßigkeit auf ein Modell zurückzuführen ist, das von in der Schriftkultur gebildeten Männern ausgearbeitet wurde. Die Unebenheiten des ›Hildebrandsliedes‹ und der übrigen althochdeutschen Texte wären dann nicht das Ergebnis eines Verfallsprozesses, sondern würden darauf hinweisen, dass der Umgang mit dem Stabreim in mündlicher Tradition viel weniger streng und regulär war.

Wer zum ersten Mal das ›Hildebrandslied‹ liest, versteht die Zusammenhänge nur schlecht. Vordergründig ist die Handlung gewiss eindeutig: Zwei Krieger stoßen zwischen ihren jeweiligen Heeren aufeinander; es stellt sich heraus, sie sind Vater und Sohn, wenn auch der Jüngere dies offenbar nicht wahrhaben will; die Situation scheint ausweglos, die Gegner reizen zum Kampf und dieser beginnt. Der Kontext, die Motivationen und die Hintergründe sind allerdings etwas weniger klar. Zwar wird gesagt, dass Hildebrand mit Dietrich in die Verbannung zog und sich als großer Krieger einen Namen machte, aber es wird nicht gesagt, welche die beiden Heere sind, die sich nun gegenüberstehen, oder warum sie es tun. Der Grund für Hildebrands Exil wird nur vage als Otakers Hass (*Otachres nid*) angegeben, und man sieht auch nicht ohne weiteres ein, warum der Sohn den Vater nicht erkennen will und weswegen der Kampf von beiden als unvermeidbar angesehen wird.

Es gibt deutliche Hinweise darauf, dass das zeitgenössische Publikum über Informationen verfügte, die ihm das Verständnis dieser Zusammenhänge ermöglichten: Es kannte eine Sage aus mündlicher Überlieferung. Schon der erste Vers (*ik gihorta đat seggen*, »ich hörte davon erzählen«) ist offensichtlich eine in der Mündlichkeit gewöhnliche Formel für den Erzählanfang. In einem Text verwendet, kann die Formel die Mündlichkeit nur vortäuschen, aber sie verweist zugleich den Hörer oder Leser auf diese Tradition, der die Erzählung entnommen wurde. Damit wird im Bewusstsein des Rezipienten ein Erzählkontext wachgerufen, der den Hintergrund des Geschehens erklärt (oder in dem auch manches Ungeklärte akzeptabel erscheint) und der bestimmte Erwartungen weckt, sodass viele Einzelheiten nicht lange ausgeführt werden brauchen. Glücklicherweise können wir uns – bei aller Vorsicht – ein relativ genaues Bild von den Kenntnissen des Publikums machen, denn wir kennen die literarischen Traditionen, aus denen sie stammen, anders gesagt, wir kennen die Sagen (oder meinen, sie zu kennen), die dahinterstehen. Auch wenn uns das jetzt für ein paar Seiten etwas vom Text wegführen mag, lohnt es sich, diese Aspekte hier zu klären, weil uns die Geschichten um Dietrich und Hildebrand noch öfter begegnen werden (vgl. Kapitel III,3; IV,1; V,11; VI,1; VI,4 und VII,1–3).

Es handelt sich konkret um zwei verschiedene Sagen, die von Hildebrand und die von Dietrich, die aber zusammengehören, weil der Kampf des einen gegen seinen Sohn im Kontext der Erzählungen über den anderen steht. Bei diesem handelt es sich offensichtlich um Dietrich von Bern (der Herkunftsname bezieht sich nicht auf das schweizerische Bern, sondern auf die italienische Stadt Verona), um dessen Person sich der weiteste und wichtigste heroische Sagenkomplex der germanischsprachigen Literaturen rankt, vergleichbar allein dem Karlszyklus der französischen Heldenepik. Konzentrieren wir uns zunächst also auf diesen Sagenstoff. Den unterschiedlichen Zeugnissen, die wir kennen (die aber alle jünger sind als das ›Hildebrandslied‹), ist folgende Darstellung der Ereignisse gemeinsam: Dietrich ist der rechtmäßige Erbe Berns in Italien, wird aber von seinem noch herrschenden Vorgänger, einem Verwandten, verbannt und um sein Erbe gebracht. Der Held zieht mit einigen treuen Freunden an den Hof des hunnischen Königs Attila, dem er bald eine wichtige militärische Stütze ist. Nach längerer Zeit im Exil versucht Dietrich, in die Heimat zurückzukehren; doch es gelingt ihm nicht im ersten Anlauf und auch später nur um den Preis des Verlustes engster Freunde und Vertrauter.

Im Hintergrund dieser Sagenhandlung steht offenbar die Eroberung Italiens durch den Ostgotenherrscher Theoderich dem Großen, wie zahlreiche Quellen belegen. Doch die historischen Ereignisse sahen ganz anders aus und haben fast nichts mit der Sage gemein.

Das hunnische Reich zählte unter seinen Völkern auch germanische Stämme, die ihm tributpflichtig waren, unter seinem Schutz lebten, ihm aber auch militärische Unterstützung boten. Unter diesen befand sich ein Teil der Goten, die nach dem Untergang von 375 nicht geflohen waren – wie die sogenannten Westgoten –, sondern unter einem Anführer namens Theodemir einige Zeit später neu gruppiert wurden und beschlossen, unter hunnischer Herrschaft weiterzuleben. Doch als nach Attilas Tod das hunnische Reich zerfiel, suchte dieser Stamm der sogenannten Ostgoten eine Allianz mit dem oströmischen Reich. Als Sicherheit für dieses Abkommen wurde der Sohn Theodemirs, Theoderich, für zehn Jahre (459–469/70) als Geisel nach Byzanz geschickt. Am kaiserlichen Hof erhielt Theoderich eine solide militärische und politische Ausbildung, die es ihm erlaubte, sein Volk nach seiner Rückkehr von Pannonien fort und zu einem neuen

Siedlungsgebiet in Makedonien zu führen, von wo aus er enge Beziehungen zum neuen Kaiser Zeno (474–491) pflegen konnte.

Im Jahr 488 aber schloss Zeno einen Pakt mit Theoderich, dem zufolge er ihm den Thron über Italien gewährte, den damals Odoaker innehatte, ein Söldner und Heerführer germanischer oder gar hunnischer Abstammung, der mit Hilfe einer Söldnertruppe 476 den letzten weströmischen Kaiser abgesetzt hatte. Byzanz suchte mit diesem Abkommen den problematischen Odoaker durch einen näherstehenden Mann zu ersetzen, um so das zentrale Territorium des Westreichs zu kontrollieren, auf das man nicht verzichten wollte. Gleichzeitig hielt man auf diese Weise einen gotischen Herrscher fern, der auch nicht immer bequem war. Theoderich zog nach Italien und schlug diverse Schlachten (489 in Gorizia und Verona, im Jahr darauf am Adige), in denen er anscheinend siegreich war, die es ihm aber nicht ermöglichten, die römische Verteidigung zu brechen. Odoaker flüchtete nach Ravenna, der kaiserlichen Residenzstadt seit Anfang des Jahrhunderts. Drei Jahre später erst gelang es Theoderich endlich, Odoaker zur Aufgabe zu zwingen. Er schloss mit ihm ein Abkommen, nach dem beide gemeinsam über Italien regieren würden; doch schon wenige Tage später ermordete Theoderich seinen Gegner, angeblich eigenhändig.

Damit begann eine lange und glänzende Herrschaft des Ostgoten über Italien, die aber nicht frei von Konflikten war. Nach der Anerkennung durch Byzanz sicherte Theoderich zunächst die Stabilität und den Wohlstand der Halbinsel, regelte das Zusammenleben von Römern und Goten und knüpfte ein Netz von Bündnissen mit Westgoten, Burgunden, Franken und Vandalen. Seine Politik der Ehen und Allianzen mit anderen Reichen, seine Eroberungen und seine Repräsentationsformen ahmten eindeutig den Stil des römischen Kaisertums nach; doch seine persistente Wahrung einer gotischen Identität, sein Arianismus und sein wachsender Ungehorsam gegenüber Byzanz spiegeln den Versuch wider, auch andere Legitimationen zu suchen. Dadurch aber potenzierten sich die internen Konflikte, die sich um die Frage nach der historisch-politischen Identität des Reichs (gotisch oder römisch) und konkret nach der Thronfolge zuspitzten und die den Widerstand der römisch-christlichen Führungsschichten verstärkten. In der Folge dieser Spannungen ließ Theoderich den großen Gelehrten und ranghöchsten Minister Boetius hinrichten (524), dann auch dessen Schwiegervater, den Senator Symmachus (525). Daraufhin entzog der oströmische Kaiser Justin I. (518–527) den in Byzanz lebenden Ostgoten die Religionsfreiheit. Papst Johannes I. versuchte vergeblich zu vermitteln; nach seiner Rückkehr wurde er von Theoderich in Ravenna aufgehalten und starb kurz danach, sodass bald auch dieser Tod dem Ostgoten zugeschrieben wurde. Doch Theoderich starb ebenfalls wenige Monate später, im August 526. Nun begann für das Reich eine Phase der wachsenden Instabilität, die vor allem durch den Krieg (535–553) gegen den oströmischen Kaiser Justinian I. (527–565) geprägt wurde, der am Ende Italien seinem Reich eingliederte und sich bemühte, die Vorbildwirkung Theoderichs zu schwächen. Doch schon wenig später (565) eroberten die Langobarden die italische Halbinsel, ließen die Erinnerung an den Ostgoten wieder aufleben und eigneten sich seine Herrschaftssymbole an, um sich als Fortsetzer jenes Reichs zu legitimieren. Dies gilt als das letzte große Ereignis der Völkerwanderungszeit.

In der Sage, also in den unterschiedlichen literarischen Erzählungen über Dietrich von Bern, erobert der Held nicht ein fremdes Land, sondern wird als der rechtmäßige Erbe dargestellt, der Vertreibung erdulden und in hunnischem Exil leben muss, schließlich siegreich zurückkehrt, dabei jedoch viele Verwandte und Freunde verliert. Das früheste sichere Zeugnis, dass diese Sage spätestens am Ende des 8. Jahrhunderts im Umlauf war, ist das ›Hildebrandslied‹ selbst, in dem explizit von der Verbannung Dietrichs erzählt wird, von den dreißig Exiljahren (V. 50) und von dem vom hunnischen Herrscher empfangenen Gold (V. 35). Doch schon einige frühere historiographische Zeugnisse stellen Odoaker als den Angreifer dar und Theoderich als den Verteidiger des Reichs oder als Rächer für die Ermordung des rugischen Königshauses, die Odoaker noch vor der Eroberung veranlasst hatte. Auch ein – gewiss recht obskurer – Hinweis auf ein Exil Dietrichs in einem angelsächsischen Text des 9. Jahrhunderts, ›Deors Klage‹ (s. S. 148), scheint die frühe Verbreitung dieser literarischen Erfindung zu bestätigen. Allen diesen Fassungen ist die Perspektive gemeinsam, nach der die Gründung des ostgotischen Reichs in Italien die Ausführung eines legitimen Erbschaftsrechts war, und es ist davon auszugehen, dass diese Rechtfertigung der Invasion einer der wichtigsten Gründe für die Entstehung des Sagenberichts darstellte. Gleichzeitig aber verwandelt das Motiv des Verlustes der engsten Verwandten und Freunde, das in allen Zeugnissen mit den Rückkehrschlachten in Verbindung steht, diese Heimkehr in einen Pyrrhussieg, der die Logik der Wiedergutmachung eines Unrechts mittels Waffen in Frage stellt und auch die Kontinuität des Dietrichreichs unmöglich macht.

Es gibt noch eine zusätzliche Verwicklung: In den wichtigsten literarischen Zeugnissen erscheint die Geschichte um Dietrich von Bern verbunden mit der von Ermanarich, um den sich eine Reihe von Erzählungen dreht. Sie berichten, wie er die eigenen Nachfolger und nächsten Verwandten brutal ermordet, aus Angst, dass sie ihm den Thron rauben könnten, oder aufgrund von Intrigen falscher Ratgeber. Diese Geschichten, die immer wieder einen ungerechten Herrscher darstellen, dessen Entscheidungen zu einer Schwächung des Reichs und letztlich zum Tod des Königs selbst durch einen Racheakt führen, sollen uns später noch beschäftigen (vgl. Kapitel III,3, S. 125–131). Im Kontext der wahllosen Hinrichtungen, die Ermanarich unter der Führungsschicht anordnet, ist Dietrich, sein Neffe, der einzige, der überlebt, aber er wird verbannt. Das ›Hildebrandslied‹ wahrt eindeutig diese Struktur von Exil und Heimkehr, doch nicht Ermanarich verbannt den Helden, sondern Otaker (= Odoaker).

Damit stellen sich zwei Fragen: Zum einen, wie dieser radikale Unterschied zwischen den geschichtlichen Ereignissen und der literarischen Erzählung von ihnen zu deuten ist. Zum anderen, wie und warum die Geschichten von Ermanarich und von Dietrich kombiniert wurden. Ich frage nur nach der zugrunde liegenden historischen Logik und beabsichtige keine vollkommene Erklärung des Entstehungsprozesses, der im Dunkel vergangener Mündlichkeit verborgen bleiben wird.

Die Dietrichsage ist das beste Beispiel dafür, dass es wohl keine Kontinuität zwischen den historischen Ereignissen oder einem Bericht von ihnen und der literarischen Erzählung gibt. Es fehlen – wie auch bei anderen Sagen – Zeugnisse für eine graduelle Umwandlung des geschichtlichen Berichts in einen literarischen, vor allem aber lässt sich keine Logik erkennen, die den Wandel von der Eroberung zur Heimkehr eines Verbannten erklären würde. Es muss, so wie wir es sehen, zu einem bestimmten Moment eine Diskontinuität existiert haben oder einen durch äußeren Einfluss bewirkten und bewussten Wechsel. Andererseits ist zu bedenken, dass die Sage nicht nur eine poetisch-fiktionale Erzählung ist, denn die Transformation der Eroberung in eine Rückeroberung, also in eine legitime Wiedergewinnung eines Territoriums, dessen rechtmäßige Erbschaft vorher gestört wurde, scheint eindeutig dazu gedacht, aus der Erzählung eine Interpretation der geschichtlichen Ereignisse zu machen. Der Wandel vom historischen Geschehen in eine heroische Narration diente also dazu, ein bestimmtes Verständnis des ersten zu bieten. Aus diesem Grund erst versteht sich die heroische Erzählung auch als ›geschichtliche‹, weil sie ein Geschichtsverständnis vermittelt, aber keine historischen Fakten.

Handelte es sich bei der Entstehung der Sage um eine bewusste erzählerische Konstruktion, so wurden dafür mit Sicherheit auch bestimmte Muster verwendet. Die Forschung geht in den letzten Jahrzehnten mehrheitlich davon aus, dass für die Bildung der Heldensagen bereits existierende narrative Modelle verwendet wurden, die eine bestimmte Figurenkonstellation und ein Handlungsgerüst mit sich brachten. Diese Muster ließen sich, mit den gebührenden Anpassungen, auf unterschiedliche Situationen anwenden, um neue Sagen zu schaffen. In unserem Fall hat man feststellen können, dass die Dietrichsage einem Muster zu folgen scheint, bei dem ein Streit um die Thronfolge zu einem Krieg zwischen Verwandten führt, der den Tod der möglichen Erben und die Übernahme des Reichs durch einen vorher verbannten Bastard zur Folge hat. Es gibt skandinavische und indische Parallelen, die dieses Erzählmodell auf ganz unterschiedliche Situationen anwenden. Die Beziehung zur Dietrichsage ist alles andere als erwiesen, aber dieses Modell böte eine einleuchtende Erklärung für die Grundmotivation ihrer Entstehung. Der Untergang des Gotenreichs unter Ermanarich entstünde aus einer inneren Dekadenz, die sich in den Verbrechen und Verleumdungen um die Königsfamilie spiegeln würde. Dietrich verträte den Bastard, der nach längerer Zeit der Verbannung das zerfallene Reich wieder aufleben lässt und die Dynastie erneuert. Die Dietrichsage würde dann weniger die Eroberung Italiens rechtfertigen wollen als versuchen, sie anthropologisch als Erneuerung der Herrschaft zu sehen und damit zu legitimieren – nicht juristisch, sondern aus einem Erfahrungsmuster heraus.

Die zweite Frage, wie die Erzählung von Ermanarich und die von Dietrich verbunden wurden, ist mit unserem heutigen Wissensstand kaum sicher zu beantworten. Geht man von der Anwendung eines Handlungsmusters mit Reichsuntergang und Wiederbelebung durch den neuen Helden aus, wie soeben dargelegt, dann könnte Ermanarich möglicherweise von Beginn an der Antagonist des Helden gewesen sein, wobei der interne Zerfall und die Wiederbelebung durch den Verbannten ganz gut zur Geltung gekommen wären. Die mehr als einhundert Jahre, die zwischen beiden Herrschern lagen, sind kein Einwand gegen diese Konstruktion, denn es ist in heroischen Traditionen üblich, dass Sagen, die sich auf unterschiedliche Zeiten beziehen, auf den Zeitraum von zwei oder drei Generationen zusammenrücken. Ebenso scheint es unproblematisch, dass dann der gotische Herrscher von Beginn an in Italien säße anstatt in Osteuropa; die Jahre, während derer die Ostgoten unter hunnischer Herrschaft lebten, wären in eine Zeit des Exils verwandelt worden. Es ist aber ebenso möglich, dass zunächst Otaker der Antagonist war. Aber dann stimmt das Modell mit dem übernommenen Handlungsgerüst nicht mehr so genau, oder es wäre erst sekundär entstanden. Das ›Hildebrandslied‹ als frühestes Zeugnis scheint darauf hinzuweisen, dass zuerst Otaker Dietrichs Gegner war. Aber man wundert sich, warum er – wenn er der erste Gegenspieler war – in den späteren Zeugnissen gar nicht mehr erscheint; und es gibt auch Argumente, die dafür sprechen, dass der Autor des Liedes den Ermanarich der Sage nur für diesen Text wieder in den historischen Odoaker verwandelte – es wird darauf zurückzukommen sein.

All dieses ist nicht so unscheinbar, wie es dem modernen Leser vorkommen mag, denn diese Verständniskonzepte der Sage diskutieren im Grunde ein Geschichtsmodell, das demjenigen, welches die Wurzeln jeglicher Legitimation von Herrschaft im römischen Imperium sieht, radikal gegenübersteht. Ein wichtiger Sektor der mittelalterlichen Gesellschaft, nämlich die Kirche und alle von ihr direkt oder indirekt beeinflussten Bevölkerungsschichten, gründete sein gesamtes Weltverständnis auf dem zentralen Charakter Roms als dem vierten Weltreich. Die Tatsache, dass nun germanische *gentes* Reichsgebiete besetzten und die Herrschaft übernahmen, war besonders dann problematisch, wenn sie sich nicht in das christlich-römische Weltbild einfügten. Das ostgotische Reich in Italien fand in diesen Weltvorstellungen nur einen Platz als Negativexempel, denn der Arianismus der Goten und Theoderichs Hinrichtung von Boetius und Symmachus ließen ihn schon sehr früh als Ketzer und Christenverfolger erscheinen. Am Ende des 7. Jahrhunderts berichtete dann Gregor der Große in seinen ›Dialogi‹ (Buch IV, Kapitel 31: *De morte Theodorici regis Ariani*), ein frommer Einsiedler habe gesehen, wie Papst Johannes I. und Symmachus Theoderich am Tag seines Todes in den Krater des Etna warfen. Schon Gregor bezeichnet es als gerechte Strafe, dass die von ihm unschuldig Hingerichteten ihn ins Höllenfeuer warfen. Und dieses Bild von Theoderich wurde seitdem bei jeder Gelegenheit im gesamten klerikalen Schrifttum des Mittelalters unermüdlich verbreitet, auch in den Prologen eines so vielgelesenen Werkes wie der ›Consolatio Philosophiae‹ des Boetius. Doch die Dietrichssage legitimiert die gotische Herrschaft über kein geringeres Land als Italien aus einer eindeutig ›gentilen‹ Perspektive, nämlich von der Geschichte dieses Stammes her und nicht vom Römischen Reich: Dietrich zieht nach Italien, um die gotische Herrschaft zu erneuern.

Allerdings scheint von Beginn an auch die ganze Problematik von Theoderichs Herrschaft in die Sage eingegangen zu sein. Das Interessante an ihr ist ja wie gesagt, dass durch die Heimkehr des Helden wichtige Verwandte und Freunde sterben, weshalb auch hier die Kontinuität der Herrschaft fragwürdig scheint. Die Heimkehr führt also den Thronfolgestreit weiter und vergrößert das Unheil. Dietrich ist ein eminent eheloser Held und hat keinen direkten Nachfolger; daher ist der Tod vieler von denen, die das Reich stützen und ihm Kontinuität verleihen können, eine Katastrophe. Was hier eventuell legitimiert werden könnte, wird somit gleich wieder in Frage gestellt. Die Sage bietet zwar einen Grund dafür, dass Dietrich die Herrschaft über die Goten in Italien übernehmen musste, aber auch einen Grund für die kurze Dauer des Dietrich-Reiches. Die Erneuerung wird von Beginn an verhindert. Dietrich von Bern ist ein tragischer Sieger, denn seine Sage handelt von der Problematik des ungeheuren Preises, um den der Sieg errungen wird. Die späteren Zeugnisse werden diesen Aspekt noch verstärken: Manche Texte sprechen von mehreren Heimkehrversuchen, von denen die ersten scheitern (das Motiv könnte auch alt sein); als dann der Dietrich-Komplex auch mit dem Nibelungen-Stoff kombiniert wird, zieht Dietrich nach Italien, als er bereits alle oder die meisten Krieger verloren hat. Nur der alte Hildebrand bleibt am Leben und zieht mit ihm nach Bern. Aus der Erneuerung wird das Ende des Heldenzeitalters, denn das ›Nibelungenlied‹ spielt am Ende der relativen Chronologie der Dietrich-Erzählungen.

Dies ist also der narrative Kontext, in den die Handlung des ›Hildebrandsliedes‹ eingebettet ist. Die Begegnung zwischen Hadubrand und seinem Vater findet bei der Ankunft Theoderichs in Italien statt. Von den beiden Heeren im Hintergrund ist eines das der heimkehrenden Verbannten und das andere das des Otaker. Den kostbaren Armreif erhielt Hildebrand vom hunnischen König, dem er mit Theoderich im Exil gedient hat. Die Geschichte von Hildebrands Kampf mit seinem Sohn ist somit ein Spross der Dietrichsage.

Doch gründet die Erzählung von dieser Begegnung auf einem ganz konkret dokumentierbaren Handlungsmuster, das mit sehr spezifischen Übereinstimmungen und Parallelen auch aus anderen Literaturen bekannt ist, nämlich aus Persien (Sohrab und Rustem), Russland (Ilja Muromeć) und Irland (CuChulainn). Das Handlungsschema ist grundsätzlich folgendes: Der Held reist in ferne Länder, verweilt eine Zeit lang an einem fremden Hof und zeugt dort mit einer Prinzessin ein Kind. Bevor es zur Welt kommt, muss der Held in die Heimat zurück und verlässt die Frau, überreicht ihr aber einen Gegenstand (normalerweise einen Ring), den sie dem Kind geben soll, falls es ein Junge ist, damit er ihn erkennen kann, wenn sie sich einmal begegnen sollten. Der Sohn zeigt in frühen Jahren seine heldenhafte Abstammung. Als er ein bestimmtes Alter erreicht, erfährt er die Geschichte von seiner Geburt, erhält von der Mutter das Erkennungszeichen und zieht aus, den Vater zu suchen. In einem fremden Land tritt dieser ihm entgegen, doch können sie sich nicht erkennen, weil der Junge sich weigert, seinen Namen zu nennen; eine Antwort könnte ja die höhere Würde des anderen festigen. Im nun folgenden Kampf scheint der Sohn zunächst überlegen, wird aber dann vom Vater besiegt, manchmal dank einer List. Als es zu spät ist, um ihm das Leben zu retten, entdeckt der Vater das Zeichen und erkennt, dass er seinen Sohn getötet hat. Die Fassungen aus den verschiedenen Regionen weisen so genaue Parallelen auf und unterscheiden sich auch so übereinstimmend von anderen Vater-Sohn-Kampf-Geschichten der Weltliteratur, dass man von einer indoeuropäischen Wandersage ausgehen muss, also von einer Geschichte, die im persischen, russischen, deutschen und irischen Sprachraum Verbreitung gefunden hat. Das Beispiel zeigt eindrucksvoll, welch weite Wege Heldensagen in manchen Fällen gehen können.

Es besteht Einigkeit in der Forschung, dass die Geschichte von Hildebrand und Hadubrand ebenfalls zu dieser Tradition gehört. Gewiss weist sie einen entscheidenden Unterschied auf: Nicht der Sohn kommt aus der Fremde, sondern der Vater. Doch lässt sich diese Veränderung sehr leicht dadurch erklären, das die Erzählung in den Komplex der Dietrichsage eingepasst wurde. Daher wird der Sohn nicht in der Fremde gezeugt, sondern bei der Verbannung in der Heimat zurückgelassen. Etwas überraschender ist hingegen die Tatsache, dass das ›Hildebrandslied‹ ein so wichtiges Detail auslässt wie die Unkenntnis des Gegners. Spätestens ab Vers 32, in dem Hildebrand dem Sohn gesagt hat, dass er es nie mit einem näheren Verwandten zu tun hatte, wissen beide, wer ihr Gegner ist. Und dennoch kämpfen sie. Auch darauf wird gleich noch zurückzukommen sein.

Die Kenntnis der Sagentradition vom Kampf zwischen Vater und Sohn wirft eine neue Frage auf, die bisher vernachlässigt wurde. Wie endete der Kampf in der Hildebrandssage? Tötete auch hier der Vater seinen Sohn oder wurde auch dieses Motiv verkehrt? Beide Möglichkeiten sind vertreten worden, aber heute zweifelt kaum jemand daran, dass der Heimkehrer seinen jungen Gegner am Ende des ›Hildebrandsliedes‹ tötete. Das bedeutendste Argument hierfür ist eine Passage aus einer isländischen Saga, der ›Saga von Asmund Kappabani‹ (›Asmundar saga kappabana‹), vom Ende des 13. oder Anfang des 14. Jahrhunderts. Darin wird Hildebrand von Asmund tödlich verwundet und stimmt nun ein Klagelied an, in dem er der achtzig Krieger gedenkt, die er in seinem Kriegerleben getötet hat und die offenbar auf seinem Schild abgebildet sind, denn er spricht zu ihnen. Der Sterbende erwähnt an erster Stelle seinen Sohn und Erben, dem er – wie er sagt –, ohne es zu wollen (*óviliandi*), das Leben nahm. Auch wenn diese Strophen ins späte 13. Jahrhundert gehören, kann aus ihnen geschlossen werden, dass die Tradition in Skandinavien den

Tod Hadubrands durch seinen Vater kannte. Hildebrands Sieg ließe sich eventuell auch durch zwei weitere späte Texte bezeugen, der ›Thidreksaga‹ (Mitte des 13. Jh.s, vgl. Kapitel V,1) und dem sogenannten ›Jüngeren Hildebrandslied‹ (15. Jh., vgl. Kapitel VII,2); auch sie erzählen von einem Kampf zwischen beiden Protagonisten, bei dem Hildebrand überlegen ist, er aber seinen Gegner nicht verwundet, sondern lediglich zu einer friedlichen Versöhnung drängt, die er offenbar von Beginn an gesucht hat. Auch wenn hier kein tragisches Ende vorliegt, wird der Sieg Hildebrands über seinen Sohn bestätigt. Dies ist demnach auch das Ende, das man sich für das ›Hildebrandslied‹ zu denken hat.

Aus dieser Perspektive wird nun deutlich, was die Geschichten von Dietrich von Bern und Hildebrand verbindet: der tragische Verlust der eigenen Verwandten im Kampf um die Übernahme des gotischen Reichs. Indem er seinen Sohn tötet, vernichtet Hildebrand seine eigene Sippe, bricht seine dynastische Erbfolge ab und stellt den Sinn des Sieges in Frage. Ähnliches geschieht durch den Verlust der besten Männer Dietrichs in der Schlacht. Offenbar hat man der Dietrichsage noch die Hildebrandssage angehängt, um die dramatische Konstellation zu unterstreichen. Was diese beiden Sagen charakterisiert und eint, ist also, dass sie mit der Problematik des Kampfes auch den hohen Preis des Sieges behandeln.

Wir können nun zum Text des ›Hildebrandsliedes‹ zurückkehren und eine deutende Lesung versuchen. Zwei Krieger, Hildebrand und Hadubrand, Vater und Sohn, treffen zwischen ihren jeweiligen Heeren aufeinander und bereiten sich auf einen Kampf vor. Mit dieser Aussage beginnt das Lied, und das Publikum, das die heroische Tradition, auf die hier angespielt ist, bereits kannte, konnte sich ein Bild des Kontextes machen: Dietrich von Bern kehrt von seinem Exil in die Heimat zurück. Für die weniger guten Kenner und zur Präzisierung wird die Geschichte in Hadubrands erster Rede (V. 15–29) rekapituliert, in der er von Dietrichs Flucht vor Otaker spricht sowie davon, dass sein Vater Hildebrand Dietrich als dessen bester Gefährte begleitete, häufig an seiner Seite kämpfte, jetzt aber wahrscheinlich nicht mehr am Leben sei. Diese letzte Behauptung des Sohnes lässt aufmerken, nicht nur weil der vermeintlich Tote dem Sprecher gegenübersteht, sondern vor allem, weil Hadubrand doch bewusst ist, dass er es mit einem der herausragendsten Männer Dietrichs zu tun haben muss, der sicherlich viel besser als er selbst von Hildebrands Schicksal zu berichten weiß. Der Vater gibt sich nun dem Sohn zu erkennen, indem er ihm sagt, er habe noch nie mit einem näheren Verwandten einen Streit geführt (V. 30–32). Der nächste Verwandte ist der Vater; die Worte brauchen also nicht präziser zu sein, denn der Kontext und die Verhältnisse zwischen den Figuren sind vollkommen durchsichtig, sowohl für das Publikum wie für die Protagonisten.

Nun gibt Hildebrand seinem Sohn einen wertvollen goldenen Armreif als Zeichen der Huld (V. 33–35). Es könnte sich um eine Reminiszenz des in der Vater-Sohn-Kampf-Tradition bekannten Objekts handeln, das dem gegenseitigen Erkennen dienen soll. Doch die Anagnorisis hat sich bereits eingestellt: Jeder kennt seinen Gegner. Man fragt sich allenfalls, warum Hadubrand sein Gegenüber nicht um einen Beweis dafür bittet, dass er der ist, der er zu sein behauptet. Doch etwas anderes ist interessanter: In dieser neuen Situation erlangen das Geschenk und das Freundschaftsangebot eine neue und höchst brisante Bedeutung, denn alle Augen der beiden feindlichen Heere sind auf sie gerichtet und jeder dürfte wissen, dass sich unter den gegenüberstehenden Kriegern die früheren Verbannten befinden. Das Freundschaftsangebot ist in diesem Moment eine unmissverständliche Einladung, zu desertieren und zum Feind überzutreten. Wenn Hadubrand den Armreif auch nur anrührt, wird er sofort in den Verdacht des Verrats geraten. Was immer danach geschehen sollte, die Leute im eigenen Heer würden sagen, er habe das Freundschaftsangebot der Verbannten angenommen. Hildebrands Gabe ist also höchst provozierend.

Aus dieser Perspektive sind Hadubrands Reaktion und zweite Rede verständlich: Mit der Lanze will er das Geschenk empfangen, Spitze gegen Spitze (V. 37f.). Man hat sich das wohl so vorzustellen: Hildebrand hat ihm den Armreif mit dem Speer entgegengestreckt, weil ja die Arme nicht über die Pferdeköpfe reichen. Hadubrands Geste, der einen Lanze die andere entgegenzustrecken, ist ein für alle sichtbarer Beweis, dass hier keine Freundschaft geschlossen wird. Wenn Hadubrand dann den Vater einen alten Hunnen schimpft, der immer nur nach Hinterlist sinnt (V. 39–41), wenn er ihm also eine verräterische Absicht unterstellt, ist das nur noch Provokation. Sie gipfelt in der entschiedenen Aussage: *tot ist Hiltibrant, Heribrantes suno* (»tot ist Hildebrand, Heribrants Sohn«, V. 44). Die Aufgabe der vorigen Unsicherheit signalisiert eindeutig, für ihn gehe es gar nicht mehr um die Frage nach der Identität seines Gegners: Es gibt für ihn ganz einfach keinen Vater mehr, weil er in seiner Position als engster Vertrauter Otakers keinen Vater gebrauchen kann, der ein Verbannter ist und im feindlichen Heer steht. Trotz allerengster Verwandtschaft gibt Hadubrand also seiner politischen Stellung an der Spitze von Otakers Heer den Vorrang.

Das ist die Erkenntnis Hildebrands in den nun folgenden Worten (V. 46–48): Die guten Waffen zeigen die herausragende Position an, die Hadubrand am Hof erreicht hat. Vom rechtlosen Sohn eines Verbannten hat er sich zum Vertrauten des Königs hochgearbeitet. Wenn dieser ihn nicht, wie den Vater, verbannt hat (V. 48), kann das nur bedeuten, dass der Sohn definitiv für Otaker Partei ergriffen hat; für Hildebrand ist er damit ein Verräter und Kollaborateur. Der Vater seinerseits ist aber auch nicht bereit, die dreißig schweren Exiljahre zu vergessen, jetzt, wo er dem Ziel der Heimkehr so nahe ist. Zwar beklagt er die Lage (V. 49–54), aber letztendlich ist auch ihm die Vergeltung wichtiger als das Leben des Sohnes (V. 55–62). Damit bleibt nur noch der Kampf.

Der überlieferte Text verleiht der Erzählung einen Einblick in abgründige Schattenseiten des Kriegeradels. Die politischen Auseinandersetzungen des Reiches machen Vater und Sohn zu Feinden, die unwillig sind, sich zu versöhnen. Kriegerehre und strategische Parteinahme siegen über Blutsbande, die Gewalt wird in den Dienst der Politik gestellt, auch wenn sich dadurch Vater und Sohn gegenseitig töten. Keiner der beiden versucht, dem Kampf mit dem Verwandten zu entgehen, eher meint man, dass ihre bedeutende Position innerhalb der jeweiligen Heere sie zu besonderer Schärfe reizt. Gehen wir davon aus, dass auch die Hildebrandssage von einem anonymen Kampf zwischen Vater und Sohn erzählte – und dafür sprechen, wie gesagt, alle anderen Zeugnisse –, dann hat der Autor des ›Hildebrandsliedes‹ dieses Motiv auf geschickte, weil zugleich auffällige und subtile Weise geändert und das gegenseitige Erkennen der Gegner vor den Kampf gestellt. Es war demnach die Absicht des Dichters, und sicherlich auch der Grund für die Verschriftlichung, die politische Situation der Helden zu verdeutlichen und sie erst dann den Kampf beginnen zu lassen, wenn sie einander erkannt haben und merken, dass ihre Stellung unvereinbar ist mit ihrer Verwandtschaft. Damit wird der heroisch-sagenhafte Charakter des Vater-Sohn-Kampfes aufgelöst und ersetzt durch das Bild einer machtpolitisch denkenden Kriegerkaste, das einen Einblick in deren niederträchtige Motivationen gewährt, die nicht einmal Sippschaft oder Familienbande respektieren. Das ›Hildebrandslied‹ zeigt eine äußerst kritische Haltung gegenüber dem weltlichen Adel, den Mechanismen der Machtpolitik und den gewaltsamen Formen der Konfliktlösung.

Dazu trägt auch eindeutig die Tatsache bei, dass nicht Ermanarich, sondern Odoaker den Antagonisten spielt. Damit wird der Gedanke einer Erneuerung der Dynastie oder der legitimen Wiedergewinnung des Erbes zurückgedrängt, und eine ausgewogenere, wenn auch unklare, historisch-politische Situation tritt hervor, die den zeitgenössischen Bezug sicherlich erleichtert hat. Trifft dies zu, dann gäbe es Grund zur Vermutung, der Dichter des Liedes könnte Odoaker wieder in die Geschichte eingefügt haben. Wer von beiden Kämpfern dann am Ende stirbt, ist durch diese Perspektive letztlich irrelevant geworden.

Es überrascht nicht, typisch klerikale Einstellungen in Texten aufzufinden, die nur dank solcher Kleriker existieren. Man darf nicht vergessen, dass das Lied in einer theologischen Handschrift aus dem Kloster Fulda überliefert ist. Die 744 von Bonifatius gegründete Benediktinerabtei war das wichtigste geistliche Zentrum im gesamten Nordosten des karolingischen Reiches, und die Beziehungen zur Kanzlei der fränkischen Herrscher waren dementsprechend sehr eng. Von 822 bis 842 war ihr Abt Hrabanus Maurus, der dort schon

Oblate gewesen und von Abt Ratger zur Vertiefung seiner Ausbildung zu keinem geringeren als Alkuin geschickt worden war, dem bedeutendsten Geistlichen am Hof Karls des Großen. Hrabanus wurde Alkuins liebster Schüler und von ihm mit dem Beinamen Maurus versehen, den auch der nächste Schüler des Heiligen Benedikt trug. Hrabanus kehrte schon 804 nach Fulda zurück und wirkte dort, vor allem ab 818, als einflussreicher Lehrer und theologischer Autor. In diesem sehr gehobenen geistlichen Kontext und im Scriptorium seiner Abtei wurde um oder kurz nach 830 das ›Hildebrandslied‹ niedergeschrieben. Gewiss ist der Ort des Eintrags alles andere als repräsentativ, doch darf man daraus nicht den Schluss ziehen, es handle sich um Gelegenheitsnotation, denn man hat sich in Fulda nicht mit Folklore beschäftigt. Der Kontext des Codex mit alttestamentarischen Texten weist darauf hin, dass man den Text auch aus christlich-klerikaler Perspektive in irgendeiner Weise für erinnerungswürdig hielt. Es mag ein volkssprachiges und profanes Lied sein, doch der Kontext der Niederschrift ist geistlich, und aus ihm heraus erklärt sich auch das Interesse, das der Dichtung entgegengetragen wurde. Es sollte außerdem nicht vergessen werden, dass zwei verschiedene Schreiber am Werk waren, womit eine heimliche Notation eines Mönchs mit Vorliebe für profane Literatur ausgeschlossen werden kann. Schließlich ist noch auf die mehrfachen Korrekturen und Rasuren hinzuweisen, die eindeutig eine Bemühung belegen, einen korrekten Text zu fixieren. Die Abschrift des ›Hildebrandsliedes‹ ist also Teil planmäßiger Arbeit des Scriptoriums in Fulda gewesen.

Nun war das aber nicht das einzige Mal, dass man sich in Fulda um 830 mit Dietrich von Bern oder Theoderich beschäftigt hat. Hrabanus, der später Erzbischof von Mainz wurde, war ein sehr einflussreicher Lehrer und Geistlicher, der viele der großen Kleriker des 9. Jahrhunderts an seine Schule zog. Unter ihnen befand sich auch der noch junge Walahfrid Strabo, der 827 nach Fulda kam und 829 als Erzieher des Prinzen Karl (der Kahle) an den Hof Ludwigs des Frommen berufen wurde. Walahfrid schrieb um 829 ein lateinisches Gedicht mit dem Titel ›De imagine Tetrici‹, das sich auf ein vergoldetes Reiterstandbild Theoderichs in Aachen bezieht. Nach seiner Eroberung des

Langobardenreiches 773 hatte Karl der Große mehrfach die Hauptstadt des früheren Ostgotenreichs Ravenna besucht, um die Repräsentationsformen der ostgotischen Herrschaft kennenlernen und nachahmen zu können. Die Kirche des Heiligen Vitale z. B. hielt er für die Palastkapelle Theoderichs und nahm sie als Vorbild für sein Aachener Bauprojekt. Nach seiner Kaiserkrönung 800 nahm Karl aus Ravenna besagtes Reiterstandbild mit und stellte es am Hof in Aachen zwischen Pfalz und Kapelle auf. Offensichtlich versuchte der Kaiser, sich durch die Nachahmung und Übernahme einiger Symbole der Macht Theoderichs als dessen Nachfolger zu legitimieren. Karl konnte im großen Ostgotenherrscher nicht nur ein politisches Modell für die Restauration des westlichen Römischen Reichs und für den Rückgewinn eines Großteils seiner Territorien sehen, sondern auch einen herausragenden Vertreter seiner *gentilen* Herkunft, die der Kaiser ebenso pflegte wie das antike Erbe und das Christentum.

Die symbolträchtige Präsenz der Statue des Arianers und Christenverfolgers dürfte auf die Kleriker um Karls Hof provozierend gewirkt haben, denn sie wahrten ein bedeutsames Schweigen. Nicht einmal Einhard, der mit Bau und Erhalt der öffentlichen Gebäude beauftragt war, erwähnt die Statue in seiner Biographie des Kaisers, der ›Vita Karoli‹. Umso auffälliger ist es, dass sich nun Ende der zwanziger Jahre zum ersten Mal Kritik regt, und zwar in Walahfrids Gedicht vom Bildnis Theoderichs. Walahfrids hoch komplexes poetisches Werk zeigt in vielfachen Bildern die klerikale Haltung gegenüber der Bedeutung, die diese im Zentrum der säkularen Macht aufgebaute Statue des Ostgotenkönigs besaß. Theoderich wird darin als geiziger Herrscher dargestellt, der seinen Reichtum für sich behielt und die Statue wahrscheinlich selber in Auftrag gab, womit er seinen Übermut offenbarte. Noch andere moralische Wertungen über den Gotenkönig werden angestellt, bevor der Dichter sich dem Herrscherlob Ludwigs zuwendet.

Wir wissen nicht, ob Walahfrid sein Gedicht noch in seiner Fuldaer Zeit dichtete oder als er bereits in Aachen war. Jedenfalls äußert es eine Nähe zum neuen Augustus, dessen Sohn ihm zur Erziehung anvertraut wurde. Es ist bekannt, dass Ludwig die gentile Abstammung der fränkischen Könige stärker in den Hintergrund stellte und auf ein römisch-christliches Kaisertum setzte. Daher erklärt es sich wohl, dass nun Kritik am Reiterstandbild Theoderichs möglich wurde. Die Übereinstimmung in den kritischen Positionen, die das Lied und ›De imagine Tetrici‹ verbindet, ist gewiss kein Zufall, denn Walahfrids Gedicht und das uns überlieferte ›Hildebrandslied‹ sind in nächster geographischer und geistiger Verwandtschaft entstanden. Eine direkte Beziehung zwischen beiden Texten lässt sich zwar nicht nachweisen, aber es kann kein Zweifel darüber bestehen, dass Letzteres derselben Auseinandersetzung mit Theoderich dem Großen und mit gentilen Herrschaftstraditionen entsprungen ist, die auch Walahfrid inspiriert hat. Was der lateinische Dichter in einem nur dem engeren Kollegenkreis zugänglichen Gedicht zu weltlichem Königtum sagt, das versucht der althochdeutsche Text im Rahmen der vorgegebenen heroischen Tradition und für das adelige karolingische Publikum. Aus dieser Perspektive erklären sich die Verschriftlichung des ›Hildebrandsliedes‹ und seine Notierung im Fuldaer theologischen Codex: Erst die neue, kritische Perspektive auf den alten heroischen Stoff ermöglicht den Eingang des Liedes in das Medium der Schriftlichkeit. Das Lied nutzt das Interesse der Laien für heroische Traditionen, um ihnen eine Fassung vorzulegen, die ein äußerst dubioses Licht auf deren machtpolitische und militärische Mentalität wirft.

LITERATUR

Die klassische Textausgabe ist die im *Althochdeutschen Lesebuch*, hg. von Wilhelm Braune und Ernst A. Ebbinghaus, Tübingen ^{16}1979, S. 84–85; immer noch interessant ist *Die kleineren althochdeutschen Sprachdenkmäler*, hg. von Elias von Steinmeyer, Berlin 1916, S. 1–15, vor allem wegen des guten kritischen Apparates. Die aktuellste Ausgabe in *Frühe deutsche Literatur und lateinische Literatur in Deutschland (800–1150)*, hg. von Walter Haug und Benedikt K. Vollmann, Frankfurt 1991 (Bibliothek des Mittelalters 1), S. 10–15, ist wertvoll wegen der Parallelübersetzung und wegen des ausführlichen Kommentars (S. 1025–1038). Eine Abbildung der Handschrift und eine Beschreibung derselben sind in den *Schrifttafeln zum althochdeutschen Lesebuch*, hg. von Hanns Fischer, Tübingen 1966, Tafeln 12 und 13 sowie S. 14 und 15 leicht zu finden; darüber hinaus ist die neuere Studie von Peter Erich Neuser, »Das karolingische ›Hildebrandslied‹. Kodikologische und rezeptionsgeschichtliche Aspekte des 2° Ms.theol. 54 aus Fulda«, in *Architectura poetica. Festschrift für Johannes Rathofer zum 65. Geburtstag*, Köln/Wien 1990, S. 1–16, zu nennen.

Als allgemeine Einführung sehr empfehlenswert ist die von Klaus Düwel, »›Hildebrandslied‹«, in *VL*, Bd. 3, Berlin 1981, Sp. 1240–1256. Die sprachlichen Untersuchungen sind von Rosemarie Lühr, *Studien zur Sprache des Hildebrandsliedes*, Frankfurt 1982, sehr gut zusammengefasst und aktualisiert, doch sollte man dazu unbedingt auch die Korrekturen und Mahnungen lesen, die Elmar Seebold in seiner Rezension in *PBB* 107 (1985), S. 269–275, zu bedenken gab. Eine sehr verständige Einführung in die Metrik gibt Klaus von See, *Germanische Verskunst*, Stuttgart 1967.

Über den historischen Theoderich ist das Buch von Herwig Wolfram, *Die Goten: von den Anfängen bis zur Mitte des 6. Jahrhunderts*, München [3]1990, weiterhin ein guter Ausgangspunkt, obwohl jetzt auch die Biographie von Frank M. Ausbüttel, *Theoderich der Große*, Darmstadt 2003, zur Verfügung steht. Das Verhältnis zwischen der historischen Person und dem Sagenhelden hat Edith Marold, »Wandel und Konstanz in der Darstellung der Figur des Dietrich von Bern«, in *Heldensage und Heldendichtung im Germanischen*, hg. von Heinrich Beck, Berlin 1988, S. 149–182, materialreich und mit viel Bibliographie dargelegt. Die Dialoge Gregors des Großen wurden zuletzt ediert in *Grégoire le Grand: Dialogues*, hg. von Adalbert de Vogüé, 2 Bde., Paris 1978–1980.

Wichtige Aspekte der Sagengeschichte werden diskutiert von Walter Haug, »Die historische Dietrichsage. Zum Problem der Literarisierung geschichtlicher Fakten«, in *ZfdA* 100 (1971), S. 43–62; Norbert Wagner, »*Ich armer Dietrîch.* Die Wandlung von Theodorichs Eroberung zur Flucht«, in *ZfdA* 109 (1980), S. 209–228; sowie Joachim Heinzle, »Rabenschlacht und Burgundenuntergang im Hildebrandslied? Zu einer neuen Theorie über die Entstehung der Sage von Dietrichs Flucht«, in *Althochdeutsch. Festschrift R. Schützeichel. I: Grammatik. Glossen und Texte*, hg. von Rolf Bergmann, Heinrich Tiefenbach und Lothar Voetz, Heidelberg 1987, S. 677–684.

Der sagengeschichtliche Kontext der Vater-Sohn-Sage wurde besonders von Anthony van der Lee, *Zum literarischen Motiv der Vatersuche*, Amsterdam 1957 (Verhandelingen der Koninklijke Nederlandse Akademie van Wetenschappen, Afd. Letterkunde. Nieuwe Reeks, deel LXIII, No. 3), herausgearbeitet. Die Bedeutung der spezifischen Modifikationen des Musters im Text wurde zuerst gesehen von Hugo Kuhn, »Stoffgeschichte, Tragik und formaler Aufbau im Hildebrandslied«, in *Text und Theorie*, Stuttgart 1969, S. 113–125, und später dann verteidigt von Walter Haug, »Literarhistoriker ›untar heriun tuem‹«, in *›In hôhem prîse‹. A ›Festschrift‹ in Honor of Ernst S. Dick*, hg. von Winder McConnell, Göppingen 1989, S. 129–144.

Hadubrands Position als Sohn des Verbannten untersuchte Ute Schwab, *›arbeo laosa‹. Philologische Studien zum Hildebrandlied*, Bern 1972. Ernst A. Ebbinghaus,

»The End of the Lay of Hiltibrand and Hadubrant«, in *Althochdeutsch. Festschrift R. Schützeichel. I: Grammatik. Glossen und Texte*, hg. von Rolf Bergmann, Heinrich Tiefenbach und Lothar Voetz, Heidelberg 1987, S. 670–676, ist der letzte, der die Möglichkeit verfochten hat, dass Hildebrand im Kampf mit seinem Sohn fiel. Das Anwachsen der Spannung im Dialog wurde herausgearbeitet von Ernst S. Dick, »Heroische Steigerung: Hildebrands tragisches Versagen«, in *Dialectology, Linguistics, Literature. Festschrift for Carroll E. Reed*, Göppingen 1984, S. 41–71; die Problematik der Ringübergabe hat William McDonald, »*Too Softly a Gift of Treasure*. A Rereading of the Old High German ›Hildebrandslied‹«, in *Euphorion* 78 (1984), S. 1–16, besprochen.

Über das Interesse, welches das Lied zu Beginn des 9. Jahrhunderts gehabt haben könnte, schrieb Uwe Ebel, »Historizität und Kodifizierung. Überlegungen zu einem zentralen Aspekt des germanischen Heldenlieds«, in *Althochdeutsch. Festschrift R. Schützeichel. I: Grammatik. Glossen und Texte*, hg. von Rolf Bergmann, Heinrich Tiefenbach und Lothar Voetz, Heidelberg 1987, S. 685–714. Norbert Voorwinden, »La fonction de la répresentation littéraire du roi Théodoric«, in *Histoire et littérature au Moyen Age. Actes du Colloque du Centre d'Études Médiévales de l'Université de Picardie*, hg. von Danielle Buschinger, Göppingen 1991, S. 473–483, hat sich mit dem politischen Interesse Karls des Großen für Italien auseinandergesetzt. Einhards ›Vita Karoli‹ ist zu lesen in der zweisprachigen Ausgabe *Einhard: Vita Karoli Magni*, hg. von Evelyn S. Firchow, Stuttgart 1986 (RUB 1996). Walahfrid Strabos Gedicht wurde jetzt neu herausgegeben und übersetzt von Michael W. Herren, »The ›De imagine Tetrici‹ of Walahfrid Strabo: Edition and Translation«, in *The Journal of Medieval Latin* 1 (1991), S. 118–139; vgl. auch seine Untersuchung: Michael W. Herren, »Walahfrid Strabo's De Imagine Tetrici: An Interpretation«, in *Latin Culture and Medieval Germanic Europe*, hg. von Tette Hofstra und Richard North, Groningen 1992, S. 25–41.

2. Kontinentale Heldensagen im frühen Skandinavien: Das Beispiel des ›Atliliedes‹

Vom althochdeutschen, karolingischen Umfeld blicken wir nun auf das Skandinavien der Wikingerzeit. Bis dorthin sind offenbar schon früh jene Erzählungen gelangt, die wir hier unter der Gruppe der Heldensagen zusammenfassen. Die Stoffe waren fremd, sie berichteten nicht von historischen Ereignissen, die für Skandinavier von irgendeiner Bedeutung gewesen wären. Das Interesse an ihnen dürfte daher nicht historisch motiviert gewesen sein. Schriftliche Zeugnisse gibt es aus dem Frühmittelalter nicht, weil diese Länder bis zur Christianisierung zu Beginn des 11. Jahrhunderts weitgehend schriftlos blieben – jedenfalls wurden Runen, soweit wir wissen, nicht für literarische Erzählungen verwendet. Aber wir besitzen ikonographische Zeugnisse, wie Steinritzungen oder Bildsteine, die die Kenntnis mehrerer Heldensagen bezeugen (vgl. Kapitel III,4). Als eine schriftlich fixierte und für die Schriftlichkeit komponierte Literatur in Skandinavien langsam Fuß fasste, schienen andere, neue Gattungen attraktiver gewesen zu sein; die alten Heldengeschichten werden erst sehr spät, in der zweiten Hälfte des 13. Jahrhunderts, niedergeschrieben.

Eines der wichtigsten Zeugnisse hierfür ist eine Sammlung von Liedern in einer isländischen Handschrift aus der Zeit um 1270, dem sogenannten Codex Regius (Rejkjavík, Stofnun Árna Magnússonar, Gks. 2365 4°). Diese Sammlung, besser bekannt unter dem Namen ›Edda‹ oder – genauer – ›Lieder-Edda‹, vereint Texte mythologischen wie heroischen Inhalts, die wir wegen ihrer formalen und stilistischen Gemeinsamkeiten zusammen mit außerhalb dieser Handschrift überlieferten kleinen Stücken ›eddische Dichtungen‹ nennen. Es werden hier einige Texte gesondert behandelt (vgl. auch Kapitel III,4) und der Sammlung selbst einige Seiten gewidmet (vgl. Kapitel V,2). Die heroischen Lieder der ›Edda‹ sind dergestalt geordnet, dass sie einen kleinen narrativen Zyklus bilden, der durch kurze Prosabemerkungen, welche die nicht in den Liedern enthaltenen Informationen vervollständigen, geschlossen wird. Gegen Ende hat der Kompilator, um den Tod König Attilas zu erzählen, eines der bedeutendsten Lieder dieser Anthologie eingefügt, das sogenannte ›Atlilied‹ (›Atlaqviða‹). Es soll im Folgenden besprochen werden als Beispiel für die Möglichkeiten dieser Dichtung im wikingerzeitlichen Norden, aber auch für die Schwierigkeiten, die mit seinem Studium verbunden sind.

Zum einen weist der Text in manchen Details auf ein hohes Alter hin, und er bietet auch eine Fassung der Burgundensage, die älter zu sein scheint als alle übrigen Zeugnisse, die wir von ihr besitzen, denn die Handlung wurde offenbar noch nicht mit dem Siegfried-Stoff kombiniert, der in allen späteren kontinentalen oder auch skandinavischen Texten erscheint. Aber ebenso wie das Alter eine schwer zu bestimmende Größe ist, kann nicht ausgeschlossen werden, dass zahlreiche Eigenheiten des überlieferten Textes erst in viel jüngerer Zeit hinzukamen. Es ist oft unmöglich, zwischen alten Sprach- oder Stilspuren und bewussten Archaismen zu unterscheiden. Gewiss stammt das Lied wohl eher aus dem Norwegen der Wikingerzeit denn aus dem jungen Grönland, wie die isländische Handschrift in der Überschrift behauptet. Aber man darf es trotzdem nicht unmittelbar wie ein Stück altertümlicher Literatur lesen, weil es das in Wirklichkeit nicht ist.

ZUSAMMENFASSUNG

[1] Gunnar, König der Burgunden, hat seine Männer in der Thronhalle versammelt. Sie sitzen alle auf den Bänken rings an der Wand und trinken fröhlich Bier, als ein Bote des hunnischen Königs Atli erscheint. [2] Seine Anwesenheit im Saal lässt alle verstummen aus Angst vor den Hunnen. [3] Atli lädt Gunnar ein, ihn an seinem Hof zu besuchen [4] und verspricht hervorragende Waffen, reiche Geschenke und viel Gold, [5] dazu Länder und Schiffe. [6] Nun schweigt der Bote und Gunnar fragt seinen Bruder Hogni, warum Atli wohl so kostbare Geschenke bietet, [7] wo doch kein Gold im hunnischen Land ist, das sie nicht vielfach mit ihrem eigenen aufwiegen könnten. [8] Hogni antwortet, er habe ein Wolfshaar am Ring gefunden, den ihre Schwester, Atlis Frau, dem Boten mitgegeben hat; dies sei eine Warnung: Die Einladung sei ein Hinterhalt. [9] Kein Verwandter oder Ratgeber reizt Gunnar, das Angebot anzunehmen, niemand drängt ihn; doch er steht auf, und stürmischen Mutes, wie es einem König geziemt, [10] befiehlt er den Kriegern anzustoßen. [11] Er kündigt an, er werde hinziehen, und sollte er sterben, dann werde der Wolf über den Schatz der Nibelungen herrschen [d.h., er wird im Wald verborgen bleiben]. [12] Die beiden Brüder ziehen aus [13] und reiten auf kräftigen Rossen durch die weglosen Wälder; der hunnische Boden bebt unter ihren Füßen.

[14] Als sie an Atlis Hof ankommen, stehen überall Wachen, die auf sie warten, doch der König ist in der Halle und trinkt mit seinen Männern. [15] Die Königin und Schwester der Burgunden bemerkt ihre Ankunft zuerst. Sie kommt ihnen entgegen und warnt sie vor dem Verrat. [16] Sie sagt, sie hätten lieber gut bewaffnet kommen sollen und so gegen die Hunnen kämpfen, viele von ihnen töten und Atli in die Schlangengrube werfen können; das werde jetzt er mit ihnen tun. [17] Gunnar sagt, es sei nun zu spät, [18] und er wird sofort gefesselt. [19] Hogni tötet sieben Hunnen und wirft einen ins Feuer, bevor er gefangen genommen werden

kann: So soll sich der Tapfere verteidigen. [20] Atli fragt Gunnar, ob er bereit sei, sein Gold zu geben, um sein Leben zu retten, [21] doch der Burgunde antwortet, er wolle vorher das Herz seines Bruders Hogni in der Hand haben. [22] Die Hunnen töten Hjalli, den Feigling, [23] aber sein Herz zittert in der Schale genauso, wie es in seiner Brust zitterte, und Gunnar erkennt, dass es nicht das seines Bruders ist. [24] Hogni lacht, während man ihm bei lebendigem Leib das Herz ausschneidet, [25] und sein Bruder erkennt das wahre Herz des burgundischen Helden. [26] Nun triumphiert Gunnar: Nur er kennt jetzt das Geheimnis des Hortes, [27] der bleiben wird, wo er ist, ohne je in hunnische Hände zu gelangen. [28] Atli befiehlt, den Gefangenen seinem Tod zuzuführen, [29 & 30] woran auch Gudruns Verwünschungen nichts ändern können. [31] Gunnar wird zur Schlangengrube gebracht, wo er die Harfe spielt, während er wartet, dass das Gift wirkt. So soll der König sein Gold vor anderen Männern schützen.

[32] Atli kehrt an den Hof zurück. [33] Seine Frau Gudrun kommt ihm entgegen und sagt, sie habe ein Bankett mit jungem Wild vorbereitet. [34] Die Krieger setzen sich in der Halle an die Tische, das Bier beginnt zu fließen, [35] und die Frau sorgt dafür, dass alle genügend zu trinken haben, bis sie vollkommen betrunken sind. [36 & 37] Nun macht sie dem König deutlich, er habe soeben seine beiden Söhne verspeist, die er nie mehr wiedersehen werde. [38] Die hunnischen Krieger weinen und klagen, [39] aber Gudrun verschenkt alles Gold an die Bediensteten [40 & 41] und tötet dann Atli mit einem Schwert. [42] Schließlich zündet sie den Saal an, vor dessen Tür sie vorher die Hunde gestellt hat, damit niemand fliehen könne. Kurz darauf bricht die Decke ein, und alle, die drinnen waren, kommen ums Leben. [43] Niemals vorher hat eine Frau so ihre Brüder gerächt, denn sie tötete drei Könige, bevor sie starb.

Wie die übrigen Dichtungen im Codex Regius ist das ›Atlilied‹ in Stabreimversen gedichtet. Der skandinavische Vers weist allerdings einige Unterschiede gegenüber dem althochdeutschen auf, die wohl vor allem aus der sprachlichen Entwicklung zu erklären sind, die in den nordischen Sprachen zum Verlust oder zur Kontraktion vieler unbetonter Silben geführt hat, sodass die Mehrheit der Worte, die den Stab tragen können, ein- oder zweisilbig sind. Für die Metrik bedeutet dies, dass die Verse wesentlich kürzer sind; darüber hinaus lässt sich eine deutliche Tendenz zur Alternanz betonter und unbetonter Silben beobachten, womit der Vers auf acht oder höchstens zehn Silben reduziert wird. In mehreren eddischen Liedern erscheint dieser Stabreimvers auch mit der Eigenheit, dass im zweiten Halbvers die Alliteration auf die zweite Hebung fällt, statt wie üblich auf die erste.

Diese metrische Form trägt im Altnordischen den Namen *fornyrðislag* (was so viel bedeutet wie »Versmaß der alten Geschichten«), um ihn von anderen stabreimenden Verstypen zu unterscheiden. Außerdem werden die Verse in Strophen gruppiert; die mutmaßlich älteren eddischen Lieder haben Strophen mit ungleichen Verszahlen, während sie in jüngeren Liedern in der Regel vier Zeilen umfassen. Das ›Atlilied‹ verwendet dieses Metrum und hat unregelmäßige Strophen, aber es benutzt auch noch einen anderen Verstypus, der *málaháttr* (Spruchvers) genannt wird, ein klein wenig länger ist (mindestens fünf Silben pro Halbvers) und die Kadenzen sowie die Alliteration etwas anders handhabt. Da beide Metren sich meist in Texten finden, die aus dem Süden importierte Stoffe erzählen, glaubt man, dass die Unregelmäßigkeiten auf die flexibleren kontinentalen Verse zurückzuführen sein könnten; beim *málaháttr* dürfte ebenfalls die Länge der Verse eine Spur ihrer Herkunft aus dem Süden sein.

Sind diese metrischen Indizien richtig, dann würden sie darauf hinweisen, dass die Stoffe in gebundener Rede nach Skandinavien drangen, noch bevor auf dem Kontinent der Stabreim durch den Endreim ersetzt wurde, also kaum nach dem 10. Jahrhundert. Nun weisen auch eine Reihe von sprachlichen Archaismen auf eine Entstehung zwischen dem 9. und dem 10. Jahrhundert hin, also auf die Wikingerzeit. Aber das ›Atlilied‹ ist auch ein ganz außergewöhnliches Zeugnis für jene Heldensage, die neben der Dietrichs von Bern die heroische Welt der germanischsprachigen Literaturen beherrscht hat: die Sage vom Untergang der Burgunden. Was die sagengeschichtliche Besonderheit dieses Liedes ausmacht, ist, wie gesagt, die Tatsache, dass es eine Fassung vertritt, in der die Geschichte offenbar noch nicht mit dem Erzählkomplex um Siegfried kombiniert wurde. Diese Verbindung hatte zu entscheidenden Veränderungen im Handlungsablauf geführt (vgl. Kapitel III,4 und IV,1). Alle anderen Zeugnisse, die wir besitzen, sind nach dieser Sagenverbindung entstanden, als ob die Geschichte erst dann interessant geworden wäre. Allerdings weist die ›Atlaqviða‹ auch entscheidende Merkmale auf, die von der Kenntnis einer mit dem Siegfried-Stoff kombinierten Burgundensage zeugen; das wichtigste ist, dass der Hort *arf niflunga* (Erbe der Nibelungen, V. 11,2) genannt wird, wo doch die Nibelungen erst mit Siegfried ins Spiel kommen. So hat man also auch in dieser Hinsicht ein nur scheinbar sehr altes Zeugnis, das offensichtlich in jüngerer Zeit überarbeitet wurde, sodass nicht zwangsläufig alles an ihm alt sein muss.

Der Burgundenuntergang scheint sich, wie auch die Dietrichsage, auf historische Ereignisse zu beziehen, die allerdings kaum etwas mit der literarischen Erzählung zu tun haben. Im Jahr 435 oder 436 wurde ein burgundisches Heer (dessen Reich am Rhein südlich des Main lag) von römischen und hunnischen Truppen vernichtend geschlagen; allerdings wissen wir nicht, ob beide Gegner koordiniert handelten oder ob es verschiedene Schlachten gab, erst gegen die Hunnen, dann gegen die Römer bzw. umgekehrt. Attila nahm jedenfalls an diesen Operationen nicht teil, weil er sich während dieser Zeit im Osten Europas befand. Diese militärischen Aktionen führten zur Vernichtung des burgundischen Königsgeschlechts; später wurde das Volk an die obere Rhone umgesiedelt. 453 starb dann Attila, worauf das hunnische Reich bald zerfiel. Die ›Getica‹, eine Chronik über die Geschichte der Goten, die der Geschichtsschreiber Jordanes um die Mitte des 6. Jahrhunderts zusammenstellte, berichtet darüber, dass Attila eines Tages wieder einmal eine Frau ehelichte, diesmal ein Mädchen mit dem offenbar germanischen Namen Ildico. Jordanes berichtet, dass der König viel getrunken hatte und bald einschlief, dass er aber in der Nacht einen Blutsturz hatte und daran erstickte. Am Morgen kamen die Diener in die Kammer und fanden den König tot vor, ohne Wunden; das Mädchen weinte an seiner Seite und hatte noch den Schleier um. Gewiss ist Jordanes' Darstellung tendenziös, denn es lag ihm wohl daran zu unterstreichen, wie der große, polygame und gottlose Heerführer schändlich an seiner Trunkenheit starb. Es gibt aber keinen Grund daran zu zweifeln, dass Attila an einem Blutsturz im Bett starb, jedenfalls starb er nicht an Kampfwunden.

Offensichtlich hat die Heldensage, die uns die literarischen Zeugnisse überliefern, diese beiden historischen Ereignisse, also beide Reichsuntergänge, miteinander verbunden. Die Frage ist, wie und warum. Traditionellerweise ist man davon ausgegangen, dass die Wandlung stufenweise geschah. In zwei historiographischen Werken vom Anfang des 6. Jahrhunderts wird beiläufig die Meinung geäußert, dass der große Attila nicht auf diese schändliche Weise sterben konnte, dass er vielmehr ermordet wurde – und die erste Verdächtige war die arme Frau mit dem germanischen Namen. Die Forschung vermutete daher, dass man als Erklärung für den Tod des Hunnenkönigs zuerst einen

Mord annahm und dann die Frau in eine Burgundin umwandelte, was ihrer Tat ein Motiv gegeben hätte: die Rache für den Tod der burgundischen Herrscher. Von hier aus erklärte man dann die Entwicklung der Sage als eine progressive Anpassung der historischen Ereignisse: Die Burgunden fallen nicht auf dem Schlachtfeld, sondern werden an den Hof Attilas geholt, wo sie sterben, ohne ihr Gold abzugeben, wobei aber auch Attila stirbt.

Das Problem dieses Erklärungsmodells ist, dass es von einer relativen Nähe der ersten Erzählung zu den geschichtlichen Ereignissen ausgeht, den ganzen Umwandlungsprozess auf die Ebene der Mündlichkeit verlagert, wo er nicht zu dokumentieren ist, und sich dann darauf beschränkt, die Unterschiede zwischen Geschichte und Sage vom Resultat her zu beschreiben, anstatt von der Verständlichkeit des Prozesses, von den Motivationen und Zielen der Veränderungen auszugehen. Da diese Theorie, für die besonders der Name Andreas Heuslers steht, in vielerlei Hinsicht unbefriedigend war, hat man in den vergangenen Jahrzehnten versucht, namentlich ausgehend von einem Vorstoß von Walter Haug, nicht die historischen Ereignisse in den Mittelpunkt zu rücken, sondern das literarische Muster, nach dem die Sage konstruiert ist. Denn was wir haben, sind von Beginn an geformte Geschichten, also Literatur, daher tendiert man heute zu der Annahme, dass die Sagen unter Verwendung literarischer Muster und *plots* entstanden, die einen narrativen Zusammenhang herstellten.

Man hat schon seit längerer Zeit bemerkt, dass das Handlungsgerüst der Burgundensage identisch ist mit dem einiger anderer Erzählungen, konkret mit der im Angelsächsischen bezeugten Sage von Finn (vgl. Kapitel II,3) und mit dem walisischen Mabinogi von ›Branwen‹.

Die Finnsage thematisiert Folgendes: Der dänische König Hnæf hat seine Schwester Hildeburg mit dem jütischen König Finn vermählt, und diese gebiert ihm bald einen Sohn. Einige Zeit später zieht Hnæf mit einer Schar zu Finn, wobei es zu einem verlustreichen Kampf zwischen Dänen und Jüten kommt, in dessen Verlauf sowohl Hnæf selbst als auch der kleine jütisch-dänische Erbe fallen. Da keine Entscheidung errungen werden kann, einigt man sich darauf, die Macht zu teilen: Die Dänen, nun von Hnæfs höchstem Vasallen Hengest angeführt, erhalten Gold und eine Hälfte der Königshalle mit einem eigenen Thron. Der prekäre Frieden kann den Winter über gehalten werden, doch im Frühjahr bricht der Kampf erneut aus, als ein dänischer Krieger dem Hengest ein Schwert auf die Knie legt, dessen Schneide – so heißt es – die Jüten sehr gut kennen. Diesmal werden die Jüten besiegt und Finn fällt durch das erwähnte Schwert; die verbliebenen Dänen reisen mit Hildeburg und den erbeuteten Schätzen in ihre Heimat zurück.

Das Mabinogi von Branwen berichtet vom riesenhaften König Vran von Wales. Dieser empfängt in seinem Land den irischen König Matholwch, der um Vrans Schwester Branwen wirbt, um die beiden Reiche zu vereinen und sie dadurch zu stärken. Man geht zu Rat und beschließt, die Werbung anzunehmen, doch Vrans böser Halbbruder Efnisien, der offenbar nicht am Rat beteiligt war, wird zornig und verstümmelt alle irischen Rosse. König Vran kann Matholwch nur durch kostbare Geschenke besänftigen, unter denen sich auch ein Wunderkessel befindet, in dem Gefallene wieder lebendig gemacht werden können, wenn man sie hineinwirft. Matholwch zieht mit Branwen in die Heimat, und die Frau, die sich bald sehr beliebt macht, gebiert ihm einen Sohn. Einige Zeit später erinnert man sich jedoch wieder an die in Wales erlittene Schmach, und Branwen wird verstoßen und erniedrigt. Es gelingt ihr aber, eine Nachricht in die Heimat zu schicken; die Waliser sammeln ein Heer und fahren nach Irland. Erschrocken ziehen sich die Iren über einen Fluss zurück und brechen die Brücke ab, doch der riesenhafte Vran legt sich über den Fluss und dient seinen Leuten als Steg. Matholwch zeigt sich nun bereit, zugunsten des Sohnes – des gemeinsamen Erben – abzudanken. Zudem will man eine Königshalle bauen, in der auch Vran Platz findet. Doch als sie fertiggestellt ist, hängen die Iren an jede der einhundert Säulen im Saal einen Sack, in dem ein bewaffneter Krieger versteckt ist. Efnisien aber schöpft Verdacht, zerquetscht die Säcke und macht damit die Männer unschädlich. Nun beginnt das Fest, in dessen Verlauf der Sohn zum König gekrönt werden soll; der Junge geht von einem der Gäste zum anderen, doch Efnisien fühlt sich übergangen, packt den Kleinen an den Beinen und wirft ihn kurzerhand ins Feuer, dass er verbrennt. Sofort entsteht ein blutiger Kampf im Saal, doch während die Waliser die Überhand zu haben scheinen, werfen die Iren ihre Gefallenen abends in den Wunderkessel, sodass sie am nächsten Morgen wieder lebendig sind. Da legt sich auch Efnisien unter die Gefallenen und wird in den Kessel geworfen, wo er sich streckt, bis er ihn sprengt, wobei ihm allerdings auch das Herz zerbirst. Die Waliser können am Ende siegen, doch nur sieben ihrer Krieger bleiben am Leben. König Vran ist von einem vergifteten Speer am Fuß verwundet worden und befiehlt seinen Leuten, ihm den Kopf abzuschlagen. Auf der Heimreise überblickt Branwen von einer Anhöhe aus beide Länder; beim Gedanken, dass sie ihretwegen verwüstet worden sind, bricht ihr das Herz, und sie stirbt.

Alle drei Sagen gehen von einer ähnlichen Situation aus und entfalten sich auch parallel. Auf der einen Seite steht ein König mit seinem Hof, doch ohne Frau und Erbe; auf der anderen Seite ein fremder Herrscher, der die Schwester geheiratet hat und dementsprechend auch einen Erben besitzt, der zugleich auch der Neffe des heimischen Königs ist. Man hat also eine Werbung aus der Fremde entgegengenommen und die Frau weggegeben. Es existiert aber eine Spannung oder ein Konflikt zwischen beiden Reichen, der mit der Verschwägerung nicht gelöst ist, sondern der sich offenbar gerade wegen der Existenz des gemeinsamen Erben zuspitzt. Hat man sich teilweise dem hereinbrechenden Fremden hingegeben und die Frau überreicht, so muss man nun ganz konkret die Erbschaft teilen, die Macht oder das Gold ganz oder teilweise an das Fremde Reich abgeben. Obschon man sich friedlich gibt, sorgt das für Konfliktstoff, den eine Figur destilliert, die den Ausbruch des Kampfes provoziert, an dem beide Seiten untergehen.

Offenbar liegt dieses Muster auch der Burgundensage zugrunde, die allerdings darüber hinaus spezifische Elemente entwickelt hat. Charakteristisch für diese Geschichte ist das Motiv der Hortforderung und der Aufforderung des einen Burgunden, erst den anderen zu töten, um dann triumphierend den Hort zu verweigern. Dieser Sieg des Burgunders, der seinen Tod mit absolutem Gleichmut hinnimmt, weil er seinen Henker überwunden hat, wurde in Skandinavien zum Inbild von Heldentum, das sogar zu einer für die heroische Dichtung sonst so rare ikonographische Chiffre verarbeitet wurde. Was hingegen nur im ›Atlilied‹ vorkommt, ist das Motiv der Frau, die erst am Ende die Brüder rächt und dazu die Söhne schlachtet und dem Herrscher zum Essen gibt. Alle anderen überlieferten Fassungen stimmen mit dem überein, was auch in der Finnsage und im Mabinogi überliefert ist: dass der Junge im Kontext des Kampfes in oder um die Halle fällt. Es dürfte sich also um eine skandinavische Sonderform handeln, die im Übrigen bei den unwissend verspeisten Söhnen offensichtlich auf antike Traditionen zurückgreift (z.B. Tereus und Procne). Das blutige Schlachten in der Königshalle um die heimische oder fremde Herrschaft, der Tod des Erben, der den Abbruch der dynastischen Genealogie bedeutet, und die Zerstörung der beiden Königsfamilien sind typische Motive der Sage, die noch im ›Nibelungenlied‹ vorkommen (vgl. Kapitel IV,1).

Aber das ›Atlilied‹ ist nicht nur ein Zeugnis in der Diskussion um die Sagengeschichte, sondern vor allem eine hoch elaborierte poetische Dichtung mit einem durchdachten Aufbau, genau abgewogenen metrischen Wechseln, einer ausgewählten Lexik und einer stark verdichteten Sprache. Wie im Fall des ›Hildebrandsliedes‹ liegt die bemerkenswerteste Eigenschaft dieses Dichtungstypus in der Fähigkeit, seine Dramaturgie um zentrale Szenen des Geschehens herum zu konzentrieren, die in Form von Bildern oder Dialogen ausgeführt werden, wobei alles Nebensächliche ausgelassen oder nur am Rande bemerkt wird. Es besitzt eine ganz besondere poetische Kraft, die dadurch erzielt wird, dass der Autor nur einige wenige Szenen von großer Dramatik fokussiert und es ihm gelingt, dem Lied von Beginn an eine Spannung zu verleihen, die schrittweise aber unerbittlich gesteigert wird und die in der Racheorgie des Schlusses gipfelt. Die Beunruhigung lässt sich schon in der zweiten Strophe am Schweigen spüren, das in der burgundischen Halle beim Erscheinen des hunnischen Boten eintritt. Gunnars Leute fürchten offenbar den Zorn der Hunnen, doch wird nicht klar, warum. Die Spannung wird dann noch deutlich gesteigert, als man entdeckt, dass das großzügige Angebot des Schwagers eine Falle ist, was erst im Nachhinein durch Atlis Hortforderung begründet wird. Aber Gunnar nimmt die Einladung an, weil er in ihr eine Herausforderung erkennt, der nicht nachzukommen als Feigheit ausgelegt werden könnte. So bleibt die Dramatik erhalten. Kurz darauf ist man schon bei Atli angelangt, und die Schwester sagt voraus, was geschehen wird. Das zitternde Herz Hjallis, das Gunnar verächtlich zurückweist, und Hagens Lachen, während ihm das Herz herausgeschnitten wird, das sind grandiose Bilder von bodenloser Feigheit und übermütigem Heldentum, die die Spannung erhöhen, mit der man nun Gunnars Reaktion erwartet. Die Größe seines Triumphs nährt sich sowohl von der gestauten Erwartung wie von seiner Lage als bedrohter Gefangener. Hinzu kommt dann als

Schlussstein die denkwürdige Szene Gunnars in der Schlangengrube, der zum Zeichen seiner Überlegenheit die Harfe spielt. Das Motiv erinnert übrigens an Märtyrerlegenden (z.B. die drei Jünglinge im Feuerofen), in denen die Gepeinigten singen oder tanzen. Aber der Tod der Burgunden hat die Spannung des Textes noch nicht aufgelöst; die Ruhe, die bei Atlis Rückkehr an den Hof herrscht, ist nur Schein und Vorspiel der schrecklichen Rache Gudruns, deren Kern erzählt wird, als sie bereits vollzogen wurde, wodurch sie komprimiert erscheint und den Zusammenbruch am Schluss schneller herbeiführt.

Die subtile Handhabung der erzählerischen Spannung mit geschickten Veränderungen der Geschwindigkeit, die sich wiederum auf die Abwechslung eines kürzeren und eines längeren Metrums stützen, sowie die großartigen Bilder machen aus dem ›Atlilied‹ eines der besten Beispiele der literarischen Möglichkeiten, die das kurze Heldenlied bot, ganz unabhängig von der Zeit, zu der es gedichtet wurde. Die Kürze des Liedes führt zu einer besonderen Dichte, die ebenso hoch poetisch ist wie – auf andere Weise – das lange Buchepos.

Im ersten Teil fällt besonders das Ausbleiben einer expliziten Motivation auf. Es wird nirgends gesagt, warum Atli die Burgunden an seinen Hof einlädt, warum diese seinen Zorn fürchten und warum er Grund hat, ihnen eine Falle zu stellen. Möglicherweise konnte sich das Publikum dank seiner Kenntnis der Tradition ein Bild vom Kontext machen. Aber es ist dennoch auffällig, dass nicht die leiseste Andeutung gemacht wird. Das kontrastiert mit dem, was der Dichter des ›Hildebrandsliedes‹ getan hat, der in der ersten Rede Hadubrands die für ihn interessanten Zusammenhänge noch einmal zusammenfasst. Hier wird alles bewusst verschwiegen, nur Atlis Angebot großer Gaben wird erwähnt, deren Sinnlosigkeit aber sofort durch Gunnars Hinweis hervorgehoben wird, er selbst besitze viel mehr Gold als ihm der Hunne bieten könne. Das impliziert auch, dass es keinen Grund gibt, eine Einladung anzunehmen, die lediglich auf dem Angebot von mäßigen Reichtümern beruht. Der Erzähler unterstreicht, dass niemand Gunnar drängte, keiner riet zu einem solchen Schritt; nur die Furcht vor den Hunnen bleibt ungeklärt. Als aber durch das von der

Schwester mitgeschickte Warnsignal deutlich wird, dass die Einladung eine Falle ist, also in dem Augenblick, in dem die bisher nur gespürte Gefahr gewiss wird (obwohl man immer noch keinen einzigen Grund erfahren hat), beschließt Gunnar, auf Atlis Vorschlag einzugehen. Er tut dies nicht aus Angst oder aus Kalkül, sondern benommen von einer Art Tollheit (*af moði stórom*, V. 9,8). Die Pflicht des Helden, keine Furcht zu zeigen, schlägt um in eine übermütige Entscheidung: Der Held nimmt seinen Tod oder sein Schicksal in einem Status der Überschwenglichkeit hin, der auf der Sicherheit basiert, dass der Sieg um den Preis des eigenen Lebens die höchstmögliche Heldentat darstellt, umso mehr, als diese vollkommen freiwillig geschieht. Das ist, was Klaus von See das ›exorbitante‹ Moment nannte, das er als charakteristisch für die heroische Dichtung bezeichnete. Sagt der Erzähler, Gunnar habe gehandelt, »wie ein König es tun soll« (*sem konungr scyldi*, V. 9,6), so ist das ein zwielichtiges Lob. Bei der Ankunft an Attilas Hof sagt Gudrun zu ihren Brüdern, sie hätten bewaffnet kommen sollen; das bedeutet, dass beide sich ihrem Schicksal hingeben. Ihre Heldentat besteht in einem freiwilligen Opfer für einen Sieg, dessen Sinn zweifelhaft wird. Das ist eine extreme und hyperbolische Form der Heroik, die am besten im Bild des Königs dargestellt wird, der in der Schlangengrube die Harfe spielt und völlig unerschrocken auf seinen Tod wartet.

Dieses Moment der heroischen Exorbitanz steht im ›Atlilied‹ zudem neben einer deutlichen Stilisierung zum Mythischen. Gunnars und Atlis Thronhallen werden jeweils *valhǫllo* genannt (V. 2,3 und 14,11), was unweigerlich an die Walhalla denken lässt, den mythischen Ort, zu dem die im Kampfe Gefallenen gehen. Die Burgunden werden außerdem *sigtíva* genannt (V. 29,6), was eigentlich Siegesgötter sind. Gudrun wird ihrerseits als *dís* bezeichnet (V. 35,3), was ebenfalls Halbgöttin oder Walküre bedeuten kann. Der Schatz ist einmal »das asenentsprungene Erbe der Nibelungen« (*áskunna*, V. 27,7); der Wald, der Gunnars und Atlis Reich trennt, heißt *Myrkvið* wie der mythische Forst am Weltende. Diese Mythisierung der Erzählung verleiht dem ›Atlilied‹ eine Aura des Übernatürlichen und Zeitlosen, enthebt es der Welt geschichtlicher Erfahrung, in der die Heldendichtung normalerweise lebt. Kaum ein anderes Zeugnis heroischer Dichtung ist so zeitlos verkünstet. Das alles weist eigentlich auf spätzeitliche Verarbeitung hin; die dichte poetische Stilisierung überdeckt jegliche Archaik, als ob es sich nicht mehr eigentlich um Heldendichtung handeln würde, sondern um eine literarische Reflexion über sie. Die heroische Erzählung ist sich selbst zum Mythos geworden.

LITERATUR

Die neueste Ausgabe der ›Atlaqviða‹ erschien in *The Poetic Edda*, hg. von Ursula Dronke, Bd. I, Oxford 1969, S. 1–74, mit englischer Parallelübersetzung und einem ausführlichen Kommentar. Die (hier zitierte) Standard-Ausgabe der eddischen Dichtung ist aber weiterhin: *Edda. Die Lieder des Codex Regius nebst verwandten Denkmälern*, hg. von Gustav Neckel und Hans Kuhn, 2 Bde., Heidelberg ^{5}1983. Stilistisch ist Felix Genzmers Übersetzung *Die Edda. Götterdichtung, Spruchweisheit und Heldengesänge der Germanen*, übertragen von Felix Genzmer, eingeleitet von Kurt Schier, Köln ^{6}1987, S. 209–216, nicht überboten worden, aber sie besitzt den entscheidenden Nachteil, dass sie die Lieder anders ordnet als die Handschrift und in vieler Hinsicht veralteten Forschungsansichten folgt. Nicht nur deswegen empfiehlt sich die sorgfältig kommentierte Ausgabe *Die Götter- und Heldenlieder der Älteren Edda*, hg. von Arnulf Krause, Stuttgart 2004.

Über die allgemeinen Aspekte der Handschrift und der Sammlung gibt die Literatur zu Kapitel V,2 genauere Angaben. Form und Stil des ›Atliliedes‹ hat Ursula Dronke in ihrem Kommentar untersucht. Vgl. dazu auch Klaus von See, *Germanische Heldensage. Stoffe, Probleme, Methoden*, Wiesbaden ^{2}1981, S. 54–56 und 65–69. Sehr nützlich ist auch die Einführung in den skandinavischen Stabreimvers durch Klaus von See, *Germanische Verskunst*, Stuttgart 1967. Die Monographie von Carola Gottzmann, *Das alte Atlilied. Untersuchung der Gestaltungsprinzipien seiner Handlungsstruktur*, Heibelberg 1973, wurde von den Skandinavisten vehement kritisiert; man beachte z.B. die Rezension durch Uwe Ebel in *Beiträge zur Namensforschung* 10 (1975), S. 410–417. Einen aktuelleren Stand der Forschung bietet Heinrich Beck, »Eddaliedforschung heute: Bemerkungen zur Heldenlied-Diskussion«, in *Helden und Heldensage. Otto Gschwantler zum 60. Geburtstag*, hg. von Hermann Reichert und Günter Zimmermann, Wien 1990, S. 1–23.

Über die historischen Ereignisse, auf die die Burgundensage zurückgehen könnte, vgl. Otto Gschwantler, »Die historische Glaubwürdigkeit der Nibelungensage«, sowie Hermann Reichert, »Skandinavische und deutsche Nibelungentradition«, beide in *Nibelungenlied. Ausstellungskatalog des Vorarlberger Landesmuseums*, Bregenz 1979, S. 55–69 und 25–39. Die ›Getica‹ des Jordanes wird zitiert nach der Ausgabe *Iordanis Romana et Getica*, hg. von Theodor Mommsen, Berlin 1882 (MGH auctores antiquissimi V,1), Kapitel XLIX, S. 254; erstaunlicherweise gibt es m. W. keine neuhochdeutsche Übersetzung und auch keine englische. Die übrigen historiographischen Texte sind in der Ausgabe Ursula Dronkes gesammelt, S. 34–36.

Über die Entstehungstheorien der Burgundensage informieren fast alle Einführungen in das ›Nibelungenlied‹ (vgl. die Literatur zu Kapitel IV,1). Die wichtigsten Meilensteine sind: Andreas Heusler, *Nibelungensage und Nibelungenlied. Die Stoffgeschichte des deutschen Heldenepos*, Dortmund [6]1965; sowie Walter Haug, »Andreas Heuslers Heldensagenmodell: Prämissen, Kritik und Gegenentwurf«, in *ZfdA* 104 (1975), S. 273–292, präzisiert noch einmal in »Normatives Modell oder hermeneutisches Experiment: Überlegungen zu einer grundsätzlichen Revision des Heuslerschen Nibelungen-Modells«, in *Hohenemser Studien zum Nibelungenlied*, hg. von Achim Masser, Dornbirn 1981, S. 212–226 (beide wieder in W. Haug, *Strukturen als Schlüssel zur Welt. Kleine Schriften zur Erzählliteratur des Mittelalters*, Tübingen 1989, S. 277–292 und 308–325); jüngst wieder in: Walter Haug, »Szenarien des heroischen Untergangs«, in *8. Pöchlarner Heldenliedgespräch: Das Nibelungenlied und die europäische Heldendichtung*, hg. von Alfred Ebenbauer und Johannes Keller, Wien 2006, S. 147–161.

3. Heroische Dichtung in der angelsächsischen Literatur: ›Beowulf‹ und das ›Finnsburg‹-Fragment

Der angelsächsische Sprachraum hat im Frühmittelalter eine außergewöhnlich reichhaltige Kultur entfaltet, gefördert wahrscheinlich durch eine früh ansetzende, relative politische Stabilität, die auf dem Kontinent bis in die karolingische Zeit nicht gegeben war. Besonders auffällig ist auf den britischen Inseln auch die hohe Literaturproduktion, die zweifellos auf die sehr aktiven Klöster zurückzuführen ist, welche von den sowohl aus Rom wie auch aus Irland stammenden Missionen gegründet wurden. Besonders aber ist hervorzuheben, dass hier eine breite Tradition volkssprachlichen Schrifttums entstand, die im 9. Jahrhundert einen Höhepunkt erreichte, doch schon lange vorher einsetzte und bis zur Eroberung 1066 anhielt. Es ist dies das im Frühmittelalter einzige Gebiet Westeuropas, in dem die Kleriker massiv die Volkssprache für die Verbreitung christlichen Gedankenguts einsetzten.

Die starke Präsenz geistlicher Texte führte hier und dort auch zum Erscheinen kleiner weltlicher Dichtungen, die allerdings meist relativ spät entstanden. Dennoch erscheint das volkssprachliche Heldenepos ›Beowulf‹ in diesem Kontext als ein vollkommen ungewöhnliches Werk – nicht nur für die englische Literatur, sondern auch vor dem Horizont der gesamten Erzähldichtung des Mittelalters. Zum einen handelt es sich um das erste und einzige weltliche volkssprachliche Epos vor dem 12. Jahrhundert. Zum anderen aber weist es eine Sprache mit einem erstaunlich hohen poetischen Niveau auf, eine elaborierte Metrik, einen dichten Stil und eine überraschende Erzählstruktur, die nicht linear ist, sondern ständig Querverweise, Anspielungen und Exkurse einsetzt, und zwar auf eine Weise, die in der gelehrten Dichtung der Zeit keinen Vergleich hat und die es auch sehr schwer macht, eine Zusammenfassung zu bieten, die diese Komplexität berücksichtigt.

ZUSAMMENFASSUNG

[1] Scyld Scefing war ein berühmter König Dänemarks, der die umliegenden Völker unterwarf und eine Dynastie heldenhafter Fürsten gründete. Auch sein Urenkel Hrothgar ist ein König, der wegen seiner kriegerischen Erfolge großen Ruhm unter seinesgleichen erlangt hat. Als Hrothgar feststellt, dass sein Gefolge gewachsen ist, ordnet er den Bau einer weitläufigen Königshalle mit hoher Decke an. Er nennt den Ort ›Heorot‹ und versammelt dort seine Männer, um Gold und andere Kostbarkeiten zu verschenken, um zu essen und zu trinken und um dem Spielmann zuzuhören, der einen Gesang darüber anstimmt, wie Gott die Welt erschuf. [86] Aber das friedliche Leben wird unterbrochen durch den Auftritt Grendels, eines Ungeheuers aus der Sippe Kains, das in den dunklen Abgründen lebt. Grendel dringt eines Nachts in die Halle ein, als alle Männer schlafen, und schleppt dreißig gute Krieger in seine Höhle. Seit diesem Tag wiederholen sich die Angriffe jede Nacht; die Männer wählen entferntere und sicherere Orte für ihre Nachtruhe, sodass der Saal leer bleibt. Hrothgar muss die Angriffe des Ungeheuers zwölf Jahre lang ertragen, ohne es in dieser Zeit irgendwie überwinden oder besänftigen zu können.

[194] Das hört Beowulf, ein Mann Hygelacs, des Königs der Gauten. Er schifft sich mit einigen Kriegern ein und überquert das Meer, bis er nach Dänemark gelangt, wo er sich – vor den König geführt – anbietet, gegen Grendel zu kämpfen, und zwar ohne Waffen, da das Unwesen offenbar von keinem Schwert verletzt werden kann. Hrothgar empfängt den Helden mit milden Gaben, froh darüber,

dass er nun solche Hilfe erhält von einem Volk, mit dem er nach früheren kriegerischen Auseinandersetzungen Frieden geschlossen hatte. [642] Nach einem festlichen Essen übergibt der König, als die Nacht hereinbricht, die Halle dem fremden Krieger. Als dieser und seine Mannen eingeschlafen sind, erscheint Grendel, packt einen Kämpfer und frisst ihn auf; dann ergreift er auch Beowulf, aber der setzt sich zur Wehr, und im Kampf reißt der Held dem beinahe bezwungenen Ungeheuer den Arm vom Körper, den er gefasst hielt, sodass es entfliehen und bis in die moorigen Tiefen gelangen kann, wo es anschließend verblutet. [838] Die Dänen brechen in Jubel aus; am Morgen beschauen sie das abgerissene Körperteil und folgen der Blutspur bis zu den Sümpfen. Dann feiern sie den Tod des Ungeheuers mit Lob und Gesang und vergleichen Beowulfs Kampf mit dem Sigmunds, der den Drachen tötete. [992] Während des Festes, das im Anschluss daran in der Königshalle in Heorot veranstaltet wird, bietet Hrothgar den Gauten reiche Geschenke an, seine Frau erweist ihnen große Ehre und der Spielmann trägt die Geschichte von dem Kampf auf der Finnsburg vor.

[1231] Doch in der Nacht, als die Männer des Königs wieder in der Halle schlafen (Beowulf wurde ein anderes Gemach zugeteilt), erscheint die Mutter Grendels, tötet einen der dänischen Krieger und schleppt ihn zu ihrer Höhle. Der Schrecken greift in Heorot wieder um sich, Hrothgar lässt den Helden der Gauten kommen und bittet ihn um Hilfe. Beowulf sucht nun den Eingang der vermeintlichen Behausung der Ungeheuer auf, ein tiefer und schreckenerregender Schlund, der voll von seltsamen Wesen ist und dessen eiskalte Gewässer mit warmem Blut gemischt sind. [1441] Beowulf steigt vollkommen bewaffnet in die Tiefe hinab; sofort erscheint die Mutter Grendels, packt den Mann mit ihren riesigen Klauen und schleppt ihn bis zu ihrer unterirdischen Höhle, die hell ist und wohin das Wasser nicht reicht. Hier kämpft Beowulf gegen das wütende Biest, aber erst, als er ein Schwert findet, das von Riesen geschmiedet wurde und zu groß ist, um von einem normalen Mann geführt zu werden, gelingt es ihm, es zu töten. Dann entdeckt der Held in dem Schreckensort die Leiche Grendels, die er enthauptet. Das Blut beider Ungeheuer fließt ins Wasser, und als es die Männer Hrothgars, die oben auf Beowulf warten, sehen, ziehen sie fort im Glauben, der Held sei gestorben. Obwohl dieser in der Höhle große Schätze entdeckt, nimmt er nur Grendels Kopf und den Griff des Schwertes, mit dem er ihn abgeschlagen hat (die Schneide ist beim Kontakt mit dem Blut zerschmolzen), und kehrt an die Oberfläche zurück, wo ihn seine Freunde freudig empfangen. [1622] Als sie wieder in die Halle kommen, begrüßt der König sie freudig und mit einer Rede gegen den Hochmut. Es wird eine kurze Feier veranstaltet, die Gauten erhalten einige Geschenke und die Bestätigung der Freundschaft mit den Dänen, und schließlich verabschieden sie sich. [1887] Zurück in seinem Land berichtet der Held von seinen Taten und sagt eine zukünftige Katastrophe für Hrothgars Hof voraus, sollte der – wie beabsichtigt – seine Tochter mit dem Hedobardenkönig Ingeld verheiraten. Beowulf wird von seinem König Hygelac groß geehrt.

[2200] Jahre später ist das gautische Königreich herrscherlos geblieben und Beowulf zum König ernannt worden. Nach fünfzig Jahren guter Herrschaft beginnt eines Tages ein Drache, die Länder zu verwüsten. Die Bestie hatte Jahrhunderte davor einen uralten Hort gefunden, der in den Klippen versteckt war, und sich bei ihm niedergelassen. Nun ist der Schatz von einem Flüchtling zufällig entdeckt worden, der einen wertvollen Kelch mitnimmt, um mit seinem Herrn wieder Frieden zu schließen. Das Anrühren des Schatzes hat nun die Wut des Drachen geweckt [2397], und Beowulf zieht mit einer kleinen Kriegerschar hin, um sich ihm im Kampf zu stellen. Vor dem Angriff verabschiedet sich der Held von seinen Gefährten in einer langen Rede, in der er – wie in seinen übrigen Wortmeldungen in diesem Teil des Werkes – seine Taten sowie die Geschichte der Gauten unter Hygelac und dessen Sohn in Erinnerung ruft. [2537] Schließlich tritt er dem Ungeheuer entgegen, das ihn aber ergreift, weil er mit seinem Schwert nicht die Haut des Tieres verwunden kann; doch der junge Wiclaf kommt ihm zu Hilfe und kann den Drachen töten. [2709] Beowulf ist tödlich verletzt und hat lediglich Zeit, sich von seinem treuen Begleiter zu verabschieden, dem er eine Halskette schenkt. Nach Lob und Trauer für den verstorbenen Helden holen die Gauten den vom Drachen gehüteten Schatz hervor und bestatten den Helden feierlich.

Der ›Beowulf‹ ist in einer einzigen Handschrift überliefert, der Cotton Vitellius A XV der British Library, welche ihrerseits aus zwei ursprünglich unabhängigen Codices besteht, die wahrscheinlich im 17. Jahrhundert zusammengebunden wurden. Unser Text befindet sich im zweiten Teil, der wegen seines ersten bekannten Besitzers (aus dem 16. Jh.) auch als Nowell-Codex bekannt ist. Es handelt sich um einen gepflegten Folio-Band, der allerdings von einfacher Ausstattung ist, keinerlei Ausschmückung aufweist und den Text in fortlaufenden Zeilen schreibt, also ohne die Verse abzusetzen. Die Nowell-Handschrift enthält noch weitere Texte, alle in der Volkssprache: erstens eine Homilie über den Heiligen Christophorus, deren Anfang fehlt; zweitens ein Schreiben über die Wunder des Orients; zum dritten einen fiktiven Brief Aristoteles' an Alexander den Großen über dasselbe Thema; an vierter Stelle den ›Beowulf‹; und fünftens eine angelsächsische Fassung des Buches ›Judith‹. Die ersten drei Werke sind Übersetzungen lateinischer Texte und wurden in Prosa geschrieben; die beiden letzten sind in Stabreimversen abgefasst. Das letzte Blatt vom ›Beowulf‹ weist deutliche Spuren der Abnutzung auf und ist Fragment; auch der Anfang der ›Judith‹ fehlt. Beides weist darauf hin, dass dieser letzte Text erst später dem vorigen Komplex angebunden wurde, obschon er vom selben Schreiber stammt. Darüber ist heute aber keine letzte Sicherheit mehr zu erlangen, weil die Lagen des Codex nicht mehr zu unterscheiden sind, da dieser beim Brand der Cottonschen Bibliothek 1731 schwer beschädigt wurde und im 19. Jahrhundert zur Restaurierung jedes Blatt in einen selbständigen Papierrahmen gesetzt wurde. Es ist offensichtlich, dass allen Texten im Nowell-Codex ein Interesse für monströse Wesen gemeinsam ist, vor allem dem zweiten und dritten, aber auch dem ersten, in dem der Heilige als wildes Biest mit Hundekopf und kannibalischen Gewohnheiten beschrieben wird. Ist es richtig, dass dies die thematischen Einheit war, die das Zusammenbinden der erwähnten Werke motivierte, dann wäre der ›Beowulf‹ hauptsächlich wegen Grendel, der Mutter und des Drachen zu einem Teil dieser Sammlung gemacht geworden. Das würde auf ein ganz bestimmtes Interesse für die Abschrift des Epos hinweisen, das nur nebensächlich mit seiner Hauptthematik zu tun hat.

Die Handschrift, die den Text überliefert, wurde um das Jahr 1000 geschrieben, aber gewisse Fehler zeigen, dass es sich nicht um ein Original handelt, sondern um die Abschrift eines vorher existierenden Textes. Daraus folgt die Frage nach der Datierung des ursprünglichen Werkes, die allerdings noch heute eine der am heftigsten debattierten Fragen ist. Bei kaum einem anderen Text des Mittelalters sind die Datierungsmöglichkeiten innerhalb einer Spanne von 300 Jahren so breit. Von der Mitte des 7. bis zur Mitte des 10. Jahrhunderts scheinen alle Möglichkeiten vorgeschlagen und diskutiert worden zu sein, ohne dass sich eine *communis opinio* abzeichnen würde. Es soll hier nicht auf die Argumente für oder wider die eine oder andere Datierung eingegangen werden. Im Allgemeinen lässt sich wohl sagen, dass hauptsächlich vier Zeiten und Räume für die Entstehung des ›Beowulf‹ am ehesten denkbar scheinen: das östliche Anglien des späten 7. Jahrhunderts, das Northumbrien in den Jahrzehnten vor oder nach 800, das Mercien des 8. Jahrhunderts oder das England des 9. und 10. Jahrhunderts. Jeder dieser Kontexte könnte als Hintergrund für das Werk denkbar sein. Die Vertreter einer frühen Datierung haben angeführt, dass das Epos von einer sehr alten Zeit spricht, und haben zudem auf die Ähnlichkeit verwiesen, die zwischen der Bestattung Scyld Scefings im Text und dem archäologischen Fund von Sutton Hoo (Anglien, 7. Jh.) besteht. Zweifellos bieten sowohl dieses ostmittelenglische Schiffsgrab mit seiner reichen Ausstattung wie auch eine Reihe anderer Funde in den Ländern der Nord- und Ostsee zahlreiches historisches Material aus dem 6. und 7. Jahrhundert, das nicht nur die Kultur, die gesellschaftlichen und politischen Strukturen, die Technik und die Gewohnheiten von Völkern erklärt, die auch im ›Beowulf‹ dargestellt werden, sondern auch vielen Worten der Dichtung eine historische Konkretheit verleiht und die Beschreibungen des Autors bestätigt. Doch muss das Werk nicht unbedingt so alt sein, wie die Zeit, von der es erzählt; eine spätere Abfassung, die frühere Epochen aufleben lässt oder in Erinnerung zu bringen sucht, ist ebenso gut vorstellbar. Nichts erlaubt es, eine Verbindung zu einem bestimmten historischen Kontext herzustellen. Das Werk scheint absichtlich unpräzise, vielleicht gerade, um eine solche Verknüpfung zu verhindern oder, was dasselbe ist, um die Erzählung und seinen Inhalt zeit- und raumloser zu machen.

Man hat auch versucht, sprachliche Indizien im Text festzumachen, die eine zeitliche oder geographische Fixierung ermöglichen könnten, aber auch hier sind die Aspekte vielfach und uneindeutig. Die sprachliche Variante lässt sich nicht sicher bestimmen; es überwiegen zwar die westsächsischen Formen, doch gibt es auch zahlreiche Spuren des Anglischen, des Northumbrischen und des Mercischen, die offenbar nicht auf den Einfluss unterschiedlicher Schreiber zurückzuführen sind, sondern eher auf den Versuch, eine überdialektale literarische Sprachform zu erreichen. Andererseits steht die Sprache des ›Beowulf‹ in keiner Beziehung zu anderen angelsächsischen Texten und scheint ihnen auch nicht vergleichbar; das poetische Register ist konservativ oder archaisierend, was eine Datierung durch Gegenüberstellung mit anderen Zeugnissen erschwert. Einige metrische oder phonetische Eigenheiten könnten zwar auf ein sehr hohes Alter hinweisen, doch sprechen gewisse Entlehnungen aus dem Lateinischen gegen ein allzu frühes Datum. Schließlich verbietet die Abwesenheit skandinavischer Lehnwörter eine Datierung weit nach der Mitte des 10. Jahrhunderts, denn schon im 2. Viertel desselben beginnen die skandinavischen Siedlungen auf den Inseln, sprachliche Spuren zu hinterlassen. Es sind also keine objektiven Kriterien ausfindig zu machen, die den weiten chronologischen Rahmen für die Entstehung des Epos ein wenig eingrenzen könnten.

Auch wenn der Autor des ›Beowulf‹ anonym bleibt, besteht kein Zweifel daran, dass es sich um das Werk eines Dichters handelt. Diese scheinbar banale Behauptung ist ausführlichen wissenschaftlichen Debatten zu verdanken. In der Folge eines berühmten Buches von Albert B. Lord über die mündliche Kompositionstechnik der Sänger im Süd-Balkan entstand im letzten Drittel des 20. Jahrhunderts eine Serie von Untersuchungen, die versuchten, den ›Beowulf‹ (sowie andere mittelalterliche Texte, hinter denen eine mündliche Tradition zu vermuten war) als ein Produkt mündlichen Vortrags darzustellen, das mittels einer Improvisationsmethode komponiert wurde, welche sprachliche, metrische und narrative Formeln geschickt miteinander kombinierte. Das Studium der damals auf dem Balkan noch existierenden mündlichen Erzähltraditionen zeigte, dass diese eine Reihe von sogenannten ›Formeln‹ verwendeten, also sowohl Epitheta als auch Versteile, Phrasen, Erzählmotive usw., die der Sänger als grundlegendes Instrumentarium einsetzte, um seinen Vortrag jedes Mal neu zu gestalten. In der Folge dieser Beobachtungen entstand die Umkehr-Theorie, nämlich dass in einem mittelalterlichen Text die Anwesenheit einer Diktion, die ähnlich ›formelhaft‹ aussah, ein Indiz für eine genuin mündliche Komposition war oder sein konnte. Die Diskussion drehte sich zunächst um das Konzept der ›Formel‹, und man entdeckte bald, dass es keine objektiven Kriterien gab, um sie zu definieren, und dass nicht alles, was ›formelhaft‹ aussieht, es in Wirklichkeit auch ist. Man erkannte bald, dass es nicht angeht, die mündliche Dichtung zu einer Folge von Versatzstücken zu reduzieren, da viele andere Elemente und viel mehr Kunst im Spiel ist. Andererseits wurde auch daran erinnert, dass die mittelalterliche Literatur eindeutig rhetorische, metrische und poetische Mittel aufzuweisen hat, die aus der klassischen Schrifttradition stammen. Letzten Endes setzte sich die Einsicht durch, dass die Heldenepen – und ganz besonders der ›Beowulf‹ – das Resultat einer schriftlichen Kompositionsarbeit sind, was nicht nur ein Kommunikationsmedium impliziert, sondern auch andere Parameter wie die zeitliche und räumliche Distanz zwischen Autor und Publikum, die Unkenntnis der Kommunikationspartner oder die Unmöglichkeit des Rezipienten, in den Vortrag einzugreifen.

Wie bereits in der Einleitung dargelegt wurde, setzt die Literarisierung eines mündlich tradierten Stoffes die Absicht voraus, die Geschichte in einer neuartigen Konzeption darzustellen, die dadurch erreicht werden kann, dass sie mit den Mitteln behandelt wird, die der Schriftlichkeit eigen sind. Wenn der Autor dabei auch Elemente einsetzt, die den mündlichen Diskurs nachahmen, so geschieht das einerseits, um an die Tradition anzuknüpfen, andererseits aber auch, weil der Text beim Vortrag wieder in Stimme verwandelt wird und der Dichter probate Techniken einsetzt, um ihr die Fähigkeit zu verleihen, die Aufmerksamkeit des Publikums zu gewinnen. Doch wer eine Dichtung schriftlich komponiert, unterwirft alle Mittel, woher sie auch kommen mögen, seinem Interesse und seiner Konzeption. Die Diskussion um den ›Beowulf‹ hat in dieser Hinsicht gezeigt, dass wir vor einem Dichter stehen, der eine präzise Kontrolle über alle Details seines Werkes innerhalb einer klaren Gesamtvorstellung besitzt. Er reguliert den Vers und strukturiert die Aussage wie die Erzählung mit der Souveränität desjenigen, der seinen Diskurs messen kann, bevor er ihn weitergibt; er benutzt Phrasen, die ›formelhaft‹ aussehen und an mündliche Kommunikation erinnern, aber er variiert sie und wägt ihren Einsatz mit einer Sicherheit und einem Gleichgewicht ab, die wir nur in schriftlicher Komposition für möglich halten. Der Dichter arbeitet im schriftlichen Medium mit dem Ziel, die Möglichkeiten der mündlichen Überlieferung nachzuahmen oder sie sogar dank der Vorteile der Schrift zu überbieten. Die Forschung hat die Existenz von rhetorischen Konstruktionen nachgewiesen, die ganze Gruppen von Versen umfassen und strukturieren. So hat man zum Beispiel die Existenz eines *envelope pattern* nachweisen können, in dem eine Formulierung oder ein Gedanke so wiederholt werden, dass sie eine andere einschließen; oder auch die Verwendung eines *ring pattern*, in dem die Argumentation sich im Kreis dreht; und schließlich sogar eine *interlace structure*, die eine so eng geknüpfte Erzählform definiert, dass kein Element von ihr ohne Benachteiligung des Ganzen getilgt werden könnte.

Auch die Behandlung des Verses zeigt Eigenheiten eines schriftlich arbeitenden, gebildeten Dichters. Der Stabreimvers ist, wie in den beiden vorigen Kapiteln bereits deutlich wurde, alles andere als klerikal, denn er stammt aus alter volkssprachlicher Tradition, aber auf den Inseln wurde er von den Klerikern häufig und mit großer Kunstfertigkeit eingesetzt, um dem weltlichen Publikum religiöse Texte in einem Format zu vermitteln, das die profane Tradition nachahmen und die Aufnahme verbessern sollte. Der Dichter des ›Beowulf‹ erweist sich als sicher und erfahren im metrischen Aufbau seiner Verse, denn das Einhalten der Grundregeln des Stabreims stört nicht den Fluss seines Erzähldiskurses. Es erübrigt sich wohl zu sagen, dass die Zeilen viel regelmäßiger sind als die des ›Hildebrandsliedes‹; man hat im ›Beowulf‹ sogar Modelle der Anzahl, Verteilung und Behandlung der Hebungen im Vers beschreiben können, die einen gewissen Systemcharakter erkennen lassen. Ebenso ist der häufige Gebrauch des Enjambements festgestellt worden, der vom Hang zu variierender Wiederholung unterstützt wird. Charakteristisch für das Werk sind Serien solcher Hakenzeilen, die die Erzählung voranbringen, die dann von kürzeren Zusätzen, die lediglich einen oder zwei Halbverse füllen, abgeschlossen werden und die entsprechende Handlung oder den Gedankengang zu Ende bringen. Die Rhythmuswechsel, die damit erreicht werden, stehen auch im Zusammenhang mit der Position der Hebungen, die wiederum vom Satzton abhängen. Die Kombination dieser drei Mittel – des Tones, der Hebungsposition und der Enjambements – erzeugen Effekte, die beim mündlichen Vortrag die Spannung und die Emphase des Diskurses auf packende Weise zu modulieren vermögen.

Sprache und Thematik des ›Beowulf‹ belegen, dass die Dichtung einem weltlichen, wohl aristokratischen Publikum zugeeignet war. Die Technik hingegen scheint auf einen klerikal gebildeten Autor zu weisen. Der Dichter hat sich also zwischen zwei soziokulturellen Kontexten befunden, die keineswegs inkompatibel waren. Aus dieser Perspektive ist auch die Kombination heidnischer und christlicher Elemente zu verstehen, die die Forschung ebenfalls lange Zeit beschäftigt hat. Offenkundig heidnischen Ursprungs sind die drei Leichenbestattungen, die im Epos beschrieben werden: die Aufbahrung Scyld Scefings in einem Schiff (V. 25–52), der zeremonielle Scheiterhaufen für die Toten in der Finnsburg (V. 1107–1124) und die Einäscherung Beowulfs (V. 3134–3182). Die Kirche hatte solche Begräbnisarten des Öfteren verdammt. Im Epos aber werden sie an diesen Textstellen mit vollkommener Normalität durchgeführt. Dennoch fällt dabei das Ausbleiben heidnischer Gottheiten auf. Es gibt noch weitere Momente, in denen man Spuren einer vorchristlichen Welt zu sehen meint, z. B. wenn die Dänen in einer verzweifelten Situation zu ihren Göttern beten (V. 175–193), was der Dichter mit einer nicht ganz verständnislosen Missbilligung kommentiert, oder wenn auf das Schicksal (*wyrd*) verwiesen wird, das Erfolg oder Misserfolg der Krieger bestimmt.

Es deutet aber alles darauf hin, dass der ›Beowulf‹ von einem christlichen Autor gedichtet wurde, denn dem gesamten Werk liegt eine entsprechende Weltsicht zugrunde, die kaum als Zusatz oder äußerer ›Anstrich‹ gesehen werden kann. Auf der Textoberfläche gibt es eindeutige Bezüge auf das Christentum wie die Zusammenfassung der Schöpfung nach der ›Genesis‹ (V. 86–98), die Anspielungen auf die Sintflut oder das Jüngste Gericht sowie die häufigen Verweise auf einen Gott, dessen Vorsehung die Welt regiert. Formal gesehen stammt die lange ›Predigt‹ Hrothgars kurz vor dem Aufbruch des Helden in seine Heimat (V. 1700–1784) sicherlich aus christlicher Tradition, auch wenn sie keine explizite Apologie enthält. Doch was am deutlichsten auf die christliche Bildung des Dichters deutet, ist die Darstellung Kains als Patriarchen des Geschlechts der Ungeheuer (V. 104–114). Die christlichen exegetischen Traditionen sehen in der monströsen Deformation der Lebewesen den Ausdruck der Sünde; daher werden Riesen und andere große Unwesen gewöhnlich als Feinde Gottes bezeichnet. Es koexistieren diverse Erklärungen, die sämtlich auf biblischen Stellen gründen (z.B. ›Genesis‹ 6,4 oder ›Baruch‹ 3,26–28). Der einen zufolge gingen alle Monster bei der Sintflut zugrunde; eine andere Argumentation aber behauptet (ausgehend von ›Hiob‹ 26,5), dass einige Ungeheuer unter der Wasseroberfläche weiterlebten. Eine dritte Theorie besagt, dass das Monströse aus der Sünde entsteht und daher immer wiederkommt; ein bedeutender Vertreter dieser Linie ist der ›Liber monstrorum‹, der im 8. Jahrhundert in England oder Frankreich geschrieben wurde und dessen Nähe zum ›Beowulf‹ auffällig ist. Wenn der Autor des Epos Grendel und seine Mutter zu Nachkommen Kains macht und sie in einer Gruft unter Wasser leben lässt, so ist das ein unmissverständliches Signal, dass die beiden Ungeheuer und der Kampf gegen sie auch aus einer christlichen Perspektive gesehen werden müssen. Das bedeutet nicht, dass der ›Beowulf‹ eine allegorische Dichtung über den Kampf zwischen Gut und Böse sei, sondern dass eine deutliche Christianisierung heroischer Sujets vorliegt.

Dies führt uns zur Frage nach dem Stoff. Im Unterschied zu den meisten Texten, die hier vorgestellt werden, scheint der ›Beowulf‹ auf keine heroische Sage oder Erzähltradition zurückzugehen, jedenfalls nicht auf eine, deren Held Beowulf hieß und der als junger Mann in Dänemark gegen zwei Ungeheuer und als alter König gegen einen Drachen im Gautenland kämpfte. Dies jedenfalls scheint sich aus der Tatsache zu ergeben, dass kein anderer uns bekannter Text einen Helden dieses Namens oder eine in irgendeiner Weise ähnliche Erzählung erwähnt. Nicht einmal zwei insulare Texte wie ›Widsith‹ und ›Deors Klage‹ (vgl. Seiten 85f. und 148), die offenbar Kataloge von auf den britischen Inseln bekannten Erzählstoffen bieten, kennen Beowulf oder eine vergleichbare Geschichte. Kein Chronist berichtet von ihm, keine bildliche Darstellung bezieht sich auf eine seiner Taten. Man kann nicht argumentieren, es habe sich um eine auf den Inseln isoliert lebende Tradition gehandelt, denn die Geschichte wird in einem skandinavischen Kontext angesiedelt, und die wenigen historischen Anknüpfungsmöglichkeiten sind kontinental, sodass eine eventuell existierende Sage kaum nur auf insulares Gebiet begrenzt vorstellbar ist.

Auch eine mögliche historische Grundlage lässt sich nicht ausmachen. Trotz vielfältiger Versuche, die Geschichte oder Teile davon an konkrete historische Situationen anzubinden, besitzen wir nur einige Namen von Figuren, die unabhängig voneinander hier oder dort in historiographischen oder genealogischen Texten vorkommen. Herausragend ist lediglich die Erwähnung König Hygelacs im ›Liber monstrorum‹ zu Beginn des ersten Buches, das von Monstern wunderbarer Größe handelt: Dort heißt es, dieser *rex Huiglaucus* sei schon mit zwölf Jahren so groß gewesen, dass kein Ross ihn tragen konnte, und seine Knochen würden auf einer Insel in der Rheinmündung aufbewahrt, wo die Leute hinfahren, um sie wie ein Wunder zu bestaunen. Auch Gregor von Tours (zweite Hälfte des 6. Jh.s, ›Historiarum libri decem‹, III,3) erwähnt kurz einen König *Chlochilaichus*, von dem einige Forscher meinen, dass er mit dem Hygelac des Epos identisch sein könnte. Solche und ähnliche Hinweise können allenfalls einen Hintergrund für die Sage bieten, doch deuten sie nie auf die Existenz einer ›Erzählung‹ über Beowulf, der übrigens selbst nie genannt wird. Es ist also keine Sage bekannt und es fehlt auch eine historische Grundlage für sie.

Doch ein mittelalterlicher Autor dichtet nie im leeren Raum, sondern nutzt, auch wenn er eine neue Geschichte schreibt, bereits existierende Materialien und Traditionen, um sie anzupassen und zu bearbeiten. Eine Reihe verwandter, insbesondere aus Skandinavien stammender, aber in ganz Europa bekannter Erzählungen beweisen, dass der erste Teil des ›Beowulf‹ – der Kampf gegen Grendel und die Mutter – zu einem narrativen Typus gehört, der im grundlegenden Katalog von Antti Aarne den Titel ›Die drei entführten Prinzessinnen‹ trägt (›Three stolen princesses‹, Sigle AT301). Die unterschiedlichen Fassungen, die diese Geschichte erzählen, berichten von einem außergewöhnlich starken Helden, der manchmal sogar tierischer Abstammung ist, nämlich Sohn eines Bären und eines Menschen. In manchen Varianten sieht sich ein Königshof von einem teuflischen Wesen bedrängt, die Söhne des Königs können es nicht abwehren; nur der Held (darin stimmen die Fassungen überein) vermag das Ungeheuer zu verletzen und dank der Blutspur bis zum Bau unter der Erde oder unter Wasser zu verfolgen. Er dringt in diese Unterwelt ein und kämpft dort gegen ein oder mehrere teuflische Wesen, in einer Variante tut er es mit einem Schwert, das er dort findet. Mit dem Sieg über das Monster befreit der Held eine Jungfrau (oder mehrere), die gefangen gehalten wurde; eine Fassung der Geschichte erklärt diese Entführung: Das Untier raubt die Frau vom Königshof, der König bittet, dass jemand sie befreien möge, und der Held zieht aus. Die Befreite gelangt an die Oberfläche und die Freunde des Retters, die ihm helfen sollten, wieder hinaufzukommen, gehen mit der Frau (oder den Frauen) fort und verlassen den Freund. Dem gelingt dennoch der Aufstieg, er bestraft die Verräter und heiratet die Jungfrau (oder die Schönste von ihnen).

Die Parallelen zwischen diesem Erzähltypus und dem ersten Teil des ›Beowulf‹ sind ebenso deutlich wie die Unterschiede. Die außergewöhnliche Kraft des Helden, seine zweifelhafte Herkunft, die Bedrohung eines Königs durch ein Ungeheuer, der Abstieg des Helden und der Kampf unter Wasser, das alles sind auffällige Übereinstimmungen, die hauptsächlich mit der Abwesenheit der entführten Prinzessin und des Verrats durch die Freunde im ›Beowulf‹ kontrastieren – auf Letzteres wird noch zurückzukommen sein. Es handelt sich wohl um denselben Erzähltypus, den der Dichter wahrscheinlich aus anderen Geschichten kannte (ob es möglich ist, eine direkte Beziehung zwischen dem Epos und einer der Sagen herzustellen, denen das Muster zugrunde liegt, wird von der Forschung noch diskutiert) und den er benutzt und angepasst hat.

Ähnlich ist die Sachlage im zweiten Teil des angelsächsischen Epos: dem Kampf Beowulfs gegen den Drachen. Geschichten über einen Helden, der in einem Kampf ein Ungeheuer erlegt, das Feuer spuckt und einen Hort hütet, gibt es häufig in allen Kulturen und in zahlreichen Varianten. Mindestens eine wird in diesem Buch noch genauer betrachtet werden. Der Versuch, eine von ihnen mit unserem Werk in Verbindung zu bringen, ist mangels konkreter und spezifischer Motive, die eine Filiation ermöglichen könnten, völlig illusorisch. Im Übrigen weist schon die Tatsache an sich, dass der ›Beowulf‹ zwei deutlich unterschiedliche Geschichten erzählt, die nur vage durch die

Biographie des Helden verbunden werden, darauf hin, dass es keine Beowulf-Sage als einheitliche Erzähltradition gegeben hat.

Wahrscheinlich hat der angelsächsische Dichter also seine Geschichte auf Grund weit verbreiteter narrativer Typen konstruiert, die er an seine Bedürfnisse und Interessen angepasst hat. Die Sagentraditionen vom Kampf zwischen einem Helden und einem Ungeheuer entbehren einer historischen Anbindung und waren daher besser an neue Erzählzusammenhänge anzupassen. Weil aber die heroische Dichtung von großen Taten erzählt, die für wahr gehalten werden, hat der Autor offenbar versucht, seine Geschichte in eine Vergangenheit einzubinden, die als historisch angesehen werden konnte. Das belegen so wichtige Details wie die Genealogie der dänischen Könige zu Beginn des Epos, von Scyld Scefing bis Hrothgar, wie der Kontext des Königs selbst und seiner Halle, die ständigen Hinweise auf die Kriege zwischen Gauten und Schweden, die den zweiten Teil durchziehen, oder die Bemerkungen über Freundschaft und Feindschaft der Dänen mit anderen, umliegenden Völkern.

Viel wichtiger und vielsagender aber als diese historisierende Übermalung sind die zahlreichen literarischen Querverweise, die den ›Beowulf‹ durchziehen. Die formale Annäherung an weltliche Traditionen über den Gebrauch der Volkssprache, des Stabreimverses und eines formelhaften Stils wird auf der inhaltlichen Ebene eindeutig verstärkt durch ein Netz von Anspielungen auf andere Heldensagen, das die Forschung schon immer irritiert hat. Die Verweise auf Sagen, die im Unterschied zur Geschichte Beowulfs sehr wohl als solche bezeugt sind und die das Publikum daher gekannt haben dürfte, zielen aber nicht nur auf eine stärkere Anbindung des Epos an die heroischen Traditionen, sondern schaffen vor allem auch Möglichkeiten für einen Vergleich oder Kontrast, der bedeutungstragend gewesen sein dürfte. Gegenüber der Schlichtheit des Handlungsgerüsts des Epos (die erste und die letzte Tat des Helden) verleihen das System von Querverweisen sowie die eigentümliche Art, Information über Dinge, die am Rande des Hauptgeschehens passieren, im Voraus oder mit Verzögerung zu vermitteln, der Dichtung einen Großteil ihrer Komplexität und ihres literarischen Reichtums. Aus diesem Grund dürften sich in der Art, auf andere Sagen zu verweisen, und in der Funktion der Zitate im Kontext der Geschichte Hinweise auf die Intention des Autors finden. Die Anspielungen auf andere Sagen sind wegen ihrer Anzahl, ihrer Relevanz und ihres berechneten Einsatzes entscheidend für das Verständnis des ›Beowulf‹. Der Autor benutzt andere Sagen, um Sinn zu konstruieren.

Das lässt sich gleich am relevantesten Beispiel zeigen: der Zusammenfassung der Sage vom Kampf auf der Finnsburg (V. 1063–1159). Der Einschub findet an exponierter Stelle statt: Grendel ist besiegt worden, Hrothgar und seine Männer konnten den abgerissenen Arm des Ungeheuers beobachten und die Blutspur, die es auf seiner Flucht hinterlassen hat; der König hat in der Halle, die immer noch Spuren der Verwüstung aufweist, ein Fest veranstaltet, um den Sieg zu feiern und dem Held reiche Gaben zu schenken. Während die Männer fröhlich trinken, singt der Spielmann die Geschichte von Finn. Es handelt sich offensichtlich um dieselbe Sage, die auch ein Fragment von 48 Versen erzählt, welches ein englischer Grammatiker im Jahr 1700 in der Palastbibliothek zu Lambeth fand und wenig später veröffentlichte. Das Original ist verlorengegangen, sodass wir lediglich die gedruckte Wiedergabe besitzen. Das macht eine Datierung unmöglich; sprachlich könnte das Fragment sowohl aus dem 8. als auch aus dem 9. Jahrhundert stammen. Über die ursprüngliche Länge lässt sich ebenfalls keine Aussage machen.

ZUSAMMENFASSUNG

Hnaef ist der Fürst der Dänen und seine Schwester Hildeburh ist verheiratet mit Finn, König der Friesen. Aus Gründen, die nicht genannt werden, ist Hnaef mit einer Heerschar zum Hof Finns (Finnsburg) gezogen, wo ein Kampf zwischen beiden Gefolgen ausbricht. Das ist wahrscheinlich die Auseinandersetzung, von der das Fragment erzählt: Die Dänen schlafen in der Halle, Hnaef hält draußen mit einem seiner Männer Wache; plötzlich leuchtet ein großer Schein auf, der Soldat fragt, ob die Decke der Halle brenne, doch Hnaef weist ihn darauf hin, dass es sich um den Reflex des Mondes auf den glänzenden Waffen vieler zum Angriff bereiter Krieger handelt. Der Kampf beginnt, und die Dänen können, zumindest vorerst, die Stellung halten. Hier bricht das Fragment ab, doch dank der Zusammenfassung im ›Beowulf‹ wissen wir, dass die Dänen im Kampf ihren König (Hnaef) verlieren und dass auf der Seite der Friesen die Mehrheit der Männer fällt und auch der Erbe, der Sohn Finns und Hildeburhs, stirbt. Nach der Einäscherung der Toten beschließen Finn und der neue Anführer der Dänen, Hengest, einen Waffenstillstand, dem zufolge die Fremden die Hälfte der Königshalle für sich behalten können, wo auch ein zweiter Thron aufgerichtet werden soll. Finn wird sich mit Gold die Freundschaft der Dänen gewinnen müssen, und niemand darf an die Feindschaft erinnern. So bleiben die Dänen den Winter über auf der Finnsburg und teilen die Macht mit dem König. Doch der Frieden ist prekär und kann nur bis zum Frühjahr gehalten werden: Da legt ein dänischer Krieger seinem Anführer Hengest ein Schwert auf die Knie, von dem es heißt, die Friesen würden es sehr gut kennen (es ist anzunehmen, dass es jemandem gehörte, der sehr geschätzt war, oder dass mit ihm jemand Geschätztes getötet wurde). Die Provokation führt zum erneuten Ausbruch des Kampfes, in dem nun fast alle noch übrigen Krieger fallen, auch Finn, der an den Wunden stirbt, die ihm besagtes Schwert zufügt. Die wenigen Dänen, die übrig bleiben, plündern den friesischen Hof und kehren mit Hildeburh in die Heimat zurück.

Wie zu erkennen ist, handelt es sich offenbar um denselben Erzähltypus, wie ihn das ›Atlilied‹ und das Mabinogi von ›Branwen‹ aufweisen. Zwei Herrscherhäuser, die über die Frau verschwägert sind: hier Hnaefs Schwester Hildeburh, die mit Finn verheiratet ist; dort Gunnars Schwester Gudrun, die mit Atli vermählt wurde, bzw. Vrans Schwester, die mit Matholwch verehelicht ist. Die Frau, die man dem fremden Herrscher gab, hat ein Kind zur Welt gebracht. Die Präsenz dieses einzigen Erben scheint einen Konflikt auszulösen oder wachzurufen. Er kommt auch unweigerlich um in der Auseinandersetzung, die dann zunächst ganz konkret die Thronhalle, aber durch menschlichen Verlust auch die beiden Reiche zerstört; dabei ist man vorher in die Fremde gezogen und hat eine Versöhnung angestrebt, doch immer scheint einer der Krieger (Hengest, Hogni, Efnisien) durch Provokationen oder sonstwie den Streit herbeizuführen. Der Kampf mit dem Fremden entsteht als Versuch, sich ihm nicht anheimzugeben.

Die Geschichte vom Kampf auf der Finnsburg scheint insularen Ursprungs gewesen zu sein und nur in diesem Raum Verbreitung gefunden zu haben; es gibt keine Spur dieser Tradition außerhalb des angelsächsischen Bereichs. Die Überlieferung zweier unterschiedlicher Zeugnisse für diese Geschichte, zwischen denen keine textlichen Übereinstimmungen gefunden wurden, spricht für die Existenz einer

Sagentradition. Das Publikum des ›Beowulf‹ dürfte sie gekannt haben, denn die Zusammenfassung weist viele Lücken auf, die von der Sagenkenntnis der Hörer erst geschlossen werden mussten, um zu einem Verständnis zu gelangen. Die Frage ist, warum der Autor die Geschichte gerade in diesem Augenblick erzählt und warum er ihr so viel Platz einräumt. Die traditionelle Erklärung hierfür war, dass die Dänen ihren Sieg feiern und sich von den Taten ihrer Vorfahren erzählen lassen wollen, um die Tatsache zu kompensieren, dass nur ein Fremder Grendel besiegen konnte. Aber diese angeblich kompensatorische Funktion des Einschubs ist höchst unwahrscheinlich, denn Hengests Erfolg ist ein Pyrrussieg – wie so viele in der Heldendichtung – und scheint kaum geeignet, die Gemüter der Dänen zu heben, eher im Gegenteil. Außerdem passt Hengest nicht in den Stammbaum der Dänen, den der ›Beowulf‹-Dichter in den ersten Versen fixiert und der mit Scyld Scefing beginnt. Die Finnsburggeschichte erhält dadurch mythischen Vorzeitcharakter. Schließlich brauchen die Dänen keine Kompensation, denn sie sind von Beginn an froh, dass die furchtbare Gefahr des Ungeheuers gebannt ist.

Die Länge der Zusammenfassung in einer Dichtung, die ihre Proportionen sehr gut messen kann, ist nur als Signal zu verstehen, das dieses Sagenzitat hervorheben möchte. Um die Bedeutung dieses Signals zu verstehen, ist wiederum der Kontext zu bedenken. Der fremde Held hat das Reich vor der Bestie gerettet, die es zu vernichten drohte; Grendel drang ja in die Königshalle ein und tötete, wen auch immer er erreichen konnte. Niemand blieb über Nacht im Gebäude, die Herrschaft war ernsthaft bedroht. Nur Beowulf vermochte die Bedrohung abzuwenden, ihm schuldet Hrothgar die Rettung des Reiches und der Herrschaft. Das Logische – vor allem das literarisch Logische – wäre jetzt, ihn an der Macht teilhaben zu lassen oder ihn auf eine Weise zu belohnen, die ihn nahe an den Thron heranführt. In allen traditionellen Erzählgattungen, einschließlich der Heldendichtung, wird dies dadurch erreicht, dass man den Helden mit der Prinzessin verehelicht und ihn so in die Dynastie integriert. Der Fremde Retter erneuert das Königshaus. Man braucht nur an all diejenigen Helden zu erinnern, die einen Drachen töten und die Prinzessin heiraten. Vor allem ist hervorzuheben, dass auch alle Varianten des Typus AT301, jener Geschichte, deren Handlungsmuster offenbar mit dem ersten Teil des ›Beowulf‹ zum großen Teil übereinstimmt, von einer Frau erzählen, die der Held als Resultat seines Sieges erhält. Was auch immer das Publikum des Epos an Geschichten gekannt haben mag, die Wahrscheinlichkeit, dass sich die Erwartungen auf einen Preis für die Heldentat richteten, der die Frau einschloss, ist sehr hoch.

Aber der Autor des ›Beowulf‹ hat das Motiv der Frau gegenüber dem Modell gestrichen. Stattdessen referiert er just in dem Moment, in dem man es von der Logik der Handlung erwarten würde (Hrothgar hat ja tatsächlich, wie sich allerdings erst später herausstellt, eine Tochter), eine Geschichte darüber, was geschah, als ein dänischer König die Frau – hier die Schwester – an einen fremden Herrscher gab und dieser Umstand in eine Spirale der Konfrontation führte, die für die Dänen katastrophale Folgen hatte. Die Erzählung des Spielmanns ersetzt also, obwohl sie mit völliger innerer Logik in die Szene eingebaut ist, strukturell das Motiv des Preises. Bedenkt man die Erwartungen des Publikums und die Logik verwandter heroischer Sagenhandlungen, ist es auffällig, wie dieses lange Zitat einer anderen Geschichte geschickt das Motiv der Übergabe einer Frau ersetzt und auf die Problematik und Konfliktträchtigkeit heroischer Muster verweist.

Denn was in der Geschichte vom Kampf auf der Finnsburg erzählt wird, steht deutlich im Kontrast zur Handlung des Helden, die ganz offensichtlich nicht solchen Modellen folgt. Seine Haltung ist der, die man von jemandem erwarten könnte, der soeben ein fremdes Reich von der Bedrohung einer furchtbaren Bestie erlöst hat, diametral entgegengesetzt. Der Krieger, der alle Männer des Landes an Kraft und Mut zu übertreffen bewiesen hat, hält sich am Rande und sagt kein Wort. Er akzeptiert stillschweigend einige Geschenke (V. 1193–1196), die allerdings kaum der Größe der Tat entsprechen. Doch ansonsten steht er nicht im Zentrum, erfordert keine Aufmerksamkeit, wird auch nicht nach dem Kampf gefragt. Dabei wäre Konfliktpotential genug vorhanden: Es gibt junge Prinzen, die das Reich erben wollen, obwohl sie sich als unfähig erwiesen haben, es zu verteidigen; da ist auch eine alte Feindschaft zwischen Dänen und Gauten, die allerdings erst später als überwunden erwähnt wird; sogar der Halsreif, der dem Helden geschenkt wird, gehörte einem Gautenkönig, bevor er in die Hände der Franken und dann der Dänen fiel. Aber Beowulf handelt nicht nach der Logik heroischer Vorbilder, sondern verhindert es augenscheinlich, irgendetwas zu tun oder zu sagen, was Spannung erzeugen könnte. Seine weite Reise und sein Einsatz in einem lebensgefährlichen Kampf scheint er umsonst, ja aus karitativen Gründen unternommen zu haben; der Einsatz von Gewalt jedenfalls wird auf die Überwindung des Übels begrenzt und nicht in die Gesellschaft hineingetragen. Damit entspricht sein Verhalten wohl eher dem Weltbild eines Klerikers als dem des frühmittelalterlichen Kriegeradels.

Es gibt noch weitere Hinweise auf Heldensagen, die diesen charakteristischen Einsatz aufweisen. Eine der bekanntesten ist die Erwähnung von Sigmunds Drachenkampf. Beowulf hat Grendel besiegt und ist am Morgen mit vielen Kriegern der Blutspur bis zum Moor gefolgt. Dann treten sie froh über den Sieg den Rückweg an, und der Autor kommentiert, dass ein Spielmann die Taten des Helden sogleich in Verse setzte (V. 871–874). Aber der Skop erzählt auch, wie Sigmund, der Sohn Wels', mit seinem Schwert einen Drachen durchbohrte und damit den Hort erbeutete, den das Ungeheuer in seiner Höhle verborgen hielt (V. 874–915). Es handelt sich sehr wahrscheinlich um ein Zitat der Siegfriedsage, von der es sowohl auf den britischen Inseln wie in Skandinavien und Deutschland zahlreiche Zeugnisse gibt, die später vorgestellt werden sollen (vgl. Kapitel III,4, S. 155–170). Auch im Norden gehört Siegfried (oder Sigurd, wie er dort genannt wird) zum Geschlecht des Wels – die Welsungen oder Wolsungen – und tötet in allen bekannten Fassungen einen Drachen, der einen ungeheuren Schatz hütet. Dass der ›Beowulf‹ die Tat Sigmund zuschreibt, der in den übrigen Zeugnissen immer als der Vater Siegfried bezeichnet wird, scheint eine Variante von geringerer Bedeutung, denn die Geschichte ist in beiden Fällen dieselbe.

Bei diesem Sagenzitat geht es vordergründig darum, die Tat des Helden zu loben, indem sie mit der eines berühmten Vorbildes gleichgesetzt wird. Zugleich kann ein Leser die Anspielung als einen

Verweis auf den späteren Drachenkampf Beowulfs deuten. Aber ein Hinweis auf Siegfried oder Sigmund bedeutet auch, und zwar ganz explizit, an den Hort zu erinnern, den dieser Held mit dem Tod der Bestie erbeutet hat. Da Beowulf soeben das Ungeheuer getötet hat, weckt der Vergleich mit dem Welsungen die Erwartung, dass der Held nun großen Reichtum erwerben oder, was dasselbe ist, Macht erlangen wird, denn der Hort ist ein Symbol der Herrschaft. Das geschieht aber nicht: Er wird sich mit einigen Geschenken begnügen. Eine Frau ist – wie gesagt – nicht für ihn vorgesehen. Als er dann noch Grendels Mutter besiegt, wird erwähnt, dass er in der Höhle große Schätze sieht (V. 1612–1615), aber davon nichts anrührt und lediglich den Kopf Grendels und den Griff des Schwertes mitnimmt, den er dann übrigens an Hrothgar verschenkt (V. 1677–1686), genauso wie er die Geschenke des dänischen Königs bei seiner Rückkehr an den Herrscher der Gauten weitergeben wird (V. 2146–2172). Beowulf verzichtet auf alle kostbaren Gaben, auf Reichtum und Macht.

Und noch etwas fällt beim Zitat des Drachentöters auf: Helden, die sich Ungeheuern stellen, müssen das Monströse teilweise in sich aufnehmen, um den Gegner zu überwinden. Sie werden selbst ein wenig ungeheuerlich, entmenschlicht, denn das ist es ja gerade, was sie zu Helden macht. Siegfried badet im Drachenblut und bekommt so eine Hornhaut. In den skandinavischen Varianten kommt das Drachenblut mit der Zunge in Berührung, und der Held kann dadurch die Sprache der Vögel verstehen. Den Helden wieder in die Gemeinschaft zu integrieren, ist daher immer schwierig. Bei Beowulf geschieht nichts dergleichen, seine beiden Kämpfe mit den Ungeheuern verursachen keinerlei Veränderungen in ihm, und seine Rückkehr in die Halle ist von bescheidener Unterwürfigkeit geprägt.

Das Sagenzitat wurde also wiederum als Folie eingesetzt, vor deren Hintergrund sich das Verhalten Beowulfs abhebt. Die expliziten Verweise auf mehr oder weniger bekannte Heldengeschichten, die der Dichter immer wieder einbaut, mussten im Publikum die Erinnerung an das heroische Modell wachhalten. Erst dadurch wurde die Andersartigkeit des Helden deutlich. Doch ging es dem Autor nicht darum, den alten heidnischen Heroen einen neuen christlichen Protagonisten gegenüberzustellen; Beowulf ist kein Heiliger, und Sigmund oder Finn werden keineswegs verurteilt. Die Zitate anderer Heldensagen tragen auch dazu bei, die Erzählung ganz im Bereich des Heroischen zu halten: Die Welt und die Figuren des Epos sind die des frühmittelalterlichen britischen Kriegeradels. Dadurch wird das Identifikationspotential gesteigert: Beowulf sieht aus wie ein typischer Held der Gattung – nur handelt er ganz anders als diese, und dieser Unterschied wird erst langsam und durch die bedachte Kontrastierung deutlich.

Ein weiteres Zitat, das hier erwähnt zu werden verdient, ist das der Ingeldsage. Es ist Beowulf selbst, der diese Geschichte erzählt, und zwar überraschenderweise im Futur, denn der Autor ordnet diese Szene vor der Zeit der Taten Ingelds ein (V. 2020–2069). Bei seiner Rückkehr in das Land der Gauten berichtet der Held, der dänische König Hrothgar wolle seine Tochter Freawaru mit dem Hedobardenprinzen Ingeld verheiraten, um so wieder Frieden mit diesem Volk zu schließen, dessen voriger König in einer kriegerischen Auseinandersetzung von einem dänischen Kämpfer getötet worden sei. Doch Beowulf hegt keinerlei Zweifel daran, was geschehen wird: Dänische Krieger werden im Gefolge der jungen Braut an den Hof des jungen Ingeld ziehen, und bald werde sich herausstellen, dass sie Waffen und Schmuckstücke tragen, die hedobardischen Kriegern gehört hatten, bevor sie im Kampf gegen die Dänen fielen. Und in der königlichen Halle, wenn alle Bier trinken, werde es immer einen Mann geben, der darauf hinweise und daran erinnere, dass unter den Dänen im Saal der Mörder eines Freundes oder Verwandten sitzen könne. Am Ende werde jemand beschließen, die Gefallenen zu rächen und jenen Dänen töten, der mit seinem Prunk die Wut der Hedobarden provozierte. Dann werden beide Seiten den Frieden brechen und Ingelds Kampfeslust werde die Liebe zu seiner Frau erkalten lassen.

Die Ingeldsage gehört nicht zu den bekanntesten, aber sie wird auch (mit einigen Varianten) von Saxo Grammaticus in den ›Gesta Danorum‹ erzählt (vgl. Kapitel III,3, S. 135–138), und es gibt zudem einige andere Erwähnungen, speziell eine von Alkuin (vgl. Kapitel III,1, S. 99f.). Offenbar liegt hier wieder dasselbe Situationsmodell vor wie in den Geschichten von Finn, von den Burgunden oder von Branwen. Zwei Königreiche, die versuchen, durch eine dynastische Bindung den Frieden zwischen ihnen herzustellen: Die Tochter des einen Königs heiratet den anderen. Die Spannungen sind dadurch nicht überwunden, die Krieger der einen Seite befinden sich am Hof der anderen, die Provokation, die zum Friedensbruch und zu einem vernichtenden Kampf in der Halle führt, stellt sich bald ein. Charakteristische Motive kehren hier wieder – auch wenn die Zusammenhänge vielfach im Dunkeln bleiben –, und die Ähnlichkeit mit der Finnsage dürfte kein Zufall sein. Entscheidend ist, dass die Geschichte von Ingeld einen dänischen Hof vorführt, der von heroischen Verhaltensmustern beherrscht wird und damit der zerstörerischen Logik kriegerischer Auseinandersetzungen ausgesetzt ist. Das steht natürlich wieder im Kontrast zu dem Verhalten Beowulfs, denn spätestens jetzt wird deutlich, welchem Modell der Held nicht gefolgt ist.

Dass Beowulf ein anders gearteter Held ist als die traditionellen Heroen Hengest und Ingeld, zeigt sich aber nicht nur im Kontrast zu den anzitierten Sagen, sondern auch in der Darstellung der Figur selbst. Schon das Fehlen einer eindeutigen Motivation für seinen Auszug nach Dänemark ist auffällig. Beowulf will gegen Grendel kämpfen, aber es wird nicht gesagt, warum. Für einen Krieger, den nichts an den fremden König oder sein Land bindet, sollte es normalerweise einen Grund geben, die weite Fahrt und den gefährlichen Kampf gegen das Ungeheuer zu unternehmen. Traditionell dürfte dies die Aussicht auf eine attraktive Belohnung sein, zum Beispiel die Ehe mit der Königstochter; aber auch eine Schuld des Helden gegenüber dem König oder die Notwendigkeit für den Helden, sich in einen neuen Hof zu integrieren (z. B. weil er verbannt wurde), sind denkbar. Keine dieser Möglichkeiten ist bei Beowulf gegeben; allenfalls gibt es Hinweise auf die beiden letzten, aber sie sind konfus und widersprüchlich. Hrothgar weist darauf hin, dass er einmal Beowulfs Vater geholfen hat (V. 456–472), was als Schuld verstanden werden könnte, die der Held nun begleichen will; das ist jedoch schwer vereinbar mit der Bemerkung, dass Gauten und Dänen bislang in Feindschaft gelebt hatten (V. 1855–1858). Später wird gesagt, dass Beowulfs Situation in der

Heimat ungewiss war, weil er als unfähig galt und der Gautenkönig ihm keine Ehre erwiesen hatte (V. 2183–2188), was sich als Bedürfnis des Helden deuten ließe, seinen Mut zu beweisen; aber diese Information passt schlecht zum Bericht von den Jugendtaten des Helden, der von Überwindung von Riesen und Meeresungeheuern weiß (V. 419–424 und 529–581). Im Übrigen ist seine Ankunft in Dänemark alles andere als stolz-heroisch. Bescheiden bietet er seine Hilfe an und muss die ungezügelte Schmährede Unferths hinnehmen. Zwar verteidigt er sich sehr gut, aber wenn man die Szene mit Sifrits Auftritt am burgundischen Hof im ›Nibelungenlied‹ vergleicht, fällt Beowulfs Sanftmütigkeit ins Auge.

Auch wenn man trotz allem Beowulfs Auszug als gerechtfertigt akzeptieren mag, seine Rückkehr ist umso überraschender. Scheinbar verläuft alles normal: Der Protagonist kommt vor seinen König, überreicht ihm die Gaben, die er von Hrothgar erhalten hat, und unterwirft sich ihm. Hygelac seinerseits schenkt ihm ein gutes Schwert, ein Land und den Rang eines Fürsten. Es ist nicht nur, dass Beowulf Land und Erbe erhält, wo er es nicht verdient hat. Auch der Kontrast zur heroischen Heimkehr muss hier auffallen. Kein Held, der in seinem Land verachtet wurde – und in dieser Passage wird explizit daran erinnert, dass dies bei Beowulf der Fall war –, kehrt so zahm zu seinem König zurück, nachdem er große Taten in fremden Ländern vollbracht und mehr Ruhm erworben hat als sein Herrscher. Die Heimkehr des Helden ist immer mit Spannung verbunden, oder sie bringt das Aufleben alter Konflikte mit sich. Die Sagen von Dietrich von Bern oder Hildebrand (vgl. Kapitel II,1) sind gute Beispiele dafür. Der Held kehrt mit Macht zurück oder ist ein Fremder geworden, und die Reintegration ist schwierig oder gar traumatisch. Beowulfs Verhalten ist das genaue Gegenteil dazu: unterwürfig und zahm, eben un- oder antiheroisch, wie er sich schon in Dänemark gezeigt hatte. Beowulf zeichnet sich dadurch aus, dass er alle Handlungen und Reden vermeidet, die in der heroischen Literatur traditionell konfliktträchtig sein können.

Dem entspricht auch eine Veränderung des Helden selbst. Dass seine Gegner, besonders Grendel und die Mutter, einen teuflischen

Ursprung erhalten, wurde bereits erwähnt. Doch noch bedeutender ist, dass der Held vor dem Kampf mit dem Ungeheuer seine Rüstung ablegt, das Schwert einem Knappen gibt und sich anschickt, mit bloßem Körper zu kämpfen (V. 669–674). Traditionelle Helden identifizieren sich größtenteils über ihre Waffen, deren Qualität und geschickte Handhabung entscheidend für ihre Kraft sind, besonders wenn es sich um ausgezeichnete Waffen handelt, wie es bei Beowulf der Fall ist, dessen Panzer vom sagenhaften Schmied Wieland gefertigt wurde (V. 455; vgl. Kapitel III,4, S. 140–154). Der Held, der vor dem Kampf seine Waffen ablegt, handelt anders als die anderen Helden. Auch beim Kampf gegen Grendels Mutter wirft Beowulf nach dem ersten Schlag, als er sieht, dass seine Waffe ihr nichts anhaben kann, das Schwert in einer einzigartigen Geste von sich und vertraut allein der Kraft seiner Arme (V. 1531–1534). Stattdessen findet der Held dann in der Höhle ein besonderes Schwert, das in der Vorzeit von Riesen geschmiedet wurde (V. 1550–1562); aber der Fund wird auf göttliche Hilfe zurückgeführt, und die Klinge zerschmilzt, nachdem sie ihre Aufgabe erfüllt hat (V. 1605–1611).

Der Dichter des ›Beowulf‹ hat mit seiner neuen Geschichte einen Helden konstruiert, der einerseits als prototypisch bezeichnet werden kann und ein Ebenbild des Kriegeradels ist, welcher diese Helden hervorgebracht hat; ein Protagonist, der sich darüber hinaus sehr gut in die Genealogie anderer berühmter Heroen einfügt und mit ihnen verglichen wird. Andererseits aber handelt dieser Held anders als die der traditionellen Sagen, er vermeidet konsequent den Konflikt, aber nicht explizit und in Konfrontation mit den heroischen Modellen, sondern auf eine ganz selbstverständliche Art und Weise, die auf einem schlicht besseren oder klügeren Verhalten basiert. Beowulf wurde nicht geschaffen, um das System heroischer Logik von außen umzuwerfen, sondern um es von innen auszuhöhlen und seinen Sinn zu hinterfragen.

Mit Vers 2200 ändert sich das Epos in mancher Hinsicht und berichtet über die Umstände, die Beowulfs Ende umgeben, seinen Tod im Kampf gegen den Drachen. Mit dem thematischen Wechsel geht auch ein stilistischer Wandel einher: Die Erzählung wird langsamer. Schreitet die Handlung im ersten Teil trotz der häufigen Verweise auf andere Sagen und Geschehnisse konstant fort, so wird sie im letzten Drittel, obschon sie an sich kürzer ist, immer wieder unterbrochen durch lange Figurenrede und ausführliche Exkurse. Es verändert sich auch die Behandlung der Zeit: Die Geschichten und Ereignisse, auf die im ersten Teil verwiesen wird, gehören zum gleichen chronologischen Bereich wie die Haupthandlung; die Finnsage, die Siegfriedsage, die Bemerkungen über Taten der Dänen oder anderer Völker scheinen sich alle im gleichen Zeitsystem zu befinden; die Ingeldsage wird im Futur referiert, und es gibt weitere Voraussagungen. Im Schlussteil der Dichtung sind die Exkurse dagegen immer rückblickend, sie erzählen von Dingen, die lange Zeit vorher geschahen. Der Grund dafür ist zum einen der Lebensabschnitt des Helden selbst, der vor seinem Ende steht, sowie der chronologische Sprung von nicht weniger als 50 Jahren, der geschehen ist. Aber im Schlussteil verschwinden auch jegliche Verweise auf die heroische Welt; es werden keine Heldensagen mehr zitiert, sondern nur noch die Bruderkämpfe der schwedischen Prinzen, in die auch die Gauten verwickelt werden, sowie kurze Hinweise auf andere militärische Niederlagen, die alle lange vor der erzählten Zeit liegen, als Beowulf noch nicht den Thron im Gautenland bestiegen hatte.

Die politische Lage des Königreichs ist zu dem Zeitpunkt, zu dem Beowulf gekrönt wird, sehr verwickelt. Nach dem Tod des schwedischen Königs Ohthere werden seine Söhne Eanmund und Eadgils von ihrem Onkel Onela – dem Bruder des Verstorbenen – verbannt, anscheinend weil er die ihnen rechtmäßig zustehende Herrschaft usurpiert. Jedenfalls suchen die verbannten schwedischen Prinzen am Gautenhof Schutz, wo sie vom jungen König Heardred aufgenommen werden (sein Vater Hygelac ist wenig zuvor im Kampf gegen die Franken gefallen). Die Beziehung zwischen Schweden und Gauten scheint nicht ganz friedlich zu sein, denn es wird erwähnt, dass der Vater Onelas und Ohtheres in einer offenbar durch den Raub einer Prinzessin verursachten Schlacht gegen Hygelac starb. Als man daher in Schweden davon erfährt, dass die Verbannten bei den Gauten Zuflucht gefunden haben, unternimmt Onela einen Feldzug, bei dem es ihm gelingt, sowohl einen der beiden Prinzen, Eanmund, als auch den jungen Gautenkönig zu töten. Da Hygelac keinen weiteren Erben hinterließ, wird Beowulf gebeten, den Thron zu besteigen. Der hilft nun dem anderen schwedischen Prinzen, sich an Onela zu rächen und ihn in einem Gegenfeldzug zu töten. Doch alle diese Ereignisse werden nicht in einem Zug erzählt, nicht einmal in chronologisch geordneter Reihenfolge, sondern in einer Vielzahl von Bemerkungen, die nur im Zusammenhang ein Mosaik der Lage ergeben.

Trotz der vielfach unklaren Abfolge der Ereignisse ist deutlich, dass es sich um einen Machtstreit am schwedischen Hof handelt, bei dem ein Verwandter des Königs nach dessen Tod die Macht an sich reißt und den rechtmäßigen Erben beiseite schafft, damit er seine Position nicht gefährde. Das Muster erscheint hier nicht zum ersten Mal im ›Beowulf‹: Auch der dänische Hof gerät in eine solche Situation, denn es wird mehrfach erwähnt, dass nach Hrothgars Tod sein Neffe Hrothulf die Herrschaft übernehmen wird und nicht einer seiner Söhne. Der wichtigste Hinweis stammt von der Königin selbst, die ihre Hoffnung ausspricht, dass Hrothulf ein guter König sein und ihre Söhne respektvoll behandeln werde (V. 1177–1187). Er widerspricht aber zwei früheren Anspielungen, die eine auf den Verrat, der am dänischen Hof geschehen sollte (V. 1017–1019), die andere auf die Feindschaft zwischen Hrothgar und Hrothulf (V. 1163–1165).

Auf diesen Machtstreit am dänischen Hof scheint sich auch der bereits erwähnte ›Widsith‹ zu beziehen. Es handelt sich um ein Gedicht von 143 Stabreimversen, das in einer Handschrift aus dem letzten Drittel des 10. Jahrhunderts überliefert ist, doch möglicherweise schon im 8. oder 9. Jahrhundert entstand. Darin zählt ein Spielmann alle Könige, Länder und Helden auf, die er auf seinen weiten Reisen besucht hat (*widsith* heißt ›der Weitgereiste‹). Doch handelt es sich um literarische Stoffe, nicht um historische Fahrten, denn das Gedicht ist offenbar eine Komposition zur Vorstellung oder Erinnerung des Dichter-Repertoires oder ein Kompendium der Stoffe, die an den britischen Höfen der Zeit bekannt waren. Oft haben wir nicht mehr als einen Namen, und auch sonst sind die Hinweise so vage, dass keine Aussage über die dahinterstehende Geschichte möglich ist. Über den Nachfolger des dänischen Königs sagt der Text: »Hrothwulf und Hrothgar,

Onkel und Neffe, wahrten lange Zeit Friede nachdem sie die Wikinger vertrieben und Ingelds Heer besiegt hatten bei der Vernichtung der hedobardischen Scharen in Heorot« (V. 46–49). Aus der Aussage, dass der Friede lange währte, könnte man schließen, dass er am Ende gebrochen wurde. Die skandinavische Tradition kennt Hrothulf unter dem Namen Rolf Kraki, aber die Geschichten über ihn geben keine sichere Auskunft darüber, was das Publikum des ›Beowulf‹ vom Geschehen zwischen ihm und seinem Onkel wusste.

Was beide Fälle verbindet, ist die Verwandtschaft zwischen den Königshäusern, denn Onela ist mit Hrothgars Schwester verheiratet. Dass in einem Fall der Onkel der Usurpator ist, im anderen der Vetter, scheint nur eine geringfügige Variation der Struktur. Entscheidend ist, dass es auch am Hof der Gauten beinahe zu einer solchen Situation gekommen ist. Nach Hygelacs Tod bittet die Königin Beowulf, die Herrschaft zu übernehmen, doch der Held weist das Angebot zurück und dient stattdessen seinem Vetter, dem jungen Heardred, als Ratgeber (V. 2367–2379). Hätte Beowulf angenommen, wäre die Lage dieselbe gewesen wie in Dänemark und Schweden: Ein Onkel oder Vetter besetzt den Thron und verdrängt den rechtmäßigen Nachfolger. Demnach hat es Beowulf wieder vermieden, nach traditionellen, konfliktträchtigen Mustern zu handeln. Dadurch ist er nicht nur ein langlebiger König geworden, sondern auch einer, der den Frieden zu wahren wusste. Allerdings hat er am Ende als König an den Auseinandersetzungen teilgenommen und dem zweiten schwedischen Prinzen zur Rache verholfen.

Erst jetzt erscheint der Drache. Zwar invertiert der Text die Reihenfolge, er beginnt mit dem Bericht über die Verwüstungen des Ungeheuers und liefert dann schrittweise die Information nach, die das, was zwischen Beowulfs Rückkehr aus Dänemark und dem Ende seiner Herrschaft geschehen ist, zu rekonstruieren ermöglicht. Aber es ist auffällig, dass der Auftritt der Bestie, auch wenn er in keinem expliziten Zusammenhang mit den politischen Ereignissen steht, gerade dann geschieht, als Beowulf zum ersten Mal in einen Machtkampf verwickelt wird. Daher wundert es nicht, wenn das Untier als das Erwachen einer lange vergangenen Zeit dargestellt wird.

Der Autor erklärt die Hintergründe für das Erscheinen des Drachen: Der letzte Überlebende eines uralten Geschlechts, dessen Mitglieder alle auf dem Schlachtfeld gefallen waren, nahm den Schatz seines Volkes und verbarg ihn in einer geheimen Höhle in der Hoffnung – wie ihn der Dichter wörtlich sagen lässt –, dass die Erde wieder verschließe, was die Menschen ihr einst nahmen, was aber weder Helden noch Fürsten zu wahren wussten, die alle von Waffen getötet wurden und die prachtvollen Hallen von einst leer und leblos hinterließen. Dann fand ein Drache den Hort (der explizit als heidnisch bezeichnet wird: *hæþen*, V. 2216) und wurde drei Jahrhunderte lang sein Behüter. Schließlich kam ein Flüchtling zufällig in die Gegend auf der Suche nach einem Versteck, fand die Höhle und den Schatz und nahm einen kostbaren Kelch mit, mit dem er seinen Herrn zur Versöhnung bringen konnte. Der Diebstahl hat den Drachen wütend gemacht, daher verwüstet er nun das Land der Gauten, überzieht es mit Feuer und droht auch, die königliche Halle in Schutt und Asche zu legen. Beowulf muss eingreifen und sich dem Ungeheuer im Kampf stellen.

Es handelt sich offenbar um eine variierende Wiederholung des Grendel-Kampfes: Das Ungeheuer, also die Repräsentation der Angst, des Schreckens, des Unmenschlichen greift das eigene Land an, und man muss es abwehren. Im Unterschied zum ersten Teil der Dichtung benötigt man hier keinen fremden Erlöser, denn der eigene Herrscher tritt zum Gefecht an. Anders ist auch die Tatsache, dass der Held die Ursache für den Auftritt des Drachen zu deuten sucht: Er glaubt, er habe Gott erzürnt (V. 2329–2331), und sieht seinem Tode entgegen (V. 2419–2424). Und noch eine dritte Beobachtung ist von Bedeutung: Das Motiv des Goldes wird hier im Verhältnis zum Muster des Drachenkampfes umgekehrt. Die Tötung des Ungeheuers führt in den entsprechenden Sagen zur Befreiung eines Entführten (meist einer Frau), zur Gründung einer Stadt oder auch zur Entdeckung eines Schatzes. Der Hort ist ein Symbol für die Herrschaft, die derjenige erlangt, dem es gelingt, das Fremde und Ungeheuerliche zu überwinden. Auch Grendel besaß in seiner Höhle große Schätze, die Beowulf in eindeutiger Abweichung vom Muster nicht anrührte. Diesmal aber besitzt der Hort eine Vorgeschichte, die ihm eine Bedeutung verleiht. Er wurde versteckt vom letzten Überlebenden eines in Kämpfen ausgerotteten Adelsgeschlechts mit dem deutlichen Wunsch, dass dieses Zeichen der Macht nie wieder Ursache für weitere Konflikte werde. Es handelt sich also um jemanden, der die Lehre aus vernichtenden und nie endenden Streitigkeiten um das Gold gezogen und es der Erde zurückgegeben hat. Dieser Hort wird dann von dem Chaos-Tier eingenommen, das sich so lange ruhig in der Höhle befindet, bis jemand kommt und ein Stück von dem Schatz fortnimmt. Damit kommt das Gold wieder ans Tageslicht und ist wieder der Gier ausgesetzt; die Verwüstungen des Drachen stehen damit zeichenhaft für aufkeimende Kämpfe um Gold und Herrschaft.

Damit fasst Beowulfs Drachenkampf sein im Epos erzähltes Heldenleben zusammen, das sich durch systematisches Vermeiden der zerstörerischen Logik heroischer Verhaltensmodelle ausgezeichnet hat. Es lässt sich auch mit einem Teil der Forschung argumentieren, dass Beowulfs Verwicklung in Kriege und Machtstreitigkeiten in Franken und Schweden hier in der Erweckung der Wut des Drachen zusammengefasst wird; dann muss der Kampf gegen das Ungeheuer als Rückkehr zum Modell des ersten Teils gedeutet werden: Der Held versucht, die tödlichen Mächte im eigenen Reich zu vernichten. Jedenfalls wird er als Herrscher dargestellt, der sich für das Wohl seines Volkes opfert; sein Einsatz richtet sich erneut gegen jene heroische Welt, die er zurückgelassen zu haben schien, die aber mit den Schwedenkämpfen wieder vorgedrungen ist. Beowulf jedoch stirbt im Kampf mit dem Drachen. Kein traditioneller Held geht im Streit mit der Bestie unter. Wenn Beowulf dennoch fällt und ein Held bleibt, geschieht das einerseits, weil seine ganze Vorgeschichte ihn zum Helden macht, andererseits aber auch, weil sein Tod Wiclafs Sieg über den Drachen ermöglicht. Beowulf ist also nicht der stolze Sieger über das Untier, sondern derjenige, der sich opfert, damit andere es töten können. Sein Tod und der dadurch mögliche Sieg über den Drachen stellt gleichsam die Erfüllung seines Lebens dar. Das scheint eine deutliche Anlehnung an geistliche Muster. Nicht, dass wir vor einem religiösen Helden stünden: Er bleibt im weltlichen heroischen Bereich, aber er verleiht im Laufe des Epos seinem Heldentum eine Bedeutung, die von der abweicht, die das Leben aller anderen Heroen kennzeichnet, welche der Dichter herbeizitiert, um nach und nach den Kontrast zu definieren.

So erhält am Ende auch der Schatz eine ganz andere Verwendung als sie in Heldensagen üblich ist. Wiclaf, der Krieger, der Beowulf im Kampf gegen das Ungeheuer unterstützt hat, schlägt vor, dass der Schatz vollständig mit dem Helden verbrannt werden soll, damit das Gold schmelze und sich mit der Asche des Helden mische, und dass weder Mann noch Frau ein Stück davon mitnehmen sollen (V. 3010–3021). Am Ende wird der Hort zwar nicht in die Flammen geworfen, aber doch zusammen mit der Asche Beowulfs begraben, wo er verbleiben wird, für die Menschen nunmehr unbrauchbar (*unnyt*, V. 3168).

Es besteht wohl kein Zweifel daran, dass diese Perspektivierung der Geschichte einer fein bemessenen Kritik des frühmittelalterlichen Kriegeradels verpflichtet ist, da sie ihm als kulturellem Träger heroischer Traditionen einen Spiegel entgegenhält, der die zerstörerische Logik des Heldentums hervorhebt. Die Konzeption des Helden, der diesen Modellen gezielt entgeht oder sie auflöst, ist offensichtlich einem christlichen Weltverständnis entsprungen. Doch ist die Kritik nicht doktrinär, sondern führt ein ums andere Mal die schreckliche Grausamkeit und Trostlosigkeit der heroischen Verhaltensmuster vor Augen, die andauernd in Tod, Verwandtenkampf, Brudermord und Reichsuntergang münden.

Die Technik der wiederholten Vor- und Rückblicke dürfte in vergilscher Tradition stehen, wie auch das Prinzip der Anspielungen auf andere Sagen geschickt antike Vorbilder anzupassen scheint. Die einzigartige Häufung und Dichte der Zitate und Verweise macht aus dem ›Beowulf‹, wie Joseph Harris es treffend nannte, eine Art *summa litterarum*, ein Kompendium von Geschichten, das zudem in einer Weise zusammengefügt ist, die kaum das Entfernen eines Teils ermöglicht, was John Leyerle als *interlace structure* bezeichnete. Die Kritik William P. Kers, der ›Beowulf‹ stelle das Irrelevante ins Zentrum und verdränge das Relevante an den Rand, trifft gewissermaßen das

Aussehen, denn die Zahl der Abschweifungen lässt die Handlung manchmal sekundär erscheinen; aber sie irrt in der Bewertung, denn der Autor setzt diese Digressionen sinnstiftend ein, um den Kontrast zum Helden herzustellen. Zudem tragen auch die Zitate und Exkurse zur epischen Erweiterung des Textes bei. Die Amplifikation führt unweigerlich zum Eindringen des geschichtlichen Präsens in eine Dichtung. Der ›Beowulf‹ baut eine Reihe narrativer Elemente ein, die im Ganzen auch eine kritische Revision politischer und aristokratischer Verhaltensmuster impliziert. Das ist es, was der Dichtung den Charakter eines Epos verleiht. Das knappe Lied vermag nicht, wie wir in den vorigen Kapiteln sehen konnten, diese Vielfalt an Elementen einzubauen, die es dem Epos ermöglicht, ein komplexes Weltbild zu schaffen, es zu erklären oder zu problematisieren. Der ›Beowulf‹-Dichter ist der einzige, dem es vor dem 12. Jahrhundert gelungen ist, in der Volkssprache ein solches Epos zu konstruieren, wenn er auch keine Nachfolge fand.

Großbritannien weist bis zur Mitte des 11. Jahrhunderts die reichhaltigste und vielfältigste volkssprachliche literarische Produktion des gesamten mittelalterlichen Abendlandes auf. Zwar sind uns meist religiöse Texte überliefert, doch kennen wir auch historische und politische Dichtungen, wie die ›Battle of Maldon‹ oder die ›Battle of Brunanburh‹, und eben auch heroische Dichtung, sowohl in kürzerem Format (›Finnsburg‹) als auch in epischer Länge (›Beowulf‹). Keine andere Region westlich von Byzanz kennt eine solche Kreativität in einer nicht-lateinischen Sprache, in Versen wie in Prosa. Doch bricht die gesamte Tradition 1066 mit der Niederlage König Haralds II. in der Schlacht von Hastings vor Wilhelm I. radikal ab. Die normannische Eroberung Britanniens hatte zur Folge, dass eine fremde Aristokratie mit einer romanischen Sprache die Macht übernahm, den heimischen Adel verdrängte und einen neuen kulturellen Kontext schuf, der nicht an die vorherige Tradition anknüpfte. Der deutlichste Ausdruck davon ist die ›Historia Regum Brittaniae‹ Galfrieds von Monmouth (ca. 1138), die eine ununterbrochene Sequenz britischer Könige erfindet, die mit Äneas' Urenkel Brutus beginnt, welcher sich mit einer Schar Trojanern auf der Insel niederließ. Die Könige sind wohl meist erfunden; vor allem aber unterdrückt der Text systematisch die Herrschaft der germanischen Völker, die fünf Jahrhunderte lang dort eine prachtvolle Kultur entwickelten. Stattdessen führt er Figuren wie König Artus ein, dessen sagenhaftes Leben dann auch unter Heinrich II. Plantagenêt im dritten Viertel des 12. Jahrhunderts einen passenden Stoff abzugeben schien, um damit neue Formen der Literatur anzuregen, die dieser Figur einen unsterblichen Ruhm verleihen sollten.

Die Produktion englischer Texte bricht jedoch nie völlig ab, da die Klöster weniger durchlässig für die äußeren politischen Veränderungen waren und weiterhin einem Publikum dienten, das nie gänzlich die neue Sprache übernahm. Aber die englischsprachige Literatur dieser Zeit ist marginal und nur mit wenigen Ausnahmen auf liturgische Texte begrenzt. Die mündlichen Erzähltraditionen dürften nicht plötzlich verlorengegangen sein, doch sie überlebten die Zäsur nicht mehr. Als wieder weltliche literarische Texte in englischer Sprache entstehen, zunächst noch vereinzelt in der zweiten Hälfte des 13. Jahrhunderts, dann verbreitet im 14., haben sich die Formen, Typen und Themen radikal verändert. Eine heroische Dichtung taucht in England nicht wieder auf.

LITERATUR

Die gewöhnlich zitierte ›Beowulf‹-Ausgabe ist weiterhin *Beowulf and the Fight at Finnsburg*, hg. von Friedrich Klaeber, Boston ^{3}1950. Die neueste wissenschaftlich relevante Ausgabe ist: *Beowulf. An edition with relevant shorter texts*, hg. von Bruce Mitchell und Fred C. Robinson, Oxford 1998. Ich habe auch benutzt: *Beowulf und die kleineren Denkmäler der altenglischen Heldensage Waldere und Finnsburg*, hg. von Gerhard Nickel, 3 Bde., Heidelberg 1976, das die einzige aktuelle deutsche Übersetzung enthält. Sehr attraktiv ist auch die englische Übersetzung durch Seamus Heaney, *Beowulf. A new verse translation*, New York 2000.

Eine ausgezeichnete Einführung in die unterschiedlichen Aspekte und Probleme des Werkes bietet der Sammelband *A Beowulf Handbook*, hg. von Robert E. Bjork und John D. Niles, Exeter/Lincoln 1997, der außerdem eine sehr ausführliche Bibliographie bietet. Gute Einführungen sind ebenfalls *A companion to Beowulf*, hg. von Ruth Johnston Staver, Westport (Connecticut) 2005, sowie *A critical companion to Beowulf*, hg. von Andy Orchard, Cambridge 2003. Für das Studium der Handschrift ist vor allem das Buch von Kemp Malone, *The Nowell Codex*, Kopenhagen 1963 (Early English Manuscripts in Facsimiles 12), heranzuziehen. Die letzte monographische Untersuchung stammt von Kevin Kiernan, *›Beowulf‹ and the ›Beowulf‹ Manuscript*, Ann Arbor [2]1996, dessen Thesen aber von der Kritik kaum akzeptiert werden. Die sehr kontroverse Frage nach Datierung und Autorschaft behandeln, neben dem entsprechenden Kapitel im *Beowulf Handbook*, die Arbeiten von Gunhild Müller-Zimmermann, »Beowulf: Zur Datierungs- und Interpretationsproblematik«, und von Hildegard L. C. Tristram, »What's the Point of Dating Beowulf?«, beide in *Medieval Insular Literature between the Oral and the Written, II: Continuity of Transmission*, hg. von Hildegard L. C. Tristram, Tübingen 1997 (ScriptOralia 97), S. 29–64 und 65–80, wegen der guten Gesamtschau. Einige frühere Arbeiten wurden versammelt neugedruckt im Band *Dating of Beowulf*, hg. von Colin Chase, Toronto 1981.

Kontrovers ist weiterhin die Frage der Metrik im Werk: vgl. Calvin B. Kendall, *The metrical grammar of ›Beowulf‹*, Cambridge 1991, und Robert D. Fulk, *A History of Old English Meter*, Philadelphia 1992. Die zugrunde liegenden Bestandteile lateinischer Rhetorik wurden erstmals von Adeline C. Bartlett, *The Larger Rhetorical Patterns in Anglo-Saxon Poetry*, New York 1935, studiert.

Die Theorie mündlich-formelhafter Komposition wurde zum ersten Mal auf dieses Werk angewandt von Francis P. Magoun Jr., »The Oral-Formulaic Character of Anglo-Saxon Narrative Poetry«, in *Speculum* 28 (1953), S. 446–467; die Thesen sind später aktualisiert worden von John D. Niles, *Beowulf: The Poem and Its Tradition*, Cambridge (Mass.) 1983, sowie von John Miles Foley, *Traditional Oral Epic: The Odyssey, Beowulf, and the Serbo-Croatian Return Song*, Berkeley/Los Angeles 1990. Das Verständnis des Zusammenwirkens heidnischer und christlicher Elemente im ›Beowulf‹ wurde entscheidend beeinflusst durch den ausführlichen Aufsatz von Patrick Wormald, »Bede, ›Beowulf‹ and the Conversion of the Anglo-Saxon Aristocracy«, in Robert T. Farell (ed.), *Bede and Anglo-Saxon England*, Oxford 1978 (British Archaeological Reports 46), S. 32–95. Der ›Liber monstrorum‹ ist in einer recht zugänglichen Ausgabe lesbar: *Liber monstrorum. Introduzione, edizione, versione e commento*, hg. von Franco Porsia, Bari 1976.

Die Parallelen zur Grendel-Kampf-Geschichte in anderen Traditionen sind nachzuschlagen im Katalog von Antti Aarne und Stith Thompson, *The Types of the Folk-Tale*, Helsinki [4]1961 (Folklore Fellows Communications 184). Die klassische Monographie zu den wichtigsten literarischen Parallelen stammt von Friedrich Panzer, *Studien zur germanischen Sagengeschichte. I: Beowulf*, München 1910; die keltischen Parallelen wurden zusammengetragen und untersucht von Martin Puhvel, *›Beowulf‹ and Celtic Tradition*, Waterloo (Ontario) 1979. Die einschlägigen Texte wurden ediert von J. Michael Stitt, *Beowulf and the Bear's Son. Epic, Saga and Fairytale in Northern Germanic Tradition*, New York/London 1992. Neuerdings hat Richard North, *The origins of Beowulf. From Vergil to Wiglaf*, Oxford 2007, das Problem wieder dargelegt.

Den Exkursen hat Adrien Bonjour, *The Digressions in ›Beowulf‹*, Oxford ²1965 (Medium Ævum Monographs V) eine monographische Arbeit gewidmet; doch ihre Beziehung zur heroischen Tradition ist lediglich von William W. Lawrence, *Beowulf and Epic Tradition*, Cambridge 1928, berührt worden. Die Geschichte des Kampfes auf der Finnsburg behandelt grundlegend das Buch von Donald K. Fry, *Finnsburh. Fragment and Episode*, London 1974; ähnliche Bedeutung hat für den ›Widsith‹ das Buch von R. W. Chambers, *Widsith. A Study in Old English Heroic Legend*, Cambridge 1912. Die Bedeutung der heroischen Heimkehr hat Walter Haug, »Der Tag der Heimkehr. Zu einer historischen Logik der Phantasie«, in ders., *Strukturen als Schlüssel zur Welt. Kleine Schriften zur Erzählliteratur des Mittelalters*, Tübingen 1989, S. 37–50, hervorgehoben. Die Analyse der Strukturmerkmale des ›Beowulf‹ durch John Leyerle, »The Interlace Structure of ›Beowulf‹«, in *University of Toronto Quarterly* 37 (1967), S. 1–17 (Nachdruck in *Interpretations of Beowulf. A Critical Anthology*, hg. von Robert D. Fulk, Bloomington/Indianapolis 1991, S. 146–167), ist keineswegs veraltet.

Ich habe viel profitiert von den Deutungsansätzen von Theodore M. Andersson, »Tradition and Design in ›Beowulf‹«, in *Old English Literature in Context: Ten Essays*, hg. von John D. Niles, Cambridge (Mass.) 1980, S. 90–106 und 171–172; George Clark, *Beowulf*, Boston 1990; Stanley B. Greenfield, *Hero and Exile. The Art of Old English Poetry*, hg. von George H. Brown, London/Ronceverte 1989; James Earl, *Thinking about ›Beowulf‹*, Stanford 1994; Joseph Harris, »Die altenglische Heldendichtung«, in *Europäisches Frühmittelalter*, hg. von Klaus von See, Wiesbaden 1985 (Neues Handbuch der Literaturwissenschaft 6); John Niles, *›Beowulf‹. The Poem and its Tradition*, Cambridge (Massachusetts) 1983; Eric Gerald Stanley, »Beowulf«, in *Continuations and Beginnings. Studies in Old English Literature*, hg. von E. G. Stanley, London 1966, S. 104–140; Dorothy Whitelock, *The Audience of Beowulf*, Oxford 1951; ebenso von den Aufsätzen in den Sammelbänden: *Beowulf. Basic Readings*, hg. von Peter S. Baker, New York/London 1995, und *Interpretations of Beowulf. A Critical Anthology*, hg. von Robert D. Fulk, Bloomington/Indianapolis 1991. Forschungsgeschichtlich ist der klassische Aufsatz von John R. R. Tolkien, »Beowulf: The Monsters and the Critics«, in *Proceedings of the British Academy* 22 (1936), S. 245–295 (Nachdruck in R. D. Fulk, s. oben, S. 14–44), immer noch interessant.

Eine Einführung und einen Überblick über die englische und anglo-normannische Literatur nach der Invasion von 1066 findet sich in den Büchern von M. Dominica Legge, *Anglo-Norman Literature and its Background*, Oxford 1963, und von William Calin, *The French Tradition and the Literature of Medieval England*, Toronto 1994.

III. Klerikerkultur und Heldendichtung bis zum 12. Jahrhundert

Die Heldendichtung ist eine alte, vielleicht sogar vorchristliche, weltliche literarische Gattung, die unter dem frühmittelalterlichen Adel zweifellos weite Verbreitung und kein geringes Ansehen genoss. Die Kriegeraristokratie hatte mit der Christianisierung zunächst nur marginal ihre Lebensformen verändert; die Bereitschaft, einen neuen offiziellen Glauben zu ergreifen, schloss keineswegs den Willen ein, die althergebrachten Traditionen und Gewohnheiten zu verändern, was nur langsam und im Verlauf der Zeit spürbar wurde. Gerade deswegen aber waren die heroischen Erzählungen auch den klerikalen Eliten der Zeit gegenwärtig, die zum großen Teil aus Männern adeliger Herkunft bestanden.

Im Lichte der Zeugnisse muss man annehmen, dass Kirchen und Klöster äußerst permeabel waren für die Gesänge, die an den Höfen erfolgreich waren, oder auch für solche aus weniger feinen Gesellschaftskreisen. Ebenso gewannen aber auch die biblischen und römischen Geschichten, die die Kirche vermittelte, an den Fürstenhäusern an Beliebtheit. Die offizielle Position der Kirche war aber stets die der Verleumdung wenig frommer Formen des Zeitvertreibs, und sie wiederholte diese Einstellung unermüdlich über die Jahrhunderte hinweg. Letztlich ging es ihr darum, eine ideologische Kontrolle über die kulturellen Erzeugnisse zu gewinnen, auch über die heroische Dichtung, und sie den eigenen Interessen dienstbar zu machen.

In diesem Kapitel sollen die wichtigsten Zeugnisse heroischer Traditionen in der lateinischen Literatur und im klerikalen Umfeld bis zum 12. Jahrhundert vorgestellt werden, also all jene Quellen, die nicht poetisch sind oder die nicht in der Volkssprache stehen. Man spricht in der Regel von indirekten Zeugnissen, weil sie nicht die Geschichten erzählen, sondern nur auf sie anspielen. Allerdings gibt es auch volkssprachliche indirekte Zeugnisse; die aber werden in den anderen Kapiteln behandelt. Diese Quellen liefern über die Sagen, die in ihrer Zeit im Umlauf waren, wichtige Informationen, die in manchen Fällen die Aussagen der Dichtungen vervollständigen oder variieren. Aber sie zeigen oft besser als die dichterischen Texte, wie die Geschichten gedeutet und benutzt wurden.

Zuerst sollen in einem schnellen Durchgang (erster Abschnitt) diejenigen Textstellen präsentiert werden, die die typische kritische Haltung der Kirche zur heroischen Literatur und zu Berufssängern zeigen (und die so deutlich in Kontrast stehen zu dem lebhaften Interesse für diese Geschichten in manchem Kloster). Die Angriffe auf die Sagen über große Heroen, die oft ein wenig mechanisch wiederholt werden, können auch in Sarkasmus münden, der die Grundlage bildet für eine der besten lateinischen Dichtungen des 9. und 10. Jahrhunderts, den ›Waltharius‹, dem der zweite Abschnitt gewidmet ist. Der satirische Ton dieses Werkes zeigt eine neue Einstellung gegenüber den alten Stoffen, die sich – neben verlässlicheren historischen Quellen – auch in der Benutzung und Manipulation von Sagenmaterial durch lateinische Chronisten zeigt; von ihnen handelt der dritte Abschnitt. Schließlich wurden die weltlichen Erzählungen auch in Bildern und Plastiken dargestellt, häufig in überraschenden Kontexten, wie neben Abbildungen aus dem Leben Jesu oder auf Kirchenportalen; sie sind Inhalt unseres vierten Abschnitts.

1. Kleriker und weltliche Dichtung

Im klerikalen Schrifttum des frühen und hohen Mittelalters wiederholt sich die Kritik an fahrenden Sängern und Unterhaltern, an den Formen und Inhalten ihrer Gesänge beinahe wie eine Litanei. Wie aber in diesen Jahrhunderten Kleriker völlig unterschiedlicher Abstammung, Herkunft, Bildung und Ideologie koexistierten, die gänzlich divergente Stellungen innehaben konnten (vom einfachsten Mönch bis zum kaiserlichen Ratgeber), so bezeichnet auch der Terminus ›Spielmann‹ weder eine Personengruppe noch eine soziale

Schicht, sondern einen Beruf, der von ganz verschiedenartigen Personen unter deutlich voneinander abweichenden Bedingungen ausgeübt werden konnte. Es ist wahrscheinlich, dass es auch im Frühmittelalter Typen und Schichten von Spielleuten gab, aber es ist schwer, sie von einander zu unterscheiden, denn die Informationen, die uns die Quellen bieten, sind nur sehr vage. Die in den Texten verwendeten Termini (*mimus*, *histrio*, *ioculator*, *scurra*, *scaenicus*) scheinen meist dasselbe bezeichnen zu wollen; außerdem sind sie wenig verlässlich, weil sie oft mit einer Verleumdung des Bezeichneten einhergehen. Der Beruf des Unterhalters war wohl auch in früher Zeit wesentlich undifferenzierter als im 14. oder 15. Jahrhundert. Er konnte wohl von Pantomime und Akrobatik über Tanz und Musik bis zu Dichtung und Lied reichen, und zweifellos waren die Vervielfältigung der Fähigkeiten einerseits wie auch die Spezialisierung andererseits gleichwertige Überlebensstrategien in diesem Beruf, der durch ständige Mobilität und Abhängigkeit von einem wechselnden Publikum bedingt war.

Zumindest bis zum Ende des 9. oder Anfang des 10. Jahrhunderts scheinen die Quellen aber auch eine bestimmte Variante des Spielmanns auszuzeichnen, den *vates* oder *psalmista*, der an einen Hof gebunden gewesen zu sein scheint und der dem entsprechen dürfte, der in den Volkssprachen *scop* oder *skof* genannt wird. Im ›Beowulf‹ tritt so ein Spielmann auf: Es ist derjenige, der von Sigmunds Drachenkampf singt und von der Schlacht auf der Finnsburg, aber auch von der Schöpfung der Welt und von anderen Königen. Sein Repertoire umfasst demnach heroische, biblische und historische Stoffe, also fast alles, was an Erzählmaterial zu der Zeit verfügbar war. Zwar ist das Bild, das im angelsächsischen Epos von diesem Hofsänger gemalt wird, unvollständig, denn es wird nicht erklärt, in welchem Maße er auch Witze oder Rätsel kennen oder die Musik für einen Tanz organisieren musste. Doch kann man wohl mit einiger Wahrscheinlichkeit behaupten, dass die Anwesenheit eines begabten Spielmanns bei den kulturellen Veranstaltungen des Adels ein Zeichen des Prestiges, der Repräsentation der Herrschaft und der Interessen des Hofherren war. Da die heroischen Traditionen bis zum Ende des Mittelalters spezifisch adelig sind und zur kollektiven Identität dieser Elite beitragen, dürften ihre Träger, also diejenigen, die sie richtig zu singen verstanden, auch eine besondere Anerkennung genossen haben. Einige große Herrscher waren gute Künstler und pflegten den Gesang (in mehreren frühmittelalterlichen Gräbern wurden Leiern als Beigabe gefunden); zu ihrem Repertoire dürften auch Heldengesänge gehört haben.

Die Kleriker dagegen unterscheiden in ihrer Kritik nicht zwischen Spielleuten und weltlicher Dichtung im Allgemeinen. Otfrid von Weißenburg spricht in der Widmung seines ›Evangelienbuchs‹ vom *laicorum cantus obscenus*, dem »obszönen Gesang der Laien«, den sein Buch durch die Lehre der Heiligen Schrift ersetzen möchte. Die Pariser Synode von 829 verurteilte die »Possen«, das »dumme Geschwätz« und die »widerlichen Späße« der Spielleute. Das kann alles einschließen.

In Grammatik- und Rhetorikbüchern verwenden die Autoren manchmal zur Bezeichnung narrativer, liedhafter Dichtung den Terminus *tragoedia.* »Die Tragödie ist eine Liedart«, behauptete schon Placidus gegen Ende des 5. oder Anfang des 6. Jahrhunderts (*tragoedia est genus carminis*). Und diese Gattungsbezeichnung umfasst alle historischen Erzähltypen, wie unter anderem eine berühmte Definition von Honorius Augustodunensis (ca. 1130) belegt: »Tragödien heißen die, die von Kriegen handeln, wie Lukan; Komödien die, die von Hochzeiten singen, wie Terenz« (*tragoediae sunt, quae bella tractant, ut Lucanus; comoedia sunt, quae nuptialia cantant, ut Terentius*). Nach zeitgenössischer Vorstellung konnten also alle historischen Erzählungen als *tragoediae* bezeichnet werden, von Lukans ›Pharsalia‹ über die Taten früherer Könige bis zu Sagen über Dietrich von Bern oder Ermanarich. Die semantische Unbestimmtheit, die im Übrigen typisch für die Zeit ist, macht den Terminus wenig geeignet für den Gebrauch in der Forschung.

Die soeben zitierten Stellen sprechen von den *tragoediae* als *carmina*, also Dichtungen, die nach Einhard, dem Biographen Karls des Großen, gesungen wurden (*canebantur*). In etwas späteren Texten wird dies ein wenig differenziert. Frutolf von Michelsberg (vgl. Kapitel III,3, S. 129–132) spricht um 1100 von den Sagen über Ermanarich und Dietrich von Bern mit einer zweifachen Bezeichnung: Von ihm werde in »volkssprachlichen Erzählungen und in gemessenen Gesängen« berichtet (*vulgari fabulatione et cantilenarum modulatione*). Dieser Ausdruck scheint gesprochene Geschichten von rezitierten oder gesungenen zu unterscheiden. Er stimmt darin mit dem überein, was Thioderich von Deutz um 1160 in seinem ›Chronicon‹ von den Sagen über Dietrich von Bern sagt, nämlich dass sie »in alten Erzählungen und in den Gesängen der Tragödier« fortleben (*veterum narrationibus tragicorumque decantationibus*). Dies bestätigt, was wir auch anderen Indizien entnehmen können: Die Heldensagen existieren nicht nur im Heldenlied, denn neben der Überlieferung in gebundener Rede existierte auch eine Tradition in Prosa, vielleicht nur als Zusammenfassung der Handlung oder zur Unterstützung des Verständnisses von Liedern, die nicht die gesamte Information über die Geschichte boten. Die Heldendichtung wird also begleitet von einer breiteren Kenntnis der Geschichte, die sie erzählt.

Besonders jene Kleriker, die dem Laienpublikum in der Liturgie oder bei der Missionierung gegenüberzustehen hatten, kannten die Möglichkeiten, die weltliche Lieder für die Vermittlung religiöser Inhalte boten. Wilhelm von Malmesbury berichtet im fünften Buch seiner ›Gesta Pontificum Anglorum‹ (ca. 1125), dass der frühere Abt Aldhelm von Malmesbury († 709) vor der Predigt ein *carmen triviale*, also ein »gewöhnliches Lied« zu singen pflegte, aus dem er dann eine geistliche Deutung entwickelte. Die Echtheit der Anekdote ist nicht überprüfbar, aber sie ist signifikant für die Art und Weise, wie die Geistlichen auf den Britischen Inseln die Volkssprache und die weltlichen Traditionen für religiöse Zwecke nutzten, was sich dann auch in der reichen Textproduktion spiegelt.

Doch um weltliche Traditionen nutzen zu können, musste man sie kennen und sich ihnen nähern, eine Einstellung, die innerhalb der kirchlichen Institutionen nicht wenige Kritiker hatte. Gegen diese Nachbarschaft von Geistlichen und weltlicher Kultur schrieb 797 der Brite Alkuin, der damals Abt von Tours war, einen oft zitierten Brief an den Bischof von Lindisfarne. Darin warnt er einen Kollegen, keiner unangemessenen Lebensart zu verfallen, und regt ihn zur Askese und zum Gebet an sowie dazu, die Laien zu belehren und die Armen zu ernähren; das sei besser als die Tafel mit Unzüchtigen zu teilen oder sich dem Rausch hinzugeben. Dann spricht er von der Lektüre: In der Gemeinschaft seien die Heiligen Schriften zu lesen, man solle dem Prediger zuhören, nicht dem Harfenspieler, auf die Homilien der Alten achten, nicht auf die Lieder der Laien (*carmina gentilium*). *Quid Hinieldus cum Christo?*, lautet seine berühmte Frage: Was hat Ingeld mit Christus gemeinsam? Die Antwort ist kaum notwendig, denn nichts kann den Helden einer germanischen Sage – die im ›Beowulf‹ erwähnt wird – mit dem Heiland verbinden. Alkuins Rechtfertigung ist kategorisch: »Eng ist das Haus der Herrn und kann nicht beide unterbringen. Der Herr des Himmels möchte es nicht mit heidnischen und verdammten Königen teilen« (*angusta est domus: utrosque tenere non poterit. Non vult rex celestis cum paganis et perditis nominetenus regibus communionem habere*). Und er beschließt: »Die Stimmen der Vorleser müssen in deinen Häusern gehört werden, nicht das Lachen der Menge in den Höfen« (*voces legentium audire in domibus tuis, non ridentium turbam in plateis*).

Es steht nicht fest, ob die Worte des ehrwürdigen Abts von Tours eine allgemeine Warnung darstellten, eine Aufzählung erinnerungswürdiger Vorschriften oder ob sie auf Nachrichten über ein mutmaßlich wenig asketisches Leben in den Gemeinden von Lindisfarne reagierten. Jedenfalls sind bei Alkuin, der zwei Jahrzehnte lang einer der einflussreichsten Männer in der Kanzlei Karls des Großen war, solche strikten Warnungen nicht selten. Wahrscheinlich beeinflusste er das kaiserliche Edikt von 789, das Bischöfen, Äbten und Äbtissinnen die Haltung von Jagdhunden, Beizvögeln oder Spielleuten verbat. Das Edikt wurde 802 wiederholt und im 9. Jahrhundert begegnen häufig Untersagungen an die Kleriker, als Spielleute aufzutreten oder solche anzustellen. Verbote wie diese sagen viel aus über wahrscheinlich nicht unübliche Praktiken in den geistlichen Gemeinschaften. Offenbar sträubten sich viele der Männer, die aus adeligen Familien stammten und geistliche Ämter innehatten, die Traditionen, Gewohnheiten und Unterhaltungsformen, mit denen sie herangewachsen waren, aufzugeben. Die Haltung Alkuins zeigt also die offizielle Doktrin der Kirche, aber nicht die alltägliche Praxis ihrer Mitglieder.

Das lässt sich an einem weiteren berühmten Fall zeigen, dem des Bamberger Bischofs Gunther. Gegen 1160 beklagt sein Domschulmeister Meinhard in einem Brief an einen Freund, dass der Prälat Komiker auftreten lasse, die Gefechte ausführen und Triumphe feiern, was ein Getöse verursache, welches jegliche Ernsthaftigkeit und Disziplin vermissen lasse. Und auch die Lebensart des Bischofs selbst sei unwürdig:

> numquam ille Augustinum, numquam ille Gregorium recolit, semper ille Attalam, semper Amalungum et cetera id genus portare tractat. Versat ille non libros, sed lanceas, miratur ille non litterarum apices, sed mucronum acies.
>
> (»Niemals nimmt er sich Augustinus vor, niemals Gregorius, immer ist er damit beschäftigt, den Attila oder den Amelungen oder andere von der Sorte darzustellen. Er wälzt keine Bücher sondern schleudert Lanzen, er bewundert nicht die Spitzen der Buchstaben, sondern die Schneiden der Schwerter.«)

Meinhard scheint sich auf eine Art von Nachspiel oder Inszenierung heroischer Geschichten oder auf ein kollektives Spiel mit Heldenmotiven zu beziehen. »Den Attila« oder »den Amelungen repräsentieren« – die lateinische Formulierung *portare tractat* ist allerdings höchst kontrovers –, könnte dann bedeuten, eine Maske anzuziehen oder eine tragbare Figur zu schleppen oder gar nur Abzeichen anzulegen, die den Träger als Attila oder Dietrich von Bern (der aus dem Geschlecht der Amelungen stammte) identifizieren würde. Über solche ausgesprochen aristokratischen und wenig geistlichen Unterhaltungen wissen wir so gut wie nichts. Gunther scheint sich aber an ihnen aktiv beteiligt und Protagonistenrollen übernommen zu haben. Das belegt nicht nur die Präsenz und Aktualität von Heldensagen in Adelskreisen um die Mitte des 11. Jahrhunderts, sondern auch die Teilnahme kirchlicher Vertreter an solchen kulturellen Manifestationen einer Elite. Meinhards Klagen sind wenig emotional, oft auch übertrieben und ironisch, was seine Worte relativieren könnte. Ob Gunther mehr oder weniger Interesse für solche Belustigungen zeigte, können wir nicht sagen; sicher ist, dass er nicht der einzige Bischof war, der sich von Spielleuten vergnügen ließ.

Die Taten der alten Fürsten und Helden konnten, wie auch die der Heiligen, für exemplarische Zwecke eingesetzt werden. Hohe Geistliche haben sie für ihre Ratschläge an die Könige benutzt: Im Jahr 893 (so berichtet Flodoard von Reims in der ›Historia Remensis ecclesiae‹, Mitte des 10. Jh.s) bat Bischof Fulco von Reims den ostfränkischen König Arnulf von Kärnten um Gnade für Karl den Einfältigen, den Fulco als rechtsmäßigen westfränkischen König unterstützte; beide Herrscher waren die letzten Karolinger. Fulco zieht Beispiele und Autoritäten heran, um für eine wohlwollende Behandlung seines Schützlings zu argumentieren. Dann fügt er hinzu, deutsche Bücher würden von einem König namens Ermanarich berichten, der die Leute seines eigenen Geschlechts aufgrund ungnädiger Empfehlungen eines Ratgebers zu Tode verurteilt habe; es sei zu wünschen, dass der jetzige König nicht solchen kriminellen Ratschlägen folge, sondern den Mitgliedern seines eigenen Geschlechts gnädig sei. Dass Ermanarich in der Sage als Verwandtenmörder dargestellt wird, wurde bereits gesagt (vgl. Kapitel II,1, S. 32f., sowie Kapitel III,3, S. 125–131). Zweifellos hat also der Bischof von Reims, der gebürtiger Italiener war und hauptsächlich in romanischen Ländern agierte, diese Sage gekannt und gezielt vor dem germanischen König, von dem er eine genauere Kenntnis derselben erwarten konnte, für exemplarische Zwecke einzusetzen gewusst.

Ob auch am Hof Karls des Großen Heldendichtungen gepflegt wurden, ist ungewiss. Die Kulturpolitik des Kaisers achtete auch auf die Volkssprache, wie die von ihm angeregte Übersetzung heiliger und liturgischer Texte oder auch die Fixierung mündlichen Rechts, die Vereinheitlichung der Monats- und Windnamen sowie der Auftrag, eine Grammatik zu schreiben, zeigen. Karls Biograph Einhard berichtet darüber im Kapitel 29 seiner ›Vita Karoli‹. Dem fügt er auch einen berühmten Satz hinzu: »Er ließ auch uralte volkssprachliche Lieder, welche die Taten und Kriege alter Könige besangen, aufschreiben, um sie für die Nachwelt zu erhalten« (*item barbara et antiquissima carmina, quibus veterum regum actus et bella canebantur, scripsit memoriaeque mandavit*). Lange Zeit hat man geglaubt, der Kaiser habe ein Buch mit Heldenliedern zusammenstellen lassen, etwa wie die isländische ›Lieder-Edda‹ (vgl. Kapitel V,2); doch jegliche Suche blieb erfolglos, geschweige denn die Rekonstruktionsversuche. Wahrscheinlich existierte am Hof ein Interesse für heroische Dichtung; das ›Hildebrandslied‹ (vgl. Kapitel II,1) zeugt zumindest von einer kritischen Auseinandersetzung mit der Gattung, und sollte der ›Waltharius‹ (vgl. Kapitel III,2) zu Beginn des 9. Jahrhunderts entstanden sein, wie man neuerdings zu glauben geneigt ist, ließe sich ihm eine ähnliche Funktion zuschreiben. Aber nichts weist darauf hin, dass der Auftrag – falls er wirklich erfolgte – sich tatsächlich auf das bezog, was wir hier Heldenlieder nennen. Die Formulierung, »die Taten und Kriege alter Könige besingen«, kann sich auf Lieder über die Kämpfe der Sagenheroen beziehen, aber auch auf Lobgedichte zum Gedächtnis der eigenen Vorfahren. Als aristokratische Dichtung steht der Heldengesang anderen liedhaften erzählenden Gattungen nahe, die von geringerer Bedeutung waren oder weniger beliebt wie die Lieder über historische Begebenheiten (die ›Battle of Maldon‹, die ›Battle of Brunanburh‹ und das ›Ludwigslied‹ sind oft zitierte Beispiele) oder die Panegyrika auf lebende oder verstorbene Herrscher. Diese können einen ähnlichen Stil pflegen und auch eine vergleichbare Funktion im soziologischen Kontext erfüllen, doch literarisch gesehen folgen sie anderen Parametern.

Schließlich sollte nicht vergessen werden, dass die primäre Funktion heroischer Dichtung – auch der uns überlieferten Zeugnisse – wahrscheinlich die war, eine gute Geschichte zu erzählen; die Spannung, das Abenteuer, die schwierige Tat und die poetische Qualität waren Anziehungsfaktoren, denen sich nicht einmal die Geistlichen zu entziehen vermochten. Dass die Heldensagen außerdem Träger eines ›kulturellen Gedächtnisses‹ sein oder als Vorbilder (bzw. als Negativfolien) für adeliges und großartiges Verhalten eingesetzt werden konnten, sogar als Exempel für politische Handlung, konnte an den obigen Beispielen gezeigt werden.

LITERATUR

Immer noch grundlegend zur Figur der Spielleute ist die Monographie von Piet Wareman, *Spielmannsdichtung. Versuch einer Begriffsbestimmung*, Amsterdam 1951. Vgl. neuerdings auch Wolfgang Hartung, *Die Spielleute im Mittelalter. Gaukler, Dichter, Musikanten*, Darmstadt 2003. Nützlich sind auch Michael

Curschmann, *Spielmannsepik. Wege und Ergebnisse der Forschung von 1907–1965. Mit Ergänzungen und Nachträgen bis 1967 (Überlieferung und mündliche Kompositionsform)*, Stuttgart 1968, sowie Wolfgang Haubrichs, *Die Anfänge. Versuche volkssprachiger Schriftlichkeit im frühen Mittelalter (ca. 700–1050/60)*, Frankfurt 1988 (Geschichte der deutschen Literatur von den Anfängen bis zum Beginn der Neuzeit, I/1), S. 61–68. Die Zeugnisse wurden bereits gesammelt von Wilhelm Grimm, *Die deutsche Heldensage*, Darmstadt [4]1957. Die Bezeichnung heroischer Dichtung als *tragoedia* in lateinischen Schriften des 11. und 12. Jahrhunderts wurde untersucht von Otto Gschwantler, »Heldensage als ›tragoedia‹« [siehe unten], sowie von Fritz Peter Knapp, »*Tragoedia* und *Planctus*. Der Eintritt des *Nibelungenliedes* in die Welt der *litterati*«, in *Nibelungenlied und Klage. Sage und Geschichte, Struktur und Gattung. Passauer Nibelungengespräche 1985*, hg. von F. P. Knapp, Heidelberg 1987, S. 152–170.

Der Brief Alkuins an den Bischof von Lindisfarne findet sich in der Ausgabe *Epistolae Karolini aevi*, hg. von Ernst Dümmler, Bd. 2, Berlin 1895 (MGH Epist. IV, Karol. aevi II), Nr. 124, S. 181–184, besonders S. 183. Die Briefe Meinhards über Bischof Gunther von Bamberg stehen in *Briefsammlungen der Zeit Heinrichs IV.*, hg. von Carl Erdmann und Norbert Fickermann, München [2]1981 (MGH Briefe der deutschen Kaiserzeit 5), Nr. H 73, S. 120f., und Nr. 62, S. 109f. Sie wurden untersucht von Otto Gschwantler, »Heldensage als ›tragoedia‹. Zum Brief des Domschulmeisters Meinhard an Bischof Gunther von Bamberg«, in *Zweites Pöchlarner Heldenliedgespräch. Die historische Dietrichepik*, hg. von Klaus Zatloukal, Wien 1992, S. 39–67. Meine Übersetzung folgt z.T. der von Benedikt Konrad Vollmann, »Paulus Diaconus und das Heldenlied«, in *Impulse und Resonanzen. Tübinger mediävistische Beiträge zum 80. Geburtstag von Walter Haug*, hg. von Gisela Vollmann-Profe u.a., Tübingen 2007, S. 45–56, hier S. 55. Der Fürspruch Fulcos von Reims an König Arnulf findet sich in *Flodoardi Historia Remensis ecclesiae*, hg. von Johannes Heller und Georg Waitz, Hannover 1881 (MGH Scriptores XIII), S. 563f. Karls Interesse für die Taten alter Könige verzeichnet Einhard, dessen Biographie des Kaisers in zweisprachiger Ausgabe vorliegt: *Einhardus: Vita Karoli Magni. Das Leben Karls des Großen*, hg. von Evelyn S. Coleman, Stuttgart 1969 (RUB 1996). Über die mutmaßliche Sammlung von Heldenliedern zusammenfassend Wolfgang Haubrichs, »Veterum regum actus et bella. Zur sog. Heldenliedersammlung Karls des Großen«, in *Aspekte der Germanistik. Festschrift für Hans-Friedrich Rosenfeld zum 90. Geburtstag*, hg. von Walter Tauber, Göppingen 1989, S. 17–46.

2. Profaner Stoff und klerikale Rhetorik im ›Waltharius‹

Aus dem Widerspruch zwischen der Verleumdung heroischer Dichtung und dem hohen Interesse der Geistlichkeit an ihr entsteht eines der brillantesten Werke der lateinischen Literatur des 9. und 10. Jahrhunderts: der ›Waltharius‹. Es handelt sich um ein schwer datierbares, anonymes Opus von 1455 Hexametern, eine Länge, die sich auf halbem Weg zwischen kurzen Gesängen wie dem ›Hildebrandslied‹ und epischen Versuchen wie dem ›Beowulf‹ befindet. Die Geschichte basiert auf einer germanischen Heldensage, aber der Autor kombiniert, beinahe in der Art eines Cervantes, den Gefallen an der Gattung mit einer zwischen Ironie und Sarkasmus schwankenden Perspektive.

Der ›Waltharius‹ war ein recht verbreiteter Text, denn neben den elf überlieferten Handschriften (von denen fünf nur fragmentarisch erhalten sind), weisen alte Bibliothekskataloge auf die Existenz einer beträchtlichen Anzahl von Codices hin, die einen Waltharius enthalten haben könnten. Das älteste Fragment stammt aus der zweiten Hälfte des 10. Jahrhunderts, also muss das Werk früher gedichtet worden sein. Verschiedene Argumente erlauben es, den ›Waltharius‹ im Südwesten des deutschsprachigen Gebietes zu lokalisieren, im Bodenseeraum oder im Elsass, wo wichtige geistliche Zentren angesiedelt waren, welche die gut ausgestatteten Bibliotheken boten, auf denen dieses Werk basiert. Die Wahl des Lateinischen weist zweifellos auf einen Kleriker als Autor hin, und die Tatsache, dass er sich im ersten Vers an seine *fratres* wendet, könnte ein Hinweis darauf sein, dass er einem Kloster angehörte. In einigen Handschriften steht vor dem Epos ein Prolog-Gedicht, mit dem ein Autor namens Geraldus das Buch einem Bischof Erkambald widmet. Die Forschung ist generell der Meinung, dass dieser Geraldus nicht der Dichter des ›Waltharius‹ ist, sondern lediglich der der Widmung. Dann wäre diese nicht an den Auftraggeber des Werkes gerichtet, sondern an den der Abschrift. Hierfür kommen in Frage der Straßburger Bischof Erkambald (965–991) oder, mit geringerer Wahrscheinlichkeit, sein Namensvetter auf dem Mainzer Stuhl (1011–1021).

Lange Zeit dachte man, der Dichter des ›Waltharius‹ sei Ekkehard I. gewesen, ein Mönch aus Sankt Gallen († 973), denn ein späterer und namensgleicher Bruder desselben Klosters, Ekkehard IV., schrieb in seiner Abteigeschichte ›Casus Sancti Galli‹ (zweites Viertel des 11. Jahrhunderts), dass sein Vorgänger in seiner Jugend eine *vita Waltharii manufortis* (»Leben Walthers mit dem starken Arm«) geschrieben habe; die Abfassung würde damit in die erste Hälfte des 10. Jahrhunderts rücken. Die Forschung bezweifelt aber immer mehr, dass sich dieser Satz auf unsere Dichtung bezieht, denn im 10. Jahrhundert zirkulierten durch die westeuropäischen Konvente weitere Texte über den Krieger Waltharius, besonders einer über den Eintritt dieses Helden ins Kloster, auf den die Formulierung *vita Waltharii* viel besser passt als auf das Hexameterepos. Daher mehren sich inzwischen die Stimmen, die Argumente für eine frühere Datierung des Werkes aufbringen, wobei einige es bis in karolingische Zeit rücken möchten.

ZUSAMMENFASSUNG

Mit seinen mächtigen Heerscharen aus Pannonien überfällt Attila die westlichen Königreiche Franken, Burgund und Aquitanien. Deren Herrscher erkennen, dass sie ihm keinen Widerstand leisten können, bitten daher um Frieden und akzeptieren, Tribute zahlen und Geiseln stellen zu müssen. [28] Die Franken senden den jungen Vasallen Hagano, weil der Thronerbe Guntharius noch zu klein ist. Die Burgunder schicken Prinzessin Hiltgunt und die Aquitaner Prinz Waltharius, [81] beide ebenfalls noch sehr jung und von den Eltern durch ein Eheversprechen gebunden. Alle drei erhalten bei Attila eine gute Ausbildung; Hiltgunt wird die Vertraute der Königin Ospirin, während Waltharius und Hagano die mächtigsten Generäle des pannonischen Heeres werden. [117] Inzwischen aber hat Guntharius seinen verstorbenen Vater auf dem fränkischen Thron ersetzt und beschlossen, keine weiteren Tribute zu zahlen. Hagano fürchtet daraufhin Repressalien und flieht in sein Land zurück. Um einen zweiten Verlust zu vermeiden, schlägt Attila Waltharius vor, eine pannonische Fürstin zu heiraten, aber der entschuldigt sich mit der Ausrede, dass er dann kein guter Krieger mehr sein könne. [222] Kurz darauf, als der Aquitaner von einer Schlacht zurückkehrt, in der er sich wieder einmal als der beste und mutigste Heerführer bewiesen hat, trifft er in den königlichen Gemächern allein auf Hiltgunt. Er erinnert an das Eheversprechen der Eltern und schlägt ihr vor, gemeinsam in die Heimat zu fliehen; sie erklärt sich bereit, ihm zu folgen und seinen Plan auszuführen. [288] Einige Tage später gibt Waltharius ein Gelage am Hof, bei dem er stark gewürzte Lebensmittel auftragen lässt und dafür sorgt, dass alle Gäste stets die Gläser voll Wein haben, sodass bald alle Gäste vollkommen betrunken sind und in einen tiefen Schlaf fallen. Hätte jemand, so kommentiert der Autor, den Saal in Brand gesetzt, so würde es niemand gemerkt haben. [325] Hiltgunt hat währenddessen, Waltharius' Anweisungen folgend, Attilas Rüstung und zwei Schreine voller goldener Armreifen aus der Schatzkammer geholt. Außerdem hat sie je vier Paar Schuhe vorbereitet, eine Angelrute und diverse Haken. Waltharius verlässt nun die schlafenden Gäste, sattelt das beste Pferd aus dem königlichen Stall (das wegen seiner Kraft ›Löwe‹ genannt wird), belädt es mit Kisten, zieht die gestohlene Rüstung an, ergreift die Waffen aus der Schatzkammer und flieht zu Fuß, gefolgt von Hiltgunt, die das Ross am Zügel hält. [339] Die Flucht wird am folgenden Tag erst zu später Stunde bemerkt, doch der Kater des Königs, seine Verzweiflung wegen des schweren Verlustes und die Angst der übrigen Fürsten vor Waltharius' Kampfkraft vereiteln eine Verfolgung.

[419] Vierzig Tage später überqueren Waltharius und Hiltgunt den Rhein eines Abends in der Nähe von Worms, wo der fränkische König sitzt. Der Held bezahlt den Fährmann mit Fischen, die er aus dem Donautal mitgebracht hat. Am nächsten Morgen verkauft der Fährmann diese Fische an den Koch König Guntharius', und als dieser die unbekannten Tiere auf dem Tisch sieht, verlangt er sofort zu erfahren, woher sie kämen, sodass endlich der Fährmann geholt wird, der von den Flüchtlingen des Vorabends erzählt. [465] Hagano erklärt fröhlich, dass es sich um seinen Freund Waltharius handeln müsse, und Guntharius ruft aus, endlich könne er das Gold zurückbekommen, das sein Vater Attila als Tribut habe zahlen müssen; trotz Haganos wiederholter Warnung verfolgt Guntharius das Paar mit einer Schar von zwölf Kriegern. [490] Die Fliehenden haben hinter einem engen Bergpass Zuflucht gesucht, durch den immer nur ein Mann kommen kann. Während Waltharius ruht, hält Hiltgunt Wache; als sie die Reiter herannahen sieht, weckt sie den Geliebten, der sich sofort bewaffnet und zum Kampf bereitet, obwohl er den Helm seines Freundes Hagano erkennt. [582] Der Aquitaner weist Guntharius' Forderung zurück, ihm das Gold und die Frau zu geben, doch auch sein Angebot, einhundert Armreife als Wegegeld zu geben, wird abgelehnt. Der Wormser Herrscher schickt nun seine Männer, Waltharius das Gold abzunehmen. Hagano hält sich zurück, weil der König sich weigert, auf seinen Rat zu hören, den Helden nicht anzugreifen. Dieser tötet gnadenlos und mit wachsender Leichtigkeit all jene, die es wagen, ihm der Reihe nach entgegenzutreten, während die fränkischen Krieger, angespornt von einem immer aufgebrachteren und machtloseren Guntharius, nicht mehr als eine Locke von seinem Haar abzuschneiden vermögen. [1062] Am Abend sind nur noch der König selbst und Hagano am Leben; es gelingt dem König, Letzteren wieder für sich zu gewinnen. Sie ziehen sich ein wenig zurück, warten, bis am Morgen Waltharius seine Position verlässt, und fallen ihm dann in den Rücken. [1281] Im Kampf schlägt der Held Guntharius ein Bein ab, doch als er ihm den tödlichen Streich versetzen will, hält Hagano seinen Kopf dazwischen und das Schwert zerbricht am harten Helm. Als

Waltharius den Griff wegwirft, schneidet Hagano ihm den ausgestreckten Arm ab, aber der Aquitaner zieht mit der linken ein Kurzschwert, das er aus Pannonien mitgebracht hat und versetzt seinem Gegner einen Schnitt ins Gesicht, der ihm ein Auge und sechs Zähne entreißt. Die blutverschmierten Gliedmaßen liegen zitternd nebeneinander auf dem grünen Gras. So, kommentiert der Autor, haben sie die pannonischen Armreife verteilt. [1405] Hiltgunt verbindet den Kampfunfähigen die Wunden; Hagano und Waltharius fordern sie auf, ihnen Wein einzuschenken, und bald darauf verspotten sie sich wegen ihrer Verstümmelungen, schwören sich Freundschaft und kehren nach Hause zurück.

Im Unterschied zum ›Beowulf‹ basiert der ›Waltharius‹ sehr wohl auf einer Heldensage, die wir aus weiteren – volkssprachlichen – Zeugnissen sowie aus Anspielungen in anderen Texten kennen. Die wichtigste Quelle, der sogenannte ›Waldere‹, ist eine angelsächsische Stabreimdichtung unbestimmten Alters, die nur noch in zwei Fragmenten einer kleinformatigen Handschrift aus der Zeit um das Jahr 1000 überliefert vorliegt. Es handelt sich um zwei Einzelblätter mit je 31 Versen, die zwar nicht aufeinander folgen, aber doch offenbar dieselbe Szene ausführen. Das deutet darauf hin, dass der ›Waldere‹ wohl deutlich länger als das ›Hildebrandslied‹ oder das ›Atlilied‹ gewesen dürfte.

Die Szene, die beide Fragmente behandeln, ist die des Kampfes zwischen dem Helden und den Verfolgern. Gudhere (Guntharius), Hagena (Hagano), Waldere (Waltharius) und die Frau (die nicht genannt wird) sprechen in den Kampfpausen und möglicherweise auch vor der entscheidenden Begegnung miteinander. In dem üblicherweise als zweites Fragment bezeichneten Stück sagt Waldere, er sei müde vom Kämpfen (V. 17) – ob gegen Gudhere und Hagena oder gegen andere Verfolger, wird nicht gesagt –, und diese beiden seien Verräter (V. 23), weil sie ihn jetzt angreifen würden. Seinen Worten kann man auch entnehmen, dass Hagena sich wenigstens zeitweilig zu kämpfen geweigert hat. Im ersten Fragment spricht möglicherweise die Frau, die den Mut Walderes lobt, des Sohnes Ælfheres (*Ælfheres sunu*, V. I,11, entspricht ›Waltharius‹, V. 1237: *Alpharides*), der als Vorkämpfer Attilas (*Ætlan ordwyga*, V. I,6) oft seine Tapferkeit bewiesen habe. Sie spricht dem Helden ihre Unterstützung im Kampf zu – es ist aber nicht klar, ob der bereits begonnen hat – und erinnert ihn daran, dass das Schwert Miming, das vom berühmten Schmied Wieland geschmiedet wurde (*welandes worc*, V. I,2, entspricht ›Waltharius‹, V. 965: *Wielandia fabrica*), nie dem seinen Dienst versagt hat, der es zu handhaben verstand. Eines der größten Probleme des Textes besteht darin, dass auch zu Beginn des zweiten Fragmentes jemand – es wird aber nicht deutlich, wer –

von einem besonderen, unbesiegbaren Schwert spricht, das noch aufgehoben worden ist und das ebenfalls aus Wielands Hand zu stammen scheint (zu Wieland vgl. unten, S. 140–154). Logisch wäre, dass nur ein Schwert in Gespräch ist.

Einige Anspielungen auf diese Geschichte im ›Nibelungenlied‹ (vgl. Kapitel IV,1), die Fragmente einer mittelhochdeutschen epischen Dichtung über ›Walther und Hildegund‹ (13. Jh., vgl. Kapitel VI,2) sowie andere Texte bestätigen alle die wichtigsten Handlungsmomente der Walthersage. Walther und Hildegund verbringen einige Zeit an Attilas Hof, wo der Held große Taten vollbringt. In einem bestimmten Moment fliehen sie zusammen in die Heimat zurück, um zu heiraten, doch unterwegs werden sie, als sie sich bereits erfolgreich vom Land der Hunnen entfernt haben, von Gunther und Hagen überfallen, von denen sie einen freundlichen Empfang erwarteten. Hagen hält sich offenbar einige Zeit lang vom Kampf zurück und greift erst gegen Ende ein. Während in den ältesten Fassungen (›Waltharius‹, ›Waldere‹) offenbar das Gold der Konfliktauslöser ist, wird es in den Texten des 13. Jahrhunderts nicht mehr erwähnt, sodass die Ursache für den Konflikt nicht mehr ganz durchsichtig erscheint. Am Ende kommen alle lebend davon.

Das Grundmuster der Sage ist eine Brautraub-Flucht-Geschichte. Es erscheinen charakteristische Motive wie die Frau am fremden Hof, der einzigartige Held, der sich dort aufhält und als der Beste erweist, das Treffen mit der Schönen und die geheime Absprache, die Flucht und die Verfolgung. Die Forschung hat gezeigt, dass der Auftritt Gunthers und Hagens nicht ursprünglich gewesen sein kann, sondern auf die Verquickung einer früheren Erzählung mit dem Stoff des Burgundenuntergangs zurückzuführen ist. Darauf soll weiter unten noch eingegangen werden. Die Walthersage ist uns jedenfalls nur in dieser komplexen Form fassbar. Zeugnisse aus unterschiedlichen Zeiten und Gegenden weisen zwar deutliche Varianten auf, doch auch die Konstanz einer grundlegenden Handlungsstruktur und das unfehlbare Erscheinen einiger charakteristischer Motive. Der ›Waldere‹ zeigt, dass diese kontaminierte Sage schon früh eine weite Verbreitung gefunden hatte; möglicherweise wurde die Geschichte erst in dieser Form wirklich bekannt.

Der Dichter des ›Waltharius‹ allerdings ging sie auf Lateinisch an und wandte sich somit an ein ganz anders geartetes Publikum, nicht mehr an den Adel, sondern an Kleriker, welche die Sprache anhand römischer und christlicher Klassiker gelernt hatten. Dieser Lektürehintergrund fließt mit großer Freiheit und Fülle in den Text hinein und verleiht der heroischen Tradition einen ganz neuen Charakter. Die häufigen Zitate aus Vergil sowie die weniger zahlreichen, aber dennoch nicht unbedeutenden Entlehnungen aus Statius, Ovid und einer längeren Liste christlicher Autoren verleihen den Räumen, den Figuren und den Szenen – besonders den Kampfschilderungen – einen Reichtum an Details und Nuancierungen, der in den weltlichen Literaturen mindestens bis zum Ende des 12. Jahrhunderts unbekannt bleibt. Das impliziert eine Revision nicht nur der konkreten Sage, sondern der gesamten heldenepischen Gattung und seines Erzählstils. Die distanzierte und kritische Haltung des lateinischen Dichters gegenüber seinem Stoff bedeutet einen Bruch mit der Tradition. Dieser offenbart sich in einer Erzähltechnik, welche die traditionelle Logik heroischer Handlungsmuster zurückweist und an ihrer Stelle neue Motivationen konstruiert; trotzdem verläuft die Handlung so, wie die Tradition es erfordert, jedoch aus neuen, teilweise sinnentleerten, teilweise komischen Gründen. Ein kurzer Überblick über die wichtigsten Beispiele wird genügen, um die Raffinesse des Autors zu würdigen.

Die Erzählung beginnt in ganz historiographischer Manier mit einem Hinweis auf Europa und die Vielfalt seiner Völker und Sprachen, um sich schließlich auf das »tapfere« Volk der Pannonier zu konzentrieren, das alle anderen übertrifft, sowie auf dessen Herrscher Attila. In der Chronistik gilt der Hunnenkönig Attila als der Schrecken Europas (*terror Europae*), der Rom und die mitteleuropäischen Völkerschaften bedroht, zudem grausam und heidnisch ist. Seine Darstellung als großer und milder Herrscher der Pannonier, der die Länder mit friedlichen Abkommen und ohne Plünderung in sein Reich integriert, ist eine geistreiche Parodie der Figur des Hunnenkönigs aus der Chronik. Umgekehrt stößt die fromme und ängstliche Unterwerfung dieser Königreiche mit dem Stolz und der hohen Selbstschätzung des fränkischen Reichs zusammen, welche seit Karl dem Großen in der Literatur erscheinen. Dies betrifft ganz besonders die Umwandlung der traditionell burgundischen Heldensagenfiguren Gunther und Hagen in Franken, insbesondere als im zweiten Teil zunehmend Guntharius' Schwäche offensichtlich wird. Beide Effekte erzeugen eine Distanzierung des Lesers, der die ironische Absicht erkennen kann.

Der junge Waltharius wächst zu Attilas wichtigstem Heerführer heran, was an dem Feldzug gegen ein aufständisches Volk gezeigt wird, bei dem die feindlichen Truppen durch Waltharius' taktische Planung und durch seinen Mut besiegt werden (V. 170–207). Diese Feinde müssten eigentlich die Franken sein, denn kurz davor hat Guntharius Attila die Tributzahlungen gekündigt, doch davon ist nicht die Rede. Nach dem Sieg schmücken die Krieger ihre Köpfe ganz römisch mit Lorbeerzweigen und kehren heim. Nicht nur die Kenner lateinischer Literatur erwarten jetzt einen triumphalen Einzug des Helden in Attilas Hof; doch das Gegenteil geschieht: Das Heer läuft auseinander und jeder geht nach Hause (V. 213). Nur Waltharius reitet an den Hof, wo lediglich einige Diener ihn empfangen (als ob er von einem Spaziergang zurückkehren würde). Doch anstatt in die Königshalle zu gehen und dem König den Sieg anzukündigen, wendet er sich den privaten Gemächern zu und trifft dort Hiltgunt, mit der er sofort die Flucht plant. Damit wird ein typisches Motiv der Brautwerbungsgeschichten erfüllt: Der fremde Held zeigt, dass er der Beste ist, und erhält damit die Chance, die Frau zu sehen; so geschieht es noch im ›Nibelungenlied‹ (vgl. Kapitel IV,1). Das Überraschende und Witzige im ›Waltharius‹ ist, dass dies in einer Art Kurzschluss passiert, weil jegliche logische Folge gebrochen ist, und der Held dennoch die Frau zu sehen bekommt, allerdings in einer sonderbaren und unwahrscheinlichen Situation. Das typische Fest gibt dann der Held selbst, aber erst eine Woche später und ohne Anwesenheit der Frau, denn die bereitet solange die Flucht vor.

In der Flucht konzentrieren sich die meisten dieser so konstruierten Widersprüche oder logischen Brüche. Waltharius sorgt dafür, dass Attilas Höflinge schnell berauscht sind; auch wenn er die Halle in Brand gesetzt hätte, so der Autor ausdrücklich, hätte niemand etwas gemerkt, ein deutlicher Hinweis auf die Burgundensage (man denke an den Saalbrand im ›Atlilied‹ und im ›Nibelungenlied‹), der Erwartungen weckt, die aber sofort enttäuscht werden. Während die Pannonier schlafen, holt der Aquitaner das beste und stärkste Ross aus dem Stall. Wenn er nur ein Pferd nimmt und nicht drei, so kann das nur sein, weil es Eigenschaften besitzt, die es von den anderen unterscheiden und die für die Flucht notwendig sind; in Sagen ist das ein topisches Motiv. Doch statt mit ihm nun schnell Reißaus zu nehmen, erniedrigt Waltharius das gute Reittier zum Packesel: Das Paar flieht zu Fuß und zieht das mit den Kisten beladene Ross hinter sich her. Das riesige Tier ist außerdem so zahm, dass die zarte Jungfrau es an der Leine führen kann. Der Held ist dazu verhindert, denn er läuft in voller Rüstung, trägt sogar Helm, Schild und Lanze. In dieser Ausstattung mag er vielleicht prächtig aussehen, aber seine Flucht wird langsam, geräuschvoll und ungeschickt sein. Der Autor hat das traditionelle Motiv des mit der Frau auf einem besonderen Ross fliehenden Helden dekonstruiert und lässt nun alle drei unschuldig hintereinander herlaufen – ein Bild, das für jeden Sagenkenner äußerst komisch sein musste.

Als Attila das Verschwinden seiner Geiseln bemerkt, verbringt er den Rest des Tages mit Klagen über sein Unglück und zudem noch eine schlaflose Nacht. Am Tag darauf versucht er, eine Verfolgung in Gang zu bringen, kann aber seine Fürsten nicht dazu bewegen. Der große Monarch, der zu Beginn noch die Völker Europas beherrschte, hat sich nun in einen lächerlichen König verwandelt, der unfähig ist, seine Sorgen und Gewissensbisse zu verheimlichen oder die Barone zur Festnahme eines einzelnen Flüchtlings zu bewegen.

Der Auftritt Guntharius' und Haganos ist den Fischen zu verdanken, ein Detail, das kaum mit heroischer Dichtung vereinbar ist. Zweifellos wurde ursprünglich der König von dem Gold angezogen, das der Held mit sich führte; der Fährmann berichtete davon oder erhielt ein Stück als Zahlung für die Überfahrt und zeigte es dann weiter. Der Dichter des ›Waltharius‹ hat den Scherz mit den Fischen schon von langer Hand vorbereitet: Bereits bei der Planung der Flucht hat er dem Mädchen aufgetragen, Angeln mitzunehmen, als ob sie unterwegs nicht genügend Äste dafür hätten finden können.

Als dann der Fährmann die Fliehenden über den Rhein bringt, klingt es in den Kisten nach Gold (V. 462), dennoch akzeptiert er, mit Fischen bezahlt zu werden, eine Ware, die in den Satteltaschen eines fliehenden Helden überrascht und die hingegen der Mann, der vom Fluss lebt, im Überfluss gehabt haben dürfte. Obschon die Fische aus dem Donautal schon mehrere Tage aus dem Wasser sind, bringt der Fährmann gerade sie zum Küchenmeister, und als sie dann endlich die königliche Tafel erreichen, reagiert Guntharius' bei seinem ersten Auftritt vor diesen Fischen, als ob er ein sagenhaftes Stück Gold gefunden hätte.

Der Aquitaner nimmt auf seiner Flucht Waffen mit, die er aus Attilas Schatzkammer genommen hat. Das ist auffällig, denn als einer der wichtigsten Heerführer dürfte Waltharius eine Ausrüstung bester Qualität besessen haben. Wenn er dennoch die des Königs raubt, kann das nur bedeuten, dass diese Stücke Eigenschaften besitzen, die sie besonders hervorragend machen – daher liegen sie ja auch nicht in der Waffenkammer. Tatsächlich wird später erwähnt, dass sie vom berühmten Schmied Wieland (V. 965) geschaffen wurden. Im Unterschied zum römischen Vulkan wird aber in den germanischen Sagentraditionen Wieland vor allem das Schmieden eines Schwertes zugeschrieben, des Miming, das sich gerade nicht unter den von Waltharius gestohlenen Waffen befindet. Der ›Waldere‹ belegt, dass es in der Sage die wichtigste Waffe war, die der Held mit sich nahm. Doch im lateinischen Epos ist dieses gute Stück allenfalls zur hunnischen Machete reduziert worden, die Waltharius einsetzt, als sein Degen zerbricht (V. 1390).

Doch auch die übrigen Waffen, deren Diebstahl doch eine Absicht verfolgt haben muss, sind alles andere als entscheidend im Kampf. Mehr noch: Der Held legt sie nach und nach beiseite. Was zu Beginn noch verständlich scheint – Waltharius steckt die Lanze in die Erde, um mit dem Schwert zu kämpfen (V. 909), und dann lässt er dieses auf dem Gras liegen, um wieder die Lanze zu ergreifen (V. 922) –, verwandelt sich später in die konsequente Aufgabe des Schutzes: Zuerst hängt er den Helm an einen Ast (V. 960) und kämpft ohne ihn weiter; dann gibt er auch den Schild weg, weil er mit dem Schwert angreifen und parieren kann (V. 1017). Ähnliches geschieht mit dem Reittier: Mag es am Anfang noch eine logische Erklärung dafür geben, dass die Flüchtlinge nicht auf dem starken Ross davonreiten, weil dieses die Kisten mit dem Gold trägt, so vermisst man eine solche, als der Held beim Endkampf weiterhin auf das Pferd verzichtet, obwohl er jetzt die Tiere der besiegten Gegner besitzt, um die Kisten zu tragen. Wozu braucht ein Held Waffen und Ross, wenn er sie nicht im Kampf einsetzt?

Die Behandlung der übrigen Personen ist nicht wohlwollender. Immer wieder wird darauf hingewiesen, dass Hiltgunt, im Gegensatz zum Mut, den die Frau im ›Waldere‹ an den Tag legt, ängstlich und gebrechlich ist, während Guntharius als ein feiger und unfähiger König dargestellt wird. Nicht nur, wenn er Hagens Rat überhört und seine Männer in einen sicheren Tod schickt oder wenn er seinen letzten Krieger um Hilfe anfleht (V. 1062–1096), sondern vor allem, wenn im Kampf gegen Waltharius die Lanze, die er wirft, kaum Kraft genug hat, um im Schild des Aquitaners stecken zu bleiben (V. 1295), als ihm die Knie zittern (V. 1326) und er am Ende als Letzter trinken muss, weil er sich als Schwächling erwiesen hat (V. 1413–1415). Daher wird er wiederholt als *superbus* bezeichnet (V. 468, 628, 720, 1153, 1229, 1295), zweimal sogar als *demens* (V. 955, 1228).

Der Dichter verstärkt diese verzerrte und entheroisierte Darstellung der Figuren dadurch, dass er sie als Vertreter der Hauptsünden oder der ihnen entsprechenden Tugenden darstellt, eindeutig beeinflusst durch die ›Psychomachia‹ des Prudentius (ca. 400 n. Chr.). Die Pannonier begehen auf dem von Waltharius gebotenen Gelage Völlerei und, als sie ihn nicht verfolgen wollen, Trägheit; Guntharius und seine Mannen sind sowohl der Habgier verfallen, gegen die Hagano eine längere Rede hält (V. 857–875), wie auch dem Hochmut (besonders Guntharius) und dem Neid gegenüber den Verfolgten. Nicht einmal der Held ist vor dem kritischen Blick des Autors sicher, denn obwohl er ein erlauchtes Beispiel gegen alle Sünden ist, besonders gegen die Wollust (denn er rührt die Jungfrau in vierzig Tagen nicht an, V. 426f.), schwört er hochmütig, aber ganz heldenhaft, dass keiner der Franken, die er herannahen sieht, sich seiner Rüstung wird rühmen können – um dann sofort auf die Knie zu fallen und für seine Worte um Vergebung zu bitten (V. 561–565). Am besten sichtbar wird die auf Prudentius' Einfluss beruhende allegorische Deutung aber im Endkampf: Waltharius hat dem König ein Bein amputiert und holt nun zum tödlichen Schlag aus, da steckt Hagano seinen Kopf dazwischen, und das Schwert schlägt auf den harten Helm und zerbricht in mehrere Stücke, die in der Luft und im Gras funkeln (V. 1367–1375). Einen schweren Streich mit dem Kopf zu parieren statt mit dem Schild, wie es noch Tanastus tut, um Trogus zu schützen (V. 1046–1049), oder mit dem Schwert, ist vollkommen unlogisch. Aber es handelt sich hier eindeutig um eine Nachbildung der Szene aus der ›Psychomachia‹, in der Ira (der Zorn) ihr Schwert mit einem Streich auf dem Helm Patientias (der Geduld) in Stücke zerbricht. Das Bild steht nicht nur an exponierter Stelle im Werk des Prudentius (V. 132–151), sondern wurde auch ikonographisch in den bebilderten Handschriften erfasst. Dass Waltharius hier für den Zorn steht, verdeutlicht der Text dadurch, dass er ihn zwei Verse weiter als rasend bezeichnet (*furit efferus ira*, V. 1377). Hagano seinerseits hat durch sein langes Ausharren während der Kämpfe am Vortag ein gewisses Anrecht darauf, hier die Geduld zu vertreten, obwohl auch er Hass und Neid verfallen ist, weshalb er am Schluss ebenfalls an der allgemeinen Verteilung von Verstümmelungen teilhat.

Diese Parodie heroischer Traditionen mittels einer Übernahme christlich-allegorischer Darstellungsformen wird unterstrichen durch den Stil und die Sprache, die im Verlauf der Kämpfe einen immer sarkastischeren Ton annehmen. Die Beschreibungen, wie die besiegten Krieger ihre Eingeweide ausschütten oder sie zurückzuhalten suchen, wie sie Arme und Hände verlieren, Blut speien, Augen und Kopf durch den Schmerz der Wunden verdrehen, mit dem Tode ringend krampfhaft den Boden fassen oder nach ihrer Enthauptung zuckend liegen bleiben, sind von einer Bildhaftigkeit und Brutalität, die im Kontrast zu dem lockeren, fast lustigen Stil steht, der eine große Vorstellungskraft und Variationsfähigkeit an den Tag legt. Gleichzeitig steigert sich der Sarkasmus der Figuren, besonders der des Helden, der denkwürdige Momente erreicht, wenn der die Franken *nebulones*

(»Angeber«, V. 555) nennt, möglicherweise im Wortspiel mit ›nibelungos‹, welches das Publikum mit Gunharius und Hagano verbunden haben dürfte; oder wenn Waltharius als *silvanus faunus* (»Waldschrat«, V. 774) angeredet wird, im Wortspiel mit der Wurzel ›walt-‹ seines Namens; oder auch wenn Hagano als *spinosus* (»stachelig, mürrisch«, V. 1421) bezeichnet wird, was offenbar mit der Namenswurzel ›hag-‹ »Dorn« spielt.

Am Ende werden sogar die tragischen Verstümmelungen der Protagonisten zum Anlass für den Spott. Obschon der Autor im Anblick der noch zuckenden Glieder auf dem Gras kurz den moralischen Finger hebt (»So, ja so haben sie die awarischen Armreife geteilt!«, *sic sic armillas partiti sunt Avarenses!*, V. 1404), beginnen Waltharius und Hagano, angeregt durch den Wein, den ihnen Hiltgunt einschenkt, sich bald gegenseitig über die Behinderungen lustig zu machen, mit denen sie fortan werden leben müssen. Die Leichtigkeit, mit der die Helden nach dem erbitterten Kampf ihre alte Kameradschaft wieder herstellen, steht auf groteske Weise im Kontrast zu der Invalidität, die ihr heroisches Ansehen zerbricht und – aus geistlicher Perspektive – ihre mangelnde moralische Integrität spiegelt. Die parodistische ›Dekonstruktion‹ der heroischen Motive, die schon bei der Flucht zu beobachten war, gipfelt hier in der physischen Zerstückelung der Körper. Was als eine sanfte Ironie über die Figur Attilas und die mitteleuropäischen Völkerschaften begann, hat sich in eine vehemente Verhöhnung heroischer Traditionen und ihrer Verhaltensmodelle transformiert. Es gibt in der Literaturgeschichte keinen unerbittlicheren und eingehenderen, zugleich aber auch geistreicheren Angriff auf die Gattung heroischer Epik.

Mit Sicherheit wandte sich die Kritik aber auch gegen jene, die sich mit den heroischen Vorbildern identifizierten. Nur so kann die Umwandlung von Guntharius und Hagano – die in der Literatur, auch in den Zeugnissen der Walthersage, unweigerlich als Burgunden bekannt sind – verstanden werden. Da vor allem der König sehr schlecht davonkommt, war mit diesem Detail wohl ein scharfer Pfeil gegen all jene Fürsten des fränkischen Reichs angelegt, die mit kriegerischem Stolz und nach heroischen Modellen von ihren wirklichen oder erfundenen Vorfahren erzählten. Auch die Verwandlung der Hunnen in Pannonier könnte mit einer Historisierung der Sagenparodie in Zusammenhang stehen. Stand diese Auseinandersetzung mit dem fränkischen Selbstverständnis tatsächlich hinter dem ›Waltharius‹, dann nähme die Wahrscheinlichkeit einer Abfassung vor dem Ende des 9. Jahrhunderts deutlich zu.

Doch der Dichter des ›Waltharius‹ war offenbar nicht der erste, der die Walthersage für kritische Zwecke verwendete, denn die Erzählung an sich scheint in der Form, in der sie uns überliefert ist, bereits eine Auseinandersetzung zu enthalten. Wie bereits erklärt, liegt der Sage offensichtlich ein Brautwerbungsmuster zu Grunde, das in allen Zeugnissen noch deutlich hervortritt. Anstatt einer schemagerechten Verfolgung erscheint aber eine dritte Partei, die die Flüchtlinge überfällt: die Burgunden Gunther und Hagen. Diese Figuren können nicht ursprünglich zur Walthersage gehört haben, denn sie sind Protagonisten ihrer eigenen Erzähltradition und gerieten offensichtlich nur Dank der weiten Verbreitung derselben in die neue Geschichte. Möglicherweise ersetzten sie eine genuine Figur, jedenfalls aber prägten sie die Handlung und ihre Motivationen auf ganz neue Weise. Was Gunther und Hagen auftreten lässt, ist das hunnische Gold, das Attila mit sich führt. Im lateinischen Epos rechtfertig sich Guntharius dadurch, dass er es mit dem Gold gleichsetzt, das sein Vater Attila als Tribut gab. Das Motiv ist ganz offensichtlich in Kontrafaktur zur Burgundensage gestaltet: Der Gunther, der nach den hunnischen Armreifen trachtet, ist eine verkehrte Spiegelung Attilas, der den burgundischen Hort will (vgl. Kapitel II,2). Es hat also eine Kombination beider Traditionen gegeben: Ein früheres Motiv der Walthersage wurde durch den Auftritt Gunthers und Hagens ersetzt (oder dieser kam einfach hinzu) in einer Szene, die das Muster der Burgundensage auf den Kopf stellt, denn die heroischen Protagonisten werden in verräterische Antagonisten verwandelt. Die so entstandene Erzählung relativiert und hinterfragt drastisch das heroische Bild der Burgunden, deren Sage bestimmt schon in karolingischer Zeit verbreitet war.

Diese Tatsache könnte wichtige Konsequenzen für unser Verständnis von Heldensagen haben. Wir gehen davon aus, dass die Walthersage mündlich tradiert wurde und auf diese Weise nach England, Skandinavien und vielleicht auch nach Frankreich gelangte. Das würde bedeuten, dass die kritische Sagenkombination, die Variation von Handlungsmustern und die Schaffung von Kontrafakturen im Medium der Mündlichkeit geschehen konnten. Demnach waren orale Traditionen nicht nur Wege der Verbreitung von Geschichten, sondern ermöglichten auch ein gewisses Maß an Kreativität und sogar an Kritik, sie ließen die Guten aus einer Geschichte in einer anderen die Bösen sein, was die Möglichkeit einschließt, dass es innerhalb der Tradition eine gewisse Reflexion über heroische Handlungsmuster gab. Die Burgundensage wurde aber nicht nur mit der Geschichte Walthers, sondern auch mit dem Stoffkomplex um Siegfried kombiniert. Möglicherweise geschahen beide Veränderungen nicht in großer zeitlicher Distanz voneinander (vgl. S. 198). Jedenfalls kann festgehalten werden, dass die mündliche Tradition auch eine Bearbeitung der überkommenen Sagen und eine Sondierung neuer Möglichkeiten einschließt. Ist das richtig, dann muss im Rückschluss auch die Möglichkeit erwogen werden, dass das ›Hildebrandslied‹ ebenfalls bereits vor der Verschriftlichung die entscheidende Veränderung gegenüber der Sagentradition erfuhr.

Der ›Waltharius‹-Dichter erkannte das enorme kritische Potential dieser burgundisierten Walthersage und nutzte es, um gegen heroisch-aristokratische Verhaltensmuster zu ziehen. Vor allem verstand er es, eines der schwierigsten Elemente dieser Erzählung auf brillante Weise zu verwerten, nämlich den Schluss. Die Geschichte musste unentschieden ausgehen, denn der siegreiche Held konnte kaum sterben, und die Burgunden hatten am Leben zu bleiben, um nicht in Konflikt mit ihrer eigenen Sage zu geraten, die sie ganz woanders sterben lässt. Der lateinische Epiker machte aus dieser Unentschlossenheit die denkwürdige Szene der generellen Verstümmelung und der invaliden Helden, die Wein trinken und sich über ihre unwiederbringlichen, auch metaphorischen Mutilationen lustig machen.

Durch die mitteleuropäischen Klöster kreisten jedoch mehr als nur eine Geschichte über Walther von Aquitanien. Die Chronik der piemontesischen Abtei Novalesa, die um 1027 datiert wird, weiß zu berichten, dass der Held im Alter beschloss, sich ins geistliche Leben zurückzuziehen und jenen Konvent wegen seiner strengen Observanz der Regel aussuchte. Was aber folgt, ist eine schwankhafte Erzählung über eine Figur, deren strotzende Kraft und Roheit in offenem Kontrast stehen zur Bescheidenheit und scheinbaren Unschuld, mit denen er als Mönch handelt. Einerseits terrorisiert er die Mönche mit seinen harten Sitten, andererseits ist er der Schrecken aller Banditen und Seeräuber, die den unglücklichen Gedanken hegen, die Abtei zu plündern oder gar nur die ihr bestimmten Tribute zu entwenden. Der Autor des ›Chronicon Novaliciense‹ hat jedoch die Geschichte von Walthers Leben als Mönch nicht selber erfunden, denn schon Egbert von Lüttich erwähnt in seiner ›Fecunda ratis‹ (ca. 1023) die Anekdote des Mönchs Walterus, der den Räubern entgegentritt und dabei die ganze Heldenkraft hervorbringt, die bislang unter seiner Kutte verborgen geblieben war. Es handelt sich um einen schwankhaften Erzähltypus, den die Forschung unter dem französischen Terminus *moniage* kennt und der offenbar an unterschiedliche heroische Traditionen geknüpft werden konnte, denn wir kennen Erzählungen über das Mönchsleben der altfranzösischen Helden Guillaume d'Orange und Ogier der Danemarche, sowie der deutschen Walther, Heime (Wielands Sohn), Ilsan (Hildebrands Bruder) und Wolfdietrich (vgl. Kapitel VI,1–3). Diese Geschichten waren in den Klöstern in diversen Fassungen bekannt und nahmen teil an der klerikalen Diskussion über die Unterschiede zwischen dem kriegerischen und dem geistlichen Leben. Die *moniage* Walthers ist die älteste, die uns überliefert ist, und es ist nicht undenkbar, dass ihre Existenz in irgendeiner Weise mit dem Erfolg und der Verbreitung des ›Waltharius‹ zusammenhängt, denn beide nehmen der heroischen Tradition gegenüber eine parodistische Haltung ein. Der Hinweis Ekkehards IV. von Sankt Gallen, Ekkehard I. habe eine *vita Waltharii manufortis* geschrieben, passt entschieden besser zu einem Text dieser Art als zum lateinischen Epos.

Der ›Waltharius‹ muss im Kontext eines klerikalen Interesses für epische und heroische Modelle gesehen werden, in den wir auch das

›Hildebrandslied‹ stellen. Es ist wohl derselbe Umkreis, in den auch das ›Haager Fragment‹, die ›Nota Emilianense‹ und andere Hinweise des 9. und 10. Jahrhunderts auf die in Frankreich entstehenden Sagen um Karl den Großen und Guillaume d'Orange gehören. Die auf eine außerliterarische Wirklichkeit gerichteten Spitzen, die im ›Waltharius‹ nicht fehlen, spiegeln die Versuche des geistlichen Standes, die alten heroischen Traditionen als Identifikationsmodell für den Adel zu schwächen und ihm christlich konzipierte Heldenerzählungen entgegenzustellen. Hierher gehört auch die Beobachtung, dass im ›Waltharius‹ Hagano ein starker Vasall ist und Guntharius ein schwacher König, ein Motiv, das im Frankenreich des 9. Jahrhunderts ein wichtiges literarisches Thema war, das die Geschichte von Guillaume d'Orange prägte. Der lateinische Epiker könnte also auch mit dieser Darstellung auf eine aktuelle Debatte verwiesen haben.

LITERATUR

Die Standard-Ausgabe des lateinischen Epos ist immer noch *Waltharius*, hg. von Karl Strecker, Weimar 1951 (MGH Poetae VI, Karolini aevi 1), die auch den neueren zweisprachigen Ausgaben zugrunde liegt: *Frühe deutsche Literatur und lateinische Literatur in Deutschland (800–1150)*, hg. von Walter Haug und Benedikt K. Vollmann, Frankfurt 1991 (Bibliothek des Mittelalters 1), S. 163–260 (mit Kommentar, S. 1169–1222); sowie *Waltharius. Mit einem Anhang: Waldere, übersetzt von Ursula Schaefer*, hg. von Gregor Vogt-Spira, Stuttgart 1994.

Zur allgemeinen Einführung vgl. Paul Klopsch, »›Waltharius‹«, in *VL*, Bd. 10, Berlin 1999, Sp. 627–638. Die These von Ekkeharts Autorschaft haben vor allem Karl Langosch, *Waltharius. Die Dichtung und die Forschung*, Darmstadt 1973, und Dieter Schaller, »Ist der *Waltharius* frühkarolingisch?«, in *MlatJb* 18 (1983), S. 63–83, verteidigt. Eine frühere Datierung haben namentlich Peter Dronke, »*Waltharius* and the *Vita Waltharii*«, in *PBB* 106 (1984), S. 390–402, sowie Alf Önnerfors, *Das Waltharius-Epos. Probleme und Hypothesen*, Stockholm 1988 (Scripta minora Regiae Societatis Humaniorum Litterarum Lundensis, 1987/88–1), vertreten. Vgl. die Synthese-Versuche in Haug/Vollmann, S. 1185–87, Vogt-Spira, S. 5–12, und Klopsch, Sp. 632–636.

Die wichtigsten Annäherungen an den sagenhistorischen Hintergrund stammen von Wolfgang Regeniter, *Sagenschichtung und Sagenmischung. Untersuchungen zur Hagengestalt und zur Geschichte der Hilde- und Walthersage*, München 1971; Victor Millet, *Waltharius – Gaiferos. Über den Ursprung der Walthersage und ihre Beziehung zur Romanze von Gaiferos und zur Ballade von Escriveta*, Bern/

Frankfurt 1992 (überarbeitete Fassung: *Épica germánica y tradiciones épicas hispánicas: Waltharius y Gaiferos*, Madrid 1998); sowie Walter Haug, »Von der Schwierigkeit heimzukehren. Die Walthersage in ihrem motivgeschichtlichen und literaturanthropologischen Kontext«, in *Verstehen durch Vernunft. Festschrift für Werner Hoffmann*, Wien 1997, S. 129–144. Für den ›Waldere‹ stehen zur Verfügung die Ausgaben *Waldere. Testo e commento*, hg. von Ute Schwab, Messina 1967; Vogt-Spira, S. 181–185; und *Waldere*, hg. von Arne Zettersten, Manchester 1979.

Für eine literarhistorische Deutung des ›Waltharius‹ scheinen mir unumgänglich die Arbeiten von Alois Wolf, »Mittelalterliche Heldensagen zwischen Vergil, Prudentius und raffinierter Klosterliteratur. Beobachtungen zum *Waltharius*«, in *Sprachkunst* 7 (1976), S. 180–212; »Volkssprachliche Heldensagen und lateinische Mönchskultur. Grundsätzliche Überlegungen zum Waltharius«, in *Geistesleben um den Bodensee im frühen Mittelalter*, hg. von Achim Masser und Alois Wolf, Freiburg 1989, S. 157–183; und *Heldensage und Epos. Zur Konstituierung einer mittelalterlichen volkssprachlichen Gattung im Spannungsfeld von Mündlichkeit und Schriftlichkeit*, Tübingen 1995; sowie die von Walter Haug, »Andreas Heuslers Heldensagenmodell: Prämissen, Kritik und Gegenentwurf«, in *ZfdA* 104 (1975), S. 273–292, und Max Wehrli, »Waltharius. Gattungsgeschichtliche Betrachtungen«, in *MlatJb* 2 (1965), S. 63–73.

Das ›Chronicon Novaliciense‹ gibt es in neuerer Ausgabe: *Cronaca di Novalesa*, hg. von Gian Carlo Alessio, Turin 1982. Für das ›Haager Fragment‹ und die karolingische Epik ist weiterhin nützlich das Handbuch von Martín de Riquer, *Les chansons de geste françaises*, Paris ^{2}1957, S. 134–138; den schwachen Spuren eines Verhältnisses zwischen romanischer und germanischer Heldendichtung ist Alois Wolf in seiner Monographie (s. o.) nachgegangen. Über eine mögliche Beziehung zwischen dem ›Waltharius‹ und dem ›Chanson de Roland‹ vgl. Victor Millet, »*Waltharius* and the *Chanson de Roland*: A survey«, in *Aspects de l'épopée romane. Mentalité, idéologies, intertextualités*, hg. von Hans van Dijk und Willem Noomen, Groningen 1995, S. 391–397.

3. Lateinische Geschichtsschreibung und volkssprachliche Traditionen

Das christliche Mittelalter versteht den Menschen nicht als Subjekt der Geschichte, sondern als Objekt, durch das die göttliche Vorsehung offenbart wird. Die geistlichen Autoren verdammen also die Heldendichtung nicht so sehr, weil sie als Erzählgattung letztlich heidnischen Ursprungs ist, sondern hauptsächlich, weil sie Helden präsentiert, die mit individueller Freiheit auf rein immanenter Ebene agieren und damit einem Geschichtsverständnis folgen, das mit der christlichen Weltvorstellung nicht vereinbar ist.

Dennoch verstanden die mittelalterlichen Kleriker – ebenso wie der Adel – die heroischen Traditionen als Erzählungen mit historischem Anspruch, da sie doch von Königen und Fürsten berichteten. Eigentlich besteht ja zwischen der heroischen Narration und der historiographischen nur ein gradueller Unterschied, kein absoluter, denn in beiden Fällen sind die Vergangenheit und die Erzählung über sie einer Perspektive und einem Diskurs verpflichtet. Zwar unterscheidet sich das christlich-lateinische Weltverständnis radikal von einer literarisch-heroischen Sicht der Begebenheiten, aber als Quellen für die Kenntnis historischer Ereignisse dürften die Heldensagen mit anderen mündlichen Berichten koexistiert haben und dabei sicherlich nicht die weniger glaubwürdigen gewesen sein. Bereits frühe Chronisten wie Jordanes (6. Jh.), Gregor von Tours (6. Jh.), Fredegar (7. Jh.) oder Paulus Diakonus (8. Jh.) erwähnen in ihren Büchern gewisse Ereignisse, von denen wir mit einiger Sicherheit behaupten können, dass sie literarischen mündlichen Überlieferungen entnommen wurden. Doch nicht immer haben sie diesen Erzählungen dieselbe Glaubwürdigkeit beigemessen. Gewöhnlich entkleiden sie sie auch all jener Details, die sie als ›fiktional‹ erscheinen lassen könnten, um sich auf das erzählte Ereignis zu konzentrieren, was ein Bewusstsein dafür beweist, dass der literarische Bericht selektiver und stilisierter ist als der historiographische.

Oft greifen die Chronisten nur zu den Sagen, um die Information zu vervollständigen oder um Varianten zu bieten; manchmal ziehen sie sie sogar in Zweifel. Das illustriert die Erzählung von Iring in der Sachsengeschichte Widukinds von Corvey (›Res gesta saxonicae‹, ca. 970). In den Kapiteln 9 bis 13 des ersten Buches referiert er die Unterwerfung der Thüringer durch den fränkischen König Thiaderich. Dieser veranlasst Iring, einen thüringischen Krieger, den er an seinem Hof zurückgehalten hatte, den unterworfenen König Irminfried zu töten, wenn er sich vor dem Sieger verbeugen würde. Iring begeht den Mord, aber Thiaderich verbannt ihn augenblicklich als Verräter. Da tötet der Held auch ihn und legt seine Leiche unter die Irminfrieds, damit dieser wenigstens im Tode über ihm liege; anschließend bahnt er sich mit dem Schwert einen Fluchtweg. Der Chronist bemerkt daraufhin ausdrücklich, dass er »die Glaubwürdigkeit des Erzählten dem Leser überlässt« (*si qua fides his dictis adhibeatur, penes lectorem est*), unterstreicht aber, die Geschichte sei so bekannt gewesen, dass die Milchstraße ›Iringweg‹ genannt werde (Kap. I,13). Für Widukind ist also die heroische Erzählung erstaunlich und erzählenswert, auch wenn er Gründe sieht, ihre Authentizität zu bezweifeln.

In diesem Kontext muss ein Werk auffallen, das die wichtigsten Heldensagen – wenn auch mit einigen Veränderungen – in den historiographischen Diskurs zu integrieren sucht. Es handelt sich um die ›Quedlinburger Annalen‹ (›Annales Quedlinburgenses‹), eines der wichtigsten historischen Dokumente der späten Ottonenzeit. Sie sind in einer einzigen Handschrift aus dem 16. Jahrhundert überliefert, der das Ende fehlt. Wahrscheinlich wurden die ›Annalen‹ im ersten Drittel des 11. Jahrhunderts begonnen; sie dürften bis ca. 1030 gereicht haben, obwohl der erhaltene Text 1025 abbricht. Das Kanonissenstift in Quedlinburg, für das die ›Annalen‹ geschrieben wurden, war eine Stiftung der königlichen Familie. Hier residierten die Kaiserinnen Adelheid und Theophanu. Ottos I. Tochter Mathilde war hier Äbtissin von 996 bis 999 und Ottos II. Tochter Adelheid wurde bis 1046 ihre Nachfolgerin. Das Stift wurde ein Zentrum der Pflege ottonischer Memoria. Die ›Annalen‹ bestehen – wie der Name sagt – mehrheitlich aus kurzen Aufzeichnungen wichtigster Ereignisse seit der Erschaffung der Welt. Die Einträge schreiten schnell bis zum frühen Mittelalter voran, werden erst ab der karolingischen Expansion detailfreudiger und konzentrieren sich dann auf die ottonischen Kaiser, denen großes Lob gezollt wird. Ab dem Jahr 913 finden sich darin auch wertvolle Informationen, die aus keiner weiteren Quelle bekannt sind und vermutlich aus dem Königshaus selbst stammen. Alles weist darauf hin, dass der Text zur Ausbildung von Adelskindern geschrieben wurde, um sie einerseits mit der Reichsgeschichte, andererseits mit der Herrschaftslegitimation der ottonischen *stirps regia* vertraut zu machen.

Die ›Quedlinburger Annalen‹ sind gekennzeichnet durch die ungewohnt ausführliche Behandlung der Zeit zwischen der Christianisierung Roms und der Kaiserkrönung Karls des Großen. In dieser Epoche treten in der abendländischen Geschichte die germanischen *gentes* in Erscheinung, die christianisiert werden, sich politisch ordnen und schließlich ein neues Römisches Reich bilden. Das geistliche Geschichtsbild aber gründet auf der Idee der Weltalter und der *translatio*, also der Übertragung der Herrschaft von einem Reich zum nächsten, und setzt seinen Mittelpunkt im *Imperium Romanum* als dem letzten Reich. Die ›gentilen‹ Könige, die quasi von der Seite in die Geschichte eintreten, mussten fast zwangsläufig aus diesem Modell ausgeschlossen bleiben. Der Annalist hingegen, dessen Nähe zum ottonischen Kaiser nicht vergessen werden darf, hat sich offensichtlich darum bemüht, eine neue und kohärente Darstellung dieses wichtigen historischen Prozesses zu geben.

Der Bericht beginnt mit der Besetzung Europas durch die Hunnen und der Vertreibung der Völker, die das gotische Reich bildeten. Es folgen die Geschichte der Franken bis zu Karl dem Großen, die Ermanarichs, Theoderichs und der Goten sowie die der Thüringer bis zu ihrer Unterwerfung durch die Franken. Das alles endet mit dem Tod Attilas. Die gesamte Epoche ist geprägt durch Verrat, Mord, Krieg und Verwüstung, den Kampf des *Imperiums* gegen die heidnischen Völker, die Plünderungen Roms, die Hinrichtung von Konsuln (Boethius) und Päpsten (Johannes) und das Verschwinden großer Heerführer (Aetius). Der Diskurs der ›Annalen‹ legt dieser Zeit des Untergangs des abendländischen Reichs die Geschichte Attilas zugrunde: Sein Name taucht wie ein roter Faden bei vielen der Ereignisse auf, und die politischen Turbulenzen nehmen erst mit seiner Ermordung ein Ende. Die Regierungszeit des hunnischen Herrschers erstreckt sich durch diese Konzeption auf 110 Jahre und lässt sich als Vorgeschichte der *gentes* verstehen, als eine Zeit des Unglücks dieser Völker vor ihrer Christianisierung und Integration in das *Imperium*. Attilas Tod verweist auf die Rückkehr einer christlichen Zeit; nur noch die Missionierung der Sachsen steht aus, die Karl der Große unternehmen wird. Diese Epoche der Umwälzungen ist auch die Zeit der Helden, das *heroic age*, die schon hier auf eine oder zwei Generationen zusammengerückt ist.

Diese Passagen enthalten auch einige Hinweise, die mit Sicherheit aus mündlicher Überlieferung stammen, wie besonders deutlich zu erkennen ist, wenn der Chronist von Ermanarich berichtet:

> Eo tempore Ermanricus super omnes Gothos regnavit, astutior in dolo, largior in dono, qui post mortem Friderici unici filii sui, sua perpetrata voluntate, patrueles suos Embricam et Fritlam patibulo suspendit. Theodoricum similiter, patruelem suum, instimulante Odoacro patruele suo, de Verona pulsum apud Attilam exulare coegit.
>
> (»In jener Zeit regierte Ermanarich über alle Goten, der Schlauste in der Hinterlist und der Großzügigste im Schenken, der nach dem von ihm gewollten Tod seines einzigen Sohnes Friedrich seine Neffen Embrica und Fritla hängen ließ. Seinen Neffen Theoderich, der auf Veranlassung Odoakers, eines weiteren Neffen von ihm, aus Verona verbannt wurde, zwang er, bei Attila Zuflucht zu suchen.«)

In wenigen Zeilen werden hier drei der vier Geschichten zusammengefasst, die um die Figur dieses Königs existieren. Die Hinrichtung des Sohnes und der Neffen, von der auch deutsche und skandinavische Texte des 13. Jahrhunderts berichten (vgl. Kapitel V,1 und VI, 4), hat dazu geführt, dass Ermanarich in der germanischen Tradition als der treuloseste Verräter der eigenen Sippe bekannt ist. Über die Verbannung Dietrichs ist bei der Behandlung des ›Hildebrandsliedes‹ gesprochen worden (vgl. Kapitel II,1). Dort wurde die Frage aufgeworfen, ob in der Sagentradition der ursprüngliche Gegner Dietrichs Ermanarich oder Odoaker war; die Notiz der ›Annalen‹ trägt kaum zu einer Antwort bei, denn hier erscheinen beide Figuren, wenn auch der zweiten die Rolle des falschen Ratgebers zugewiesen wird, die sonst Sibeche spielt. Diese Rolle gehört wohl ursprünglich zur Geschichte um den Gotenkönig, denn auf sie verwies schon Fulco von Reims als er bemerkte, dass Ermanarich seine Sippe wegen eines verräterischen Ratgebers auslöschte (vgl. S. 102). Die norwegische ›Thidreksaga‹ (13. Jh., vgl. Kapitel V,1) ist das Werk, das die Zusammenhänge am deutlichsten herausarbeitet: Der Gotenkönig vergewaltigt dort die Frau Sifkas (= Sibeches), seines treusten Ratgebers, in dessen Abwesenheit. Als dieser zurückkehrt, erfährt er, was geschehen ist, tut aber, als ob er es nicht wüsste. Doch nach einiger Zeit verleumdet der Vertrauensmann die Söhne des Herrschers (von denen einer Fridrek heißt, entsprechend dem Fridericus der ›Annalen‹), der sie ermorden lässt; kurz darauf verleumdet die Frau Sifkas die Neffen Ermanarichs, auch bekannt als die Harlungen, und der König führt sie in einen Hinterhalt und bringt sie um.

Offenbar haben wir es mit einem im Frühmittelalter verbreiteten Sagenmuster zu tun, das den Niedergang eines Reichs durch eine vom König ausgeübte Vergewaltigung erklärt, die dazu führt, dass der betroffene Ratgeber treulos wird und das Reich soweit schwächt, dass es zugrunde geht. Das Modell erscheint schon im Bericht über den Tod Kaiser Valentinians II., den der byzantinische Historiograph Prokopios von Kaisareia in die Chronik der ›Vandalenkriege‹ (Mitte des 6. Jh.s) einfügt. Der Kaiser soll die Ehefrau des Senators Maximus vergewaltigt haben, der zunächst seinen Zorn bändigt und nichts unternimmt, dann aber den bedeutendsten römischen General verleumdet, den Valentinian hinrichten lässt, wodurch das Land dem darauf folgenden Angriff der Hunnen wehrlos gegenübersteht. Dasselbe Muster wurde auch für die Sage über den letzten westgotischen König herangezogen: Rodrigo vergewaltigt die Tochter des Grafen Julián, der zuerst seine Kenntnis davon und seinen Zorn verheimlicht, dann dem König den Rat gibt, die Heere außerhalb der Iberischen Halbinsel zu stationieren, da diese befriedet sei, wodurch er den sarrazenischen Truppen die Möglichkeit bietet, in das Reich einzufallen.

Die Vergewaltigung einer hochrangigen Frau durch den König ist somit die Ursache für den treulosen Rat und der daraus folgenden falschen Entscheidung des Königs, die den Reichsuntergang herbeiführt. Die Vergewaltigung und der Verrat spiegeln eine innere Zersetzung des Reichs, die einen Abbruch der Dynastie erklärt. In den Geschichten um Ermanarich besteht die Rache Sibeches darin, die erbfähigen Mitglieder der königlichen Familien zu verleumden, damit sie ausgelöscht werden und die dynastische Kontinuität gebrochen wird. Hier haben sich die falschen Ratschläge vervielfältigt. Die Parallelen zwischen den Sagen von Ermanarich und Rodrigo führten

Ramón Menéndez Pidal zu seiner These eines gotischen Ursprungs der spanischen Heldendichtung. Die Anwendung des Musters auf Valentinian II. zeigt aber, dass diese Erzählmodelle, mit denen die Heldensagen konstruiert werden, nicht nur bei einem bestimmten Volk bekannt waren, sondern überregional Verbreitung fanden und für die Schaffung neuer Geschichten verwendet werden konnten.

Nun bleibt nur noch die vierte Geschichte, die man sich über Ermanarich erzählt hat. Die ›Quedlinburger Annalen‹ geben kurz nach der oben zitierten Passage einen Hinweis auf den schändlichen Tod des Gotenkönigs.

> Ermanrici regis Gothorum, a fratribus Hemido et Serila et Adaccaro, quorum patrem interfecerat, amputatis manibus et pedibus turpiter, uti dignus erat, occisio.
>
> (»Schändlicher – aber verdienter – Mord Ermanarichs, des Königs der Goten, dem die Brüder Hemido, Serila und Adaccaro, dessen Vater er getötet hatte, Hände und Füße abschlugen.«)

Diese Geschichte über das Ende des Herrschers scheint sehr alt gewesen zu sein, denn schon Jordanes berichtet in seiner ›Gotengeschichte‹ (›Getica‹, Mitte des 6. Jh.s), Ermanarich habe Sunilda, eine Frau aus dem Stamm der Rosomonen, vierteilen lassen, weil sie ihrem Ehemann untreu gewesen sei. Danach hätten ihre Brüder Ammio und Saro (= Hemido und Serila) den König verwundet, der nicht mehr genas und unfähig war, den Hunnen Widerstand zu leisten. Dieselbe Sage wird auch im ›Hamdirspruch‹, einem Stück aus der altisländischen ›Lieder-Edda‹ (Mitte des 13. Jh.s, vgl. Kapitel V,2), erzählt.

ZUSAMMENFASSUNG

Ein Prosastück berichtet, dass Gudrun nach dem Tod Atlis (der z.B. im ›Atlilied‹ erzählt wird, vgl. Kapitel II,2) die Frau König Jonakers wurde und ihm die Söhne Hamdir, Sorli und Erp gebar. Gudruns und Sigurds Tochter Svanhild (Sunhilda) wuchs dort auf, wurde dann aber mit Jormunrek (= Ermanarich) vermählt. Doch der königliche Ratgeber Bikki (= Sibeche) bringt Randwer, den Sohn des Königs, dazu, sie zu verführen. Dann verrät er es und Jormunrek lässt Randwer hängen und Svanhild von Rossen zertreten. Nun beginnt das Lied:

[1] Gudrun erfährt vom Tod Svanhilds und stimmt eine Klage an. [3] Sie fordert ihre Söhne Hamdir und Sorli auf, die Schwester zu rächen. [6] Die beiden

Männer beschuldigen ihre Mutter, schon früher um der Rache willen ihre älteren Söhne in den Tod geschickt zu haben, und beklagen, dass ihnen nun dasselbe geschehen werde. Unwillig ziehen sie aus, um Rache zu nehmen. [12] Unterwegs treffen sie auf ihren Halbbruder Erp, der behauptet, ihnen helfen zu können, wie ein Fuß dem anderen, was die Brüder nicht verstehen. Als er sie dann Feiglinge nennt und sich weigert, ihnen den Weg zu weisen, töten sie ihn. [18] Hamdir und Sorli kommen nun zu Jormunreks Halle, wo ein Gelage gefeiert wird, was ihnen erlaubt, unbemerkt hereinzukommen. [23] Es gelingt ihnen, dem König Hände und Füße abzuhauen, aber es fehlt ein Dritter, der ihm auch den Kopf abschlagen könnte. So kann Jormunrek noch seine Leute warnen, dass man die Mörder steinigen müsse, weil Schwerter ihnen nichts anhaben können. [31] Sorli fällt neben der Wand unter dem Giebel, Hamdir hinter dem Gebäude.

Die drei Fassungen der Geschichte weisen bedeutende Varianten auf, die mit Sicherheit auf die Tendenz der jeweiligen Texte zurückzuführen sind, basieren aber offensichtlich auf einem gemeinsamen Handlungsgerüst. Der König lässt eine Frau hinrichten, deren Verwandte ihn daraufhin aus Rache verstümmeln. Das Fehlen von Händen und Füßen bedeutet die Unfähigkeit des Königs zu regieren (vgl. das Ende des ›Waltharius‹, Kapitel III,2), daher ist das Reich den Feinden, in diesem Fall den Hunnen, ausgesetzt und verschwindet. Alles weitere ist weniger klar. Das Motiv für die Hinrichtung der Frau variiert stark: Jordanes schreibt, sie sei ihrem Ehemann untreu gewesen, und das habe Ermanarich erzürnt. Doch die Wut des Königs darüber ist nur verständlich, wenn sie seine eigene Ehefrau war, wie noch im Prosastück vor dem ›Hamdirspruch‹. Da der lateinische Historiograph bemüht ist, ein positives Bild von den Goten zu geben, ist es wahrscheinlich, dass er dieses Detail veränderte, um den König nicht in einen Fall ehelicher Untreue zu verwickeln. Andererseits stellt das eddische Lied den Ehebruch und seine Enthüllung als verräterische Einfädelung des Ratgebers Bikki dar und verbindet die Geschichte mit der Hinrichtung des Sohnes. In den ›Annalen‹ werden dagegen beide Vorgänge getrennt: Der König lässt nicht die Schwester, sondern den Vater der Rächer töten. Diese Variante scheint der Tradition am entferntesten, denn sie wird in keinem weiteren Zeugnis erwähnt und stimmt auffälligerweise mit den kurz darauf referierten Todesumständen Attilas überein, die ebenfalls gegen die Sagentradition gehen. Zu den Rächern ist zu sagen, dass sie nach Jordanes nur zwei sind, Ammio und Saro, die dem Hemido und Serila der ›Annalen‹ und dem Hamdir und Sorli des skandinavischen Liedes entsprechen. Doch letztere beiden Texte fügen noch einen dritten Bruder hinzu, Adaccaro (entspricht wohl Odoaker) beziehungsweise Erp; dieser aber scheint ein Stiefbruder zu sein und übt eine unklare Funktion aus.

Die Sage vom Untergang des Gotenreichs hat also offenbar von der Hinrichtung der Königin aufgrund eines provozierten Ehebruchs oder der Verleumdung durch den falschen Ratgeber erzählt. Das ruft die Brüder der Frau auf den Plan, die den König verstümmeln und handlungsunfähig machen. Die ›Annalen‹ berichten von einer ganzen Reihe von Greueltaten Ermanarichs, die dann auch in volkssprachlichen Texten wieder vorkommen werden. Das deutet auf eine Ansammlung ähnlicher Geschichten hin, die wohl dadurch ermöglicht wurde, dass sich die Verratshandlungen Sibeches aneinanderreihen ließen. Leitfaden war dabei der durch die Verleumdungen des falschen Ratgebers angestiftete Verwandtenmord. Zudem haben alle Handlungsfolgen erotische Motivationen: der Ehebruch der Königin, die Vergewaltigung der Frau des Ratgebers; in der ›Thidreksaga‹ wird auch der Tod der Harlungen darauf zurückgeführt, dass sie sich ihrer erotischen Attraktion gegenüber der Königin gerühmt haben sollen. Es gab also offenbar eine interne Logik für die Akkumulation von Geschichten, wie auch immer dieser Prozess zu denken ist. Die Dietrichsage ist allerdings anders an die Ermanarichs angebunden und passt weniger gut in diese Logik. Hier gibt es keine erotischen Hintergründe, und es kommt auch nicht zum Verwandtenmord; der Untergang des Gotenreichs wird nicht angerührt, die Rückkehr Dietrichs erhält aber durch die Verbindung mit Ermanarich eine semantische Dimension als Regeneration des alten Gotenreichs – die freilich nicht oder nur bedingt gelingt.

Dass der Autor der ›Quedlinburger Annalen‹ Heldensagen für seinen Diskurs über das germanische *heroic age* verwendet, also über die Zeit vor der Eingliederung der Völkerschaften in die Geschichte, ist an sich verständlich und reizvoll, verursachte aber ein anderes Problem. Das bemerkte Frutolf von Michelsberg, der gegen 1100 im gleichnamigen Bamberger Kloster ein ›Chronicon mundi‹ schrieb, dem große Bedeutung zukommt, weil aus jener Zeit wenige historiographische Werke überliefert sind und weil er eine beachtliche Anzahl von Quellen versammelte, die er sehr genau miteinander verband. Frutolf bricht die annalistische Struktur seines Werks durch den Einbau langer erzählender Passagen bei wichtigen Ereignissen der Weltgeschichte. So geht zum Beispiel der Vereinigung der Reiche unter Alexander dem Großen die ›Historia Alexandri‹ voraus; Passagen über die Geschichte der germanischen *gentes* kennzeichnen den Eintritt dieser Völker in den historiographischen Horizont; Auszüge aus Einhards ›Vita Karoli‹ heben die Übertragung der Kaiserchronik auf die Franken hervor; und Teile von Widukinds von Corvey ›Res gesta Saxonicae‹ begleiten den Übergang der Kaiserkrone nach Deutschland. Kennzeichnend und innovativ aber ist Frutolfs Bemühung um chronologische Genauigkeit und sein Versuch, Nachrichten, die in den Quellen nach unterschiedlichen Zeitmessungssystemen datiert waren (Olympiaden, Jahre seit der Gründung Roms, Jahre seit Christi Geburt oder Jahre der Regierungszeit der jeweiligen Kaiser), synchronisch und diachronisch zu ordnen. Dies führte ihn zu einer kritischen Haltung gegenüber widersprüchlichen Datierungen in seinen Quellen, die er hervorhob und zu erklären oder zu rechtfertigen suchte.

Frutolf hat die ›Quedlinburger Annalen‹ nicht gekannt, wohl aber eine Bamberger Chronik (die unter dem irreführenden Namen ›Chronicon Wirziburgense‹ bekannt ist), welche von jenen zahlreiche Passagen abschrieb, darunter auch die mit den Heldensagen. Frutolf hatte aber auch die ›Getica‹ des Jordanes zur Hand; dadurch mussten ihm die Widersprüche auffallen, die sich gerade im Chronologischen ergeben. Frutolf fragt sich, wie es zu verstehen sei, dass nicht nur in den volkssprachlichen Geschichten und Liedern, sondern sogar in einigen Chroniken (der Bamberg-Würzburger und der Quedlinburger) behauptet werde, Ermanarich habe seinen Neffen Theoderich aus Verona verbannt und dieser sei von Attila in Schutz genommen worden, wo doch dem Historiographen zufolge (damit ist Jordanes gemeint)

Ermanarich zur Zeit der Kaiser Valentinian I. und Valente regiert habe, Attila sechzig Jahre später, zur Zeit Marcianus' und Valentinians II., und Theoderich erst ein halbes Jahrhundert später unter Zeno Italien erobert habe. Da die mündlichen Sagen aber durch historiographische Texte bestätigt werden, beschränkt sich Frutolfs Antwort nicht auf eine topische Kritik volkssprachlicher Traditionen, sondern lässt alle Möglichkeiten offen:

> Hinc rerum diligens inspector perpendat, quomodo Ermenricus Theodericum, Dietmari filium, apud Attilam exulare coegerit, cum iuxta hunc hystoriographum contemporalis eius non fuerit. Igitur aut hic falsa conscripsit, aut vulgaris opinio fallitur et fallit, aut alius Ermenricus et alius Theodericus dandi sunt Attilae contemporanei, in quibus huiusmodi rerum convenientia rata possit haberi.
>
> (»Möge ein gewissenhafter Betrachter dieser Angelegenheiten abwägen, wie Ermenrich Dietmars Sohn Theoderich zwingen konnte, bei Attila Zuflucht zu suchen, wenn er doch dem Historiographen zufolge nicht sein Zeitgenosse war. Daher schrieb entweder der Chronist etwas Falsches oder die allgemeine Meinung irrt und stiftet Irrtum, oder aber es ist zu vermuten, dass ein anderer Ermenrich und ein anderer Theoderich Zeitgenossen Attilas waren, bei denen die Richtigkeit solcher Ereignisse angenommen werden könnte.«)

Das Vorgehen ist bei Frutolf gewöhnlich, da er die chronologischen Probleme nicht zu lösen trachtet, sondern den Leser vor allem auf sie hinweisen will. Aus einer modernen Perspektive würden wir von mangelhafter Quellenkritik reden, weil älteren und jüngeren, solventeren und fragwürdigeren Vorlagen gleicher Wert beigemessen wird. Seine Einstellung zeigt vor allem eine überraschende Achtung vor mündlicher Überlieferung, deren potentielle Fehlerhaftigkeit der Michelsberger nicht höher einzuschätzen scheint als die der Chroniken. Er versucht sogar, Jordanes' Bericht über Ermanarichs Tod durch eigene Kenntnis der Sagen zu festigen, wenn er darauf hinweist, dass die beiden Brüder Saro und Ammio in der Volkssprache (*vulgariter*) als *Sarelo* und *Hamidiech* bekannt seien. Trotz der Kritik an chronologischen Widersprüchen versteht also Frutolf die heroischen Traditionen als potentielle Informationsquelle über geschichtliche Ereignisse. Darin unterscheidet er sich nicht von einigen Lesern der mittelalterlichen Chroniken, die durch manche Randeinträge in Handschriften

Zeugnis davon geben, dass sie weiterhin den ostgotischen König Theoderich mit dem Dietrich von Bern der Heldenlieder gleichsetzten. So bringt es eine bekannte Glosse zur oben zitierten Passage der ›Quedlinburger Annalen‹ zum Ausdruck, die lautet: »Und dieser war Thideric von Berne, von dem einst die einfachen Leute sangen« (*Et iste fuit Thideric de Berne, de quo cantabant rustici olim*).

Frutolfs Unbestimmtheit und die übermächtige Präsenz der mündlich überlieferten Sagen erklären, warum spätere Chroniken, die das Werk des Bambergers kannten, nicht auf die zeitlichen Unstimmigkeiten achteten und weiterhin ohne Umstände Theoderich mit Dietrich gleichsetzten. Nur ein so strenger Geschichtsschreiber wie der einflussreiche Otto von Freising gründete auf Frutolfs Beobachtungen den Beweis, dass die Sage von Dietrichs Verbannung keine historische Grundlage haben konnte. Im Kapitel V,3 seiner ›Historia de duabus civitatibus‹ (1143–1146) urteilt er lapidar, dass die Geschichten über Ermanarich und Theoderich nicht wahr sein könnten, weil diese Herrscher keine Zeitgenossen gewesen seien. Otto weiß sehr wohl die Glaubwürdigkeit mündlicher und schriftlicher Quellen zu unterscheiden, auch wenn er selbst auf das Zeugnis Ersterer zurückgriff, wenn ihm Letztere fehlten.

Zur Zeit, als Otto an seiner lateinischen ›Historia‹ arbeitete, wurde in Regensburg die erste deutschsprachige Chronik abgefasst, die sogenannte ›Kaiserchronik‹. Dieses Werk beschäftigt sich lediglich mit dem vierten Weltreich, nämlich dem römischen ab Julius Cäsar. Es berichtet von der Herrschaft von sechsunddreißig Kaisern bis zur Mitte des 12. Jahrhunderts, wobei natürlich viele ausgelassen werden und auch einige bemerkenswerte Änderungen in der Reihenfolge zu beobachten sind. Nach dem Tod Kaiser Zenos (6. Jh.) wird nicht die Reihe byzantinischer Kaiser fortgeführt, sondern ein langes Interregnum eingebaut, das bis zu Karl dem Großen dauert und während dessen die Kaiserkrone auf dem Altar des Petersdomes in Rom bleibt. Mit dem fränkischen Herrscher beginnt die Reihe neunzehn deutscher Kaiser, die bis Konrad III. reicht, also bis in die Zeit der Abfassung. Während aber für diesen letzten Teil knapp 3000 Verse genügen, zieht sich die erste Reihe über mehr als 14000 Zeilen hin. Die Chronik gibt hier die lineare oder annalistische Struktur weitgehend auf, denn zu jeder Regierungszeit wird eine exemplarische oder lengendenhafte Geschichte erzählt, die selten mit dem jeweiligen Kaiser direkt in Verbindung steht. Die Stoffe umfassen fast alle zur Verfügung stehenden Kreise: Es gibt alttestamentarische Erzählungen ebenso wie christliche, griechisch-lateinische und sogar weltlich-ritterliche.

In den narrativen Einschüben liegt der Reiz dieser so sonderbar konzipierten Chronik: Die Erzählungen wollen die Geschichtsschreibung ersetzen, das narrative Interesse überwiegt offenbar das historiographische. Hinzu kommt, dass die ›Kaiserchronik‹ in Reimpaarversen geschrieben wurde, eine für die volkssprachliche Erzähldichtung übliche Form, die aber mit der Prosatradition der lateinischen Geschichtsschreibung bricht, zu der die deutsche Chronistik übrigens erst im 13. Jahrhundert zurückkehrte. Die metrische Form signalisierte offenbar bereits dieses neue, exemplarische Verständnis von Geschichtsschreibung, das durch die lehrhafte Absicht der Exempel und Legenden unterstrichen wird. Allerdings bleibt das politische Element weiterhin sehr präsent. Bemerkenswert sind die Bemühungen, die Teilnahme der germanischen *gentes* an entscheidenden Ereignissen des Reichs zu unterstreichen: Cäsar wird nur dank theodisker Unterstützung zum Alleinherrscher; wichtige historische Persönlichkeiten werden als germanischsprachig präsentiert; und Kaiser Zeno überreicht dem Goten Theoderich das westliche Reich, sodass der spätere Übergang der Macht an die Franken solider gerechtfertigt ist, weil die Jahrzehnte byzantinischer Herrschaft verschwiegen werden.

Um diese *translatio* der Herrschaft an die Goten zu erklären, erzählt die ›Kaiserchronik‹ unter Zeno die Geschichte Dietrichs von Bern.

ZUSAMMENFASSUNG

Der Großvater des Helden, der ebenfalls Dietrich heißt, führt eine Auseinandersetzung mit Attila, der ihn aus seiner Heimat Meran in die Lombardei verbannt. Aber nach dem Tod des Hunnen erobert Dietmar, Dietrichs Sohn, sein Land zurück und besiegt Attilas Söhne. Dietmar hat einen unehelichen Sohn, den er Dietrich nennt und für den er das gesamte römische Reich erobern will. Als Zeno das erfährt, zieht er mit einem Heer nach Meran, aber beide Seiten lösen den Konflikt mit der Abmachung, dass der junge Dietrich als Geisel nach Byzanz zieht, um am Hofe ausgebildet zu werden. Als später Aetius und Odoaker in Rom die Macht ergreifen, trägt Zeno dem jungen Dietrich auf, die Halbinsel zurückzuerobern und die Regentschaft zu übernehmen. Sobald aber der Gote den Thron in Rom besetzt hat, klagen Boetius, Papst Johannes und Seneca (anstatt des üblichen Symmachus) vor dem Kaiser, ein Bastardsohn könne nicht die römische Krone tragen. Als Strafe für diese Verleumdung lässt Dietrich sie einsperren und verhungern. Da erscheinen die Teufel und verschleppen Dietrich in den Berg Vulkan.

Der Dichter der ›Kaiserchronik‹, der Frutolfs ›Chronicon‹ kannte, hat offenbar eine der dort dargelegten Möglichkeiten zur historiographischen Vereinbarung von Attila und Dietrich von Bern ausgearbeitet und einen zweiten Dietrich erfunden, der Zeitgenosse Attilas und Großvater des Berners war. Im Anschluss an die Erzählung lehnt der deutsche Autor die Behauptung, dass Attila und Theoderich Zeitgenossen gewesen seien, explizit ab. Beides versucht offenbar die durch die ›Quedlinburger Annalen‹ angeregte Diskussion zu beschließen. Die Erzählung der ›Kaiserchronik‹ folgt, was Theoderich angeht, prinzipiell den historischen Ereignissen, verarbeitet sie aber mit Elementen und narrativen Strategien, die eindeutig aus heroischer Tradition stammen. Die Figuren und die Ortsnamen stehen der Sage näher als der Geschichte, ebenso die illegitime Geburt des Helden oder das Handlungsschema von Verbannung und Rückkehr, das auf den Großvater und den Vater Dietrichs übertragen wird. Dietrichs Tod kombiniert die Darstellung Gregors des Großen, der zufolge Papst Johannes und Symmachus Theoderichs Seele in den Krater des Ätna stürzten, mit einer offenbar volkstümlichen Erzählung, die von einer Entrückung des Helden weiß (vgl. S. 283, 429f. und 444f.).

Die ›Kaiserchronik‹ hatte einen einzigartigen und anhaltenden Erfolg in der deutschen Literatur. Davon zeugen über vierzig bekannte Handschriften in vier verschiedenen Fassungen, die letzte aus dem 16. Jahrhundert, zu denen noch eine Prosaversion kommt, die in weiteren fünfzehn Zeugnissen überliefert ist. Sicher trugen die Erzählungen, die in manchen Fällen großen literarischen Wert besitzen, deutlich zu diesem Interesse bei. Aber hauptsächlich dürfte das von diesem

Werk entworfene Geschichtsbild seine fortlaufende Rezeption begründen. Fließt aus der ›Historia‹ Ottos von Freising, obwohl sie der Feder eines Mitglieds der staufischen Familie entstammt (er war Onkel Friedrichs I.), eine trübe, stark von Lukan beeinflusste Geschichtsvorstellung, so vermittelt die ›Kaiserchronik‹, die möglicherweise im Umkreis der Welfen anzusiedeln ist, einen eindeutig augustinisch angehauchten Optimismus in ihrem Glauben an die Vereinigung von Reich und Kirche, von weltlicher und geistlicher Herrschaft. Dies muss zusammen mit der Verdrängung von Byzanz, der Konzentration auf das abendländisch-christliche Reich sowie der den theodisken *gentes* beigemessenen Rolle als einer der entscheidenden Faktoren für die anhaltende Gültigkeit dieses Werkes angesehen werden.

Was die deutsche Tradition über Dietrich von Bern betrifft, scheint die ›Kaiserchronik‹ weitere Versuche, die Verbannung und Rückkehr des Gotenkönigs zu erzählen, weitgehend unterbunden zu haben. Zwar zeigt das ›Nibelungenlied‹ (vgl. Kapitel IV,1) den Helden noch als Flüchtling an Attilas Hof, aber die Heldendichtung des 13. Jahrhunderts konzentriert sich vornehmlich auf phantasiereiche Abenteuer des Berners und lässt wenig Raum für historisch bedeutsame Ereignisse. Nur eine kleine Gruppe von Texten vom Ende dieses Jahrhunderts nahm das Thema der Verbannung wieder auf, wenn auch mit geringem Erfolg (vgl. Kapitel VI,4). Das bedeutet nicht, dass seine politische Bedeutung abgenommen hatte, denn noch zu Beginn des 16. Jahrhunderts wird Kaiser Maximilian seine *memoria* pflegen (vgl. die Einführung zu Kapitel VII).

Zum Abschluss dieses Abschnitts muss noch von einem wahrhaft einzigartigen Fall berichtet werden, den ›Gesta Danorum‹ des Saxo Grammaticus. Saxo war ein dänischer Geistlicher aus adeliger Familie, der seine Ausbildung in Frankreich erhielt und dann Sekretär des Erzbischofs Absalon von Lund († 1201) wurde, eines der bedeutendsten Kirchenmänner des skandinavischen Mittelalters. Dieser beauftragte Saxo mit der Abfassung einer lateinischen Chronik über die Geschichte der Dänen vom sagenhaften Urkönig Dan bis zum zeitgenössischen Knut VI. († 1202). Die ›Gesta Danorum‹ sind nur in vier kleinen

Handschriftenfragmenten erhalten, aber der vollständige Text ist uns dank der Ausgabe, die der dänische Humanist Christiern Pedersen 1514 in Paris drucken ließ, erhalten geblieben. Die Forschung geht üblicherweise davon aus, dass Saxo zuerst den zweiten Teil schrieb (Bücher 10–16), der mit der Herrschaft Harald Blauzahns beginnt (2. Hälfte des 10. Jh.s), und erst nach 1202 die neun ersten Bücher dichtete. Dennoch erweist sich die Konzeption des Werks als einheitlich und kohärent; es lassen sich Ordnungsmuster erkennen, die den gesamten Text umfassen und die Rede von zwei komplementären Texten nicht zulassen.

In der lateinischen Geschichtsschreibung erscheinen die Dänen nicht unter jenen *gentes*, die ab dem 5. Jahrhundert die Politik Europas beherrschen, oder sie gelten als wenig bedeutend. Diese Lücke sucht Saxo mit den ›Gesta‹ zu schließen. Im Gegensatz zur herkömmlichen Historiographie versucht der Autor aber nicht, die Taten der Dänen in eine Welt- und Heilsgeschichte einzuordnen, sondern er setzt den Akzent eher auf die Besonderheit und unterschiedliche Entwicklung, wodurch sein Diskurs in die Nähe dessen rückt, was wir heute die Bildung eines Nationalgedankens nennen würden. Dies wird durch die stoffliche Zusammensetzung unterstrichen. Im modernen Sinn sind von allem, was Saxo erzählt, nur die Ereignisse ab der Christianisierung der Dänen im 10. Jahrhundert als historisch zu bezeichnen. Alles, was davor liegt, also die ersten neun Bücher, konstituiert eine Vorgeschichte, die aus mündlichen Überlieferungen zusammengesetzt ist, welche sicherlich größtenteils noch aus heidnischer Zeit stammen. Hier steht eine große Anzahl von Sagen über Könige und Helden, über Männer und Frauen, große Taten und tapfere Krieger, bedeutende Schlachten und einzelne Rachehandlungen, Brautwerbungen und Brautentführungen. Hier erscheinen so bekannte Figuren wie Ingeld, Hrolf Kraki (der Hrothulf des ›Beowulf‹), Starkad, Ragnar oder Hamlet; daher sind diese Bücher eingehender studiert und auch oft separat ediert oder übersetzt worden.

Nicht alle Geschichten gehören zu dem, was wir heute Heldendichtungen nennen würden, obwohl Werke wie Saxos zweifellos die strengen Gattungsunterscheidungen der modernen Forschung in Frage stellen. Der Stil seiner Erzählung ähnelt in mancher Hinsicht dem der norwegischen und isländischen Sagas, die sich nach allem, was wir wissen, am Ende des 12. Jahrhunderts bereits herauszubilden begannen. In diesem Bereich sind also einige der wichtigsten Quellen Saxos zu vermuten; die Tatsache, dass in späteren Sagas Geschichten vorkommen, die bereits vom Grammaticus erzählt wurden, scheint dies zu bestätigen. Eine große Anzahl von Sagas fügen einzelne Strophen oder längere Versabschnitte in den Prosadiskurs ein, normalerweise als Monolog einer der darin vorkommenden Figuren. Auch die ›Gesta Danorum‹ bauen in viele wichtige Szenen versifizierte Abschnitte ein, von denen der Autor behauptet, sie seien Übersetzungen volkssprachlicher Lieder. Wahrscheinlich stimmt das nicht ganz, aber es zeigt, dass der dänische Chronist versucht hat, den Stil der Sagas sowohl inhaltlich wie auch in formaler Hinsicht nachzuahmen.

Doch die Technik, Prosa und Vers zu kombinieren, das *prosimetrum*, hat vor allem im lateinischen Schrifttum eine solide Tradition, die für das Mittelalter mit Martianus Capella und Boethius (5. und 6. Jh.) beginnt und Höhepunkte in Notker I. von Sankt Gallen und gerade im 12. Jahrhundert in Bernardus Silvestris und Alanus ab Insulis aufweist. Zudem verwendet Saxo in seinen Versen eine für jene Zeit unbekannte Vielfalt metrischer und strophischer Formen (z. B. Oden, Epoden, sapphische Strophen, Hexameter, jambische Trimeter, daktylische, trochäische oder katalektische Tetrameter), die er mit großer Sicherheit und Korrektheit anwendet. Auch Saxos Prosa hat lateinische Vorbilder, denn die gesamte bekannte Literatur Dänemarks im 11. und 12. Jahrhundert, ob Heiligenlegenden, Predigten, wissenschaftliche, theologische oder historiographische Texte, ist in lateinischer Prosa geschrieben. Der Stil des Grammaticus ist vielschichtig und komplex, manchmal ein wenig überladen, reich an gehobenen und ungewohnten Worten; der Einfluss der wichtigsten antiken und mittelalterlichen Autoren (von Vergil, Horaz und Sallust über Valerius Maximus, Prudentius, Martianus Capella und Boethius bis Beda oder Paulus Diaconus) ist offenkundig.

Man kann somit behaupten, dass besonders im ersten Teil der ›Gesta Danorum‹ der Versuch unternommen wurde, die volkssprachliche dänische Literatur auf die Basis einer klassizistischen und lateinisch-klerikalen Tradition zu gründen. Saxos Werk scheint eine Symbiose oder eine Neugründung der dänischen Dichtung auf der Grundlage des reichen lateinischen Erbes. Doch die bewundernswerte Mühe und literarische Kostbarkeit erzielten zu ihrer Zeit kaum Erfolg und scheinen erst von den Humanisten des 16. Jahrhunderts geschätzt worden zu sein.

Für das Thema des vorliegenden Buches ist das Werk Saxos allerdings nur von relativ geringem Wert. Zwar zitiert er hin und wieder Sagen, die auch wir behandeln, aber oft nur indirekt. Am bekanntesten ist der Fall jenes sächsischen Spielmanns, der König Knud vor einer Hinterlist warnen will, die er zu verschweigen geschworen hat: Er singt daher zur Mahnung ein schönes Lied »über den berühmten schweren Verrat Grimilds gegenüber ihren Brüdern« (*notissimam Grimildae erga fratres perfidiam*). In anderen Fällen sind die Geschichten Saxos, wenn man sie mit den übrigen Zeugnissen vergleicht, so eigenartig, dass eine größere Adaptationsarbeit angenommen werden muss.

LITERATUR

Die ›Sachsengeschichte‹ Widukinds von Corvey liest man am besten in der zweisprachigen Ausgabe: Widukind von Corvey, *Res gestae Saxonicae*, hg. von Ekkehart Rotter und Bernd Schneidmüller, Stuttgart ²1992. Die ›Quedlinburger Annalen‹ findet man in: *Annales Hildesheimenses, Quedlinburgenses, Weissemburgenses et Lamberti pars prior*, hg. von Georg Heinrich Pertz, Hannover 1839, Nachdruck: Stuttgart 1963 (MGH Scriptores III), S. 18–90. Über diesen wichtigen Text geben jetzt folgende Arbeiten genaue Information: Otto Gschwantler, »Die Heldensagen-Passagen in den Quedlinburger Annalen und in der Würzburger Chronik«, in *Linguistica et Philologica. Gedenkschrift für Björn Collinder*, Wien 1984, S. 135–181; Wolfgang Haubrichs, »Heldensage und Heldengeschichte. Das Konzept der Vorzeit in den Quedlinburger Annalen«, in *Festschrift für Herbert Kolb zu seinem 65. Geburtstag*, hg. von Klaus Matzel und Hans-Gert Roloff, Bern/Frankfurt 1989, S. 171–201; Stephan Müller, »Helden in gelehrten Welten. Zu Konzeption und Rezeption der Heldensagenpassagen in den ›Quedlinburger Annalen‹«, in *Theodisca. Beiträge zur althochdeutschen und altniederdeutschen Sprache und Literatur in der Kultur des frühen Mittelalters*, hg. von Wolfgang Haubrichs et al., Berlin 2000, S. 364–386.

Über die Sage von Hamdir und Sorli siehe die Aufsätze von Klaus von See, »Die Sage von Hamdir und Sörli«, in *Festschrift Gottfried Weber*, Bad Homburg/

Berlin/Zürich 1967, S. 47–75 (wieder in Klaus von See, *Edda, Saga, Skaldendichtung. Aufsätze zur skandinavischen Literatur des Mittelalters*, Heidelberg 1981, S. 224–249), sowie von Otto Gschwantler, »Ermanarich, sein Selbstmord und die Hamdirsage. Zur Darstellung von Ermanarichs Ende in Getica 24,129f.«, in *Die Völker an der mittleren und unteren Donau im fünften und sechsten Jahrhundert*, hg. von Herwig Wolfram und Falko Daim, Wien 1980 (Österreichische Akademie der Wissenschaften, philosophisch-historische Klasse 145), S. 187–204. Der Text des ›Hamdirspruchs‹ kann in der Ausgabe von Ursula Dronke, *The Poetic Edda*, Bd. 1, Oxford 1969, S. 159–242, gelesen werden. Eine neuhochdeutsche Übersetzung und Kommentar findet man in *Die Götter- und Heldenlieder der Älteren Edda*, hg. von Arnulf Krause, Stuttgart 2004, S. 460–467.

Die Würzburger Chronik liest man in *Chronica et annales aevi Salici*, hg. von Georg Waitz, Hannover 1844, Nachdruck Stuttgart 1963 (MGH Scriptores VI), S. 17–32. Im selben Band, S. 33–211, erschien die Chronik Frutolfs von Michelsberg. Über sie bietet die Einführung von Franz-Josef Schmale, »Frutolf von Michelsberg«, in *VL*, Bd. 2, Berlin 1980, Sp. 993–998, grundlegende Informationen. Ebenso die Untersuchung von Otto Gschwantler, »Frutolf von Michelsberg und die Heldensage«, in *Philologische Untersuchungen gewidmet Elfriede Stutz zum 65. Geburtstag*, hg. von Alfred Ebenbauer, Wien 1984, S. 196–211. Über spätere Zeugnisse vgl. Victor Millet, »Das 12. Jahrhundert und die Heldensage«, in *Wolfram-Studien* 16 (2000), S. 256–281.

Die Standardausgabe der ›Kaiserchronik‹ ist: *Die Kaiserchronik eines Regensburger Geistlichen*, Berlin 1964 (MGH Deutsche Chroniken I). Eine Einführung bietet Eberhard Nellmann, »›Kaiserchronik‹«, in *VL*, Bd. 4, Berlin 1983, Sp. 949–964. Grundlegend sind die Monographien von Friedrich Ohly, *Sage und Legende in der Kaiserchronik. Untersuchungen über Quellen und Aufbau der Dichtung*, Darmstadt ²1968, und von Tibor Friedrich Pézsa, *Studien zur Erzähltechnik und Figurenzeichnung in der deutschen ›Kaiserchronik‹*, Frankfurt/Berlin/Bern 1993. Die Dietrichpassage untersucht Ernst Hellgardt, »Dietrich von Bern in der deutschen Kaiserchronik. Zur Begegnung mündlicher und schriftlicher Traditionen«, in *Deutsche Literatur und Sprache von 1050–1200. Festschrift für Ursula Hennig*, hg. von Annegret Fiebig und Hans-Jochen Schiewer, Berlin 1995, S. 93–110.

Die kritische Ausgabe vom Werk Saxos steht in *Saxonis Gesta Danorum*, hg. von Jørgen Olrik und Hans Ræder, 2 Bde., Kopenhagen 1931–1957. Es gibt eine vollständige Übersetzung ins Englische: *Saxo Grammaticus. The History of the Danes. I: English Text, II: Commentary*, hg. von Hilda Ellis Davidson und Peter Fischer, Woodbridge 1979–1980; sowie eine sehr alte Teilübersetzung ins Deutsche: *Saxo Grammaticus, Die ersten neun Bücher der dänischen Geschichte*, hg. von Hermann Jantzen, Berlin 1900. Saxos dichterische Kunst ist von Karsten Friis-Jensen, *Saxo Grammaticus as Latin poet. Studies in the Verse Passages of the Gesta Danorum*, Rom 1987 (Analecta Romana Instituti Danici, Supplementum XIV) untersucht worden. Ein vielschichtiges und aktuelles Gesamtbild bieten die Arbeiten in *Saxo Grammaticus. Tra storiografia e letteratura (Bevagna, 27–29 settembre 1990)*, hg. von Carlo Santini, Rom 1992. Einen Versuch der Gesamtdeutung unternahm zuletzt Kurt Johannesson, *Saxo Grammaticus: Komposition och världsbild i Gesta Danorum*, Stockholm 1978.

4. Heldensagen in früher mittelalterlicher Ikonographie

Es gibt auch bildliche Darstellungen von Heldensagen. Sie stammen aus unterschiedlichen Gebieten und finden sich auf sehr verschiedenen Trägern (Bildnissen, Schnitzereien, Steinritzungen). Die meisten stammen aus Zeiten, zu denen die theodisken Völker bereits mit der römischen und christlichen Welt in Kontakt gekommen waren. Möglicherweise war gerade der Austausch ein Motor für das Anwachsen künstlerischer Produktion, und zwar nicht nur wegen der technischen Fortschritte, die er mit sich brachte. Auffallend ist nämlich, dass die relevanten Bilder mit nur wenigen Ausnahmen in unmissverständlich christlichen Kontexten stehen, wie die Darstellungen von Sigurds Drachentötung auf den Steinkreuzen der Insel Man (10. Jh.) oder die Abbildung Gunnars in der Schlangengrube auf einem norwegischen Taufbecken (12. Jh.). Man muss sich also fragen, welche Gründe die Künstler oder deren Auftraggeber zur Verwendung heroischer Stoffe in einem geistlichen Umfeld bewegt haben. Im Mittelpunkt dieses Kapitels stehen zwei Schnitzarbeiten mit Illustrationen zu den Sagen von Wieland dem Schmied und Sigurd dem Drachentöter. Beide werden Gelegenheit bieten, nicht nur über die Geschichten an sich zu reden, sondern auch weitere Darstellungen einzubeziehen, die das Panorama etwas vervollständigen.

Eine der frühesten und herausragendsten plastischen Darstellungen einer Heldensage findet sich auf dem sogenannten ›Runenkästchen von Auzon‹, einer kleinen Schachtel aus Walbein (23 × 18,5 × 10,5 cm), die um das Jahr 700 hergestellt wurde und reich verziert ist. Der Name geht zurück auf den Fundort, ein Dorf an der oberen Loire; es wurde einem Antiquar in Paris vom Engländer Augustus Franks abgekauft, weshalb es auch als ›Franks Casket‹ bekannt ist. Es wird im British Museum ausgestellt, doch da die Silberfassungen schon vorher abhanden gekommen und die Platten lose waren, blieb ein Seitenteil einige Zeit verloren, wurde dann aber aufgefunden und befindet sich heute im Museo del Bargello in Florenz. Seine außerordentliche Bedeutung liegt in der Tatsache, dass sowohl in die vier Seitenteile wie in den Deckel Bilder und runische Inschriften im älteren Futhark geschnitzt sind. Das größte Problem dieses unverändert intensiv erforschten Kästchens besteht darin, dass Text und Bild nicht immer in direktem Verhältnis zu stehen scheinen und dass ikonographisch eine ganz neue Sequenz hergestellt wird, die römische, biblische, germanische und vielleicht auch keltische Stoffe verbindet. So stellt die linke Seitenplatte Romulus und Remus dar, wie sie Milch von der Wölfin saugen. Die hintere Tafel zeigt in einem komplexeren Bild Titus' Eroberung Jerusalems und die Einnahme von Salomos Tempel. Über den Inhalt der rechten Seite herrscht noch lange keine Einigkeit in der Forschung; ein Mischwesen aus Mensch und Tier verweist auf einen mythischen Stoff, doch seine Identifizierung war bislang nicht möglich, und die nur schwer deutbare Inschrift gibt keinen weiteren Aufschluss.

Hier soll zunächst die Frontseite des Kästchens betrachtet werden (vgl. Abbildung 1). Sie wird durch eine Aussparung, die offenbar den Verschluss enthalten hat, sowie durch eine verzierte Leiste in zwei Teile geteilt. Rechts sieht man drei Männer mit Gegenständen in den Händen in Haltung der Ehrerbietung (der erste kniet sogar). Ihnen gegenüber ist eine Frau in einem kleinen Gebäude (zwei Säulen und ein Runddach) zu erkennen; sie hält ein Kind vor sich oder auf ihrem Schoß. Zwischen den Männern und der Frau befindet sich ein großer Stern am Himmel. Links davon werden die Fremden als *mægi* identifiziert, also als Magier oder Weise. Die Szene stellt die Anbetung der Weisen in Bethlehem dar und ist demnach zutiefst christlich. Die Inschrift, die diese Tafel umkreist, weist keine Beziehung zu den Bildern auf, sondern spricht in zwei Stabreimversen über das Material, aus dem das ›Casket‹ ist: »Walbein. Die Flut hob den Fisch auf den Berg. Das Ungeheuer wurde traurig, als es auf den Strand trieb« (*hronæs ban. fisc flodu ahof on fergenberig. warþ gasric grorn þær he on greut giswom*). Wie auch immer der Text genau zu verstehen sein mag, es geht ganz offenbar nur um die Strandung des Fisches und die Herkunft des Walbeins, des Materials, das der Künstler verwendete.

Auf der linken Seite der Frontplatte ist ein Schmied in seiner Werkstatt abgebildet: Mit der Zange hält er einen Gegenstand auf dem Amboss; anderes Werkzeug umgibt ihn. Die Beine des Mannes sind auf eigentümliche Weise geknickt. Auf dem Boden liegt eine kopflose Figur. In der Hand hält der Mann ein Gefäß, nach dem von der anderen Seite des Ambosses eine Frau greift; hinter ihr hält eine zweite Frau einen unbestimmten Gegenstand in der Hand. Am rechten Ende ergreift eine kleinere Figur Vögel am Hals. Es handelt sich zweifellos um eine Darstellung der Sage vom Schmied Wieland, die uns aus einer Reihe von Zeugnissen unterschiedlicher Zeiten und Regionen einigermaßen bekannt ist. Sie sollen zunächst gesichtet werden, um die Geschichte kennenzulernen; erst dann werden wir wieder auf das Runenkästchen zu sprechen kommen und fragen, wie die mythisch-heroische Sage neben der christlichen Szene stehen kann.

Das bekannteste Zeugnis, in dem diese Sage erzählt wird, ist das ›Wielandlied‹ (›Vǫlundarqviða‹) aus der als ›Lieder-Edda‹ bekannten isländischen Sammlung von Gedichten aus der Mitte des 13. Jahrhunderts. Einige sprachliche und metrische Details rücken dieses Gedicht in die Nähe von anderen, welche kontinentale Stoffe vermitteln, auch wenn es nicht so alt scheint wie z.B. das ›Atlilied‹.

ZUSAMMENFASSUNG

Die Prosaeinleitung und die ersten Strophen erklären, dass drei Brüder (Egil, Slagfid und Volund), Söhne des finnischen Königs, in die Wolfstäler gelangten und dort ein Haus bauten. Eines Tages kamen von Süden drei Jungfrauen, drei Walküren, angeflogen, zogen ihre Schwanenkleider aus, nahmen die drei Brüder zu Ehemännern und wohnten acht Jahre lang mit ihnen. Dann verschwanden sie. Egil und Slagfid ziehen aus, sie zu suchen, aber Volund bleibt und schmiedet einen goldenen Armreif nach dem anderen. [6] Das erfährt der schwedische König Nidud, der sich zum Waldhaus begibt. Der Schmied ist ausgegangen und der Herrscher findet im Haus 700 Armreife, von denen er einen für sich behält. Als Volund zurückkehrt, sieht er, dass ein Stück fehlt, und glaubt hoffnungsvoll, seine Geliebte

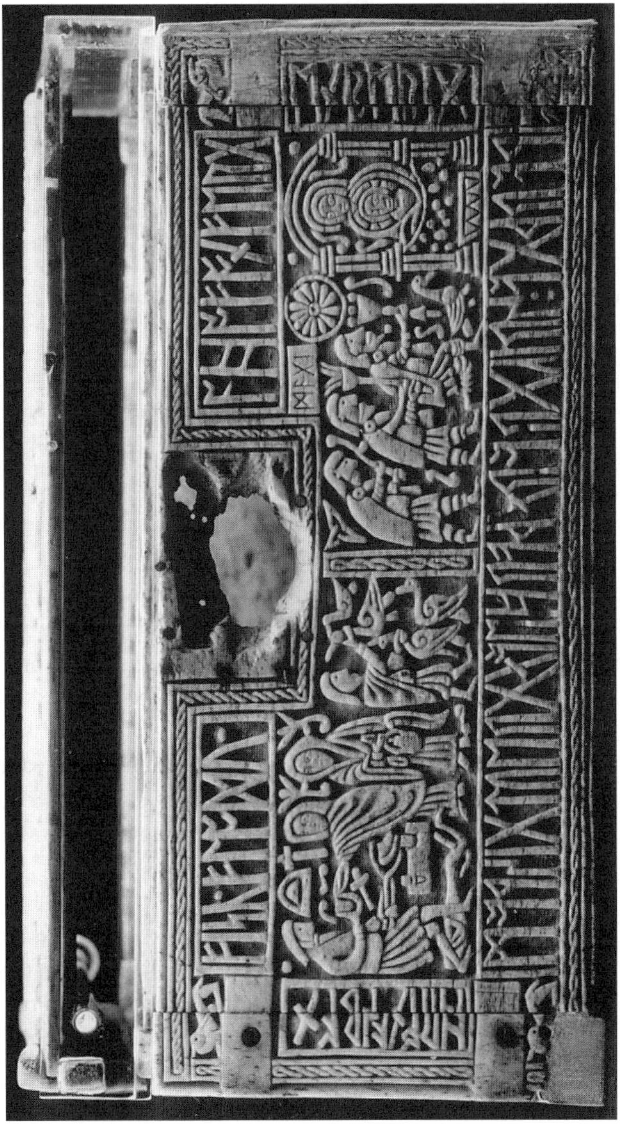

Abb. 1: Runenkästchen von Auzon (Franks Casket), Vorderseite. London, British Museum.

sei zurückgekehrt. Während er auf sie wartet, schläft er ein und wacht in Ketten gebunden wieder auf. [17] Die Königin vertraut dem Schmied nicht und befiehlt, ihm die Sehnen an den Knien durchzuschneiden. Der König behält das Schwert Volunds und die Prinzessin den gestohlenen Armreif. Volund muss nun sitzen und für den König arbeiten. [20] Eines Tages besuchen ihn Niduds Söhne, suchen neugierig überall herum und wollen in die große Truhe blicken. Volund heißt sie allein und insgeheim am folgenden Tag wiederkehren, dann wolle er ihnen alle Kleinode zeigen. Als sich aber die Kinder über die Truhe beugen, schlägt er ihnen die Köpfe ab. Die Leichen wirft er in den Graben, aber die Hirnschalen versilbert er und schickt sie dem König als Weinpokale; aus den Augen macht er Juwelen für die Königin und aus den Zähnen Schmuck für die Brosche der Prinzessin. [26] Da bricht dieser der Armreif und sie geht zu Volund, um ihn reparieren zu lassen. Der Schmied gibt ihr Bier, damit sie einschläft, und vergewaltigt sie. Während die Königstochter weinend nach Hause geht, hebt sich Volund lachend in die Lüfte empor (es wird nicht gesagt, wie) und erklärt dem König, was er mit den ermordeten Söhnen getan hat. Dann sagt er ihm noch, dass die Prinzessin von ihm schwanger sei, doch vorher hat er sich versprechen lassen, dass der König dem Mädchen nichts antun werde. [38] Schließlich entfernt er sich lachend durch die Luft, und dem König bleibt keine Wahl, als die Wahrheit seiner Behauptungen zu bestätigen.

Das Gedicht erlaubt es, die meisten der im ›Runenkästchen‹ abgebildeten Details zu identifizieren. Die sonderbar geknickten Beine des Schmieds verweisen offenbar auf seine Behinderung; der kopflose Leichnam unter dem Amboss stellt die Überreste der Königskinder dar; in der Frau, die dem Schmied einen Gegenstand reicht, lässt sich die Prinzessin erkennen, die ihm ein Schmuckstück zur Reparatur bringt; das Objekt auf dem Amboss könnte eine der Hirnschalen sein. Unerklärt bleiben allerdings die zweite Frau auf dem Kästchen sowie die vogelfangende Figur.

Die Wielandsage ist die Geschichte von einer furchtbaren Rache. In den Zeugnissen wird meist nicht deutlich, was die grausame Strafe des Schmieds motiviert hat. Auch im ›Wielandlied‹ wird nicht klar, warum der König ihn festnimmt und die Frau ihm keineswegs trauen möchte. Entscheidend aber ist, dass die Rache sich nicht gegen diese beiden wendet, sondern sich ein viel weiteres Ziel steckt, nämlich die Vernichtung der dynastischen Genealogie: Die direkten Erben werden getötet, und mit der Tochter wird ein Bastardsohn gezeugt. Die Geschichte erzählt also im Grunde von einem Dynastiewechsel. Als

Mann aus dem Wald, der Schrecken erregt, besondere Fertigkeiten wie Gold- und Waffenschmiedkunst besitzt, steht er für das Fremde, das in das neue Königsgeschlecht eingebracht wird. Das ›Wielandlied‹ allerdings weist eine Tendenz zur Mythologisierung auf: Volund ist vereint mit einer Walküre und flieht dann auch durch die Luft, was ebenfalls auf wenigstens halbmythische Eigenschaften bei Wieland zu weisen scheint. So erklärt es sich, dass das Lied in der ›Edda‹ noch in der Gruppe der mythologischen Texte steht, was zudem bedeutet, dass der Kompilator es nicht für eine typisch heroische Geschichte hielt. Obwohl es im Text nicht gesagt wird, macht das Motiv der Ehe mit der Walküre nur Sinn, wenn es die Flucht Volunds zu erklären sucht.

Denn dass der Held die Fähigkeit zu fliegen schon ursprünglich besaß, zeigt ein weiteres Bildzeugnis der Sage. Es handelt sich um die Darstellung des fliehenden Wielands auf einem Bildstein in Ardre auf der schwedischen Insel Gotland, der bekannt ist unter dem Katalognamen Ardre VIII (vgl. Abbildung 2). Die 210 cm hohe und 120 cm breite Platte, die in die zweite Hälfte des 8. Jahrhunderts datiert wird, weist eine reiche Bebilderung auf, die – soweit die Szenen identifiziert werden konnten – meist mythologisch ist und die vermutlich memoriale oder den Übergang der Toten schützende Funktion unterstreicht.

Etwa in der Mitte des unteren Teils (vgl. Abbildung 3) ist ein kleines Gebäude zu sehen, dessen Dach mit Gräsern bewachsen zu sein scheint; die darin liegenden Werkzeuge, ein Hammer und eine Zange, identifizieren es eindeutig als Schmiede. Rechts davon liegen zwei kopflose Figuren, die in diesem Kontext nur als die beiden Söhne Niduds gedeutet werden können. Eine doppelte gekrümmte Linie unter ihnen könnte auf die Hirnschalen verweisen, die Wieland zu Trinkgefäßen verarbeitet hat. Auf der linken Seite der Schmiede kann man einen Vogel mit sonderbaren Flügeln beobachten, der aus dem kleinen Häuslein zu kommen scheint. Es kann sich nur um den Schmied handeln, der durch die Luft entflieht; das würde auch erklären, warum die Werkstatt leer ist. Links von dieser Vogelfigur steht eine Frau, ebenfalls der Schmiede abgewandt, die möglicherweise die geschwängerte, heimkehrende Königstochter darstellen soll. Die starke Abnutzung des

Abb. 2: Bildstein Ardre VIII, Gemeinde Ardre (Gotland, Schweden).

Abb. 3: Bildstein Ardre VIII, Detail. Gemeinde Ardre (Gotland, Schweden).

Bildsteins, die darauf zurückzuführen ist, dass er lange Zeit als Fußbodenplatte der Kirche diente, erschwert die Identifizierung der umgebenden Szenen. Der mythologische Grundgehalt der Bilder (im Oberteil ist Wotan auf seinem achtbeinigen Ross zu erkennen) rückt die Wielandsage in diesen Kontext, wie auch im eddischen ›Wielandslied‹ zu beobachten war. Das darf allerdings insofern nicht überraschen, als in fast allen abendländischen Kulturen Schmiede immer wieder zu mythischen oder halbmenschlichen Wesen gemacht worden sind. Es genügt, hier an den römischen Vulcanus zur erinnern, dessen Ähnlichkeit mit Wieland bekannt ist.

Die weite Verbreitung der Wielandsage schon in früher Zeit wird von zwei anderen literarischen Zeugnissen belegt, die zwar nicht die gesamte Geschichte erzählen, aber auf sie anspielen und dabei zusätzliche Informationen liefern. Das erste ist ›Deors Klage‹ (›Đeor's Lament‹), ein bereits erwähntes kurzes altenglisches Gedicht aus dem 8. oder 9. Jahrhundert, das im sogenannten ›Exeter Book‹, einer der wichtigsten Handschriften angelsächsischer Literatur, überliefert ist (Exeter, Cathedral Chapter Library, Ms. 3501). Seine 42 Verse werden durch einen Refrain in sieben ungleich lange Strophen geteilt. In der letzten stellt sich der Erzähler als Sänger vor, der seine Position verlor, weil ein anderer die Gnade des Königs errang und ihn verdrängte. Im ersten Teil aber erwähnt er weitere Tragödien oder verzweifelte Situationen, die meist aus heroischen Traditionen stammen und aus denen er Trost für seine eigene Lage zu gewinnen sucht. Der Refrain drückt das aus: »Jenes wurde überwunden, so wird es auch mit diesem geschehen.« Die erste Strophe spricht vom Leid Welands in seiner Verbannung, als Nidad ihn »mit biegsamen Sehnen« band; die zweite Strophe spricht von Bédohild, der Tochter Nidads, deren Schmerz über den Tod der Brüder überstiegen wird vom Entsetzen festzustellen, dass sie schwanger ist. Beide Hinweise sagen wenig Neues über die Sage; doch es fällt auf, dass Wieland hier keine mythischen Eigenschaften zu besitzen scheint, die dem Dichter bei einem Vergleich mit seinem eigenen Elend wohl wenig nützlich gewesen wären. Der Schmied hat ihn offenbar an erster Stelle interessiert, um das Thema des erniedrigten Künstlers hervorzuheben, das der Situation des Erzählers entspricht.

Auch das zweite Zeugnis ist angelsächsisch: Es handelt sich um die bereits erwähnten ›Waldere‹-Fragmente (vgl. S. 108 f.). Im ersten Stück wird der Held mit den Worten zum Kampf angespornt: »Welands Werk hat niemals einem Mann seinen Dienst versagt, der den Miming mutig zu führen wusste« (V. 2–4). Miming ist der Name des berühmtesten Schwertes in den heroischen Traditionen der germanischsprachigen Literaturen. Im Gegensatz zu den bisherigen Texten, in denen Wielands Kunst als Goldschmied im Mittelpunkt stand, wird er hier als Hersteller von Waffen gelobt. Diese haben ihm ja seinen besonderen Ruhm in der heroischen Tradition eingetragen, wie die Erwähnungen im ›Waltharius‹ oder im ›Beowulf‹ gezeigt haben. Im zweiten ›Waldere‹-Fragment wird gesagt, dass Widia den Dietrich aus einer Gefangenschaft befreite; dieser Widia wird identifiziert als »der Verwandte Nidads, der Sohn Welands«. Es handelt sich also um den Sohn, den der Schmied mit der Königstochter zeugte, als er sie vergewaltigte. Er ist selbst zu einer Sagenfigur geworden; wir werden ihr in späteren Kapiteln wieder begegnen.

Noch ein letztes Zeugnis muss hier präsentiert werden, nämlich die ausführliche Erzählung in der norwegischen ›Thidreksaga‹ (vgl. Kapitel V,1).

ZUSAMMENFASSUNG

Velent ist Sohn des Riesen Vadi, der seinerseits aus der Vereinigung des Königs Vilkinus mit einer Sirene stammt. Vadi beschließt, seinen Sohn zum Schmied ausbilden zu lassen und bringt ihn zu Mimir, bei dem er als Lehrling arbeitet. Aber Mimirs Helfer Sigurd misshandelt die Lehrlinge, sodass Vadi seinen Jungen wieder fortnimmt und ihn zu Zwergen bringt, die ihre Schmiede im Inneren eines Berges haben. Als seine Ausbildung beendet ist, bemerkt Velent, dass die Gnome ihn ermorden wollen, und tötet sie. Er verlässt die Höhle und zieht mit seinem Werkzeug nordwärts. Als er das Meer erreicht, baut er aus einem Holzstamm ein kleines Unterwasserboot, mit dem er das Land König Niduncs (= Nidud) erreicht. Der nimmt ihn als Diener auf, doch Velent verliert nach einiger Zeit ein Messer, eilt in die Schmiede und macht schnell eine Nachbildung; da diese aber viel besser schneidet, stellt sich bald sein wahrer Beruf heraus. Der königliche Schmied sieht sich in seiner Situation bedroht und fordert den Fremden zu einer Probe heraus: Velent soll ein Schwert herstellen und der andere eine Rüstung, dann sollen sie gegeneinander kämpfen, um zu prüfen, wer das bessere Stück erzeugt hat. Velent stellt dann fest, dass ihm jemand, den er nicht kennt, den er aber bei seiner Ankunft im Land sah, sein Werkzeug gestohlen hat. Um ihn zu identifizieren, bildet er eine der Person so ähnlich Statue, dass der König sie verwechselt und beim Namen anspricht. Es gelingt ihm so, seine Sachen zurückzuerhalten, und dann schmiedet er das Schwert Miming, mit dem er im Kampf seinem Gegner leicht die schwere Rüstung zerschneidet. So wird er Schmied des Königs. Eines Tages begleitet er ihn auf einem Heerzug, da stellt der König fest, dass er sein Glücksamulett zu Hause vergessen hat; Velent legt in einer Nacht die fünf Tagesritte zurück, die sie vom Hofe trennen, doch als er das Amulett überreichen will, tritt ihm ein Höfling entgegen und versucht, es ihm abzunehmen, um es dem König selbst zu geben. Velent sucht das zu verhindern, tötet dabei aber den Baron. Nidud verbannt den Schmied, doch der schleicht sich wieder in den Hof ein und versucht, die Königstochter zu vergiften. Er wird aber entdeckt, und der Herrscher lässt seine Beinsehnen durchschneiden und ihn in der Schmiede einsperren. Dorthin kommen nach einiger Zeit die jüngeren Söhne Niduds; Velent bittet sie, am folgenden Tag allein zu kommen, um die Kleinodien zu betrachten. Während sie in den Schrein blicken, schneidet er ihnen die Köpfe ab; er macht Trinkschalen aus den Hirnschalen, Juwelen aus den Augen und eine Perlenkette aus den Zähnen.

Währenddessen ist Velents Bruder Egil an den Hof gekommen, der als der beste Bogenschütze bekannt ist. Um ihn zu prüfen, lässt Nidud Egils Sohn einen Apfel auf den Kopf setzen, und der Schütze muss ihn mit einem einzigen Schuss treffen. Egil nimmt drei Pfeile, aber schon mit dem ersten trifft er den Apfel; auf Nachfrage verrät er, dass die beiden anderen für den König bestimmt waren, falls er den Apfel verfehlt hätte. Während er am Hof verweilt, jagt Egil Vögel für seinen Bruder Velent, der ein Federkleid baut. Dann nutzt der Schmied einen Besuch der Königstochter aus, um sie zu vergewaltigen, erhebt sich mit seinem Kleid in die Luft, macht dem König das Ausmaß seiner Rache bekannt und fliegt davon. Nidud zwingt Egil, auf ihn zu schießen, doch der zielt, wie er es vorher mit seinem Bruder abgemacht hatte, auf einen Beutel voller Tierblut, den er unter dem Arm trägt. Kurze Zeit später stirbt Nidunc, und sein ältester Sohn Otwin übernimmt die Herrschaft. Velent versöhnt sich mit ihm und lässt die Königstochter und den inzwischen geborenen Sohn in sein Land kommen; der Junge wird Vidga genannt und von ihm werden große Taten als Geselle Dietrichs erzählt.

Das Ende des Saga-Berichts ist offenbar spätzeitlich, denn es lässt den Erben Niduncs am Leben und bricht damit die Logik der Vernichtung dynastischer Kontinuität. Doch das Auffälligste ist wohl die Integration der Geschichte Egils. An sich ist es nicht unlogisch: Die raffinierte Täuschung, die durch den Trick mit dem Blutbeutel unter dem Arm des Fliehenden gelingt, ist ein glänzender Beweis dafür, dass der beste Handwerker und der beste Schütze zwei literarische Figuren sind, die gut zueinander passen. Egil schießt für Velent die Vögel ab, die er für sein Federkleid braucht. Damit wird der Schmied vollends entmythisiert und ist nur noch ein Hersteller erstaunlicher Objekte: das Boot, das unter Wasser fahren kann, die Statue, die ihrem Vorbild zum Verwechseln ähnlich sieht, das Federkleid, mit dem man wie Dädalus fliegen kann. Es besteht kaum ein Zweifel, dass der Saga-Autor hier massiv aus klassisch-antiker Tradition geschöpft hat.

Offenbar konnte man also die Wielandsage mehr ins Halbmythische rücken, wie im Wielandslied oder auf dem Bildstein Ardre VIII; dann dürfte die Flucht eher durch eine Verwandlung begründet gewesen sein, und es eröffnete sich die Möglichkeit, diese in einer Vorgeschichte (Begegnung mit den Walküren) zu erklären. Oder man tendierte mehr zur Hervorhebung der menschlichen Kunstfertigkeit des Schmieds; in diesem Fall war eher an den Bau eines Flugkleides oder sonstigen Gerätes für die Flucht zu denken; und die Geschichte ließ sich um weitere Erzeugnisse Wielands erweitern.

Der Auftritt Egils in der ›Thidreksaga‹ ist von Bedeutung, weil diese Figur auch auf dem ›Runenkästchen von Auzon‹ abgebildet worden zu sein scheint. Auf dem Deckel des Kästchens (vgl. Abbildung 4) sieht man links einige Krieger, die sich mit ihren Schilden vor einem Pfeilregen schützen; auf dem Boden liegen bereits vier Gefallene. Die Pfeile werden offenbar von einer Figur geschossen, die auf der rechten Seite innerhalb einer Festung mit gespanntem Bogen steht. In der Burg befindet sich wohl eine Frau, die durch zwei Säulen und ein Dach hervorgehoben wird. Der Schütze wird durch eine Inschrift identifiziert: *Ægili*. Man denkt natürlich sofort an den Egil der Saga, doch die hier dargestellte Szene weist keinerlei Ähnlichkeit zu den Geschichten auf, die wir über Egil kennen oder über einen ausgezeichneten Schützen. Offenbar kannte der Auftraggeber des Runenkästchens eine Geschichte über diesen *Ægili*, die uns nicht überliefert ist. Die Verknüpfung von Wieland und Egil in der ›Saga‹ ist mit ziemlicher Sicherheit als spät zu bezeichnen; das eddische ›Wielandslied‹ hat wohl noch den Namen übernommen, ihn aber nicht in die Handlung eingebaut. Daher ist das Zusammentreffen beider Figuren auf dem ›Runenkästchen von Auzon‹ (falls *Ægili* tatsächlich Egil sein sollte) aller Wahrscheinlichkeit nach ein Zufall. Allerdings bleibt dann der kleine Vogelfänger auf der Frontplatte unerklärt, der im Wielandbild ganz rechts steht (vgl. Abbildung 1).

Trotz intensiver Debatten ist es der Forschung nicht gelungen, ein ikonographisches Programm auszumachen, welches die sonderbare Zusammensetzung der Bilder auf dem Runenkästchen erklären würde. Die Bemühungen um die Entdeckung eines Gesamtkonzepts sollen nicht gering geschätzt werden; doch wahrscheinlich liegt die Erklärung gerade im Synkretismus, also in der Sammlung disparater Stoffe, die weniger eine Deutungseinheit denn eine Reihung narrativer Traditionen darstellen möchte. Die Tatsache, dass eine Tafel biblische, die andere römische, der Deckel offenbar germanische und die rechte Seite möglicherweise keltische Erzählungen darstellt, könnte auf die Vielfalt und den Reichtum erzählerischer Traditionskomplexe verweisen wollen, die dem Auftraggeber und dem Künstler zur Verfügung standen.

Doch die Frontplatte kennzeichnet sich dadurch, dass sie die einzige ist, die zwei unterschiedliche Geschichten darstellt, die außerdem noch aus völlig disparaten Traditionen stammen: der kunstfertige Schmied und der Heiland. Dass kann an dieser exponierten Stelle nur programmatischen Charakter haben. Doch *quid Wielandus cum Christo?*, muss man in Anlehnung an Alkuin fragen: Wie passt die grässliche Rache Wielands zur Menschwerdung Christi? Man kann von einer Kontrastfunktion sprechen, die durch spezifische Motivkorrespondenzen zwischen beiden Bildern unterstrichen werden: Wieland als Mörder und Christus als Lebensspender; der getötete Königssohn und das göttliche Kind; die grausamen Kleinode Wielands und die demütig dargebrachten Gaben der Weisen. Auch der Vogel, der vor den Magiern steht, scheint auf eine noch ungeklärte Weise mit denen auf dem Wielandbild zu korrespondieren. Die Vorderseite des Kästchens würde damit den Sieg Wielands durch Anwendung äußerster Brutalität dem Sieg des Heilands durch Demut kontrastiv gegenüberstellen. Das Kästchen würde damit die Ablösung eines heroischen Geschichtsverständnisses durch ein christliches zeigen. Allerdings passt diese Abweisung der heroischen Tradition nicht gut

Abb. 4: Runenkästchen von Auzon (Franks Casket), Deckel. London, British Museum.

zur eklektischen Ansammlung von Erzähltraditionen unterschiedlichster Herkunft auf dem Kästchen.

Es gibt aber noch ein letztes angelsächsisches Zeugnis der Wielandsage, das auf eine andere Deutung verweisen könnte. Der englische König Alfred der Große (871–899) leitete eine Übersetzung von Boethius' ›Consolatio Philosophiae‹ in die Volkssprache. Bei der Übertragung des siebten Metrums des zweiten Buches verwandelte er die rhetorische Frage des Originals nach den Knochen des treuen Fabricius in folgende um: »Wo sind nun des weisen Welands Knochen, des Goldschmiedes, der einst der berühmteste war?« (*Hwær sint nu þæs wisan Welandes ban, / þæs goldsmiðes, þe wæs geo mærost?*). König Alfred erklärt den Grund seiner Frage nach Weland: Niemand auf Erden – so sagt er – könne einem Menschen seine Kunstfertigkeit (*cræft*) rauben, die ihm Christus geschenkt habe. Eher ließe sich der Lauf der Sonne anhalten als einem Menschen eine Fähigkeit rauben, die er durch Gottes Gnade besitzt. Die Stelle verteidigt nicht nur die göttliche Eingebung der Kunst. Der sagenhafte Schmied wäre außerdem ein Beispiel für einen Menschen, der eine Kunstfertigkeit besitzt, die ihm nicht einmal Gefangenschaft und physisches Leid nehmen können. Als göttliche Eingebung gleicht sich die Kunst hier dem Glauben an.

Gewiss ist König Alfreds Text gut eineinhalb Jahrhunderte später als das Kästchen entstanden, sodass seine Deutung der Wielandfigur nicht ohne weiteres für die Deutung der Abbildung herangezogen werden kann. Aber es ist durchaus denkbar, dass das Verständnis der Wielandsage auf Letzterer ebenfalls in Richtung einer christlichen Neudeutung anstatt auf Kontrast ging. Die Inschrift, die beide Bilder umgibt, spricht von keinem von ihnen, sondern von dem Fisch, aus dem das Kästchen gemacht wurde. Sie rückt also das Material für den Kunstgegenstand in den Mittelpunkt. Die beiden Bilder könnten somit auch über das Motiv der Kunstfertigkeit und des Glaubens zueinander in Beziehung stehen.

In beiden Fällen – und das ist das Entscheidende – wäre der Versuch unternommen worden, die profane Heldensage aus christlicher Perspektive neu zu deuten oder zu erklären.

Im Museum für Frühgeschichte (*Oldsaksamling*) der Universität Oslo wird das Portal einer alten Stabkirche verwahrt, die in Hylestad im Süden Norwegens stand. Das Portal besteht aus zwei großen Holzplanken rechts und links des Eingangs, die den Bogen tragen (vgl. Abbildung 5). Beide Seitenteile sind reich geschnitzt; die inneren Kanten in Form von Säulen mit floralem Ornament, die Vorderseiten mit einer Sequenz von Szenen, die rechts meist in Medaillons eingeschlossen sind, links dagegen ineinander übergehen. Das Werk wird gewöhnlich in die Zeit um 1200 datiert und weist deutlichen Einfluss kontinentaler Romanik auf.

Die Szenenreihe beginnt auf der rechten Seite unten, geht dann die Planke empor, wechselt zum Fuß der linken Seite und geht dort wieder aufwärts (vgl. Abbildung 6). Das unterste Medaillon zeigt einen Schmied in seiner Schmiede (Amboss, Hammer, Meißel und Zange sind zu erkennen), der im Unterschied zu Wieland einen Gehilfen hat, der den Blasebalg bedient. In der darüberliegenden Szene erscheinen dieselben Figuren, wenn auch der Gehilfe jetzt einen Helm trägt, der ihn in den restlichen Szenen kennzeichnen wird. Dieser legt nun ein Schwert auf den Amboss, dessen Spitze abgebrochen ist und vor den Schmied fällt, der seinerseits ein weiteres Schwert (oder ist es eine Scheide?) in der Hand hält. Im folgenden Bild kniet der behelmte Krieger in einem Medaillon auf einem Bein und verteidigt sich gegen einen Drachen, der sich durch Blumenornamente schlingt und ihn angreift; der Krieger durchbohrt ihn mit dem Schwert auf der Höhe des Herzens. Am Fuße der linken Planke sieht man den Krieger, der etwas über einem Feuer brät und einen Finger in den Mund steckt. Ihm gegenüber sitzt wieder der Schmied; er scheint zu schlafen, hat aber das Schwert schon halb aus der Scheide gezogen. Über ihnen steht ein Baum, auf dessen Zweigen drei Vögel sitzen. Darüber ist ein Pferd zu erkennen, das mit einer Kiste oder einem anderen Gegenstand beladen ist. Schließlich erscheint wieder der Krieger, der den Schmied ersticht, welcher nach hinten fällt und Blut speit. Deutlich durch einen Balken getrennt erscheint am oberen Ende noch eine liegende Figur, die die Hände auf den Rücken gebunden zu haben scheint und deren nackter Fuß auf einem Saiteninstrument liegt.

Abb. 5: Portal der Stabkirche in Hylestad (Valle, Aust-Agder, Norwegen). Oslo, Kulturhistorisk Museum.

Abb. 6: Portal der Stabkirche in Hylestad (Valle, Aust-Agder, Norwegen), Detail. Oslo, Kulturhistorisk Museum.

Dieses letzte Bild wird erst am Ende besprochen werden; vorerst verdient die Szenenreihe unsere Aufmerksamkeit.

Es handelt sich um eine Darstellung der Siegfriedsage, wie sie auch in einer Reihe literarischer Zeugnisse aus Skandinavien erscheint. Aus dem 13. Jahrhundert sind uns darüber zwei eddische Lieder (›Reginspruch‹ und ›Fafnispruch‹), eine Zusammenfassung durch Snorri Sturluson in seiner Schrift ›Über skaldische Dichtung‹ (›Skáldskaparsmál‹, erste Hälfte des 13. Jh.s) sowie eine Prosaerzählung in der ›Volsungensaga‹ (Mitte des 13. Jh.s) überliefert.

ZUSAMMENFASSUNG

Nach dem ›Reginspruch‹ und dem ›Fafnispruch‹ lebt Sigurd, Sigmunds Sohn, am Hof König Hjalpreks, der ihn in die Obhut Regins gibt, eines hinterlistigen, missmutigen und zauberkundigen Zwerges, der zugleich Hofschmied ist. Als Teil seiner Ausbildung schmiedet Sigurd mit Regin das Schwert Gram, das extrem scharf ist (es zerteilt eine Wollflocke im Bach genauso leicht wie das Wasser selbst) und auch robust (Sigurd zerteilt damit den Amboss). Regin überredet Sigurd, den Drachen Fafni zu töten, der einen riesigen Hort hütet und den ›Schreckenshelm‹ trägt. Sigurd gräbt auf dem Weg des Untiers zum Wasser eine Grube und versteckt sich darin; als das Tier über ihn hinwegzieht, fallen einige Tropfen Gift auf ihn, aber er stößt ihm das Schwert bis ans Heft ins Herz. Bevor er stirbt, erzählt Fafni Sigurd, er sei Regins Bruder, habe mit ihm aber nicht den Hort teilen wollen; daher habe er die Gestalt eines Drachen angenommen, um den Schatz zu hüten. Als Fafni gestorben ist, erscheint Regin, schneidet ihm das Herz heraus und trinkt das Blut aus der Wunde; dann bittet er Sigurd, das Herz zu braten. Während der junge Held das Feuer schürt, legt sich der Schmied schlafen. Dann prüft der Gehilfe mit dem Finger, ob das Fleisch gar ist, verbrennt sich aber und steckt den Finger in den Mund. Als dann das Drachenblut seine Zunge berührt, kann Sigurd die Sprache der Vögel verstehen. Hinter ihm sagen drei Meisen, dass Regin seinen Gehilfen verraten wolle und dass dieser besser daran täte, Regin zu töten und den Hort zu behalten. Sigurd enthauptet den Schmied, isst das Herz des Drachen, holt den Schatz aus der Höhle, lädt ihn in zwei große Truhen, bepackt damit sein Ross Grani (das beste aus Königs Hjalpreks Stall) und reitet davon.

Snorri Sturluson erzählt die gleiche Geschichte, doch ohne Fafnis Rede vor seinem Tod.

Die ›Volsungensaga‹ erzählt im Grunde den gleichen Handlungsablauf, fügt aber zwei Details hinzu. Regin schmiedet zuerst ein Schwert, das Sigurd zur Probe gegen den Amboss schlägt und das zerspringt; dasselbe geschieht auch mit dem zweiten Schwert. Erst als Regin das Eisen aus den Überbleibseln des Schwertes Gram schmiedet, das Sigurds Vater gehört hatte und das in seinem letzte Kampf in Stücke zerfallen war, bleibt die Klinge ganz und zerteilt den Amboss. Das zweite, zusätzliche Motiv ist der Auftritt eines alten Mannes (des Gottes Wotan), während Sigurd die Grube in der Nähe der Drachenhöhle gräbt; er rät ihm, Gräben auszuheben, damit das Drachenblut durch sie abfließen könne.

Diese Texte erzählen die spezifisch skandinavische Variante von Sigurds Drachentötung und Hortgewinnung. Auf dem Kontinent berichten das ›Nibelungenlied‹ (vgl. Kapitel IV,1) und das ›Lied vom Hürnen Seyfried‹ (vgl. Kapitel VII,2) andere Varianten, über die noch zu sprechen sein wird. Die nordischen Zeugnisse, die zeitlich und räumlich einander recht nahe stehen, stimmen im Handlungsablauf und in den spezifischen Motiven sehr genau überein: das Schmieden eines außerordentlichen Schwertes, die Tötung des Drachen mit dem Schwert aus einer Grube heraus, das Herzbraten und die Fingerprobe, das Verstehen der Vogelsprache, welches den Verrat verhindert, die Tötung Regins, das außergewöhnliche Ross, das den sagenhaften Hort trägt. Dass der herausragende Schmied ein besonderes Schwert anfertigt, braucht keinem Einfluss der Wielandsage geschuldet sein, da es sich um ein logisches und topisches Motiv handelt. Das starke Ross aus dem königlichen Stall, das den Schatz trägt, erinnert an den ›Waltharius‹, dessen Autor das Motiv mit Sicherheit auch aus der Siegfriedgeschichte kannte.

Die skandinavischen Texte erlauben eine präzise Identifizierung der Szenen auf dem Portal der Kirche von Hylestad (Abbildung 6). Unten rechts sieht man Sigurd als Gehilfen Regins; darauf folgt die Schwertprobe auf dem Amboss: Sigurd zerbricht das erste Schwert, während Regin bereits das andere bereithält. Darüber stellt das dritte Medaillon die Grube dar, in der Sigurd kniet, um den Drachen von unten zu erstechen. Auf der linken Planke ist unten eine komplexe Szene abgebildet: in der Mitte das Herzbraten, rechts Sigurd mit dem Finger im Mund nach der Garprobe, oben im Baum die Vögel, die vor Regins Verrat warnen, und links der schlafende Schmied, der zum Zeichen seines Hinterhalts das Schwert bereits halb gezogen hat. Darüber ist dann die Ermordung Regins abgebildet; Sigurds Fuß ruht auf der Gruppe seines mit dem Gold beladenen Rosses.

Es gibt weitere norwegische Stabkirchen aus der gleichen Zeit, in deren Portalplanken ähnliche Bildsequenzen geschnitzt sind, doch nirgendwo so ausführlich und in so gut erhaltenem Zustand wie hier. Am bekanntesten ist die Stabkirche in Vegusdal (vgl. Abbildung 7) unweit von Hylestad, deren linke Seite ebenfalls vier ziemlich verwitterte Medaillons mit Szenen derselben Geschichte aufweist. Unten sind das Herzbraten und die Fingerprobe zu erkennen; darüber das Schmieden eines Schwertes; im dritten Medaillon die Schwertprobe auf dem Amboss und das mit einer Kiste beladene Ross; oben schließlich tötet Sigurd Regin. Die Ikonographie stimmt also mit anderen Darstellungen der Sage überein, aber die Reihenfolge der Bilder scheint weniger klar. Auch die rechte Portalplanke der Stabkirche von Lardal (vgl. Abbildung 8), in derselben Region, zeigt im dritten Medaillon von oben die Schwertschmiede und in den beiden darunterliegenden Segmenten die Drachentötung mit dem in der Grube versteckten Sigurd, der den Drachen über ihm mit dem Schwert durchbohrt. Weitere lose Szenen sind auch in den Kirchen von Mael und Nesland identifiziert worden.

Die Darstellungen der Sigurdsage finden sich aber nicht nur in norwegischen Kirchen aus der Zeit um 1200. Auch auf bebilderten Steinkreuzen auf Friedhöfen der Insel Man, die aus dem 10. Jahrhundert und der Zeit um 1000 stammen, sind Sigurd-Szenen identifiziert worden. Obwohl sie stark verwittert sind und die Untersuchungen meist auf Abzeichnungen aus dem Anfang des 20. Jahrhunderts basieren, konnte in mehreren ein Krieger ausgemacht werden, der einen Drachen aus einer Grube heraus ersticht. Auf den Kreuzfragmenten von Kirk Andreas und Malew lässt sich sogar die Szene des Herzbratens und der Fingerprobe erkennen.

Am häufigsten aber erscheint Sigurd auf den schwedischen Felsritzungen und Runensteinen. Meistens sieht man lediglich einen Krieger, der mit dem Schwert von unten nach oben einen Drachen durchbohrt, sodass eine Gleichsetzung mit Sigurd ungewiss ist, weil es sich um ein ikonographisches Motiv zu handeln scheint, das sich von der

Abb. 7: Portal der Stabkirche in Vegusdal (Vestfold, Norwegen), linke Seitenplanke. Oslo, Kulturhistorisk Museum.

Abb. 8: Portal der Stabkirche in Lardal, Norwegen.
Oslo, Kulturhistorisk Museum.

Sage losgelöst haben könnte, die es hervorbrachte. Das Bild, das der Drachenleib umkreist, und die runische Inschrift entlang seines Körpers haben meist nichts mit Sigurd zu tun.

In zwei Fällen aber stellen die Bilder sehr wohl Szenen der Sage dar: die Steinritzung von Ramsund in Södermanland (Schweden, 11. Jh.) und der Runenstein von Gök, der weniger klar ist und im Übrigen eine Kopie der naheliegenden Ramsundritzung zu sein scheint. Hauptanliegen Letzterer (vgl. Abbildung 9) ist wie meistens die Inschrift, die einem Schlangenkörper folgt, der seinerseits Bilder einschließt, hier allerdings in Verbindung mit zwei weiteren, inschriftlosen Schlangen. Der Text lässt sich etwa so übersetzen: »Sigrid, Alriks Mutter, Orms Tochter, machte diese Brücke für die Seele Holmgers, ihres Mannes, des Vaters von Sigröd«. Unten rechts sieht man außerhalb des Bildovals Sigurd, der halb kniend und mit geducktem Kopf das Schwert durch den Drachenleib stößt. Im Bildfeld erkennt man einen geköpften Leichnam, der durch die um ihn stehenden Attribute Meißel, Blasebalg und Amboss als der Schmied Regin zu erkennen ist. Die andere Figur ist offenbar Sigurd beim Herzbraten, der nach der Garprobe den Finger in den Mund steckt. Rechts sitzen die Vögel auf dem Baum, an den auch das Ross gebunden ist, das offenbar bereits beladen wurde. Obwohl hier keine Sequenz dargestellt ist, entspricht die Ikonographie ziemlich genau der der norwegischen Stabkirchen.

Im linken oberen Teil der Ramsundritzung ist ein Tier zu sehen, das einem Hund ähnelt und etwas im Mund zu haben scheint. Aber in der Sigurdsage ist nirgendwo von einem Hund die Rede. Es könnte sich jedoch um einen Otter handeln, denn der spielt in den Texten zur Vorgeschichte des Hortes eine Rolle. Die hier zitierten skandinavischen Werke erklären nämlich den Ursprung des Goldes, das der Drachen hütet:

ZUSAMMENFASSUNG

Sowohl der ›Reginspruch‹ wie auch Snorris ›Skáldskaparsmál‹ und die ›Volsungensaga‹ berichten, die Götter Wotan, Loki und Henar seien losgezogen, die Welt zu besichtigen. Als sie den Wasserfall von Andwarafors erreichen, sehen sie einen

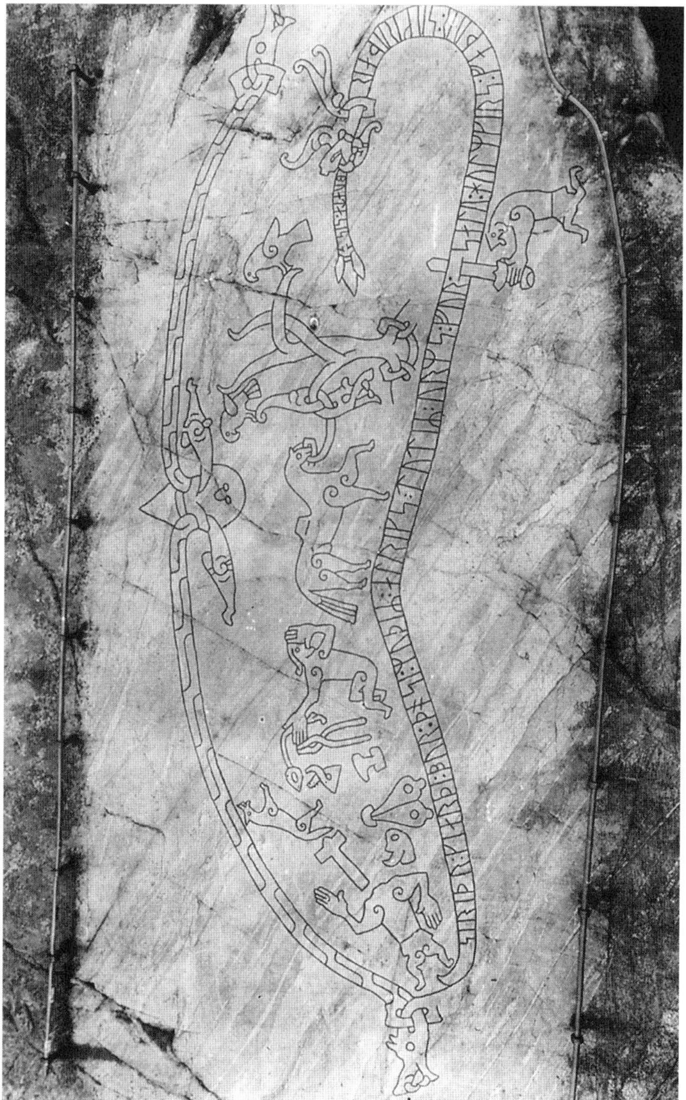

Abb. 9: Steinritzung aus Ramsund, Gemeinde Jäder (Södermanland, Schweden).

Otter, der einen Lachs gefangen hat und ihn am Ufer verzehren will. Loki tötet ihn mit einem Steinwurf und rühmt sich seines doppelten Fangs. Abends kommen sie auf der Suche nach Herberge zu Hreidmar, dem Vater Regins, Fafnis und Otrs. Loki protzt wieder mit seinem Fang und sagt, die Gäste würden das Essen stellen; dabei zeigt er das Otterfell. Da entdeckt Hreidmar, dass es sein Sohn Otr war, und nimmt mit seinen Söhnen die Götter gefangen. Diese bieten eine Entschädigung an. Hreidmar verlangt, dass das Otterfell mit Gold gefüllt und von außen mit Gold bedeckt werde. Die Götter schicken Loki los, das Gold zu besorgen. Der kommt wieder nach Andwarafors, wo er den Zwerg Andwari fängt, der sich gewöhnlich in einen Fisch verwandelt und einen Schatz hütet. Loki fordert von ihm den Hort für sein Leben; Andwari gibt das Gold heraus, behält aber einen Armreif. Der Gott sieht es und nimmt ihm auch diesen ab. Da verflucht Andwari den Hort, dass er seinen Besitzern Verderben bringe. Loki kehrt nun zu seinen Gefährten zurück; Odin füllt und bedeckt das Otterfell, hält aber den Armreif zurück. Hreidmar überprüft die Entschädigung und stellt fest, dass ein Haar des Schnurrbarts herausschaut. Odin muss nun den Armreif darüberlegen.

Diese Vorgeschichte des Schatzes erklärt, wie der Hort in die Hände Regins und Fafnis gelangte sowie den gewaltsamen Tod all jener, die ihn besitzen (Regin, Fafni und Sigurd). Der Otter oder sein Fell erscheint daher an manchen Stellen als ikonographische Chiffre für die Hortgeschichte, wie im oberen rechten Medaillon der Kirche von Lardal (vgl. Abbildung 8). Der Ring um die Nase ist Andwaris Armreif, der den Ursprung des Schatzes und den Fluch, der auf ihm liegt, versinnbildlicht. Daher ist die einzige befriedigende Deutung für das Tier auf der Ramsundritzung, dass es sich um den Otter mit dem Goldreif um das Maul handelt.

Die Vorgeschichte dürfte allerdings nicht ursprünglich zur Sigurdsage gehört haben. Sie ist offenbar eine skandinavische Erfindung, die dem Tod Regins, Fafnis und Sigurds eine mythische Erklärung zu verleihen sucht. Sie gehört somit wohl eher in die charakteristisch nordische Tendenz des 12. und 13. Jahrhunderts, Heldensagen zu mythisieren. Auch historische Wurzeln für Siegfried haben sich nicht finden lassen; die These, der Held sei eine Mythisierung des historischen Arminius, des Anführers der Cherusker, der in der Schlacht am Teutoburger Wald (9 n. Chr.) die römischen Truppen schlug, ist dezidiert zurückgewiesen worden. Siegfried ist vielmehr der Paradefall eines ganz heroischen Drachentöters. Das Untier steht für das Chaos und die Zerstörung, wie schon im ›Beowulf‹ zu sehen war (vgl. Kapitel II,3). Doch im Unterschied zum angelsächsischen Helden muss der wirkliche Drachenkämpfer, um das Tier zu besiegen, sich selbst in seiner Menschlichkeit übersteigen, muss also selbst ungeheuerlich werden. Bei Siegfried findet das darin seinen Ausdruck, dass er im Kontakt mit dem Drachenblut die Sprache der Vögel versteht; in den deutschen Varianten wird er unverletzbar durch die Hornhaut, die er vom Baden im Blut erhält. In den skandinavischen Zeugnissen ist auch das Motiv der Frau, die ihm der Sieg über das Untier einbringt oder durch die man ihn in die Gesellschaft rückzubinden sucht, verändert worden: Sie wird zur Walküre erhoben. Siegfried wird also durch die Überwindung des Drachen nicht ungeheuerlich, sondern halbgöttlich.

Kehren wir nun zu den Portalen in Hylestad, Vegusdal und Lardal zurück. Wie im Fall des ›Runenkästchens von Auzon‹ ist fraglich, welche Funktion die Darstellung Sigurds, eines wenig christlich anmutenden Heroen, an einer Kirchentür ausüben konnte. Man kann wohl kaum von einem heidnischen Heldentum sprechen, das der Gläubige mit dem Eintritt in das Gotteshaus zurücklassen würde – wie im Fall der Darstellungen des Jüngsten Gerichts an vielen kontinentalen romanischen Kirchentoren –, denn es wird nur der Tod des Drachen gezeigt und nicht die Rettung der Seelen. Zudem erscheint die Sigurdsage auch auf Steinkreuzen und in einer Ritzung, die eine »Brücke für die Seele« sein möchte, wie immer man diese Formulierung auch deuten mag. Die überlieferten Darstellungen erscheinen also ausschließlich in religiösen Kontexten. Das bedeutet, dass es neben einem traditionell profanen Verständnis der Sage auch eine spezifisch christliche Interpretation geben musste, die im angelsächsisch-skandinavischen Raum verbreitet war. Dabei kommt nur eine typologische Deutung in Frage.

Die Typologie gehört zu den mittelalterlichen analogischen Denkformen. Sie entstand schon in frühchristlicher Zeit, um die Figuren des Alten Testaments in ein christliches Weltbild zu integrieren. Das Prinzip der Typologie besteht darin, Figuren und Ereignisse des Alten Testaments mit solchen des Neuen sinnvoll in Beziehung zu bringen, um zu beweisen, dass sich die Verheißungen der Propheten tatsächlich in Christus erfüllt haben. Die Vorgänger oder *Typen* werden dabei neuplatonisch als ›Ankündigung‹ gedeutet, die in der Zeit der Gnade dann im *Antitypus* ihre ›Erfüllung‹ finden. So wird die Weltgeschichte um die Achse der Menschwerdung Gottes konstruiert: Alles, was vorher geschieht, ist Präfiguration; was sich hingegen danach begibt, Vollendung und somit Wahrheit. So präfiguriert Abrahams Opferung seines Sohnes Isaak die Opferung Christus am Kreuz, und Jonas' Hervorkommen aus dem Walfisch verkündet Christi Auferstehung aus dem Grab. Die Typologie ist eine hermeneutische Methode zur Deutung des Bibeltextes. Typologische Bezüge waren nicht rigide oder unbeweglich, eine Figur oder ein Ereignis konnte mit mehreren anderen gleichzeitig in Beziehung gesetzt werden.

Später wurde auch die Möglichkeit wahrgenommen, die Typologie auf Figuren und Ereignisse anzuwenden, die nicht im Alten Testament, sondern in profanen Texten der Antike standen; das Interesse für griechische oder lateinische Helden ließ sich anhand der Möglichkeit legitimieren, sie als Präfigurationen christlicher Figuren zu deuten. So wurde Orpheus' Weg durch den Tartarus als Verheißung von Christi Abstieg in die Unterwelt interpretiert und Samsons Sieg über den Drachen konnte als Typus verstanden werden von Christus Sieg über den Satan. Auch (wirkliche oder erfundene) Naturphänomene konnten typologisch gedeutet werden: So wurde die Angewohnheit des Einhorns, sich von einer Jungfrau anlocken zu lassen, als Präfiguration von Christi Geburt durch eine Jungfrau gesehen. Schließlich konnten auch politische Figuren in typologische Bezüge gesetzt werden, sogar über das Neue Testament hinweg: So wird Karl der Große in der Hofpropaganda als der neue oder wahre König David geführt.

Aus dieser Perspektive ließ sich Sigurds Drachentötung als typologische Präfiguration von Christi Sieg über den Satan verstehen. Wie bereits gesagt wurde, wird der Drache in christlichem Denken seit der ›Offenbarung des Johannes‹ und dem ›Physiologus‹ als Vertreter des Bösen verstanden. Folglich lag es nahe, den Sieger über den Drachen mit dem Heiland in einen sinnvollen Bezug zu setzen, da dieser den Teufel überwindet. So ist es wohl auch zu verstehen, dass auf einigen norwegischen Kapitellen (in Lund und Nes) Sigurd neben Samson erscheint, der alttestamentarischen Figur, die ein Ungeheuer besiegt. Offenbar handelt es sich bei Sigurd um das, was die Forschung als ›naive Typologie‹ bezeichnet, die nicht theologisch entwickelt wird und die die gesamten Motive der Sage in die typologische Bezugnahme einschließt, obwohl viele von ihnen gar nicht dazu passen, wie z. B. die mythische Vorgeschichte des Hortes. Vielleicht war dies aber gar nicht so naiv, wie man meinen möchte, denn der Schatz konnte auch als die Verführung zu Macht und Herrschaft gedeutet werden, wodurch auch der Fluch, der auf ihm liegt, durchaus von klerikalem Interesse sein konnte. Alkuins rhetorische Frage *quid Hinieldus cum Christo?* müsste also beantwortet werden: Nichts, so lange man nicht einen typologischen Bezug herstellt; dann ist das Haus des Herren nicht mehr zu klein.

Sigurd ist im Übrigen nicht die einzige Figur profaner germanischer Traditionen, die in ein typologisches Verhältnis zu Christus gesetzt wurde. Auch der Gott Thor und sein Kampf von einem Boot gegen die im Wasser lebende Midgardschlange wurde als Präfiguration von Christi Sieg über den Leviathan gesehen. Das Interessante an der typologischen Deutungstechnik ist die Tatsache, dass sie die ursprüngliche Geschichte unberührt lässt: Nicht Christus tötet den Drachen oder kämpft gegen das Midgardungeheuer, sondern jeweils Sigurd und Thor; der Bezug zu Christus entsteht erst auf hermeneutischer Ebene. Sigurd konnte übrigens auch mit dem Erzengel Michael in Bezug gesetzt werden. Michael war von Gott beauftragt worden, gegen den Teufel zu kämpfen; so wird er seit der ›Apokalypse‹ (12,7–9) in der gesamten mittelalterlichen Ikonographie im Streit mit einem Drachen dargestellt. Der Erzengel spielte bei der Christianisierung Skandinaviens eine wichtige Rolle; sein Kult war dort recht verbreitet.

All diese Querverbindungen müssen berücksichtigt werden, um zu verstehen, aus welchem Grund die Sigurdsage auf das Kirchenportal von Hylestad geschnitzt oder in den Felsen bei Ramsund geritzt worden sein könnte. Möglicherweise lag auch der Abbildung Wielands auf dem ›Runenkästchen von Auzon‹ eine typologische Deutung der Figur zugrunde. Jedenfalls zeigen diese Beispiele, wie sehr der geistliche Stand bemüht war, die weltlichen Erzähltraditionen so zu beeinflussen, dass sie möglichst unangetastet in eine christliche Weltsicht eingebaut werden konnten.

Aus der hier herausgearbeiteten Perspektive lässt sich nun auch das letzte Bild auf der linken Portalplanke von Hylestad verstehen (vgl. Abbildung 6), das von den vorigen durch eine Leiste getrennt ist. Die Identifizierung der liegenden, gebundenen Figur, die von Schlangen umgeben ist und deren Fuß auf einem Seiteninstrument ruht, ist sehr einfach, weil es sich um ein sehr spezifisches Motiv handelt, das in Skandinavien weite Verbreitung gefunden hatte. Es ist eine Darstellung König Gunnars in der Schlangengrube. Das Motiv ist uns bei der Besprechung des ›Atliliedes‹ begegnet, wo der Held in die Grube geworfen wird und dabei die Harfe spielt. Die Art, wie dieses Motiv hier dargestellt wird, entspricht einer Variante, die wir aus der ›Volsungensaga‹ und aus Snorri Sturlusons Schrift ›Über skaldische Dichtung‹ kennen: Gunnar wurden die Hände auf den Rücken gebunden, daher spielt er die Harfe mit den Zehen; es gelingt ihm, die Schlangen einzuschläfern, doch eine bleibt wach und dringt in seinen Körper ein bis ins Herz oder in die Leber, wo sie ihm den tödlichen Biss versetzt. Dieses letzte Detail ist in Hylestad nicht zu sehen, doch man erkennt die Schlangen um den Gefangenen, der mit dem Fuß die Saiten zupft.

Auch zu diesem Motiv stehen alle bekannten Abbildungen im Kontext religiöser Kunst. Ein weiteres Stabkirchenportal, in diesem Fall das von Austad (vgl. Abbildung 10), zeigt Gunnar im unteren Teil der linken Seite in einer Haltung, die der in Hylestad sehr ähnlich ist, wenn auch hier eine zweite Figur erscheint, die etwas in der Hand hält und deren Identifizierung unbestimmt ist. Dass es sich um die Burgundensage handelt, zeigt das symmetrisch gegenüberliegende Bild auf der rechten Seite, das die Szene zeigt, in der Hogni das Herz herausgeschnitten wird. Weitere Abbildungen des Harfe spielenden Gunnars in der Schlangengrube finden wir auf der Rückenlehne eines Chorgestühls der Kirche in Heddal und auf den Taufbecken der Kapellen in Norum und Näs. Dass diese Heldensage auf so markanten religiösen Gegenständen abgebildet wurde, kann nur bedeuten, dass eine typologische Deutung von ihr verbreitet war. Sicherlich wurde Gunnar in der Schlangengrube in Bezug gesetzt zu David in der Löwengrube. In einer christlichen Deutung konnte der burgundische König, der Attila besiegt, obwohl er zum Tod im Schlangenloch verurteilt war, nur als der beispielhafte Sieg des gläubigen Menschen über das Böse im Augenblick seines physischen Todes verstanden werden. Der moralische Sieg Gunnars über den Hunnenkönig, der in seinem Saitenspiel Ausdruck findet, passte offenbar sehr gut zur Kraft, die das Sakrament der Taufe dem Gläubigen im Kampf gegen das Böse verleihen soll.

Dass am Ende der Sigurd-Geschichte in Hylestad auch noch Gunnar erscheint, wirft aus literaturgeschichtlicher Perspektive die Frage auf, wann beide Sagen miteinander verknüpft wurden. Die Forschung ist immer davon ausgegangen, dass es ursprünglich getrennte Erzählungen waren, die zu einem bestimmten Zeitpunkt miteinander verschmolzen wurden, obwohl dazu eigentlich nur das nicht sehr verlässliche ›Atlilied‹ als Beleg vorliegt. Die beiden Geschichten erscheinen zuerst im ›Nibelungenlied‹ (ca. 1200, vgl. Kapitel IV,1), das aus derselben Zeit stammt wie die Portalplanken in Hylestad. Steht Gunnar dort am Ende der Sigurd-Reihe, so könnte das darauf hinweisen, dass auch für den norwegischen Meister die Geschichten schon zusammengehörten. Doch die Leiste, die beide Bildteile trennt, und das vornehmlich typologische Interesse beider Sagendarstellungen lassen keine gesicherte Aussage zu.

LITERATUR

Die Bedeutung und Funktion heroischer Stoffe in bildlichen Darstellungen ist zusammenfassend diskutiert worden von Klaus von See, *Germanische Heldensage. Stoffe, Probleme, Methoden*, Wiesbaden [2]1981, S. 89–93. Das ›Runenkästchen von Auzon‹ wurde monographisch aufgearbeitet von Alfred Becker, *Franks Casket. Zu den Bildern und Inschriften des Runenkästchens von Auzon*, Regensburg 1973; vgl. auch Karl Hauck und Wolfgang Krause, »Auzon, das Bilder- und Runenkästchen«, in *RGA*, Bd. I, Berlin 1973, S. 514–523. Neuerlich ist das ikonographische Programm wieder untersucht worden von Leslie Webster, »The iconographic programme of the Franks Casket«, in *Northumbria's golden age*, hg. von Jane Hawkes und Susan Mills, Stroud 1999, S. 227–246, sowie von Ute Schwab, *Franks Casket. Fünf Studien zum Runenkästchen von Auzon*, hg. von Hasso C. Heiland, Wien 2008. Die Querbeziehungen des Kästchens zu den literarischen Zeugnissen untersuchte bereits Alois Wolf, »Franks Casket in literarhistorischer Sicht«, in *Frühmittelalterliche Studien* 3 (1969), S. 227–243. Die Zeugnisse der Wielandsage wurden gesammelt und studiert von Robert Nedoma, *Die bildlichen und schriftlichen Denkmäler der Wielandsage*, Göppingen 1988; vgl. jetzt den Überblick in Robert Nedoma, »Wieland der Schmied«, in *Künstler, Dichter, Gelehrte*, hg. von Ulrich Müller und Werner Wunderlich, Konstanz 2005, S. 177–198. Das Nebeneinander von Wieland und Christus hat zuletzt Walter Haug, »Die Grausamkeit

Abb. 10: Portal der Stabkirche in Austad (Bygland, Aust-Agder, Norwegen). Oslo, Kulturhistorisk Museum.

der Heldensage. Neue gattungstheoretische Überlegungen zur heroischen Dichtung«, in *Studien zum Altgermanischen. Festschrift für Heinrich Beck*, Berlin 1994, S. 303–326, zu deuten versucht.

Das ›Wielandlied‹ wurde herausgegeben und übersetzt in *The Poetic Edda. II: Mythological Poems*, hg. von Ursula Dronke, Oxford 1997, S. 239–328; eine neuhochdeutsche Übersetzung mit Kommentar findet sich in *Die Götter- und Heldenlieder der Älteren Edda*, hg. von Arnulf Krause, Stuttgart 2004, S. 231–244. Vgl. zu diesem Text den Aufsatz von Kaaren Grimstad, »The Revenge of Vǫlundr«, in *Edda. A Collection of Essays*, hg. von Robert J. Glendinning und Haraldur Bessason, Winnipeg 1983, S. 187–209, sowie den Forschungsbericht von Heinrich Beck, »Die Vǫlundarkviða in neuerer Forschung«, in *Über Brücken. Festschrift für Ulrich Groenke zum 65. Geburtstag*, hg. von Knut Brynhildsvoll, Hamburg 1989, S. 81–97.

Die gotländischen Bildsteine behandelt grundlegend die Monographie von Sune Lindqvist, *Gotlands Bildsteine*, 2 Bde., Stockholm 1941/42, sowie neuerdings die Arbeit von Sylvia Althaus, *Die gotländischen Bildsteine: Ein Programm*, Göppingen 1993. Der Bildstein Ardre VIII wurde eingehend studiert von Ludwig Buisson, *Der Bildstein Ardre VIII auf Gotland. Göttermythen, Heldensagen und Jenseitsglaube der Germanen im 8. Jahrhundert n. Chr.*, Göttingen 1976 (Abhandlungen der Akademie der Wissenschaften in Göttingen, philologisch-historische Klasse 3/102). Andere ikonographische Darstellungen des Schmiedes hat Heinrich Beck, »Der kunstfertige Schmied – ein ikonographisches und narratives Thema des frühen Mittelalters«, in *Medieval Iconography and Narrative. A Symposium*, Odense 1980, S. 15–37, besprochen.

Zur Ikonographie der Sigurdsage ist grundlegend Klaus Düwel, »Zur Ikonographie und Ikonologie der Sigurddarstellungen«, in *Zum Problem der Deutung frühmittelalterlicher Bildinhalte*, hg. von Helmut Roth, Sigmaringen 1986, S. 221–272. Methodisch veraltet, aber reich an Bildern ist der Band von Emil Ploss, *Siegfried – Sigurd, der Drachenkämpfer. Untersuchungen zur germanisch-deutschen Heldensage*, Köln/Graz 1966. Einschlägig sind auch die Arbeiten von Martin Blindheim und Anne Holtsmark, »Sigurds-Saga in der mittelalterlichen Bildkunst«, in *Nibelungenlied. Ausstellungskatalog des Vorarlberger Landesmuseums*, Bregenz 1979, S. 245–272, sowie von Sue Margeson, »Saga-Geschichten auf Stabkirchenportalen«, in *Frühe Holzkirchen im nördlichen Europa. Ausstellung des Helms-Museums*, hg. von Claus Ahrens, Hamburg 1981/82, S. 459–480. Über die Drachentöter-Sage geben jetzt weitere Ausblicke Aleksandar Loma, »Drachenkampf, Werbung, Initiation. Ein komparativer Ausblick auf die Vorgeschichte der Siegfriedsage«, sowie Walter Haug: »Szenarien des heroischen Untergangs«, beide in *8. Pöchlarner Heldenliedgespräch: Das Nibelungenlied und die Europäische Heldendichtung*, hg. von Alfred Ebenbauer und Johannes Keller, Wien 2006, S. 211–222 und 147–161.

›Reginsmál‹ und ›Fáfnismál‹ werden zitiert nach der Ausgabe *Edda. Die Lieder des Codex Regius nebst verwandten Denkmälern*, hg. von Gustav Neckel und Hans

Kuhn, 2 Bde., Heidelberg [5]1983, S. 173–188; vgl. auch die bereits zitierte zweisprachige und kommentierte Ausgabe von Arnulf Krause. Die Standardausgabe der ›Edda Snorri Sturlusons ist immer noch *Edda Snorra Sturlusonar*, hg. von Finnur Jónsson, Kopenhagen 1931; eine vollständige neuhochdeutsche Übersetzung bietet Snorri Sturluson: Die jüngere Edda mit dem sogenannten ersten grammatischen Traktat, hg. von Gustav Neckel und Felix Niedner, Düsseldorf/Köln [2]1966 (Sammlung Thule 20). Die Steinritzung von Ramsund wurde katalogisiert von E. Brate und Elias Wesén, *Sveriges Runinskrifter. III: Södermanlands Runinskrifter*, Stockholm 1924–1936, S. 71–73; sie trägt die Sigle Sö 101.

Die Diskussion um das Verhältnis von Heldensage und Mythos hat Klaus von See, »Germanische Heldensage. Ein Forschungsbericht«, in *Göttingische Gelehrte Anzeigen* 218 (1966), S. 52–98 (wieder in K. von See, *Edda, Saga, Skaldendichtung. Aufsätze zur skandinavischen Literatur des Mittelalters*, Heidelberg 1981, S. 107–153), sehr gut zusammengefasst. Die Theorie der Beziehung zwischen Siegfried und Arminius wurde aufgestellt von Otto Höfler, *Siegfried, Arminius und die Symbolik*, Heidelberg 1961. Über den Drachen im Allgemeinen und in christlicher Sicht gibt der vorzügliche Lexikonartikel von Lutz Röhrich, »Drache, Drachenkampf, Drachentöter«, in *Enzyklopädie des Märchens*, hg. von Kurt Ranke et al., Bd. III, Berlin 1981, Sp. 787–820, Auskunft. Zur Typologie ist grundlegend Henri de Lubac, *Exégèse médiévale. Les quatre sens de l'écriture*, 4 Bde., Paris 1959–1964; vgl. auch die Arbeiten von Friedrich Ohly, *Schriften zur mittelalterlichen Bedeutungsforschung*, Darmstadt 1977. Die typologische Deutung Sigurds auf den Bilddenkmälern ist von Klaus Düwel (s. o.) ausgearbeitet worden. Zur typologischen Deutung des Kampfes zwischen Thor und der Midgardschlange vgl. Otto Gschwantler, »Christus, Thor und die Midgardschlange«, in *Festschrift für Otto Höfler zum 65. Geburtstag*, Wien 1968, Bd. I, S. 145–168. Die Ikonographie Gunnars in der Schlangengrube wurde bereits untersucht von Samuel Singer, »Gunnar im Schlangenturm«, in *Zeitschrift für Volkskunde* 39 (1930), S. 69–71, sowie vor allem von Alexander Haggerty Krappe, »The Snake Tower«, in *Scandinavian Studies* 16 (1940/41), S. 22–33.

IV. Die Anfänge der Heldenepik im deutschen Sprachraum: das ›Nibelungenlied‹ und sein Umfeld

Auf deutschsprachigem Boden hat sich das literarische Umfeld zwischen dem 9. oder 10. Jahrhundert, die uns in den vorangegangenen Kapiteln beschäftigt haben, und dem Ende des 12. und dem Anfang des 13. Jahrhunderts, dem Zeitpunkt, zu dem wir hier wieder darauf zurückkommen möchten, radikal gewandelt. In der Zwischenzeit haben wesentliche sprachliche und poetische Veränderungen den gesellschaftlich-kulturellen Wandel begleitet. Das alte Hochdeutsch, in dem das ›Hildebrandslied‹ und andere volkssprachliche Texte der Zeit geschrieben sind, hat so gravierende morphologische Veränderungen erfahren (u.a. Schwächung der unbetonten Vokale und Silbenreduktion), dass es erforderlich ist, eine neue sprachlichgeschichtliche Epoche anzusetzen: Das, was wir heute Mittelhochdeutsch nennen, setzt sich in allen Texten ab der Mitte des 11. Jahrhunderts durch. Parallel zu den sprachlichen Umwandlungen läuft die Einführung eines neuen poetischen Formensystems: Der Endreim ersetzt überall den Stabreim, womit eine gemeingermanische Technik aufgegeben wird, die in England und Skandinavien noch bis ins 14. Jahrhundert – allerdings nicht mehr ausschließliche – Verwendung findet. Der neue deutsche Endreimvers ist gewöhnlich kurz (Langzeilen sind die Ausnahme), wird aber weiterhin nach Hebungen oder Ikten bemessen, nicht nach der Anzahl der Silben wie in den romanischen Literaturen. Außerdem sind im 12. Jahrhundert der Kaiserhof und die religiösen Institutionen nicht mehr die einzigen Machtzentren, die ein Interesse für literarische Produktion zeigen und die Weitergabe von Texten pflegen. Der hohe Adel, der zu dieser Zeit eine Stabilität, einen Reichtum und einen Einfluss genoss, die ihm vorher kaum zuteil gewesen waren, beginnt nun in allen Bereichen (Verwaltung, gesellschaftliche und wirtschaftliche Organisation, Architektur und Kultur) die Repräsentationsformen des Kaisers nachzuahmen. So kommt es, dass die Adelshöfe über ihr Mäzenatentum die Komposition literarischer Werke fördern, um damit zur Entwicklung ihrer eigenen kulturellen Identität beizutragen, aber auch um nach außen hin ihre Macht und ihre politische Positionierung zu zeigen. Dies ist der bedeutendste Faktor für die große Entfaltung volkssprachlicher Literatur im 12. Jahrhundert, sowohl in Deutschland als auch in Frankreich und im normannischen England.

Doch die alten heroischen Stoffe, die Geschichten über Hildebrand, Siegfried, Walther, Wieland, Gunther und Hagen, die in der mündlichen Tradition der Aristokratie gewiss noch präsent waren, werden von demselben Publikum zunächst verdrängt, wenn es um die neue Literatur geht. Wir wissen, dass die Sagen in dem ihnen eigenen Medium der Mündlichkeit weiterhin lebendig waren, denn wir besitzen bis zum 16. Jahrhundert Bemerkungen, aus denen zu schließen ist, dass ihre Adressaten die Geschichten kannten, auf die angespielt wurde. Im 13. Jahrhundert wird dann auch eine stattliche Reihe erzählender Dichtungen über heroische Stoffe geschrieben, aber das geschieht in einem wiederum veränderten literaturgeschichtlichen Kontext, wie in späteren Kapiteln zu sehen sein wird. Zu Beginn dieser Entwicklung aber scheint der Adel eher an jenen Stoffen und Botschaften Interesse zu finden, die ihm das klerikale Schrifttum nahelegt. Der Adel des 12. Jahrhunderts hat ein imperiales und christliches Verständnis von Geschichte, sodass die Heldensagen zu Geschichten werden, die in einer Vorzeit angesiedelt sind, nämlich in der Zeit vor der Integration der *gentes* in das römische Reich und seine Kultur. Eine kulturelle Identität stiften diese Erzählungen nicht, doch sie vermitteln ein aus den frühmittelalterlichen Kriegergesellschaften überliefertes Weltbild, das nun mit dem aktuellerer Geschichten konkurriert.

Das lässt sich am deutlichsten an der deutschen ›Kaiserchronik‹ aus der Mitte des 12. Jahrhunderts zeigen. Sie weist, wie bereits zu sehen war (vgl. S. 132–135), die neue metrische Form auf (kurze, paarweise endgereimte Verse) und verdankt ihre Existenz wahrscheinlich dem herzöglichen Mäzenatentum der Welfen. Die Stoffe der eingebauten Erzählungen sind zwar unterschiedlicher, doch immer römisch-christlicher Herkunft. Auch Dietrich von Bern ist hierzu zu rechnen, nicht so sehr, weil er der einzige Sagenheld ist, der auch zur offiziellen Geschichte des Reichs gehört, sondern vor allem weil das, was von ihm in diesem Werk erzählt wird, eher der historiographischen Tradition entspricht als der heroischen. Die ›Kaiserchronik‹ stellt aber auch einen wichtigen Schritt in der Aneignung der verschiedenen literarischen Gattungen durch das neue Adelspublikum dar. Sie eröffnet einen Raum für das historiographische Erzählen und den Bericht über die Taten der Vorfahren, der bis zu diesem Zeitpunkt den mündlichen Traditionen oder den lateinischen Annalen vorbehalten war. Die neue volkssprachliche Geschichtsschreibung tritt also in Konkurrenz zu den alten Traditionen der *gentilen* in ihrer ohnehin nicht zentralen Funktion, ein Verständnis von Geschichte zu vermitteln. Mehr noch: Aus dem Schweigen, das in dieser Zeit die Heldensagen umgibt, und aus dem, was später von ihnen überlebt, wird es offensichtlich, dass die Chronistik sie in ihrer memorialen Funktion ersetzt hat, ebenso wie die Schrift langsam wichtige Parzellen der gesellschaftlichen, politischen und kulturellen Kommunikation einnimmt, die vorher ausschließliche Domänen der Mündlichkeit gewesen waren.

Die weltliche Dichtung des 12. Jahrhunderts versteht sich im Wesentlichen als literarisch und richtet sich dementsprechend nach einem literarischen Kanon, der der klerikalen Kultur verpflichtet ist sowie einer römisch-christlichen Weltordnung, die sich wiederum durch die Koordinaten der lateinischen Antike, des Christentums und des karolingischen Reichs (das sich als Erbe der beiden vorigen sieht) bestimmen lässt. Diese kulturellen Traditionen stellen der neuen Literatur ein weites Spektrum an Stoffen zur Verfügung, welche je unterschiedliche Möglichkeiten boten, Themen zu behandeln, die für das Literaturpublikum von Interesse und Aktualität waren. Die griechisch-lateinischen Geschichten von Alexander (Lamprecht, ›Alexanderroman‹, ca. 1160), dem Krieg um Troja (Herbort von Fritzlar, ›Liet von Troje‹, ca. 1195) oder Äneas (Heinrich von Veldecke, ›Eneasroman‹, ca. 1175–1185) stehen wie selbstverständlich neben den Erzählungen über Karl den Großen und seine Paladine (Konrad, ›Rolandslied‹, ca. 1170) und neben den orientalisch-mediterran angehauchten Abenteuerromanen (›König Rother‹, ca. 1160–1170; ›Herzog Ernst‹, ca. 1170–1180 oder ›Graf Rudolf‹, ca. 1170–1180) oder den keltisch beeinflussten Dichtungen über König Artus (Hartmann von Aue, ›Erec‹, ca. 1190, und ›Iwein‹, ca. 1200) bzw. über die Liebe zwischen Tristan und Isolde (Eilhart von Oberg, ›Tristrant‹, ca. 1190). All diese noch vor dem 13. Jahrhundert gedichteten weltlichen Texte zeigen unmissverständlich die Vorliebe des zeitgenössischen Publikums für Stoffe aus dem römisch-christlichen Bereich und für modern geprägte Liebes- und Abenteuergeschichten.

Es ist aber nicht das Neue, das diese Erzählungen interessant machte (denn die meisten Stoffe waren seit Generationen bekannt), sondern ihre Fähigkeit, so aktuelle Themen zu verarbeiten wie die Liebe, die ritterlichen Werte, das Verhältnis zwischen Adel und Königtum oder die Begegnung mit fremden Völkern. Die Sagen aus der Völkerwanderungszeit waren offenbar weniger geeignet für eine Anpassung dieser Art; was die alten Helden bewegt, war wohl zu weit von dem entfernt, was für das adelige Publikum von Aktualität gewesen sein dürfte. In diesem Sinne ist das literarische Panorama in Deutschland nicht dem vergleichbar, was in Frankreich beobachtet werden kann, wo sich die *chansons de geste* im Verlauf des 12. Jahrhunderts kräftig entfalten. Diese Texte behandelten Stoffe, die im römisch-christlichen Reich spielten, was weder der Heide Attila noch der Häretiker Theoderich für sich beanspruchen konnten. Zudem fehlte in Deutschland die geographische Nähe zur Konfrontation mit dem heidnischen Feind und damit auch das verbindende Element dieses Themas.

In diesem Kontext erscheint nun aber um 1200 das anonyme ›Nibelungenlied‹, ein Epos, das von den alten Heroen Siegfried, Gunther, Hagen und Dietrich erzählt. Wegen seiner scheinbaren Isoliertheit im literaturgeschichtlichen Umfeld wurde dieses Werk oft als ein erratischer Block bezeichnet. Hatte die volkssprachliche Literatur des 12. Jahrhunderts mit großem Aufwand an Mitteln und Kenntnissen eine beachtliche Vielfalt an Themen und Stoffen sowie eine hohes formales und reflexives Niveau aufgewiesen, so wurde die Rückkehr zu den archaischen Traditionen und den altertümlichen Formen (das ›Nibelungenlied‹ benutzt Langzeilenstrophen) als eine Art Schwanengesang der Heldendichtung gesehen: Die alten Sagen gelangen an die Oberfläche und schaffen den Sprung in die Schriftlichkeit, als ihre Glanzzeit längst vergangen ist. Diese offensichtlich romantische Idee erklärt aber nicht die Entstehung dieses Werkes in seiner Zeit. Wir stehen nicht vor einem altmodischen Text, der spät auf die Bühne der Schriftlichkeit gelangt, sondern vor einer Dichtung von großer literarischer Qualität, deren Autor mit Geschick und Souveränität alle Möglichkeiten auszuschöpfen wusste, die ihm die Literatur des späten 12. Jahrhunderts bot. Das ›Nibelungenlied‹ kann nur als Produkt dieser literarhistorischen Zeit angesehen und muss als solches verstanden werden.

Das Werk ist zweifellos eine der beeindruckendsten epischen Dichtungen des gesamten europäischen Mittelalters. Aber es stellt auch – wie zu sehen sein wird – unsere Konzepte von ›Autor‹ und ›Werk‹ vor schwierige Fragen, und dies nicht nur in neuester Zeit, denn schon im 19. Jahrhundert war der Text Gegenstand einer der erbittertsten philologischen Auseinandersetzungen. Andererseits ist das ›Nibelungenlied‹ zweifellos auch diejenige mittelalterliche Dichtung, die am meisten unter ideologischen und politischen Vereinnahmungen und Missbräuchen im 19. und 20. Jahrhundert gelitten hatte, von seiner Stilisierung zur ›deutschen ›Ilias‹‹ und seiner Einschätzung als Vermittler einer germanischen Nationalpoesie bis hin zur Schändung seines Namens im Dienste eines militaristischen Patriotismus. Das erste Kapitel dieses Abschnitts versucht, die Probleme zu erklären, vor die es den Leser stellt, und seine Bedeutung im literarischen Umfeld der Zeit zu verdeutlichen (Kapitel IV,1).

In allen Handschriften, die den Text mehr oder weniger vollständig erhalten haben, folgt auf das ›Nibelungenlied‹ ein zweiter Text, der unter den Namen ›Klage‹ oder ›Nibelungenklage‹ bekannt ist. Es handelt sich um eine Dichtung in kurzen Reimpaarversen, die von einem anderen Autor stammt, jedoch in unmittelbarer zeitlicher und räumlicher Nähe zum Epos geschrieben wurde. Wir können uns kaum die Komposition des einen Werkes ohne die des anderen vorstellen, und sie werden immer zusammen überliefert, meist so, dass der Übergang vom ›Lied‹ zur ›Klage‹ kaum stärker markiert wird als von einer *aventiure* des Epos zur nächsten. Das mittelalterliche Publikum hat somit beide Texte immer hintereinander gelesen, und so soll auch hier dieses Werk kurz besprochen werden (Kapitel IV,2). Schließlich wurde um die Mitte des 13. Jahrhunderts ein weiteres Epos gedichtet, die ›Kudrun‹, die aus verschiedenen formalen und inhaltlichen Aspekten nur als Antwort auf das ›Nibelungenlied‹ verstanden werden kann. Die Besprechung dieses Textes (Kapitel IV,3) soll den Abschnitt beschließen.

LITERATUR

Einen Überblick über die Anfänge der deutschen Literatur im 11. und 12. Jahrhundert bieten Gisela Vollmann-Profe, *Wiederbeginn volkssprachiger Schriftlichkeit im hohen Mittelalter*, Tübingen ²1994 (Geschichte der deutschen Literatur von den Anfängen bis zum Beginn der Neuzeit I/2), sowie Dieter Kartschoke, *Geschichte der deutschen Literatur im frühen Mittelalter*, München 1990. Wesentlich detaillierter, wenn auch nur auf die weltliche Literatur zentriert, ist der Klassiker von Kurt Ruh, *Höfische Epik des deutschen Mittelalters*, 2 Bde., Berlin 1977–1980. Die Bedeutung der höfischen Kultur für die neue Literatur wurde monographisch aufgearbeitet von Joachim Bumke, *Höfische Kultur*, 2 Bde., München 1986, einem unumgänglichen Handbuch. Ebenso grundlegend ist seine Studie über das Mäzenatentum in der höfischen Literatur: Joachim Bumke, *Mäzene im Mittelalter. Die Gönner und Auftraggeber der höfischen Literatur in Deutschland 1150–1300*, München 1979. Über metrische Fragen informiert Werner Hoffmann, *Altdeutsche Metrik*, Stuttgart ²1981.

Die Rezeptionsgeschichte des ›Nibelungenliedes‹ wurde monographisch aufgearbeitet von Otfrid Ehrismann, *Das Nibelungenlied in Deutschland. Studien zur Rezeption des Nibelungenlieds von der Mitte des 18. Jahrhunderts bis zum Ersten Weltkrieg*, München 1975; siehe dazu die Materialien in Otfrid Ehrismann, *Nibelungenlied 1755–1920. Regesten und Kommentare zu Forschung und Rezeption*, Gießen 1986. Vgl. auch die Sammelbände *Die Nibelungen. Ein deutscher Wahn, ein deutscher Alptraum*, hg. von Joachim Heinzle und Anneliese Waldtschmidt, Frankfurt a. M. 1991; sowie *Die Nibelungen. Sage – Epos – Mythos*, hg. von Joachim Heinzle, Klaus Klein und Ute Obhof, Wiesbaden 2003 (einige Aufsätze wiederholen sich).

1. Das ›Nibelungenlied‹

Das ›Nibelungenlied‹ ist ein Versepos mit ca. 2400 vierzeiligen Langzeilenstrophen; der Strophenbestand variiert allerdings in den verschiedenen Fassungen und Handschriften.

ZUSAMMENFASSUNG

[1] In Burgund lebt die junge Prinzessin Kriemhilt, die schönste aller Frauen, unter der Obhut ihrer Brüder Gunther (der König), Gernot und Giselher sowie ihres Gefolges berühmter Krieger. [2] In den Niederlanden gibt der junge Prinz Sifrit, der eine ausgezeichnete höfische Erziehung erhalten hat, erste Anzeichen seiner Qualitäten und wird auf einem großen Fest zum Ritter geschlagen. [3] Kurz darauf beschließt Sifrit, um Kriemhilt zu werben. Als er mit seinem Gefolge in Worms anlangt, wo König Gunther residiert, wird der erfahrene Krieger Hagen nach dem Unbekannten gefragt. Der vermutet, es handle sich um Sifrit, und berichtet, wie der mit den Waffen den unerschöpflichen Hort Nibelungs gewann, um den sich dessen Nachfolger stritten, und wie er dann den Drachen tötete und in seinem Blut badete. Hagen endet mit dem Rat, Sifrit einen guten Empfang zu bereiten. Als der Held vor den König tritt, fragt dieser ihn nach dem Grund seiner Reise, und der Fremde antwortet, er wolle seine Kräfte mit ihm messen und sein Reich erobern. Diese Provokation erregt die burgundischen Krieger (und Sifrit reizt sie mehrmals weiter), doch die königlichen Brüder wahren die Ruhe und bieten dem Helden Gastfreundschaft an. Daraufhin beruhigt sich der Fremde, der nun ein Jahr lang in Worms lebt. Seine geheime Liebe wird von Kriemhilt insgeheim erwidert, doch sie begegnen einander nie. [4] Als eines Tages die Sachsen den Burgunden den Krieg erklären, bietet Sifrit seine Hilfe an und führt das Heer Gunthers zu einem überwältigenden Sieg. [5] Auf dem Fest, das daraufhin in Worms stattfindet, wird Sifrit als Sieger ausgezeichnet; ihm wird erlaubt, die Prinzessin zu grüßen, mit der er während der Feiertage oft spaziert.

[6] Nach einiger Zeit gelangen nach Worms Nachrichten von Brünhilt, einer nordischen Königin, die nur vom stärksten Krieger zur Frau erobert werden kann, denn sie muss in drei Kraftproben besiegt werden oder der Werber wird hingerichtet. Gunther möchte sie zur Ehefrau gewinnen, benötigt dazu aber Sifrits Hilfe, der sie kennt und der einzige in Burgund ist, der sie zu überwinden vermag. Als Gegenleistung verlangt der Held, Kriemhilt heiraten zu können, was ihm Gunther gewährt. [7] Unter den gegebenen Umständen muss Brünhilt getäuscht werden: Sifrit wird als Gunthers Vasall vorgestellt und versteckt sich dann unter der Tarnkappe, die ihn unsichtbar macht; so kann er die Kraftproben bestehen, während der Burgundenkönig lediglich Scheingesten ausführt. [8] Die Königin wird zwar besiegt, doch zur Sicherheit reist Sifrit schnell ins Nibelungenland, wo er

seine Identität verheimlicht und gegen den Riesen und den Zwerg kämpft, die seine Vasallen sind und den Hort bewachen. Er nimmt nun 1000 Mann mit in Brünhilts Land, doch die sind nicht notwendig, denn Gunther und die Königin haben friedlich die Ehe ausgehandelt. [9] Sifrit, Brünhilt und die Burgunden segeln nun zurück nach Worms, doch der Held aus Niederlande wird als Bote vorausgeschickt, um die siegreiche Heimkehr des Königs anzukündigen. [10] Der Empfang in Worms ist feierlich und wird von einem großen Fest begleitet. Als das Königspaar zu Tisch geht, erinnert Sifrit Gunther an sein Versprechen. Der Burgunde ruft Kriemhilt herbei und verehelicht die beiden in Anwesenheit seiner wichtigsten Barone. Als Brünhild dann sieht, wie Sifrit und Kriemhilt sich dem Königspaar gegenübersetzen, ist sie erstaunt, dass ihr Ehemann seine Schwester mit einem vermählt hat, den sie als unfrei bezeichnet. Der König gibt eine ausweichende Antwort, aber seine Frau ist damit nicht zufrieden und gestattet ihm in der Nacht nicht, sie zu berühren, solange er keine besseren Argumente vorzubringen habe, ja sie bindet ihn sogar mit ihrem Gürtel fest und hängt ihn bis zum Morgengrauen an einen Haken an der Wand. So muss also wieder Sifrit einspringen und in der folgenden Nacht unter der Tarnkappe in die Kemenate kommen, Gunthers Platz im Ehebett einnehmen und Brünhilt in einem wilden Ringkampf überwinden. Er nimmt ihr dabei den Gürtel und einen Ring ab. Dann räumt er dem König wieder seinen Platz, der nun die Ehe vollziehen kann, wobei Brünhilt ihre Riesenkräfte verliert.

[11] Bevor Kriemhilt mit ihrem Ehemann nach Niederlande zieht, verlangt sie von ihren Brüdern ihr Erbteil. Sifrit lehnt dies aber ab. Die Frau verlangt nun, dass ein Gefolge sie begleite, in dem sie Hagen und Ortwin haben möchte, doch die weigern sich zu gehen. Dann ziehen sie fort, und beide Königspaare leben lange Jahre getrennt; jedes bekommt einen Sohn. [12] Brünhilt ist aber unzufrieden damit, dass jener Vasall nie komme, um seinem Herren Tribut zu erweisen; Gunther weist ihre Sorgen ab, doch es gelingt ihr, ihn dazu zu bewegen, dass er Sifrit und Kriemhilt aus verwandtschaftlicher Liebe zu einem Fest einlädt. [13] Zu Beginn der Feierlichkeiten sind die Spannungen unsichtbar oder gering, [14] doch während eines Turniers, dem die beiden Frauen zusehen, lenkt Brünhilt das Lob der Ehemänner um in einen Disput über die Rangordnung derselben. Überrascht über die Behauptung der burgundischen Königin, Sifrit sei ein unfreier Vasall Gunthers, überträgt Kriemhilt die Diskussion in die Öffentlichkeit und fordert Brünhilt auf, vor ihr in den Dom zu treten. Beide Königinnen erreichen gleichzeitig mit ihrem Gefolge die Stiegen zum Münster und Brünhilt sagt in ihrer Wut, die Ehefrau eines Unfreien dürfe nicht vor der Königin eintreten, worauf Kriemhilt mit der Frage antwortet, wie die Nebenfrau dieses Unfreien Königin sein könne. Sie nutzt Brünhilts Bestürzung aus, um als erste den Dom zu betreten. Am Ausgang fordert Brünhilt einen Beweis für ihre Behauptung, und Kriemhilt zeigt ihr den Gürtel und den Ring, die Sifrit ihr nahm. Die Königin weint, der König kommt hinzu, und sie berichtet von Kriemhilts Behauptung, Sifrit habe als erster

mit ihr geschlafen. Nun wird Sifrit gerufen, der sofort bereit ist zu schwören, dass er niemals so etwas behauptet habe, Gunther erlässt ihm den Schwur, und die Angelegenheit wird als Frauenzank abgetan. Aber die Königin ist beleidigt, und Hagen, der es bemerkt, regt den König zur Ermordung des Mannes an, der es öffentlich machen und die Burgunden erniedrigen kann; Gunther weigert sich zunächst, gibt dann aber nach.

[15] Hagen ergreift nun die Initiative: Ein neuer Krieg gegen die Sachsen wird vorgetäuscht, Sifrit will wieder helfen. Unter dem Vorwand, ihren Ehemann schützen zu wollen, erreicht Hagen von Kriemhilt in einem privaten Gespräch, dass sie ihm auf der Kleidung des Helden die Stelle am Rücken markiert, wo ein heruntergefallenes Lindenblatt beim Bad im Drachenblut verhinderte, dass die Haut undurchdringbar wurde. [16] Nun wird der Krieg abgeblasen und stattdessen eine Jagdpartie organisiert. In einer Pause nutzt Hagen den Moment aus, in dem sich Sifrit zum Trinken über eine abgelegene Quelle beugt, um ihm von hinten einen Speer in den Rücken zu stoßen. [17] Der Leichnam des Helden wird in der Nacht vor Kriemhilts Kemenate gelegt. Der Verdacht der untröstlichen Frau wird bestätigt, als Gunther und Hagen in die Nähe der Bahre treten und die Wunden wieder zu bluten beginnen. Doch erlaubt sie den Niederländern nicht, zu den Waffen zu greifen. Sifrit wird unter großem Jammer begraben. [18] Kriemhilt lehnt eine Rückkehr in die Niederlande ab, um in der Nähe ihres toten Ehemanns und ihrer Familie zu bleiben. [19] Sie lebt viereinhalb Jahre abgeschieden und in Trauer, bis Hagen an die Zweckmäßigkeit einer Versöhnung denkt; die Frau schließt Frieden mit ihrem Bruder, aber nicht mit Hagen. Nun kann Kriemhilt Sifrits Hort nach Worms kommen lassen, doch mit ihm gewinnt sie so viele auswärtige Krieger für sich, dass Hagen Gefahr wittert, das Zögern seiner Herren überwindet und den Hort im Rhein versenkt. Kriemhilt klagt ihn vor dem König an, und Hagen wird für kurze Zeit verbannt, doch Kriemhilt bleibt dreizehn Jahre lang untröstlich.

[20] König Etzel [= Attila] ist verwitwet und beschließt, um Kriemhilt anzuhalten. Dazu schickt er Markgraf Rüdiger von Bechelaren als Boten. Der burgundische Hof akzeptiert im Prinzip die Werbung – nur Hagen warnt eindringlich vor möglichen Konsequenzen –, macht aber eine Zusage vom Einverständnis der Frau abhängig. Gunthers Schwester aber will nichts von einer neuen Ehe wissen, trotz der wiederholten Versuche ihrer Brüder und Mutter, sie umzustimmen. Als ihr aber Rüdiger persönliche Treue schwört, erahnt sie die Möglichkeit, eines Tages den Mord an ihrem Geliebten zu rächen und nimmt die Werbung an. [21] Mit großer Feierlichkeit reist die Königin ins hunnische Land und hält an unterschiedlichen Orten Quartier, [22] bis sie von König Etzel empfangen und geehelicht wird. [23] Kriemhilt füllt allmählich die Lücke, die der Tod ihrer Vorgängerin gerissen hatte, und gebiert einen Sohn, Ortlieb. Noch dreizehn Jahre nach ihrer Ankunft erinnert sie sich an ihren Schmerz und sinnt auf Rache. Dazu regt sie Etzel an, ihre Brüder zu einem Fest einzuladen. [24] Gunther nimmt den Vorschlag an, trotz Hagens vehementer Opposition, der vor den Gefahren der Expedition

warnt. [25] Beim Auszug gibt es schlechte Vorzeichen. Während Hagen einen Fährmann sucht, der sie über die reißende Donau bringt, begegnet er einigen Nixen, die ihm voraussagen, nur der Priester würde lebend wieder das diesseitige Donauufer erreichen. Der Held tötet den Fährmann, weil der die Fremden nicht übersetzen will; als er dann selbst die Fähre führt, stößt er den Priester ins Wasser, um zu prüfen, ob die Prophezeiung stimmt: Der Pfaffe schwimmt zurück ans Ufer. [26] All das geschieht außerhalb der Kontrolle der Könige. Auch ein nächtlicher Überfall auf die Nachhut seitens Bayrischer Grafen, die den Tod des Fährmanns rächen möchten, wird von Hagen und seinen Kumpanen abgewiesen, ohne dass Gunther davon erfährt. [27] Nach einem freundlichen Empfang bei Rüdiger, der seine Tochter auf Anregung Hagens mit Giselher verlobt, [28] gelangen die Burgunden an den Hof Etzels, wo sie von Dietrich von Bern mit einer Warnung vor Kriemhilts Hass empfangen werden. Diese empfängt ihre Brüder freundlich und fragt Hagen böse, ob er ihr das gebracht habe, was er ihr in Worms nahm. Darauf antwortet er mit Gesten der Kampfbereitschaft.

[29] Während der Tross sich einrichtet, setzen sich Hagen und Volker auf eine Bank im Hof. Kriemhilt sieht sie und kommt mit einer Schar Hunnen hinzu, doch Hagen steht nicht vor ihr auf. In der Diskussion bekennt er offen, Sifrit ermordet zu haben, und legt sogar dessen Schwert über seine Knie. Die Hunnen aber trauen sich nicht, sie anzugreifen. [30] In der Nacht halten Hagen und Volker Wache vor dem Saal, in dem die Burgunden schlafen und verhindern durch ihre Anwesenheit einen von Kriemhilt angeregten verräterischen Überfall. [31] Am Morgen gehen die Burgunden bewaffnet zur Messe, was für Entrüstung sorgt. Die Spannung wächst während des Turniers an, daher lassen Rüdiger und Dietrich ihre Männer nicht daran teilnehmen. Kriemhilt gewinnt Etzels Bruder Bloedelin für ihre Rache. Zum Festmahl kommen die Burgunden immer noch bewaffnet. Als der junge Prinz Ortlieb vorgeführt wird, gibt Hagen eine schwere Beleidigung von sich. [32] Währenddessen hat Bloedelin den burgundischen Tross überfallen und niedergemetzelt; allein Dancwart kann sich retten und bringt die Nachricht in den Königssaal. [33] Hagen heißt ihn daraufhin, die Tür zu bewachen, zieht sein Schwert und schlägt dem Kind den Kopf ab, sodass er in Kriemhilts Schoß fällt. Nun springen alle auf, und der Saal verwandelt sich in ein Schlachtfeld. Dietrich von Bern vermag, kurz Einhalt zu gebieten und für sich und sein Gefolge freies Geleit zu fordern. Es begleiten ihn Etzel und Kriemhilt sowie Rüdiger und seine Leute. Dann wird der Saal wieder geschlossen, und die schutzlosen Hunnen werden massakriert. [34–35] Es gelingt den Burgunden, eine Reihe von Angriffen abzuwehren, die von ausgewählten Helden geführt werden (von den Dänen Iring und Harwart sowie dem Thüringer Irminfrid; die Angreifer fallen alle unter den furchtbaren Schwerthieben Hagens und seiner Gesellen und reißen ihre gesamten Regimenter mit in den Tod. [36] Während der Nacht scheitern die Verhandlungsversuche, weil Etzel eine Versöhnung wegen des Mordes an Ortlieb zurückweist und weil Kriemhilt die Herausgabe Hagens fordert, die von Gunther nicht akzeptiert wird.

Dann lässt Kriemhilt den Saal anzünden; die Burgunden schützen sich mit den Schilden vor den fallenden Holzscheiten und stillen den Durst mit dem Blut der Gefallenen. [37] Am Morgen werden die Angriffe wieder aufgenommen; Kriemhilt erinnert Rüdiger an seinen Schwur, und Etzel mahnt ihn an seine Pflicht als Vasall, sodass dem Helden keine andere Wahl bleibt, als gegen die Freunde zu kämpfen. Es gelingt denen von Bechelaren, in den Saal einzudringen, doch obwohl sie dem Feind große Verluste zufügen, fallen sie allesamt – auch Rüdiger – unter den burgundischen Schwertern. Beim Anblick von Rüdigers Leiche bricht der gesamte Hof in eine Klage aus, die bis zu Dietrich gelangt. [38] Dieser schickt seine von Hildebrand angeführten Leute, um sich nach dem Geschehenen zu erkundigen und den Leichnam des Freundes zu übernehmen. Aber Hildebrand kann nicht vermeiden, dass sich Dietrichs Mannen auf Provokationen der Burgunden einlassen, die in den blutigsten aller Kämpfe münden, den nur Hildebrand, Gunther und Hagen überleben. [39] Die Nachricht vom Tod seiner Krieger zwingt nun auch Dietrich zum Eingreifen, der jeweils gegen Gunther und Hagen kämpft und sie gefangen nimmt. Er überreicht sie Kriemhilt, die sie trennen lässt und von Hagen das fordert, was er ihr nahm. Der Krieger antwortet, er könne das Versteck des Hortes nicht verraten, solange sein Herr noch lebe. Kriemhilt lässt Gunther enthaupten; als Hagen das sieht, triumphiert er: Nur er wisse jetzt noch das Geheminis und würde es nicht verraten. Kriemhilt nimmt ihm dann das einzige, was noch von Sifrit blieb, das Schwert, und schlägt ihm damit den Kopf ab. Hildebrand verträgt es nicht, dass der beste Krieger von einer Frau getötet worden sei, und schlägt Kriemhilt in Stücke. Etzel und Dietrich versinken in Trauer.

Es soll zunächst darum gehen, den Text zeitlich und räumlich einzuordnen. Für eine Datierung besitzen wir zwei externe Indizien. Zum einen macht Wolfram von Eschenbach in seinem ›Parzival‹ eine Anspielung auf eine konkrete Episode des Epos; da Wolfram wahrscheinlich diesen Teil seines Werkes um 1204 oder 1205 dichtete, ergibt sich dadurch ein *terminus ante quem*, also ein Zeitpunkt, vor dem das ›Nibelungenlied‹ entstanden sein muss. Zum anderen ist die Reimtechnik vergleichbar der anderer Werke, die etwa zwischen 1190 und 1205 gedichtet wurden, wodurch ein einigermaßen sicherer chronologischer Rahmen entsteht. Der Autor des ›Nibelungenliedes‹ ist anonym geblieben, und zwar im literarischen Kontext seiner Zeit sogar zweifach, denn einerseits verrät er seinen Namen nicht und gibt auch kein Indiz über seine Herkunft, andererseits wird er von keinem weiteren Dichter des 13. Jahrhunderts erwähnt, die sonst recht gern voneinander reden, um sich zu loben oder zu schelten.

Nun vermögen wir zwar nicht, den Autor zu identifizieren, wohl aber lässt sich mit großer Wahrscheinlichkeit das Publikum bestimmen, für das er sein Werk geschrieben hat. Der Erzähler schenkt mehrfach einer Figur Aufmerksamkeit, die für die Geschichte recht irrelevant ist, nämlich Bischof Pilgrim von Passau, der als Onkel der burgundischen Königsbrüder vorgestellt wird. Kriemhilt besucht ihn auf ihrer Reise ins Hunnenland, ebenso Gunther und sein Gefolge und auch die Boten auf ihrem Weg nach Worms, um die Einladung zu Etzels Fest zu überbringen. Die ›Klage‹ verstärkt seine Rolle: Nach der Katastrophe ist er der erste, der die Nachricht erfährt, die der Bote nach Worms bringt; er bittet ihn, auf dem Rückweg wieder bei ihm einzukehren, damit man das Geschehene schriftlich festhalten könne. Es gab in Passau tatsächlich einen Prälaten dieses Namens, der den Stuhl von 971 bis 991 innehatte. Er war ein höchst einflussreicher Kirchenmann, der die Bedeutung seiner Diözese besonders donauabwärts deutlich steigerte. Unter den Mitgliedern seiner Familie finden sich – mit größerer Häufigkeit als bei anderen – Namen, die mit dem Sagenkreis der Nibelungen in Verbindung zu bringen sind. Das könnte wenigstens ein Indiz dafür sein, dass man in Passau gegen Ende des 10. Jahrhunderts ein gewisses Interesse für diesen Stoff gehabt hat.

Die Beziehung zwischen Pilgrim und dem ›Nibelungenlied‹ ist nur indirekt, aber doch bedeutsam. Einige sehr präzise Bemerkungen des anonymen Dichters erlauben es, mit ziemlicher Sicherheit zu sagen, dass er die Gegend um Passau besser kannte als jede andere Region, die in seinem Werk vorkommt. Zwischen 1191 und 1204, also genau in den Jahren, in denen das Lied wahrscheinlich gedichtet wurde, hatte Wolfger von Erla den Bischofssitz in Passau inne, wieder ein herausragender Mann der Reichskirche, der aber zugleich ein bedeutender Mäzen der deutschsprachigen Literatur seiner Zeit war: Er vergütete Walther von der Vogelweide im November 1203 großzügig dessen Dienste, beauftragte ca. 1215, als er Patriarch von Aquileja war, Thomasin von Zerklaere mit der Komposition des höfischen Lehrwerks ›Der welsche Gast‹ und wird auch vom Italiener Boncompagno da Signa als Mäzen gelobt. Es spricht also Vieles dafür, dass

Wolfger der Auftraggeber des ›Nibelungenliedes‹ war oder dass er als Gönner bei seiner Entstehung eine Rolle spielte. Als 1181 der Dom zu Passau niedergebrannt war, wurde die Nachricht gewisser Wunder verbreitet, die sich am Grab Pilgrims zugetragen haben sollen; man versuchte offenbar, über die Verbreitung eines Kultes um jenen bedeutenden Bischof Mittel für den Wiederaufbau einzutreiben. Wolfger setzte diese Arbeit fort; die Hervorhebung Pilgrims im Epos könnte ein Beitrag dazu gewesen sein. Der Dichter dürfte dann jemand aus dem Umfeld des Bischofs gewesen sein.

Die Frage ist natürlich, was einen hohen kirchlichen Würdenträger dazu bewegte, die Komposition eines epischen Gedichts über eine archaische Sage aus heidnischer Zeit anzuregen. Der Einfluss des Kirchenmannes auf die Dichtung lässt nicht nur klerikal-literarische Elemente erwarten, sondern vor allem auch eine ganz bestimmte Sicht des Stoffes, der Tradition und der Hauptfiguren. Die Bemühungen des Bischofs um das profane Werk sind nur zu verstehen, wenn es darum ging, den Adelskreisen, die vermutlich noch Träger der entsprechenden Tradition waren und die auch die neue höfische Literatur unterstützten, ein kritisches Bild vorzulegen. Es darf dabei aber nicht vergessen werden, dass Wolfger von Erla selbst aus Adelskreisen stammte; deswegen muss damit gerechnet werden, dass auch Teile der Feudalaristokratie diese kritische Sicht teilten.

Das ›Nibelungenlied‹ ist in 35 Handschriften überliefert, von denen 11 vollständig und 24 mehr oder weniger fragmentarisch sind. Wir stehen also vor einer neuen Kategorie im Vergleich zu den bisher besprochenen volkssprachlichen Texten, die allenfalls in einem Zeugnis überliefert sind. Bis auf zwei späte und spezielle Ausnahmen überliefern alle Handschriften, die keine größeren Verluste erlitten haben, auch die ›Klage‹. Auch fünf der Fragmente enthalten noch Textpartien dieses angehängten Werks. Die Zeugnisse weisen deutliche Unterschiede in der Textgestalt auf, aber auch in der Anzahl und Anordnung der Strophen. Diese Feststellung führte schon im 19. Jahrhundert zu einem erbitterten Streit darüber, welche Handschrift dem mutmaßlichen Archetypus näherstand. Die Debatte konzentrierte sich auf die Zeugnisse *A*, *B* und *C*, die die ältesten vollständigen Textfassungen enthalten. Die Siglen stammen vom ersten kritischen Herausgeber des Werkes, Karl Lachmann, der sie nach ihrem Alter und ihrer Bedeutung ordnete. Mit der Zeit erkannte man, dass *A* und *B* einander recht nahe stehen und eine Gruppe zu bilden scheinen, **AB* genannt oder auch nur **B*, zu der noch weitere spätere Handschriften gehören und die die eine Hauptfassung des Werkes darstellt. Andererseits konstatierte man die Existenz einer Gruppe **C*, die so genannt wird, weil ihr bedeutendster Vertreter die Handschrift *C* ist (Karlsruhe, Landesbibliothek, Cod. Don 63); ihr gehören wiederum weitere Zeugnisse des 13. bis 15. Jahrhunderts an. Man beachte, dass wir zwischen Handschriftensiglen und Fassungssiglen unterscheiden; Letzteren wird ein Sternchen vorangestellt. Da der Text der Fassung **B* mit dem Halbvers *daz ist der Nibelunge nôt* endet, während **C* mit den Worten *daz ist der Nibelunge liet* schließt, spricht man auch von einer ›*nôt*-Fassung‹ und einer ›*liet*-Fassung‹. Zwar lassen sich textkritisch noch weitere Fassungen bestimmen, doch diese beiden sind die wichtigsten.

Seit Anfang des 20. Jahrhunderts hat die Forschung dazu tendiert, den Text der Fassung **B* als dem mutmaßlichen Original näherstehend zu betrachten, während der Text von **C* als eine Überarbeitung angesehen wird. Daher wird die gängige Ausgabe nach der Handschrift *B* (Codex 857 der Stiftsbibliothek Sankt Gallen, zweites Drittel des 13. Jahrhunderts) als Grundlage für die Forschung verwendet, obwohl sie einige Strophen enthält (z. B. die erste), die nicht in der Handschrift stehen. Die Ausgabe, die gewöhnlich gelesen wird und auf der auch alle modernen Übersetzungen basieren, enthält also einen hybriden Text, der so in keinem der erhaltenen Zeugnisse überliefert ist.

Die frühesten Fragmente, die aus dem zweiten Viertel des 13. Jahrhunderts stammen, gehören zu **C* und könnten ein Hinweis dafür sein, dass diese Fassung zuerst Verbreitung fand. Doch die Textkritik der letzen fünfzig Jahre hat gezeigt, dass es im Falle des ›Nibelungenliedes‹ mit den uns verfügbaren philologischen Mitteln nicht möglich ist zu bestimmen, welche der beiden Versionen dem mutmaßlichen

Original näher stand. Die Untersuchungen der Texte, der Varianten und Fehler, der Metrik und des Reims führen zu dem Schluss, dass **B* und **C* in unmittelbarer zeitlicher und räumlicher Nähe entstanden sein müssen. Hinzu kommt, dass auch die ›Klage‹ von Beginn an in mehreren Fassungen überliefert ist, die sich ebenfalls nicht auf ein Original zurückführen lassen. Das alles bedeutet, dass es in der allerersten Phase der Werkgeschichte und im Umfeld des ›Autors‹ (oder der ›Autoren‹, denn die ›Klage‹ ist einem anderen Dichter zuzuschreiben) mehrere Texte gab. Man hat daher von einer ›Nibelungenwerkstatt‹ gesprochen, in der mehrere Personen gleichzeitig gearbeitet haben könnten. Dies könnte zur Existenz von Abschriften geführt haben, die unterschiedliche Stadien der Bearbeitung widerspiegeln würden.

Das führt zur Frage, ob aufgrund dieser Feststellungen für das ›Nibelungenlied‹ die Idee eines ›Autors‹ fallengelassen werden muss. Wohl eher nicht, denn wir meinen, im Epos eine Gesamtkonzeption zu erkennen, die an zahlreichen Stellen fassbar wird. Auch wenn vom textkritischen Standpunkt her die beiden Fassungen gleichen Rang haben, kann man aus hermeneutischer Perspektive sehr wohl feststellen, dass **C* einen früheren Text überarbeitet, der in vielen Aspekten **B* nahestand. **C* korrigiert fast überall dort, wo **B* Unklarheiten oder mangelhafte Verknüpfungen aufweist; seltener hat umgekehrt **C* einen möglicherweise älteren Text erhalten, der in **B* überarbeitet wurde. Auch werden einige Figuren etwas anders gezeichnet, doch die Eingriffe sind immer nur punktuell und beruhen nicht auf einem Wechsel der Gesamtkonzeption. Sie sind bei weitem nicht so massiv, wie die, denen wir in den meisten Heldendichtungen des 13. Jahrhunderts begegnen werden (vgl. Kapitel VI,1–3). Wir können also wohl an einem Autorbegriff festhalten, auch wenn wir eine begrenzte Autorität annehmen müssen, die auch die anonyme Überlieferung erklären würde. Relativieren müssen wir hingegen unsere Vorstellung vom literarischen ›Werk‹, denn das ›Nibelungenlied‹ scheint von Beginn an ein unfester Text gewesen zu sein, an dem mehrere Personen gearbeitet oder nachgearbeitet haben.

Es ist auch vorgeschlagen worden, dass die Varianten zwischen den wichtigsten Handschriften auf eine Niederschrift mündlicher Vorträge zurückzuführen sein könnte. Die handschriftliche Tradierung des Epos wäre dieser Vorstellung zufolge nicht durch Kopie erfolgt, sondern durch Stenographie. Doch obschon wir wissen, dass stenographische Zeichensysteme im Mittelalter bekannt waren, gibt es keinen Hinweis auf ihre Verwendung bei Dichtung. Es wäre zudem eine mühselige Prozedur, die keinerlei Vorteile gegenüber der Abschrift zu haben scheint, sofern es einen Text gibt. Und niemand bezweifelt, dass das ›Nibelungenlied‹ – wie alle uns bekannten epischen Dichtungen der Zeit – schriftlich konzipiert wurde, denn es weist eine elaborierte Rhetorik auf, einen bis in die Details geplanten Aufbau und eine meisterhaft kontrollierte Ausführung. Das bedeutet nicht eine Rückkehr zu einem klassischen Autorbegriff, denn eine schriftliche und klerikale Konzeption ist kompatibel mit einer offeneren Vorstellung des Werkes, bei der mehr als ein Text als ›autorisiert‹ gelten kann.

Im Unterschied zur übrigen erzählenden, weltlichen oder geistlichen Dichtung der Zeit, die unweigerlich den Reimpaarvers verwendet, ist das ›Nibelungenlied‹, wie bereits gesagt wurde, in Strophen geschrieben. Jede Strophe besteht aus vier Versen, die sich paarweise reimen. Die Verse sind lang und werden durch eine Zäsur in zwei gleiche Teile geteilt. Die Kadenz des ersten Halbverses ist fast ausnahmslos weiblich oder zweisilbig (manchmal auch dreisilbig), die des zweiten dagegen meistens männlich oder einsilbig. Manche Strophen enthalten auch Binnenreime, das heißt, dass sich unabhängig vom Endreim auch die ersten Halbverse paarweise reimen. Was diese Folge von Paarreimversen abrundet und zu einer Strophe macht, ist der letzte Halbvers, der vier Hebungen hat, also eine mehr als die übrigen Abverse. Als Beispiel wird oft die Strophe 6 zitiert:

Ze Wórmez bí dem Ríne   si wónten mít ir kráft.
in díente vón ir lánden   vil stólziu ríterscáft
mit lóbelíchen éren   unz án ir éndes zít.
si stúrben sît jǽmerlíche   von zwéier édelen fróuwen nít.

(»Zu Worms am Rhein wohnten sie mit ihrer Macht. Aus ihren Ländern dienten ihnen viele stolze Ritter mit lobenswertem Ansehen bis zu ihrem Ende. Die starben später jämmerlich durch den Hass zweier Damen.«)

Dieser verlängerte letzte Halbvers charakterisiert die Strophe des ›Nibelungenliedes‹ und unterscheidet sie von anderen Modellen oder von einem System paargereimter Langzeilen. Außerdem verleiht sie dem Werk einen besonderen Duktus, den der Autor auszunutzen verstand. Wie auch im Beispiel zu sehen ist, wird in vielen Strophen in diesem verlängerten Schlussvers die Katastrophe am Ende vorausgesagt, oder das Erzählte wird mit Blick auf seine Konsequenzen reflektiert. Durch solche Vorausdeutungen erhält das Epos einen düsteren Ton und eine Spannung, die in dem Maße gesteigert wird, wie man sich dem Ende nähert.

Es gilt als sicher, dass die Nibelungenstrophe für den Sangvortrag bestimmt war, wenn auch keine Melodie dafür erhalten ist. Nur eine bestimmte, über eine Gruppe von Versen reichende Tonfolge macht aus dem Paarreimvers eine Strophe und rechtfertigt die Verlängerung des letzten Halbverses, mit der sich daraus ergebenden Folge von Pause und Neubeginn. Das metrische Modell stimmt überein mit einer Strophenform, die ein unter dem Namen »Der von Kürenberg« bekannter Minnesänger benutzt hat, den wir in die fünfziger und sechziger Jahre des 12. Jahrhunderts datieren; zwar besitzen wir auch in diesem Fall keine Melodie, doch besteht kein Zweifel daran, dass sie gesungen wurde. In welchem Verhältnis die Lieder jenes Lyrikers und die Strophe des Epos stehen, wissen wir nicht. Da das ›Nibelungenlied‹ dezidiert an eine alte Erzähltradition anknüpft, ist anzunehmen, dass es das auch auf formaler Ebene tut, dass es also die Metrik und Melodie mündlicher Dichtung nachahmte. Wir glauben aber nicht, dass in der Mündlichkeit die Strophenform des Epos mit dem verlängerten letzten Halbvers benutzt wurde. Zum einen, weil die logische Entwicklung des Stabreimverses ein langer, paargereimter Vers mit regelmäßiger Länge wäre; zum anderen, weil wir eine epische Melodie kennen, die das zu bestätigen scheint, denn sie entspricht genau der Strophe des Epos, aber es fehlt ihr gerade die zusätzliche Hebung im letzten Halbvers. Auch wenn dieses Zeugnis aus dem 16. Jahrhundert stammt (vgl. Kapitel VII,2, S. 360f.), ist es wahrscheinlich, dass der Nibelungen-Dichter einerseits an die heroische Tradition anzuknüpfen suchte, indem er ein in dieser Gattung übliches prosodisches und melodisches Muster verwendete, dass er aber andererseits ein kunstvolles Element einbaute, das auch eine gewisse Distanz zur Tradition schuf und die gebildete Seite dieses neuen Werkes offenbarte. Diese kleine, aber entscheidende zusätzliche Komplexität der Strophenform könnte durch lyrische Vorbilder inspiriert worden sein. Der Dichter hätte somit schon durch die metrische und melodische Form die Position des Werkes zwischen dem Archaischen und dem Modernen vorführen wollen, die Inszenierung einer mündlichen Dichtung durch einen Literaten.

Ähnliches geschieht mit dem Einsatz formelhafter Sprache. In den mündlichen Traditionen dient der Gebrauch typisierter Sprachelemente (von Epitheta über Wortpaare bis hin zu ganzen Sätzen) dem Vortrag, sei es um Variationen oder Hinzufügungen zu improvisieren oder um das Gedächtnis zu unterstützen; sie erleichtern auch das Verständnis und die Erkennbarkeit gleicher Situationen. Solche sprachlichen Versatzstücke, die durch große Flexibilität und Anpassungsfähigkeit an ganz unterschiedliche Kontexte gekennzeichnet sind, finden sich im ›Nibelungenlied‹ wesentlich häufiger als in anderen Dichtungen der Zeit. Als literarisches Werk aber setzt das Epos diese stereotypen Phrasen nicht für die Improvisation, Memorisierung oder variierende Wiederholung ein, da sowohl Produktion wie auch Rezeption auf die Schrift gestützt sind. Die ›Formeln‹, die wir im Text finden, sind also – wie auch im ›Beowulf‹ – nicht Reste einer mündlichen Tradition, sondern Instrumente im Dienst einer Nachahmung von Mündlichkeit in einem schriftlichen Kontext. Der Text wird ja vorgetragen, also wieder der Mündlichkeit zugeführt oder ›reoralisiert‹. Die Nachahmung eines mündlichen Stils dient der Anknüpfung an eine Tradition.

Formelhaft ist bereits der Beginn der ersten Strophe nach der Handschrift *B*: *Ez wuohs in Burgonden ein vil edel magedîn* … (»In Burgund wuchs ein hochadeliges Jungfräulein heran …«). Da jede Tradition eine Kontinuität bedeutet, beginnt traditionelles Erzählen immer ohne Vorrede und fügt sich in diesen Erzählfluss ein; so versteht sich auch dieser Vers. Die Handschriften *C* und *A* aber stellen diesem Anfang eine Strophe voran (die auch in den meisten Ausgaben und Übersetzungen steht), die den Beginn des Erzählens thematisiert:

Uns ist in alten mæren wunders vil geseit
von helden lobebæren, von grôzer arebeit,
von fröuden, hôchgezîten, von weinen und von klagen,
von küener recken strîten muget ir nu wunder hœren sagen.

(»In alten Geschichten wird uns viel Wunderliches erzählt von lobenswerten Helden, großer Mühsal, von Freuden und Festen, von Weinen und Klagen, vom Kampf kühner Recken könnt ihr nun Wunderliches erzählen hören.«)

Die syntaktische Konstruktion des *Apo koinú* (die verschiedenen Objekte können sich sowohl auf das erste wie auf das letzte Verb beziehen) drückt aus, was gemeint ist: Der Beginn der Geschichte ist kein Beginn, sondern die Fortsetzung der Tradition. Doch dadurch, dass dies ausgesprochen wird, beginnt das Epos als literarisches Werk mit einem Hinweis auf das, was es nicht ist, nämlich ein Teil der Tradition. Die Tatsache, dass es diese Charakteristik der Mündlichkeit explizit nennt, unterscheidet es von dieser. Vielleicht ist es kein Zufall, dass die Fassung **C*, die diese Strophe zuerst einführt, am Ende von einem stärker literarisch geprägten *Nibelunge liet* redet anstatt von einer *Nibelunge nôt*.

Der strophische Aufbau des ›Nibelungenliedes‹ fördert einen leicht stockenden Stil; am Ende jeder vierten Zeile scheint das Erzählen in der Verlängerung des letzten Halbverses zu stagnieren. Der Effekt steigert sich, wenn Formeln verwendet werden, die den Versen das Aussehen geschlossener Einheiten verleihen. In über einhundert Fällen enthält der letzte Vers außerdem wie gesagt Kommentare des Erzählers und Vorausdeutungen auf das tragische Ende. Unscheinbare Situationen oder Handlungen werden von Beginn an mit der Katastrophe in Beziehung gesetzt. Man braucht nur noch einmal auf die erste *B*-Strophe zu blicken, deren erster Vers bereits zitiert wurde:

Ez wuohs in Burgonden ein vil edel magedîn
daz in allen landen niht schœners mohte sîn,
Kriemhilt geheizen: si wart ein scœne wîp.
dar umbe muosen degene vil verliesen den lîp.

(»In Burgund wuchs ein hochadeliges Jungfräulein heran, wie es in allen Ländern kein schöneres geben konnte, Kriemhilt genannt; sie wurde eine schöne Frau. Darum mussten viele Krieger das Leben verlieren.«)

Dieser Kommentar bewirkt, dass die Handlung nicht linear voranzuschreiten scheint, sondern in ungleichen Schritten, die durch den Blick voraus oder die Wertung des Geschehenen unterbrochen werden. Viele Strophen sind nicht konsekutiv aneinander gebunden, sondern scheinen eher nebeneinander zu stehen; obwohl es auch Enjambements gibt, ist das Verhältnis der Strophen zueinander weniger syntagmatisch denn paradigmatisch. Das erzeugt manchmal einen Effekt, der mit den *laisses parallèles* und den *laisses similaires* der altfranzösischen *chanson de geste* verglichen werden könnte, mit denen zweimal dasselbe unterschiedlich ausgedrückt werden kann, z.B. durch zwei nebeneinander stehende, doch unterschiedliche Reaktionen einer Figur auf dieselbe Tatsache; beide sind je unterschiedliche Seiten derselben Münze, Aspekte desselben Geschehens, und nur, wenn man auf beide blickt, kann man den Gedanken erfassen. Es soll nicht behauptet werden, dass es im ›Nibelungenlied‹ *strophes parallèles* oder *strophes similaires* gibt, wohl aber, dass eine Technik angewandt wird, die Parallelen in den französischen Epen hat.

Dieser sequentielle Erzählstil zeigt sich aber nicht nur auf sprachlicher und formaler Ebene, sondern auch in der Tatsache, dass bis weit in die zweite Hälfte des Epos hinein die Handlung immer wieder zu einem Stillstand gelangt, der oft lange Jahre währen kann. Erst die Einführung eines neuen Elements vermag die Handlung wieder in Gang zu bringen. So geschieht es nach Sifrits Ankunft in Worms, nach dem Krieg gegen die Sachsen, nach Gunthers und Sifrits Ehe, nach dem Tod des Letzteren, nach dem Hortraub und nach Kriemhilts Ehe mit Etzel. Der parataktische Stil des Epos zeigt sich aber auch in seiner expliziten Einteilung in 39 ›Aventüren‹ (aus mhd. *aventiure*), ein Terminus mit dem der Autor das bezeichnet, was wir heute Kapitel nennen würden, oder – in Anlehnung an Homer – Gesänge. Die meisten Handschriften wahren diese Einteilung, wenn auch die Titel, die den Inhalt derselben zusammenfassen, stark variieren können. Die Länge dieser Kapitel schwankt zwischen einem Minimum von 19 Strophen (1. und 34. Aventüre) und einer Höchstzahl von 147 (20. Aventüre). Sie können sich auf eine große Szene beschränken oder auf einen Teil davon oder auch auf eine Reihe kleinerer Auftritte; der Übergang von einer Aventüre zur nächsten kann fließend sein oder mit einem größeren zeitlichen Einschnitt übereinstimmen. Interessant an dieser Disposition ist, dass sie in der weltlichen deutschen Literatur keine Vorbilder hat. Man muss auf die altsächsische Bibeldichtung zurückgehen oder aber auf die lateinische Literatur, um Modelle zu finden, doch weist das ›Nibelungenlied‹ sonst keine formalen Gemeinsamkeiten mit diesen Traditionen auf, wenn sie auch mit Sicherheit den literarischen Horizont des Autors bilden. Überraschend ist auch die Verwendung des Terminus *aventiure*, der aus der französischen Literatur stammt, wo er meist in Texten aus dem arthurischen Stoffkreis verwendet wird, und gegen Ende des 12. Jahrhunderts nach Deutschland importiert wurde, hauptsächlich durch die Übersetzung der Werke Chrétiens de Troyes. Die als unerwartetes Ereignis verstandene *aventiure*, der sich der Ritter ausgesetzt sieht und die oft mit phantastischen Elementen verbunden ist, hat wenig zu tun mit der Art, wie der Dichter des ›Nibelungenliedes‹ den Terminus einsetzt. Zweifellos aber dürfte das Publikum dieses Wort mit dem höfischen Roman der Zeit in Verbindung gebracht haben; mit welcher Absicht diese Querbeziehung geschaffen wurde, wissen wir nicht.

Das ›Nibelungenlied‹ ist der früheste bekannte Text, der die Sage von den Burgunden mit den Geschichten um Siegfried kombiniert, die bereits in früheren Kapiteln vorgestellt wurden. Es ist schwer zu sagen, wann und warum beide Erzählungen miteinander verknüpft wurden. Das ›Atlilied‹, in dem kein Siegfried vorkommt, könnte die Sage von Gunthers und Hagens Tod bei Etzel in einer Form erzählen, die der ursprünglichen nahestand, doch wissen wir nicht, wie weit wir hinter das 12. Jahrhundert zurückgreifen können (vgl. Kapitel II,2). Der ›Waltharius‹ setzt offenbar eine Burgundensage voraus, die im Grunde der des ›Atliliedes‹ ähnlich ist, doch schwankt die Datierung zwischen dem Anfang des 9. und der zweiten Hälfte des 10. Jahrhunderts (vgl. Kapitel III,2). Die Zeugnisse einer Siegfriedsage (vom ›Beowulf‹ bis zu den skandinavischen Steinritzungen) erwähnen Kriemhilt nicht, schließen sie aber auch nicht aus (vgl. Kapitel II,3 und III,4). Nicht einmal auf dem Portal der Stabkirche von Hylestad ist deutlich, ob das Nebeneinander von Siegfried und Gunther zufällig oder auf eine Zusammengehörigkeit der Geschichten zurückzuführen ist (vgl. Kapitel III,4, S. 170). Nur der Hinweis des Saxo Grammaticus auf die *perfidia* Kriemhilts gegenüber ihren Brüdern weist eindeutig darauf hin, dass gegen Ende des 12. Jahrhunderts in Dänemark die Sage bereits in ihrer kombinierten Form bekannt war (vgl. S. 138). Der Dichter des Epos war demnach wahrscheinlich nicht der erste, der beide Erzählungen zusammengeführt hat, sondern sie wurden schon vorher in mündlicher Tradition miteinander verknüpft.

Die Frage ist, welche strukturellen Veränderungen diese Sagenkombination mit sich brachte und welcher Logik sie gefolgt sein könnten. Die Verbindung der Geschichten wird dadurch erreicht, dass man an den Anfang eine duplizierte Brautwerbungserzählung stellt, aus der ein Konflikt entsteht, der zum Mord an einer der Hauptfiguren führt. Die alte Burgundensage wird nun im zweiten Teil dahingehend verändert, dass sie zur Konsequenz des ersten Teils wird: Der Konflikt geht nicht von einer Auseinandersetzung mit Etzel aus, sondern von der Schwester, die den Mord am Ehemann rächen möchte. Dieser Wechsel ist einleuchtend; der Beginn hingegen ist komplexer, weil sich unterschiedliche Geschichten verbinden: Sifrit und Kriemhilt, Sifrit und Brünhilt, sowie Gunther und Brünhilt. Der Konflikt entsteht offenbar dadurch, dass zwei Figuren Protagonisten von mehr als einem Erzählstrang sind.

Brautwerbungsgeschichten richten sich nach ganz konkreten Regeln: Ausgangssituation ist der Wunsch nach einer Ehefrau für den König, um die dynastische Kontinuität zu garantieren; ferner gilt die Anforderung der Exogamie – man muss sie in fernen Ländern suchen – sowie die notwendige Korrespondenz zwischen der Schönsten und dem Besten, eine Qualität, die in einer Reihe von Proben erwiesen werden muss. In unserem Fall ist Sifrit der Beste: Er hat den Drachen getötet, und der Kontakt mit dem Blut des Untiers hat ihm übermenschliche Eigenschaften verliehen, denn er versteht die Sprache der Vögel (nach den skandinavischen Fassungen) oder besitzt eine unverwundbare Haut (nach den deutschen Versionen). Außerdem besitzt er den Hort, einige magische Objekte und ist vor allem ungeheuer kräftig und mutig. Zweifellos gehört Kriemhilt zu ihm, und er erlangt sie auch problemlos. Als der Beste aber erobert der Held auch Brünhilt, die in ihrem Erzählstrang die Schönste ist und die, durch die Kraftproben, die sie von den Werbern fordert, in eindeutiger Korrelation zu Sifrit steht, der ja der einzige Mann ist, der sie bestehen kann. Sifrit aber erobert Brünhilt nicht für sich, sondern für Gunther, der nicht der Beste ist und solcher Taten unfähig gewesen wäre. Dieses Ungleichgewicht erzeugt einen Konflikt um Sifrit, denn der ist eine Bedrohung für die burgundische Macht wie für die Würde der Königin Brünhilt, da sie nur eine Ehe mit dem besten der Männer akzeptieren kann und Gunther wird dies nur dann zweifellos sein, wenn Sifrit verschwindet.

Die Brautwerbungsgeschichten, in denen der Werbungshelfer besser ist als der König, erzeugen immer Konflikte. Es gibt eine im slawischen und orientalischen Bereich überlieferte Geschichte, die demselben Muster wie die Geschichte von Sifrit, Gunther und Brünhilt folgt, ihr sogar als Modell gedient haben könnte.

Ein Zar möchte eine Frau heiraten, die sich mit allen Werbern in Kraftproben misst und nur den annehmen wird, der ihr gleichkommt. Dank der Hilfe eines seiner Männer, der sich verkleidet oder versteckt, gelingt es dem Zaren, die Herausforderung zu meistern. In der Brautnacht aber lässt die Frau ihn nicht an sich heran und bindet ihn an Händen und Füßen. So muss in der folgenden Nacht wieder der Helfer kommen und die Frau überwinden, damit der Mann die Ehe vollziehen kann. Nach einiger Zeit entdeckt die Frau den Betrug und bestraft die Männer, doch gelingt es dem Helfer, sie zu einer Versöhnung mit dem Ehemann zu zwingen.

Die sehr genauen Parallelen zu der im ›Nibelungenlied‹ erzählten Geschichte sollen hier nicht weiter besprochen werden; es genügt vielleicht, auf die ähnliche Konfliktsituation um den Werbungshelfer, der besser ist als sein Herr, zu verweisen.

Die Situation ist übrigens derjenigen sehr ähnlich, die in der Geschichte von Tristan und Isolde vorliegt, wo der Held – der eindeutig der Beste ist – die Frau für seinen König erlangt. Die charakteristische

Besonderheit dieses Stoffes liegt darin, dass der Konflikt durch den Liebestrank in eine ehebrecherische Beziehung zwischen der Hauptfigur und der neuen Königin mündet. Der Zauber wirkt wie ein Kurzschluss, der den Besten mit der Schönsten vereint, obwohl diese einen anderen Mann heiraten muss. In Skandinavien sprechen die späteren Zeugnisse der Sigurdsage ebenfalls von einer Liebesbeziehung zwischen Brünhilt und Sigurd (vgl. Kapitel V,2 und 13). Die kontinentalen Zeugnisse erzählen dagegen eher von Kriemhilt und ihrer Rache, die in der Literatur des 13. Jahrhunderts zur Chiffre für Verrat und Gemetzel wurde.

Der Mord an Sifrit und der Konflikt, der ihm vorausgeht, entwerfen im Grunde ein wahrhaft negatives Bild von den burgundischen Königen, das im zweiten Teil durch die Tatsache gesteigert wird, dass der Antagonist ihrer Untergangssage nicht mehr der hunnische König ist, wie noch im ›Atlilied‹, sondern eine Frau, und zwar ihre eigene Schwester, die den Mord am Ehemann rächen will. Die politisch-dynastische Auseinandersetzung verwandelt sich in einen Familienstreit, der zwei Reiche in den Untergang führt. Wer auch immer die erfolgreiche Idee hatte, die Burgundensage mit der Geschichte von Siegfried und Brünhilt zu verbinden, wollte offenbar kein gutes Bild von den Wormser Königen vermitteln. In diesem Sinne drängt sich die Vermutung auf, dass die Kombination der Sagen in einem Kontext stattgefunden haben könnte, der jenem nicht entfernt war, in dem auch die Verbindung zur Walthersage entstand (vgl. S. 117f.). Beide Male ging es offenbar darum, die Burgunden in ein negatives, unheroisches Licht zu rücken. Das scheint aber kein Hindernis gewesen zu sein, Gunther und Hagen dennoch als Helden zu feiern und Kriemhilt als Antagonistin darzustellen.

Wie auch immer, die unterschiedlichen Geschichten und Querverbindungen geben eine Ahnung davon, wie viele Varianten und konkurrierende Motive dieser Sagenkomplex ansammeln konnte, da sicherlich alte Elemente aus den verschiedenen Bereichen weitertradiert wurden und neben den neuen standen. Der Stoff, den der Dichter des ›Nibelungenliedes‹ anging, war ganz besonders vielfältig und hatte aus unterschiedlichen Traditionen geschöpft. Wenn ein Autor eine mündliche Sagenüberlieferung aufnimmt, muss er für jede Szene aus dem Gewirr von Varianten, die im kollektiven Gedächtnis präsent sind, das auswählen, was ihm notwendig oder passend für seine Zwecke scheint. Im Falle unseres Epos lässt sich erkennen, dass die Auswahl sehr breit war. Besonders interessant ist aber, dass mehrfach die Ansammlung von Motiven eine Verdoppelung der Handlung erzeugt hat.

Das ist besonders deutlich an der Motivation zu erkennen, die für den Ausbruch der Kampfhandlungen am Hunnenhof geboten wird. Einerseits befiehlt Kriemhilt insgeheim, den burgundischen Tross zu vernichten, während die Herren im Königssaal speisen (Str. 1910); andererseits lässt die Frau den hunnischen Prinzen an die Tafel kommen (Str. 1912). Dieses zweite Motiv erscheint auch in der norwegischen ›Thidreksaga‹ (vgl. Kapitel V,1), wo die Mutter zweimal ihren Sohn dazu anregt, Hogni zu ohrfeigen, der – wissend, dass es sich um eine von der Königin gesteuerte Provokation handelt – schließlich das Kind mit einem Schwertstreich enthauptet, was den Kampf auslöst. Das Motiv ist ganz offensichtlich ausreichend, um sofort die Waffen zu ziehen. Doch der verräterische Überfall auf den Tross ist es ebenso: Beides sind unerträgliche Schmähungen, die die königliche Macht in Gefahr bringen und eine sofortige Antwort erfordern. Sie scheinen alternative Möglichkeiten zu bieten, die vermutlich in der Sagentradition nie oder nur selten miteinander verbunden wurden. Der Dichter des ›Nibelungenliedes‹ hat sie aber beide eingesetzt. Er tat dies bestimmt nicht, um mehr Details aus der Tradition zu übernehmen, sondern als Ergebnis einer narrativen Strategie, die darin besteht, entscheidende Momente der Handlung aus zwei verschiedenen Perspektiven zu beleuchten. Man findet sie in zahlreichen Episoden wieder; es wird genügen, die wichtigsten in Erinnerung zu rufen: Es gibt eine doppelte Motivation für Sifrits Werbung um Kriemhilt (die Liebe zu ihr und die Erweiterung der Macht), einen zweifachen Betrug Brünhilts (Gunther führt nicht die Kampfspiele aus, und Sifrit ist nicht sein Vasall), eine Zweiteilung ihrer Niederlage (auf dem Kampfplatz und im Bett), zwei Momente im Streit der Königinnen (beim Turnier und auf der Domstiege), eine zweite Erniedrigung Kriemhilts nach dem Mord an Sifrit (der Hortraub) und demzufolge auch eine doppelte Forderung nach Reparation. Auch in diesen Szenen geht es darum, Komplexität zu schaffen. Beim Streit der Königinnen geht es zuerst um einen Vergleich der Männer, während dann vor dem Dom die Frauen um ihren Rang streiten; die ungerechtfertigte Erniedrigung Sifrits durch Brünhilt wird dann überboten durch den nicht minder falschen Vorwurf der Kebserei durch Kriemhilt. Zu Beginn des Kampfes bieten der Überfall auf den Tross und der Mord an Ortlieb beiden Seiten einen Grund für das Gemetzel. Ähnlich lassen sich auch die übrigen Szenen verstehen.

Diese Strategie der Verdoppelung entscheidender Episoden vermeidet nicht nur konsequent einfache Schuldzuschreibungen, sondern unterstreicht auch die schier unabwendbare Fortbewegung der Handlung auf den Untergang zu. Jeder Auftritt ist wie eine Weiche, die jeweils derart gestellt ist, dass sie den Zug auf das Gleis führt, auf dem er nicht fahren dürfte. Alle Motive, egal wie sie sind und woher sie kommen, sind dieser Funktion unterstellt worden, die Handlung in die Katastrophe zu führen. Die Häufung von Momenten, die in diese Richtung weisen, erzeugt den Eindruck der Unvermeidbarkeit; politische und moralische Werte der dargestellten Gesellschaft werden vernichtet, die Figuren scheinen zu wollen, dass die Handlung so verläuft, wie sie es tut, und niemand kann am Ende entkommen. Diese ›fatalistische‹ Gesamtkonzeption, die Doppelung und die scheinbaren Widersprüche zwischen einzelnen Motiven erschweren eine Deutung nach klassischen Vorbildern. Man hat deshalb mit Recht gesagt, dass sich das ›Nibelungenlied‹ nicht zusammenfassen oder erklären lässt, sondern dass man immer nur das, was es erzählt und beschreibt, feststellen und wiederholen kann.

Obwohl die bereits zitierte erste Strophe ankündigt, dass von Helden erzählt werden soll, fokussiert das Epos zunächst eine Jungfrau. Die zweite Strophe spricht von ihr als von einer außergewöhnlich schönen Dame, durch die viele ihr Leben lassen werden. Dann werden die bedeutendsten Vertreter der burgundischen Macht vorgestellt, um schließlich zu dem Mädchen zurückzukehren, das in diesem königlichen Umfeld aufwächst, ein heiratsfähiges Alter erreicht und zum Anziehungspunkt tapferer Helden wird. Da träumt sie eines Nachts, dass ein Falke, den sie gezähmt hat, von zwei Adlern getötet wird. Sie wendet sich an die Mutter, die den Falken als einen Mann deutet, den sie lieben wird, der aber sterben muss. Das gibt Anlass zu einem Gespräch, in dem die Jungfrau behauptet, auf die Liebe der Männer verzichten zu wollen, und die Mutter ihr rät abzuwarten. Die Aventüre schließt mit einem Hinweis auf die zukünftige Ehe des Mädchens, die Ermordung des Ehemannes und ihre Rache.

Die Szene bietet ein Ensemble mehr oder weniger eindeutiger literarischer Anspielungen. Erstens: Wenn von der schönen Frau erzählt wird, deretwegen viele Männer werden sterben müssen, denkt der moderne Leser unweigerlich an Helena, wegen der der Trojanische Krieg begann; wir wissen aber nicht, ob dem Publikum der Zeit die Geschichte ebenso präsent war und ob es diese Ähnlichkeit empfunden hat. Zweitens wird durch die Vorstellung der Königstochter und den Bericht von dem Mann, der sie erobern soll, eindeutig auf das literarische Muster der Brautwerbung angespielt, das im literarischen Panorama des ausgehenden 12. Jahrhunderts weit bekannt und verbreitet war. Das Schema wird aber umgekehrt, weil anders als gewöhnlich die Frau am Anfang steht und vom Helden nicht der Erfolg, sondern der Tod angekündigt wird. Zum dritten weist alles darauf hin, dass auch eine Anspielung auf die Liebeslyrik vorliegt, denn die Identifizierung des Geliebten mit einem Falken seitens einer Frauenstimme stammt am ehesten aus diesem Bereich; übrigens hat der bereits erwähnte Kürenberger zwei Strophen über dieses Motiv gedichtet, die wie gesagt die gleiche metrische Form wie das Epos aufweisen. Schließlich ist der Mutter-Tochter-Dialog über die Liebe zu nennen, der nicht nur topisch ist, sondern vor allem auch einen eindeutigen Vorläufer im ›Eneasroman‹ Heinrichs von Veldeke hat, welcher ein langes und folgenreiches Gespräch zwischen Lavinia und ihrer Mutter über dasselbe Thema enthält. All diese Register, die der Autor zieht, geben ein Bild von Kriemhilt, das von dem abweicht, welches das Publikum von der Kenntnis mündlicher Traditionen her gehabt haben dürfte, die nach allem, was wir wissen, der perfiden Rächerin, die

Saxo Grammaticus erwähnt, viel näher gestanden haben dürfte. Gleichzeitig aber ordnet der Dichter damit sein Werk in den literarischen Kontext seiner Zeit ein und erweist sich durch die Art der Anspielungen als gebildet.

Die zweite Aventüre muss eine stillstehende Handlung zum zweiten Mal in Gang bringen. Mit dem gleichen Verb, mit dem auch der erste Abschnitt begann (*ez wuohs* »es wuchs«), wird nun der männliche Protagonist eingeführt, Sifrit, von dem zuerst sein Mut und seine Taten gelobt werden. Damit wird beim Publikum die Erwartung geweckt, nun von der Tötung des Drachen, der Eroberung des Hortes und ähnlichen Abenteuern zu hören, die es mit dem Helden der hörnernen Haut verknüpft haben dürfte. Was aber in Wirklichkeit erzählt wird, sieht ganz anders aus: Sifrit wird in Xanten erzogen wie ein Ritter der höfischen Dichtung, er ist tugendhaft und von bestem Benehmen, schön und angemessen gekleidet, und er zieht nie ohne seine Betreuer aus. Die Schwertleite des Jungen wird mit einem Fest zu Pfingsten gefeiert, das arthurische Resonanzen hat. Der Held hat sich in einen höfischen Ritter verwandelt.

Dieser Bruch mit der Erwartung wird auch in der dritten Aventüre fortgesetzt, wo sich der Xantener vornimmt, nach einer schönen Dame zu suchen, von Kriemhilt hört und um sie zu werben beschließt. Die Sorge der Mutter über diese Nachricht, das Gespräch mit dem Vater, der ihm ein Heer anbietet, die Vorbereitung kostbarer Kleider, das alles beschreibt den ersten Auszug eines höfischen Ritters und lässt keinen Raum für die Heldentaten, die Sifrit nachgesagt werden. Doch wie anders ist der Sifrit, der sieben Tage später in Worms ankommt! Brachen von Xanten mit Kleidern und Pferden kostbar ausgestattete Ritter auf, so sehen die Einwohner von Worms eine Kriegerschar mit guten Schwertern, spitzen Lanzen, starken Schilden und strahlenden Helmen ankommen (Str. 72f.). Die Nachricht erreicht den Hof, und die Könige am Fenster fragen Hagen, den erfahrensten Krieger. Gunthers Vasall meint, es könne sich nur um Sifrit handeln, und nun erzählt er jene Taten des Helden, die die Tradition gekannt haben dürfte: die Tötung des Drachen, das Bad im Blut, die Hornhaut, der Kampf gegen Riesen und Zwerge, die Hortgewinnung

(Str. 86–103). Hagens eingeschobene Erzählung (übrigens eine sehr vergilisch-klerikale Technik) bringt die bisher überraschend abwesende archaische Tradition in das Epos ein. Sie zeigt eine Facette des Helden, die dem widerspricht, was der Erzähler berichtet hat, die aber für das Publikum unweigerlich zur Figur Sifrits gehört.

Der Eindruck verstärkt sich, als der junge Held empfangen wird und er prompt behauptet, er wolle mit Gewalt das Burgundenreich übernehmen (Str. 107–110). Das Modell der Brautwerbung impliziert immer auch ein Problem des Kräfteverhältnisses, da durch die exogame Beziehung das Reich der Frau in fremde Hände gerät. Die Werbung um eine Prinzessin ist immer auch Staatssache. Sifrit aber kleidet sie nicht in die gewöhnlichen Formen, sondern stellt sie unmittelbar in den Vordergrund und vergisst dabei die Frau. Mit oder ohne Absicht hat der Mann eine sehr heroische Provokation gewagt. Gunther und Gernot lassen sich davon nicht beeindrucken; sie erinnern den Fremden zweimal daran, dass sie das Reich rechtmäßig geerbt haben und stellen so das juristische System der Erbschaft (*von rehte*, Str. 115) gegen das heroische Gesetz des Stärkeren (*mit sterke*, Str. 113). Beinahe gehen dem Helden die Argumente aus, als die burgundischen Krieger, angeführt durch Ortwin (Hagen ist vorsichtiger), die Forderung als eine unerträgliche Frechheit bezeichnen, die sofort bestraft werden müsse; Sifrit antwortet hochmütig und aufreizend, sodass Ton und Spannung des Gesprächs rasch steigen. Aber Gernot setzt seine Autorität durch, heißt seine Männer schweigen und bietet dem Fremden mit Höflichkeit und einem Begrüßungstrunk seine ganze Gastfreundschaft an. Der Held besänftigt sich, integriert sich in den Hof, wird von allen anerkannt und wird Ziel von Kriemhilts geheimen Blicken.

Die Szene hat für kurze Zeit einen aggressiven und kriegerischen Sifrit aufscheinen lassen, für den noch die archaische Vorstellung gilt, dass dem Stärksten die Macht gebührt. Der Auftritt des Helden in Worms steht dem Beowulfs am dänischen Hof radikal entgegen (vgl. S. 82). Sifrits provozierende Haltung hat zugleich deutlich gemacht, wer noch an diesem Charakter teilhat: Ortwin und die übrigen burgundischen Heerführer, die sofort kampfbereit sind; auch

Hagen, der den Held erkannt und seine Geschichte erzählt hat. Sifrits Aufregung löst sich durch eine entschieden höfische Geste der Könige auf: Die Herausforderung wird vergessen, und alle (insbesondere der Held) werden Mitglieder einer zivilisiert handelnden Gemeinschaft, in der die Gewalt im Spiel abgefangen wird, Macht durch Erbschaft legitimiert ist und elaborierte Normen den sozialen Umgang regeln. Das ist die höfische Welt des 12. Jahrhunderts. Doch die Episode hat durchscheinen lassen, dass unter dem schönen Aussehen und dem erlesenen Benehmen der Vasallen immer noch der Geist der brutalen Krieger und Drachentöter lauert. Die Mitglieder des Hofes haben heimlich Teil an der Welt, die ihn in Frage stellt. Hierin manifestiert sich möglicherweise eine typisch klerikale Kritik an der weltlichen Hofkultur. Doch es offenbart sich auch ein Element der Erzähltechnik: Die vorgestellte Welt basiert auf der Sichtbarkeit dessen, was am Hof geschieht. Sifrits Heldentaten aber sind unsichtbar und nur bekannt, weil Hagen von ihnen berichtet hat. Der gewalttätige Charakter der Krieger wird durch die Hülle höfischer Förmlichkeit verdeckt, und er wird dann gefährlich, wenn er, wie in der Szene von Sifrits Empfang, durchscheint. Der Dichter hat also sehr bewusst der Harmonie, die im sichtbaren Bereich des Hofes konstituiert wird, die Brutalität und Gewalt entgegengesetzt, welche auf Ebenen stehen, die dem Blick nicht zugänglich sind.

Die Handlung kommt erst ein Jahr später wieder in Gang mit der Kriegserklärung durch Dänen und Sachsen (4. Aventüre). Dies ist Sifrits Gelegenheit, als Brautwerber zu zeigen, dass er der Beste ist und die Frau verdient. Er stellt sich in die Vorhut, nimmt den dänischen König gefangen, tötet seine Männer, und in der Schlacht zeigt er seine ganze Kampfkraft und zwingt den Sachsenkönig, sich zu ergeben. Das Heer erteilt ihm, wie Waltharius, das höchste Lob. Bei seiner Rückkehr nach Worms feiert man (zu Pfingsten) ein großes Fest, bei dem die Prinzessin dem Helden vorgestellt wird; ihnen ist erlaubt, sich zum Gruß zu küssen und sich während der zwölf Tage, die die Feierlichkeiten dauern, Gesellschaft zu leisten (5. Aventüre). Die beiden nutzen es froh und beschämt aus: Man sieht sie stets zusammen. Doch als die Gäste abreisen, möchte auch Sifrit gehen, weil »er sich nicht traute, das zu erbitten, was er ersehnte« (Str. 320). Hier zeigt sich wieder Sifrits zwiespältiger Charakter: berüchtigter Kämpfer auf dem Schlachtfeld, doch schüchterner Liebhaber am Hof. Giselher überzeugt ihn zu bleiben mit dem Argument, man werde ihn schöne Frauen (also Kriemhilt) sehen lassen. Die Burgunden nutzen also die Frau, um Sifrit als Freund am Hof zu halten. Die Gewalt ist so besser kontrollierbar und bei Bedarf gezielt einsetzbar.

Die sechste Aventüre bringt wieder einen Anstoß zur Handlung von außen. Die Nachricht von einer fernen Königin erreicht den Hof, welche überaus schön und kräftig zugleich ist und sich mit ihren Werbern in Kraftproben misst. Gunther beschließt, um diese Frau zu werben, doch Sifrit rät davon ab, denn das Unternehmen sei zu riskant. Darauf rät Hagen, man solle Sifrit um Hilfe bitten. Der Xantener verlangt dafür Kriemhilt zur Frau, was ihm sofort zugesagt wird. Der Ansatz der Episode zeigt deutlich das Modell der Brautwerbungserzählung, doch Brünhilt ist wie gesagt nicht nur die Schönste, sondern auch die Stärkste. Daher ist es von Beginn an eindeutig, dass diese Frau nicht zu Gunther gehört; sie zu erkämpfen ist Sifrits Sache. Das Unternehmen ist nur mit seiner Kraft und seiner Tarnkappe möglich, einem mythischen Gegenstand, der den Träger unsichtbar macht und den Sifrit in einer jener Taten aus seiner ›Vorzeit‹ erlangte. Sifrits Kraft und Gewalt werden nun vom Hof gezielt eingesetzt, um ein bestimmtes Ziel zu erlangen, doch unter der Tarnkappe, also auf unsichtbare Weise und unter Fälschung der Wirklichkeit. Ein Thema, das in den politischen Turbulenzen des deutschen Reiches um 1200 mit Sicherheit aktuell war.

Mit diesem Pakt aber entsteht eine Reihe von Ungleichheiten und Verwechslungen, die den Keim späterer Konflikte bildet. In Worms wird Sifrits kraftmäßige Überlegenheit anerkannt, dennoch ist er Genosse Gunthers. Auf Isenstein aber, Brünhilts Burg, wo die Kraft regiert, stünde der Held deutlich über dem Burgunden. Um dies zu kompensieren, beschließen die Männer bei ihrer Ankunft (7. Aventüre), Sifrits Rang zu verschweigen und ihn als Vasall des Wormser Königs vorzustellen. Das aber schafft noch größere Zweideutigkeit, denn während die Frauen an den Fenstern beobachten, wie beim Besteigen der Pferde am Hafen der Erstere dem Letzteren den Steigbügel hält (Str. 396f.) – ein Dienst, den Gunther als den Höherrangigen darstellt –, erscheinen bald darauf beide in weißen Kleidern auf ihren Rossen (Str. 399), während Dancwart und Hagen schwarz gekleidet sind (Str. 402), womit wieder ihre Gleichstellung angedeutet wird. Schließlich aber erkennt Brünhilt nur Sifrit, identifiziert ihn als möglichen Werber und grüßt ihn vor Gunther (Str. 419), womit sie geltend macht, dass nach den landeseigenen Kategorien der eine über dem anderen steht. Der Logik der Jungfrau zufolge, ist der einzig denkbare Gatte der Stärkste, und das ist Sifrit; als der ihr aber mitteilt, der Werber sei Gunther, muss sie denken, dass dieser der stärkere Mann ist, auch wenn die Zeichen uneindeutig sind.

Es kommt zu den Kraftproben. Reich sind die Kleider der Frau, doch furchterregend und riesig ihre Waffen und ihr Schild, die Gunther und Hagen große Angst einjagen. Sifrit hat inzwischen die Tarnkappe übergezogen, stellt sich nun unsichtbar hinter den burgundischen König und weist ihn an, nur die Gesten auszuüben, um die Taten wolle er sich kümmern (Str. 454: *nu hab du die gebære, diu werc wil ich begân*). Das ist zunächst ein hoch politischer Vers, den die Zeitgenossen gewiss goutiert haben. Schein und Wirklichkeit fallen hier auf radikale und bedeutsame Weise auseinander. Es wird gezeigt, dass die auf Sichtbarkeit gebaute höfische Welt Gunthers und seiner Brüder nur Schein und Gestik ist, denn sie erweist sich als unfähig, selber zu handeln, und kann ihre Ziele nur durch Täuschung und Inszenierung erlangen. Oder anders formuliert: Hinter den schönen Gesten des Königs steht die brachiale Gewalt des Drachentöters. Der Hof, in dem nur das gilt, was gesehen und gehört werden kann, greift zum Betrug und setzt nicht sichtbare Handlungen in Gange, um gezielt Erscheinungen zu erzeugen, die ihm vorteilhaft sein können, um die Macht zu wahren. Die politische Aktualität dieses Problems im Europa des 12. und 13. Jahrhunderts ist vorstellbar. Die Szene hat zudem eine tiefgehende semiotische Dimension, die in vielfacher Hinsicht das Werk verständlich macht, denn sie zeigt, wie die Könige bewusst falsche Zeichen einsetzen, um ihren Willen durchzusetzen. Die öffentlich ausgeführten Gesten sind Zeichen, die nicht übereinstimmen mit dem, was heimlich und im Verborgenen geschieht. Gleichzeitig gelangt der Heros zur vollen Geltung, da er die Taten ausführt, die der König mit seinen Gesten andeutet. Umso bedeutsamer ist es, dass im heldenhaften Charakter ein hoher Grad an Irrationalität bewahrt bleibt – wie sich im magischen Element der Tarnkappe manifestiert – und dass er weiterhin eine Bedrohung darstellt, wie die Burgunden in ihrer Angst vor Brünhilts Waffen zeigen.

Wegen des Betrugs wird das, was auf Isenstein Schein war (dass Gunther Brünhilt besiegt), zu einer Wirklichkeit, die weiter aufrechterhalten werden muss, denn nur solange der Burgunde der Beste ist, kann die Königin den Verlust ihrer Position auf Isenstein kompensieren. Das Problem besteht aber darin, dass Gunther die Glaubwürdigkeit der falschen Zeichen nicht für immer sichern kann. Mag das Voraussenden Sifrits nach Worms, um die Botschaft zu überbringen und den Empfang vorzubereiten (9. Aventüre), noch als Geste der Überlegenheit gedeutet werden, so setzt sich Sifrit bei der Hochzeitsfeier mit Kriemhilt dem Burgundenkönig gegenüber (Str. 617). Diese wiederum visuell ausgedrückte Gleichheit bricht Brünhilts Gewissheit, den Besten geehelicht zu haben, und somit ihr Vertrauen in ihre Position. Das motiviert ihre Tränen, die Gunther mit einer oberflächlichen Erklärung über den Status des Helden zu trocknen sucht, welche ihre Sorgen jedoch nur bestätigt. Was sie von den Werbungsproben her weiß, widerspricht dem, was sie jetzt in der Ordnung und Sitzfolge am Hof sieht. Brünhilt verliert das Vertrauen in die Glaubwürdigkeit der Zeichen. Daher weigert sie sich in der Nacht, die Ehe zu vollziehen, und demütigt den König nach dem Ringkampf im Ehebett, indem sie ihn bindet und an einen Kleiderhaken hängt (Str. 637). Diese Evidenz, dass Gunther nicht der richtige Werber war, bleibt aber im geheimen, nächtlichen Bereich der königlichen Kemenate verborgen und darf nicht ans Tageslicht gelangen, wenn nicht beide ihre Position verlieren wollen. Daher muss erneut Sifrit herangezogen werden, wieder nachts und unter der Tarnkappe. Brünhilt erfährt wieder die Uneindeutigkeit der Zeichen, denn sie glaubt sich von Gunther überwunden, sieht es aber nicht, und das Ergebnis des zweiten Ringkampfes im Bett widerspricht der Erfahrung des ersten. Sifrit verlässt das Lager, damit der

König die Ehe vollziehen kann, nimmt aber einen Ring und einen Gürtel als Erinnerung oder als Beweis mit.

So ist also für den Wormser Hof alles wie geplant verlaufen, und die beiden Erzählstränge – die Werbungen Sifrits und Gunthers – kommen zu einem vorläufig guten Ende. Nun kann Sifrit heimkehren und das Reich übernehmen (11. Aventüre). Vor dem Aufbruch verlangt Kriemhilt ihren Erbteil. Die Burgunden sind bereit, Länder und Burgen zu teilen, doch der Xantener lehnt es mit dem Argument ab, seine Frau werde auch ohne ihren Anteil mehr Macht besitzen als jegliche andere Königin. Das Thema der Erbschaft erscheint wieder, doch nun ist es Sifrit, der die Angelegenheit höflich auf sich beruhen lässt, damit sie vergessen werde (Str. 700). Kriemhilt allerdings gewinnt eine neue Dimension, da sie sich für ihr Eigentum zu interessieren beginnt. Schließlich zieht sie mit ihrem Ehemann davon. Beide Königinnen leben zehn Jahre lang glücklich und gebären je einen Sohn, der den Namen des jeweiligen Onkels erhält: Gunther und Sifrit.

In der zwölften Aventüre wird erstmals die Handlung nach dem langen Stillstand nicht von außen angestoßen. Es gibt innere Impulse: Brünhilt ist nicht zufrieden mit der Ambivalenz der Zeichen um Sifrit, die die Vorstellung beeinträchtigen, die sie von sich selbst als Königin hat. Gunther lädt auf ihr Drängen seinen Schwager nach Worms ein, schickt offizielle Boten und veranstaltet einen Empfang wie bei einem Staatsbesuch – wie es dem Rang der Gäste gebührt, aber entgegen Brünhilts Wunsch, die sich Sifrit weiterhin als Untertan Gunthers denken muss und die Huldigung des Vasallen einfordern will (13. Aventüre). Dennoch spaziert die Königin elf Tage lang friedlich an der Hand ihrer Schwägerin.

Am zwölften Tag aber (14. Aventüre) schauen die beiden Damen einem Ritterturnier zu und Kriemhilt lobt ihren Mann, worauf Brünhilt ihren noch mehr verherrlicht. Nach einigem Hin und Her, in dem die burgundische Königin die Debatte zu einem Rangvergleich hinführt (was Kriemhilt allerdings nicht zu bemerken scheint), gibt sie der Schwägerin zu bedenken, die Männer könnten nicht miteinander verglichen werden, da Sifrit ihr selbst gesagt habe, er sei Gunthers Vasall und daher würde sie ihn auch dafür halten (Str. 820f.).

Kriemhilt ist bestürzt, sie hält es für unmöglich, mit einem untergeordneten verheiratet worden zu sein (die Königinnen wissen offenbar über die politische Situation der Männer nicht richtig Bescheid). Brünhilt sagt, sie wolle auf den Dienst, zu dem ihr der Xantener verpflichtet sei, nicht verzichten. Schließlich wollen beide in der Öffentlichkeit prüfen, wem größere Ehre erwiesen wird.

Der Streit beginnt sehr subtil: Die Frauen preisen die Taten der Männer im Turnier, von denen nicht gesagt wird, dass einer besser sei als der andere. Dann aber tauchen plötzlich die alten Konflikte wieder auf: die dynastische Kontinuität, die Rolle Sifrits, die Ambivalenz der Zeichen. Aus der Perspektive ihrer jeweiligen Geschichten ist jeder der Männer für seine Frau der Beste, doch während Kriemhilt, in deren Welt die Macht durch historische Legitimität errungen wird, durchaus die Gleichstellung von Sifrit und Gunther akzeptieren kann, vermag Brünhilt dies nicht, da ihrem Verständnis nach Macht durch heroische Kraft gegeben wird und es somit keine Gleichheit, sondern immer nur Unter- und Überlegenheit geben kann. Eine Verringerung ihres Status würde für sie bedeuten, die Frau eines Zweitrangigen zu sein. Doch die Werbung um Brünhilt war nur durch eine scheinbare Umkehr der Kräfteverhältnisse möglich, und nun stoßen die unterschiedlichen Hierarchien aufeinander: Sifrit kann nicht vor Brünhilt ein niederer Vasall sein und vor Kriemhilt der beste Held.

Der Streit, der in der privaten Sphäre begann, wird von den Königinnen in die Öffentlichkeit gebracht in der Hoffnung, dass er dadurch entschieden werde; doch sie erreichen das Gegenteil. Brünhilts Forderung vor der Stiege, die Frau des Vasallen habe nach ihr den Dom zu betreten (Str. 838), führt zu Kriemhilts Vorwurf, sie sei die Kebse eben jenes Vasallen (Str. 839f.). Beim Ausgang danach gefragt, zeigt sie nun den Ring und den Gürtel, führt also als unwiderlegbare Beweise Gegenstände an, die eigentlich von etwas anderem zeugen. Denn es ist nicht wahr, dass Sifrit mit Brünhilt schlief, und Gunther weiß es, denn er war dabei. Daher geht es den Männern, die herbeikommen, als sie die Frauen weinen sehen, allein darum, ob Sifrit sich dessen »gerühmt« hat (Str. 855). Dieser ist sofort bereit, einen Eid zu leisten, dass er es nicht getan habe, und die Angelegenheit wird offiziell beigelegt; der Hof kann sie ja nicht weiter ergründen, denn es würden schädliche Informationen ans Tageslicht kommen.

Doch Brünhilt ist das Opfer dieses Schweigepakts, denn auch wenn es nicht stimmt, dass Sifrit ihr die Jungfernschaft nahm, und die von Kriemhilt vorgezeigten Zeichen daher falsch sind, ist doch offenbar geworden, dass der Xantener der Stärkste ist, der einzige, der in der Lage war, ihr den Gürtel abzunehmen. Damit ist etwas ans Licht gekommen, was verborgen hätte bleiben sollen. Sie stellt also fest, dass sie nicht den geheiratet hat, den sie hätte heiraten sollen. Und deswegen weint sie noch, nachdem der Hof den Fall öffentlich abgeschlossen hat (Str. 863). Nun greift Hagen ein, einer der höchsten Vertreter des Hofes, vor allem aber herausragendes Mitglied im Kreis der kriegerischen Helden. Hagen hat für das Publikum den heroischen Sifrit konstruiert, hat von seinen Taten berichtet, ihn bei seiner Ankunft erkannt und seine Hilfe bei der Werbung um Brünhilt empfohlen. Nun erkennt er als erster nicht so sehr das Problem Brünhilts, sondern vor allem die Tatsache, dass durch den recht unvorsichtigen Sifrit oder durch seine Frau die verborgene Seite, die die Macht gewährleistet, zum Vorschein kommt. Der Wormser Hof kann seine Stabilität und Glaubwürdigkeit nicht als gesichert betrachten, solange nicht der Letzte verschwindet, der sie gefährden kann. Daher rät er, Sifrit zu ermorden; seine berühmte Metapher *suln wir gouche ziehen?* (»sollen wir einen Kuckuck großziehen?«, Str. 867) trifft den Punkt: Die im fremden Nest liegenden Kuckuckseier unterscheiden sich nicht sonderlich von denen des Wirtes und werden auch von ihm ausgebrütet, doch das Junge wird dann seine Größe und Kraft ausnutzen, um die anderen Eier oder Jungen aus dem Nest zu werfen. Dies ist die Gefahr, die für den Wormser Hof Sifrit darstellt. Gunther weist den Anschlag mit dem Argument ab, Sifrit sei immer ein treuer Helfer gewesen, und versucht, seine Männer zu beruhigen, die nun hasserfüllt ein Turnier betrachten, das kurze Zeit vorher noch ein Fest der Eintracht gewesen war. Das höfische Ritual kann die Gewalt bald nicht mehr in Spiel umsetzen; es stauen sich Spannungen, die nicht über die gepflegte Unterhaltung abgebaut werden können. Erst als Hagen dem König versichert, dass er alles heimlich durchführen wird, fängt Gunther an nachzugeben. Der Hof geht einen Schritt weiter in Richtung Unglaubwürdigkeit, denn zum Betrug und der Intrige, die bei der Werbung um Brünhilt ausgeübt wurden, gesellen sich nun Verrat und Mord.

Dieser wird mittels eines Komplotts und dem Missbrauch des Vertrauens unter Verwandten ausgeführt (15. Aventüre). Einerseits wird eine neue Kriegserklärung inszeniert und Sifrit bietet militärische Hilfe an. Andererseits nutzt Hagen Kriemhilts Angst vor den Gefahren der Schlacht aus, um sich als Beschützer ihres Ehemannes darzustellen und zu erreichen, dass sie ihm die wunde Stelle auf seinem Rücken (wo beim Bad im Drachenblut ein herabgefallenes Lindenblatt die Verhärtung der Haut verhinderte) auf Sifrits Kleidung markiert. Hagens heimlicher Besuch bei Kriemhilt kündigt einen Wechsel in der Rollenverteilung an, indem zwei Figuren in den Mittelpunkt gerückt werden, die bislang seltene und nie gemeinsame Auftritte gehabt hatten, deren Konfrontation aber, die sich in dieser Szene herauskristallisiert, den Rest des Epos beherrschen wird. Hagen steigert die Niederträchtigkeit des Hofes um einige Grade, indem er die Liebe und die persönliche Sorge für die Intrigen der Macht ausnutzt und die Zeichen auch im Privaten fälscht. Sobald er nämlich sein Ziel erreicht hat, wird der Feldzug abgesagt und stattdessen eine Jagdpartie organisiert (16. Aventüre). Der Autor nutzt diese neue Szene, um Sifrit zum letzten Male in seinem *furor heroicus*, in seiner heldenhaften Maßlosigkeit, zu zeigen, denn der Held lässt bald den Rest der Partie zurück und jagt mit sich steigernder Geschwindigkeit alles, was er aufspürt: einen Eber, einen Löwen, mehrere Hirsche, ein Bison, einen Elch, vier Auerochsen, einen wilden Hengst und schließlich, als sein Ross ermüdet ist, fängt er noch zu Fuß einen Bären ein, den er bis zum Lager führt, wo er ihn zum Spaß kurzzeitig frei lässt, was für große Angst, riesige Verwirrung und augenblickliches Chaos sorgt. Das ist wieder ein lebhaftes Beispiel dessen, was Sifrits ungezügelte heroische Kraft im höfischen Bereich anrichten kann, auch wenn es sich nur um ein Spiel handelt. Was für Sifrit ein Spaß ist, ist für die anderen Terror und Bedrohung.

Diesen Sifrit kann man und will man nicht besiegen. Die Mordszene zeigt es ganz deutlich. Da die Getränke fehlen, schlägt Hagen einen Wettlauf zwischen Gunther und Sifrit zu einer nahe gelegenen Quelle vor. Sifrit gewinnt natürlich, obwohl er vollständig bewaffnet ist; doch niemand lauert ihm im finsteren Wald auf. Das Übel kommt erst danach: Der Xantener wartet auf Gunther an der anmutigen Quelle und lässt ihn zuerst trinken. Erst als auch er sich zum Trinken beugt, stößt ihm Hagen den Speer in den Rücken. Der Held verliert bald seine Kraft und fällt auf die schönen Blumen. Es ging offenbar nicht darum, den heroischen Sifrit zu ermorden, der bei der Werbung Brünhilts half, sondern den anderen, der am Hof, ungeachtet seiner Bemühungen sich unterzuordnen, nichts anderes tun konnte, als seine Überlegenheit auf Schritt und Tritt zu beweisen.

Dem Mord folgt die Bergung der Leiche (17. Aventüre): Die Burgunden warten die Nacht ab, um nach Worms zurückzukehren und den Leichnam vor Kriemhilts Kemenate liegen zu lassen, wo sie am Morgen entdeckt wird. Dieses sonderbare Vorgehen ist mit der Existenz zweier Varianten des Mordes in der Sagentradition in Verbindung gebracht worden, einer, in der er im Wald geschieht, und einer anderen, in der er in den Gemächern stattfindet. Doch im hier beschriebenen Kontext ist es einleuchtend, dass die Burgunden den Toten vom Tag zur Nacht überführen, vom *locus amoenus* der Quelle zum dunklen Gang in der Burg. Der Mord wird damit in den Bereich der Intrige gebracht. Die Witwe weiß sofort, dass Hagen der Täter war, denn sie erinnert sich an die Information, die sie ihm lieferte; den endgültigen Beweis erhält sie, als der Mörder an der Leiche steht und die Wunden wieder zu bluten beginnen (Str. 1044). Das ist ein archaischer Aberglaube, der nicht als juristischer Beweis vor dem Hofe dienen soll, sondern vorführen möchte, dass auch Kriemhilt die Zeichen dessen, was im Verborgenen geschieht, zu deuten vermag. Sie verhindert die Auseinandersetzung zwischen Sifrits Mannen und ihren Verwandten, flüchtet in die Rolle der trauernden königlichen Witwe und versinkt in Jammer und Klage, die nur durch Racheschwüre unterbrochen werden. Die Brüder versichern, sie für den Verlust entschädigen zu wollen, und erreichen, dass sie in Worms bleibt und nicht mit ihrem Gefolge nach Xanten heimkehrt (18. Aventüre). Zwei Jahre lang lebt sie abgeschottet und in Trauer versunken, ohne Gunther oder Hagen je zu sehen. Kriemhilts Schmerz erreicht unfassbare Größe.

Hagen regt noch eine letzte Handlung an (19. Aventüre). Er rät Gunther zur Versöhnung mit seiner Schwester – was nur dank Gernots und Giselhers Vermittlung möglich ist – und erreicht dann, dass der König sie dazu überredet, Sifrits Hort, die Grundlage seiner Macht, nach Worms bringen zu lassen. Der Schachzug ist perfekt: Unter dem Anschein einer Geste des Friedens werden die Familienbande wieder missbraucht, um die Macht des Xantener Reichs in eine kontrollierbare Nähe zu bringen. Aber als Kriemhilt beginnt, den unerschöpflichen Reichtum einzusetzen, um sich mit einer wachsenden Anzahl fremder Krieger zu umgeben, greift Hagen, der es als Bedrohung versteht, sofort ein, raubt das Gold und versenkt es im Rhein. Die Brüder sind passive Komplizen, denn sie kennen die Absicht ihres Mannes, verhindern sie aber nicht (Str. 1135f.). Mit dem Gold verschwindet zum zweiten Mal das, was Sifrit verkörpert, und die Erniedrigung Kriemhilts wird wiederholt, da die heimliche Aktion und die stillschweigende Duldung des Königs sie daran hindern, sich ein Gefolge zu schaffen, das die Grundlage der Macht, des gerichtlichen Beistands und somit der Justiz darstellt. Die neuerlichen Tränen der Frau sind nicht nur auf ihre Liebe zurückzuführen, sondern auch auf ihren gesellschaftlichen Verlust.

Die Geschichte hat ihren Tiefpunkt erreicht. Der Hof und seine gesetzlichen Grundlagen haben sich als bloße Szenographie erwiesen, hinter der sich Täuschung, Verrat, Verwandtenmord, Diebstahl und Hinterhältigkeit mit der stillen oder ausdrücklichen Zustimmung jener breitmachen, die die Ordnung garantieren sollten. Die höfische Welt wird ausgehöhlt von den Kräften und Motivationen, die im Verborgenen agieren und deren Logik der Macht sich auf die Gewalt und das Gesetz des Stärkeren stützt. Die elegante und friedvolle Weise, in der Sifrits Ankunft in Worms kaschiert und ausgenutzt wurde, hat sich in einen kaltblütigen und brutalen Mord verwandelt. Was zurückbleibt, ist eine verwitwete königliche Schwester, die Opfer einer furchtbaren gesellschaftlichen Erniedrigung ist und in endlosem Schmerz versinkt: Dreizehn Jahre lebt Kriemhilt in Trauer und verspricht, sie nie zu beenden. Nach dem stockenden Anfang war die Handlung kurz in Gang gekommen; doch nun scheint sie definitiv zum Stillstand gelangt zu sein.

Erst ein weiterer äußerer Anstoß setzt das Geschehen erneut in Gang (20. Aventüre): Der hunnische König Etzel, der ohne Erben verwitwet ist, lässt auf Beschluss seines Rates um Kriemhilt anhalten. Der höchste Würdenträger seines Hofes, Markgraf Rüedeger von Bechelaren, wird als Botschafter beauftragt. Nach langer Reise tritt er vor Gunther und teilt ihm Etzels Anliegen mit. Der Rat der Burgunden stimmt für eine Zusage; der König und seine Brüder sehen in ihr eine Möglichkeit, die Schwester für ihre hohen Verluste zu entschädigen. Nur Hagen stellt sich vehement dagegen und warnt dreimal, diese Ehe könne negative Auswirkungen für die Burgunden haben. Der Rat beschließt daraufhin, dass Rüedeger die Werbung der Frau überbringen dürfe und Kriemhilt die Entscheidung überlassen sei. Sie weist den Antrag ab mit dem Argument, sie trauere noch um Sifrit; das Drängen und die guten Ratschläge der Verwandten vermögen nicht, sie zu überreden, und sie wiederholt ihre Absage zwei weitere Male. Erst als der mächtige Markgraf und seine Männer in einem privaten Gespräch schwören, ihr immer Beistand leisten zu wollen, bedenkt sie die Möglichkeit, dass ihre Position als Ehefrau Etzels eine Rache ermöglichen könnte; zweimal wird das Verb *gedâchte* »dachte« hervorgehoben (Str. 1259 und 1260) gegenüber dem *sprach* von Str. 1261. Kriemhilt führt der Form halber noch ein geringfügiges Gegenargument an, das Rüedeger sofort entkräftet, und die Frau zeigt sich überredet und nimmt die Werbung an.

Hagens Warnung, entgegen jeder höfischen Logik und der Argumentation der Brüder, sowie der Gedanke an Rache, den die Witwe plötzlich stillschweigend hegt, sind die natürliche Folge der Dissonanz zwischen öffentlicher Geste und geheimer Tat, die die bisherige Handlung offenbart hat. Der Unterschied liegt darin, dass diese Divergenz nun in ein und derselben Figur entsteht, denn Kriemhilt denkt anders, als ihre Gesten und ihre edle Haltung zeigen – etwas Unerhörtes in einer großen Königin der mittelalterlichen Literatur.

Die Unterscheidung zwischen den Zeichen und ihrer Glaubwürdigkeit, die der erste Teil des Epos unternommen hat, ermöglicht nun die Existenz einer Figur, deren Handlungen und Worte nicht mit ihren wahren Absichten übereinstimmen. Das ist allerdings keine im positiven Sinne verstandene Individualisierung, sondern negative Konsequenz des Umfelds.

Nun wird in einer langen Reihe sukzessiver Zeremonien (21. und 22. Aventüre) von der Überführung der Frau an Etzels Hof erzählt. Die Abschiede und Empfänge bilden ein *crescendo*, das immer mehr Leute in Bewegung setzt, die sich der neuen Königin unterwerfen kommen. Die Völker des hunnischen Reiches überfluten die Straßen und Wege, und durch den Staub, den sie aufwirbeln, scheint die Erde zu brennen (Str. 1336); ein schauerlicher Vergleich für den, der das Ende kennt. Kriemhilt erreicht die höchste Position weltlicher Macht, ihr Gefolge ist nun viel größer als das Xantener (Str. 1368), und sie verhält sich stets, wie es von ihr erwartet wird. Allmählich ersetzt sie ihre Vorgängerin, bringt einen Sohn zur Welt und hat sich nach dreizehn Jahren der Regierung das Vertrauen ihrer Leute gewonnen. Aber sie vergisst in all dieser Zeit weder Sifrit noch das Leid, das ihr in Worms zugefügt wurde (Str. 1371), verheimlicht jedoch ihre Tränen und Gedanken, bis sie sicher ist, dass alle ihr vertrauen (Str. 1391).

Aus diesem Bewusstsein ihrer Macht heraus gewinnt der Gedanke an Rache wieder Kraft (Str. 1392). Ohne dass jemand ihre hinterhältige Absicht erkennen würde (Str. 1399), überzeugt sie Etzel, die burgundische Königsfamilie zu einem Fest einzuladen (23. Aventüre). Wieder werden Botschafter ausgesandt (24. Aventüre), die reich versorgt werden und nach einigen Zwischenstationen in Worms angelangen, wo die Verkündung ihrer Nachrichten wieder umständlich protokollarisch abgewickelt wird. Die höfische Welt wird in diesem zweiten Teil ausführlicher beschrieben, nun wo der Rezipient weiß, dass es sich um eine schwaches und ungewisses Zeichenkonstrukt handelt. Beim Rat in Worms wittert nur Hagen eine Gefahr, denn er erkennt die geheimen Motivationen Kriemhilts. Der König und seine Brüder sehen lediglich eine Einladung, deren Höflichkeit an den gepflegten Formen, mit der sie vorgetragen wird, erkennbar ist. Die Burgunden haben die Glaubwürdigkeit der höfischen Regeln und Zeichen in Frage gestellt, doch nun halten sie sich an sie und weisen alle Warnungen ab, die Hagens ebenso wie die des Küchenmeisters Rumolt (Str. 1465–1469) oder den prophetischen Traum von Gunthers Mutter (Str. 1509). Hagen vermag schließlich den König dazu zu überreden, ein kleines Heer mit sich zu führen (80 Fürsten und 3000 Männer), das er selbst, sein Bruder Dancwart und Volker, den man den Spielmann nennt, anführen werden.

Die Burgunden nehmen also die Einladung an, reisen aber mit einem Gefolge bewaffneter Männer: der Hof in seiner doppelten Zusammensetzung von den Schein inszenierenden Königen und heimlich agierenden Streithähnen. So weist die lange Reise in Etzels Land zwar einerseits wieder eine Sequenz höflicher Empfänge an allen Stationen auf, andererseits aber führt sie vor Augen, wie in dem Maße, in dem die bedrohlichen Zeichen zunehmen, Hagen immer deutlicher die Kontrolle über alles gewinnt, was geschieht, wobei er stets in Eigeninitiative und hinter dem Rücken Gunthers handelt. Er überrascht die Wasserfeen an der Donau (25. Aventüre), erzwingt von ihnen die Information, wie der reißende Strom zu überqueren sei, und tötet dann den Fährmann, weil er sie nicht übersetzen will. Er allein steuert die Fähre, mit der er einige tausend Mann und alles Gepäck ans andere Ufer bringt. Er stößt dann den Pfarrer ins Wasser, um zu sehen, ob er das heimische Ufer erreicht, weil die Nymphen vorausgesagt haben, nur er werde lebend nach Hause kommen. Er zerstört die Fähre, damit niemand heimwärts fliehen könne. Schließlich stellt er sich in die Nachhut (26. Aventüre) und leitet mit Hilfe von Volker und Dancwart den nächtlichen Kampf gegen Graf Gelfrat von Bayern, der den Tod des Fährmanns rächen will, der aber trotz der Überzahl seiner Truppen unter Hagens Schwerthieben fällt.

Die hier beschriebene Welt der Fabelwesen, der übermenschlichen Taten und der von Nacht und Nebel verdeckten Aktionen war im ersten Teil des Epos durch Sifrit vertreten, der unter der Tarnkappe oder im fabelhaften Reich der Nibelungen kämpfte. Der Wormser Hof war ihr bislang fremd gewesen, doch seitdem die Reise begonnen hat, erhalten die Burgunden die Bezeichnung ›Nibelungen‹, und die rheinischen Krieger bewegen sich in diesem Bereich mit großer Sicherheit, viel Gewalt und wenig Rücksicht. Die Steigerung der Brutalität geht einher mit einer Stärkung der persönlichen Bande zwischen den Männern – die sich bedingungslose Treue erweisen – sowie ihres heroischen Bewusstseins. Der König indessen bleibt tatenlos und sieht nur wenig von dem, was geschieht. Das ist auch beim Aufenthalt in Bechelaren zu beobachten (27. Aventüre), wo Rüedeger ihnen seine sprichwörtliche Gastfreundschaft gewährt: Einer der Krieger gestattet sich einen obszönen Witz über die Tochter des Markgrafen, und das bringt Hagen auf den Gedanken, die Verlobung Giselhers mit der Jungfrau vorzuschlagen, die gleich im Anschluss stattfindet. Die Vasallen handhaben also die Ehepolitik des Reiches und schaffen gleichzeitig eine persönliche Bindung zum höchsten Fürsten an Etzels Hof.

Alles, was auf dieser Reise geschieht, erzeugt den Eindruck, dass die Burgunden nicht mehr als Vertreter eines höfischen Ideals in Etzels Land kommen, sondern als Anführer einer Schar von Kriegern, die sich als solche bekennen und durch den gnadenlosen Einsatz von Gewalt, die taktische Ausnutzung persönlicher Treue und die empfindliche Reaktion auf jede Provokation charakterisiert werden. Dementsprechend begegnen sie bei ihrer Ankunft (28. Aventüre) zunächst den Protagonisten anderer Heldensagen, die der Autor auch zur Erweiterung des militärischen Personals einsetzt. Unter ihnen ist besonders Dietrich von Bern zu nennen, der erste, der kommt, sie zu begrüßen. Er wendet sich gleichermaßen an den König wie an die Krieger und warnt sie vor der noch anhaltenden Trauer Kriemhilts (Str. 1724). Wenig später sieht man Dietrich und Hagen Hand in Hand dastehen, was wieder die Bedeutung persönlicher Bindungen zwischen den Helden hervorhebt und auch deutlich macht, dass Kriemhilt in Dietrich keine Unterstützung finden wird. Denn im Unterschied zu den Königen wissen die Heroen (auch Dietrich) genau, dass Attilas Ehefrau nach Rache sinnt, ganz gleich welche formale Versöhnung stattgefunden haben mag. Für die Krieger sind die Zeichen immer eindeutig im Sinne der Konfrontation und des Krieges, in dem sie sie deuten. Als Kriemhilt ihren Bruder Giselher küsst, antwortet

Hagen auf diese freundschaftliche Geste mit einer der Verteidigung: Er schnallt sich seinen Helm fest (Str. 1737). Das Detail zeigt, dass der Hof als Konfliktregler desavouiert und die Gewalt vorherrschen wird. Hagen setzt das Ende der Mehrdeutigkeit durch und zwingt alle anderen, mit ihm den Weg in Richtung bewaffnete Auseinandersetzung zu gehen.

Es ist dies nicht die einzige Provokation; sie kommen jetzt in dichter Folge. Kurz nach der Ankunft sieht Kriemhilt Hagen und Volker im Hof sitzen (29. Aventüre), sie versammelt schnell eine Kriegerschar und geht auf sie zu. Doch die burgundischen Vasallen weigern sich, vor der Königin aufzustehen (Str. 1781 f.). Hagen legt sogar Sifrits Schwert über seine Knie (Str. 1783), eine Geste, die nicht nur den Schmerz der Witwe erregt, sondern vor allem die wirkliche Situation offenbart: Das Schwert über die Schenkel zu legen ist eine Geste, die im mittelalterlichen Ordnungssystem den Richter identifiziert, doch wer sie hier vollzieht, hat nicht mehr als die Macht der Gewalt und usurpiert damit das Gesetz. Dies wird dadurch unterstrichen, dass Hagen öffentlich Sifrits Mord bekennt und niemand es wagt, sich ihm zu stellen. Die Szene weist Ähnlichkeiten auf mit einer im altfranzösischen Epos ›La Bataille d'Aliscans‹ (um 1200) und hat eine Debatte darüber angeregt, ob die Sage oder das ›Nibelungenlied‹ französische Einflüsse erfahren haben könnten. Doch da auch in der Finnsburg-Geschichte im ›Beowulf‹ Hengest ein besonderes Schwert auf die Knie gelegt bekommt (vgl. S. 74 f.), ist das Motiv wohl eher als universal zu betrachten.

Die nächste Provokation geschieht in der Nacht (30. Aventüre), wodurch wieder die Alternanz zwischen Licht und Dunkelheit, Sichtbarkeit und Verheimlichung markiert wird. Während die Burgunden in dem ihnen zugewiesenen Gebäude schlafen, naht eine von Kriemhilt gesandte hunnische Patrouille, um sie zu überfallen. Die Szene erinnert deutlich an die ›Finnsburgschlacht‹ (vgl. Kapitel II,3): Hagen und Volker halten Wache – was an sich an einem freundschaftlich gesinnten Hof provozierend ist –, sehen in der Dunkelheit Waffen glänzen und bereiten sich auf den Kampf vor; als die Hunnen bemerken, dass der Saal bewacht wird, weichen sie zurück. Am nächsten Morgen

(31. Aventüre) schreiten die Burgunden in voller Rüstung zur Messe, was Etzel unangenehm überrascht; doch niemand wagt es, den simplen Ausreden Hagens zu widersprechen, es sei eine Wormser Sitte. Während aber Etzel nicht merkt, was vorgeht, und Gunther keine Stimme und Autorität mehr zu besitzen scheint, spüren die Krieger die Spannung, denn sowohl Rüedeger wie auch Dietrich von Bern verbieten ihren Männern, am Turnier teilzunehmen, weil sie ihre Bereitschaft fürchten, sich vom Sog der Provokationen mitreißen zu lassen. Regeln können die gesellschaftliche Ordnung offenbar nicht mehr garantieren, sondern nur noch die physische Trennung; war zu Beginn das Spiel noch eine Form, Gewalt zu kanalisieren, so ist es jetzt zu einer potentiellen Quelle von Gewalt geworden. Tatsächlich tötet Volker einen Hunnen, weil er ihm zu fein angezogen scheint, und nur der (für dieses eine Mal) entschiedene Eingriff Etzels verhindert eine Eskalation, verringert aber nicht die Spannung.

Nun folgt die doppelte Motivierung der Kampfhandlungen, über die bereits gesprochen wurde (vgl. S. 199f.). Einerseits überredet Kriemhilt Etzels Bruder Bloedelin, den Mord an Sifrit zu rächen. Parallel dazu lässt sie den jungen Prinzen Ortlieb zum Bankett in die königliche Halle bringen, weil – so kommentiert der Erzähler in der Fassung **B* – sie den Kampf nicht anders auslösen konnte (*dô der strît niht anders kunde sîn erhaben*). Hagen, der wie alle Burgunden auch zum Festmahl in voller Rüstung erscheint, sieht darin wieder eine Herausforderung und antwortet auf zärtliche Worte Etzels über seinen Sohn mit einer furchtbaren Beleidigung, die für Unmut bei den Gastgebern sorgt: »Der junge König«, sagt er, »ist dem Tode geweiht; man wird mich selten wegen Ortlieb an den Hof gehen sehen« (Str. 1918: *doch ist der künec junge sô veiclîch getân:/ man sol mich sehen selten ze hove nâch Ortliebe gân*). Die Szene wird hier unterbrochen, um eine Parallelhandlung zu erzählen: Bloedelins Überfall auf den burgundischen Tross (32. Aventüre). Die Hunnen sind weit in der Überzahl und richten ein furchbares Gemetzel an, doch Dancwart verteidigt sich tapfer, tötet Etzels Bruder und entkommt. Blutüberströmt stürzt er in den Festsaal (33. Aventüre) um laut schreiend von dem Überfall zu berichten. Hagen trägt ihm auf, das Tor zu verteidigen;

dann sagt er sarkastisch, nun solle der Wein der Versöhnung getrunken werden, und schlägt dem jungen Prinzen den Kopf ab, der in Kriemhilts Schoß fällt.

Mit dem Mord an Ortlieb dringt die Gewalt endgültig in den öffentlichen Bereich des königlichen Festmahls. Bisher war sie hinter den immer schwächer werdenden Dekors höfischer Form versteckt geblieben oder war eingebunden in gewisse Regeln, die sie kontrollierten. Nun gibt es aber keinen Hof mehr: Gunther, Gernot und Giselher würden gerne den Kampf aufhalten, der sich wie ein Lauffeuer verbreitet, sind aber nicht nur unfähig, Hagen und Volker Einhalt zu gebieten (Str. 1967), die sofort begonnen haben, wehrlose Hunnen niederzumetzeln, sondern stehen ihnen zur Seite und wüten mit (Str. 1968–1970). Und von Etzel sagt der Erzähler: »Was half es ihm, dass er König war?« (Str. 1982: *waz half in, daz er künec was?*). Nur der dezidierte Eingriff Dietrichs erreicht einen kurzen Stillstand der Waffen, um den Auszug der Könige und von Dietrichs und Rüedegers Gefolge zu ermöglichen. Hinter ihnen aber schließt sich das Tor wieder, und die Hunnen, die drinnen bleiben müssen, werden bis auf den letzten Mann massakriert. Die Burgunden haben sich definitiv in eine Horde Söldner verwandelt, die ohne rechtliche Grundlage rohe Gewalt anwenden. Waren sie bei Sifrits Ankunft in Worms die Vertreter der Zivilisation und ihrer rechtlich-sozialen Ordnung, so hat nun die heroische Welt von ihnen Besitz ergriffen und sie in eine unkontrollierte Bande von archaischer Mentalität verwandelt. Die Spannung entlädt sich nun in einem wilden Gemetzel, das in ungeheuer harten Worten und Bildern erzählt wird. Wurde mit Hagens Trinkspruch der Wein der höfischen Tafel zu Blut (doch nicht der Erlösung, sondern des Todes), so verwandelt sich die Musik in Waffenklang, denn Volker hat seine ›Fidel‹ gezogen und schlägt damit eine wilde ›Melodie‹; ein düsterer Witz, den der Erzähler unermüdlich in den folgenden Szenen wiederholt, um den makabren Totentanz darzustellen, der in dieser königlichen Halle stattfindet. Das höfische Bankett hat sich in ein Fest des Blutes und des Feuers verwandelt, die Freude des Weins in Rausch der Gewalt und das Ritual der Eintracht in eine Feier des wilden Massakers.

Nun beginnt eine Reihe von Szenen (34. Aventüre), die immer mit einem Gespräch anfangen zwischen denen, die sich in der Halle verbarrikadiert haben, und denen, die draußen stehen. Der Dialog endet in Herausforderungen, besonders von Hagen, die den Beginn eines Überfalls einleiten, der aber immer wieder von den Burgunden abgewehrt wird. Die Angreifer treten in großen Scharen auf, doch das steigert nur die Zahl der Toten. Manch ein berühmter Held erhält nun seinen letzten Auftritt, wie Iring, der noch die Ehre erlangt, lebend aus seinem ersten Angriff herauszukommen (nicht aber aus dem zweiten), doch der Rest sind einfach todgeweihte Kriegerscharen: die Dänen und Thüringer zuerst (35. Aventüre), dann ein weiteres hunnisches Heer. Der Saal ist in Stille getaucht, als der letzte Kämpfer fällt; man hört nur noch das zähe tropfen des Blutes aus den Rinnsteinen (Str. 2078). Eine erneute Unterredung Etzels und Kriemhilts mit den Wormsern bei Anbruch der Nacht endet wieder in Hass, und die Königin ordnet den Saalbrand an (36. Aventüre). Die Eingeschlossenen schützen sich mit den Schilden vor den herabfallenden brennenden Scheiten. Um den Durst zu stillen, trinken sie das Blut der Gefallenen, von dem sie behaupten, es schmecke besser als Wein; dies ist der Saft, mit dem in diesem Epos die anstoßen, die sich Helden nennen.

Am nächsten Morgen (37. Aventüre) scheitert ein weiterer Angriff. Dann erinnert Kriemhilt Rüedeger an seinen Eid und fordert von ihm, nun sein Wort zu halten. Auch Etzel erinnert ihn an seine Pflichten als Vasall und zwingt ihn, in den Kampf einzugreifen. Der Markgraf versucht es zuerst mit einem Gespräch. Hagen bittet ihn um seinen Schild als Ersatz für den eigenen, der zerstört ist. Rüedeger gewährt ihm die Bitte, und Hagen und Volker halten sich aus dem nun folgenden Kampf heraus. Als der endet, legt sich wieder Stille über den Saal, was in denen, die draußen harren, die Hoffnung auf einen Sieg erweckt. Doch die Ruhe wird gebrochen, als Volker am Tor erscheint und Rüedegers Leiche zeigt. Die allgemeine Klage über den großen Verlust gelangt Dietrich zu Ohren (38. Aventüre), der seine von Hildebrand angeführten Männer schickt, um die Herausgabe der Leiche des Freundes zu erbitten. Doch Volker erteilt ihnen nicht nur eine Absage, sondern es gelingt ihm auch, Dietrichs Kämpen Wolfhart in einen Wortstreit zu verwickeln, der die Männer so weit reizt, dass Hildebrand sie nicht mehr zurückhalten kann. Der Kampf ist der blutigste von allen, denn in ihm fallen nicht nur alle Statisten, sondern auch die großen Helden: Volker, Dancwart, Giselher, Wolfhart, Sigestap. Nur Gunther und Hagen bleiben am Leben; und Hildebrand, der verzweifelt und verwundet Dietrich die Nachricht vom Verlust all jener überbringen muss, die mit ihm in die Verbannung zogen. Nun bleibt dem Berner keine weitere Möglichkeit, als in einen Streit einzugreifen, von dem er sich stets fernzuhalten versucht hat. Er kämpft gegen die beiden erschöpften Wormser, nimmt sie gefangen und bringt sie vor Kriemhilt mit der Bitte, sie nicht töten zu lassen.

Das Ende bietet noch eine kleine Überraschung und ein Beispiel dafür, wie der Autor die traditionellen Motive handhabt. Kriemhilt fordert von Hagen, ihr das zu erstatten, was er ihr nahm (Str. 2367). Es handelt sich offensichtlich um einen Rest des alten Hortforderungsmotivs, dem wir schon im ›Atlilied‹ (vgl. Kapitel II,2) begegnet sind. Zweifellos hat es die Tradition bewahrt, und der Autor kannte es. Dennoch überrascht sein Erscheinen, denn nach der Verbindung mit dem Sifrit-Stoff war das Gold, nach allem, was wir wissen, nicht mehr der Auslöser des Kampfes. Das sah auch der Dichter des ›Nibelungenliedes‹ (oder ein Vorgänger), der beschloss, das Motiv an das Ende der Waffenhandlung zu rücken. Hier entwickelt die Szene ein außergewöhnliches Potential, um das Epos mit einer Konzentration auf seine Essenz und auf seine Antagonisten zum Abschluss zu bringen.

Kriemhilts Forderung ist nicht nur mehrdeutig (sie kann sich sowohl auf den Ehemann beziehen wie auch auf den Hort), sondern vor allem zynisch, denn sie weiß, dass der Gefangene ihr keines von beidem zurückgeben kann. Hagen geht auf ihre Worte ein, vereindeutigt sie aber als Forderung nach dem Gold und bringt dadurch das Motiv zu seinem archaischen Ursprung zurück (Str. 2368). Doch nun sind die burgundischen Rollen vertauscht: War es im ›Atlilied‹ Gunnar, der behauptete, solange Hogni lebe, werde er den Hort nicht herausgeben, so ist es nun Hagen, der diese Bedingung stellt. Seine Worte drücken nicht nur die Unmöglichkeit aus, das zu erfüllen, was von ihm verlangt wird, sondern deuten sogar einen perfiden Verrat am König an. Nun ist es Kriemhilt, die auf das greuliche Spiel eingeht und Gunther köpfen lässt. Sie hält das Haupt an den Haaren gefasst dem Gefangenen hin (Str. 2369). Der triumphiert nun, weil angeblich nur noch er das Geheimnis des Hortes kennt und nicht die Absicht hat, es zu verraten. Aber in Wirklichkeit liegt der Hort in den Tiefen des Rheins und ist niemandem mehr zugänglich. Hagen hat also durch sein Manöver die Unerbittlichkeit der Frau entlarvt, die fähig ist, ihren eigenen Bruder für ihre Rache zu opfern (Str. 2370), aber er hat auch eine Probe der eigenen Grausamkeit gegeben, indem er mit einem üblen Trick den Mord am König angeregt hat, um das eigene ›Ansehen‹ zu wahren. Da es keinen weiteren Grund gibt, einen solchen Gefangenen am Leben zu halten, ergreift Kriemhilt Sifrits Schwert und schlägt ihm damit den Kopf ab (Str. 2373). Wütend und erschrocken über diese Tat erschlägt Hildebrand die Königin und haut sie in Stücke (Str. 2377), eine archaische Strafe für Verräter.

Die Szene vermeidet jede Eindeutigkeit und verhindert jegliche moralische oder kausale Wertung. Sie beschränkt sich auf die Gegenüberstellung von Kriemhilt und Hagen, ohne dass es möglich wäre zu sagen, wer von beiden ruchloser oder brutaler handelt. Hagen erschlug zwar Sifrit, aber ihrer beiden Begabungen für Trug, Hinterhältigkeit und Verrat sind vergleichbar. Der Autor ergreift zu keiner Zeit Partei; die Konsequenz ist ein absolutes Ende: Fast alle sind tot, und die, die es nicht sind, jammern. Es gibt nichts Weiteres zu erzählen, daher beschließt der Erzähler zu schweigen (Str. 2379). Das Ende kommt so abrupt, dass es den Eindruck allgemeiner Trostlosigkeit noch steigert.

Es gibt auch nichts weiter zu erzählen. Die alte Sage, die im neuen literarischen Kontext der Zeit um 1200 erzählt wurde, hat vorgeführt, wie sich die höfische Welt, die sich in jener Zeit als Ideal gesellschaftlicher Ordnung darstellte, selbst durch Betrug und Treulosigkeit vernichtet. Sie regelt nur das Sichtbare, ist aber nicht fähig, die Interessen und Leidenschaften zu kontrollieren, die verborgen bleiben und die archaische Kräfte entwickeln, welche in Gewalt, Mord und Rache ausarten und die Gesellschaft zerstören, in der sie wachsen. Deswegen geht nicht nur eine der beiden Parteien unter, denn es wird nicht ein richtiger Weg einem falschen gegenübergestellt, sondern es wird der Einsturz der gesamten höfischen Welt vorgeführt, die Zerstörung jeglicher Vorstellung einer laikalen aristokratischen Gesellschaft. Alle gesellschaftlichen Werte, die zu Beginn des Epos Geltung haben, sind am Ende untergraben worden: vom Recht (das der Intrige unterworfen wird) und der Regierung (die unfähig ist, ihre Funktion zu erfüllen) über die Treue gegenüber Freunden und Verwandten (die missbraucht wird, um Verrat auszuüben) bis hin zur Liebe (die in Rachsucht und unversöhnliche Positionen ausartet). Alle Formen zwischenmenschlicher Beziehung scheinen korrupt oder bestechlich, jegliches Zeichen, das für Ehrlichkeit, Zuneigung oder Frieden steht, hat sich als falsch erwiesen. Das Ideal höfischer Gesellschaft, die Gewalt mittels der Institution der Ritterschaft zu kontrollieren und die Leidenschaft mittels der Kultur höfischer Liebe, ist pervertiert worden, weil die Liebe zerstörerisch wirkt und die Gewalt stetig anwächst und sich im ritterlichen Spiel nicht mehr bändigen lässt. Nur das Heldentum bleibt, aber das hat sich als die absonderliche Barbarei erwiesen, Blut statt Wein zu trinken, und zieht den Untergang des Reichs dem Verlust des Ansehens vor.

Das ›Nibelungenlied‹ wurde konzipiert als Gegenmodell oder Kontrafaktur des höfischen Romans, der in den letzten Jahrzehnten des 12. Jahrhunderts entwickelt worden war. Experimentiert der frühe Roman mit der Möglichkeit des Helden, einen Lebensweg zu gestalten, der trotz aller Um- und Irrwege zu weltlichem Ansehen und göttlicher Anerkennung führt, so stellt das Epos diesem Ideal das radikale Auseinanderfallen von Intention und Ergebnis entgegen, das sicherlich aus dem fehlenden Bezug zum göttlichen Heil hergeleitet wird. Während also der Roman auf narrativer Ebene die Möglichkeiten eines nicht vom Göttlichen getrennten laikalen Lebens sondiert, zeigt das Epos weltliche Helden, deren Leben im Immanenten gefangen ist und keinen Bezug zur Transzendenz hat. Der Kontrast erstreckt sich auch auf andere Bereiche, denn der Roman stellt die Liebe als ethischen und sozialen Wert dar, im Epos aber erscheint sie als romantische Illusion, die bald der Intrige weichen muss. Die unterschiedlichen Lebensvorstellungen finden auch im Erzählstil ihren Ausdruck, denn der paradigmatische Stil, den der Autor des ›Nibelungenliedes‹ entwickelt, steht dem syntagmatischen Stil des Romans diametral gegenüber.

Zudem zeichnet das Epos ein trübes, apokalyptisches und hoffnungsloses Panorama, das göttlicher Führung und Ordnung entbehrt und das dementsprechend außerhalb jeglicher Vorstellung von Geschichte steht, die um 1200 Anspruch auf Gültigkeit haben konnte. In diesem Sinne ließe sich das ›Nibelungenlied‹, ohne dass ein direkter Bezug fassbar wäre, in die Tradition der ›Historia‹ Ottos von Freising stellen (vgl. S. 135) oder in die von Lukans ›Pharsalia‹, einem im Mittelalter häufig gelesenen Text, wenn auch das Epos weiter geht als diese Vorgänger. Es sollte nicht überraschen, wenn dieses schonungslose und ernüchternde Bild der ritterlichen Gesellschaft im Kontext der Regierungskrise entstanden wäre, die das Reich 1197 nach dem Tod Heinrichs VI. und der Krönung zweier entgegengesetzter Kandidaten erschütterte – des Welfen Otto IV. und des Staufen Philipp von Schwaben im Juli und September 1198 –, die das politische und literarische Leben der Zeit bestimmte.

Wegen der Sicherheit, mit der das Werk die Ernüchterung herbeiführt; wegen der epischen Erweiterung der Geschichte, die eine Reflexion über aktuelle Probleme der Zeit ermöglicht, beispielsweise über die Frage nach dem Potential gesellschaftlicher Strukturen zur Sicherung des Friedens oder über die nach der Glaubwürdigkeit von Zeichen; wegen der thematischen Tiefe, die einer konkreten historischen Anbindung ausweicht; wegen der intelligenten Zusammenfügung aller Handlungsebenen, Szenen und Figuren; wegen der Größe der Hauptpersonen und der Tiefe des Abgrunds, in den sie gestürzt werden; wegen der Macht seiner Sprache und der Erschütterung, die es beim zeitgenössischen Publikum bewirkt haben dürfte und noch heute bei aufmerksamen Lesern bewirkt; aus allen diesen Gründen besteht für mich kein Zweifel daran, dass das ›Nibelungenlied‹ als eines der größten literarischen Werke des europäischen Mittelalters betrachtet werden muss.

LITERATUR

Die vollständigste Ausgabe des ›Nibelungenliedes‹ verdanken wir einem Amerikaner: *Das Nibelungenlied. Paralleldruck der Handschriften A, B und C nebst Lesarten der übrigen Handschriften*, hg. von Michael Batts, Tübingen 1971, die den Text der drei Haupthandschriften parallel abdruckt und die Varianten der übrigen Textzeugen angibt. Aber es ist ein äußerst unhandlicher Band. Daher bleibt weiterhin die gewöhnlich zitierte Ausgabe *Das Nibelungenlied*, nach der Ausgabe von Karl Bartsch hg. von Helmut de Boor, 22. revidierte und von Roswitha Wisniewski ergänzte Auflage, Mannheim 1988, die auf dem Text der Handschrift *B* basiert. Allerdings ist sie ein wenig veraltet, enthält eine Reihe von Fehlern und fügt einige Strophen ein, die nicht in *B* stehen. Es wird sich zeigen, ob die seit langem erwartete neue Edition nach *B* durch Joachim Heinzle, zur neuen Standardausgabe werden kann. Zur Handschrift *C* vgl. die Literatur zu Kapitel IV,2. Den Text der Handschrift *A* kann man lesen in der Ausgabe *Der Nibelunge Noth und die Klage*, hg. von Karl Lachmann, Berlin [6]1960. Die letzte monographische Untersuchung der Fassungen stammt von Joachim Bumke, *Die vier Fassungen der ›Nibelungenklage‹. Untersuchungen zur Überlieferungsgeschichte und Textkritik der höfischen Epik im 13. Jahrhundert*, Berlin 1996. An zweisprachigen Ausgaben liegen vor *Das Nibelungenlied*, hg. von Helmut Brackert, 2 Bde., Frankfurt 1970, sowie *Das Nibelungenlied*, hg. von Siegfried Grosse, Stuttgart 1997. Wertvoll ist auch die englische Übersetzung *The Nibelungenlied*, translated by Arthur T. Hatto, London [2]1969.

Es gibt eine beachtliche Anzahl aktualisierter und guter Einführungen: Jan-Dirk Müller, *Das Nibelungenlied*, Berlin 2001; Edward R. Haymes, *Das Nibelungenlied*, München 1999; *A Companion to the Nibelungenlied*, hg. von Winder McConnell, Columbia (South Carolina) 1998; Ursula Schulze, *Das Nibelungenlied*, Stuttgart 1997; Joachim Heinzle, *Das Nibelungenlied. Eine Einführung*, Frankfurt [2]1994; und Theodore M. Andersson, *A Preface to the Nibelungenlied*, Stanford 1987. Es gibt auch eine Reihe ausgezeichneter Aufsatzsammlungen: *Hohenemser Studien zum Nibelungenlied*, hg. von Achim Masser, Dornbirn 1981; *Nibelungenlied und Klage. Sage und Geschichte, Struktur und Gattung. Passauer Nibelungengespräche 1985*, hg. von Fritz Peter Knapp, Heidelberg 1987; *Pöchlarner Heldenliedgespräch: Das Nibelungenlied und der mittlere Donauraum*, hg. von Klaus Zatloukal, Wien 1990; *›Waz sider da geschah‹. American-German Studies on the Nibelungenlied*, hg. von Werner Wunderlich und Ulrich Müller, Göppingen 1992; *Das Nibelungenlied. Actas do Simpósio Internacional 27 de Outubro de 2000*, hg. von John Greenfield, Porto 2001; und *Die Nibelungen. Sage – Epos – Mythos*, hg. von Joachim Heinzle, Wiesbaden 2004. Sie enthalten z.T. sehr wichtige Aufsätze, die aber aus Platzgründen hier nicht einzeln zitiert werden. In den letzten Jahren sind mehrere hochwertige Monographien zum Epos erschienen: Peter Göhler, *Das Nibelungenlied. Erzählweise, Figuren, Weltanschauung, literaturge-*

schichtliches Umfeld, Berlin 1989; Alois Wolf, *Heldensage und Epos. Zur Konstituierung einer mittelalterlichen volkssprachlichen Gattung im Spannungsfeld von Mündlichkeit und Schriftlichkeit*, Tübingen 1995 (ScriptOralia 68); und Jan-Dirk Müller, *Spielregeln für den Untergang. Die Welt des Nibelungenliedes*, Tübingen 1998.

Zur sagengeschichtlichen Entwicklung ist die klassische Studie von Andreas Heusler, *Nibelungensage und Nibelungenlied. Die Stoffgeschichte des deutschen Heldenepos*, Dortmund ⁶1965, vollkommen veraltet, obwohl sie entscheidend ist für das Verständnis der Forschung des 20. Jahrhunderts. Das Problem der Stoffgeschichte ist jetzt erneut aufgenommen worden von Walter Haug, »Szenarien des heroischen Untergangs«, in *8. Pöchlarner Heldenliedgespräch: Das Nibelungenlied und die Europäische Heldendichtung*, hg. von Alfred Ebenbauer und Johannes Keller, Wien 2006, S. 103–120; vgl. schon Walter Haug, »Andreas Heuslers Heldensagenmodell: Prämissen, Kritik und Gegenentwurf«, in *ZfdA* 104 (1975), S. 273–292 (wieder in W.H., *Strukturen als Schlüssel zur Welt. Kleine Schriften zur Erzählliteratur des Mittelalters*, Tübingen 1989, S. 277–292). Nicht die Stoffgeschichte, sondern die Möglichkeiten der Verarbeitung literarischer Schemata analysiert die Arbeit von Peter Strohschneider, »Einfache Regeln – komplexe Strukturen. Ein strukturanalytisches Experiment zum *Nibelungenlied*«, in *Mediävistische Komparatistik. Festschrift für Franz Josef Worstbrock zum 60. Geburtstag*, hg. von Wolfgang Harms und Jan-Dirk Müller, Stuttgart 1997, S. 43–75.

Zum Prozess der Verschriftlichung kann noch heute der Aufsatz von Michael Curschmann, »*Nibelungenlied* und *Nibelungenklage*. Über Mündlichkeit und Schriftlichkeit im Prozeß der Episierung«, in *Deutsche Literatur im Mittelalter. Kontakte und Perspektiven. Hugo Kuhn zum Gedenken*, Stuttgart 1979, S. 85–119, als richtungsweisend gelten. Den Anstoß zur Untersuchung der Gegenüberstellung heroischer und höfischer Elemente gaben Walter Haug, »Höfische Idealität und heroische Tradition im Nibelungenlied«, in *Colloquio italo-germanico sul tema: I Nibelunghi*, Rom 1974, S. 35–51 (wieder in W. H., *Strukturen als Schlüssel zur Welt. Kleine Schriften zur Erzählliteratur des Mittelalters*, Tübingen 1989, S. 293–307); und C. Stephen Jaeger, »The Nibelungen Poet and the Clerical Rebellion Against Courtesy«, in *Spectrum medii aevi. Essays on Early German Literature in Honor of George Fenwick Jones*, hg. von William C. McDonald, Göppingen 1983, S. 177–205. Die Szenenregie und die Schaubildtechnik waren zuerst Gegenstand jeweiliger Aufsätze von Hugo Kuhn, »Über nordische und deutsche Szenenregie in der Nibelungendichtung«, in *Edda, Skalden, Saga. Festschrift für Felix Genzmer*, Heidelberg 1952, S. 279–306 (wieder in H. K., *Dichtung und Welt im Mittelalter*, Stuttgart 1959, S. 196–219), sowie Horst Wenzel, »Szene und Gebärde. Zur visuellen Imagination im Nibelungenlied«, in *ZfdPh* 111 (1992), S. 321–343. Joachim Heinzle, »Zur Funktionsanalyse heroischer Überlieferung: das Beispiel Nibelungensage«, in *New Methods in the Research of Epic. Neue Methoden der Epenforschung*, hg. von Hildegard L. C. Tristram, Tübingen 1998,

S. 201–221, hat die möglichen kulturellen Funktionen des Epos beim Feudaladel untersucht. Zur Bewertung der Hauptfiguren sind die Arbeiten von Marianne Wynn, »Hagen's Defiance of Kriemhilt«, in *Mediaeval German Studies Presented to Frederick Norman*, London 1965, S. 104–114, sowie Hans Kuhn, »Der Teufel im Nibelungenlied«, in *ZfdA* 94 (1965), S. 280–306, zu zitieren. Die Bedeutung der Figur Dietrichs von Bern hat Joachim Heinzle, »*heldes muot.* Zur Rolle Dietrichs von Bern im Nibelungenlied«, in *›bickelwort‹ und ›wildiu maere‹. Festschrift für Eberhard Nellmann zum 65. Geburtstag*, Göppingen 1995, S. 225–236, untersucht. Das Verhältnis zwischen Geschlecht und Gewalt erforscht Elisabeth Lienert, »Geschlecht und Gewalt im *Nibelungenlied*«, in *ZfdA* 132 (2003), S. 3–23. Als Beispiel für eine Szenenanalyse kann jetzt die feinfühlige Untersuchung von Burghart Hasebrink, »Aporie, Dialog, Destruktion. Eine textanalytische Studie zur 37. Aventiure des *Nibelungenliedes*«, in *Dialoge. Sprachliche Kommunikation in und zwischen Texten im deutschen Mittelalter*, hg. von Nikolaus Henkel, Martin H. Jones und Nigel F. Palmer, Tübingen 2003, S. 7–20, gelten.

2. Bearbeitung und Kommentar: die Fassung **C* und die ›Klage‹

Der radikale Pessimismus des ›Nibelungenliedes‹ hat den Interpreten immer Schwierigkeiten bereitet. Überall herrscht Mehrdeutigkeit, alle sinnvollen Konstruktionen von Gesellschaft, Recht, Freundschaft oder Liebe werden im Epos zerstört oder in Frage gestellt, ohne dass es Ersatz gäbe. Man hat daher grundsätzlich die Interpretierbarkeit des Werkes in Frage gestellt. Zwar ist diese Einstellung gewiss nicht richtig, aber sie hat doch klar gemacht, dass man die Polyvalenzen akzeptieren und in die Deutung integrieren muss.

Offenbar hat aber auch das Publikum des frühen 13. Jahrhunderts Schwierigkeiten gehabt, den Text zu verstehen. Bei der Besprechung der handschriftlichen Überlieferung des ›Nibelungenliedes‹ (vgl. S. 188f.) wurde darauf hingewiesen, dass die Fassung **C* allem Anschein nach aus der gleichen Zeit ist wie **B* und dass beide einem mutmaßlichen Archetypus oder einer Ur-Handschrift sehr nahestehen. Die Fassung **C* aber hat diesen Stammtext augenscheinlich stärker überarbeitet als **B*, obwohl sie natürlich umgekehrt in vielen Aspekten gegenüber **B* auch ursprünglichen Wortlaut enthalten kann. Diese Überarbeitungstendenz lässt sich z. B. daran erkennen, dass *C sehr oft dort eingreift, wo *B Unregelmäßigkeiten in der Metrik oder im Reim aufweist, um diese durch geringfügige Änderungen zu glätten. Es lassen sich in *C auch stilistische Besserungen beobachten wie z. B. die Vermeidung von Wortwiederholungen oder die Reduzierung der militärischen Kontingente auf plausiblere Zahlen. Am bedeutendsten sind aber jene Korrekturen, die versuchen, unklare Stellen oder geringfügige Widersprüche, die in *B noch zu finden sind, richtigzustellen. Der Redaktor hat dazu immer mit möglichst sparsamen Mitteln Verse oder Versgruppen leicht verändert. An manchen Stellen hat er indes ganze Strophen hinzugefügt: 112 Strophen der Handschrift *C* fehlen in der Handschrift *B*; allerdings hat *B* auch 45 Strophen, die in *C* nicht vorkommen.

Die Mehrheit der Eingriffe des Redaktors von *C sollten offenbar den Text bessern. Doch ist auch eine Bearbeitungslinie festzustellen, die besonders Hagen und Kriemhilt betrifft. Der Bearbeiter nutzt eine Reihe von Stellen, um Hagens Bosheit stärker hervorzuheben, seine Teilnahme am Verlauf der Handlung zu unterstreichen und seine Schuld an der Katastrophe eindeutig festzuhalten. Er wird eindringlich als *ungetriuwe* (»treulos«) dargestellt, als *ubele* (»böse«) und als *mordær* (»Mörder«). Diese Wertung konzentriert sich auf drei Stellen: Sifrits Ermordung und Hortraub, das Über-Bord-Stoßen des Kaplans und die Schlussszene. Hier finden sich auch jeweils Zusatzstrophen, in denen die Arglist des Kriegers unterstrichen wird. So wird in einer zusätzlichen Strophe nach dem Hortraub (C 1153) wiederholt, Hagen habe den Hort für sich allein besitzen wollen, was ihm jedoch nicht vergönnt gewesen sei. In der Hortforderungsszene behauptet die Zusatzstrophe, Hagen habe gewusst, dass Kriemhilt ihn töten würde, er habe aber Angst gehabt, sie könne Gunther am Leben lassen, und aus diesem Grund habe er behauptet, erst nach dem Tod des Königs den Hort preisgeben zu können. Der Verrat des Vasallen, der in der *B-Fassung mitschwingt, wird hier also explizit gemacht.

Parallel dazu hat der Redaktor der Fassung *C versucht, einige negative Bewertungen Kriemhilts zu tilgen und ihre Schuld an der Katastrophe allgemein ein wenig zurückzunehmen. Am berühmtesten ist das Beispiel der Strophe 1912 (C 1963), die davon erzählt, dass der Sohn Etzels in den Festsaal gebracht wird. In der Fassung **B* wird angedeutet, Kriemhilt habe damit den Beginn des Kampfes anregen wollen, obwohl sie es ja am Ende gar nicht tut. In **C* dagegen ist diese Verknüpfung mit dem Kampf verschwunden; es ersetzt sie eine typische Vorausdeutung auf den Schmerz, der dem König daraus entstehen werde. Außerdem wird in drei Zusatzstrophen der **C*-Fassung (C 1182, C 1947 und C 2142) beteuert, Kriemhilt habe sich nur an Hagen rächen wollen und nicht die Katastrophe beabsichtigt, zu der es am Ende gekommen ist.

Diese offenkundigen Eingriffe des Bearbeiters sind ungleich verteilt und bleiben ein wenig oberflächlich. Kriemhilt mag an einigen Stellen schonender behandelt werden, bleibt aber weiter die gnadenlose Rächerin, die die verräterische Einladung anregt, den Tross niedermetzeln und den Saal anzünden lässt und sogar den eigenen Bruder ermordet. Hagen wird zwar deutlicher der Kritik ausgesetzt, bleibt aber dennoch ein großartiger, von allen bewunderter Krieger mit einer herrlichen Gestalt. Die Veränderungen zielen mehr auf eine Abwertung Hagens als auf eine Rehabilitierung Kriemhilts. Diese Korrekturen der Fassung **C* sind in der Forschung unterschiedlich beurteilt worden; in den vergangenen Jahrzehnten hat man sie jedoch im Allgemeinen als einen Versuch verstanden, dem Epos eine neue Deutung abzugewinnen und es in dieser Hinsicht eindeutiger zu gestalten. Ist der Text der Fassung **B* offensichtlich mehrdeutig und bemüht, keine einseitige Schuld oder Kausalität zuzuweisen, um den kollektiven Untergang der höfischen Gesellschaft in seiner ganzen Komplexität zu zeigen, so hätte der Bearbeiter von **C* dies korrigiert, um deutlicher zwischen dem untreuen Hagen und der unschuldigen Kriemhilt zu unterscheiden. Damit wäre der Redaktor von **C* zu einer schematischen Wertung zurückgekehrt, die in **B* vermieden wird.

Demgegenüber ist daran zu erinnern, dass diese Korrekturen und Zusätze zwar unmissverständlich sind, aber doch nur recht isolierte Kommentare des Erzählers darstellen und nichts an der Handlung ändern, an deren tragischem Ende alle Figuren in gleichem Maße teilhaben. Man kann auch in *C lesen, wie gnadenlos Kriemhilt ihre Rache verfolgt und wie grandios der perfide Hagen ihr gegenübersteht. Man muss wohl bedenken, dass das ›Nibelungenlied‹ mit einer Sagentradition konkurriert, die nach den Anspielungen, die wir kennen, unweigerlich von der »bösen Kriemhilt« spricht und die Burgunden als ihre Opfer darstellt. Von ihrer *notissima perfidia* sprach schon Saxo Grammaticus, und andere Autoren nennen ihre Morde, ihren Verrat und ihre Untreue; der Begriff *Kriemhilden hôchzît* wird sogar als Chiffre verwendet für eine blutige Schlacht mit vielen Gefallenen. Es besteht die Möglichkeit, dass das Publikum des Epos, das gewohnt war, Kriemhilt als die Böse zu beurteilen, ihre Darstellung als gnadenlose Rächerin leichter wahrnahm (und vielleicht auch stärker goutierte) als die Schattenseiten Hagens und damit die Ambivalenz des Textes bei der Rezeption korrigierte. Die Überarbeitung in *C wäre dann nur ein Versuch, einer durch die Sagenkenntnis verzerrten (weil vereindeutigenden) Interpretation des Werkes entgegenzusteuern. Um die von der Sagentradition überlieferte, einseitig negative Vorstellung der Königin zu kompensieren, hätte der Redaktor explizite Hinweise auf ihren Verrat getilgt oder Hagen zugeschrieben, ohne aber ihre Worte und Taten zu verändern. Die Eingriffe der *C-Fassung könnten also ein Versuch der Rezeptionssteuerung sein, nicht eine tendenzielle Neuakzentuierung des Sujets.

In der ›Klage‹ hingegen kann sehr wohl der Versuch beobachtet werden, die Handlung des ›Liedes‹ zu beurteilen und neu auszurichten. Die ›Klage‹ (auch ›Nibelungenklage‹ genannt) ist ein Werk von etwas über 4000 paargereimten Kurzversen, das in so gut wie allen Handschriften, die halbwegs vollständig sind, unmittelbar auf das ›Nibelungenlied‹ folgt. Beide Texte gehören also untrennbar zusammen und wurden wohl auch immer hintereinander gelesen. Zweifellos stammt die ›Klage‹ nicht vom Autor des ›Liedes‹, denn ihr Erzählstil ist ein anderer (nach unserem heutigen Verständnis auch schlechterer) und die Sprache viel weniger mächtig. Der unübersehbare formale Unterschied des Reimpaarverses gegenüber der Langzeilenstrophe kontrastiert mit der kaum sichtbaren Grenze, die die Schreiber ziehen. Es gibt keine großen Überschriften und Initialen zu Beginn der ›Klage‹; der Anfang des neuen Textes wird kaum anders gekennzeichnet als die Aventüren des ›Liedes‹; dadurch wird die Zusammengehörigkeit der Texte unterstrichen. Auch von der ›Klage‹ sind mehrere Fassungen überliefert, hauptsächlich **B* (4322 Verse) und **C* (4428 Verse), die von der Fassung **C* des ›Liedes‹ auszugehen scheinen, obwohl sie Kenntnis von **B* aufweisen. Auch die ›Klage‹ wurde wahrscheinlich nach dem Original des Liedes verfasst, doch in enger räumlicher und zeitlicher Nähe. Eine Textfassung des ›Liedes‹ ohne die ›Klage‹ ist jedoch nicht denkbar.

ZUSAMMENFASSUNG

[1] Der Text setzt ein mit der ausgedehnten Klage über das schreckliche Morden, das an Etzels Hof stattgefunden hat. Es folgt die Zusammenfassung des Geschehens, angefangen bei der Genealogie der Hauptpersonen und ihrer Beziehungen zueinander. Dann wird die Geschichte Sifrits zusammengefasst, die Ehe mit Kriemhilt, der Mord und die Rache der Witwe. Der Erzähler hält fest, dass sie unschuldig sei, denn sie habe aus Treue gehandelt und bewegt vom Schmerz; die Burgunden mussten für ihren Fehler bezahlen; die Frau hätte gerne nur Hagen getötet, doch das war ihr nicht möglich. Dennoch hätte die Katastrophe vermieden werden können, wenn sie ihren Plan nicht geheimgehalten hätte; das ist das Traurigste. Daraufhin werden die Toten aufgezählt, es wird hervorgehoben, dass Giselher unschuldig war und Gunther zum Teil ebenfalls. Der Tod des jungen Ortliebs wird beklagt, wie auch der Kriemhilts; die Hunnen stimmen für sie ein großes Klagen an. Der Dichter verteidigt wieder die Unschuld der Frau und rechtfertigt ihre Handeln mit ihrem Schmerz.

[673] Nun beginnen die Überlebenden, die Toten zu bergen. Jeder Leichnam, der gefunden wird, erzeugt große Klagen bei Freunden und Verwandten. Dietrich von Bern und Etzel sind immer wieder entsetzt über das, was geschehen ist, und versichern, alles wäre anders abgelaufen, wenn sie dieses gewusst oder jenes vermieden hätten. Je näher die geborgenen Leichen der verwüsteten Königshalle liegen, umso größer sind Schmerz und Jammer. Die Krieger sind so groß, dass es schwerfällt, sie aus dem Saal zu tragen; viele sind in der Stellung erstarrt, in der sie starben, einem muss die Hand mit einer Brechstange geöffnet werden, damit man das Schwert herausnehmen kann. An Etzels Hof gibt es nicht mehr genügend Männer, um die Toten zu entwaffnen, sodass die Frauen helfen müssen. [1600] Die Anstrengung und die Trauer um die toten Freunde bewirken, dass Hildebrand in Ohnmacht fällt, während er versucht, Rüedegers Leiche aus dem Saal zu bringen. Etzel muss ihn wiederbeleben, erleidet aber kurz darauf einen Blutsturz. Als end-

lich die Toten begraben werden, hebt Etzel eine lange Klage an, in der er seine Verzweiflung zum Ausdruck bringt und seinen Wunsch, der Welt zu entsagen.

[2560] Schließlich sendet der hunnische König einen Boten nach Bechelaren und Worms, um über den Vorfall zu berichten. Obwohl dem Abgesandten aufgetragen wird, über nichts zu berichten, bevor er nicht nach Worms gelange, entdeckt man bereits in Wien an seiner Haltung, dass Unheil geschehen ist, und in Bechelaren verraten seine Tränen Rüedegers Frau und Tochter, dass dem Ehemann und Vater etwas zugestoßen ist; der Bote bestätigt es zuletzt und berichtet von den Ereignissen. [3290] In Passau hält der Bote bei Bischof Pilgrim, einem Verwandten der burgundischen Könige. Der feiert eine Messe für die Toten und bittet den Boten, auf der Rückreise wieder bei ihm einzukehren und einige Tage zu verweilen, damit alles aufgezeichnet werden könne. Als der Botschafter endlich nach Worms gelangt, ist die dort angestimmte Klage über die Katastrophe so groß, dass sich der Hof erst nach einigen Tagen versammeln und dem ausführlichen Bericht zuhören kann. Nach einer Bedenkzeit wird Brünhilts Sohn zum neuen König gekrönt und die Regierungsstruktur wieder hergestellt.

[4190] In der Zwischenzeit beschließen Dietrich und Hildebrand, in ihr Reich in Italien zurückzukehren. Etzel bleibt völlig verzweifelt zurück. Der Erzähler kommentiert, man habe nie mehr von ihm gehört. Bischof Pilgrim lässt hingegen den detaillierten Bericht von Anfang bis Ende niederschreiben; auf Lateinisch, damit es geglaubt wird. Seitdem sei er öfters in deutsche Verse übertragen worden.

Um es in wenigen Worten vorweg zu sagen: Die ›Klage‹ tut das, was der Erzähler des ›Liedes‹ in der letzten Strophe behauptet, nicht tun zu können, nämlich weitererzählen und versuchen, einen Weg zu finden, der vom absoluten Ende zurück in eine normale Welt führt. Die Dichtung widerruft die Totalität der Katastrophe, wie sie im Epos erzählt wird. Sie tut dies zunächst durch Kommentar: Die gesamte Handlung der Geschichte wird ausführlich besprochen; die Dichtung besteht zum größten Teil aus der Zusammenfassung des Geschehenen, der Totenklage und dem Bericht an die Abwesenden, sowohl durch den Erzähler wie durch Figuren. Ersterer lässt keine Gelegenheit ungenützt, die Personen moralisch zu beurteilen, um zwischen Guten und Bösen zu unterscheiden, zwischen Tätern und Opfern, und er bestimmt sogar, welche von ihnen in den Himmel kommen und welche zur Hölle verdammt werden. In diesem Kontext kann es nicht überraschen, dass die ›Klage‹ massiv Kriemhilts Unschuld verteidigt und auf ihrer Treue zu Sifrit und zu ihren Brüdern insistiert, auch wenn sie ihren Hass als maßlos bezeichnet. Hagen aber wird als

Anreger allen Unheils dargestellt und immer wieder angeklagt. Ein weiterer Aspekt, der im Kommentar mehrfach aufscheint, ist die Möglichkeit, dass die Katastrophe hätte vermieden werden können. Etzel wird nicht müde zu beteuern, er hätte die Hauptverantwortlichen zu friedlicherem Verhalten gezwungen, wenn er von den sich aufladenden Spannungen gewusst hätte. Diese Überlegungen des Erzählers und der Figuren sind natürlich nur Gerede, denn die Handlung des Epos hat klargemacht, dass die Könige nicht haben sehen wollen, was geschah. Sie versuchen aber, die Fatalität und Unvermeidbarkeit des ›Liedes‹ abzulösen durch eine ganz andere Vorstellung von Zeit und Geschichte: Die Handlung wird Teil einer zeitlichen Kontinuität, die im Epos nicht gegeben war und die das, was erzählt wurde, relativiert und in eine neue Perspektive rückt. Die schrecklichen Ereignisse werden wieder kommensurabel, die vorher zahllosen Toten können wieder gezählt werden, und man stellt fest, dass die Welt noch nicht zu Ende ist.

Dies verbindet sich mit einem Versuch, eine neue gesellschaftliche Ordnung zu schaffen, wo das ›Lied‹ nur ein großes Vakuum hinterlassen hatte. Die Genealogie der burgundischen und niederländischen Könige, mit der die ›Klage‹ beginnt, ist ein erster Schritt in diese Richtung: Die Reiche und ihre rechtmäßigen Erben werden in Erinnerung gerufen. Andererseits versuchen die Überlebenden, eine politische Ordnung aufrechtzuerhalten, die im Grunde durch die tragischen Ereignisse vernichtet ist. Vor allem am Hof in Worms wird ein wichtiger Schritt in diese Richtung getan: Der Tod der Königinmutter Ute und die Krönung von Gunthers Erbe symbolisieren die Kontinuität und die Ablösung der Generationen. Etzel indessen vermag nicht, seinem Reich eine Normalität zurückzugeben, jedenfalls will der Erzähler nichts darüber berichten; die ›Klage‹ ist unerbittlich mit dem heidnischen Hunnenkönig und führt an ihm sogar die Sünde der *desperatio* vor, der Unglauben an eine Möglichkeit göttlicher Gnade. Daher verdienen der König und sein Reich auch nicht, dass ihre Erinnerung in einem klerikalen Text festgehalten werde.

Denn eine der primären Aufgaben, die sich die ›Klage‹ vorgenommen hat, besteht in der Einschreibung der Ereignisse des Epos in die mündliche und schriftliche Erinnerung der feudalen Gesellschaft. Der wichtigste erzählende Teil der Dichtung handelt davon, wie der amtliche Bote die Reise nach Worms antritt, überall dort Station macht, wo auch die Gestorbenen eingekehrt sind, und von der Katastrophe berichtet, obwohl ihm eigentlich Schweigsamkeit geboten worden war. Dieses Detail ist vielsagend: Die Geschichte muss zuerst von der einen offiziellen Instanz zur anderen gebracht werden, vom hunnischen zum burgundischen Hof. Es kann nicht vermieden werden, dass sich die Nachricht schneller verbreitet, als der Bote reisen kann, dass dieser mit Fragen empfangen wird und antworten muss. Dies ist aber nicht die amtlich sanktionierte Fassung der Geschichte. Der Passauer Bischof Pilgrim scheint das am besten zu wissen, denn bevor er die Geschichte niederschreibt, lässt er den Botschafter nach Worms weiterreisen, um dem Hof dort Bericht zu erstatten. Erst als die Mitglieder des Hofrates in Burgund die Darstellung des Augenzeugen gehört und ihren Inhalt wie ihre Bewertung akzeptiert haben, wird diese offiziell. Nun kann der Bischof erneut den Boten empfangen und die Geschichte niederschreiben lassen, *in Latînischen buochstaben,/ daz manz für wâre solde haben* (»in lateinischer Schrift, damit man es für wahr halte«, V. 4294f.). Dieser umständliche Prozess verfolgt nicht weniger als die ideale Form der Entstehung einer autorisierten Fassung der Burgundensage. Demzufolge wäre die heroische Tradition nur dann glaubwürdig, wenn sie ihren Ursprung in der Niederschrift des Augenzeugenberichts durch eine klerikale Autorität nimmt. Wir stehen somit vor einem Versuch der Kleriker, sich die Autorität der Entscheidung darüber zuzuschreiben, welche weltlichen Erzählungen ›wahr‹ sind und welche ›falsch‹.

Bischof Pilgrims Passauer Schreiber wird *meister Kuonrat* genannt. Über ihn und seine lateinische Fassung der Nibelungengeschichte ist viel spekuliert worden. Die Frage ist, ob hinter ihm ein Kleriker des ausgehenden 12. Jahrhunderts steht. Doch auch wenn dies möglich sein sollte, ließe er sich nur mit der ›Klage‹ in Beziehung bringen, kaum mit dem ›Nibelungenlied‹. Im Übrigen gibt es für die Existenz einer lateinischen Erzählung keinerlei Hinweise, und sie wird als höchst unwahrscheinlich eingeschätzt. Denn der Zweck dieser Passage ist nicht, den Entstehungsprozess der Dichtung zu referieren, sondern dem ›Lied‹ eine Art Wahrheitszertifikat zu verleihen: Die Information des Augenzeugen wird zuerst vor dem Wormser Hof vorgetragen, der sie beglaubigt; danach wird sie auf Lateinisch niedergeschrieben, und erst dann ist eine deutschsprachige Fassung denkbar. Dieser Konzeption zufolge steht hinter dem Erzählten immer eine schriftliche und offizielle Fassung, die es beglaubigt. Gewiss sind so nicht die Sagen entstanden, doch gerade weil es sich um eine fiktive Konstruktion handelt, kann man an ihr den Willen erkennen, eine historische Legitimation der Geschichte zu schaffen, die klerikalen Anforderungen entspricht. Inwieweit diese Einstellung auch vom weltlichen Adel geteilt wurde, wissen wir nicht.

Die schriftliche Fixierung der Erzählung als Gedenken an die Ereignisse garantiert zwar die Präsenz im kollektiven Gedächtnis des Feudaladels, stellt sie aber auch jenseits einer zeitlichen Grenze, in der die Handlung ihre Aktualität einbüßt. Die Helden scheinen mehr der Vergangenheit anzugehören, als sie es so unmittelbar nach den Geschehnissen sein sollten. Ihre Leichen erfahren eine mythische Verzerrung ins Riesenhafte: Sie sind so groß, dass sie nicht durch die Tür passen. Hildebrand fällt in Ohnmacht beim Versuch, Rüedegers Körper fortzutragen. Wolfharts Hand ist noch so fest um das Schwert geklammert, dass sie mit einem Eisen aufgebrochen werden muss. Die Toten scheinen versteinert wie Statuen im größten Eifer des Gefechts und bieten denen, die den Saal oder seine Umgebung betreten, ein monströses Bild. Noch ist das Blut frisch, und doch ist alles schon Tod und Vergangenheit; es gibt offenbar keine Verwundeten oder Überlebenden aus dem Gefecht, alle Beteiligten sind Vergangenheit. In dieser neuen Welt, die die ›Klage‹ zeichnet, gibt es keine Helden mehr, sondern nur noch diese monströsen Leichen, die Figuren einer überdimensionierten Vergangenheit zu sein scheinen. Nur Dietrich von Bern und Hildebrand haben überlebt, doch die gehören in eine andere Geschichte und verlassen auch den Hunnenhof. Die Rückkehr Dietrichs in seine Heimat vermittelt den Eindruck, dass das Ende des Heldenzeitalters nahe ist, denn wie in den folgenden Kapiteln noch zu sehen sein wird, ist es eine Konstante, in dieser Handlung die letzte heroische Großtat und den definitiven Austritt der Helden aus der Vorzeit zu sehen. Wie Jan-Dirk Müller es formuliert hat, hört die Geschichte des ›Nibelungenliedes‹ durch die ›Klage‹ auf, an sich zu existieren, und wird als monströse Vorgeschichte von der Gegenwart auf Distanz gebracht.

Individuell betrachtet stellt die ›Klage‹ einen einzigartigen Werktypus in der mittelalterlichen Literatur dar. Nach modernen Kriterien ist sie ein anderer Text als das ›Lied‹, denn sie wurde sicherlich von einem anderen Autor gedichtet, benutzt eine andere metrische Form und weicht von ihm auch im Inhalt und in der Konzeption ab. Die Überlieferung zeigt aber, dass bis ins 15. Jahrhundert der eine Text ohne den anderen nicht denkbar war. Es ist möglich, dass die Verbreitung des ersten nur dank des zweiten möglich war, dass die ›Klage‹ das ›Lied‹ erträglich machte. Man kann sie als einen zeitgenössischen Kommentar des Epos betrachten, als eine Dichtung, die eine unerschöpfliche Bestürzung über das zum Ausdruck bringt, was im ›Lied‹ geschehen ist.

LITERATUR

Der Text der Fassung *C wird gewöhnlich zitiert nach der kritischen Ausgabe *Das Nibelungenlied nach der Handschrift C*, hg. von Ursula Hennig, Tübingen 1977 (ATB 83), die jedoch verglichen werden sollte mit *Das Nibelungenlied. Paralleldruck der Handschriften A, B und C nebst Lesarten der übrigen Handschriften*, hg. von Michael Batts, Tübingen 1971, sowie vor allem mit der überarbeiteten zweisprachigen Ausgabe *Das Nibelungenlied. Nach der Handschrift C der Badischen Landesbibliothek Karlsruhe*, hg. von Ursula Schulze, Düsseldorf/Zürich 2005. Die Fassung wurde in einem zum Klassiker gewordenen Aufsatz von Werner Hoffmann, »Die Fassung *C des Nibelungenliedes und die *Klage*« in *Festschrift Gottfried Weber. Zu seinem 70. Geburtstag überreicht von Frankfurter Kollegen und Schülern*, Bad Homburg/Berlin/Zürich 1967, S. 109–143, untersucht. Auch die ihr gewidmeten Kapitel in den Einführungen zum ›Nibelungenlied‹ (vgl. die Literatur zu Kapitel IV,1) können herangezogen werden. Zur Beurteilung s. jetzt Victor Millet: »Die Sage, der Text und der Leser. Überlegungen zur Rezeption Kriemhilts und zum Verhältnis der Fassungen *B und *C des ›Niebelungenliedes‹« in *Impulse und Resonanzen. Tübinger mediävistische Beiräge zum 80. Geburtstag von Walter Haug*, hg. von Gisela Vollmann-Profe u.a., Tübingen 2007, S. 57–70.

Die vier Fassungen der ›Klage‹ sind in einer neuen und vorbildlichen kritischen Ausgabe ediert: *Die Nibelungenklage. Synoptische Ausgabe aller vier Fassungen*, hg. von Joachim Bumke Berlin 1999. Sie ist das Ergebnis seiner Monographie: Joachim Bumke, *Die vier Fassungen der ›Nibelungenklage‹. Untersuchungen zur Überlieferungsgeschichte und Textkritik der höfischen Epik im 13. Jahrhundert*, Berlin 1996. Die alte Ausgabe durch Karl Bartsch ist jetzt neu herausgegeben, übersetzt und kommentiert worden: *Die Nibelungenklage*, hg. von Karl Bartsch und Elisabeth Lienert, Paderborn 2000. Sie ist übrigens die einzige deutsche Übersetzung. Auf dem Text der Bartschen Ausgabe basieren auch die französische und die englische Übersetzung: *La Chanson des Nibelungs. La Plainte*, hg. von Danielle Buschinger und Jean Marc Pastré, Paris 2001; bzw. *The Lament of the Nibelungen*, hg. von Winder McConnell, Columbia 1994.

Das moderne Verständnis der ›Klage‹ ist in ein neues Licht gerückt worden durch die Arbeiten von Winder McConnell, »The Problem of Continuity in *Diu Klage*«, in *Neophilologus* 70 (1986), S. 248–255; Volker Mertens, »Konstruktion und Dekonstruktion heldenepischen Erzählens: *Nibelungenlied – Klage – Titurel*«, in *PBB* 118 (1996), S. 358–378; sowie Jan-Dirk Müller, »Der Spielmann erzählt. Oder: Wie denkt man sich das Entstehen eines Epos?«, in *Erzählungen in Erzählungen. Phänomene der Narration in Mittelalter und früher Neuzeit*, hg. von Harald Haferland und Michael Mecklenburg, München 1996, S. 85–98. Vgl. jetzt auch die zusammenfassende Darstellung durch Nikolaus Henkel, »Die *Nibelungenklage* und die *C-Bearbeitung des *Nibelungenliedes*«, in *Die Nibelungen. Sage – Epos – Mythos*, hg. von Joachim Heinzle, Klaus Klein und Ute Obhof, Wiesbaden 2003, S. 113–133.

3. Die ›Kudrun‹ als Kontrafaktur zum ›Nibelungenlied‹

Die ›Kudrun‹ ist ein Heldenepos, in dem früher die Kontinuität germanischer heroischer Traditionen gesehen wurde, das aber – wie die neuere Forschung gezeigt hat – als Reaktion auf das ›Nibelungenlied‹ verstanden werden muss. Das Werk, das etwas über 1700 Strophen umfasst, ist in einer einzigen Handschrift aus dem frühen 16. Jahrhundert überliefert, dem ›Ambraser Heldenbuch‹ (vgl. Kapitel VII,1, S. 430f.), einer groß angelegten Sammlung von Adelsdichtung des 13. Jahrhunderts. Die ›Kudrun‹ steht dort zwischen der ›Klage‹ und dem ›Biterolf und Dietleib‹ (vgl. Kapitel VI,2).

ZUSAMMENFASSUNG

[1] Prinz Sigebant von Irland heiratet eine norwegische Prinzessin. Sie bekommen bald einen Sohn, den sie Hagen nennen. Eines Tages beklagt die Mutter, es seien so wenige ihrer Landsleute am Hof, und der König lässt ein Fest feiern, zu dem er

viele Norweger einlädt. Mitten in den Feierlichkeiten erscheint ein Greif, der den Jungen packt und ihn in sein weit entfernt liegendes Nest verschleppt. [2] Die jungen Greifen streiten um die Beute und einer lässt Hagen fallen, sodass er fliehen kann. Er begegnet bald drei Prinzessinnen, die ebenfalls von der Bestie entführt worden waren und sich versteckt halten. Einige Zeit später werden die Leichen von schiffsbrüchigen Rittern an den Strand geschwemmt. Während der Junge sie inspiziert, erscheinen die Greifen, Hagen ergreift ein Schwert und tötet sie alle. Nun bekommen die Flüchtlinge bessere Nahrung, denn Hagen jagt viele Tiere und saugt einigen das Blut aus, was ihm größere Kraft und Wildheit verleiht. [3] Nach längerer Zeit werden sie von einem Schiff aufgenommen, doch es stellt sich heraus, dass in ihm ein Feind Sigebants fährt, der den Jungen als Geisel nehmen will. Aber Hagen wirft dreißig Mann über Bord und zwingt den Grafen, sie nach Irland zu fahren. [4] Dort ist die Freude groß, die vier erholen sich von ihrer Zeit der Entbehrung, und Hagen heiratet eine der Prinzessinnen, die ihm bald eine Tochter schenkt, die auf den Namen Hilde getauft wird.

Als das Mädchen ein heiratsfähiges Alter erreicht, kommen Botschafter ferner Prinzen ins Land, die um ihre Hand anhalten, doch Hagen lässt sie alle töten. [5] Auch Hetel, König der Hegelinge, hat von Hilde gehört und beschließt, seine Vasallen Horant und Fruote in Begleitung des wilden Wate nach Irland zu schicken. Die drei Stellen sich als Flüchtlinge vor, die von Hetel verbannt wurden, und werden von Hagen freundlich empfangen. Sie nehmen am Hofleben teil und gewinnen so allseitiges Vertrauen. [6] Eines Abends singt Horant sehr schön vor allen Leuten, und in den Morgenstunden singt er verlockend vor Hildes Fenster. Das Mädchen lässt ihn zu sich kommen und für sie singen. Horant nutzt dies aus, um den Antrag Hetels vorzubringen. Sie nimmt ihn an und plant mit ihm die Flucht. [7] Die Fremden bereiten sich zur Abreise vor, Hilde stattet dem Schiff einen Besuch ab, und Hetels Mannen nutzen die Gelegenheit, um die Segel zu setzen und mit frischem Wind davonzufahren. Sie erreichen bald den Strand in Waleis, wo Hetel sie mit seinem Gefolge empfangen kommt. [8] Hagen hat aber sofort eine kleine Flotte ausgerüstet und sie schnell verfolgt; er erreicht sie noch an der Küste. Es kommt zu einem erbitterten Kampf am Strand, bei dem viele Männer auf beiden Seiten fallen und die wichtigsten Helden verwundet werden. Da greift Hilde ein und verlangt, dass der Kampf angehalten werde. Ihre Worte machen die Versöhnung der Gegner möglich. Hagen begleitet Hetel an seinen Hof, wo in Frieden die Ehe und die Krönung der irischen Prinzessin gefeiert wird.

[9] Einige Zeit später bringt Hilde einen Sohn, Ortwin, und eine Tochter, Kudrun, zur Welt. Als das Mädchen heranwächst, kommt König Sifrit von Mohrland, der um sie werben möchte, doch Hetel weist ihn ab, was den Mohrenkönig sehr verärgert. [10] Auch Hartmut von Ormanie schickt einen Botschafter, der um Kudruns Hand anhalten soll, doch auch er wird abgewiesen, weil Hartmuts Vater Hagens Vasall war; Hartmut beschließt jedoch, nicht nachzugeben. [11] Schließlich erscheint auch Herwig von Seeland als Brautwerber, doch trotz seiner

Bemühungen hört Hetel nicht auf ihn. Einige Jahre später kommt Hartmut unerkannt an Hetels Hof, kann nach einiger Zeit allein mit Kudrun sprechen und gibt sich zu erkennen. Sie empfiehlt ihm aber zu fliehen, bevor er erkannt wird. Er kehrt in sein Reich zurück und versammelt ein Heer. [12] Doch Herwig von Seeland kommt ihm zuvor und greift Hetel an. Der Kampf erreicht das Innere der Burg, und nur Kudruns Eingreifen vermag, ihn anzuhalten. Herwig bittet um ihre Hand, und sie gewährt sie ihm wegen seines guten Dienstes und Kampfes. Die Eltern akzeptieren die Entscheidung der Tochter, und es wird sofort Verlobung gefeiert; Kudrun soll aber noch ein Jahr lang zu Hause bleiben. [13] Indessen erreicht sie die Nachricht, dass Sifrit von Mohrland Seeland überfallen hat. Kudrun bittet ihren Vater um Hilfe, und Herwigs und Hetels Truppen marschieren sofort los und drängen die Invasoren zurück. [14] Hartmut erfährt jetzt von der Abwesenheit der Männer und zieht mit seinem Heer an Hetels Hof. [15] Er schickt Kudrun einen Boten, der von ihr fordern soll, dass sie sich ihm als Braut gebe; anderenfalls wolle er sie mit Gewalt entführen. Die Erklärungen der Frau, sie sei bereits verlobt, helfen nichts: Hartmut überfällt die Burg, entführt Kudrun und einige ihrer Jungfrauen und kehrt nach Ormanie zurück. [16] Als Hildes Bote mit der Nachricht zu Hetel und Herwig gelangt, schließen sie mit Sifrit Frieden und brechen gemeinsam auf, um Hartmut zu verfolgen. [17] Sie überraschen Hartmuts Heer am Strand von Wülpensand, wo es alsbald zu einer erbitterten Schlacht kommt, in der auf beiden Seiten viele Krieger fallen. [18] In der Dämmerung tötet Hartmuts Vater Hetel, doch die Dunkelheit trennt die Heere, und die aus Ormanie nutzen die Gelegenheit, um zu fliehen. Als die Verfolger am Morgen sehen, dass die Entführer abgereist sind, stellen sie fest, dass eine Verfolgung sinnlos wäre, weil sie zu viele Männer verloren haben und warten müssen, dass eine neue Generation heranwächst. Also begraben sie die Toten auf beiden Seiten und gründen ein Kloster. [19] Sie kehren in ihre Länder zurück, wo ein trauriger Empfang stattfindet. Hilde befiehlt, bereits jetzt mit den Vorbereitungen für einen Rachezug zu beginnen.

[20] Kudrun wird nach Ormanie gebracht. Bereits auf dem Schiff weigert sie sich, Hartmut zu heiraten, worauf sie der Vater ins Meer wirft und der Sohn sie retten muss. Vor Hartmuts Mutter Gerlint weigert sich Kudrun ebenfalls, eine Ehe einzugehen. Hartmut behandelt sie dennoch zärtlich und bittet seine Mutter, sie gut zu pflegen, doch Gerlint misshandelt sie und lässt sie als Dienerin arbeiten. Sieben Jahre lang ist Hartmut gutmütig, redet auf sie ein und versucht, sie zu überzeugen, Kudrun aber weigert sich und wird von Gerlint erniedrigt und zu schwerster Arbeit gezwungen. [21] Schließlich muss sie sogar im tiefsten Winter die Wäsche am Strand waschen, doch nichts bringt sie zum Einlenken. [22] Hilde hat inzwischen ein Heer versammelt und eine Flotte ausgestattet, die aufbricht, Kudrun zu befreien. Trotz der Gefahren, denen sie ausgesetzt sind (der Magnetberg, das Lebermeer, die Windstille), gelangen sie nach Ormanie. [23] Die Flotte wird in einer Bucht verborgen; Herwig und Ortwin ziehen aus, die Lage auszukundschaften. [23] Kudrun und Hildeburg (eine Jungfrau, die mit ihr entführt

wurde und sie nun in ihrem Leid begleitet) ist ein Engel erschienen, der baldige Befreiung ankündigt. Am Abend schimpft Gerlint sie aus, weil sie zu wenig arbeiten, und am nächsten Tag dürfen sie nicht einmal Schuhe anziehen, um sich vor dem Schnee am Strand zu schützen. [25] Als Herwig und Ortwin in die Nähe der Burg gelangen, treffen sie die barfüßigen Wäscherinnen am Meer. Sie kommen mit ihnen ins Gespräch, finden bald heraus, um wen es sich handelt, und geben sich zu erkennen. Sie nehmen sie aber nicht mit sich, weil sie sie auf ehrwürdige Weise befreien wollen und auch die anderen Mädchen retten möchten. Als sie gegangen sind, wirft Kudrun die Wäsche ins Meer und kehrt in die Burg zurück. Gerlint will sie schlagen, doch sie sagt, sie sei bereit zu heiraten. Sofort beginnen die Vorbereitungen: Kudrun und ihre Jungfrauen werden gebadet, reich begkleidet und erhalten eine schöne Kemenate. [26] Am Morgen aber stellt man fest, dass die feindliche Flotte die Bucht eingenommen und den Strand besetzt hat. [27] Die Burgbewohner bewaffnen sich und brechen aus, um sich zu verteidigen. Es gelingt Hartmut, Ortwin und Horant zu verwunden. [28] Doch Hartmuts Vater wird von Herwig getötet; der Sohn erkennt dann, dass der Feind die Oberhand gewinnt, und versucht einen Rückzug in die Burg. Doch Wate stellt sich ihm in den Weg und kämpft mit ihm. Inzwischen hat Gerlint Befehl gegeben, Kudrun, die an den Zinnen steht, zu töten; aber Hartmut erkennt von unten die Absicht des Beauftragten und befiehlt ihm, innezuhalten. Hartmuts Schwester Ortrun bittet Kudrun, sie möge Wate und ihren Bruder trennen. Die Gefangene gewährt ihr die Bitte, weil sie immer gut von ihr behandelt wurde. Sie spricht mit Herwig, der nun zu Wate geht und sie zu trennen versucht; Wate tötet seinen Gegner nicht, nimmt ihn aber gefangen. [29] Wate dringt nun in wilder Raserei in die Burg ein, wo er ein großes Gemetzel anrichtet. Ortrun sucht Schutz bei Kudrun und erhält ihn; Gerlint versucht es ebenfalls, wird aber verraten und von Wate geköpft. Damit ist die Schlacht zu Ende. Das Heer unternimmt noch einen Zug durch das feindlich Land, um die Burgen zu schleifen. Dann fahren sie zurück in die Heimat. [30] Hilde empfängt sie am Ufer; besonders der Empfang der Tochter, die sie zuerst nicht erkennt, wird hervorgehoben. Kudrun erlangt Gnade für Ortrun und Hartmut. Dann beginnt ein komplexer Prozess der Befriedigung und Ehepolitik: Herwig heiratet Kudrun, Hartmut erhält Hildeburg zur Frau, Ortwin ehelicht Ortrun und Sifrit von Mohrland bekommt Herwigs Schwester. [31] Große Feierlichkeiten begleiten die vielfachen Ehen, bis alle aufbrechen und jeder in sein Land zurückkehrt.

Das einzige Kriterium für eine Datierung des Epos ist der Kontext, in dem es erhalten ist: das ›Ambraser Heldenbuch‹, das Werke aus dem 13. Jahrhundert versammelt (Wien, Österreichische Nationalbibliothek, Ser. nova 2663, vgl. Kapitel VII,1, S. 430f.). Einige vage historische Anspielungen und die Feststellung, dass der Autor das ›Nibelungenlied‹ gekannt haben muss, ergeben eine früheste Datierung in das vierte Jahrzehnt, aber es könnte auch wesentlich später entstanden sein, und die Forschung setzt es gewöhnlich um die Mitte des Jahrhunderts an. Die Sprache wurde vom Schreiber der Handschrift modernisiert, doch manchmal auf so mechanische Art, dass stellenweise der Text nur verständlich ist, wenn man ihn ins Mittelhochdeutsche des 13. Jahrhunderts zurückübersetzt; so sind auch die Editoren bei ihren Ausgaben vorgegangen. Die dialektologische Untersuchung der Reime verweist auf eine bayrische oder österreichische Herkunft, was zu der offensichtlichen (oder beabsichtigten?) Unkenntnis der maritimen Geographie passen würde, die der Autor an den Tag legt.

Die Strophe der ›Kudrun‹ ist allem Anschein nach eine Weiterentwicklung von der des ›Nibelungenliedes‹, denn sie besteht ebenfalls aus vier Langversen zu je sechs Hebungen, die durch eine Zäsur in zwei gleiche Halbverse geteilt werden. Die Verse sind paarweise gereimt, doch hat das erste Paar wie im Vorbild männliche (also einsilbige), das zweite hingegen weibliche (zweisilbige) Kadenz. Der letzte Halbvers der Strophe hat nicht vier Hebungen, wie der der Nibelungen-Strophe, sondern sechs, wodurch eine beinahe hypertrophische Schlussverlängerung entsteht. Allerdings wird dieser Vers nicht für Vorausdeutungen benutzt, die in diesem Werk sehr selten sind. Der Erzählstil ist also trotz der stärkeren Markierung der Strophenenden weniger parataktisch. Das Epos ist ebenfalls in Aventüren eingeteilt.

Die ›Kudrun‹ besteht eindeutig aus zwei unterschiedlichen Erzählungen: der von Kudrun und der von ihren Eltern Hetel und Hilde (zu der auch die Kapitel über den Großvater Hagen gehören). Hinter der Geschichte von Hetel und Hilde steht eine sehr alte und weit verbreitete Sagentradition, die offenbar den Kern des Epos bot, um den herum der Rest der weitläufigen Handlung gedichtet wurde. Es handelt sich um die Hildesage. Snorri Sturluson fasst sie in der ersten Hälfte des 13. Jahrhunderts im fünfzigsten Kapitel seiner Schrift ›Über skaldische Dichtung‹ zusammen:

> Ein König namens Hogni hat eine Tochter namens Hild. Als er einmal außer Landes ist, dringt König Hedin in sein Reich ein, entführt die Prinzessin und flieht mit ihr über See. Als Hogni die Nachricht erhält, verfolgt er sie zuerst

nordwärts bis Norwegen und dann westwärts bis zu den Orkney-Inseln, wo er sie endlich einholt. Hild geht ihrem Vater entgegen, bietet ihm eine kostbare Halskette von Hedin an und erklärt, der sei bereit für eine Versöhnung, aber auch für den Kampf. Hogni weist das Angebot zurück und beide Heere bereiten sich für eine Schlacht am Strand vor. Hedin schlägt wieder einen Friedensschluss vor, doch Hogni weigert sich, ihn anzunehmen. Der Kampf dauert bis zur Dunkelheit, ohne dass eine der Seiten Vorteil gewonnen hätte. In der Nacht zieht Hild über das Schlachtfeld, ruft alle Gefallenen ins Leben zurück und repariert die zerstörten Waffen, sodass am folgenden Morgen die Schlacht von neuem beginnt. So geschieht es jeden Tag und es wird weitergehen bis zum Untergang der Götter.

Snorri zitiert im Anschluss die ›Ragnarsdrápa‹, ein Gedicht des Skalden Bragi, in dem ein völlig negatives Bild von dieser Hild gegeben wird, die zum Kampf anreizt, die Versöhnung verhindert und die Schlacht nie enden lässt. Snorri stellt also zwei Deutungen derselben Sage nebeneinander, eine, in der Hild die Versöhnung sucht, und eine andere, in der sie sie offenbar verhindert. Weitere kleinere Texte und Anspielungen belegen die Verbreitung der Sage in Skandinavien. Auch Saxo Grammaticus erwähnt sie im fünften Buch der ›Gesta Danorum‹ (vgl. Kapitel III,3, S. 135–138), wenn auch wie immer in veränderter Form:

Hoginus, König der Jüten, und Hitinus, ein König aus Norwegen, sind gute Freunde, doch Hitinus liebt heimlich Hilda, die Tochter des Hoginus. Als der Vater es erfährt, bedrängt er seinen Freund. Die Angelegenheit kommt vor Gericht und man beschließt, sie mit einem Kampf zu entscheiden. Hoginus verwundet seinen Gegner schwer, schenkt ihm aber das Leben. Doch sieben Jahre später kämpfen sie wieder und sterben beide an ihren Wunden. Saxo ergänzt noch einen Hinweis auf mündliche Überlieferungen, denen zufolge Hilde in der Nacht die beiden Toten mit ihrem Gesang wieder lebendig mache.

Die Sage ist zweifellos wesentlich älter als diese Texte. Ein Bildstein aus Gotland (Schweden) vom Ende des 6. oder Anfang des 7. Jahrhunderts zeigt eine Heerschar auf einem Schiff und eine andere an Land, jeweils mit gezogenen Waffen. Zwischen ihnen steht eine Frau, die sich zu denen wendet, die auf dem Schiff sind, und ihnen einen Gegenstand hinhält, der eine Halskette sein könnte (vgl. Abbildung 11). Die Forschung geht davon aus, dass es sich um die Szene handelt, in der Hilde die Versöhnung beider Seiten sucht. Auf eine frühe Verbreitung der Sage weisen auch die altenglischen Texte ›Widsith‹ und ›Deors Klage‹ hin (vgl. S. 85f. und 148), in denen die Namen der Hauptfiguren erwähnt werden: Hagena, Heoden (= Hedin, Hetel), aber auch Wada (= Wate) und Heorrenda (= Horant). Leider aber geben sie keinen Hinweis darauf, wie die Geschichte verlief, die auf den britischen Inseln im 9. oder 10. Jahrhundert bekannt war.

Jedenfalls erlauben es die unterschiedlichen erhaltenen Fassungen, eine Handlungsgrundlage zu erkennen, die überall konstant bleibt: Hetel/Hedin entführt Hilde, deren Vater sie über das Meer verfolgt, es kommt zum Kampf an einem Strand, bei dem die beiden Gegner sterben oder ihre Heere vernichtet werden. Die Sage gehört offenbar zum Typus der Brautwerbung in der Variante mit Flucht und Verfolgungskampf, denn die Funktion der Frau als Unterhändlerin zwischen Brautwerber und Brautvater ist nur verständlich, wenn sie an beide Seiten gebunden ist. Die Geschichte ähnelt daher anderen desselben Typus, wie der von Herburt und Hild in der ›Thidreksaga‹ (vgl. Kapitel V,1) oder der von Walther und Hildegund, wenn man sich die Einmischung der Burgunden wegdenkt (vgl. Kapitel III,2). Charakteristisch für die Hildesage sind die Flucht über das Meer, der Kampf am Strand und vor allem der Versuch der Frau, beide Seiten zu versöhnen; dieses letzte Motiv, das zu dem tragischen Ausgang in Kontrast steht, der eine unbändige Kampfwut zu Tage bringt, ist auf dem gotländischen Bildstein zur ikonographischen Chiffre geronnen. In Skandinavien ist die Frau mythisiert worden: Hild wird in eine Walküre verwandelt, die die Krieger in der Nacht vom Tode erwecken kann und die Schlacht damit ins Endlose verlängert. Doch ist dieses Detail sicherlich spätzeitlich; es entspricht der Mythisierung des Heroischen, die in den nordischen Ländern in den Texten des 13. Jahrhunderts auch anderweitig festgestellt werden kann (vgl. Kapitel V,2 und V,3).

Im ›Kudrun‹-Epos bildet diese Sage den Kern des ersten Teils. Es ist hier nicht der Held, der die Frau entführt, sondern er sendet Boten aus mit der Aufgabe, das Vertrauen des Hofes zu gewinnen, eine Gelegenheit für ein Gespräch mit der Prinzessin zu suchen und ihr die

Abb. 11: Bildstein Smiss I, Gemeinde Stenkyrka (Gotland, Schweden).

Werbung zu übermitteln (5. Aventüre). Dieses weit verbreitete Motiv – das in der deutschen Literatur auch aus dem ›König Rother‹ (letztes Drittel des 12. Jh.s) bekannt ist – könnte alt sein, wenn das unmittelbare Nebeneinander der Protagonisten- und Botennamen in den altenglischen Texten dahingehend gedeutet werden kann, dass auch in England eine Fassung der Sage bekannt war, die die Entführung mittels Werbungshelfer darstellte. Im hochdeutschen Epos ist die Zustimmung der Frau zur Entführung unmissverständlich, was natürlich ihren späteren Versuch, Frieden zu stiften, glaubwürdiger macht. Doch im Unterschied zu den übrigen Zeugnissen findet die Verhandlung nicht vor dem Kampf statt, sondern mittendrin, als klar wird, dass die Parteien etwa gleich stark sind. Der entscheidende Unterschied liegt jedoch in der Tatsache, dass Hilde in der ›Kudrun‹ ihr Ansinnen erreicht und Frieden stiftet: Sie überzeugt ihren Vater, der Ehe zuzustimmen und an den Feierlichkeiten teilzunehmen.

Diese Veränderung ist sehr bedeutsam, weil sie einerseits eine Schlüsselszene der Sage modifiziert, andererseits weil dadurch die Entwicklung des zweiten Teils des Epos möglich ist, mit Hildes Tochter Kudrun als Hauptfigur. Auch die neue Handlung ist eine Brautwerbungsgeschichte, die offensichtlich parallel zu der Hildes aufgebaut wurde, wenn auch mit bedeutend mehr Komplexität durch den Auftritt dreier konkurrierender Brautwerber. Es gab sehr wahrscheinlich keine Sagentradition über Kudrun, jedenfalls haben wir keine weiteren Hinweise auf eine solche; kein Text erwähnt Kudruns Namen, kein Bild stellt ihre Geschichte dar. Wahrscheinlich hat der Dichter des Epos diese Handlung im Rückgriff auf Stoffe unterschiedlicher Herkunft konstruiert, wie auch andere Details im Text vermuten lassen.

Die Anfangssituation der Kudrungeschichte ist dieselbe wie im ersten Teil: Die schöne Prinzessin erreicht das heiratsfähige Alter, der Vater weist alle Brautwerber ab. Der Unterschied liegt wie gesagt darin, dass hier mehrere junge Männer auftreten, von denen einer angesichts der Erfolglosigkeit seines Antrags beschließt, die Waffen einzusetzen, Hetels Land mit einem Heer angreift und mit Gewalt in die Burg eindringt. In diesem Moment aber hält Kudrun den Kampf an und fordert eine Verhandlung (Str. 649–653). Der Eindringling bittet um die Hand der Jungfrau, und sowohl sie als auch der Vater nehmen an. Auch wenn das Mädchen behauptet, es wegen seiner guten Dienste zu tun, regiert offenkundig das Prinzip, dass die Frau gegeben wird, um den Frieden zu sichern, ein Modell, dem wir in den vergangenen Kapiteln immer wieder begegnet sind. Im Unterschied zu dem, was mit der Mutter geschah, und als Folge der Konkurrenz zwischen Brautwerbern findet nun die Entführung gegen den Willen der Frau statt: Vor dem vereinbarten Termin für die Hochzeit und während der Abwesenheit von Vater und Bräutigam erscheint einer der zurückgewiesenen Brautwerber und entführt Kudrun mit Gewalt (Str. 793–797). Wieder findet eine Verfolgung über das Meer statt, die Entführer werden am Strand eingeholt, und es kommt zu einer blutigen Schlacht (16. bis 18. Aventüre). Ihr fehlt aber – jedenfalls im Vergleich zur Hilde-Geschichte – der Versöhnungsversuch seitens der Frau, da diese ja jetzt eine Gefangene ist. Die Folgen davon, dass keine Verhandlung stattfindet, sind verheerend: Es gibt so viele Gefallene in der Schlacht, dass es sinnlos ist, die Verfolgung fortzusetzen; man muss eine ganze neue Generation von Kriegern heranwachsen lassen (Str. 904 und 928).

Die Episode, die Kudruns lange Entführung beschreibt und die Erniedrigungen, denen sie ausgesetzt wird – Dienerarbeit erledigen, Wäsche waschen –, sowie die Szene vor der Befreiung – Ankunft des Bruders und des Ehemanns – weisen beide deutliche Parallelen zu einer Reihe traditioneller Balladen auf, die in unterschiedlichen Regionen Europas verbreitet sind.

Es handelt sich konkret um die spanischen Balladen von ›Don Bueso‹ oder ›La Cautiva‹, um die franko-katalanische Ballade von ›La Porqueirola‹ oder ›La Porcheronne‹, um die deutschen von ›Südeli‹ und ›Meererin‹, sowie um die skandinavischen von ›Svend‹ und ›Isemar‹. Die Parallelen beziehen sich jedoch jeweils auf unterschiedliche Aspekte: In manchen Fällen erinnert an Kudrun das Motiv der bösen Schwiegermutter, die der Sohn wegen ihrer Misshandlung der Frau zügeln muss; in anderen erscheint die Wäscherin, die mit dem Fremden fortgeht, oder der Bruder, der die zu Dienerarbeit gezwungene Schwester befreit. Ramón Menéndez Pidal behauptete, diese Balladen seien aus dem ›Kudrun‹-Epos entstanden. Die Veränderungen (vor allem den Wechsel von einem Befreier zu zweien) erklärte er, indem er die Existenz einer oder mehrerer primitiver und nicht erhaltener Balladen postulierte, aus denen die heute bekannten in einem Vereinfachungsprozess entstanden wären. Doch eine Beziehung zwischen dem mittelhochdeutschen Epos und den Volksliedern ist alles andere als wahrscheinlich. Zum einen ist es methodisch heikel, bei mündlichen Überlieferungen mit unbekannten Fassungen oder Überlieferungsstufen zu operieren. Zum anderen ging Menéndez Pidal von der Existenz einer dem Epos sehr nahestehenden, mündlich überlieferten Kudrunsage aus, was wie gesagt höchst unwahrscheinlich ist. Auch die Möglichkeit, dass sich das ›Kudrun‹-Epos ›traditionalisiert‹ habe, dass also aus ihm eine mündliche Balladentradition entstanden sei, ist kaum wahrscheinlich, denn das Werk hatte nach allem, was wir wissen, nur äußerst geringen Erfolg in seiner Zeit. Aus allen diesen Gründen geht die heutige Forschung davon aus, dass die Balladen nicht auf eine alte Kudrundichtung zurückgehen, sondern dass die Lieder stoffliche Traditionen erhalten haben, auf die auch der Dichter des deutschen Epos für den Aufbau seiner Geschichte zurückgriff. Der Fall erinnert an die Quellenlage des ›Beowulf‹ (vgl. Kapitel II,3), zu dem in Volkslied- oder Märchensammlungen ebenfalls stoffliche Parallelen gefunden werden konnten.

Die Gefangenschaft und Befreiung der Hauptfigur machen eines der Schlüsselmotive der Dichtung offenbar, das im überraschenden Verhalten der Frau liegt. Kudrun ist eine gutmütige und friedliche Heldin, die eine enorme Fähigkeit besitzt, Leid und Qualen zu ertragen, ohne sie in Hass zu verwandeln. Selbstverständlich ist sie keine Märtyrerin, denn sie gründet ihre Resistenz auf ihre rechtliche Situation als Verlobte Herwigs. Dennoch aber steht sie dem Grauen der Schlacht zwischen Entführern und Befreiern nicht teilnahmslos gegenüber und greift ein, um Hartmut von der Bedrängnis des wütenden Wate zu erlösen. Als die Fremden dann in die Burg eingedrungen sind, schützt sie Hartmuts Schwester vor Wate, der nun so blutrünstig ist, dass er sein Schwert nicht einmal vor Frauen zurückhält. Kudrun nimmt sogar die ›böse Schwiegermutter‹, die sie so sehr misshandelt hat, unter ihren Schutz, allerdings verhindert sie auch nicht, dass sie verraten wird. Bei der Rückkehr in die Heimat bittet sie ihre Mutter um Gnade für Hartmut und alle, die sie während ihrer Entführung gut behandelt haben; diese Vergebung macht die vierfache Ehe, mit der die Handlung schließt, möglich. Dies sind aber nicht die einzigen Augenblicke, in denen Kudrun als Friedensstifterin handelt. Sie greift auch ein, als Herwig die Burg ihres Vaters überfällt, und erreicht durch ihre Annahme der Verlobung das Ende der Feindseligkeiten.

Diese Geste ist eine Wiederholung von der, die schon vorher ihre Mutter Hilde ausführte. In dieser Welt von Kriegern, Streithähnen und schnell zu den Waffen greifenden Hitzköpfen (wofür Hagen, Hetel, Herwig, Hartmut und natürlich Wate hervorragende Beispiele sind), in diesem Leben voll vernichtender Schlachten, die ganze Generationen junger Krieger hinwegraffen, erscheinen die Frauen als Elemente des Friedens und der Versöhnung.

Kudrun wird damit zur Gegenfigur der Kriemhilt des ›Nibelungenliedes‹, deren Leid und Hass sie in die Position der gnadenlosen Rächerin bringen, die alles zu zerstören bereit ist, um ihr Ziel zu erreichen. Erklärt Kriemhilt kategorisch, sie könne sich keinen Frieden mit ihrem Gegner vorstellen (›Nibelungenlied‹, Str. 2103), bemerkt der Dichter der ›Kudrun‹, es habe nie größere Versöhnung gegeben als die, die von der jungen Hauptfigur angeregt wurde (Str. 1644). Führt Kriemhilt eine Rache aus, die in ihren Ausmaßen und Folgen unerhört und unvorstellbar ist, erreicht Kudrun eine bisher nie dagewesene Einigung. Ihr Programm ist dem Kriemhilts diametral entgegengesetzt: »Niemand darf Feindschaft mit Bosheit begleichen« (Str. 1595: *nieman mit übele sol deheines hazzes lônen*). Daher fördert Kudrun den Frieden mit dem probaten Mittel der Ehepolitik, die eine dauerhafte Stabilität sichern soll. Es ist offenkundig, dass beide Werke entgegengesetzte Konsequenzen von im Hinblick auf Leid und Qual vergleichbaren Situationen vorstellen. Die Handschriften weisen bereits darauf hin: Wird das ›Nibelungenlied‹ oft als das »Buch von Kriemhilt« überschrieben, so steht über dem hier behandelten Text der Hinweis »dieses Buch handelt von Kudrun«, womit deutlich gemacht wird, dass es um die unterschiedlich charakterisierte Hauptfigur geht.

Generell legen fast alle Figuren der ›Kudrun‹ eine Begabung für Vergebung und Eintracht an den Tag, die die nibelungischen nicht kennen, deren Hass und Feindschaft so radikal sind, dass sie dem Teufelskreis der Gewalt nicht entkommen können. Nicht nur die Frauenfiguren der ›Kudrun‹ sind in Opposition zu denen des ›Nibelungenliedes‹ konzipiert, denn auch die Männer unterbrechen die Kampfhandlungen, sobald die Frauen sie darum bitten. Kudruns

Großvater Hagen ist das beste Beispiel dafür: Wegen seiner Kraft und seiner Ausbildung in der Wildnis wird er ein gefürchteter Herrscher, der alle Brautwerber gnadenlos umbringen lässt. Als aber Hetel Hilde entführt hat und er in der Schlacht erkennt, dass die Kräfte ausgewogen sind, kann er seine Haltung auf Hildes Anregung hin überdenken, die Versöhnung annehmen und zum Hof seines neuen Schwiegersohnes weiterreisen, um an der Hochzeit teilzunehmen, gegen die er kurz zuvor gekämpft hat. Dasselbe tut Hetel, als Herwig seine Burg überfällt und Kudrun den Kampf anhält, um einen friedlichen Ausweg zu verhandeln. Herwig verteidigt im Kampf um die Befreiung Kudruns den Entführer seiner Verlobten, Hartmut, vor der Wut Wates, weil das Mädchen ihn darum bittet. Das Heldenpaar Wate und Horant (der Sänger) scheint im Übrigen ein Spiegelbild desjenigen zu sein, das Hagen und Volker im ›Nibelungenlied‹ bilden; doch im Unterschied zu diesem ist der Musiker-Krieger in der ›Kudrun‹ ein moderater Kämpfer und Wates Ungestüm scheint jederzeit kontrollierbar und steht immer im Dienst der politischen Absicht, was ihn viel annehmbarer macht als den eiskalt kalkulierenden Hagen des ›Nibelungenliedes‹. Nicht alles wird in der ›Kudrun‹ zu Harmonie abgerundet, aber der Krieg und die Rache sind begrenzt und kommensurabel. Über den Endkampf legen sich nicht die Katastrophe und der Tod als Folgen zügellosen Hasses, sondern die Anstrengungen, so viele Leben zu retten wie möglich, werden gesteigert, auch wenn einige Gefallene unvermeidbar sind. Die Geschichtskonzeption der ›Kudrun‹ ist daher wesentlich positiver als die ihres Vorgängers.

Alle diese Parallelen und Kontraste zwischen Figuren, Situationen und Szenen der ›Kudrun‹ und des ›Nibelungenliedes‹, zu denen noch die Querbeziehungen einer ähnlichen strophischen Form und eines vergleichbaren Sprachstils kommen, verwandeln die spätere Dichtung in eine unmissverständliche Antwort auf die Irritation, die die frühere bewirkt haben dürfte. Das sah wohl auch der Schreiber der Ambraser Handschrift, denn er stellte beide Texte hintereinander (mit der ›Klage‹ als Verbindungsglied). Seine Eigenschaft als literarische Antwort auf die schwierige Herausforderung des ›Nibelungenliedes‹ und seine Bearbeitung der weiblichen Figuren machen aus der ›Kudrun‹

eine der ernstesten und tiefestgehenden heroischen Dichtungen des deutschen 13. Jahrhunderts. Umso mehr muss auffallen, dass das Werk allem Anschein nach bei weitem nicht das Interesse wecken konnte, welches andere Texte dieser Gattung genossen (vgl. Kapitel VI,1–3). Wahrscheinlich darf die Erklärung hierfür in ihrem stärker literarischen Charakter gesucht werden. Er machte das Werk für die Forschung des 19. Jahrhunderts besonders beliebt, steht aber deutlich im Kontrast zu den übrigen heroischen Epen, die einen ganz eigenartigen Status zwischen Mündlichkeit und Schriftlichkeit aufweisen.

LITERATUR

Die ›Kudrun‹ wird zitiert nach der kritischen Ausgabe *Kudrun*, hg. von Karl Bartsch und Karl Stackmann, Tübingen 2000 (ATB 115), sollte aber verglichen werden mit der Abschrift der Handschrift: *Kudrun. Die Handschrift*, hg. von Franz H. Bäuml, Berlin 1969. Die Einführung von Roswitha Wisniewski, *Kudrun*, Stuttgart 1969, ist veraltet. Dafür dienen als erste Annäherung die Artikel von Karl Stackmann, »›Kudrun‹«, in *VL*, Bd. V, Berlin 1985, Sp. 410–426, und von Werner Hoffmann, »Kudrun«, in *Mittelhochdeutsche Romane und Heldenepen*, hg. von Horst Brunner, Stuttgart 1993, S. 293–310.

Für die Aufarbeitung der Quellen ist die Studie von Friedrich Panzer, *Hilde – Gudrun. Eine sagen- und literaturgeschichtliche Untersuchung*, Halle 1901 (Nachdr.: Hildesheim/New York 1978), ein Meilenstein. Snorris Zusammenfassung der Hildesage ist nachzulesen in *Edda Snorra Sturlusonar*, hg. von Finnur Jónsson, Kopenhagen 1931, oder in der neuhochdeutschen Übersetzung: *Die Edda des Snorri Sturluson. Göttererzählungen und Gedichte*, hg. von Arnulf Krause, Stuttgart 1997. Die Fassung des Saxo Grammaticus findet man in der Ausgabe des Originaltextes: *Saxonis Gesta Danorum*, hg. von J. Olrik und H. Ræder, 2 Bde., Kopenhagen 1931–1957, oder in der Übersetzung: *Saxo Grammaticus: Sagen und Legenden*, hg. von Hans J. Hube, Wiesbaden 2004. Die Beziehung zur Ballade von ›Don Bueso‹ postulierte Ramón Menéndez Pidal, »Supervivencia del poema de Kudrun«, in *Revista de Filología Española* 20 (1933), S. 1–59. Ihm folgte lediglich Inga Wild, *Zur Überlieferung und Rezeption des ›Kudrun‹-Epos. Eine Untersuchung von drei europäischen Liedbereichen des ›Typs Südeli‹*, 2 Bde., Göppingen 1979 (GAG 265), während Donald Ward und Franz Bäuml, »Zur Kudrun-Problematik: Ballade und Epos«, in *ZfdPh* 88 (1969), S. 19–27, sowie Donald Ward, »Nochmals Kudrun: Ballade und Epos. Eine Erwiderung«, in *Jahrbuch für Volksliedforschung* 17 (1992), S. 70–86, massiv Kritik übten. Die Debatte ist beendet worden durch die Monographie von Theodor Nolte, *Wiedergefundene Schwester und befreite Braut. Kudrunepos und Balladen*, Stuttgart 1988.

Immer noch aktuell sind die Gesamtwertungen von Ian R. Campbell, *Kudrun. A Critical Appreciation*, Cambridge 1978, sowie von Winder McConnell, *The Epic of Kudrun. A Critical Commentary*, Göppingen 1988. Modernere Analysen der Figuren und der intertextuellen Beziehungen boten Kerstin Schmitt, *Poetik der Montage. Figurenkonzeption und Intertextualität in der ›Kudrun‹*, Berlin 2002, sowie Theodor Nolte, »*Unde daz si waere ein wîp unwandelbaere*: Weibliche Rollenbilder des *Kudrunepos* im Vergleich mit hagiographischen und höfischen Frauenentwürfen«, in *New Methods in the Research of Epic. Neue Methoden der Epenforschung*, hg. von Hildegard L.C. Tristram, Tübingen 1998, S. 223–249. Die Beziehung zum ›Nibelungenlied‹ ist allerdings schon länger bekannt: vgl. Werner Hoffmann, »Die Kudrun, eine Antwort auf das Nibelungenlied«, in *Nibelungenlied und Kudrun*, hg. von Heinz Rupp, Darmstadt 1976, S. 599–620. Zum Vergleich zwischen Kriemhilt und Kudrun ist der neuere Aufsatz von Ingrid Bennewitz, »Kriemhilt und Kudrun. Heldinnen-Epik statt Helden-Epik«, in *7. Pöchlarner Heldenliedgespräch. Mittelhochdeutsche Heldendichtung außerhalb des Nibelungen- und Dietrichkreises (Kudrun, Ortnit, Waltharius, Wolfdietriche)*, hg. von Klaus Zatloukal, Wien 2003, S. 9–20, zu empfehlen.

V. Kontinentale heroische Stoffe in der skandinavischen Literatur des 13. Jahrhunderts: Eddas und Sagas

In den skandinavischen Ländern gibt es bis zum 11. Jahrhundert keinen Literaturbetrieb, wie ihn das kontinentale Europa seit der Spätantike gekannt hatte, mit seiner klerikalen Prägung und seiner Bedeutung für Kirche und Hof. Dennoch entwickelte sich in der praktisch schriftlosen Wikingerzeit die skaldische Dichtung und erlangte durchaus eine Glanzperiode; auch die eddische Dichtung entstand sicherlich in dieser Zeit. Das bedeutet, dass an den nordeuropäischen Machtzentren eine hoch elaborierte Poesie gepflegt wurde, die sehr komplexe metrische, prosodische, strophische und rhetorische Muster verwendete, die wir normalerweise eher mit Schriftkultur in Verbindung bringen. Wahrscheinlich wurde diese Dichtung durch Memorisierung weitertradiert. Es ist aber auch denkbar – obwohl wir dafür keine gesicherten Hinweise besitzen –, dass die Skalden irgendeine Schriftform als bloß funktionalen Träger für ihre Kompositionen benutzten, also ohne den kulturellen Hintergrund, den die Kirche auf dem Kontinent und den Britischen Inseln dem Schriftbetrieb verliehen hatte. Beides würde erklären, wie die Lieder dieser Zeit über zwei Jahrhunderte hinweg erhalten bleiben konnten, ohne ihre intrikaten formalen Feinheiten oder ihre schwierige, dichte Sprache zu verlieren, die von Metaphern und Synekdochen (den sog. *kenningar*) geprägt ist, welche meist auf mythische und heroische Traditionen Bezug nehmen. Um 1220 erklärte der Isländer Snorri Sturluson die wichtigsten *kenningar* in seiner Schrift ›Über skaldische Dichtung‹ (›Skáldskaparsmál‹). Diese Tatsache bezeugt einerseits ein anhaltendes Interesse für diese alte Dichtung, die seit der Christianisierung immer weniger gepflegt wurde, andererseits weist sie darauf hin, dass ein bedeutender

Teil des Publikums im frühen 13. Jahrhundert die schwierigen Assoziationen dieser Tropen nicht mehr verstand.

Die Christianisierung der skandinavischen Königreiche ab dem Ende des 10. Jahrhunderts ging jedenfalls mit einem langsamen, aber progressiven Eindringen klerikaler Schriftproduktion einher, die besonders ab dem 12. Jahrhundert das Erscheinen lateinischer und später auch volkssprachlicher Texte zur Folge hatte. Aus Schweden und Dänemark – den Ländern, in denen Altostnordisch gesprochen wurde – sind uns hauptsächlich lateinische Werke überliefert, insbesondere Viten und Legenden von Heiligen, deren Bedeutung für den Evangelisierungsprozess offenbar ist. In der Volkssprache sind die ältesten Texte juristischer Natur und bezeugen eine Bemühung um die Fixierung der Gesetze und um die Vereinbarung von königlichem und kanonischem Recht. Dänemark entwickelt im 12. Jahrhundert auch eine intensive historiographische Produktion, die hauptsächlich im Dienste einer politischen Stärkung des Reichs stand. Unter den Regierungen von Valdemar dem Großen (1154/1157–1182), Knud VI. (1182–1202) und Valdemar II. (1202–1241), in denen wiederholt ein gemeinsames Vorgehen von Krone, Kirche und Adel festzustellen ist, erscheint eine Reihe von Chroniken, die eine Vorgeschichte dieses Reichs festlegen (und erfinden), um ihm eine größere Legitimität zu verleihen. Neben dem ›Chronicon Lethrense‹ (›Chronik von Lejre‹, ca. 1170) sind besonders Sven Aggesens ›Brevis historia regum Daciae‹ (ca. 1190) und Saxo Grammaticus' ›Gesta Danorum‹ (ca. 1200; vgl. Kapitel III,3, S. 135–138) zu erwähnen.

In Norwegen – dessen Sprache das Altwestnordische ist – scheint sich die literarische Produktion ein wenig später zu konsolidieren; dafür entwickelt sich dort schon früh auch eine volkssprachliche Literatur, sowohl geistlicher wie auch historiographischer und biographischer Natur, denn die Lebensgeschichten von Königen und anderen Persönlichkeiten spielen, wie noch zu sehen sein wird, keine unbedeutende Rolle in der Entwicklung einer Erzählliteratur. Die höchste kulturelle Entwicklung erlebte Norwegen im 13. Jahrhundert, besonders unter Hákon Hákonarson (1217–1263), der sich nicht nur um die Stärkung der Seemacht des Reiches durch die Eingliederung der nordatlantischen Inseln (einschließlich Island, 1262–1264) bemühte, sondern auch die wirtschaftliche Expansion über das Baltikum vorantrieb. In kultureller Hinsicht übernahm Hákon schon früh die Formen königlicher Repräsentation des kontinentalen Europas. An seinem Hofe wurde die höfische Kultur Deutschlands und Frankreichs auf allen Ebenen nachgeahmt. Unter anderem unterstützte der König eigens die Übersetzung zahlreicher literarischer Werke, insbesondere Ritterromane aus dem bretonischen Stoffkreis (der erste war 1226 der ›Tristan‹ des Thomas d'Angleterre), aber auch Heldenepen und Fürstenspiegel.

In Island war die Lage ganz anders, besonders wegen seiner verschieden gearteten sozialen und politischen Struktur. Island besaß weder König noch Adel, sondern lediglich eine stattliche Reihe einflussreicher Familien, die sich sowohl in lokalen Räten (*thing*) als auch in einem zentralen Rat (*althing*) organisiert hatten, welche legislative und juristische Funktionen innehatten, aber nicht exekutive. Außerdem hatte Island schon viel früher als Norwegen Kontakt zum Christentum gehabt, nämlich über Irland und die britischen Königreiche, von wo ein Teil seiner Bevölkerung stammte. Als daher der *althing* 999 die Annahme des Christentums erklärte, ergab sich daraus keinerlei soziale Veränderung. Die einflussreichen Familien scheinen untereinander mit dem Bau von Kirchen und der Stiftung von Klöstern konkurriert zu haben. Die meisten von ihnen gehörten dem Benediktinerorden an, dessen Interesse an der Pflege von Schrifttum eine wichtige Rolle in der gesamten Kultur des abendländischen Mittelalters spielt. Gleichzeitig schickten vermögende Familien ihre zum geistlichen Dienst bestimmten Sprösslinge zur Ausbildung nach Frankreich, Italien oder Deutschland. Das erklärt den lebendigen Kontakt, den Island zur lateinischen Literatur hatte, sowohl zur mittelalterlichen wie auch zur antiken; die Insel hatte die besten kulturellen Zentren des Kontinents wenig zu beneiden. Das Interesse für Literatur entstand aber schon vorher, denn Island errang bereits als Produktionszentrum skaldischer Dichtung einige Bedeutung. Im 11. Jahrhundert entstanden dort die ersten religiösen und hagiographischen Werke, und ab der Mitte des 12. Jahrhunderts begann die Übersetzung oder Anpassung sowohl didaktischer (›Physiologus‹, ›Lucidarius‹) als auch historisch-narrativer Texte: ›Veraldar saga‹ (= Weltgeschichte, Zusammenfassung von Stoffen unterschiedlicher Herkunft, von Isidor und Beda bis zu Petrus Comestor und Bibelkommentaren), ›Rómverja saga‹ (= Römische Geschichte, Kombination von Übersetzungen aus Sallust [›Bellum Iugurtinum‹ und ›Catilina‹] und Lukan [›Pharsalia‹] sowie Kommentare über letzteren Text), und ›Trójumanna saga‹ (= Geschichte der Trojaner, Übersetzung von Dares Phrygius).

Doch das bedeutendste literarische Ereignis der Zeit in Skandinavien ist die Entstehung und Entwicklung einer eigenständigen literarischen Gattung: der Saga. Der altnordische Begriff *saga* bedeutet »Geschichte«, doch wie sich bereits den im vorigen Absatz zitierten Werktiteln entnehmen lässt, gehören nicht alle Texte, die sich *saga* nennen, zu dem, was wir strikt als die gleichnamige Gattung definieren würden. Die Saga ist eigentlich eine Prosaerzählung über eine oder mehrere Personen oder Familien. Ihr Ursprung ist in der frühen skandinavischen Geschichtsschreibung, in den Königschroniken und in den Heiligenviten zu suchen, welche die biographische Orientierung vorgaben. Die Übersetzungen dieser frühen lateinischen Texte in die Volkssprache und die Entstehung der ersten altnordischen Chroniken in der zweiten Hälfte des 12. Jahrhunderts bewirkten, dass einige Besonderheiten der lateinischen Geschichtsschreibung und Hagiographie in die vernakuläre Prosa übergingen, wo sie sich rasch entwickelten. Eine der bedeutendsten Charakteristika der wichtigsten Sagas ist ihr nicht-aristotelischer Aufbau, also ihr Bruch mit der Einheit von Personen und Handlung sowie mit der Linearität des Erzählten; die Saga hebt vielmehr die Gleichzeitigkeit unterschiedlicher, doch miteinander in Beziehung stehender Erzählstränge hervor. Diese Technik, die die lateinische Historiographie in ihrer Bemühung um eine präzise Darstellung zeitlicher Sequenzen entwickelt hatte, wurde verfeinert bis zur Entstehung eines Erzählstils, der die verschiedenen narrativen Fäden trennt, sie fragmentiert und verschachtelt wiedergibt, wobei sie mit neuen Strängen verknüpft werden, sich kreuzen oder gabeln. Natürlich gibt es ganz unterschiedliche Grade der Durchführung, doch die Technik erfordert in jedem Fall eine besondere Beachtung von

Ordnung und Aufbau, aber auch von Syntax und Verknüpfung zwischen Erzählpartien. Sie steht offensichtlich dem *entrelacement* sehr nahe, das den altfranzösischen Prosaroman des frühen 13. Jahrhunderts, insbesondere den ›Lancelot en prose‹ kennzeichnet. Dieses monumentale Werk wurde in keine skandinavische Sprache übersetzt, sodass eine direkte Beeinflussung ausgeschlossen werden darf; zweifellos aber hatte man an Hákons Hof davon gehört. Jedenfalls bieten der altfranzösische Prosaroman und die altnordische Saga parallele Antworten auf bestimmte Probleme des mittelalterlichen Erzählens.

Diese Art, simultane Ereignisse zu referieren, bringt in der Saga auch eine gewisse Öffnung der Geschichten mit sich: Sie werden nach vorne und nach hinten erweitert, mit Vorberichten und Fortsetzungen vervollständigt. Auch werden sie miteinander verknüpft, sodass eine Saga, die wahrscheinlich von einer anderen Person geschrieben wurde und auch individuell überliefert ist, plötzlich mit einer anderen Saga fusioniert vorliegen kann. Hier scheint sich auf charakteristische Weise jene zyklische Tendenz zu manifestieren, die auch die französischen *chansons de geste* des 13. Jahrhunderts prägt.

Schließlich ist noch eine dritte Eigenschaft der Saga zu nennen – diesmal eine, die sie von der französischen Literatur unterscheidet –, nämlich die Bedeutung der Rede und des Dialogs sowie das häufige Auftreten auffälliger Wechsel von direkter zu indirekter Rede oder umgekehrt innerhalb eines Satzes. Man hat diese Eigenheit auf den Einfluss oder die Nachahmung mündlicher Traditionen zurückgeführt. Begründen die Mehrzahl der Erzählstränge, die Vielfalt interner Bezüge und die daraus entstehende strukturelle Komplexität der Saga ihren Kunstcharakter, so verleihen ihr diese dialogischen Elemente und die damit verbundenen Stil- und Tempuswechsel Lebendigkeit und Direktheit.

Obwohl die Saga keine ausschließlich isländische Gattung ist, hat sie sich auf jener Insel am weitesten entwickelt. Neben den frühen norwegischen, schwedischen und dänischen Königssagas (*Konungasǫgur*) und den vornehmlich isländischen Bischofssagas (*Byskupasǫgur*) entstehen um 1200 auf Island die ersten Isländersagas (*Islendingasǫgur*). Sie bilden die bedeutendste Gruppe, sowohl wegen ihrer Zahl als auch wegen der

Qualität der Werke, unter denen sich diejenigen befinden, die heute als große Klassiker der Gattung angesehen werden, wie die ›Njáls saga‹, die ›Egils saga‹ oder die ›Eyrbyggia saga‹. Diese Werke berichten von Ereignissen, die generell in der Zeit angesiedelt werden, die von der Kolonisierung der Insel bis einige Jahrzehnte nach der Übernahme des Christentums reicht. Die Integration der Wikingerzeit in die Erzählgattung der Saga ermöglicht die Konstruktion einer Gründungsgeschichte, einer eigenen und unverwechselbar nordischen Heldenzeit, in der das Heidentum auf unauffällige, fast verdeckte Weise dem christlichen Geschichtsverständnis gegenübersteht und in der die Landnahme und die gesellschaftliche Organisation eine viel bedeutendere Rolle spielten als Macht und bewaffnete Auseinandersetzungen. Es handelt sich also um eine Literatur, die ein ganz anders geartetes Heldenbild besitzt, bei dem Waffenhandlung und agonales Austragen der Konflikte zunehmend in den Hintergrund geraten; das wirkt sich auch auf die Texte aus, die unsere Heldensagen überliefern.

Im zweiten Viertel des 13. Jahrhunderts erschienen auch die Rittersagas (*Riddarasǫgur*), die wir als Übersetzungen oder Adaptationen französischer höfischer Romane definieren (›Tristan‹, ›Erec‹, ›Yvain‹, ›Perceval‹). Wie bereits erwähnt, wurden sie vornehmlich in Norwegen und unter der Patronage von Hákon Hákonarson geschrieben.

Im letzten Drittel des Jahrhunderts und in einem schon recht veränderten historischen und literarischen Kontext erschienen schließlich die sogenannten Vorzeitsagas (*Fornaldarsǫgur*), die kontinentale Stoffe verarbeiten oder solche, die vor der Kolonisierung und somit in einer sagenhaften Vorzeit, einem ahistorischen Raum vor Beginn der aktuellen Epoche angesiedelt sind. In dieser recht kleinen Gruppe von Texten erscheinen einige der heroischen Materien, die in den vorangegangenen Kapiteln vorgestellt wurden. Wie schon im Fall des ›Nibelungenliedes‹ werden die alten Geschichten aus der Völkerwanderungszeit erst sehr spät für die neue Gattung nutzbar gemacht.

Im vorliegenden Abschnitt sollen die beiden wichtigsten Sagas präsentiert werden, die jene heroischen Stoffe aufnehmen, welche uns hier interessiert haben: die ›Thidreksaga‹ (›Þiðreks saga‹) und die ›Volsungensaga‹ (›Vǫlsunga saga‹). Letztere steht zeitlich und räumlich jener Sammlung mythologischer und heroischer Lieder recht nahe, die wir als ›Lieder-Edda‹ kennen und aus der bereits einige Texte vorgestellt wurden. Hier werden wir ihr ein Kapitel widmen, um die Sammlung insgesamt zu verstehen und sie in ihren literarhistorischen Kontext einzuordnen.

LITERATUR

Als Einführung in die skandinavische Literatur des 13. Jahrhunderts dient jetzt der Band von Heiko Uecker, *Geschichte der altnordischen Literatur*, Stuttgart 2004. Immer noch zu empfehlen ist das Buch von Gabriel Turville-Petre, *Origins of Icelandic Literature*, Oxford 1953. Als Handbücher sind sehr nützlich *Altnordische Philologie. Norwegen und Island*, hg. von Odd Einar Haugen, Berlin/New York 2007; *Medieval Scandinavia: An Encyclopedia*, hg. von Philipp Pulsiano und Kirsten Wolf, New York/London 1993; Rudolf Simek und Hermann Pálsson, *Lexikon der altnordischen Literatur*, Stuttgart 1987; sowie *Old Norse-Icelandic Literature. A Critical Guide*, hg. von Carol J. Clover y John Lindow, Ithaca/London 1985 (Islandica XLV). Eine vollständige Bibliographie bis 1985 bietet P.M. Mitchel, *Bibliography of Old Norse-Icelandic Romances*, Ithaca/London 1985 (Islandica XLIV). Ein historisch-kulturelles Panorama im Vergleich zu Zentraleuropa entwirft Klaus von See, *Europa und der Norden im Mittelalter*, Heidelberg 1999; für historische Aspekte ist allerdings auch das Buch von Martin Kaufhold, *Europas Norden im Mittelalter. Die Integration Skandinaviens in das christliche Europa (9.–13. Jh.)*, Darmstadt 2001, sehr nützlich. Einen Überblick über die skandinavische Literatur der frühchristlichen Zeit bieten sowohl Jónas Kristjánsson, *Eddas and Sagas, Iceland's Medieval Literature*, Reykjavík 1988 (^{2}1992), als auch Kurt Schier, »Die Literaturen des Nordens«, in *Europäisches Hochmittelalter*, hg. von Henning Krauss, Wiesbaden 1981 (Neues Handbuch der Literaturwissenschaft 7), S. 535–574. Für die Gattungstheorie der Saga ist die Monographie von Carol Clover, *The Medieval Saga*, Ithaca/London 1982, unumgänglich.

1. Ursprung und Ende der heroischen Welt aus nordischer Sicht: die ›Thidreksaga‹

Die ›Thidreksaga‹ (›Þiðreks saga‹) ist eine ausführliche anonyme Prosaerzählung, die kompendienhaft eine große Anzahl heroischer Traditionen verschiedener Art und unterschiedlichen Alters verarbeitet, die im hoch- und niederdeutschen Raum im 13. Jahrhundert verbreitet waren. Die Saga versucht dabei eindeutig, die gewaltigen Stoffmassen (von denen die folgende Zusammenfassung einen Eindruck verleiht, obwohl sie stark komprimiert ist und viele Details auslässt), die hier zusammengetragen wurden, auf verständliche Weise zu strukturieren. Die Forschung stimmt darin überein, ihre Entstehung um die Mitte des 13. Jahrhunderts in Bergen anzusetzen, einer bedeutenden Handelsstadt, in der sich auch der Königshof Hákon Hákonarsons befand. Die ›Thidreksaga‹ gehört eigentlich nicht zur kontinentalen höfischen Literatur, um deren Einführung der norwegische König so bemüht war; dennoch ist es offensichtlich, dass sie seinen kulturellen Ambitionen sehr nahesteht. Das Werk nimmt eine Mittelstellung zwischen den Rittersagas und den Vorzeitsagas ein, denn es erzählt zwar Geschichten, die in die ›Vorzeit‹ gehören, tut es aber im Stil derjenigen Sagas, die Übersetzungen höfischer Romane sind. Schon im Prolog siedelt der Autor die Handlung in konkreten Räumen jenes weiten europäischen Kontextes an, den Hákon sich zum kulturellen Vorbild genommen hatte: von Griechenland, Apulien und der Iberischen Halbinsel bis Britannien, Skandinavien und Russland. Die Ereignisse spielen nicht in einer zeitlosen Vergangenheit, sondern werden chronologisch eingeordnet: Sie fanden statt nach dem Tod Kaiser Konstantins. Und schließlich finden in der Saga auch so berühmte Figuren der mittelalterlichen Literatur Raum wie Apolonius oder König Arthur, die nichts mit den alten Heldensagen zu tun haben.

ZUSAMMENFASSUNG

[1–13] Samson, ein herausragender Vasall König Rodgeirs von Salerno, verliebt sich in die Tochter seines Herren, entführt sie und flieht mit ihr in den Wald, zusammen mit den Schätzen des Herrschers. Rodgeir verbannt Samson und konfisziert all seine Güter. Als der davon erfährt, führt er allein einen Angriff auf die Burg Salerno aus. Auf der Rückreise begegnet er Rodgeir mit einer Kriegerschar und tötet im Kampf den König und einige seiner Männer. Nun bedrängt er auch den Bruder Rodgeirs mit nächtlichen Angriffen, bis er ihn in einer Begegnung tödlich verwundet. Schließlich zieht Samson durch die Städte des Landes, die sich ihm alle unterwerfen und ihm ein Heer zur Verfügung stellen, das ihn zum neuen König von Salerno macht. Samson hat zwei Söhne, Erminrek und Thetmar. Nach langen Jahren der Machtausbreitung erobert er auch Bern (= Verona) und verehelicht seinen Sohn Thetmar mit der Tochter des dortigen Königs, der in der Schlacht gefallen ist. Seinem Bastardsohn Aki gibt er die Stadt Fritila. Erminrek aber übernimmt nach dem Tod des Vaters die übrigen Territorien und erobert den größten Teil von Romaland, vom griechischen Meer bis zu den Bergen.

[14–20] Thetmar bekommt einen Sohn, Thidrek, der schon in seiner Kindheit Zeichen davon gibt, dass er ein ausgezeichneter Krieger sein wird. Eines Tages zieht der Jüngling mit seinem Erzieher, dem erfahrenen Krieger Hildibrand, in den Wald, wo sie den Zwergen Alfrik gefangen nehmen; der erzählt ihnen vom Schatz, den die Waldschräte Hild und Grim versteckt halten. Sie gehen dorthin, und Alfrik stiehlt den beiden Gnomen das Schwert Nagelrinc, das er selbst geschmiedet hatte; mit ihm tötet Thidrek die Waldbewohner und nimmt nicht nur den Schatz und das Schwert mit, sondern auch den undurchdringbaren Helm Hildgrim. Nun kommt Heimir an Thetmars Hof, ein junger Held aus dem Lande Brynhilds, der sich im Kampf mit Thidrek messen will. Sein Schwert bricht, als er es auf Thidreks harten Helm schlägt; daraufhin unterbrechen die beiden den Kampf und werden Freunde.

[21–56] König Vilkinus von Vilkinaland bezwingt Rusiland, doch nach seinem Tod besiegt Hertnid von Rusiland die vilkinischen Heere, befreit sein Land wieder und macht Vilkinaland tributpflichtig, das nun von Vilkinus' Sohn Nordian regiert wird. Nordian ist Vater von vier Riesen – Edgeir, Aventrod, Vidolf und Aspilian –, die Hertnid zu seinen treuen Vasallen macht. Nach Hertnids Tod erhält sein Sohn Osantrix das vilkinische Lehen. Osantrix möchte Oda, die Tochter des hunnischen Königs Milias heiraten. Der aber will die Tochter nicht hergeben und lässt die Boten, die die Werbung überbringen, zweimal einsperren. Nun sammelt Osantrix ein Heer und marschiert nach Hunaland, wo er sich allerdings als Verbannter vorstellt, der in Milias' Dienst treten will. Der hunnische König zögert, den Fremden aufzunehmen; das ärgert die Riesen Vidolf und Aspilian, die nun den Hof zerstören und den Herrscher in die Flucht treiben. Osantrix gibt sich Oda zu erkennen, heiratet sie, und sie bekommen eine Tochter namens Erka; der vilkinische König versöhnt sich mit Milias, damit er zurückkomme und die Regentschaft im Hunnenland übernehme. Nach Milias' Tod erobert Atli, der Sohn des Königs von Friesland, das hunnische Land und möchte Osantrix' Tochter Erka heiraten. Doch die Boten werden alle abgewiesen. Nun zieht Atlis Vasall Rodolf an Osantrix' Hof, lässt sich dort Sigurd nennen und gibt sich als Verbannter Atlis aus. Als er zwei Jahre am vilkinischen Hof gelebt und das Vertrauen des Königs gewonnen hat, gelingt es ihm, mit der Prinzessin zu sprechen und ihr die Werbung Atlis zu überbringen. Die Frau nimmt den Antrag an und beschließt, mit Rodolf zu fliehen; die Verfolgung der Flüchtlinge schlägt fehl, weil Atli zu Hilfe eilt.

[57–79] In dieser Zeit beschließt der Riese Vadi, der von König Vilkinus und einer Meerjungfrau abstammt, seinen Sohn Velent als Schmied ausbilden zu lassen. Er bringt ihn zunächst zum berühmten Mimir, wo er als Lehrling arbeiten muss. Später lässt er ihn zwei Jahre lang bei Zwergen, die ihre Schmiede im Inneren eines Berges haben. Als seine Zeit vorbei ist, zieht Velent nach Norden; am Meer angelangt, baut er aus einem Baumstamm ein kleines Unterwasserboot, mit dem er nun bis zum Land König Niduncs fährt. Dort wird Velent als Diener aufgenommen, doch nach einiger Zeit wird sein wirkliches Handwerk bekannt. Der königliche Schmied, der sich in seiner Position gefährdet sieht, fordert ihn zu einem Kampf heraus: Velent solle dazu ein Schwert schmieden, er hingegen eine Rüstung, dann werde man sehen, wer der bessere Schmied sei. Velent schmiedet nun Mimunc, das im Kampf mit Leichtigkeit die massive Rüstung des Gegners durchschneidet und ihn tötet. Kurz darauf aber verliert Velent die Gunst des Königs, als er zur Selbstverteidigung einen Baron tötet, und er wird verbannt. Es gelingt ihm, sich wieder in den Hof einzuschleichen, wo er die Prinzessin zu vergiften sucht. Doch sein Anschlag wird entdeckt, und der König befiehlt, ihm die Sehnen an den Knien zu durchschneiden und ihn in der Schmiede einzusperren. Dorthin kommen nach einiger Zeit aus Neugier die beiden jüngeren Söhne Niduncs; Velent heißt sie am folgenden Tag heimlich wiederkehren, dann wolle er ihnen seine Schmuckstücke zeigen. Doch als die beiden sich über die Truhe beugen, schlägt er ihnen die Köpfe ab. Aus den Hirnschalen macht er Trinkgläser, aus den Augen Juwelen und aus den Zähnen eine Perlenkette. Einige Tage später nutzt er einen Besuch der Prinzessin aus, die ein Armband zur Reparatur bringt, um sie zu verführen und mit ihr zu schlafen. Inzwischen ist auch Velents Bruder Egil an den Hof gekommen, der als der beste Bogenschütze gilt. Er jagt für Velent Vögel, damit er sich ein Federkleid machen kann. Als es fertig ist, erhebt sich Velent in die Luft, gibt dem König das Ausmaß seiner Rache bekannt und fliegt davon. Nidunc befiehlt Egil, ihn abzuschießen, doch der Bruder zielt wie verabredet auf einen Beutel mit Tierblut, den Velent unter dem Arm trägt. Einige Zeit später stirbt Nidunc, und sein ältester Sohn Otvin übernimmt die Herrschaft. Velent versöhnt sich mit ihm und führt die Prinzessin mit dem Sohn, den sie inzwischen zur Welt gebracht hat und der Vidga genannt wird, in sein Land.

[80–95] Jahre später beschließt der junge Vidga, sich mit Thidrek zu messen, wofür Velent ihm gute Waffen gibt. Unterwegs trifft er Hildibrand und Heimir, mit denen er sich anfreundet und gemeinsam weiterreist. Hildibrand aber beobachtet, wie Vidga gegen eine Bande von zwölf Räubern kämpft, und stellt fest, dass er für Thidrek ein gefährlicher Gegner werden könnte. Daher vertauscht er unbemerkt Mimunc mit einem ähnlichen Schwert. In Bern fordert Vidga Thidrek heraus, und Hildibrand warnt seinen Herrn vor einem Kampf. Als Vidgas Schwert zerbricht und dieser erkennt, dass es nicht sein eigenes ist, versucht Hildibrand, das Duell zu unterbrechen, doch Thidrek möchte nicht. Da gibt der Waffenmeister dem Fremden sein wahres Schwert zurück, und nun zerstört Vidga damit sogar Thidreks berühmten Helm, sodass nur ein erneutes Eingreifen Hildibrands dem Berner das Leben rettet. Thidrek und Vidga schließen Freundschaft.

[96–107] Um sich von der Niederlage vor Vidga zu erholen, zieht Thidrek in den Wald, wo er Ekka begegnet, einem Krieger mit einer Rüstung, die von keinem Metall zerstört werden kann. Ekka fordert den Helden heraus, doch der Kampf ist ungleich, und am Ende vermag nur ein mächtiger Hufschlag vom Ross des Berners, Ekka zu töten. Thidrek legt nun die Rüstung des Fremden an. Da erscheint Ekkas Bruder Fasold, um ihn zu rächen, doch Thidrek besiegt ihn, schenkt ihm aber das Leben und freundet sich mit ihm an. Gemeinsam ziehen sie nun des Weges. Thidrek erlegt einen wilden Elefanten, dann befreit er den Ritter Sintram aus dem Maul eines Drachen, indem er das Ungeheuer mit Sintrams Schwert erlegt, dem einzigen, das die Drachenhaut durchbohrt.

[108–129] Wieder in Bern, streitet Heimir mit Thidrek, verlässt den Hof und schließt sich einer Räuberbande im Wald an. Doch kurze Zeit später erscheinen Biterolf und sein Sohn Thetleif, die zu einem Fest ziehen; sie verteidigen sich vor dem Überfall, töten alle Räuber und zwingen Heimir, zurück nach Bern zu fliehen. Thetleif zieht kurz darauf auf Abenteuer aus und begegnet Sigurd, mit dem er kämpft, ohne dass einer den anderen besiegen könne. Abends kehren sie bei Sigurd ein, wo sich Thetleif in die Tochter verliebt und sie heiratet. Dann zieht er seines Weges, bis er auf Thidrek trifft, der soeben zu einem Besuch bei Erminrek ausreitet. Thetleif gibt sich als Diener aus und schließt sich ihm an, doch bald vollbringt er Taten, die ihn als Helden verraten. Thidrek nimmt ihn als einen seiner Freunde auf.

[130–151] Nun stirbt König Thetmar, und Thidrek besteigt den Thron in Bern, wo weitere Helden zusammenkommen (diesmal sind es Vildifer und Herbrand). Eine seiner ersten politischen Handlungen besteht darin, Atli in seinem Krieg gegen Osantrix zu helfen. In einer Schlacht gegen die vilkinischen Truppen ereilt Vidga ein Keulenschlag des Riesen Vidolf, durch den er ohnmächtig wird. Anstatt ihm nun zu helfen, stiehlt Heimir ihm das Schwert, sodass Vidga gefangen genommen wird. Um ihn zu befreien, zieht Vildifer eine Bärenhaut über und schleicht sich in Begleitung eines Spielmanns in Osantrix' Lager ein. In einem günstigen Augenblick während einer Vorführung tötet der Held den König und die Riesen, befreit den Gefangenen und kehrt mit ihm zu seinem Heer zurück. Nun zieht Thidrek zu Erminrek, der ebenfalls militärische Hilfe benötigt. Heimir und Vidga streiten wegen des unmöglichen Benehmens des Ersteren als der andere gefangen genommen wurde, doch Thidrek stiftet Frieden zwischen ihnen.

[152–168] König Sigmund reist nach Hispania, wo er um die Prinzessin Sisibe wirbt, die ihm zur Frau gegeben wird. Als er einige Zeit später von einem Feldzug zurückkehrt, wird die Königin von zwei Ratgebern, die in seiner Abwesenheit vergeblich versucht hatten, sie zu verführen, verleumdet. Die Königin wird in den Wald verbannt, wo sie Sigurd zur Welt bringt. Die Frau stirbt, und das Kind wird von einer Wölfin gesäugt. Dann findet es der Schmied Mimir und bringt es zu sich nach Hause. Er versucht, den Jungen auszubilden, doch der ist ungeschickt und ärgert die anderen Gesellen. Daher schickt Mimir ihn zu seinem Bruder Regin, der sich in einen Drachen verwandelt hat, in der Hoffnung, dass er ihn töten werde. Sigurd aber erlegt das Untier, und als er von seinem Fleisch kostet, versteht er die Sprache der Vögel und erfährt so von Mimirs Verrat. Er beschmiert sich mit dem Drachenblut, das seine Haut hörnern werden lässt, und kehrt zum Schmied zurück, der ihm nun ausgezeichnete Waffen schenkt, um ihn zu besänftigen. Doch Sigurd tötet Mimir und gelangt dann zu Brynhild, die ihm das Ross Grane schenkt. Schließlich zieht der Held zu König Isung von Bertangenland.

[169–191] Thidrek feiert nun ein großes Fest in Bern mit den zwölf Helden, die aus unterschiedlichen Ländern zu ihm gekommen und seine Gefährten geworden sind. Auch Gunnar und Hogni kommen hinzu und jeder der Helden wird in einem eigenen Kapitel beschrieben. Herbrand aber behauptet, dass sich Thidrek trotz seines stolzen Gefolges nicht mit König Isung von Bertangenland und seinen elf Söhnen messen könne. Thidrek beschließt, mit seinen Männern dorthin zu ziehen.

[192–224] Als sie nach Bertangenland kommen, tötet Vidga einen Riesen, der die Grenze bewacht. Sigurd entdeckt ihre Ankunft und kommt ihnen entgegen; er erhält einige Geschenke und überbringt Isung die Herausforderung der Berner. Man beschließt, sich in einer Reihe von Einzelkämpfen zu messen. Isungs Söhne besiegen mehrere Männer Thidreks und nehmen sie gefangen, doch Vidga besiegt seinen Gegner und befreit die Freunde. Zuletzt kämpft Thidrek gegen Sigurd; der Kampf dauert drei Tage, doch der Held kann seinen Gegner wegen der Hornhaut nicht verletzen. Da nimmt Thidrek das Schwert Mimunc (obwohl Sigurd die Bedingung gestellt hatte, dass er es nicht einsetzen würde) und kann ihn nun verwunden. Thidrek und Isung schließen nun eine Freundschaft, die durch die Ehe des jungen Amlung (Thidreks Vetter) mit Isungs Tochter besiegelt wird.

[225–230] Von Bern aus, wohin man allgemein gezogen war, ziehen nun die meisten Helden in ihre Länder zurück. Thidrek und Sigurd reiten aber zu Gunnar, wo Sigurd die Königsschwester Grimhild heiratet und seinem Schwager zu einer Ehe mit Brynhild rät. Der Burgundenkönig nimmt an, und beide reiten zu Brynhild mit dem Antrag. Die Frau ist anfangs verärgert und behauptet, zwischen ihr und Sigurd habe es bereits ein Eheversprechen gegeben, doch der Held vermag sie schließlich zu überzeugen, dass die Ehe günstig sei. Sie aber erlaubt Gunnar in der Hochzeitsnacht nicht, die Ehe zu vollziehen, sodass Sigurd in der folgenden Nacht den König im Ehebett ersetzen muss, um Brynhild die Jungfernschaft zu rauben. Dann ziehen sie gemeinsam zu Gunnar.

[231–240] Herburt, ein von seinem Vater verbannter Krieger, wird bei Thidrek aufgenommen. Einige Zeit später erhält er den Auftrag, für den König von Bern um Hilde zu werben, die Tochter von König Artus von Bertangenland. Artus weist die Werbung ab, doch der junge Mann bleibt in seinem Dienst, gewinnt das Vertrauen des Königs und wird Hildes Kammerdiener. Als er ihr schließlich den Antrag Thidreks überbringen kann, bittet die Frau ihn, das Gesicht des Berners an die Wand zu malen. Herburt macht sein Portrait, doch sie findet ihn so hässlich, dass sie eine Ehe mit Thidrek ausschließt. Sie schlägt aber Herburt vor, nicht für den Berner um ihre Hand anzuhalten, sondern für sich selbst. Er tut es sofort, und beide fliehen vom Hof. Im Wald halten sie an, um miteinander zu schlafen. Daraufhin kämpft der Held erfolgreich gegen die Verfolger und zieht mit der Frau in seine Heimat. Thidrek, Fasold und Thetmar heiraten drei Schwestern.

[241–244] Valtari, ein Verwandter Erminreks, wurde am Hof König Atlis erzogen, wo er sich in Hiltgunt verliebt hat, die dort als Geisel lebt. Bei einem Fest am Hof finden sie Gelegenheit für ein Gespräch, erklären sich ihre Liebe und planen die gemeinsame Flucht. Die Ausreißer werden verfolgt, Valtari kämpft mit ihnen und tötet alle außer Hogni, der sich mit Anbruch der Dunkelheit zurückzieht. Die Flüchtlinge zünden ein Feuer an und braten eine Wildschweinhaxe. Da erscheint Hogni, die Waffe in der Hand, doch Valtari schleudert ihm den Knochen ins Gesicht, dass ihm ein Auge ausfällt.

[245–253] Als König Artus stirbt, werden seine Söhne Apolonius und Iron von Isung aus Bertangenland verbannt und ziehen zu Atli, der ihnen Lehen schenkt. Apolonius lässt sich in Tyra nieder und wirbt um Herborg, die Tochter des Königs Salomo von Franken. Er wird zwar abgewiesen, kann aber der Prinzessin einen verzauberten Ring schenken, der sie zwingt, ihn zu lieben. Als der fränkische König einmal abwesend ist, gelingt es Apolonius, sich als Frau verkleidet an den Hof zu schleichen. Herborg erkennt ihn und flieht mit ihm. In Tyra angekommen, versucht Apolonius, sich mit Salomo zu versöhnen, doch Herborg stirbt bald darauf, und der Friede kommt nicht zustande.

[254–275] Artus' zweiter Sohn Iron geht so oft auf Jagd, dass einmal seine Frau Isolde sich nackt in den Schnee legt, dann wieder aufsteht und Iron darauf hinweist, es gäbe den Spuren zufolge um die eigene Burg herum ebenfalls Wild zu jagen. Später hört Iron, dass Salomo von Franken öfter in Apolonius' Wäldern jagt und eilt seinem Bruder zu Hilfe, um seinerseits in Salomos Jagdgründen zu wildern. Eines Tages aber wird Apolonius krank und stirbt; Iron wird von Salomo gefangen genommen. Mit Atlis Hilfe kann Isolde das Lösegeld bezahlen, Iron befreien und die Feinde versöhnen. Doch bald darauf stirbt Isolde, und Iron verliebt sich in Bolfriana, die Frau von Erminreks Halbbruder Aki. Aki erfährt davon und tötet Iron, als er sich auf dem Weg zu einem geheimen Treffen befindet. Aber auch Aki stirbt kurze Zeit darauf und Bolfriana wird Vidga zur Frau gegeben.

[276–290] Erminrek vergewaltigt Odila, die Frau seines Ratgebers Sifka, der abwesend ist. Als Sifka bei seiner Rückkehr von dem Vorfall erfährt, tut er zunächst so, als ob er nichts davon wüsste. Kurze Zeit später aber bringt er den König dazu, seine Söhne mit Reisen zu beauftragen, und sorgt dafür, dass sie nicht zurückkehren. Der dritte und letzte Sohn Erminreks wird von Sifka verleumdet, seine Schwester vergewaltigt zu haben, und der König lässt ihn hängen. Schließlich erklärt Odila am Hof, die Söhne von Erminreks Halbbruder Aki hätten sich ihr gegenüber gebrüstet, sie würden Erminreks Ehefrau verführen. Der König lässt die Stadt, in der sie leben, niederbrennen und tötet seine Neffen. Als Entschädigung schenkt er Vidga, der durch die Ehe mit Bolfriana über das Land regierte, eine andere Stadt. Nun verbreitet Sifka auch Verleumdungen gegen Thidrek, sodass Erminrek mit einem riesigen Heer nach Bern zieht. Überrascht muss der Held mit seinem Gefolge fliehen und sucht bei Atli Unterkunft, wo er wohlwollend empfangen wird.

[291–315] Thidrek hilft mehrfach dem hunnischen König in seinem Krieg gegen Vilkinaland, bis er mit Osantrix' Tod einen definitiven Sieg erlangt. Dann aber wird Atli von Osantrix' Bruder Valdimar, König von Rusiland, bedrängt. Er muss vor ihm in einer Schlacht fliehen. Thidrek und seine Männer suchen in einer Burg Zuflucht, werden aber von Valdimar belagert. Atli und Rodingeir kommen ihnen zu Hilfe und befreien sie. Thidrek hat Valdimars Sohn gefangen genommen, der in einen Kerker gesperrt wird. Atlis Frau Erka aber lässt ihn in die Kemenate führen, um ihn gebührlich zu pflegen. Doch der junge Mann dankt ihr, indem er bei erster Gelegenheit gegen sein Versprechen flieht. Erka bittet Thidrek, ihn zu verfolgen; er tut es und tötet ihn im Kampf. Atli erlebt weitere Niederlagen seitens der russischen Truppen, bis er erneut einen Heerzug mit Thidrek unternimmt, der tief in russisches Land eindringt und König Valdimar in einer Schlacht tötet. Atli setzt Iron als Regenten in Russland ein.

[316–341] Jetzt beschließt Thidrek, sein Land zurückzuerobern. Dank Erkas Einsatz schließt sich ihm ein riesiges Heer an, in dem sich auch Atlis Söhne Erp und Ortwin befinden. Erminrek zieht ebenfalls sein Heer zusammen. In der Nacht vor der Schlacht zeigt Erminreks Vasall Reinald seinem Freund Hildibrand das Heer und seine Formation. In der Schlacht treffen verschiedene Freunde aufeinander, die versuchen, sich aus dem Weg zu gehen. Erminreks Heer erleidet hohe Verluste, darunter Valtari und Reinald; doch Vidga tötet Atlis Söhne und schließlich auch Thidreks Bruder. Der Held verfolgt nun im rasenden Galopp seinen früheren Freund, um sich zu rächen. Vidga reitet bis ans Meer und auch ein Stück über die Wellen, doch dann öffnen sich die Gewässer und Vidga verschwindet darin. Thidrek versinkt in große Klagen und kehrt, da die Schlacht zu keiner Entscheidung geführt hat, tieftraurig an Atlis Hof zurück, wo er trotz des Verlustes der Prinzen wohlwollend empfangen wird. Kurze Zeit später stirbt Erka.

[342–348] Sigurd hat derweil bei Gunnar und Hogni gelebt. Eines Tages streiten dort Brynhild und Grimhild darüber, wer von beiden die Ranghöchste ist. Als Brynhild eine giftige Bemerkung über Sigurds unadelige Herkunft macht, verrät Grimhild öffentlich, dass Sigurd – und nicht Gunnar – der erste war, der mit ihr schlief. Brynhild erzählt es Gunnar und Hogni, die daraufhin beschließen, Sigurd zu ermorden. Als in einer Pause einer Jagdpartie alle an einem Brunnen trinken, steht Hogni auf und ermordet Sigurd, dessen Leiche sie dann in Grimhilds Bett legen. Die Klage der Frau bei der Bestattung des Helden ist unermesslich.

[349–355] Nun unternimmt Hertnid, König von Vilkinaland, einen Feldzug nach Bertangenland und verwüstet Isungs Länder. Der sammelt daraufhin sein Heer und greift mit seinen elf Söhnen sowie mit Thidreks Gefährten Fasold und

Thetleif Vilkinaland an. Als Hertnids Truppen bereits dezimiert sind, erscheint seine Frau Ostacia, die mit ihren magischen Künsten ein Heer von Drachen und anderen Ungeheuern versammelt hat, welche nun die bertangischen Reihen verwüsten und Thetleif, Isung und seine Söhne töten. Hertnid tötet den erschöpfen Fasold. Ostacia aber, die sich in einen Drachen verwandelt hatte, ist tödlich verwundet worden und stirbt kurz darauf.

[356–394] Atli beschließt nun, um Grimhild zu werben, obwohl Erka ihn vor ihrem Tod davor gewarnt hatte. Seine Boten gelangen mit Gunnar zu einer Vereinbarung, und Atli kommt, um seine neue Frau abzuholen. Nach sieben Jahren Ehe bringt Grimhild, die noch immer Sigurd nachtrauert, ihren Ehemann dazu, ihre Brüder Gunnar und Hogni einzuladen, mit dem Argument, sie würden Sigurds Hort verwalten, der ihr rechtmäßig zustünde. Begierig, den Schatz zu erlangen, lädt Atli die Niflungen ein. Trotz Hognis Warnung nimmt Gunnar die Einladung an. Hogni leitet den Zug des Gefolges und trifft auf Sirenen, die ihm den Tod aller Krieger verkünden. Dann organisiert er die Überquerung der Donau auf einer Fähre und führt die Begegnung mit einem Vasallen Grimhilds und den Aufenthalt bei Rodigneir an, wo sie reich beschenkt werden. Als sie Atlis Hof in Susat erreichen, fordert Grimhild die Herausgabe des Hortes, doch Hogni antwortet, er habe ihn nicht mitgebracht. Nun versucht die Königin vergeblich, Thidreks, Atlis oder dessen Bruder Bloedels Hilfe für ihre Rache zu bekommen. Schließlich reizt sie bei einem Festmahl im Hofgarten ihren Sohn dazu, Hogni eine Ohrfeige zu erteilen. Der warnt den Jungen, es nicht zu wiederholen, doch der Kleine wird von der Mutter nochmals zu Hogni geschickt; auf die zweite Ohrfeige hin schlägt der Krieger ihm den Kopf ab. Nun beginnt ein furchtbares Massaker. Irung hindert die Niflungen am Ausbruch aus dem Garten; da sie aber nicht das ständige Eindringen neuer Gegner verhindern können, brechen sie ein Loch in die Mauer, durch das sie entkommen. Der Kampf geht nun in den Straßen weiter. Gunnar wird gefangen genommen und auf Anraten Grimhilds von Atli in den Schlangenturm gesperrt. Bei Einbruch der Nacht lässt Hogni ein Haus anzünden, um besser kämpfen zu können. Als aber der Tag wieder anbricht und die Zahl der hunnischen Gegner nur zunimmt, sperrt er sich mit dem Rest der Leute in der Königshalle ein. Grimhild befiehlt, den Palast abzubrennen und im darauffolgenden Kampf sterben Irung und Rodingeir, aber auch Giselher, Gernoz und Folker. Schließlich erscheint Thidrek, den das furchtbare Morden so wütend gemacht hat, dass er Feuer spuckt und Hogni verbrennt, den er nun fangen kann. Grimhild steckt Giselher und Gernoz glühende Scheite in den Mund, um zu prüfen, ob sie wirklich tot sind; angesichts solcher Grausamkeit tötet Thidrek sie. Hogni stirbt einige Tage später, hat aber vorher mit einer Frau einen Sohn gezeugt und ihr das Geheimnis von Sigurds Hort verraten.

[395–422] Thidrek beschließt dann, erneut die Rückeroberung Berns zu versuchen, wo nun, wie er erfährt, Hildibrands Sohn Alibrand regiert. Unterwegs nimmt er mit einem Fürsten seines Landes Kontakt auf, der ihn über die politische Lage unterrichtet und die treuen Vasallen aufzählt, die Thidreks Rückkehr erwarten. Hildibrand geht nun bis Bern vor, wo Alibrand ihm entgegentritt. Zwar hat der Vater seinen Sohn erkannt, doch beide weigern sich, ihre Namen zu nennen. So kommt es zum Kampf, bei dem Alibrand versucht, seinen Gegner mit einer Hinterlist zu überwinden. Dennoch besiegt ihn Hildibrand und gibt sich daraufhin zu erkennen. Nun bereitet die gesamte Ritterschaft Berns Thidreks triumphale Rückkehr vor. Das Heer Berns, das versammelt wird, überrennt Sifkas Truppen (Erminrek war einige Zeit vorher an einer Krankheit gestorben), und Thidrek wird König von Romaland. Eines Tages aber zieht er allein aus und wird von einem Drachen gefangen und in sein Nest gebracht. Es gelingt ihm jedoch zu entkommen, und er findet alsbald die Waffen des vorigen Opfers der Drachen (das war Hertnid, König von Vilkinaland), mit denen er das Ungeheuer und seine Sprösslinge erschlägt. Dann reitet er in Hertnids Stadt, befreit sie von der Belagerung durch eine Gruppe Banditen und heiratet die Witwe Isolde.

[423–428] Als Hognis Sohn Aldrian zwölf Jahre alt wird, beschließt er, seinen Vater zu rächen, und teilt Atli mit, er wolle ihm Sigurds Hort zeigen. Sie reiten allein bis zur Höhle, in der er versteckt ist, aber Aldrian sperrt den hunnischen König darin ein und lässt ihn elendiglich verhungern. Dann zieht der Junge in das Land der Niflungen, berichtet Brynhild und übernimmt die Herrschaft bis zu seinem Tod, ohne jemals wieder den Hort angerührt oder jemandem gezeigt zu haben. Thidrek wird nach Atlis Verschwinden zum König von Hunaland ernannt.

[429–438] Heimir hat sich als einfacher Mönch in ein Kloster zurückgezogen, doch als dieses vom Riesen Aspilian bedroht wird, greift er wieder zu seinen alten Waffen und tötet ihn. Als Thidrek die Kunde erreicht, ein alter Mönch habe den Riesen Aspilian im Kampf besiegt, reitet er zu dem Kloster, erkennt seinen alten Gefährten und holt ihn zu sich an den Hof. Heimir beschäftigt sich nun damit, Riesen zu töten, stirbt aber im Kampf mit dem letzten Geschöpf dieser Spezies. Thidrek rächt seinen Freund und tötet den Unhold. Als dann aber Thidrek während einer Pause auf einer langen Jagdpartie ein Bad nimmt, läuft ein prächtiger Hirsch an ihm vorbei. Der König ruft sofort Reittier und Hunde herbei, doch da ihm die zu lange brauchen, springt er auf einen pechschwarzen Rappen, der sich plötzlich an seine Seite gestellt hat. Das Ross rauscht im Galopp davon, und Thidrek merkt bald, dass er es weder lenken noch abspringen kann; auch können ihn seine Männer nicht einholen. Er ruft ihnen zu, dass er ins Verderben reite und dass Gott und Maria ihm beistehen mögen. Dann verschwindet er und kehrt nicht wieder, doch da er in seiner letzten Stunde des Herrn und der Jungfrau gedachte, sagen alle, er habe seine Seele gerettet.

Die ›Thidreksaga‹ ist in einer norwegischen Pergamenthandschrift vom Ende des 13. Jahrhunderts überliefert (Sigle *Mb*, Stockholm, Kungl. Biblioteket, perg. fol. 4). Sie weist einige bedeutende Lücken auf, vornehmlich am Anfang und am Schluss. Um sie zu füllen, dienen Abschriften aus dem 17. Jahrhundert von inzwischen verschollenen Handschriften, vornehmlich drei von ihnen, die besonders vollständig und treu sind (A und B in Reykjavík, C in Stockholm). Es gibt auch eine schwedische Übersetzung aus dem 15. Jahrhundert, die zwar deutlich kürzt und einige Szenen verändert, dennoch aber textkritisch nützlich sein kann, wenn die anderen Zeugen voneinander abweichen.

Die Haupthandschrift weist aber nicht nur Textverlust auf, sondern vor allem eine Reihe von Ordnungsproblemen, Wiederholungen und Widersprüchen, die die Struktur der Erzählung berühren und einen kurzen Kommentar erfordern. Das grundsätzliche Problem liegt darin, dass die Handschrift die Existenz zweier Fassungen der Saga belegt, die teilweise miteinander in Konkurrenz gestanden zu haben scheinen. Das lässt sich vor allem an der Art ablesen, in der die beiden Hauptschreiber der Handschrift (*Mb2* und *Mb3*, es gab noch drei weitere) vorgegangen sind. Der Text, den *Mb2* abgeschrieben hat, referiert die Geschichte ohne Unterbrechung vom Anfang an bis zu dem Fest, das Thidrek an seinem Hof in Bern feiert (Kapitel 170 in den Ausgaben). Aber er lässt die Jugendgeschichte Sigurds und den kurzen Bericht über die Abstammung Gunnars und Hognis aus (Kapitel 152–169), springt also von Kapitel 151 zu Kapitel 170 und bricht daraufhin seine Arbeit ab. Dieses Kapitel 170, das auf der Rückseite eines Blattes beginnt und bis zur Vorderseite des nächsten Blattes geht, wurde nun durchgestrichen, und zwischen beide Blätter wurde eine neue Lage mit 10 Blättern (5 Doppelbögen) eingebunden. Auf diesen Seiten stehen die Kapitel 152–191 (also die Jugendgeschichte Sigurds und das gesamte Fest bei Thidrek), geschrieben von *Mb3*. Nach der eingefügten Lage steht somit das Ende jenes durchgestrichenen, noch von *Mb2* geschriebenen Kapitels 170 und dann das Kapitel 192, das *Mb2* noch begonnen hatte, dann aber von *Mb3* fortgeführt wird, der nun grundsätzlich für den Rest der Handschrift verantwortlich war. Es scheint also, als ob der Schreiber *Mb2* die Kapitel 152–169 und 171–191 vergessen oder übersprungen hätte und sein Kollege den Fehler dadurch behob, dass er das Kapitel 170 strich und die gesamte Sequenz 152–191 (also noch einmal mit Kapitel 170) auf gesonderten Blättern einfügte.

Es gibt aber Hinweise darauf, dass es sich nicht nur um die Korrektur eines Fehlers handelte, sondern dass wir es – wie Susanne Kramarz-Bein gezeigt hat – tatsächlich mit unterschiedlichen Konzeptionen des Gesamtwerks zu tun haben. So bietet *Mb3* im Kapitel 169 eine Fassung über den Ursprung der Niflungen, die von der abweicht, die *Mb2* in seinem Kapitel 170 gab (die dann aber bei der Abschrift dieses Kapitels durch *Mb3* in der Zusatzlage mechanisch mitgeschrieben wurde). Auch ist zu beobachten, dass im ersten Teil des Textes, den *Mb2* schrieb, der vilkinische König Osantrix im Kapitel 144 stirbt, dass er aber im zweiten Teil, der von *Mb3* stammt, noch einmal vorkommt und dann im Kapitel 292 wieder stirbt. Auch wiederholte der Schreiber *Mb3* nach Kapitel 240 die Geschichte der Söhne von König Vilkinus und die Brautwerbungen Osantrix' und Atlis (Kapitel 21–56; dieser Abschnitt wird in den Ausgaben nicht wiederholt). Offenbar hatte dieser zweite Redaktor des Textes, trotz der geringfügigen Inkongruenzen, ein eigenes Verständnis vom Aufbau des Textes und unterlegte ihm – wie noch zu sehen sein wird – eine transparentere Struktur. Jedenfalls wurde er mit der Vollendung der Handschrift beauftragt, und eine Reihe von Indizien deuten auch darauf hin, dass seine Idee der genuinen Konzeption der Kompilation näher stand. Vielleicht aber war die erste nur eine Vorfassung, möglicherweise sogar eine unvollständige, die dann vom Konzept von *Mb3* vollendet wurde. Die isländischen Handschriften A und B übernehmen die Interpolation von *Mb3*, aber nicht die Wiederholung der Brautwerbungen Osantrix' und Atlis.

Die Forschung hat sich traditionell nur wegen der Fülle der kompilierten Stoffe für die ›Thidreksaga‹ interessiert. In der Tat versammelt der altnordische Prosaroman alle kontinentalen germanischen Heldensagen, von Dietrich von Bern und Hildebrand über Ermanarich, die Burgunden, Siegfried, Walther und Wieland bis hin zu weniger herausragenden Figuren wie Hilde, Witege (Vidga), Heime, Biterolf, Dietleib, Ortnid und andere. Außerdem verbindet sie diese Geschichte mit weiteren, die in den übrigen Quellen nicht mit derselben Heldenzeit in Verbindung stehen, die aber offenbar in der mündlichen Tradition sehr wohl mit den anderen Heldenerzählungen verbunden wurden oder werden konnten, wie zum Beispiel die Erzählung über die Vilkiner (die Wilzen), über Osantrix' Brautwerbung (die mit anderen Namen auch im ›König Rother‹, 12. Jh., erzählt wird) oder die Russlandkriege. Hier erscheinen fast all jene Stoffe, die der Marner in seinem Gedicht erwähnt (vgl. die Einführung). In diesem Sinne ist die Saga ein wertvolles und interessantes Zeugnis, um zu wissen, welche Abenteuer- und Heldengeschichten im deutschsprachigen Raum im 13. Jahrhundert im Umlauf waren. Auch hier wird uns dieser Aspekt immer wieder interessieren. Das Problem ist aber, dass dies lange Zeit die einzige Perspektive war, unter der ein Großteil der Forschung das Werk betrachtet hat; erst in den letzten zwei oder drei Jahrzehnten hat man begonnen, auch seine literarischen Qualitäten zu beachten.

Die Anzahl der kompilierten Stoffe führt zur Frage nach ihrer Herkunft. Der Prolog der Saga gibt an, Dänen und Schweden könnten einige der darin enthaltenen Geschichten erzählen, und Isländer wie Norweger hätten einige Partien bereits zusammengestellt, teilweise sogar in Versen. Der Autor war sich also dessen bewusst, dass das skandinavische Publikum die in der Saga versammelten Geschichten zum Teil bereits kannte. Als direkte Quelle allerdings nennt der Erzähler die Berichte deutscher Männer, die angeblich die Geschichten alle auf die gleiche Weise erzählen würden. Einige von ihnen seien aber in Versen und viel früher gedichtet. Eine Quellenangabe steht auch nach dem Tod der Burgunden bei Atli (Kapitel 394). Dort behauptet der Autor, er habe die Geschichte so erzählt, wie sie ihm von Leuten aus Susa (Soest) erzählt wurde, wo die Handlung lokalisiert wird und wo noch Spuren des Kampfes zu beobachten seien; aber auch Leute aus Münster und Bremen hätten die Fassung gekannt, die er niederschrieb. Der Autor hat somit Quellenkritik betrieben: Er hat gezielt die skandinavischen Fassungen abgelehnt und die kontinentalen vorgezogen. Und er hat festgestellt, dass sich die Fassungen gleichen.

Aus diesen Angaben schloss man früher auf die Existenz eines niederdeutschen Textes mit den Geschichten um Dietrich von Bern, den die ›Thidreksaga‹ einfach übersetzt hätte. Die Forschung lehnt diese These heute allerdings ab, nicht nur weil es keinerlei Spuren von einer umfangreichen niederdeutschen Erzählung über diesen Stoff gibt, sondern vor allem weil die Verbindungen zwischen diesem Werk und der literarischen Produktion in Bergen und im Umkreis des norwegischen Hofes sehr eng sind. Neuere Untersuchungen haben die Nähe der ›Thidreksaga‹ zur ›Karlamagnussaga‹ deutlich gemacht, die ebenfalls an Hákons Hof entstand. Auch sind strukturelle, stilistische, sprachliche und sogar kodikologische Parallelen zwischen unserem Text und anderen Werken aus dem literarischen Umkreis Bergens festgestellt worden, wie die ›Elissaga‹, die ›Tristramsaga‹ oder die ›Parcevalsaga‹.

Die Tatsache, dass die ›Thidreksaga‹ offenbar eine genuin nordische Kompilation ist, schließt natürlich keineswegs aus, dass ihre Quellen aus Deutschland stammten, wie auch der Autor behauptet. Wir haben keinen Grund, an seiner Aussage zu zweifeln. Im niederdeutschen Raum waren die heroischen Traditionen ebenso bekannt wie im Süden. Zwar ist nur ein kurzes Fragment eines Textes überliefert, das von einer literarischen Produktion im 13. Jahrhundert zu sprechen erlaubt, doch mündlich waren mit Sicherheit viele Sagen im Umlauf. Allein die vielen Geschichten über Friesen, Jüten und Dänen, denen man im ›Beowulf‹ begegnet (vgl. Kapitel II,3) oder bei Saxo Grammaticus (vgl. Kapitel III,3, S. 135–138), aber auch die Knochen des Riesen Hygelac, die dem ›Liber Monstrorum‹ zufolge auf einer niederrheinischen Insel von Neugierigen besucht wurden, weisen darauf hin, dass in dieser Region ebenfalls heroische Traditionen gepflegt wurden.

Die ›Thidreksaga‹ lokalisiert Atlis Hof und die Geschichten, die sich dort ereignen, in der westfälischen Stadt Soest. Der Autor besteht auf diesem Detail, besonders als er im Kapitel 394 bemerkt, dass man dort noch die zerstörten Paläste, die Bresche in der Gartenmauer sowie den Schlangenturm sehen könne. Offenbar gab es eine solche Fassung der Nibelungengeschichte, denn der Sagaautor betont, dass sie ihm von Leuten aus Münster und Bremen bestätigt wurde. Anscheinend war ihm also bewusst, dass es konkurrierende Versionen gab, und er sah sich genötigt, seine Wahl zu rechtfertigen. Hinter einer in Soest situierten Nibelungengeschichte könnte ein besonderes, westfälisches oder niederrheinisches Interesse stehen, die alten Sagen im eigenen geographischen Raum zu lokalisieren. Es wäre nicht das einzige Zeugnis dafür: Um 1154–1159 schrieb Nikulás Bergsson, der damalige Abt des nordisländischen Klosters Thverá, einen Reiseführer für Rom- und Jerusalempilger (›Leiðarvísir‹), welcher dem Weg folgte, den er selbst einige Jahre zuvor gegangen war. Darin erwähnt er einen nicht genauer präzisierten Ort in Westfalen, wo man die *Gnitaheiðr* sehen könne, auf der den nordischen Zeugnissen zufolge Sigurd den Drachen tötete.

Unklar ist jedoch, ob der Autor der ›Thidreksaga‹ neben mündlichen Quellen (den »Berichten deutscher Männer«) auch schriftliche Zeugnisse gekannt haben könnte. Die Geschichte vom Untergang der Niflungen an Atlis Hof folgt z. B. streckenweise ziemlich genau der Handlung des ›Nibelungenliedes‹ (vgl. Kapitel IV,1), sodass man sich fragt, ob die Sagen, die der Passauer Dichter verarbeitete, so genau vorgeformt waren oder ob ein schriftliches Zeugnis des hochdeutschen Epos im Norden umgearbeitet wurde. Sollte ein hoch- oder niederdeutscher literarischer Text nach Bergen gelangt sein, würde das neue Erkenntnisse über die Arbeit des Kompilators, aber auch über die Textzirkulation und die kulturellen Beziehungen der Zeit ermöglichen. Natürlich besteht theoretisch auch die Möglichkeit, dass das literarische Werk mündlich weitergegeben wurde, aber über solche Fälle wissen wir sonst nichts.

Der Autor der Saga – oder vielleicht sollte man angesichts der beiden konkurrierenden Fassungen von den Autoren sprechen – ordnete und vereinheitlichte seine Materialien mit einer Planung, die eine intensive literarische Arbeit verrät. Die Interpolation des Schreibers *Mb3* ist dafür ein sehr gutes Beispiel. Wie gesagt bestand sein wichtigster Eingriff darin, die Jugendgeschichte Sigurds vor Thidreks Fest einzubauen, dieses durch die Heldenschau zu erweitern und die Brautwerbungen Osantrix' und Atlis zu wiederholen (was annehmen lässt, dass er sie nicht an den Anfang gestellt hätte, wo wir sie heute lesen [Kapitel 21–56]). Mit diesen drei Modifizierungen unterstrich und klärte er die dreiteilige Struktur der Saga. Der erste Teil dient fast ausschließlich der Vorstellung der Helden und dem Bericht ihrer Herkunft und Taten, bis sie zu Thidrek ziehen (Kapitel 1–151). Einer nach dem anderen treten hier die zwölf Gesellen des Helden auf und gliedern sich in sein Gefolge ein. Die Serie gipfelt in dem Fest, das sie alle in einem Saal vorstellt, was der Dichter durch die Einzelporträts unterstreicht (Kapitel 172–188). Der Bericht über Sigurds Jugend noch vor dem Fest bestätigt diesen Aufbau, indem ein weiterer Held der Serie beigefügt wird, auch wenn dieser nicht zu Thidreks Gefolge gehört.

Der darauf folgende Reihenkampf der Berner mit Isungs Söhnen endet mit der Ehe von Thidreks Vetter Amlung; damit beginnt eine Reihe von Brautwerbungen und Ehen, welche die meisten beteiligten Figuren betreffen und die sich bis zur Geschichte von Apolonius und Iron erstrecken (Kapitel 192–275). Die Wiederholung der Eheschließungen Osantrix' und Atlis, die *Mb3* nach Kapitel 240 unternimmt, folgt offenbar diesem Modell, zuerst von den Jugendtaten und dann von den Brautwerbungen zu berichten. Schließlich initiiert die Vergewaltigung Odilas durch Ermenrik, obwohl ihr bereits einige Ehebrüche vorausgegangen sind, eine Serie von Intrigen und Verratshandlungen oder einfach auch nur Kriegen (Kapitel 276–438), die langsam aber sicher die Gruppe der Helden und aller anderen, die sie umgeben, dezimieren. Am Schluss ist nur noch Thidrek am Leben, mit dessen Entrückung der letzte Held die erzählerische Welt der Saga verlässt.

Da eine große Anzahl von Helden und Sagen gleichzeitig bearbeitet werden, wird diese zyklische Struktur von Aufstieg, Höhepunkt und Niedergang kombiniert mit anderen Ordnungselementen, wie z. B. symmetrischen Konstruktionen oder der Unterbrechung und Verknüpfung von Handlungsfolgen. Die symmetrischen Konstruktionen sind deutlich erkennbar: Die Art, in der die einzelnen Helden vorgeführt werden, folgt in den meisten Fällen einem ähnlichen Muster. Es werden die Vorfahren des neuen Helden vorgestellt, seine Geburt und sein Charakter beschrieben, dann sein Beschluss, Thidrek in Bern aufzusuchen, die Besorgung von Waffen, der Abschied, einige Abenteuer unterwegs (falls keine Jugendtaten berichtet wurden), die Begegnung mit Thidrek, der Kampf und die Eingliederung in das Kollektiv. Die Reihenfolge, in der die Helden auftreten, ist beinahe dieselbe, die dann die Bildergalerie aufweist, in der jeder einzeln beschrieben wird. Die Reihenfolge der Kämpfe mit den Söhnen Isungs ist dann aber in großem Maße die Umkehrung davon. Im dritten Teil verschwinden die Helden ebenfalls nacheinander, wenn auch die ersten vier (die ein geringeres heroisches Profil aufweisen) einfach in ihre Länder zurückkehren und so den Kreis der Gesellen verlassen. Im zweiten Teil werden dann auch zwölf Brautwerbungen beschrieben. Die Wiederholung der Kapitel 21–56 durch *Mb3* erhöht allerdings ihre Zahl auf fünfzehn.

Die Unterbrechung oder Sequenzierung von Handlungssträngen ist eine direkte Folge der Existenz solcher symmetrisch gebauter Serien, denn die Haupthandlung wird immer wieder unterbrochen, um die Einführung weiterer Figuren zu ermöglichen, und dann fortgesetzt, als die neuen Helden nach Bern kommen. Da die Reihen mit voneinander unabhängigen Geschichten gebaut werden, wird die Basishandlung jedes Mal verlassen, wenn ein neuer Stoff eingefügt werden soll. Aber auch die anderen Geschichten können unterbrochen werden, wie im Fall der Auseinandersetzungen zwischen Osantrix und Atli oder vor allem bei den Geschichten Sigurds und der Niflungen. Sigurds Jugend wird noch im ersten Teil berichtet (Kapitel 162–158, in der von *Mb3* eingefügten Lage), seine Ehe mit Grimhild und Gunnars Ehe mit Brynhild werden dann im zweiten Teil erzählt (Kapitel 226–230). Sigurds Ermordung steht in der Mitte des letzten Teils (Kapitel 342–348), und die Rache Grimhilds nach ihrer Ehe mit Atli erst nach einer neuerlichen Unterbrechung (Kapitel 356–393).

Der niflungische Handlungsstrang ermöglicht auch die Einsicht in ein weiteres Prinzip der Arbeit des Kompilators. Einerseits folgt die Saga wie gesagt stellenweise ziemlich genau dem Erzählverlauf des ›Nibelungenliedes‹, wie zum Beispiel bei der Fahrt der Burgunden ins Hunnenland oder im Namen der Heldin (Grimhild statt wie sonst in Skandinavien üblich Gudrun). Aber der Autor verändert stark den Kampf an Atlis Hof, sowohl um ihm eine städtischere und vielleicht auch ein wenig ›realistischere‹ Szenerie zu verleihen, als auch um das radikale Ende abzuschwächen. Selbstverständlich endet das brutale Gemetzel in Susa mit dem Tod zahlreicher Helden, einschließlich einiger Gesellen Thidreks. Aber die entscheidende Veränderung liegt darin, dass die heroische Welt hier noch nicht zu Ende geht. Das liegt an der im Verhältnis zum ›Nibelungenlied‹ gewandelten erzählerischen Perspektive. Beide Texte kombinieren als einzige die Erzählung von Dietrichs Exil und die von Gunnars und Hognis Tod bei Atli. Doch während im mittelhochdeutschen Epos die Dietrichgeschichte der Burgundensage untergeordnet und an sie angepasst wird, geschieht in der ›Thidreksaga‹ das Gegenteil. Aus diesem Grund kann das Gemetzel in Susa nicht endgültig sein, denn es ist noch das zu erzählen, was das ›Nibelungenlied‹ nicht mehr interessiert hat: Thidreks Rückkehr nach Bern und sein Verschwinden.

Ähnliches geschieht in der Geschichte Velents. Besteht im Wielandlied der ›Edda‹ die Rache des Schmiedes in der Vernichtung der Erben Niduncs und in der Zeugung eines Bastardsohnes mit der Prinzessin, so nimmt die ›Thidreksaga‹ die Vehemenz der Rache zurück, indem sie einen älteren Sohn erfindet, der das Reich erben wird, und die Vergewaltigung in eine Verführung umwandelt, die in eine Ehe mündet. Einerseits erlaubt dieses Vorgehen, die Zerstörung des Reichs in einer Handlungsphase der Saga zu verhindern, in der die Heldenwelt erst noch aufgebaut wird. Velent versöhnt sich mit dem Erben Niduncs und beide Reiche leben friedlich weiter. Andererseits wird dadurch ein viel positiveres Bild von Vidga vermittelt, der nun kein Bastard mehr ist und eine königliche Herkunft nachweisen kann.

Dieser letzte Aspekt ist nicht unbedeutend, denn Vidga ist eine Figur, die aus Nordeuropa stammt, konkret aus Skandinavien, wo das Reich Niduncs zu denken ist. Man hat beobachtet, dass der Sagaautor die nordischen Helden viel besser behandelt als die südlichen. Ganz eindeutig wird dies am Heldenpaar Vidga-Heimir, das dem Zeugnis des ›Widsith‹ zufolge bereits im Frühmittelalter bekannt war. In der Saga aber sind die beiden Heroen kaum miteinander verbunden und erscheinen als Vertreter des Nordens und des Südens. Vidga wird als ein tadelloser Held dargestellt; er ist der einzige, der Thidrek im Kampf überwinden kann, sein Schwert ist besser als das Sigurds und sein Stahl härter als das des berühmten Helms Hildgrim. Zudem ist er neben Thidrek der einzige Held, der nicht stirbt, sondern entrückt wird: Auf seiner Flucht vor dem rasenden Thidrek reitet er über die Wellen, die Gewässer öffnen sich, und er dringt in das Reich seiner Großmutter ein, die eine Meerjungfrau war. Heimir dagegen stammt aus Schwaben und erweist sich stets als bösartig: Erst streitet er mit Thidrek und schließt sich einer Räuberbande an, dann stiehlt er Vidga das Schwert, anstatt dem ohnmächtigen Gefährten zu helfen; am Ende zündet er ein Kloster an und wird von einem Riesen getötet. Als Mitglied der Räuberschar wird Heime übrigens von Thetleif besiegt, der wiederum ein skandinavischer Held ist, nämlich aus Dänemark, einem der drei Länder (neben Sachsen und Vilkinaland), die in der Saga besonders hervorgehoben werden. Offenbar wollte der Autor ein gewisses regionales Bewusstsein vermitteln, dem zufolge die eigenen Helden immer die besten sind. Damit steht wohl die geographische ›Aneignung‹ einiger Figuren in Verbindung, die in deutschen Texten anderer Herkunft sind (besonders Biterolf und Thetleif). Wenn die eigenen Helden nicht die besten sind, muss man sich eben welche besorgen.

Es lohnt sich, an diesem Punkt wieder auf das Muster von Aufstieg und Niedergang zurückzukommen, das der Saga zugrunde gelegt wurde, um zu sehen, wie der Autor seine Figuren einführt und wieder abtreten lässt. Es fällt auf, dass Thidrek der einzige Held ist, der in seiner Jugend nicht auszieht, der aber dennoch von Beginn an eine gewaltige Anziehungskraft ausübt, die mutige Männer aus fernen Ländern motiviert, zu ihm zu ziehen, sich im Kampfe mit ihm zu messen und in sein Gefolge einzutreten. Wer sich als Krieger hochschätzt, muss dorthin ziehen, um zu zeigen, was er wert ist. Der Berner ist weder König, noch hat er Lehen zu verteilen; das ist aber auch nicht das Ziel derjenigen, die zu ihm kommen. Die höchste Lebenserfüllung der Helden besteht offenbar darin, sich in ein Kollektiv zu integrieren, das sowohl die gegenseitige Anerkennung sichert als auch eine angemessene Frequenz von Waffengängen verspricht, die den Heldencharakter bestätigen und bewahren. In Bern finden sie offenbar den geeigneten Raum, um diese Gruppe von zwölf Gesellen gleichen Ranges und Ruhmes zu bilden, die *jafningi*. Unter ihnen ist Thidrek nichts weiter als ein *primus inter pares*, was die Präsenz seines Lehrers Hildebrand unterstreicht. Mit Sicherheit hatte der Autor bei der Konstruktion dieser Heroengemeinschaft nicht nur das arthurische Vorbild präsent, sondern vor allem das karolingische, da ja auch die ›Karlamagnussaga‹ zwölf Helden um den Kaiser versammelt, nach dem Modell, das die französischen Texte selbst boten. Im Gegensatz zu Karl und Artus kennt aber Thidreks Hof keine eigene politische Handlung, nicht einmal als er König wird. Die Berner Helden handeln immer nur als Helfer großer Herrscher (Atlis in seinen Kriegen gegen Osantrix [Kapitel 130–146], Erminreks in seiner Auseinandersetzung mit Graf Rimstein [Kapitel 147–151]). Ansonsten kämpfen sie gegen Riesen, Drachen und ähnliche fantastische Gegner.

Die Konstruktion des Heldenkollektivs gipfelt in Thidreks Fest in Bern, das sie alle versammelt. Die Interpolation von *Mb3* nutzt diese Szene, um die Helden in Form einer Bildergalerie zu portraitieren. Letztlich stammt das Motiv aus der ›Vita Karoli‹ Einhards, dessen zweiundzwanzigstes Kapitel eine Beschreibung des Kaisers bietet, die dann mit bedeutenden Veränderungen vom ›Pseudo-Turpin‹ übernommen wurde, über den es nach Skandinavien gelangte, da er in die ›Karlamagnussaga‹ eingearbeitet wurde. Die Figuren, die die ›Thidreksaga‹ darstellt, entsprechen aber keinem höfischen Schönheitsideal, sondern sind Kampfmaschinen mit grotesk überdimensionierten Körpern, entstellten Gesichtern und einem stechenden Blick. Die Tendenz des ersten Sagateils und der Anblick so vieler guter Helden verleitet Thidrek zu der überheblichen Behauptung, sein Gefolge finde nicht seinesgleichen.

Dies aber leitet die Wende ein: Herbrand berichtet auf diese Aussage hin von König Isung, seinen elf Söhnen und ihrem Fähnrich Sigurd, die die tapfersten Krieger überhaupt seien. Die Szene wurde durch die Interpolation mit dem Bericht von Sigurds Jugend und seiner Ankunft in Bertangenland vorbereitet. Die Nachricht Herbrands wirkt nun wie ein arthurisches Abenteuer, das alle Helden in Bewegung setzt, um sich an ihm zu messen. Doch an Stelle einer Bestätigung der Größe Thidreks und seiner Gesellen werden die Hälfte der Berner in den Reihenkämpfen geschlagen und gefangen genommen;

nur Amlung, Thetleif und Vidga – die drei nordischen Helden – können ihre Gegner besiegen und die Freunde befreien. Thidrek vermag Sigurd nur zu überwinden, als er Vidgas Schwert benutzt, was offenbar nicht fair ist, weil es gegen die Abmachung verstößt. Da die Kämpfe keine stabile Lösung bringen, wird die Angelegenheit mit einer friedlichen Abmachung geregelt, die durch die Verehelichung von Isungs Tochter mit Amlung besiegelt wird. Der künstlich herbeigerufene Konflikt wird auf verständige Weise gelöst. Doch Thidrek und seine Leute haben sich als besiegbar erwiesen, und damit werden sie als Helden auf ein Normalmaß zurückgeholt. Jene einzigartigen und herausragenden Kämpfer, die die im ersten Teil eingefädelten Geschichten dem Sagenkomplex zugeführt haben und die im Berner Fest als Heldengalerie gefeiert wurden, sind wieder zu gewöhnlicheren Kriegern geworden; zwar tapfer und ausgezeichnet, aber nicht unübertrefflich oder ins Mythische übersteigert.

Das zeigt auch der zweite Teil der Saga, in dem Thidrek und seine Gesellen rasch an Bedeutung einbüßen. Vier von ihnen kehren schlichtweg heim, und vier weitere heiraten dank einfacher Eheabkommen, die nur am Rande erwähnt werden. Nur die Ehen Sigurds mit Grimhild und Gunnars mit Brynhild werden wegen ihrer Bedeutung für spätere Episoden der Handlung einigermaßen detailliert erzählt (Kapitel 226–230). Auffällig ist, dass auch hier die Bünde durch gegenseitiges Einverständnis geschlossen werden, also ohne die Mut- oder Kraftproben, deren Überwindung Brynhild in anderen Texten (›Nibelungenlied‹, ›Volsungensaga‹) zur Bedingung stellt. Nicht einmal die Existenz eines früheren Eheversprechens zwischen Sigurd und Brynhild, von dem nun berichtet wird, das aber an der entsprechenden Stelle (Kapitel 168) nicht erwähnt wurde, ist ein Hindernis für eine friedliche Einigung mit Gunther.

Das steht den übrigen Brautwerbungsgeschichten, die dieser Teil der Saga referiert, entgegen, insbesondere wenn man – wie der Redaktor *Mb3* vorschlägt – nach Kapitel 240 noch einmal die Kapitel 21–56 liest. Es sind die Geschichten über Herburts Werbung um Hild, Osantrix' um Oda, Atlis um Erka, Valtaris um Hildigund sowie Apolonius' um Herborg, welche im Mittelpunkt des erzählerischen

Interesses stehen. Wie alle Erzählungen dieses Typs handelt es sich um schwierige und gewagte Abenteuer, die dem Helden ermöglichen zu zeigen, dass er der Beste nicht nur mit den Waffen ist (die er oft ziehen muss, um seine hochwertige Beute zu verteidigen), sondern auch im Ersinnen von Listen, um zur gut gehüteten Frau zu gelangen. Atlis politische Aktivität in diesem Teil der Saga unterstreicht zudem die geringe Bedeutung Berns. Und Thidrek ist unfähig, auf heldenhafte Weise eine Frau zu erwerben; das einzige Mal, wo er es versucht, brennt sein Botschafter (Herburt) mit der Braut durch. Es ist offensichtlich, dass sich der Autor vorgenommen hat, das heroische Bild Thidreks zur verwässern.

Die Reihe der Eheschließungen endet abrupt mit einer Vergewaltigung, die den dritten Teil der Saga einleitet. Das Vergehen des Königs an der Frau seines treuen Vasallen Sifka hat verheerende Folgen für den römischen Herrscher. Die falschen Ratschläge, die dieser ihm nun erteilt, und die Art, wie dadurch alle möglichen Erben systematisch vernichtet und die dynastische Kontinuität ausgeschaltet wird, sind bereits bei der Besprechung der Ermanarichsage behandelt worden (vgl. Kapitel III,3, S. 125–129). Das Interessante an dieser Passage ist – im Kontext gesehen – nicht so sehr die Leichtigkeit, mit der Erminrek Thidrek verbannen kann, sondern dass sein Reich danach noch so erstaunliche militärische Kraft besitzt, wie die Schlacht gegen das von Bern und Hunaland gemeinsam aufgestellte Heer beweist, bei der Thidrek viele gute Freunde verliert. Der Autor hat die Stärke des römischen Heeres – die notwendig ist, um die Rückkehr des Helden zu verzögern und traditionsgemäß eine zweite Schlacht einzuleiten – geschickt vorbereitet, indem er den tadellosen Vidga durch die Ehe mit Bolfriana zu Erminreks Vasallen gemacht hat (Kapitel 275). Der skandinavische Held verursacht Thidrek die schwersten Verluste und darf danach die Szene verlassen (nicht sterben), weil die Schlacht vorbei ist und beim nächsten Mal Thidrek siegen muss.

Der ungewisse Ausgang der Schlacht und der Verlust zahlloser Männer bestätigen die Tendenz dieses letzten Sagateils, allmählich alle Helden auszulöschen und die Welt und die Zeit, in denen sie gelebt haben, zu einem Ende kommen zu lassen. Zuerst fallen Osantrix und Valdimar (Kapitel 291–315), und mit ihnen verschwindet das Geschlecht der Russen; anschließend folgt die erste Schlacht um Bern, in der die großen Sippen Roms und Berns verkleinert werden und die Erben Atlis sterben; darauf folgt der Mord an Sigurd, doch vor der entsprechenden Rache Grimhilds wird der Krieg zwischen Wilzen und Britanniern referiert, in dem nicht nur beide Dynastien untergehen (Hertnid und seine Frau auf der einen Seite, Isung und seine elf Söhne auf der anderen), sondern auch zwei weitere Gefährten Thidreks fallen. Wie diese Katastrophe hauptsächlich den bösen Zauberkünsten der vilkinischen Königin Ostacia zuzuschreiben ist, so wird auch das nun folgende Gemetzel an Atlis Hof von einer Frau angeregt. Dabei verschwindet das Geschlecht der Niflungen, aber auch Atlis und Thidreks wichtigste Männer kommen um. Der hunnische König stirbt bald darauf durch die Rache von Hognis Sohn; zwar scheint dadurch die Sippe doch noch eine Kontinuität zu haben, doch auch sie verschwindet aus der Erzählung. Dem Erzähler ging es wohl eher um das Ausschalten von Sigurds Hort. Den Tod all dieser Helden umgibt nie eine Dramatik, die ihn von anderen Toden absetzen würde. Das Ende der Heroen ist nicht glorreich und impliziert auch nicht ihren letztendlichen Sieg, wie im ›Beowulf‹ oder im ›Atlilied‹; die Männer sterben einfach, weil ihr Lebenszyklus zu Ende ist.

Thidrek hat nun mit Ausnahme von Hildebrand alle seine Gefährten verloren. Der Verlust der Gefolgschaft nimmt dem Protagonisten seine heroische Aura. Hatten die zwölf Berner *Pairs* Thidreks heroische Welt aufgebaut und erstrahlen lassen, so läutet ihr Verschwinden den Zusammenbruch derselben ein. Die Heldenzeit steht kurz vor dem Ende. Denn es sterben nicht nur die Helden, sondern auch die großen Könige: Attila verhungert (Kapitel 426), und Erminrek erliegt einer Krankheit (Kapitel 401). Thidrek kehrt nun nach Bern zurück, aber auf gänzlich unheroische Weise: Ihn begleiten lediglich ein Greis (Hildebrand) und eine Frau (Herrad). Er muss unbekannt reisen und sich in den Wäldern verstecken, solange Hildebrand die Lage erkundet. Erminreks Tod erleichtert die Heimkehr, weil sein Nachfolger Sifka weniger fähig ist, die Treue seiner Vasallen zu wahren. So ist es unproblematisch, dass Hildebrands Sohn Alibrand in Bern regiert und gleichzeitig Thidrek treu ist. Im Gegensatz zu dem, was im ›Hildebrandslied‹ geschah, bedeutet die Rückkehr des Verbannten weder Konfrontation noch Tragödie. Der Kampf zwischen Hildebrand und Alibrand (Kapitel 406–408) beruht nicht auf politischen Differenzen, sondern ist wieder eines jener zahllosen Schwertduelle, mit denen sich die Helden gegenseitig messen, sozusagen als Visitenkarte. Ein guter Empfang in Bern ist die logische Folge. Die Macht ist schnell an Dietrich übergeben und der Sieg über Sifkas Truppen leicht, weil sich, sobald Alibrand ihn getötet hat, alle seine Barone ergeben. Die Entheroisierung Thidreks, die schon im zweiten Teil der Saga begann, hat nun auch einen geringeren Stellenwert zur Folge.

Thidrek wird nun zum König von Romaland gekrönt, erlangt also die höchste Machtposition. Aber diese Tatsache verdient kaum erzählerisches Interesse, und Rom besitzt für den skandinavischen Autor nicht die Bedeutung, die es für die meisten seiner kontinentalen Kollegen hat. Der Berner befindet sich auf dem Höhepunkt der Macht, ist aber kaum noch ein Held. Sein Glanz ist herbstlich, denn die Welt, in der er sich um diese Stellung verdient gemacht hat, ist ebenso verschwunden wie die Männer, die sie belebten. Die Reiche, die um ihn herum untergehen, versucht Thidrek nicht unter seine Macht zu bringen; vielmehr zieht er sich in seine Einsamkeit zurück und wird ein friedlicher und beschützender Herrscher. Mangels heroischer Gegner tötet er nun Drachen und Riesen; schließlich ist dies ja eines der bedeutendsten Aufgaben der spätmittelalterlichen Helden, wie noch zu sehen sein wird. Die Erzählung der Saga lebt noch einmal einen Moment auf, um von Heimirs Abenteuern im Kloster zu erzählen. Die *moniage* dieses Helden, also der Bericht von seinem Rückzug ins Ordensleben, die an die Walthers im ›Chronicon Novaliciense‹ erinnert oder an die Guillaums in der altfranzösischen ›Moniage Guillaume‹, zeigt die groteske Unfähigkeit der Helden, normale Menschen zu werden. Ihre Körper sind zu groß, ihre Kraft übertrieben, ihre Gewalttätigkeit unangemessen für den frommen Ort; nur seine Sitten und seine Observanz sind strenger als die der Mönche. Der Held ist nur noch eine ironische Erinnerung seiner Größe; die Tendenz zur Hyperbel, die für die Gattung typisch ist, die seine Taten feiert, verwandelt sich in Parodie und Sarkasmus. Als Heimir stirbt, sind auch der letzte Drache und der letzte Riese besiegt: Die Zeit der Helden und ihre Funktion auf der Welt sind definitiv Vergangenheit.

Nun kann Thidrek der Teufel holen. Die Erzählung vom schwarzen Ross, das ihn in die Hölle bringt, ist durch andere Zeugnisse belegt, besonders durch ein Relief auf der rechten Portalseite der Basilika von Sankt Zeno in Verona (vgl. S. 444f. und Abbildung 14). Sie gehört zu den kritisch-klerikalen Darstellungen des historischen Theoderichs und ist eine Variante der Fassung Gregors des Großen, der zufolge der Ostgotenkönig durch die Geister von Papst Johannes und des Patriziers Symmachus in den Krater des Etna geworfen wurde (vgl. S. 36). Auffällig an der Version der Saga und charakteristisch für ihre Erzählweise ist, dass einerseits diese eindeutig negative Geschichte übernommen wird, andererseits aber der Autor das Tor offen lässt für eine Rettung Thidreks, dank dessen Anrufung Gottes und Marias kurz vor seinem Verschwinden. Auch das Ende des Helden ist somit entdramatisiert worden. Sein Schicksal ist weder Folge noch Zusammenfassung seines Lebens oder Exempel für andere, sondern ein Tod mehr; ein überraschender und erzählenswerter Tod zwar, doch ohne tragischen Inhalt.

Die ›Thidreksaga‹ ist weit entfernt vom Ernst und der Dramatik des ›Hildebrandsliedes‹, vom didaktischen Zeigefinger der ›Quedlinburger Annalen‹, von der gnadenlosen Parodie des ›Waltharius‹ und natürlich auch von der Negativität des ›Nibelungenliedes‹, mit denen sie die Geschichten teilt. Gewiss trägt die Prosa dazu bei, die dramatische Konzentration, die viele heroische Versdichtungen charakterisiert, aufzulösen. Aber das Verständnis vom heroischen Zeitalter ist offenbar auch nicht mehr einer aristokratischen Kriegerkultur verschuldet, sondern gründet auf anderen ästhetischen Paradigmen. Der Autor formuliert es deutlich im Prolog: Er erkennt, dass manche Worte übertrieben sind, um einen poetischen Effekt zu erreichen, z.B. wenn ein Mann als der beste gelobt wird, der jemals war, oder wenn die Anzahl der Toten in einer Schlacht unermesslich ist. Der Leser solle also verstehen, dass manche Übertreibungen charakteristisch sind für den hyperbolischen Stil, der die Gattung prägt; sie sollen nicht wörtlich verstanden werden, sondern nur als Zeichen ihres Alters und der Größe der behandelten Figuren. Diese distanzierte Haltung des Autors, der quasi archäologisch an die Heldenzeit herangeht, ist die Ausformulierung dessen, was bei der Kompilation und Strukturierung der Stoffe beobachtet werden konnte. Daher braucht die Saga auch nicht die Wahrheit des Erzählten zu beteuern und kann ohne Umschweife bekennen, dass sie die Geschichten so aufschreibt, wie die Deutschen sie, sei es in Prosa, sei es in Versen, erzählen würden. Natürlich gebe es Abweichungen bei einigen Namen und Ereignissen, aber dies, so schließt der Autor, sei normal wenn es so viele Geschichten gibt, auch wenn sie alle gleichen Ursprungs sind.

Der Autor bietet aber im Prolog nicht nur literarische, sondern auch historisch-kulturelle Erklärungen, denn die Geschichten über die Heldenzeit sind in einem bestimmten Moment der Menschheitsgeschichte angesiedelt. Nach der Sintflut, schreibt er, waren die Menschen groß und stark wie die Riesen, doch seither sind sie immer schwächer und kleiner geworden. Einige Zeit lang aber überlebte eine Gruppe von Personen, die größer und stärker waren als die übrigen Menschen, und daher konnten sie Taten vollbringen, die nicht im Bereich der Fähigkeiten der anderen lagen. Aus demselben Grund konnten diese »starken Männer« Helme und Rüstungen tragen, denen die Waffen der schwächeren nichts anzuhaben vermochten. Sie aber konnten dank ihrer Größe einhundert normale Menschen erschlagen. Zur Zeit Thidreks, so schließt der Autor diesen Teil, gab es nur noch wenige Menschen in jedem Land, die die Kraft der früheren Hünen bewahrt hätten. Dem ist zu entnehmen, dass die in der Saga beschriebene Welt die der Vorzeitriesen ist, und dass mit ihrem Untergang auch der letzte dieser Kinder Noahs verschwindet. Diese geschickte Art, die Heldenzeit in einer konkreten – wenn auch entfernten – Position des christlichen Geschichtsdenkens zu verankern, wird uns in Deutschland im 15. Jahrhundert wieder begegnen (vgl. S. 427–430). Es handelt sich um eine im Grunde euhemeristische Deutung der heroischen ›Mythen‹ (vgl. S. 292): Die Helden waren normale Menschen, nur von größerer Gestalt, und daher vollbrachten sie Taten, welche die Menschen von heutiger Statur mythisiert haben.

LITERATUR

Die ›Thidreksaga‹ wird noch heute zitiert nach der Ausgabe *Thidriks Saga af Bern*, hg. von Henrik Bertelsen, 2 Bde., Kopenhagen 1905/1911. Sie ist neuerdings ins Französische übersetzt worden *Saga de Théodoric de Vérone*, übers. von Claude Lecouteux, Paris 2001, sowie ins Englische, *The Saga of Thidrek of Bern*, übers. von Edward R. Haymes, New York/London 1988; letztere Übersetzung ist aber schwer greifbar. Leichter zu bekommen und immer noch gültig ist die alte deutsche Übersetzung *Die Geschichte Thidreks von Bern*, übers. von Fine Erichsen, Jena 1924, die jedoch unbedingt durch eine neue ersetzt werden sollte. Grundlegend für jegliche Beschäftigung mit der Saga ist die neuere Monographie von Susanne Kramarz-Bein, *Die ›Þiðreks saga‹ im Kontext der altnorwegischen Literatur*, Tübingen/Basel 2002. Den Forschungsstand bis in die frühen neunziger Jahre fasste zusammen Heinrich Beck, »Die Thidrekssaga in heutiger Sicht«, in *Zweites Pöchlarner Heldenliedgespräch. Die historische Dietrichepik*, hg. von Klaus Zatloukal, Wien 1992, S. 1–11. Neue Impulse wies bereits der Sammelband *Hansische Literaturbeziehungen. Das Beispiel der ›Þiðreks saga‹ und verwandter Literatur*, hg. von Susanne Kramarz-Bein, Berlin/New York 1996, auf.

Die Struktur der Saga untersuchten bereits Ulrich Wyss, »Struktur der Thidrekssaga«, in *Acta Germanica* 13 (1980), S. 69–86, sowie Theodore M. Andersson, »An interpretation of *Þiðreks saga*«, in *Structure and Meaning in Old Norse Literature. New Approaches to Textual Analysis and Literary Criticism*, hg. von John Lindow, Lars Lönnroth und Gerd Wolfgang Weber, Odense 1986, S. 347–377. Der Komposition und Erzähltechnik widmete Thomas Klein, »Zur *Þiðreks saga*«, in *Arbeiten zur Skandinavistik. 6. Arbeitstagung der Skandinavisten des deutschen Sprachgebietes*, hg. von Heinrich Beck, Frankfurt/Bern/New York 1985, S. 487–565, eine ausführliche Studie. Die Figur Thidreks analysierte Susanne Kramarz-Bein, »Zum Dietrich-Bild der *Þiðreks saga*«, in *Arbeiten zur Skandinavistik. 10. Arbeitstagung der deutschsprachigen Skandinavistik*, hg. von Bernhard Glienke und Edith Marold, Frankfurt/Bern 1993, S. 112–132. Den Prolog untersuchte Michael Curschmann, »The prologue of Þiðreks saga: thirteenth-century reflections on oral traditional literature«, in *Scandinavian Studies* 56 (1984), S. 140–151. Uwe Ebel, »Die Thidreks saga als Dokument der norwegischen Literatur des dreizehnten Jahrhunderts«, in *Niederdeutsches Wort* 21 (1981), S. 1–11, versuchte erstmals, das Werk zu kontextualisieren. Über die ›Karlamagnussaga‹ vgl. jetzt den Aufsatz von Susanne Kramarz-Bein, »Die altnordische Karlsdichtung: Das Beispiel der *Karlamagnús saga ok kappa hans*«, in *Karl der Große in den europäischen Literaturen des Mittelalters. Konstruktion eines Mythos*, hg. von Bernd Bastert, Tübingen 2004, S. 149–161.

2. Die ›Lieder-Edda‹: Nachklang einer veralteten Tradition

Da ein großer Teil der Sagas eine vor- oder frühchristliche skandinavische Vorzeit nachbildet und dadurch eine nordische literarische Identität konstituiert, läuft die Entwicklung der Gattung parallel mit einer gewissen Aufwertung der Vergangenheit. So werden zum Beispiel in viele neue Sagas Skaldendichtungen eingebaut, die heute zusammen mit Snorri Sturlusons Traktat fast unsere einzige Quellen für die Kenntnis wikingerzeitlicher Poesie bilden. In diesem Kontext der Bewahrung alten Liedgutes muss auch das Erscheinen der ›Lieder-Edda‹ gesehen werden. Die ›Edda‹ ist eine ungewöhnliche Sammlung erzählerischer Gedichte mythologischer und heroischer Thematik. Sie ist zweifellos eines der herausragendsten Dokumente der mittelalterlichen skandinavischen Literatur, aber auch eines der Werke, das am meisten von modernen Mythen umgeben ist. Der Name selbst ist das Resultat einer Verwechslung. In einigen Handschriften und literarischen Texten des 14. und 15. Jahrhunderts bezeichnet der Titel ›Edda‹ das Traktat ›Über skaldische Dichtung‹ des Snorri Sturluson (›Skáldskaparsmál‹). Doch schon zu jener Zeit kommentierte man, dass es bereits vor Snorri ein älteres und umfangreicheres Buch gegeben haben musste, da er ja wiederholt lose, aus dem Liedkontext entrissene Strophen zitiert. Als mutmaßlicher Autor dieser erschlossenen Sammlung galt später der isländische Geschichtsschreiber Sæmundr froð Sifússon (ca. 1056–1133). Um 1643 stieß der damalige Bischof von Skálholt, Brynjolfr Sveinson, auf eine Handschrift mit poetischen Texten, in der er einige Strophen fand, die mit solchen übereinstimmten, die Snorri in seinem Traktat zitierte. Daraus folgerte man, dass es sich um jene Sæmundr zugeschriebene Sammlung handelte, und man nannte sie ›Sæmundar Edda‹, ein Name, der sich hartnäckig hielt, auch als man bereits wusste, dass die Handschrift lange Zeit nach Sæmundrs Ableben entstanden war und dass es keine Hinweise gibt, die die Sammlung mit jenem Historiographen verbinden würden. Doch als man dazu überging, andere Namen zu verwenden, schwang immer wieder der Gedanke mit, dass es sich um eine sehr alte Sammlung handelte, auf der zum Teil die spätere literarische Tradition, besonders Snorri, aufbaute. So unterschied man zwischen einer ›Älteren Edda‹ (die Sammlung) und einer ›Jüngeren Edda‹ (Snorris Traktat). Heute unterscheiden wir schlicht zwischen ›Snorris Edda‹ (oder ›Snorra Edda‹) und der ›Lieder-Edda‹; Letztere interessiert uns hier.

Im Jahr 1662 gelangte die von Bischof Sveinson aufgefundene Handschrift in die königliche Bibliothek in Kopenhagen, weshalb sie noch heute bekannt ist als ›Codex Regius‹ (Sigle *R*), obwohl sie sich seit 1971 wieder auf Island befindet (Rejkjavík, Stofnun Árna Magnússonar, Gks. 2365 4°). Es handelt sich um einen schmalen und unscheinbaren Band im Quartformat (19 × 13 cm), der von einer einzigen Hand ohne Versabsatz geschrieben ist und die Lieder lediglich durch eine rote oder grüne Initiale voneinander trennt, manchmal auch durch eine kleine rote Überschrift. Er enthält heute 45 Blätter, fünf Lagen zu je acht Blättern und eine zu fünf. Zwischen der vierten und fünften Lage (also nach Blatt 32) fehlt eine große Menge Text, möglicherweise eine ganze Lage. Über diese Lücke wird weiter unten zu sprechen sein.

Dies ist aber nicht die einzige Handschrift der ›Edda‹. Im Jahre 1691 wurde ein zweiter Codex mit eddischer Dichtung bekannt, der sich heute in der Arnamagnaeanischen Sammlung der Universitätsbibliothek Kopenhagen befindet und daher mit der Sigle *A* bezeichnet wird. Von ihm sind lediglich vier Lagen erhalten, ebenfalls in Quarto und von einer einzigen Hand geschrieben. Die drei letzten gehören zusammen und enthalten ein grammatisches Traktat, einen Teil von Snorris ›Über skaldische Dichtung‹ und einige kleinere Texte. Die erste Lage aber enthält mythologische Lieder der ›Edda‹; sie ist keineswegs vollständig, denn sie beginnt mitten im ›Harbardlied‹ (das sechste Gedicht im ›Regius‹) und endet mitten im ›Wielandlied‹. Demnach war die Sammlung in diesem Teil ähnlich wie die der Haupthandschrift, wenn auch nicht identisch, denn die Reihenfolge der Lieder ist ein wenig anders, und es kommt ein Text hinzu, der in der isländischen Handschrift fehlt. Wir wissen nicht, wie umfangreich die Sammlung ursprünglich war oder ob sie auch Heldenlieder enthielt.

Jedenfalls ist eddische Dichtung nicht nur, was im ›Codex Regius‹ steht, obwohl er natürlich der größte Vertreter dafür darstellt. In weiteren Codices finden sich verstreut Strophen, die thematisch und metrisch denen sehr nahe stehen, die in den beiden Haupthandschriften vorliegen, sodass man sie zur Gattung zählt. Die metrische Grundlage ist der Stabreimvers (vgl. S. 27f.), doch gibt es einige Varianten (mehr oder weniger Senkungen, mit oder ohne Zäsur, Art der Gruppierung), die von drei Metren sprechen lassen, die charakteristisch (aber nicht exklusiv) für eddische Dichtung sind: der *fornyrðislag* (»Versmaß der alten Lieder«), mit einer Alternanz zwischen Hebung und Senkung, der *málaháttr* (»Spruchvers«), der mehr Senkungen zwischen den Hebungen aufweist, und der *ljóðaháttr* (»Liedvers«), der aus einem langen und einem kurzen Vers besteht.

Der ›Regius‹ dürfte um 1270 in Island geschrieben worden sein, *A* etwa ein halbes Jahrhundert später. Die Tatsache, dass *R* mit Sicherheit eine Abschrift eines früheren Textes ist, sowie die Abweichungen in Anzahl und Reihenfolge der Lieder in *A*, lassen den Schluss zu, dass es frühere Textfassungen gab, von denen wir aber nicht sagen können, wie einheitlich sie waren. Sie dürften jedenfalls nicht sehr viel älter gewesen sein, denn es gibt einige Lieder in *R*, die mit Sicherheit sehr spätzeitlich sind, möglicherweise aus der ersten Hälfte des 13. Jahrhunderts. Daher wird im Allgemeinen angenommen, dass die uns bekannte Sammlung etwa um die Mitte des Jahrhunderts entstanden sein dürfte. Doch die Lieder, die sie vereint, haben jeweils eigene Geschichten, und gewiss gibt es unter ihnen große Altersunterschiede; das bedeutet, dass sich der Sammlungsprozess auch über lange Zeiträume erstreckt und diverse Phasen durchlaufen haben könnte, z.B. durch Zufallsgruppierungen oder durch Konzentration auf eine Figur.

Kein Autor hat der Sammlung oder einem ihrer Vorläufer oder gar den Liedern seinen Namen beigegeben. Dennoch erweist sich der ›Codex Regius‹ einem prüfenden Blick als eine rigoros geordnete Anthologie, die von jemandem zusammengestellt wurde, der eine klare Vorstellung seiner Ziele besaß und der wahrscheinlich einige oder gar alle Prosapassagen schrieb, die zwischen einigen Liedern stehen. Wir nennen ihn den ›Autor der Sammlung‹. Die Handschrift vereint wie gesagt mythologische und heroische Dichtungen und gruppiert sie in zwei Sektionen, die er durch eine besonders große Initiale zu Beginn des zweiten Abschnitts voneinander unterscheidet. Uns interessiert hier wegen der heroischen Thematik ihrer Lieder diese zweite Textgruppe; doch bevor wir zu ihr übergehen, scheint es ratsam, zumindest einen kurzen Blick auf die wichtigsten Eigenschaften der mythologischen Abteilung zu werfen.

Die Sammlung des ›Codex Regius‹ beginnt mit der ›Weissagung der Seherin‹ (›Vǫlospá‹), einem visionären Gedicht, das von Beginn und Ende der Welt erzählt. Ihm folgen drei Stücke, die um Odin (Wodan) kreisen. Das erste von ihnen, die ›Sprüche des Hohen‹ (›Hávamál‹), ist eine komplexe Dichtung mit Geschichten und Sprüchen über diesen Gott; die anderen beiden – der ›Wafthrudnispruch‹ (›Vafðrúðnismál‹) und ›Grimnispruch‹ (›Grímnismál‹) – fassen Mythisches und Kosmologisches über ihn zusammen. Ihnen folgt nun ›Skirnis Fahrt‹ (›For Scírnis‹), ein Lied über die Botschafterfahrt Skirnis, um für Frey, den Sohn des Gottes Niord, um die Riesentochter Gerd zu werben. Danach steht das ›Harbardlied‹ (›Hárbarðzlióð‹), ein Streitgedicht zwischen Odin und Thor, in dem sich jeder seiner Taten rühmt und über den anderen lustig macht. Das ist das erste Lied einer Reihe von Stücken, in denen Thor erscheint. Das zweite ist das ›Hymilied‹ (›Hymisqviða‹), das den Taten des Gottes während seines Aufenthalts beim Riesen Hymi gewidmet ist, wie der Kampf gegen die Midgardschlange oder der Raub des riesigen Bierkessels. Den Anschluss zu den darauf folgenden ›Spottreden Lokis‹ (›Locasenna‹) bietet ein kurzer Prosatext, in dem vom großen Festmahl der Götter berichtet wird, bei dem nun das Bier aus jenem Kessel getrunken wird. Die ›Locasenna‹ referiert die Schimpftiraden Lokis gegen alle übrigen Götter auf der Versammlung; sie enden erst, als Thor auftritt und den Unverschämten verscheucht. Ein weiteres Prosastück über die Bestrafung Lokis leitet über zum ›Thrymlied‹ (›Þyrmsqviða‹), in dem der Riese Thrym Thors Hammer stiehlt (seine wichtigste Waffe) und eine Ehe mit der Göttin Freya als Bedingung für die Rückgabe stellt. Thor verkleidet sich als Braut, überlistet Thrym und gewinnt seinen Hammer zurück. Es folgt – wieder mit einer Prosaeinleitung – das ›Wielandlied‹ (›Vǫlundarkviða‹, vgl. S. 142–145). Die Forschung hat dieses meist als heroisches Gedicht eingestuft, und die Tatsache, dass die Geschichte in die ›Thidreksaga‹ aufgenommen wurde und dass Wielands Sohn Vidga zum klassischen Heldenpersonal gehört, stützt diese Ansicht. Aber die Hauptfigur dieser Dichtung hat wenig gemeinsam mit den Kriegerhelden anderer Sagen, denn es handelt sich um einen Schmied, der als »Herr der Alben« bezeichnet wird (V. 13,2: *vísi álfa*), eine Walküre heiratet und aus seiner Gefangenschaft im Flug entkommt. Das könnte der Grund dafür gewesen sein, das Lied in die Gruppe der mythologischen Gesänge zu stellen, wenn auch erst am Ende derselben und neben einem weiteren Text (›Alvissspruch‹ oder ›Alvíssmál‹), der von halbmythischen Wesen wie Elfen, Zwergen oder Riesen spricht, über deren mythologischen Wortschatz der Zwerg Alvis dem Gott Thor berichtet.

Wie diese knappe Zusammenfassung zeigt, ist dieser erste Teil des ›Regius‹ eine Sammlung, die sich um eine logische Ordnung in der Reihenfolge der Lieder bemüht hat, die zudem durch die verbindenden Prosastücke verstärkt wurde. Diese thematische Einheit und direkte Beziehung zwischen den meisten Liedern setzt diesen Block deutlich von der zweiten Gruppe ab, zu der es keinerlei Beziehungen gibt. Neuere Forschungen haben zudem auf paläographische und orthographische Unterschiede zwischen beiden Teilen verwiesen, die auf die Existenz zweier verschiedener Quellen für den ›Regius‹ hinweisen, eine für die Götterlieder und eine für die Heldenlieder.

Das Fragment *A* hat wie gesagt eine andere Anordnung der Lieder, denn es beginnt mit dem ›Harbardlied‹, fügt dann das im ›Regius‹ nicht enthaltene Gedicht über ›Balders Träume‹ ein (›Baldars draumar‹), fährt mit ›Skirnis Fahrt‹, ›Wafthrudnispruch‹, ›Grimnispruch‹ und ›Hymilied‹ fort und endet mit der Prosaeinleitung des ›Wielandliedes‹. In dieser Reihe ist kein logisches Prinzip zu erkennen, woraus sich folgern ließe, dass möglicherweise die Liedfolge des ›Regius‹ nicht vorher existierte, sondern vom Autor der Sammlung geschaffen wurde. Die paläographischen und orthographischen Untersuchungen scheinen diese These zu stützen, denn man hat festgestellt, dass in diesen Bereichen kaum Beziehungen zwischen den einzelnen Gedichten dieser Gruppe bestehen. Das deutet darauf hin, dass sie einzeln und von verschiedenen Personen mit abweichenden graphischen Gewohnheiten niedergeschrieben wurden. Die mythologischen Dichtungen der ›Edda‹ wären dem zufolge unterschiedlicher Herkunft und erst sehr spät, nicht lange vor dem ›Regius‹ gesammelt worden – wahrscheinlich aber eben noch nicht in der Reihenfolge, in der sie dort stehen.

In diesem Zusammenhang ist es interessant, kurz einiges über das Verhältnis zwischen der ›Lieder-Edda‹ und Snorri Sturluson (1179–1241) zu bemerken. Snorri war einer der politisch einflussreichsten und kulturell bedeutendsten Männer Islands in der ersten Hälfte des 13. Jahrhunderts. Sein als ›Edda‹ bekanntes Traktat über skaldische Dichtung, das er um 1220 schrieb und das in mehreren Handschriften erhalten ist, wurde bereits mehrfach erwähnt. Dieses Buch besteht aus drei Teilen, die nur locker zueinander in Beziehung stehen. Der erste ist bekannt als ›Gylfis Täuschung‹ (›Gylfaginning‹) und enthält einen lehrhaften Dialog, der auf kontinentale Modelle wie dem ›Lucidarius‹ basiert und einen Überblick über die nordgermanische Kosmologie und Mythologie bietet, für deren Studium er heute unsere wichtigste Quelle darstellt. Dieses erste, mythologische Buch entstand wahrscheinlich, um das zweite verständlicher zu machen, welches von der Dichtkunst handelt (›Skáldskaparsmál‹). Darin werden viele der Metaphern oder *kenningar* erklärt, die für die Skaldendichtung charakteristisch sind; die einen beziehen sich auf Götter, die anderen auf Helden. In ›Gylfis Täuschung‹ werden nun aber zahlreiche Strophen aus den mythologischen Gedichten der ›Lieder-Edda‹ zitiert, besonders aus den ersten vier, auf die Snorris Beschreibung der Götterwelt zu basieren scheint. Zwischen den zitierten Strophen und denen des ›Regius‹ lassen sich geringfügige Abweichungen feststellen, die sich am besten durch die Annahme einer gemeinsamen schriftlichen Quelle erklären. Das würde bedeuten, dass schon zu Snorris Zeiten Abschriften dieser Lieder im Umlauf waren.

Die Existenz handschriftlicher Aufzeichnungen mythologischer eddischer Lieder zur Zeit Snorris stellt das Werk dieses Autors in den

Kontext eines erneuerten Interesses für die alte heidnische Dichtung. Umgekehrt aber hat Snorri höchstwahrscheinlich irgendwie zur Entstehung einer Sammlung wie der ›Lieder-Edda‹ beigetragen. Zwei der sechs mythologischen eddischen Gedichte, die nicht im ›Regius‹ stehen (›Rígsþula‹ und ›Grottasongr‹), sind in Handschriften mit Snorris Werken überliefert, und auch das eddische Fragment *A* gehörte zu einem Band, der eine Schrift des isländischen Dichters enthielt. Jedenfalls trug Snorri entschieden dazu bei, die Kulturtradition der heidnischen Zeit auf Island zum Gegenstand intellektueller Reflexion zu machen, sodass es nicht mehr problematisch war, sich mit ihr zu beschäftigen. Denn sowohl in ›Gylfis Täuschung‹ (und im Prolog, deren Autorschaft allerdings zweifelhaft ist) wie auch in seinem anderen großen Werk, der ›Heimskringla‹, erweist sich Snorri als Anhänger des Euhemerismus. Der Euhemerismus ist eine Denkform, die von Euhemeros von Messene (Ende des 4. Jh.s v. Chr.) ausgeht und die darin besteht, die heidnischen Götter als normale Menschen zu deuten, die aus irgendeinem Grund zu Lebenszeiten herausragten und danach im kollektiven Gedächtnis vergrößert und schließlich vergöttlicht wurden. Der Euhemerismus besitzt eine lange Tradition im lateinisch-klerikalen Schrifttum, das sich immer wieder dem Problem anderer Glaubensarten stellen musste; darin dominierte die Ansicht, dass dieser Prozess der Vergöttlichung auf teuflische Anregung zurückzuführen war. Snorri erwähnt diesen letzten Aspekt nicht, beschreibt aber das Geschlecht der Götter als Menschen, die aus Troja auszogen und sich in Skandinavien niederließen. In einer zeittypischen Etymologie erklärt er, die Asen seien Menschen gewesen, die so hießen, weil sie aus Asien kamen.

Aus dieser Perspektive muss man die Existenz einer Sammlung mythologischer Dichtungen verstehen, wie sie die ›Edda‹ enthält. Sie beinhaltet keinen ernsthaft konzipierten mythologischen Abriss, denn die Geschichten, die über diese Götter und übermenschliche Wesen erzählt werden, sind meistens recht sonderbar und werfen in manchen Fällen sogar ein groteskes Licht auf ihre Protagonisten. Das Versagen der Götter in manchen Texten, ihre Beschimpfung und die Reduktion ihrer Göttlichkeit auf Spruchweisheiten rücken sie nahe an die Menschen heran. Die ›Edda‹ enthält also eine Auswahl mythologischer Gedichte, die zwar die Gattung nicht verneint, wohl aber eine deutliche Distanz zu heidnischen Glaubensformen setzt. Schließlich entstammt das Interesse für das autochthone Kulturerbe keiner antiquarischen Neigung, sondern einem gewissen Kulturpatriotismus im Kontext des Zerfalls des Isländischen Freistaats und des Annexionsdrucks, der von Norwegen ausgeübt wurde, einem Land, dessen Berufung auf kontinentale Kultur nicht vergessen werden darf.

Die Gruppe der Heldendichtungen hebt sich im ›Codex Regius‹ deutlich von der anderen ab. Zunächst einmal ist festzustellen, dass die Lieder dieser Sektion nicht so deutlich voneinander getrennt sind wie die mythologischen. Nur sieben der neunzehn Gedichte haben einen eigenen Titel; alle übrigen beginnen einfach mit dem ersten Vers, der manchmal nicht einmal durch eine kleine Initiale hervorgehoben wird. In der Tat trägt kein einziges der Lieder vor der Lücke einen Titel, und in mehr als einem Fall bildet das, was die Forschung als zwei verschiedene Texte versteht, in der Handschrift eine Einheit. Das bedeutet, dass die Grenzen zwischen dem, was uns Ausgaben und moderne Übersetzungen als unabhängige Werke präsentieren (und die untenstehende Zusammenfassung behält dies bei), relativiert werden müssen. Außerdem wurden die Stücke derart geordnet, dass sie eine logische Handlungssequenz bilden: Die unterschiedlichen Geschichten verbinden sich zu einer zusammenhängenden Erzählung. Ab dem Prosastück ›Über Sinfiotlis Tod‹ wird die Jugendgeschichte Sigurds referiert, dann seine Ermordung, die neue Ehe seiner Frau Gudrun (Kriemhilt) und der Tod der Burgunden Gunnar und Hogni an Atlis Hof. Doch dann wird die Geschichte fortgesetzt, die Frau heiratet schließlich einen dritten König, mit dem sie zwei Söhne hat, Hamdir und Sorli, welche die Protagonisten der Geschichte von Ermanarichs Tod sein werden (vgl. Kapitel III,3, S. 127f.). Da zudem der Helgi der beiden ersten Stücke als Halbbruder Sigurds dargestellt wird, sind alle Stücke dieser Abteilung über die Genealogie ihrer Hauptdarsteller verbunden. Wo die Texte selbst etwas nicht erklären oder wo die Verknüpfung zu schwach ist, werden Prosastücke zwischengeschoben. So werden, wie in der ›Thidreksaga‹, unterschiedliche Heldengeschichten zu einem Kontinuum zusammengeflochten. Nur tritt Thidrek in diesen Texten fast nicht auf, was die allgemeine Ansicht stützt, dass er als literarische Figur erst sehr spät nach Skandinavien gelangte.

Paläographische Untersuchungen lassen vermuten, dass die Heldendichtungen einander näherstehen als die Götterdichtungen. Auch diese Liedergruppe dürfte eine längere Entstehungsgeschichte hinter sich haben und in mehreren Schritten entstanden sein, möglicherweise zunächst mit einem Kern um Sigurd, der mit Liedern über die Volsungen und Nibelungen angereichert worden sein und immer weitere Gedichte angezogen haben könnte. Dieser Prozess ist aber nicht rekonstruierbar, hauptsächlich weil der Stoff der meisten Lieder sehr alt ist, die Texte selbst aber sicherlich zu ganz unterschiedlichen Zeiten entstanden sind, einige möglicherweise noch im 13. Jahrhundert. Die Forschung hält gewöhnlich das ›Atlilied‹ und das ›Wielandlied‹ für sehr alt, während sie die Gudrunlieder, den ›Atlispruch‹ (›Atlamál‹) und ›Brynhilds Helfahrt‹ (›Helreid Brynhildar‹) als sehr jung einschätzt. Es ist aber möglich, dass die mutmaßlich jüngeren Gedichte Überarbeitungen älterer Fassungen sind. Umgekehrt könnten auch vermeintlich alte Werke relativ spät entstanden oder in jüngerer Zeit überarbeitet worden sein, wobei bewusst sprachliche Archaismen eingesetzt worden wären. Die Forschung stufte traditionellerweise den ›Hamdirspruch‹ als einen der ältesten Texte der Sammlung ein, doch heute gibt es Untersuchungen, die den Text spät datieren, ins 12. oder gar 13. Jahrhundert. Uns aber leitet nicht die Absicht, frühere Fassungen zu rekonstruieren, sondern die erhaltene Sammlung als Produkt ihrer Zeit zu verstehen.

ZUSAMMENFASSUNG

›Das erste Lied von Helgi dem Hundingstöter‹ (›Helgaqviða Hundingsbana in fyrri‹)
Das Lied erzählt von der Geburt Helgis, dem Sohn Sigurds und Borghilds. Die Nornen erscheinen, um die Fäden des Schicksals so zu weben, dass sich das Kind in einen mächtigen Herrscher verwandeln muss. Mit fünfzehn ist er bereits ein

kräftiger Mann geworden. Eines Tages tötet er Hunding und alle seine Söhne. Die Walküre Sigrun bietet sich ihm zur Frau an, falls er ihren Verlobten Hodbrodd besiege. Der Rest beschreibt den Kampf gegen Hodbrodd und den Schutz, den Sigrun dem Helden gewährt.

›Das Lied von Helgi, dem Sohn Hiorvards‹ (›Helgaqviða Hiorvarðzsonar‹)
König Hiorvard heiratet Sigrlin, die sein Vasall Atli erlöst hat aus ihrer Bedrängnis durch einen anderen Werber, Hrodmar, der ihren Vater getötet hat. Hiorvards und Sigrlins Sohn heißt Helgi, und er wächst rasch zu einem tapferen Krieger heran. Die Walküre Svava erwählt ihn zum Ehemann und schenkt ihm ein außergewöhnliches Schwert; damit zieht der Junge zu ihrem Vater und hält um ihre Hand an. Später kämpft er gegen Alf, Hrodmars Sohn, und wird tödlich verwundet. Man erzählt, dass Helgi und Svava ein zweites Leben hatten.

›Das zweite Lied von Helgi dem Hundingstöter‹ (›Helgaqviða Hundingsbanna ǫnnor‹)
Das Lied ist eine Variante des ersten. Helgi tötet Hunding und seine Söhne. Auf seiner Rückkehr begegnet er der Walküre Sigrun, die hier die wiedergeborene Svava ist; sie sagt, sie wolle ihn heiraten und nicht Hodbrodd, mit dem sie verlobt wurde. Um sie zu schützen, kämpft Helgi gegen Sigruns und Hodbrodds Verwandte und tötet sie, macht aber Sigrun dafür verantwortlich. Sigruns Bruder kann vor seinem Ableben noch mit der Lanze, die ihm Odin gibt, Helgi töten. Als Sigrun an sein Grab kommt, um ihn zu beklagen, erscheint ihr Helgis Geist.

›Über Sinfiotlis Tod‹ (›Frá dauða Sinfiotla‹)
Dieses Stück ist ein Prosaexkurs über Sinfiotli, den Sohn Sigmunds und Halbbruder Helgis. Sinfiotli tötet den Bruder Borghilds, der neuen Ehefrau Sigmunds, die aus Rache Sinfiotli vergiftet. Ein alter Mann (Odin) rudert den Leichnam in einem Boot an das andere Fjordufer. Sigmund zieht daraufhin nach Süden und heiratet Hiordis, stirbt aber kurz darauf im Kampf gegen die Söhne Hundings. Hiordis wird von Hiálprek aufgenommen, der sie mit seinem Sohn verheiratet und ihr erlaubt, den noch mit Sigmund gezeugten Sohn zu gebären und aufzuziehen: Es ist Sigurd.

›Gripis Weissagung‹ (›Grípisspá‹)
Sigurd zieht zu Grípi, seinem Onkel mütterlicherseits, damit er ihm Weissagungen über sein Leben mache. In einer Reihe von Fragen und Antworten kündigt ihm Grípi alles an, was geschehen wird: Er werde die Söhne Hundings töten; daraufhin auch den Drachen Fafni und den Schmied Regin, worauf er den Hort erhalten werde; er werde dann die Walküre wecken und von ihr Runen lernen. Nun hält Grípi inne und will nicht fortfahren. Sigurd drängt auf ihn ein, dann erzählt er, der Held werde auch an den Hof König Heimirs kommen und sich mit Bryn-

hild verloben; am Hof König Giukis aber werde man ihm einen Vergessenstrank verabreichen und dadurch seine Ehe mit Gudrun (der Tochter Giukis und Grimhilds) ermöglichen; er werde dann Brynhild als Ehefrau für Gunnar erwerben und mit ihr ein keusches Beilager halten; sie aber werde die Täuschung bemerken und ihn verleumden, er habe sie sehr wohl berührt, was zu seiner Ermordung von Seiten Gunnars führen werde.

›Der Reginspruch‹ (›Reginsmál‹)
Regin, der sich an Hialpreks Hof aufhält, erzählt Sigurd die Geschichte des Hortes, den die Götter zusammentragen mussten, um den Tod Otrs zu entschädigen (vgl. Kapitel III,4, S. 163–165). Den Hort hüte nun Fafni, der sich in einen Drachen verwandelt habe. Regin schmiedet für Sigurd das Schwert Gram, doch bevor er den Drachen tötet, zieht Sigurd aus, gegen die Söhne Hundings zu kämpfen. Auf der Reise über See begleitet ihn ein alter Mann (Odin), der die Stürme besänftigen kann. Sigurd tötet Hundings Söhne.

›Der Fafnispruch‹ (›Fáfnismál‹)
Sigurd geht mit Regin zur Gnitaheid, gräbt dort eine Grube und tötet aus ihr heraus den Drachen, als er darüber hinwegschleicht. Der tödlich verwundete Fafni teilt nun dem Helden einige Sprüche mit, gibt ihm Ratschläge und verrät ihm den Fluch, der auf dem Hort liegt. Als das Ungeheuer gestorben ist, reißt Regin ihm das Herz aus und befiehlt Sigurd, es zu braten. Der probiert mit dem Finger, ob es bereits gar sei, verbrennt sich und steckt den Finger in den Mund; beim Kontakt des Drachenblutes mit der Zunge versteht Sigurd die Vogelsprache. Er hört auch drei Vögel hinter sich über den Verrat reden, den Regin vorhat. Da tötet Sigurd den Schmied. Die Vögel weisen den Helden dann zu einem von Flammen umgebenen Palast, in dem die Walküre Sigrdrifa schläft, die Odin mit dem Schlafdorn stach. Bevor er auszieht, belädt er sein Ross mit dem Hort.

›Sigrdrifaspruch‹ (›Sigrdrífomál‹)
Sigurd reitet nach Hindarfial, wo er den blendenden Schein einer Schildwand sieht. Im Inneren findet er eine schlafende Frau, die vollkommen in eine Rüstung gekleidet ist, die mit der Haut verwachsen scheint. Sigurd schneidet den Stahl mit seinem Schwert auf und entwaffnet die Frau. Da erwacht Sigrdrifa, die Walküre, von ihrem Schlaf. Sie lehrt Sigurd die Runen und ihren Gebrauch, bringt ihm Zaubersprüche bei und gibt ihm gute Ratschläge.

[Lücke]

›Fragment des Sigurdliedes‹ (›Brot af Sigurðarqviðo‹)
Dieses Stück ist das Ende eines Gedichts, das in den heute verlorenen Blättern begann. Über seine Form und seinen Länge ist viel diskutiert worden. Der Inhalt

dürfte etwa dem entsprochen haben, was Gripi in seiner Weissagung verkündet. Zu Beginn des Textes fragt Hogni Gunnar, welche Notwendigkeit bestehe, Sigurd zu verraten. Er warnt, dass möglicherweise Brynhild ihn verleumdet, um den Mord anzuregen. Dann ermordet Gottorm den Helden im Wald, und als die Männer nach Hause kommen, fragt Gudrun nach Sigurd. Hogni bekennt, das er ermordet wurde. Brynhild zeigt sich triumphierend, doch Gunnar ist besorgt um die Unheil verkündenden Vorzeichen. Da bekennt die Frau, dass Sigurd sie niemals angerührt hat und ein keusches Beilager mit ihr führte.

›Über Sigurds Tod‹ (›Frá dauða Sigurðar‹)
Kurzer Prosaexkurs, der die unterschiedlichen Fassungen über den Tod Sigurds zu vereinbaren sucht. Im Vorigen, so heißt es, sei erzählt worden, dass er im Wald ermordet wurde, doch in anderen Liedern werde berichtet, man habe ihn im Schlaf in seiner Kemenate getötet. Die deutschen Lieder würden davon singen, dass er im Wald erschlagen wurde, während das alte Gudrunlied (hier das ›Zweite Gudrunlied‹) behauptet, der Mord habe auf dem Weg zum *Thing* stattgefunden.

›Erstes Gudrunlied‹ (›Guðrúnarqviða in fyrsta‹)
Gudrun ist an der Seite von Sigurds Leiche und unfähig zu weinen. Andere Frauen kommen und erzählen ihr von größeren Verlusten und zahlreicheren Toten. Doch Gudrun weint nicht, bis sie den Helden erneut anblickt. Dann wirft sie Gunnar den Mord vor, verweigert ihm Sigurds Hort und warnt ihn, sie werde ihn für ihre Rache einsetzen. Brynhild greift ein und erklärt, ihr Bruder Atli sei Schuld an allem, sagt aber nicht warum. Ein Prosaeinschub am Ende erzählt, Gudrun sei bis Dänemark gelaufen, Brynhild aber habe Selbstmord begangen.

›Das kurze Sigurdlied‹ (›Sigurðarqviða in scamma‹)
Es wiederholt die Geschichte Sigurds. Er kommt an den Hof Giukis, sie schwören sich gegenseitig Freundschaft, und er erhält Gudrun zur Frau. Dann gewinnt er Brynhild als Frau für Gunnar und pflegt mit ihr das keusche Beilager. Brynhild aber begehrt Sigurd, und da sie ihn nicht bekommen kann, möchte sie ihn umbringen. Sie droht Gunnar, sie werde ihn verlassen, wenn er den Helden nicht töte. Gunnar und Hogni erkennen die Bosheit dieses Gedankens, sind aber der Meinung, der Mord an Sigurd sei weniger schlimm als der Verlust der Königin; man könne im Gegenzug Sigurds Hort erlangen. Gottorm erschlägt Sigurd im Bett, wird dabei aber selbst vom Sterbenden getötet. Als Brynhild Gudruns Geschrei hört, lacht sie laut auf. Gunnar macht ihr deswegen Vorwürfe, und sie erklärt ihm, sie habe nicht heiraten wollen, doch als er und Sigurd zu ihr gekommen seien, habe ihr Bruder Atli sie mit der Enterbung bedroht, falls sie nicht heirate, und dann habe sie sich insgeheim Sigurd versprochen, weil sie ihn und nicht Gunnar wollte. Brynhild verschenkt nun allen ihren Reichtum und bringt sich um; Gunnars Versuche, sie umzustimmen, bleiben vergeblich. Bevor sie stirbt, verkün-

det sie ihrem Ehemann, Gudrun würde eine Tochter namens Svanhild haben und dann ihren Bruder Atli heiraten, den sie später ermorden werde. Schließlich werde Gudrun zu König Jonak kommen, der Svanhild mit seinem Sohn Jormunrekk heiraten werde. Zum Schluss bittet sie, auf dem gleichen Scheiterhaufen wie Sigurd verbrannt zu werden.

›Brynhilds Helfahrt‹ (›Helreið Brynhildar‹)
Brynhild wird verbrannt und auf ihrer Fahrt zur Unterwelt (Hel) begegnet sie einer Riesin, die ihr vorwirft, blutverschmierte Hände zu haben. Brynhild fasst ihr Leben zusammen, um sich zu verteidigen und beschuldigt Giukis Sippe, sie hintergangen zu haben.

›Die Ermordung der Niflungen‹ (›Dráp niflunga‹)
Wieder ein Prosastück, in dem erzählt wird, Gunnar und Hogni hätten Fafnis Hort an sich gerissen. Atli macht sie dann für Brynhilds Tod verantwortlich. Um sich zu versöhnen, geben sie ihm Gudrun zur Frau, nachdem sie ihr einen Vergessenstrank verabreicht haben. Gunnar möchte Atlis andere Schwester Oddrun heiraten, doch der hunnische König verweigert sie ihm. Jahre später lädt Atli Gunnar mit seinen Leuten zu sich ein, doch Gudrun erfährt, dass er sie verraten will, und schickt ein Warnzeichen: einen Ring mit einem Wolfshaar daran. Als Gunnar und Hogni an den hunnischen Hof kommen, bittet Gudrun ihre Söhne, sie sollen als Fürsprecher ihrer Verwandten vor ihren Vater treten, doch die Jungen lehnen ab. Hogni wird das Herz herausgerissen, Gunnar wird in die Schlangengrube geworfen. Es gelingt ihm, die Tiere mit der Harfe einzuschläfern, doch eines beißt ihm in die Leber.

›Zweites Gudrunlied‹ (›Guðrúnarqviða ǫnnor‹)
Bei Atli erzählt Gudrun König Tiodrek, wie Sigurds Pferd herrenlos vom *Thing* zurückkehrte, weil er ermordet worden war, wie sie die Totenwache hielt und wie sie zu Fuß bis nach Dänemark, zu König Half kam, bei dem sie dreieinhalb Jahre lebte. Dann seien ihre Verwandten gekommen, die Mutter Grimhild an der Spitze, und hätten ihr Geschenke gegeben und einen Vergessenstrank verabreicht. Dann habe man sie gezwungen, die Ehe mit Atli anzunehmen. Eines Nachts wacht Atli auf und berichtet Gudrun von seinem Traum, in dem sie ihn mit einem Schwert tötete und er sah, wie seine Söhne gestorben waren und er sie aufaß.

›Drittes Gudrunlied‹ (Guðrúnarqviða in þriðia‹)
Die Sklavin Herkia beschuldigt Gudrun, sie habe mit Tiodrek geschlafen. Gudrun schwört, es nicht getan zu haben und unterwirft sich dem Gottesurteil, nach dem Schwur die Hand in kochendes Wasser zu stecken. Ihre Haut bleibt unversehrt, doch Herkia, die sich ebenfalls dem Urteil unterziehen muss, verbrennt sich und wird als Verräterin hingerichtet.

›Oddruns Klage‹ (›Oddrúnargrátr‹)
Atlis Schwester Oddrun kommt zur Tochter König Heidreks, um ihr bei einer Geburt zu helfen. Währenddessen erzählt sie der Prinzessin, dass sie nach Brynhilds Tod in Gunnar verliebt war, dass Atli sie aber nicht mit ihm verheiraten wollte. Dennoch habe sie mit ihm geschlafen, doch eines Tages seien sie entdeckt worden. Aus diesem Grund habe Atli Gunnar und Hogni ermordet. Oddrun sagt weiter, sie habe versucht, Gunnar aus der Schlangengrube zu helfen, doch als sie angekommen sei, hatte ihn Atlis in eine Schlange verwandelte Mutter bereits getötet.

›Das Atlilied‹ (›Atlaqviða‹) [vgl. Kapitel II,2]
Atli schickt einen Boten zu Gunnar mit einer Einladung, an seinen Hof zu kommen, und mit dem Angebot, ihm große Reichtümer zu schenken. Gunnar wundert sich über das Angebot, und Hogni findet ein Wolfshaar an dem Ring, den Gudrun mitgeschickt hat. Gunnar beschließt, trotz der Warnung hinzuziehen. Bei ihrer Ankunft werden sie gefangen genommen. Atli verlangt von Gunnar den Hort, doch der gibt vor, er wolle das Geheimnis nicht preisgeben, bis sein Bruder Hogni nicht gestorben sei. Als man ihm das Herz seines Bruders bringt, triumphiert er: Nur er kenne jetzt das Geheimnis und werde es nicht verraten. Man bringt ihn in die Schlangengrube. Als die Hunnen zurückkehren, bietet Gudrun Atli einen Willkommenstrunk, lädt alle zu einem Festmahl in der Halle ein und bedient eifrig den König. Als alle betrunken sind, verrät die Frau dem Herrscher, dass er seine Söhne verspeist habe; dann tötet sie ihn und zündet die Halle an, dass alle darin umkommen. Eine Prosabemerkung am Schluss weist darauf hin, dass dies besser erzählt werde im ›Atlispruch‹.

›Der Atlispruch‹ (›Atlamál‹)
Es handelt sich um eine andere Fassung des vorigen Liedes. Atli lädt Gunnar und Hogni ein. Gudrun hat dem Boten ein Warnzeichen mitgegeben, da sie einen Verrat fürchtet. Gunnar und Hogni sehen keine Gefahr und beschließen zu gehen. Hognis Frau Kostbera liest die Runen und bittet sie, es nicht zu tun. Am folgenden Morgen erzählen Kostbera und Gunnars Frau Glaumvor ihren Männern von ihren Träumen, die Schlimmes voraussagen. Die Männer reisen trotzdem ab. Bei Atli angekommen, sagt der Bote plötzlich, nun müssten sie sterben; sie töten ihn dafür. Die Hunnen bewaffnen sich und bereiten sich für den Angriff vor. Gudrun begrüßt ihre Brüder und bietet eine Verhandlung an, doch als sie sieht, dass dies nicht möglich ist, kämpft sie tapfer an der Seite ihrer Brüder, bis sie gefangen genommen werden. Gudrun und Atli machen sich gegenseitig für die Toten verantwortlich, die der Kampf gefordert hat. Um seiner Frau größeren Schmerz beizubringen, lässt Atli Gunnar und Hogni hinrichten. Als man Hogni das Herz herausreißen will, schlägt jemand vor, es zunächst mit dem Feigling Hjalli zu versuchen, doch der gibt ein solches Geschrei von sich, dass sich Hogni, um es nicht hören zu müssen, selber anbietet und sogar lacht, während man ihm das Herz

herausschneidet. Gunnar spielt in der Schlangengrube die Harfe mit den Zehen, weil ihm die Hände gebunden sind. Atli berichtet Gudrun von dem Tod ihrer Brüder. Sie verflucht ihn. Daraufhin bietet er ihr eine Entschädigung an; sie antwortet, es gebe keine, gibt aber vor, sich zu fügen. Dann ermordet sie ihre Söhne, die sie küssen und umarmen, bevor sie sich dem Tod hingeben, und gibt ihr Fleisch Atli zu essen. Nach dem Mahl klärt sie ihn über die Herkunft der Speise auf. Sie tötet dann den Hunnenkönig mit Hilfe eines Bruders von Hogni. Bevor er stirbt, fasst Atli alles zusammen, was er für Gudrun getan hat, und hebt hervor, wie grausam sie zu ihm gewesen sei. Die Frau verteidigt sich und verspricht eine angemessene Beerdigung.

›Über Gudrun‹ (›Frá Guðrúno‹)
Neuer Prosaexkurs, in dem erzählt wird, dass Gudrun nach dem Mord an Atli versuchte, sich im Meer zu ertränken. Die Strömung aber habe sie in Jonaks Land gebracht, der sie zur Frau genommen und mit ihr drei Söhne gezeugt habe: Hamdir, Sorli und Erp. Dort wird auch Svanhild großgezogen, Sigurds Tochter, die später mit Jormunrek verheiratet wird. Doch der falsche Ratgeber Bikki reizt den jungen Randver, Jormunreks Sohn, dazu, mit ihr zu schlafen. Dann aber verrät er es dem König. Jormunrek lässt Randver hängen und Svanhild von Pferden zertreten.

›Gudruns Reizrede‹ (›Guðrúnarhvǫt‹)
Als Gudrun von Svanhilds Tod erfährt, fordert sie ihre Söhne dazu auf, sie zu rächen. Hamdir und seine Brüder nehmen die Aufforderung an, warnen sie aber, dass dies ihren Tod bedeute. Das schmerzt die Mutter, die weinend all die Leiden aufzählt, die sie in ihren drei Heimen habe ertragen müssen.

›Der Hamdirspruch‹ (›Hamðismál‹) [vgl. Kapitel III,3, S. 127f.]
Gudrun fordert ihre Söhne Hamdir und Sorli auf, den Tod ihrer Schwester Svanhild zu rächen. Sie nehmen den Auftrag an, beschuldigen aber die Mutter, ihre Kinder bereits vorher in den Tod geschickt zu haben, nur um Rache zu nehmen; sie warnen sie, dass ihnen nun dasselbe geschehen werde. Unwillig ziehen sie aus. Unterwegs treffen sie ihren Halbbruder Erp, der behauptet, ihnen helfen zu können, wie ein Fuß dem anderen hilft. Sie verstehen das nicht. Da beschimpft er sie als Feiglinge und weigert sich, ihnen den Weg zu zeigen; dafür bringen sie ihn um. Sie gelangen nun zu Jormunreks Königshalle, wo ein Festmahl gefeiert wird, das es ihnen erlaubt, unbekannt heranzutreten. Hamdir und Sorli hauen dem König Hände und Füße ab, doch es fehlt ihnen ein dritter Bruder, der dem König auch den Kopf abgeschlagen hätte. So kann Jormunrek, bevor er stirbt, seinen Männern noch zurufen, man müsse die Feinde steinigen, da die Schwerter ihnen nichts anhaben konnten. Sorli fällt neben der Giebelwand, Hamdir fällt hinter dem Haus.

Die Sektion der Heldenlieder beginnt mit drei Liedern, die Sigurds Halbbruder Helgi gewidmet sind. Sie mögen etwas am Rande der bekannteren Sigurdgeschichte stehen, sind aber genealogisch und handlungslogisch sehr genau eingebaut. Auffallend ist an dieser Gruppe zum einen, dass der Sammler der ›Edda‹ bedeutende Abweichungen oder Varianten zwischen den verschiedenen Liedern, die die gleiche Geschichte erzählen, nicht etwa einfach nebeneinander stehen lässt, sondern zu erklären versucht. So verweist ein Prosasatz am Ende des zweiten Stückes auf ein mutmaßliches zweites Leben der Helden; das hebt den Widerspruch auf, der sich sonst im dritten Lied ergeben würde, wo die Beziehung Helgis zu einer anderen Walküre erzählt wird. Andererseits ist zu bemerken, dass der Autor das ›Erste Helgilied‹ an den Anfang gestellt hat, wo doch seine Herkunft im ›Lied von Helgi, dem Sohn Hiorvards‹ erzählt wird. Es ist möglich, dass er dies getan hat, um die Szene mit den Nornen, die das Schicksal des Helden weben, vorzurücken. Diese stehen damit unmittelbar im Anschluss an den mythologischen Teil, sodass der Übergang weniger schroff ist. Wie am Ende der ersten Sektion nur noch Lieder über halbmythische Wesen stehen, so stünde damit am Anfang des Heldenteils die einzige Szene mit mythischen Wesen.

Das Prosastück ›Über Sinfiotlis Tod‹ eröffnet die Gruppe der Lieder um Sigurd; es berichtet von seiner Zeugung und vom Tod seines Vaters. Die Tatsache, dass diese Ereignisse in Form einer Prosazusammenfassung erzählt werden, weist darauf hin, dass der Autor der Sammlung die Episode aus einer anderen, mündlichen oder schriftlichen Quelle kannte und sie ihm sehr nützlich als Verbindungsglied erschien, er aber kein Lied darüber finden konnte. ›Gripis Weissagung‹ ist ein offenkundig sehr junges Lied, das die gesamte Sigurdgeschichte in Form eines teilweise dialogisierten Orakels zusammenfasst. Ob es, wie suggeriert wurde, einmal am Anfang einer früheren Sammlung von Sigurdliedern stand, wissen wir nicht.

Die nun folgenden Lieder ›Reginspruch‹ und ›Fafnispruch‹, welche die Geschichte von Sigurds Drachentötung und Hortgewinnung erzählen (vgl. Kapitel III,4, S. 158f.), bilden in der Handschrift einen einzigen Text, ohne ein Merkmal, das sie trennen würde. Allerdings gibt es deutliche Unterschiede zwischen beiden Teilen, denn während der erste sprachlich relativ alt scheint, sind die Weisheitsstrophen im ›Fafnispruch‹ mit Sicherheit viel jünger. Solche Spruchstrophen kommen auch im folgenden Lied vor, in dem Sigurd die Walküre Sigrdrifa von ihrem langjährigen Schlaf weckt und dann von ihr eine Reihe von Lehren erhält. Wie schon im mythologischen Teil ist das Wissen der übermenschlichen Wesen zum Sprichwort reduziert worden. So verwundert es nicht, dass der Held weder die hier erhaltene Weisheit noch das Orakel seines Onkels Grípir nutzen kann, um sich vor dem verräterischen Mord zu schützen. Es ist, als ob die mythische Vorsehung, die zu Beginn des ersten ›Helgiliedes‹ offenbart wird, auch für Sigurd weitergelte. Der Eindruck verstärkt sich durch das wiederholte Auftreten Odins: Der Gott trug den Hort zusammen, bewirkte den Fluch, der auf ihm lastet, ist an Sinfiotlis Tod ebenso beteiligt, wie an Sigurds Rache, und er hat die Walküre, die Sigurd erweckt, in den Schlaf versetzt. Die Walküre ist hier nicht Brynhild, wie später in ›Brynhilds Helfahrt‹ oder auch in der ›Thidreksaga‹ und in der ›Volsungensaga‹ behauptet wird, sondern Sigrdrifa. Wir wissen nicht, in welchem Verhältnis beide Varianten zueinander stehen. Wenn Sigurd Brynhild weckt, erklärt sich ihre angebliche oder tatsächliche frühere Beziehung besser, aber dadurch erhebt man Brynhild in den Status einer Walküre, was möglicherweise nicht immer gewünscht war.

Nun folgt die Lücke im ›Codex Regius‹, die eines der großen Forschungsprobleme zu diesem Werk darstellt. Die ›Volsungensaga‹, mit der wir uns im folgenden Kapitel beschäftigen werden, erzählt die Sigurdgeschichte auf sehr ähnliche Weise, wie die Kombination von Liedern und Prosaexkursen der ›Edda‹. Da es sich um zwei zeitlich wie örtlich sehr nahe liegende Werke handelt, hat sich die Diskussion oft darum gedreht, ob man, ausgehend von der Saga, den Inhalt der verlorenen Blätter des ›Regius‹ rekonstruieren könnte. Die Parallelen zwischen beiden Texten sind augenfällig: Der eng gewobene, durchgehende Handlungsablauf und das wiederholte Auftreten Odins in den ›Edda‹-Liedern erinnert deutlich, wie noch zu sehen sein wird, an die Saga. Auch die Tatsache, dass der Autor der Sammlung Details in

Prosaexkursen nachträgt, weist auf die Kenntnis einer mehr oder weniger einheitlichen und umfassenden Geschichte hin, wie sie die Saga bietet. Das bedeutet allerdings nicht, dass der Autor der ›Edda‹-Sammlung die Saga gekannt hätte. Es gibt keinen Hinweis für die Existenz der Prosa in der ersten Hälfte des 13. Jahrhunderts, auch konkrete wörtliche Anlehnungen sind nicht gefunden worden. Und schließlich fragt man sich, ob der Liedsammler, hätte ihm ein geschlossener Text vorgelegen, nicht stärker dazu tendiert hätte, widersprüchliche Varianten zu vereinbaren. Es besteht kein Zweifel daran, dass beide Werke in einem ähnlichen Kontext der Bemühung um die Sigurdgeschichte entstanden sind, doch die methodischen und faktischen Unsicherheiten sind viel zu groß, als dass man den einen Text als Vorlage zur Rekonstruktion des anderen verwenden könnte.

Gewiss kann die Saga dazu beitragen, sich zusammen mit den übrigen Liedern der ›Edda‹ ein Bild vom generellen Handlungsablauf der Sigurdsage zu machen, die in jener Zeit in Skandinavien verbreitet war. Die Forschung ist sich weitgehend darin einig, dass die Texte, die auf den verlorenen Blättern standen (die sog. Lieder der Lücke), die wichtigsten Stationen von Sigurds Leben erzählten, die schon in ›Gripis Weissagung‹ und dann in den späteren Liedern erwähnt werden, also seine Begegnung mit Brynhild, die Ehe mit Gudrun, die Werbung um Brynhild für Gunnar, den Streit der Königinnen oder die Verleumdung Sigurds durch Brynhild aus anderen Gründen. Jedenfalls planen in den Versen, die unmittelbar auf die Lücke folgen, Gunnar und Hogni bereits den Mordanschlag. Da das an späterer Stelle stehende ›Sigurdlied‹ von der vorangehenden Prosa »das kurze« genannt wird (*in scamma*), obwohl es gar nicht so kurz ist, hat man daraus gefolgert, dass auf den verlorenen Seiten ein besonders langes Sigurdlied gestanden haben müsste. Möglicherweise bilden die Verse nach der Lücke, also das sogenannte ›Fragment des Sigurdliedes‹, den Schluss davon, obwohl sie recht stark kondensieren. Wenn wirklich acht Blätter fehlen, dann könnte auch mehr als ein Sigurdlied darin enthalten gewesen sein. Snorri Sturluson beschreibt im Kapitel 41 seiner Schrift ›Über skaldische Dichtung‹ recht ausführlich den Streit zwischen Brynhild und Gudrun; daraus ließe sich auf die Existenz eines Liedes über diesen Aspekt schließen, aber ebenso ist es möglich, dass jenes mutmaßliche ›lange‹ Sigurdlied diese Szene ausführlich behandelte. Man sieht also, dass die Ungewissheiten viel zu groß sind, als dass man irgendeine Art von Rekonstruktion wagen könnte.

Das ›Fragment eines Sigurdliedes‹ bietet eine interessante Fassung der Geschichte vom Verrat, denn anders als im ›Nibelungenlied‹ ist es Gunnar, der den Mordanschlag plant, offenbar auf Grund von Verleumdungen durch Brynhild (allerdings erscheint das Motiv von Gunthers Anregung zum Mord auch in Nibelungenliedhandschriften des 15. Jahrhunderts, was auf Parallelentwicklungen der mündlichen Überlieferung deutet). Den Mord selbst begeht sein Bruder Gottorm; die Königin zeigt sich nicht nur triumphierend, als sie hört, dass das ausgeführt wurde, was sie geplant hatte, sondern sie bekennt dann noch die Falschheit ihrer Anschuldigungen. Hier wird deutlich, in welchem Maße die Ereignisse in traditioneller Dichtung unberührt bleiben und dennoch ganz neu strukturiert und motiviert werden können. Es überrascht nicht, am Ende dieses Liedes wieder einem Prosaeinschub zu begegnen (›Über Sigurds Tod‹), in dem der Frage nachgegangen wird, ob Sigurd im Wald oder in der Kemenate erschlagen wurde. Der Autor der Sammlung (oder ein Vorgänger von ihm) hat die Existenz unterschiedlicher Fassungen erkannt und weist auf die Unterschiede zwischen ihnen hin, hebt aber auch die Übereinstimmungen hervor, die es ihm erlauben, sich teilweise widersprechende Lieder in die gleiche Sammlung aufzunehmen.

Diese Versuche, Varianten miteinander vereinbar zu machen, zeigen aufs Deutlichste, dass hinter der Konzeption der Sammlung die Absicht stand, die Lieder über Sigurd und seine Sippe in eine halbwegs geschlossene Ordnung zu bringen. Das ›Kurze Sigurdlied‹ bestätigt dies noch einmal. Es handelt sich um ein Gedicht, das – abgesehen von einigen interessanten Varianten wie Sigurds Ermordung im Bett – hauptsächlich durch Brynhilds ausführliche Rechtfertigung und Klage hervorsticht, die in ihrem Selbstmord endet. In diesem Fall ist vor allem die Reihenfolge der Lieder vielsagend: zuerst eines (von dem wir nur das Ende kennen), das mit Sigurds Ermordung endet; ihm folgt ein zweites mit Gudruns Klage (›Erstes Gudrunlied‹); und schließlich folgt ein drittes, das ebenfalls von Sigurds Tod erzählt und in einer langen Klage endet, aber diesmal von Brynhild, der anderen beteiligten Frau. Und darauf folgt dann ein kurzer Text über ›Brynhilds Helfahrt‹, in dem die Königin wieder Gelegenheit erhält, sich zu rechtfertigen. Die skandinavische Literatur hat der Figur Brynhilds entschieden mehr Aufmerksamkeit geschenkt als die deutsche; im ›Nibelungenlied‹ wird sie nach dem Mord an Sifrit einfach nicht mehr erwähnt.

Die Gudrunlieder bilden eine Art Untergattung, die man ›heroische Elegie‹ genannt hat. Das erste der drei Stücke, das unmittelbar auf Sigurds Ermordung im Fragment nach der Lücke folgt, berichtet nur von den Klagen der Witwe neben ihrem toten Ehemann. Das zweite allerdings, das etwas weiter hinten steht, ist ein elegischer Rückblick der Frau auf ihr Leben vor und nach dem Tod des Helden. Es enthält einige interessante Details zu der Frage, wie das Publikum die Gesamthandlung der Sigurdsage verstanden haben könnte. Gunnars Mutter hat Gudrun einen Vergessenstrank verabreicht, der nicht nur die Ehe mit Atli ermöglicht (den die eddischen Lieder als Bruder Brynhilds charakterisieren), sondern vor allem die notwendige Rache der Witwe an ihren Brüdern verhindert. Obwohl selbstverständlich die Wirkung des Trankes im Augenblick des Sprechens bereits nachgelassen hat, denkt die Frau nicht daran, die Ermordung ihres Ehemannes zu rächen. Vielmehr wird sie den Anschlag ihres zweiten Gatten auf ihre Brüder rächen. Atlis vorausdeutender Traum macht deutlich, dass dies die Perspektive der Handlung ist. Die skandinavischen Lieder kennen also die Figur der grausam rächenden Witwe nicht, die wir in den deutschen Texten und auch bei Saxo Grammaticus vorfinden, oder wollen sie nicht verwenden. Man hatte offenbar Kenntnis von den kontinentalen Traditionen (das ›Zweite Gudrunlied‹ führt die Figur Dietrichs von Bern ein [Tiodrek], der als Verbannter an Atlis Hof lebt), zog es aber vor, sich an die eigene Variante der Geschichte zu halten. Diese stellt Gudrun als schmerzerfüllte Frau vor, die unter den Intrigen der übrigen Figuren leidet. Möglicherweise liegt in diesem wesentlichen Unterschied der Grund dafür, dass die Protagonistin in Skandinavien einen anderen Namen erhält; das bösartige Element ist auf die Figur der Mutter verschoben worden, die dementsprechend den Namen Grimhild beibehalten hat.

Die Reihe der Lieder, welche von der Handlungssequenz handeln, die in den Tod Gunnars und Hognis mündet, beginnt wiederum mit einem Prosaeinschub, ›Die Ermordung der Niflungen‹. Hier wird die zentrale Ereignisfolge vorausdeutend zusammengefasst, vielleicht um einen Überblick zu bieten, der ein besseres Verständnis garantiert. Interessant ist an diesem Text, dass er die Feindschaft zwischen Gunnar und Hogni mit dem Tod Brynhilds motiviert, die zu Atlis Schwester gemacht wurde. Mehr noch: Die Ehe zwischen Atli und Gudrun wird als Entschädigung für den Verlust der Schwester erzwungen. Die logische Verknüpfung zwischen dem Mord an Sigurd und dem Tod Gunnars und Hognis stellt sich dadurch ganz anders dar als in kontinentalen Texten wie dem ›Nibelungenlied‹. Es ist das Drama Brynhilds, das in den skandinavischen Liedern das ganze zerstörerische Potential dieser Geschichte entfaltet. Gudruns Rolle ist wie gesagt passiver. Das erklärt auch die Bedeutung, die Gunnars Frau in den Liedern unmittelbar nach der Lücke erhält sowie im Zusammenhang mit dem Tod Sigurds. Es macht aber den Verlust dieser Blätter umso schmerzhafter, denn es ist anzunehmen, dass dort der Hauptteil dieser neuartigen Fassung des Konflikts dargestellt wurde.

›Oddruns Klage‹ ist der erste Text, der von dem durch Atli angeregten Tod Gunnars zu berichten weiß. Zwar ist die Erzählzeit, in der sich die Sprecherin befindet, ein späterer Moment, aber der Autor der Sammlung hat das Lied wahrscheinlich an den Anfang der Reihe gestellt, weil darin ein weiterer Grund für die Feindschaft zwischen Gunnar und Atli geboten wird: die außereheliche Beziehung zwischen Ersterem und einer Schwester des Letzteren. Die Erklärung für diese Feindschaft war wohl wichtig, weil die beiden Texte, die nun im Folgenden den Kampf an Atlis Hof erzählen – das ›Atlilied‹ und der ›Atlispruch‹ –, keinen Grund angeben, warum Atli seinen Schwagern feindlich gesinnt ist, sondern direkt bei der verräterischen Einladung ansetzen. Möglicherweise liegt das daran, dass diese Texte vor ihrer handlungslogischen Einbettung in den Kontext der ›Edda‹-Sammlung entstanden und die Kenntnis der Motivationen beim Publikum voraussetzen konnten; denkbar ist aber auch, dass sie gezielt eine Klärung der Umstände vermieden.

Die beiden Atlilieder sind zwei Fassungen der gleichen Geschichte, doch die Unterschiede zwischen ihnen könnten nicht größer sein. Abgesehen von ihrem unterschiedlichen Alter (das ›Atlilied‹ wird wie gesagt als eine der ältesten Dichtungen dieser Sammlung angesehen, während der ›Atlispruch‹ eine grönländische Dichtung vom Ende des 12. oder Anfang des 13. Jahrhunderts ist) lässt sich beim zweiten Text vor allem der endgültige Verlust eines bedeutsamen historischen Rahmens beobachten. Der Atli des älteren Gedichts regiert über ein bedrohliches hunnisches Reich; er begehrt das Gold und die Macht der Burgunder; der Disput findet statt unter Königen, sie sind Vertreter eines Kriegeradels und reisen quer über den Kontinent. Der ›Atlispruch‹ hingegen reduziert den geographischen Rahmen auf die kleinen Siedlungen skandinavischer Landbesitzer, und der Streit um die Macht ist degradiert worden zu einem Gezänk zwischen Eheleuten und Schwagern. Die gegenseitigen Vorwürfe, die sich Atli und Gudrun machen, bringen eine lange Reihe von Beleidigung ans Licht, die zunächst an eine schlechte Ehe denken lassen. Und der Schlussdialog zwischen dem sterbenden König und der Mörderin bestätigt, dass sich die beiden nie näher gekommen sind. Die Situation geht so weit, dass Atli Gunnar und Hogni hinrichten lässt, um seine Frau zu ärgern (Str. 58f.). Es überrascht sehr, dass am Ende des ›Atliliedes‹ ein Prosasatz behauptet, die Geschichte sei im ›Atlispruch‹ besser erzählt. Offenbar fand der Autor der Sammlung die nüchterne Trockenheit des eher klassisch wirkenden heroischen Liedes weniger interessant als die zur Ballade tendierende Nähe der ›Atlamál‹.

Ein weiteres Prosastück ›Über Gudrun‹ ermöglicht die Anbindung von zwei weiteren Liedern: Entgegen dem, was am Ende des ›Atliliedes‹ gesagt wird, starb die Ehefrau des Hunnenkönigs nicht beim Saalbrand, sondern kam zu einem anderen Reich, heiratete den dortigen König und bekam von ihm drei Söhne, Hamdir, Sorli und Erp. Die Umwandlung Gudruns in die Mutter dieser Figuren aus der Ermanarichsage (vgl. Kapitel III,3, S. 127f.) ist sicherlich auf die Absicht zurückzuführen, auch diese Geschichte mit denen Sigurds und

Gunnars zu verbinden. Hinter dem Entstehungsprozess der ›Lieder-Edda‹ ist also auch jene Kompilationslust zu erkennen, die schon die ›Thidreksaga‹ prägte. Die Verbindung ist aber bereits durch das Prosastück ›Die Ermordung der Niflungen‹ vorbereitet worden, das die Figurenkonstellation des ›Hamdirspruches‹ ankündigt: Sigurds und Gudruns Tochter Svanhild heiratet Jormunrekk, Gudrun hat mit Jonakr noch drei Söhne, welche die aufgrund einer von Bikkis (= Sifkas) Intrigen brutal hingerichtete Schwester rächen werden. Die Reaktion auf den Tod Svanhilds erstreckt sich auf zwei Lieder, ›Gudruns Reizrede‹, ein erneut elegisch klingendes Gedicht, und der bereits besprochene ›Hamdirspruch‹, der die Ermordung Jormunrekks beschreibt.

Dieser genealogischen Konstruktion zufolge ist Svanhild der letzte Nachfahre des Volsungengeschlechts, weil sie Tochter Sigurds ist, während Hamdir und Sorli die letzten Nachkommen der Giukungen sind (sie sind Söhne Gudruns und Enkel Giukis). Als Schlussstein der Sammlung scheint der ›Hamdirspruch‹ die Idee vom Ende dieser Heldenzeit vermitteln zu wollen. Es sind nicht nur die Probleme der Liedhandlung selbst (der Streit mit der Mutter, die Ermordung des Halbbruders Erp, die Tatsache, dass dann ein dritter Bruder fehlt, um Jormunrekk rechtzeitig zu enthaupten), sondern vor allem der Schluss: Hamdir und Sorli steigen zwar über gotische Kriegerleichen, werden aber gesteinigt, der eine unter dem Giebel, der andere »hinter dem Haus« (Str. 31: *at húsbaki*). Welcher Held stirbt hinter dem Haus? Ein solcher Tod erweist sich als logische Folge dessen, was die vorangegangenen Texte geprägt hat: Verrat, Verwandtenmord und Rache.

Offensichtlich trägt die mythologische Nähe der Helden zu den Göttern nicht zu deren Heil bei, sondern im Gegenteil: Der Kontakt zur Walküre endet immer fatal, ob sie nun Brynhild oder Sigrdrifa heißt; auf Odins Hort lastet ein Fluch; der Gott selbst greift immer wieder in das tragische Schicksal der Nachkommen des Volsungengeschlechts ein. Die Zeit der Götter und Helden erweist sich als eine Zeit brutaler Mörder, kaltblütiger Verräter und gnadenloser Rächer. Wir stehen wieder vor einer Sicht der Heldenzeit als mythische Vorgeschichte: das Chaos vor dem Kosmos, die vom Bösen und von der

Zerstörung beherrschte Zeit vor der Christianisierung. Das überrascht nicht, denn nur eine veränderte Einstellung zur Tradition heroischer Dichtung ermöglicht ihre Überführung in ein neues Medium, das ihr ein anderes Sinnpotential abzugewinnen vermag. Die ›Edda‹ Snorris, die in den Kapiteln 39 bis 42 der ›Skáldskaparsmál‹ die Handlung der eddischen Heldenlieder zusammenfasst, bezeugt, dass man in der ersten Hälfte des 13. Jahrhunderts bemüht war, die alten, vorchristlichen Sagen zu revidieren. Möglicherweise entstanden einige der Texte, die im ›Codex Regius‹ stehen, in diesem Kontext. Die isländische Handschrift ist also nicht nur eine Sammlung alter Gedichte, sie beabsichtigt keineswegs bloß, die archaische Tradition zu konservieren, sondern sie präsentiert sie als den schauderhaften Bericht dessen, was zu jener mythischen, definitiv vergangenen Zeit geschah.

In dieser Hinsicht ist das Format, mit dem die ›Edda‹ dieser Zielsetzung nachgeht, von Bedeutung. Die europäische Literatur des 13. Jahrhunderts kennt diverse Formen der Sammlung von Texten, die wir als episch bezeichnen würden. Es gibt zum Beispiel das Modell der zyklischen Handschriften der altfranzösischen *chansons de geste*, in denen thematische zusammenhängende Epen vollständig hintereinander eingetragen werden. Das Gegenmodell dazu wäre das der ›Thidreksaga‹, die aus allen Geschichten, die sie versammelt, eine einzige, ausführliche Erzählung macht, die alle Teile zu einem großen Mosaik zusammenfügt. Auf halbem Weg zwischen diesen beiden Möglichkeiten befindet sich die ›Karlamagnussaga‹, die französische und lateinische Texte über den fränkischen Kaiser zusammenbringt und in Prosa übersetzt, sie aber nicht zu einer ununterbrochenen Erzählung vereint. Die ›Lieder-Edda‹ dagegen, die keine großen Epen verarbeitet, sondern kürzere Lieder, wählt eine vierte Möglichkeit: eine prosimetrische Kombination von überlieferten Gedichten und verbindender oder kommentierender Prosa. Das Verhältnis von Prosa und Vers kehrt die Proportionen etwa eines Saxo Grammaticus um. Die tradierten Lieder werden vollständig übernommen – obwohl sicherlich einiges retuschiert wurde –, und die Prosa wird sparsam als Bindfaden verwendet, der für die lockere Verknüpfung der Teile sorgt und die Einheit des Ganzen garantiert. Denn gerade die archaische Form dieser Gedichte macht ihren veralteten Charakter deutlich. Die eddischen Metren identifizieren die Gattung als ›alte‹ Literatur in jeder Hinsicht: Gehört die Thematik einer kulturellen Vorzeit an, so musste der dichte Vers das Verständnis durch ein Publikum, das an die leicht fließende Prosaerzählung gewöhnt war, aufs höchste erschweren. Das archaische oder archaisierende Vokabular verstärkt den Eindruck, eine Reliquie der vorchristlichen Literatur in der Hand zu haben, was zum Teil stimmt, aber eben – wie hier gezeigt wurde – nur zum Teil.

Möglicherweise steht die ›Lieder-Edda‹ in einem Zusammenhang mit der Sammlung von Materialien, die zur ›Volsungensaga‹ führte. Offenbar aber entstand diese Saga erst in einem zweiten Schritt. Die Urheber der eddischen Sammlung haben eine Umarbeitung in die aktuellere Prosaerzählung anscheinend als für ihre Absichten weniger geeignet eingeschätzt. Denn obwohl die ›Edda‹ eine grausame, entfernte und abgeschlossene heroische Welt präsentiert, versammelt sie doch die echten Lieder über diesen Stoffkreis, egal wie alt sie sind; sie lässt also in gewisser Weise die Tradition zu Wort kommen, anstatt für sie zu sprechen. Da der Autor zudem nicht substantiell in die Gedichte eingreift, entsteht ein weiterer, in der mittelalterlichen Literatur unerhörter Effekt: Oft werden wie gesagt die Varianten derselben Geschichte, die zwei voneinander unabhängige Texte bieten, nebeneinander stehen gelassen, obwohl sie sich zum Teil gegenseitig ausschließen; nur in manchen Fällen versuchen die Prosastücke, an den zentralen Stellen zu vereinheitlichen. Einer solchen Vorgehensweise haftet etwas von philologischer oder folkloristischer Sammlung an, das sicherlich das Interesse des 19. Jahrhunderts für diese Handschrift steigerte. Einer modernen Annäherung genügt wohl die Anerkennung, dass der Autor der Sammlung eine gewisse Achtung vor dieser Lieddichtung zeigte, die aus seiner Sicht trotz ihres archaischen und unzeitgemäßen Charakters zweifellos literarischen Wert besaß und Teil einer uralten Tradition war.

LITERATUR

Die aktuellste Ausgabe der ›Edda‹ ist noch sehr unvollständig: *The Poetic Edda*, hg. von Ursula Dronke, 2 Bde., Oxford 1969/1997. So bleibt weiterhin grundlegend die klassische Ausgabe *Edda. Die Lieder des Codex Regius nebst verwandten Denkmälern*, hg. von Gustav Neckel und Hans Kuhn, 2 Bde., Heidelberg [5]1983. Als deutsche Fassung ist sehr zu empfehlen *Die Götter- und Heldenlieder der Älteren Edda*, hg. von Arnulf Krause, Stuttgart 2004, die mit ihrer guten Übersetzung und dem wertvollen Kommentar endlich eine solide deutschsprachige Lesefassung bietet. Als vollständige englische Übersetzung empfiehlt sich *The Poetic Edda. Translated with an Introduction and Explanatory Notes*, übers. von Lee M. Hollander, Austin [2]1962.

Grundlegend sind die Einführungen von Joseph Harris, »The Poetic Edda«, in *Old Norse-Icelandic Literature. A Critical Guide*, hg. von Carol J. Clover und John Lindow, Ithaca/London 1985, S. 68–156; Kurt Schier, »Edda, Ältere«, in *RGA*, Bd. VII, Berlin 1989, S. 355–394; sowie Heinrich Beck, »Eddische Dichtung«, in *RGA*, Bd. VI, Berlin 1986, S. 413–425; das *Reallexikon* bietet zudem individuelle Einträge zu jedem der Lieder der Sammlung. Man erwartet in näherer Zukunft das Erscheinen der den Heldendichtungen gewidmeten Bände des monumentalen *Kommentar zu den Liedern der Edda*, hg. von Klaus von See, Heidelberg 1997ff., von dem bislang nur die Bände 2 und 3 erschienen sind.

Es liegt eine sehr interessante Aufsatzsammlung über einzelne Texte oder konkrete Fragen vor: *Edda. A Collection of Essays*, hg. von Robert J. Glendinning und Haraldur Bessason, Winnipeg 1983. Einige Aufsätze zur ›Lieder-Edda‹ finden sich auch in dem Sammelband von Klaus von See, *Edda, Saga, Skaldendichtung. Aufsätze zur skandinavischen Literatur des Mittelalters*, Heidelberg 1981. Den Forschungsstand bis zum Ende der achtziger Jahre hat Heinrich Beck, »Eddaliedforschung heute: Bemerkungen zur Heldenlied-Diskussion«, in *Helden und Heldensage. Otto Gschwantler zum 60. Geburtstag*, hg. von Hermann Reichert und Günter Zimmermann, Wien 1990, S. 1–23, beschrieben. Die sog. ›heroische Elegie‹ ist monographisch untersucht worden von Ulrike Sprenger, *Die altnordische heroische Elegie*, Berlin/New York 1992.

Die skandinavistische Forschung über die mündliche Tradition vor der ›Edda‹ bewegt sich noch deutlich in der von Andreas Heusler gewiesenen Richtung; vgl. z. B. Theodore M. Andersson, *The Legend of Brynhild*, Ithaca/London 1980 (Islandica 43), oder C. Michael Sperberg-McQueen, »The Legendary Form of *Sigurðarkviða in Skamma*«, in *Arkiv för Nordisk Filologi* 100 (1985), S. 16–40. Das Problem der Lücke und der verlorenen Lieder wurde zuletzt behandelt von Theodore M. Andersson, »The lays in the lacuna of Codex Regius«, in *Speculum Norroenum. Norse Studies in Memory of Gabriel Turville-Petre*, hg. von Ursula Dronke u. a., Odense 1981, S. 6–26, wenn auch seine Ergebnisse mit Vorsicht zu behandeln sind. Grundlegende Überlegungen über mündliche Erzähltraditionen und ihren Einfluss auf die Komposition des ›Codex Regius‹ finden sich in den Arbeiten von Michael Curschmann, »Eddic Poetry and Continental Heroic Legend: The Case of the Third Lay of Gudrun (*Gudrunarqviða*)«, in *Germania. Comparative Studies in the Old Germanic Languages and Literatures*, hg. von Daniel G. Calder und T. Craig Christy, Woodbridge 1988, S. 143–160; Lars Lönnroth, »Hjálmar's Death-Song and the Delivery of Eddic Poetry«, in *Speculum* 46 (1971), S. 1–20; sowie in den Aufsätzen des Bandes *Oral Tradition, Literary Tradition. A Symposium*, hg. von Hans Bekker-Nielsen und Peter Foote, Odense 1977. Versuche, die Liedersammlung des ›Codex Regius‹ als eigenständiges literarisches Werk des skandinavischen 13. Jahrhunderts zu verstehen, machten Hans Klingenberg, *Edda – Sammlung und Dichtung*, Basel/Stuttgart 1974, sowie Edgar Haimerl, *Verständnisperspektiven der eddischen Heldenlieder im 13. Jahrhundert*, Göppingen 1992.

Snorris ›Edda‹ wird zitiert nach der Ausgabe *Edda Snorra Sturlusonar*, hg. von Finnur Jónsson, Kopenhagen 1931. Auf deutsch können die wichtigsten Teile davon gelesen werden in *Die Edda des Snorri Sturluson. Göttererzählungen und Gedichte*, hg. von Arnulf Krause, Stuttgart 1997. Über Snorris Werk ist weiterhin grundlegend die Monographie von Sigurður Nordal, *Snorri Sturluson*, Reykjavík 1920. Neuerdings aber sind zwei sehr gute Sammelbände mit grundlegenden Untersuchungen erschienen: *Snorri Sturluson. Beiträge zu Leben und Werk*, hg. von Hans Fix, Berlin/New York 1998, sowie *Snorri Sturluson. Kolloquium anläßlich der 750. Wiederkehr seines Todestages*, hg. von Alois Wolf, Tübingen 1993.

3. Die ›Volsungensaga‹ und die Mythisierung der Heldendichtung

Die Tendenz, heroische und mythologische Geschichten zu verbinden und in eine mythische Vorzeit zu versetzen, lässt sich nicht nur in der ›Lieder-Edda‹ beobachten, sondern scheint im westnordischen Literaturkontext verbreitet gewesen zu sein. Sie prägt konkret auch den dritten großen skandinavischen Text, der alte Heldensagen behandelt: die ›Volsungensaga‹ (›Vǫlsunga saga‹). Sie ist durch ihren Einfluss auf die skandinavische Renaissance des 17. Jahrhunderts und besonders auch auf die Rezeption mittelalterlicher Literatur in der europäischen Romantik eine der bekanntesten Sagas in der modernen europäischen Kultur geworden. Außerhalb der Fachkreise (aber auch innerhalb) prägte sie eine ganz bestimmte Deutung der Sagen um Sigurd und die Nibelungen; Richard Wagner legte sie seiner Tetralogie

›Der Ring des Nibelungen‹ zugrunde und vermittelte dadurch der ganzen Welt ein sehr konkretes Verständnis dieser Geschichten.

Die ›Volsungensaga‹ ist in einer einzigen Handschrift aus der Zeit um 1400 überliefert, die im 17. und im 19. Jahrhundert öfter abgeschrieben wurde. Ihre Entstehung wird gewöhnlich für die zweite Hälfte des 13. Jahrhunderts in Norwegen angesetzt, nicht nur wegen der häufigen norwegischen sprachlichen Züge, sondern vornehmlich wegen ihrer offensichtlichen Kenntnis der ›Thidreksaga‹, aus der sie neben anderen Entlehnungen im 23. Kapitel die Beschreibung Sigurds abschrieb. Wahrscheinlich hat sie auch Motive aus den ›Lais‹ der Marie de France übernommen, die unter Hákon Hákonarson in Norwegen übersetzt worden waren.

In der Handschrift folgt auf die ›Volsungensaga‹ eine weitere Prosaerzählung, die ›Ragnarsaga‹ (›Ragnars saga lóðbrókar‹), sowie ein Skaldengedicht, das unter dem Namen ›Krakumál‹ bekannt ist. Das Nebeneinander beider Sagas ist alles andere als zufällig: Es erklärt sich durch die sorgfältige Konstruktion einer genealogischen Kontinuität zwischen den Protagonisten beider Texte. Bei ihrer ersten Begegnung zeugen Sigurd und Brynhild eine Tochter, welche die Mutter, als sie Gunnar heiratet, bei Heimir zurücklässt. In der ›Ragnarsaga‹ heiratet dieses Mädchen den Protagonisten, und ihr Sohn wird der Gründer des norwegischen Königsgeschlechts. So konstruieren die beiden Texte eine dynastische Vorgeschichte für den König, die bis zum sagenhaften Sigurd zurückreicht. Besonders wenn sich ein Entstehungsdatum vor 1265 bestätigen ließe, müsste die ›Volsungensaga‹ als integraler Bestandteil einer Genealogie des norwegischen Königshauses verstanden werden. Wir wissen aber nicht, ob die ›Volsungensaga‹ bereits damals in der vorliegenden Form existierte und ob ein zweiter Autor sie benutzte, um sie mit der ›Ragnarsaga‹ zu verbinden, oder ob beide Sagas von derselben Person überarbeitet wurden, um eine kohärentere Geschichte zu entwerfen. Die beiden Texte dürfen jedenfalls nicht unabhängig voneinander betrachtet werden, weil sie wahrscheinlich ihre Existenz dem beiderseitigen Zusammenspiel verdanken. Dennoch soll hier die ›Ragnarsaga‹ aus Gründen der Einheitlichkeit und des Platzes nur am Rande behandelt werden.

ZUSAMMENFASSUNG

›Volsungensaga‹

[1] Odins Sohn Sigi wird wegen eines Mordes verbannt und erobert im Exil ein Königreich, wird aber im Alter ermordet. Sein Sohn Rerir folgt ihm auf dem Thron und rächt seinen Tod. Doch Rerir hat keine Nachkommen, bis Odin ihm zur Zeugung Volsungs verhilft. [2] Volsung hat zehn Söhne und eine Tochter, Signy, [3] die zur rechten Zeit mit König Siggeir verheiratet wird. Doch während der Hochzeit erscheint ein alter Mann (Odin), der ein Schwert in einen Baumstamm rammt und alle Männer herausfordert, es wieder herauszuziehen. Siggeir schafft es nicht, nur Volsungs Sohn Sigmund. [4] Über die Schmach verärgert, verlässt Siggeir vorzeitig das Fest. [5] Einige Zeit später lädt er Volsung und seine Söhne zu einem Besuch ein. Als sie ankommen, warnt die Schwester sie, dass es sich um einen Verrat handelt, doch sie bleiben. Ein großes Heer greift sie an, Volsung wird getötet und die Söhne festgenommen und an einen liegenden Baumstamm im Wald gebunden. Jede Nacht erscheint eine Wölfin und frisst einen von ihnen auf. Als nur noch Sigmund lebt, kommt Signy, die Schwester, und bedeckt ihm das Gesicht und den Mund mit Honig. In der Nacht leckt die Wölfin den Honig ab, und als sie die Zunge auch in Sigmunds Mund steckt, beißt er feste zu, dass sie ihm nicht mehr entwischen kann. Das Tier zieht nun so kräftig, dass es die Fesseln aufreißt. Während Siggeir ihn für tot hält, lebt Sigmund im Wald, wohin Signy ihm Nahrung bringt. [6] Volsungs Sohn beschließt nun, den Mut von Signys und Siggeirs Söhnen zu prüfen, doch beide erweisen sich als feige, und Signy selbst bittet den Bruder, sie nicht am Leben zu lassen. [7] Dann verändert die Schwester ihr Aussehen, kommt unerkannt zu Sigmund, schläft mit ihm und zeugt so Sinfjotli, einen Jungen, der sich später als tapfer erweisen wird. [8] Als Sigmund ihn auf Probe gestellt hat, ziehen sie zusammen an Siggeirs Hof, um Volsung und die Brüder zu rächen. Sinfjotli schlägt den beiden anderen Söhnen Siggeirs den Kopf ab und zündet den Saal an, um den König zu töten. Signy bleibt im brennenden Gebäude, um sich zu vergewissern, dass der verhasste Ehemann umkommt; dabei stirbt auch sie.

Zurück in der Heimat, heiratet Sigmund Borghild, und beide bekommen einen Sohn, Helgi, der später das Heer anführt und Sinfjotli als Gefährten hat. [9] Helgi besiegt König Hunding und seine Söhne; dann tötet er auch den Verlobten Sigruns, der Tochter Hognis, um sie zur Frau zu erhalten. [10] Sinfjotli wirbt um eine Frau, die auch der Bruder Borghilds begehrt. Sie beschließen, den Streit durch einen Zweikampf zu entscheiden; dabei fällt der Bruder Borghilds. Um sich zu rächen, vergiftet die Schwester den Stiefsohn, wird dafür aber von Sigmund verbannt.

[11] Sigmund sucht sich eine neue Frau und gewinnt Hjordis, doch ein anderer Werber, Lyngvi, greift ihn mit einem großen Heer an. Er hat kaum Zeit, die Frau und sein Gold in Sicherheit zu bringen. In der Schlacht erscheint Odin; daraufhin

zerbricht Sigmunds Schwert, und er wird getötet. [12] Nun tritt König Alf auf, der ein mit Leichen übersätes Schlachtfeld und eine verlassene Frau vorfindet. Er nimmt Hjordis, das Gold und die Schwerttrümmer mit sich und heiratet die Frau. Bald darauf bringt sie einen noch von Sigmund gezeugten Sohn zur Welt: Sigurd. [13] Sigurd wächst bei König Hjalprek auf, wo ihn Regin erzieht. [14] Eines Tages erzählt dieser ihm die Geschichte vom Hort, den der Drache hütet: Es ist der, den Odin, Loki und Hoenir als Entschädigung für den Tod Otrs zahlen mussten (vgl. Kapitel III,4, S. 163f.). [15] Sigurd bittet Regin, ihm ein Schwert zu schmieden, um den Drachen zu töten; doch alle Waffen, die er durch einen Schlag gegen den Amboss prüft, zerbrechen. Da bringt Sigurd ihm die Stücke von Sigmunds Schwert, und die daraus neu geschmiedete Klinge durchtrennt den Amboss. [16] Regin bittet ihn, damit nun den Drachen zu töten, der ihn um seinen Anteil am Hort brachte, [17] doch Sigurd beschließt, zunächst seinen Vater zu rächen. Er zieht mit einem Heer gegen Lyngvi, den er – mit Odins Hilfe – zusammen mit den Söhnen König Hundings tötet.

[18] Sigurd reitet zur Gnitaheid und versteckt sich in einer Grube, die auf dem Weg Fafnis zum Wasser liegt; ein alter Mann (Odin) hat ihm empfohlen, mehrere Gruben zu graben, damit das Gift abfließen könne. Als das Ungeheuer über ihn zieht, sticht er ihm mit dem Schwert ins Herz. Bevor er stirbt, vermittelt Fafni noch einige Weisheiten an Sigurd. [19] Nun erscheint Regin und trinkt von dem Drachenblut, dann befiehlt er Sigurd, das Herz zu braten, weil er es essen möchte. Sigurd probiert mit dem Finger, ob es gar ist, verbrennt sich, steckt den Finger in den Mund, und beim Kontakt des Drachenblutes mit seiner Zunge kann er die Vogelsprache verstehen. [20] Hinter ihm kommentieren drei Meisen Regins Vorhaben, Sigurd zu verraten, und dass dieser besser daran täte, ihn zuerst zu töten, den Hort zu nehmen und dorthin zu reiten, wo Brynhild liege. Sigurd tötet den Schmied, packt den Hort in große Satteltaschen, mit denen er sein Ross belädt, und reitet südwärts. [21] Dort findet er Brynhild, die seit Generationen im Innern eines Schildkreises im Schlaf liegt, gekleidet in eine Rüstung, die ihr an die Haut gewachsen zu sein scheint. Sigurd schneidet die Rüstung auf, wie wenn er ein Wild häuten würden; als die Frau davon befreit ist, erwacht sie aus ihrem Schlaf, den – wie sie berichtet – Odin über sie legte, weil sie als Walküre einem Befehl von ihm nicht Folge leistete. [22] Brynhild vermittelt Sigurd einige Weisheiten und macht ihm dunkle Weissagungen; dann verloben sich beide. [23] Sigurds Aussehen und Charakter werden beschrieben. [24] Sigurd reitet weiter und kommt bald darauf an den Hof Heimirs, Brynhilds Schwagers. [25] Dort begegnet er der Frau wieder, und in einem erneuten Gespräch verloben sie sich zum zweiten Mal.

[26] Nun werden König Giuki, seine Söhne Gunnar und Hogni sowie seine Tochter Gudrun vorgestellt. Diese hat einen Traum und geht zu Brynhild, um ihn sich deuten zu lassen. [27] Die Walküre erklärt ihr den Sinn: Sigurd werde kommen und sie heiraten, obwohl er mit Brynhild verlobt sei, Gudrun aber werde ihn

wegen schwerer Auseinandersetzungen bald wieder verlieren. [28] Tatsächlich kommt kurz danach Sigurd an Giukis Hof. Königin Grimhild, Gudruns Mutter, verabreicht dem Helden einen Vergessenstrank, der ihn seine Liebe zu Brynhild und sein Eheversprechen vergessen lässt, sodass er mit Gudrun verheiratet werden kann. [29] Gunnar will nun, angereizt durch seine Mutter, um Brynhild werben. Auch Brynhilds Vater und ihr Vormund sind damit einverstanden. Die Frau aber stellt die Bedingung auf, dass der, der sie zur Frau wünsche, den Flammenwall überquere, der ihre Burg umgibt. Gunnar gelingt es nicht, denn sein Pferd weicht zurück. Da tauschen Sigurd und Gunnar mit einem Zauber, den ihnen Grimhild beigebracht hat, ihr Aussehen; Sigurd überquert den Flammenwall und gelangt zu Brynhild. Die kann nicht glauben, dass jemand anderes als Sigurd die Probe bestehen konnte, sieht sich aber letztlich gezwungen, den zu heiraten, den sie für Gunnar hält. Sigurd legt drei Nächte lang im Ehebett das Schwert zwischen beide. Daraufhin reiten sie alle zusammen an Giukis Hof.

[30] Eines Tages gehen Brynhild und Gudrun zusammen im Fluss baden, doch Brynhild entfernt sich von ihrer Begleiterin und geht ein Stück stromaufwärts. Auf die Frage, warum sie das tue, antwortet sie, sie sei mit dem ranghöchsten Mann vermählt. Um das zu verneinen, entdeckt Gudrun ihr, wie sie von den Männern getäuscht wurde und wie Sigurd sie gewann und dann Gunnar übergab, was sie mit dem Ring belegt, den Sigurd Brynhild in der ersten Brautnacht nahm. Am folgenden Tag setzen die Frauen ihren Streit in der Königshalle fort. [31] Schließlich legt sich Brynhild schmerzerfüllt und krank vor Zorn in ihr Bett. Gunnar vermag ihren Rachedurst nicht zu stillen. In einem leidenschaftlichen Gespräch mit Sigurd bekennen sich beide ihre Liebe; er schlägt sogar vor, seine Ehe mit Gudrun aufzugeben, um mit ihr zu sein. Brynhild aber weist den Bruch rechtlicher Bindungen zurück und ist außerdem zu sehr verletzt, um sich mit irgend jemandem zu versöhnen, nicht einmal mit Sigurd. [32] Schließlich fordert die Frau von Gunnar, er solle Sigurd töten. Er ist bereit, es zu tun, doch Hogni warnt vor den Gefahren und Konsequenzen; so wird am Ende der jüngere Bruder Guttorm damit beauftragt, weil er Sigurd keinen Treueschwur geleistet hat. Guttorm wird einige Tage mit Wolfsfleisch ernährt, um seine Grausamkeit zu erwecken; dann dringt er im Morgengrauen in die Kemenate ein und sticht Sigurd sein Schwert in den Rücken. Tödlich verwundet wirft ihm der Held sein eigenes Schwert nach und tötet den Mörder. Sigurd versichert Gudrun, dass er Gunnar immer treu geblieben sei. Als er schließlich stirbt, schreit Gudrun laut auf. Brynhild hört es von der anderen Burgseite aus, lacht hörbar und bringt sich um. [33] Bevor sie stirbt, macht sie neue Weissagungen und spricht lange mit Gunnar. Beide Leichen werden dann auf demselben Scheiterhaufen verbrannt, wie es die Frau verlangt hatte.

[34] Gudrun sucht nun bei König Half Zuflucht, doch nach einiger Zeit kommen ihre Brüder und ihre Mutter zu ihr. Grimhild verabreicht ihr einen Trank, der sie ihre Vorwürfe vergessen lässt. Dann versucht die Mutter, sie zu einer Ehe mit Atli zu überreden; Gudrun will nicht und hat schlechte Vorahnungen, doch

Grimhild zwingt sie. [35] Die Ehe mit Atli erkaltet bald, und er beginnt, in Träumen Vorahnungen über den Tod seiner Kinder zu haben. Dann begehrt der Hunnenkönig Sigurds Gold, das Gunnar behalten hat. Also schickt er einen Boten zu ihm, um ihn zu einem Fest einzuladen. Gudrun erfährt von der geplanten Falle und schickt einen in Wolfshaar umhüllten Ring mit. Gunnar misstraut den Gründen für die Einladung, und Hogni entdeckt das Zeichen der Schwester, doch als der Abend vorangeschritten ist und die Brüder etwas getrunken haben, kann der Bote ihre Meinung ändern. [36 und 37] Am nächsten Tag brechen Gunnar und Hogni zu Atli auf, trotz der wiederholten Warnungen ihrer Ehefrauen.

Als sie bei Atli ankommen, finden sie das Tor geschlossen. Hogni bricht das Schloss auf, da erklärt der Bote, sie seien in eine Falle geraten. Er wird dafür sofort getötet. [38] Beide Scharen stellen sich nun im Hof auf; Atli fordert von den Fremden die Herausgabe von Sigurds Hort. Da sie sich aber weigern, beginnt der Kampf. Gudrun, die sich vergeblich um eine Schlichtung bemüht hat, kämpft tapfer an der Seite ihrer Brüder. [39] Die Zahl der Gefallenen ist enorm, als Gunnar und Hogni endlich gefangen genommen werden können. Atli wiederholt seine Forderung; Gunnar möchte vorher das Herz seines Bruders sehen. Die Hunnen zeigen ihm zuerst das Herz Hjallis, des Feiglings, aber Gunnar bemerkt sofort die Täuschung. Als sie ihm schließlich Hognis Herz zeigen, triumphiert der Bruder, weil nur noch er das Geheimnis wisse und es nicht verraten werde. Atli befiehlt, ihn in die Schlangengrube zu bringen. Gunnar spielt dort die Harfe mit den Zehen, weil ihm die Hände gebunden sind. [40] Gudrun streitet dann mit Atli und tötet während der Vorbereitungen für den Leichenschmaus Atlis Söhne. Sie richtet sie an und tischt sie dem König auf; ihr Blut mischt sie mit Wein und serviert es in ihren Hirnschalen. Dann tötet sie Atli im Bett mit Hilfe von Hognis Sohn, dessen Name Niflung ist. Schließlich zündet sie den Palast an und tötet alle Hunnen.

[41] Gudrun will sich im Meer ertränken, doch die Wellen treiben sie zu König Jonakrs Hof, der sie heiratet und mit ihr drei Söhne hat: Hamdir, Sorli und Erp. [42] Außerdem zieht sie dort die Tochter Svanhild auf, die noch von Sigurd ist. Svanhild wird mit König Jormunrek verheiratet, der seinen Sohn Randver und seinen Ratgeber Bikki als Brautwerber schickt. Während sie sie zu Jormunreks Hof bringen, überredet Bikki Randver dazu, die junge Frau zu verführen. Dann aber verrät Bikki die Schandtat dem König. Jormunrek befiehlt, Randver zu hängen und Svanhild von Pferden vierteilen zu lassen. [43] Als Gudrun das erfährt, fordert sie Hamdir und Sorli auf, ihre Halbschwester zu rächen; sie gibt ihnen dazu Rüstungen, die kein Eisen durchschneiden kann. [44] Beim Aufbruch begegnen sie ihrem Bruder Erp, den sie töten, weil sie ihn für unnütz halten und weil er behauptet, ihnen helfen zu können, wie ein Fuß dem anderen hilft. Als sie in Jormunreks Halle eingedrungen sind und ihm Hände und Füße abschlagen, bemerken sie, dass ihnen ein dritter Bruder fehlt, um den König zu enthaupten. Da erscheint ein alter einäugiger Mann (Odin) und verrät Jormunreks Leuten, dass

man die Feinde steinigen müsse, weil ihnen kein Eisen etwas anhaben könne. So sterben sie bald.

›Ragnarsaga‹
[1] Heimir hat die Tochter, die Brynhild von Sigurd bekommen hat, nach der Ehe der Frau mit Gunnar bei sich behalten. Als er vom Tod der Mutter erfährt, versteckt er die Kleine aus Angst, jemand könnte auch ihr etwas antun wollen, in einem großen Harfenkasten und zieht mit ihr über die Lande, bis er nach Skandinavien kommt. Dort verbringt er eine Nacht bei Bauern, die glauben, er würde einen großen Schatz bei sich tragen, und ihn ermorden. Sie entdecken aber das Mädchen und ziehen es wie ihre eigene Tochter auf. Sie erhält den Namen Aslaug.

[2] Ein König aus Gauten schenkt einmal seiner Tochter ein kleines Drachenjungtier, das sie in einer Truhe auf Gold legt. Doch das Tier wächst heran (mit ihm aber auch der Goldhaufen), bis es nirgendwo mehr hin passt und sich um das Haus legt. Der König bietet nun jenem die Hand seiner Tochter, der den Drachen töte. [3] Ein dänischer Held namens Ragnar lässt sich daraufhin Kleidung aus dichtem Loden machen, die er mit Pech überschmiert und dann mit Sand bedeckt. Dank diesem Schutz vermag er, den Drachen zu töten. [4] Er heiratet die Prinzessin und hat mit ihr zwei Söhne; aber sie stirbt bald darauf. [5] Auf einem späteren Feldzug finden Ragnars Männer Aslaug im Wald. [6] Ragnar hält um ihre Hand an; sie willigt ein und lässt sich auf der Rückfahrt mitnehmen. Nach der Hochzeit versucht sie, die Ehe erst in der vierten Nacht zu vollziehen. Ragnar setzt aber seinen Willen durch. [7] Aus dieser Vereinigung wird ein Sohn geboren, der keine Knochen hat und daher Ivar Beinlás heißt. [8] Es folgen weitere Söhne, die große Taten vollbringen werden.

[9] Ragnar hat sich mit dem König von Schweden angefreundet, und bei einem Festmahl verlobt er sich mit dessen Tochter. Bei seiner Rückkehr hat Aslaug bereits durch Vögel von dieser Verlobung erfahren. Sie erklärt nun Ragnar ihre Herkunft und kündigt ihm an, dass sie einen Sohn erwarte, der Schlangen in den Augen haben werde und der Sigurd genannt werden solle. Sie zwingt Ragnar nun zum Versprechen, dass er, falls dies eintrete, die schwedische Prinzessin nicht holen werde. Das angekündigte Kind kommt zur Welt und Ragnar bricht sein Eheversprechen. [10] Der schwedische König erklärt Ragnar daraufhin den Krieg, und die beiden ältesten Söhne Ragnars (die aus seiner ersten Ehe) ziehen in die Schlacht und fallen. Aslaug reizt nun ihre Söhne, sich an den Kämpfen zu beteiligen. [11] Die Brüder ziehen nach Schweden. [12] Es gelingt Ivar, die schwedische Zauberkuh zu erlegen (deren Gebrüll feindliche Krieger dazu bringt, sich untereinander zu bekämpfen), indem er sich auf sie werfen lässt und sie mit seinem Gewicht erdrückt. Ragnars Heer gewinnt die Schlacht. [13 und 14] Die Söhne führen den Feldzug weiter und erobern weite Gebiete.

[15] Eines Tages zieht Ragnar aus, England zu erobern, obwohl ihn Aslaug davor gewarnt hat. Er wird in der Tat besiegt, gefangen genommen und in die

Schlangengrube geworfen. [16] Als die Söhne das erfahren, unternehmen sie einen Rachefeldzug, werden aber ebenfalls besiegt und fliehen. [17] Ivar aber muss bleiben und handelt mit dem englischen König den Frieden aus: Er wird ihm so viel Land geben, wie eine Stierhaut umfassen kann. Ivar schneidet die Haut in einen feinen und endlos langen Faden und gründet die Stadt London. Bald gelingt es ihm, dem englischen König einen Großteil seiner Unterstützung zu entziehen; dann ruft er seine Brüder herbei, die den König besiegen und töten. [18] Sie regieren bis zu ihrem Tod in diesem Land. Sigurd aber wird der Gründer eines großen Geschlechts, denn seine Tochter Ragnhild wird die Mutter von Harald Hárfagris, welcher der erste König ganz Norwegens war. [19 und 20] Zum Schluss werden noch einige Anekdoten von ihren Gefolgsleuten erzählt, die nach ihrem Tod durch die Lande ziehen.

Wie bereits bei der Besprechung der Lücke im ›Codex Regius‹ erklärt wurde, folgt die ›Volsungensaga‹ recht genau dem Handlungsverlauf, den schon die ›Lieder-Edda‹ in der Anordnung der Lieder und ihrer Verbindung durch die Prosastücke festlegt. Es gibt aber keine Hinweise dafür, dass der Sagaautor die isländische Sammlung als Vorlage verwendete. In den Prosadiskurs werden an unterschiedlichen Stellen insgesamt dreißig einzelne eddische Strophen integriert, passend zur entsprechenden Situation; sie scheinen auf die Existenz von weiterem (mündlichen oder schriftlichen) Liedgut hinzuweisen, doch keine von ihnen stimmt mit denen, die im ›Regius‹ zu lesen sind, überein. Das könnte darauf zurückzuführen sein, dass alle in der Saga zitierten Strophen ursprünglich einmal auf den nun fehlenden Blättern standen; das lässt sich allerdings nicht beweisen. Es ist aber auch möglich, dass die ›Edda‹ aus einem breiteren Liederrepertoire nur sehr selektiv auswählte. So ist also auch hier festzustellen, dass die Nähe zwischen ›Edda‹ und ›Volsungensaga‹ offensichtlich ist, sich aber nicht näher bestimmen lässt.

Im Vergleich zur isländischen Liedersammlung erweitert die Saga vor allem den Bericht über Sigurds Vorfahren bis hin zu den mythischen Ursprüngen. Erscheint in der ›Edda‹ der Prosabericht über Sinfjotlis Tod ein wenig unvermittelt, rollt die Saga die Grundlegung der Dynastie bis zum Gott Odin auf, dessen Sohn verbannt wird und schließlich einen Nachfolger haben kann, welcher der Gründer des Geschlechts ist und ihm auch seinen Namen verleiht. Diese Beziehung zur großen Gottheit ist aber nicht nur eine Formel, um an die Wurzel des Stammbaums eine mythische Instanz zu setzen, was an sich schon gewagt scheint, allerdings durchaus im Stile anderer mittelalterlicher Genealogien ist. Vielmehr zieht sich Odins Präsenz wie ein roter Faden durch die ganze Handlung, da er immer wieder in entscheidenden Momenten auftritt, die das Schicksal von Volsungs Nachfahren bestimmen. Er ermöglicht seinem Sohn Rerir, einen Nachkommen (Volsung) zu zeugen; er erscheint bei der Hochzeit Signys und Siggeirs, um die Schwertprobe zu stellen, die zu Siggeirs Verrat führen wird, durch den Volsung und alle seine Kinder sterben, ausgenommen Sigmund und Signy; Odin trägt auch Sinfjotlis Leichnam fort; er erscheint bei der Schlacht gegen Lyngvi und ruft durch das Zerbrechen des Schwerts Sigmunds Tod herbei; er hilft Sigurd bei der Rache für den Tod seines Vaters und bei der Tötung Fafnis; er hat Brynhild in ihren Schlaf versetzt, und er teilt Jormunreks Leuten mit, dass Hamdir und Sorli gesteinigt werden müssen. Wie man sieht, ist Odins Eingreifen selten positiv; es begleiten ihn Tod und Untergang. Und dennoch ist er es, der das Überleben des Geschlechts bis zum Ende der Heldenzeit garantiert, wenn auch immer nur durch einen einzigen Vertreter. So ist die Volsungen-Dynastie unauslöschbar, wenn auch stets begrenzt auf den einzigartigen Repräsentanten, sei es Mann oder Frau (Svanhild), der als göttlich Erwählter erscheint.

In der ›Ragnarsaga‹ erscheint Odin dagegen nicht mehr, das neue Geschlecht bedarf offenbar nicht mehr des Schutzes der heidnischen Gottheit; die Zeit der Götter und übermenschlichen Helden gilt in diesem zweiten Text bereits als abgeschlossen. Die Nachfahren Sigurds und Brynhilds sind auch weniger wild oder gewalttätig. Zwar reizt Aslaug ihre Söhne noch dazu auf, ihre Halbbrüder zu rächen, wie Gudrun es tat, doch der Konflikt um die Ehe Ragnars mit der schwedischen Königstochter wird innerhalb der Familie friedlich gelöst; und Sigurd »mit den Schlangen in den Augen« ist trotz seines stechenden Blicks viel weniger großartig und überwältigend als sein Großvater, der Drachentöter. Offenbar löst sich das Signum der göttlichen Herkunft, welches die Erwählten als Träger des mythischen Erbes kennzeichnet, beim Eintritt in die menschliche Dimension des norwegischen Königsgeschlechts auf. Auch das ist charakteristisch für mittelalterliche Herkunftsgeschichten von Herrschaftshäusern.

In der ›Volsungensaga‹ weist die Geschichte um Sigurd und Gunnar einige Varianten auf, obwohl sie prinzipiell dem gleichen Handlungsmuster folgt, wie schon die ›Thidreksaga‹ und die ›Lieder-Edda‹. Bei Gudrun ist der passive und tolerante Charakter deutlich verstärkt. Beim Streit mit Brynhild zeigt sie sich versöhnlich und versucht, die Schwägerin davon zu überzeugen, dass sie eine gute Ehe eingegangen ist; sie bittet auch Gunnar und Sigurd, mit ihr zu reden, um sie zu besänftigen. Erst als Atli ihre Brüder ermordet hat, wird sie rachsüchtig und blutrünstig. Parallel dazu hat der Sagaautor das Drama Brynhilds und ihrer Beziehung zu Sigurd verstärkt. Möglicherweise geschah das, weil sie die Eltern Aslaugs sind, also wichtig für das norwegische Königsgeschlecht. Es ist aber auch denkbar, dass bereits vor der Verknüpfung der Geschichten von Sigurd und Ragnar eine Fassung existierte, in der diese Szene ausgebaut war. Brynhild entwickelt darin eine leidenschaftliche Liebe zu Sigurd, ihrem ersten Mann, die in einer Reihe von Kapiteln ausgeführt wird. In den Gesprächen mit Sigurd und Gunnar zeigt sie sich als eine ehrliche und treue Liebende, die von ihrer Täuschung durch die Männer zutiefst verletzt ist. Erstaunlicherweise richtet sich ihre Rachsucht nicht gegen die eigentlich Schuldige, Gunnars Mutter Grimhild. Aus ihrer hoffnungslosen Liebe zu Sigurd und aus dem Schmerz der Erniedrigung entsteht vielmehr eine Wut auf den Helden selbst, die in ihrer Stärke und ihrem Absolutheitsanspruch in diesem Kontext nur dem Hass vergleichbar ist, den Hagen und Kriemhilt im ›Nibelungenlied‹ füreinander hegen. Andererseits wird das Thema der passionierten Liebe auf eine Weise behandelt, die an die Romane von Tristan und Isolde erinnert.

Die ›Volsungensaga‹ hat auch die geographischen Räume verändert: Sigurd ist nicht mehr der Held aus dem Süden. Odins Sohn Rerir wird zwar aus dem Norden verbannt und lässt sich auf hunnischem Territorium nieder, doch Sigurds Mutter Hjordis lebt in Dänemark, als er zur Welt kommt und er verwandelt sich in den »tapfersten Mann der nördlichen Hälfte der Welt«. So hat nun endlich ein skandinavisches Werk dem berühmten Helden einen nordischen Ursprung gegeben. Es ist eine bedeutende Änderung gegenüber der ›Thidreksaga‹, die Sigurd ausdrücklich nach Süden versetzt und ihn zum Sohn einer spanischen Prinzessin macht. Hieran lässt sich auch erkennen, dass beiden Sagas entgegengesetzte Vorstellungen von der Heldenwelt zugrunde liegen. Versucht die ›Thidreksaga‹ die Welt der Helden in eine kontinentale Vorzeit zu rücken und sie sogar an Geschichten über das römische Reich anzunähern (man denke an die Rolle Roms und an die Beziehung zur ›Karlamagnussaga‹), so stellt die ›Volsungensaga‹ die Geschichte ihrer Götter und Helden als eminent nordische Angelegenheit vor, die zur Gründung der norwegischen Königsdynastie führt. In diesem Gegensatz manifestieren sich zwei konträre ideologische und kulturpolitische Vorstellungen, die im westlichen Skandinavien des 13. Jahrhunderts miteinander konkurrierten. Auf der einen Seite stand die ›Europäisierung‹ des Nordens, also die Anbindung des norwegischen Reichs an den christlich-mitteleuropäischen Kulturraum, für die Hákon Hákonarson eintrat; die ›Thidreksaga‹ hat an dieser Ideologie teil. Auf der anderen Seite stand das Postulat, eine spezifisch nordische Kulturtradition zu reaktivieren und dem neuen religiösen und intellektuellen Kontext eine Geschichte und eine Kultur zu vermitteln, die ihre Blüte noch vor der Christianisierung erlebt hat; dies ist das Projekt, in dessen Kontext besonders die ›Edda‹ des Snorri Sturluson zu sehen ist. Etwas vereinfacht gesagt, steht die Idee einer Assimilation an die zentraleuropäische Kultur dem Vorsatz gegenüber, eigene kulturelle Wurzeln zu entwickeln – allerdings durch Personen mit solider kontinentaler Ausbildung. In diesem Sinne ließe sich die ›Volsungensaga‹ als Antithese zur ›Thidreksaga‹ verstehen und als Versuch, die kulturellen Importe aus Mitteleuropa zu kompensieren. Hier ist nicht Karl der Große das Modell für das norwegische Königreich, sondern Odin wird als sein Patriarch und Beschützer dargestellt. Möglicherweise lassen sich auch die mythischen Lieder der ›Edda‹ in diesem Sinne verstehen, wo die Götter und andere übermenschliche Wesen zu vorzeitlichen Lehrern der Weisheit und der Moral werden, gleichsam geistliche Anführer und Beschützer.

Die Tatsache, dass sowohl die ›Volsungensaga‹ als auch die ›Lieder-Edda‹ nur in einer einzigen Handschrift überliefert sind, könnte auch als Zeichen des vergleichsweise geringen Erfolgs gedeutet werden, der dieser kulturideologischen Einstellung beschieden war. Letztlich setzten sich die Sagas über die neuen Ritter durch, nicht die über die alten Heroen.

Die Sigurdsage wurde ein letztes Mal zu Beginn des 14. Jahrhunderts literarisch verarbeitet, und zwar in der ›Nornagest-Geschichte‹ (›Nornagests Þáttr‹), einer Kurzerzählung in Prosa. Sie ist überliefert in drei mittelalterlichen Handschriften; in zwei davon als Teil der ausführlichsten Fassung der ›Olafsaga‹ (›Óláfs saga Tryggvasonar‹).

ZUSAMMENFASSUNG

Ein armer, alter und offenbar erfahrener Mann, der sich Gest (Gast) nennen lässt, oder auch Norna-Gest, kommt an den Hof König Olaf Tryggvasons, der ihn freundlich aufnimmt, weil er ihm eine interessante Person zu sein scheint. Der Fremde setzt sich in die Königshalle. Als später jemand ein angeblich herausragendes Goldstück vorzeigt, hat Nornagest nicht teil an der allgemeinen Bewunderung. Nach dem Grund für sein geringes Interesse gefragt, zeigt er den Höflingen eine Sattelschnalle, die von einem viel besseren Gold ist. Man bittet ihn nun, seine Geschichte zu erzählen und zu erklären, wie ein so kostbares Teil in seine Hände kam. Nornagest berichtet, er sei Schildknappe Sigurds gewesen, als dieser bei König Hjalprek lebte, sei dann mit ihm gefahren, als er den Vater rächte, und begleitete ihn auch zu weiteren Gelegenheiten, bis er ermordet wurde. Der Fremde berichtet nun weiter, dass er auch die Söhne Ragnars auf ihren Feldzügen begleitet habe, bis sie starben. Die Leute am Hof fragen den Mann nun, wie alt er sei, dass er so viele berühmte Menschen habe erleben können. Nornagest antwortet, er sei 300 Jahre alt. Die Nornen, erklärt er, seien an seine Wiege gekommen, um die Fäden des Schicksals zu weben; die jüngste von ihnen aber, die darüber verärgert war, wie sie von den anderen behandelt wurde, bestimmte, dass er nur leben sollte, solange die Kerze brenne, die neben der Wiege stand. Eine andere Norne blies daraufhin die Kerze aus und gab sie der Mutter zur Verwahrung. Nornagest führt sie noch mit sich und zeigt sie nun vor. Dann lässt er sich von König Olaf taufen, zündet die Kerze an, lässt sie niederbrennen und stirbt.

Was hier von Sigurd erzählt wird, ist natürlich vollkommen sekundär und beruht offenbar auf dem Einfluss der beiden in diesem Kapitel behandelten Sagas. Doch genaue textliche Parallelen zum ›Reginspruch‹, zu ›Brynhilds Helfahrt‹ und zur Prosapassage ›Über Sigurds

Tod‹ aus der ›Lieder-Edda‹ machen eine Kenntnis des ›Codex Regius‹ bzw. einer seiner Vorlagen oder Abschriften wahrscheinlich. Es sind in der Geschichte demnach keine neuen Details über die Sigurdsage zu finden; das Anhängen von Knappengeschichten an die Heldensage ist uns schon am Ende der ›Ragnarsage‹ begegnet.

Das Interessanteste dieser Geschichte ist, dass sie die alte heroische Tradition nutzt, um die Bedeutung des Christentums hervorzuheben, was mit anderen Teilen der ›Olafsaga‹ in Einklang steht, welche die Figur jenes Königs (995–1000) als Verbreiter des christlichen Glaubens auf Island und in Norwegen feiert. Die erzählerische Konstruktion ist geschickt: Der Fremde Reisende, der an den Hof kommt, entpuppt sich als Mensch einer anderen Epoche, als letzter Überlebender der Heldenzeit, von der alle die Geschichten kennen, die aber niemand mehr erlebt hat, weil sie vergangen ist. Das mythische – aber klassische – Motiv der Nornen, die das Schicksal an der Wiege spinnen, und das ebenso bekannte Motiv der Kerze, mit deren Flamme auch das Leben erlöschen soll, rechtfertigen einerseits sein hohes Alter, verbinden ihn andererseits mit der Zeit, als es noch Nornen gab; für deren – jedenfalls vorzeitliche – Existenz ist er ja ein lebendiger Beweis. Interessant ist aber, dass die Kerze nicht versehentlich angezündet wird und zu einem tragischen Tod führt, sondern dass Nornagest die freie Wahl hat, wann er sie anzünden möchte. Und er beschließt, dass die christliche Taufe der Moment sein soll, in dem sich sein Schicksal erfüllt. Damit wird der letzte Überlebende der heroischen Vorzeit als Zeuge dafür in die Gegenwart geholt, dass die christliche die Zeit der Erfüllung ist. Sein Tod wiederum löst definitiv jede persönliche oder direkte Beziehung zur Heldenzeit auf.

Nirgendwo wurden die Heldensagen so sehr wie in Skandinavien mit der vorchristlichen Kultur identifiziert. Es scheint, dass es nicht möglich war, sie zu aktualisieren, sie neu zu erzählen, ohne ihren Vorzeitcharakter hervorzuheben, ihre Zugehörigkeit zu einer Welt des Verrats, der Rache, der Verwüstung und des Todes; eine Zeit, von der man meint – oder meinen möchte –, dass sie zeitlich und räumlich schon weit entfernt ist.

LITERATUR

Die klassische Textausgabe der ›Volsungensaga‹ und der ›Ragnarsaga‹ ist: *Vǫlsunga saga ok Ragnars saga Loðbrókar*, hg. von Magnus Olsen, 2 Bde., Kopenhagen 1906/1908; zitierbar ist aber auch *Vǫlsunga saga og Ragnars saga loðbrókar*, hg. von Örnólfur Thorsson, Reykjavík 1985. Für den im Altwestnordisch ungeübten Leser ist auch die zweisprachige englische Ausgabe zu empfehlen: *The Saga of the Volsungs*, hg. von Ronald G. Finch, London 1965. Von beiden Sagas liegt jetzt eine gute deutsche Übersetzung vor in *Isländische Vorzeitsagas*, hg. von Ulrike Strerath-Bolz, München 1997, S. 36–114 und 115–164.

Eine nützliche und verständige Einführung in die Vorzeitsagas (*fornaldarsǫgur*) bietet immer noch Kurt Schier, *Sagaliteratur*, Stuttgart 1970. Die Untersuchungen über die ›Volsungensaga‹ sind häufig verknüpft mit Arbeiten über eddische Dichtung (besonders wenn es um die Vorgeschichte der Sagen geht) und über die Lücke im ›Codex Regius‹, sodass auch die Literatur des vorigen Kapitels herangezogen werden kann. Vgl. außerdem Theodore M. Andersson, *The Legend of Brynhild*, Ithaca/London 1980 (Islandica 43); sowie Ronald G. Finch, »Atlakviða, Atlamál and Vǫlsunga Saga: A study in combination and integration«, in *Speculum Norroenum. Norse Studies in Memory of Gabriel Turville-Petre*, hg. von Ursula Dronke u.a., Odense 1981, S. 123–138.

Der Vergleich mit der Tristangeschichte stammt von Ernst Hellgardt, »Tristanroman und Vǫlsunga Saga – Mythos, Magie und Liebe. Zwei mittelalterliche Paradigmen zum Thema ›Liebe als Passion‹«, in *Der Tristan Gottfrieds von Straßburg*, hg. von Christoph Huber und Victor Millet, Tübingen 2002, S. 167–198. Der Kontext, in dem die Saga geschrieben zu sein scheint, wurde erhellt von Klaus von See, »Die kulturideologische Stellung der *Vǫlsunga saga ok Ragnars saga*«, in *Studien zum Altgermanischen. Festschrift für Heinrich Beck*, hg. von Heiko Uecker, Berlin 1994, S. 584–600. Speziell der ›Ragnarsaga‹ widmete sich die Monographie von Rory McTurk, *Studies in Ragnars saga loðbrókar and Its Major Scandinavian Analogues*, Oxford 1991. Die ›Nornagest-Geschichte‹ wird zitiert nach der Ausgabe *Fornaldar sǫgur Norðurlanda*, hg. von Guðni Jónsson, 4 Bde., Akureyri 1959, Bd. I, S. 305–335; hier findet sich übrigens S. 107–218 und S. 219–285 auch eine weitere Ausgabe der beiden Sagas.

VI. Die mittelhochdeutsche Heldenepik im 13. Jahrhundert

Wir kehren nun zum deutschen Sprachraum zurück, um uns in den beiden letzten Kapiteln dieses Buches mit der hier entstandenen Heldendichtung vom 13. bis zum 16. Jahrhundert zu beschäftigen. Während die heroischen Traditionen, die wir bisher behandelt haben, auf den Britischen Inseln nach der normannischen Eroberung am Ende des 11. Jahrhunderts versiegen (vgl. Kapitel II,3) und in Skandinavien kaum die literarische Blüte des 13. Jahrhunderts überleben (vgl. Kapitel V,3), werden sie im deutschen Reich ab 1200 nacheinander und zum Teil in mehreren Schüben verschriftlicht und genießen bis ins 16. Jahrhundert großen Publikumserfolg. Das 13. Jahrhundert ist nicht nur für die Heldenepik eine der glänzendsten Epochen der deutschen Literatur. Die großen Erzähltexte, die während der schwierigen Periode der doppelten Kaiserwahl (1197–1218) entstanden – der ›Iwein‹ Hartmanns von Aue, das ›Nibelungenlied‹, der ›Parzival‹ und der ›Willehalm‹ Wolframs von Eschenbach sowie Gottfrieds von Straßburg ›Tristan‹ –, legen nicht nur solide formale und stilistische Grundlagen, sondern konsolidieren auch (zusammen mit einer hoch kunstvollen lyrischen Produktion) den Wert der volkssprachlichen Literatur als kulturellen Faktor der Adelsgesellschaft, als für die Elite und ihren Lebensstil repräsentative Freizeitbeschäftigung. Dies förderte schon ab der zweiten Hälfte des 12. Jahrhunderts eine breite Entwicklung von literarischen Gattungen, Formen und Themen, die in den Werken der genannten Dichter, welche bereits in ihrer Zeit als ›Klassiker‹ angesehen wurden, zur vollen Entfaltung kamen. Früher betrachtete die Forschung fast alle späteren Autoren lediglich als Epigonen, die gegenüber der Genialität ihrer Vorbilder unfähig waren, weitere Innovationen vorzubringen; doch in den letzten Jahrzehnten hat eine große Anzahl von Untersuchungen gezeigt, dass auch die

Dichter des 13. Jahrhunderts mit Formen, Motiven und Themen experimentierten. Einiges davon wird in den folgenden Kapiteln noch zu sehen sein.

Im Bereich extensiver Erzählliteratur, auf den wir uns hier beschränken, stellt der Artusroman zweifellos eine der attraktivsten literarischen Gattungen der Zeit dar. Gewiss existierten neben ihm noch weitere Erzählkreise wie derjenige, der Stoffe aus der griechisch-römischen Antike behandelt (Alexander, der Trojanische Krieg), oder jener, der von den Taten Karls des Großen und dem Fürsten Willehalm berichtet. Auch andere Abenteuergeschichten, die an keinen konkreten Stoffkreis gebunden waren, erfreuten sich großer Beliebtheit. Doch die Artusromane gehörten sicherlich zu den interessanteren, denn sie schufen ein fiktives höfisches Universum, das es ermöglichte, Verhaltensweisen von Rittern und Damen, Fragen ihrer Beziehung in der Liebe, Handlungsprobleme des Menschen in der Welt und die Bedeutung von Kunst zu besprechen. Allerdings fand im deutschen Sprachraum gerade eines der bedeutendsten und modernsten französischen Werke zunächst keine Verbreitung, der sogenannte ›Lancelot en prose‹, der in späteren Überarbeitungen auch den Tristanstoff integrierte. Überhaupt kam es östlich des Rheins weder zur Bildung großer Erzählzyklen noch wurde die kunstvolle Prosa als Dichtungsform für den Roman übernommen. Bis in das 15. Jahrhundert hinein wurde im deutschen Sprachraum weltliche Erzählliteratur in Versen geschrieben.

Vor diesem Hintergrund erscheint im ersten Drittel des 13. Jahrhunderts eine Reihe von Dichtungen, die wir Heldenepen nennen und die fast alle um die Figur Dietrichs von Bern kreisen. Den vierzehn uns bekannten Werken, die wir dieser Gattung zuschreiben, ist eine Lokalisierung der Handlung in einem Raum gemeinsam, der vom Nordosten Italiens und dem Süden Deutschlands über das Donautal, Kärnten und die Steiermark bis nach Ungarn reicht. Die meisten spielen an den Höfen Dietrichs von Bern (Verona) und Etzels (der nur unbestimmt im Osten des deutschen Sprachraums angesiedelt wird). Sie bilden so eine Erzählwelt, in der alle bekannten Helden um diese beiden Herrscherfiguren zusammenkommen, vergleichbar der

Art, wie sich die romanhaften Ritter um den Hof König Artus' versammeln. Es entsteht damit ein Erzählkreis um Dietrich von Bern, eine *matière*, wie es der französische Dichter Jean Bodel in einer berühmten Passage im Prolog der ›Chanson des Saisnes‹ nannte. In dem Maße, in dem die Berner Helden germanisch sind – und in Opposition zur *matière de France*, zur *matière de Bretagne* und zur *matière de Rome*, von denen Bodel spricht –, ließe sich sogar von einer *matière d'Allemagne* reden. Jedenfalls stehen wir vor einem literarischen Raum und einem Figurenkreis, um die – wie bei den Artusromanen – eine beliebige Anzahl neuer Dichtungen komponiert werden konnte. Gewiss steht das ›Nibelungenlied‹ wegen seiner Verbreitung und der Nähe seiner Handlung zu den neuen Geschichten um Dietrich und Etzel im Horizont all dieser Texte, doch das Epos kann keinesfalls als Begründer der Gattung angesehen werden, denn die Werke, die in dieser Abteilung vorgestellt werden sollen, stammen nicht aus der gleichen Tradition und wurden auch aus einer ganz anderen Perspektive geschrieben, auch wenn sie immer wieder Anspielungen an den großen Vorgänger enthalten.

Zwei Eigenschaften sind charakteristisch für die deutsche Heldenepik des 13. Jahrhunderts. Die erste ist die außergewöhnliche Variabilität der Texte: Ausgenommen jene, die lediglich in einer Handschrift überliefert sind, treten alle erhaltenen Werke in mindestens zwei unterschiedlichen Fassungen auf, manchmal sogar in vier oder fünf. Es soll hier nicht auf die terminologische Debatte um den Begriff ›Fassung‹ eingegangen werden, die seit den 1970er Jahren (und nicht erst seit der sogenannten »new philology«) aktiv ist. Es genügt hier der Hinweis darauf, dass manche Zeugnisse nur einige wenige, wenn auch bedeutende Aspekte des Werks verändern; doch meist handelt es sich um tiefgreifende Bearbeitungen: zum Teil ist die gesamte Redaktion neu, und oft wird auch ein Großteil der Handlung abgewandelt. In den meisten Fällen ist es nicht möglich zu sagen, welche der Fassungen älter gewesen sein könnte oder der Ausgangspunkt für die weiteren Bearbeitungen war. Deswegen und weil sie zum Teil andere Absichten verfolgen, muss die Forschung sie als unterschiedliche Werke behandeln. Die Zusammenfassungen der folgenden Kapitel können zwar nicht alle Details aufnehmen und auch nicht immer abweichende Erzähltendenzen spiegeln, versuchen aber dennoch über die wichtigsten Varianten der Fassungen zu informieren. Der Grund für diese starke Unbeständigkeit der Texte, die weit über das hinausgeht, was sich an den Romanen der Zeit ablesen lässt, ist unklar, wird aber gewöhnlich mit der relativen Nähe der Gattung zur mündlichen Tradition in Verbindung gebracht. Das bedeutet keineswegs, dass es sich um Aufzeichnungen mündlicher Vorträge handelt, sondern dass die Anonymität der Werke (die mit dem Ausbleiben einer ausgeprägten Erzählerfigur in Verbindung steht), ihre insgesamt wenig kunstvoll elaborierte Machart sowie die Tatsache, dass sie nach unterschiedlichen Melodien vorgesungen wurden, wohl eine Ähnlichkeit mit dem spielmännischen Gesang anstrebte. Daraus entstand ein Literaturtypus, der sich zwischen Schrift und Stimme stellt, eine Gattung mit einem hybriden Kommunikationsmedium, das sich zwar auf die Schrift stützt, doch wie die Mündlichkeit von der Variabilität lebt und von der Möglichkeit, die Geschichte immer wieder neu zu erzählen.

Die zweite wichtige Eigenheit dieser heldenepischen Texte ist – in den meisten Fällen – der Verlust der historischen Dimension. Es geht nicht allein darum, dass die Ereignisse, die möglicherweise hinter einigen der jeweiligen Geschichten gestanden haben mögen, keinerlei Bezug mehr zur Gegenwart des Textes haben – das betrifft schließlich alle Werke, die in diesem Buch besprochen worden sind. Vielmehr findet in der Mehrheit der Dichtungen keine Reflexion über Fragen politischer oder historischer Aktualität mehr statt. Die Epen nutzen die durch den Roman entwickelten Techniken zur Konstruktion einer literarischen Fiktion, um die Abenteuer um Dietrich von Bern oder die eines Helden zu ›literarisieren‹. Daraus ergibt sich eine Annäherung an das Abenteuer und eine Distanzierung von der Geschichte. Daher wird ein bedeutender Teil der Texte dieser Gattung auch ›aventiurehafte Dietrichepik‹ genannt; der Gebrauch des mittelhochdeutschen Wortes *aventiure* statt dem modernen ›Abenteuer‹ möchte darauf hinweisen, dass es sich um Erzählungen mit fantastischen Elementen handelt, in denen Riesen, Zwerge und magische Gegenstände üblich sind, weshalb sich diese Werke in einem deutlich von der Realität distanzierten Bereich bewegen. Gegen Ende des 13. Jahrhunderts erschienen jedoch drei Werke, die der Heldendichtung wieder den Charakter einer Debatte um Modelle politischen Handelns für den Adel verleihen wollten. Daher kennen wir sie als ›historische Dietrichepik‹. Die beiden Textgruppen sollen in getrennten Abschnitten vorgestellt werden (Kapitel VI,1 und VI,4). Es gibt jedoch weitere Dichtungen, die aus unterschiedlichen Gründen schlecht in die eine oder andere Gruppe passen und die zwei weitere Sektionen erforderlich machen, um das Material zu ordnen (Kapitel VI,2 und VI,3). Die Besprechung der einzelnen Werke wird hier im Unterschied zu den vorigen reduziert, da dieselben Dichtungen uns noch im folgenden Kapitel beschäftigen werden.

LITERATUR

In jeder Hinsicht grundlegend für das Studium der deutschen Heldenepik des 13. Jahrhunderts ist die Monographie von Joachim Heinzle, *Mittelhochdeutsche Dietrichepik. Untersuchungen zur Tradierungsweise, Überlieferungskritik und Gattungsgeschichte später Heldendichtung*, München 1978 (MTU 62), welche die radikale Wende bestätigte, die sich seit Mitte des Jahrhunderts in der Erforschung der Heldenepik anbahnte. Als allgemeine Einführung ist jene sehr klar und brauchbar, die derselbe Autor zwanzig Jahre später veröffentlichte und die auch die Monographie bibliographisch aktualisierte: Joachim Heinzle, *Einführung in die mittelhochdeutsche Dietrichepik*, Berlin 1999. In beiden Bänden kann man vollständige und detaillierte Literaturangaben zu Handschriften und Fassungen finden. Die vorliegenden Seiten haben sehr viel von Heinzles Darstellung profitiert.

Ebenfalls sehr nützlich ist das Buch von Werner Hoffmann, *Mittelhochdeutsche Heldendichtung*, Berlin 1974, das ein etwas weniger restriktives Textcorpus abhandelt, aber viel deutlicher die seit seiner Publikation verstrichene Zeit spüren lässt. Unschätzbar als Arbeitsinstrument ist das Figurenlexikon von George T. Gillespie, *A Catalogue of Persons Named in German Heroic Literature (700–1600), Including Named Animals and Objects and Ethnic Names*, Oxford 1973, das alle in diesem Buch behandelten deutschen Werke umfasst und das sich m. E. bei der Arbeit an Werken des 13. Jahrhunderts als besonders nützlich erweist.

Eine Reihe wichtiger Untersuchungen sind in Sammelbänden vereint, die in den vergangenen 25 Jahren erschienen sind. Einerseits gibt es die Arbeiten des ersten Symposions über das Thema *Deutsche Heldenepik in Tirol. König Laurin und Dietrich von Bern in der Dichtung des Mittelalters. Beiträge der Neustifter Tagung*

1977 des Südtiroler Kulturinstitutes, hg. von Egon Kühebacher, Bozen 1979. Andererseits stehen die Bände zur Verfügung, die aus den biennalen Colloquien entstanden sind, die im österreichischen Pöchlarn stattfinden und die sich bis vor kurzem in der Obhut von Klaus Zatloukal befanden: *1. Pöchlarner Heldenliedgespräch: Das Nibelungenlied und der mittlere Donauraum*, hg. von Klaus Zatloukal, Wien 1990; *2. Pöchlarner Heldenliedgespräch: Die historische Dietrichepik*, hg. von Klaus Zatloukal, Wien 1992; *4. Pöchlarner Heldenliedgespräch: Heldendichtung in Österreich – Österreich in der Heldendichtung*; hg. von Klaus Zatloukal, Wien 1997; *5. Pöchlarner Heldenliedgespräch: Aventiure – märchenhafte Dietrichepik*, hg. von Klaus Zatloukal, Wien 2000; *7. Pöchlarner Heldenliedgespräch: Mittelhochdeutsche Heldendichtung außerhalb des Nibelungen- und Dietrichkreises (Kudrun, Ortnit, Waltharius, Wolfdietriche)*, hg. von Klaus Zatloukal, Wien 2003.

1. Frauendienst und Heldentat: Die ›aventiurehafte‹ Dietrichepik

Der Anzahl überlieferter Texte zufolge war der Typus von Heldendichtung, der sich beim Publikum des 13. bis 16. Jahrhunderts im deutschen Raum größter Beliebtheit erfreute, die sogenannte ›aventiurehafte‹ Dietrichepik. Es handelt sich um eine Gruppe von Dichtungen, deren Inhalt und Form zum Teil sehr unterschiedlich sind, denen aber gemeinsam ist, dass sie von den Taten des Helden in der norditalienischen und alpinen Landschaft oberhalb Veronas erzählen. Es treten darin auch die traditionellen Gefolgsmänner des Berners auf, allen voran sein unzertrennlicher Waffenmeister Hildebrand, und die Abenteuer schließen meist den Kampf gegen Riesen, Zwerge und Drachen ein, welche die ungastliche Berglandschaft bevölkern. Solange noch irgendein böser Gigant in den Tälern wütet, ein feuerspeiender Wurm in den Wäldern haust oder ein verräterischer Wicht sich in Höhlen versteckt, so lange wird es für die unermüdlichen Helden immer neue Abenteuer geben. Diese Dichtungen können als heroisch bezeichnet werden, weil sie die großen Kämpfe ihrer Protagonisten referieren. Doch im literarischen Kontext des 13. Jahrhunderts nähern die fantastischen Gegner diese Werke auch dem höfischen Artusroman an. Gewiss behandeln die Texte, die uns hier beschäftigen, im Unterschied zum Roman nicht das Thema Liebe;

Dietrich von Bern mag vielleicht heiraten – er tendiert dazu, es nicht zu tun –, er verliebt sich jedoch nicht, wie es die Ritter an Arturs Hof tun. Dennoch enthüllt der Auftritt manch einer weiblichen Figur und ihre Verwicklung in die Abenteuer des Helden, wie noch zu sehen sein wird, eine Auseinandersetzung mit den Modellen kriegerischen Handelns und mit der Rolle der Frau, die für die konkurrierende literarische Gattung typisch ist.

Die auffälligsten Merkmale dieser Textgruppe sind aber nicht thematisch, sondern formal oder äußerlich. Die Mehrzahl der Werke ist in singbaren Strophen geschrieben worden, wie das ›Nibelungenlied‹ und die ›Kudrun‹ (vgl. Kapitel IV,1 und IV,3). Es dominiert aber eine Strophenform, die weder traditionell noch archaisierend ist, sondern ein recht kunstvolles Gebilde, das in späteren Traktaten als ›Bernerton‹ bezeichnet wird, weil es eben spezifisch in den Dichtungen über Dietrich von Bern Anwendung findet. Der Bernerton ist eine Strophe mit dreizehn Kurzversen, deren Bau im ersten Teil an die Form einer höfischen Minnekanzone erinnert: zwei metrisch identische dreizeilige Sequenzen mit komplementärem Reim (aabccb); der Mittelteil besteht aus einem kreuzweise gereimten Vierzeiler (dede), und das Ende bildet eine sogenannte Waisenterzine (fxf), deren mittlerer Vers reimlos bleibt. In Meistersang-Handschriften des 16. Jahrhunderts hat man eine Melodie für diese Strophenform gefunden, sodass wir – mit allen Vorbehalten – diese Dichtungen singen können. Die Form selbst ist aber wiederum ein Hinweis auf diese Zwischenposition der Gattung: Der Gesang als Kommunikationsform dieser Geschichten wird bewahrt, doch nur mittels einer recht kunstvollen Form, die sie wieder von der Tradition distanziert. Noch am Ende des 15. Jahrhunderts tut sich das Gefallen an dieser Sangbarkeit der Heldenepen kund: Eine Dresdner Handschrift, die fast alle Heldenepen transkribiert (vgl. Kapitel VII,1, S. 423), enthält auch eine in sangbare Strophen umgesetzte Fassung des beliebten Abenteuerromans ›Herzog Ernst‹ (12. Jh.), der ursprünglich in Reimpaarversen geschrieben war.

Das zweite Merkmal ist die bereits erwähnte Tatsache, dass alle Werke grundsätzlich in zwei oder mehr unterschiedlichen Fassungen überliefert sind, die ihrerseits manchmal wieder in Sub-Fassungen unterteilt werden können. Oft bestehen die Unterschiede darin, dass die gleiche Handlung ausführlich oder in geraffter Weise erzählt wird, dass neue Episoden eingefügt werden, die einen großen Teil der Geschichte verändern können, oder dass der Stil und die Haltung des Erzählers sich verändern. Wir haben es also mit Überarbeitungen zu tun, welche die Bedeutung und die Intention der Erzählung verändern, bei denen aber der Autor auf seine erzählerische Autorität verzichtet, die er ganz der Tradition zu überlassen vorgibt. Das bedeutet, dass wir nicht vor jeweils einem ›Werk‹ stehen, sondern es mit Dichtungen zu tun haben, die in ihren unterschiedlichen Fassungen die Ausarbeitung je verschiedener Möglichkeiten vorführen, welche die Existenz sehr wechselhafter Interessen seitens des Publikums spiegeln.

Blickt man auf die erhaltenen Zeugnisse, so gewinnt man den Eindruck, dass die bloße Abschrift eines Textes weitaus weniger reizvoll erschien als die Neuformulierung, und dass von dieser Möglichkeit fleißig Gebrauch gemacht wurde. Die mittelhochdeutschen Heldenepen des 13. Jahrhunderts sind aber nicht Aufzeichnungen mündlicher Vorträge, sondern literarische Werke, die von Dichtern bearbeitet wurden. Offensichtlich bot das Redigieren Gelegenheit, neues Material aus der mündlichen Tradition einzuarbeiten, und dies wurde kombiniert mit der spezifisch literarischen Arbeit an Themen, Motiven, Figuren und Perspektiven, die dem Autor zur Verfügung standen. Wir haben es also mit einem literarischen Typus zu tun, der sich zwischen Mündlichkeit und Schriftlichkeit positioniert, zwischen Tradition und Modernität, der mit den literarischen Mitteln der Zeit eine veraltete mündliche Tradition aktualisiert und neu belebt, ohne sie gänzlich in den Bereich der Schriftlichkeit zu heben.

Die extreme Variabilität der Texte weist darauf hin, dass man darin einen der attraktivsten Aspekte dieser Gattung erkannte. Sie basiert offenbar auf einem dritten Merkmal dieser Texte: die Aufgabe des Anspruchs, eine heroische Biographie zu erzählen. Die Werke erzählen nicht das Leben Dietrichs von Bern, sondern immer nur Episoden daraus, die nur selten in der Geschichte dieses Helden genauer zu verankern sind. Dies führt dazu, dass die ›aventiurehaften‹ Dietrichepen auf synkretistische Weise Szenen anhäufen, ohne über ihren Einbau in eine stringente Heldenbiographie nachzudenken. Das Erzählen über den Helden verwildert und wird zu einer Collage, zu der jeder Dichter neue Kapitel beisteuern kann. Die Offenheit der Texte manifestiert sich somit nicht nur in ihrer Variabilität, sondern auch darin, dass sie sich nicht einem geschlossenen Erzählrahmen unterordnen.

Sowohl diese synkretistische Anhäufung von Episoden wie auch die Position der Dietrichepik zwischen einer heroischen Traditionalität und einer literarischen Aktualität, die von anderen Gattungen des Kontextes geprägt ist, spiegeln sich sehr deutlich in dem Text, der unter dem Namen ›Goldemar‹ bekannt ist. Es handelt sich nicht nur um eine der ältesten Dichtungen der Art, sondern sie vermittelt vor allem – in den wenigen erhaltenen Strophen – eine Sicht von heroischer Handlung, die wir als höchst signifikant einstufen. Der ›Goldemar‹ ist ein Fragment aus einer Sammelhandschrift aus der Mitte des 14. Jahrhunderts, das etwas mehr als neun Strophen enthält, die den Anfang eines Abenteuers Dietrichs von Bern erzählen. In der zweiten Strophe nennt der Autor, entgegen der üblichen Praxis, seinen Namen: Albrecht von Kemenaten. Wir können ihn in die erste Hälfte des 13. Jahrhunderts datieren, weil ein weiterer Dichter des 13. Jahrhunderts, Rudolf von Ems, ihn in zwei Werken aus der Zeit um 1230–1240 erwähnt. Es ist besonders schade, dass gerade die einzige heroische Dichtung, dessen Autor sich nennt, fragmentarisch erhalten ist, weil sich daran prüfen ließe, inwieweit die so oft besprochene Anonymität der Heldenepik in der Tat, wie vermutet wird, mit dem Fehlen einer ausgeprägten Erzählerfigur zu tun hat, wie wir sie vom höfischen Roman her kennen.

ZUSAMMENFASSUNG

Das Fragment beginnt mit einer Kritik an den Helden, die an nichts anderes denken als an das Kämpfen und die zu glauben scheinen, ihre Anerkennung steige mit der Anzahl der getöteten Gegner. Demgegenüber will der Erzähler hier von einer Ausnahme berichten, nämlich von der einzigen Gelegenheit, bei der sich Dietrich von Bern für eine Frau interessiert hat. Dietrich reitet durch den Wald und hört von der Existenz von Riesen. Er reitet hin, um gegen sie zu kämpfen, trifft aber neben einem Berg auf eine Gruppe Zwerge, welche die schönste Frau entführt haben, die der Held jemals gesehen hat. Die Wichte versperren Dietrich den Weg und bringen die Frau in den Berg hinein. Ihr König Goldemar stellt sich vor seine Leute, und Dietrich fragt ihn herausfordernd nach den Umständen der Entführung jener Dame. Mit dem Beginn von Goldemars Antwort bricht der Text ab.

Ein viel späteres Zeugnis, die sogenannte ›Heldenbuch-Prosa‹ vom Ende des 15. Jahrhunderts (vgl. Kapitel VII,1, S. 427–430), bietet einige zusätzliche Informationen über diese Geschichte in einer sechszeiligen Zusammenfassung. Dort wird gesagt, die Jungfrau sei die Tochter des Königs von Portugal gewesen, Goldemar habe sie entführt, als ihr Vater von Heiden getötet wurde, doch habe er sie nicht gewinnen können, weil Dietrich sie ihm mit großer Mühe abgenommen und sie geheiratet habe. Damit dürften die Grundzüge der Geschichte erkennbar sein.

Das Auffälligste an diesem Fragment ist die Kritik an einen bestimmten Typ von Heroik, der angeblich auf den blutrünstigen Kampf fixiert ist: »Wir haben von vielen Helden erzählen gehört« – so beginnt die erste Strophe –, »die zu Dietrichs Zeiten an großen Kämpfen teilnahmen. Sich gegenseitig umbringend, verrichteten sie große Taten.« (*Wir hân von helden vil vernomen,/ die ze grôzen striten sint bekomen/ bî hern Dietriches zîten./ si begiengen degenheit genuoc,/ dô einer ie den andern sluoc*, Str. 1,1–4). Die Helden sind hier nicht mehr bewundernswert, sondern haben sich in eine Bande von Totschlägern verwandelt. In der zweiten Strophe weicht die Kritik einer Annäherung an den höfischen Roman: »Man erzählt, Dietrich sei Frauen gegenüber unhöfisch gewesen, weil er immer nur ans Kämpfen dachte, bis er einmal eine schöne Dame sah, eine berühmte Jungfrau, die den Berner unterwarf, wie uns die Aventiure berichtet.« (*wan seit uns daz er wære/ gên vrouwen niht ein hovelîch man/ (sîn muot stuont im ze strîte)/ unz er ein vrouwen wol getân/ gesach bî einen zîten:/ diu was ein hochgeloptiu meit,/ diu den Berner dô betwanc,/ als uns diu âventiure seit*, Str. 2,6–13). Der ›Goldemar‹ kündigt also eine Heldendichtung an, die zu einem Ritterroman mutiert. Er hält sein Versprechen, indem er einen Helden vorführt, der auszieht, um gegen Riesen zu kämpfen, der unterwegs aber zufällig einer ritterhaften *aventiure* begegnet: einer schönen Dame, die es zu befreien gilt und mit der bald eine Liebesbeziehung entsteht. Diese Stellung zwischen einem heroischen Ethos, das angeblich nur den bewaffneten Kampf anerkennt, und höfischen Werten, wie sie die Thematik von Liebe und Abenteuer aus dem Ritterroman darstellt, ist kennzeichnend – wie noch zu sehen sein wird – für die Gruppe der ›aventiurehaften‹ Dietrichepik.

Ein weiterer Aspekt des ›Goldemar‹ schließt hier an. Offenbar handelt es sich um eine Erzählung, die im Anschluss an die Traditionen um Dietrich von Bern und unter Benutzung charakteristischer Motive konstruiert wurde, die aber ebenso erfunden ist wie die Ritterromane der Zeit. Das weist darauf hin, dass der Stoff im Bewusstsein des literarischen Publikums keinerlei historiographischen Wert mehr besaß. Obwohl weiterhin das Bewusstsein existiert, dass einige der Figuren, namentlich Dietrich von Bern, auf historische Vorbilder zurückgehen, ist der geschichtliche Kontext, in den sie gehören, von der hochmittelalterlichen Gegenwart vollkommen losgelöst und bildet allenfalls eine eher mythische denn reale Vorgeschichte. Die Enthistorisierung der Figuren und Ereignisse lässt das abenteuerhafte Substrat, an dem die heroische Dichtung immer teilgehabt hat, emporkommen. Die mittelhochdeutsche Heldenepik ist mit nur wenigen Ausnahmen vornehmlich Abenteuerliteratur. Das erklärt auch ihre Durchlässigkeit hin zu anderen Traditionen und Gattungen mit ähnlicher Orientierung.

Dietrichs von Bern Verhältnis zu den Frauen ist auch in einem weiteren Text dieser Gruppe ein bedeutendes Thema, der ›Virginal‹. Es handelt sich um eine vergleichsweise lange Dichtung (etwa 14000 Verse in der längsten Fassung, jedoch nur etwas über 1000 in der kürzesten) im Bernerton. Sie ist vollständig in drei Handschriften überliefert und fragmentarisch in zehn kürzeren oder längeren Bruchstücken, die vom Anfang des 14. bis zum Ende des 15. Jahrhunderts reichen. Wir nehmen an, dass sie vor 1300 geschrieben wurde; sie gilt als eines der späten Zeugnisse dieser Gattung, doch gibt es keine Möglichkeit für eine präzisere Datierung. Die Tatsache, dass die Mehrzahl der Handschriften im Südosten des deutschen Sprachraums geschrieben wurden, ist der einzige Hinweis auf das Publikum, für das der Text geschrieben wurde. Wir unterscheiden drei Fassungen, die von den drei vollständigen Handschriften vertreten werden; eine von ihnen (V_{10}) scheint aber die Hauptfassung gewesen zu sein, denn ihr folgt generell die Mehrheit der Fragmente.

ZUSAMMENFASSUNG

›Heidelberger Virginal‹ (V_{10})
[1] Der junge Dietrich zieht mit seinem Waffenmeister Hildebrand aus, weil Dietrich noch nicht weiß, was ein Abenteuer ist. Er soll es im Kampf gegen den Heiden Orkise lernen, der das Land der Königin Virginal angegriffen hat. Im Wald begegnet Hildebrand einer Jungfrau, die von Virginal als Tribut für den Heidenkönig geschickt worden ist. Der Waffenmeister begleitet sie, tötet Orkise im Kampf und kehrt mit dem Mädchen dorthin zurück, wo er Dietrich zurückließ. Dieser hat derweil den Kampf gegen Orkises Männer aufgenommen, den er mit Hildebrands Hilfe bald beendet. Die Jungfrau bittet ihre Befreier, zur Burg der Königin Virginal in Jeraspunt zu kommen, und sie reitet voran, um die Nachricht ihrer Befreiung zu überbringen und den Besuch anzukündigen. [130] Die Königin schickt den Zwerg Bibung aus, um die beiden Helden zu empfangen und zu begleiten. Der findet sie im Kampf gegen Drachen vor. Hildebrand befreit einen Ritter aus dem Rachen eines Ungeheuers. Dieser bringt die Helden nach dem Kampf auf die naheliegende Burg Ancona, wo sie freundlich empfangen werden. [200] Bibung ist bis dorthin mitgeritten und wiederholt nun die Einladung Virginals. Als sie sich nach zwei Wochen erholt haben, brechen sie zu Virginal auf. Dietrich reitet voraus, verfehlt den Weg und gelangt zur Burg Muter, vor der ihn der Riese Wicram mit einer List gefangen nimmt. Der Burgherr Nitger, vor den er gebracht wird, lässt ihn einsperren. [330] Von seinem Gefängnis aus vermag Dietrich mit Hilfe von Nitgers Schwester, die ihn sehr umsorgt, eine Nachricht an Hildebrand und Virginal schicken. [440] Zugleich erlaubt der Burgherr den Gefangenen, sich gegen die Provokationen der Riesen zu verteidigen, die auf Nitger wütend sind, weil er ihnen nicht erlaubt, den Helden zu töten. Bei einem Zweikampf, der daraufhin organisiert wird, tötet Dietrich zwei der Unholde. [531] Inzwischen hat Virginal nach König Irmian von Ungarn gesandt sowie nach Biterolf und Dietleib, während Hildebrand die Berner Recken holen geht. Wolfhart möchte gar nicht erst auf die anderen warten, zieht los, kämpft gegen einen Drachen, begegnet einem Zwerg, muss aber am Ende nach Bern zurückkehren und mit den anderen ausziehen. Als sie sich alle in Jeraspunt versammelt haben, brechen sie nach Muter auf, wo Hildebrand mit den Riesen den Kampf für den folgenden Tag vereinbart. [718] In einer Reihe von elf Einzelkämpfen treffen die Helden auf die Riesen und töten sie allesamt; auch Dietrich darf sich an dem

Kampf beteiligen, weil ihm Nitger dazu die nötige Freiheit gewährt hat. Als die Kolosse besiegt sind, unterwirft sich Nitger Dietrich, und alle brechen nach Jeraspunt auf. [800] Unterwegs stoßen sie aber auf weitere Riesen (die sie in einer zweiten Reihe von Einzelkämpfen besiegen) und Drachen (die ebenfalls erlegt werden müssen, bevor die Reise weitergehen kann). Schließlich töten Hildebrand und Dietrich gemeinsam den gefährlichsten aller Drachen. [920] Endlich gelangt Dietrich mit seinem Gefolge an Virginals Hof, wo ein großes Fest gefeiert wird, bei dem es viel Unterhaltung und Turniere gibt, und bei dem Wolfharts Kampfsucht kritisiert und lächerlich gemacht wird. Dann erreicht Dietrich die Nachricht einer möglichen Belagerung Berns. Die Helden brechen rasch auf, doch als sie dort ankommen, stellen sie fest, dass keine Gefahr mehr herrscht. Alle kehren wieder nach Hause zurück.

›Dresdner Virginal‹ (V_{11})
In dieser stark raffenden und kürzenden Fassung ist der erste Teil der Handlung derselbe, doch die lange Episode der Kämpfe um Muter wird gestrichen. Während Dietrich und Hildebrand, die den Ritter aus dem Rachenschlund befreit haben, auf der Burg Arona verweilen, erscheint ein Prinz aus Palermo, der Dietrich zum Zweikampf herausfordert, besiegt wird und mit ihm Freundschaft schließt. Als sie dann gemeinsam zu Virginal ziehen, reitet Dietrich wieder allein. Hildebrand und die anderen begegnen Orkises Sohn Janapas, der sie auf seine Burg bringt, wo er einen Hinterhalt vorbereitet hat: Erst müssen sie gegen Löwen kämpfen, dann gegen Janapas' Krieger. Doch die Helden besiegen alle Gegner und befreien dadurch auch drei Jungfrauen aus dem Gefolge Virginals, die Orkise entführt hatte. Sie reiten nun weiter und begegnen Dietrich, der einen wilden Eber getötet hat und nun gegen einen Riesen kämpft, den er soeben erlegt, als die Freunde ankommen. Zusammen ziehen sie nun nach Jeraspunt, wo ein großes Fest gefeiert wird und Dietrich Virginal heiratet.

›Wiener Virginal‹ (V_{12})
Diese Fassung erzählt im ersten Teil die gleiche Geschichte wie die beiden anderen. Im zweiten Teil verknüpft sie die Episoden vom Heiden Janapas und von den Kämpfen Dietrichs gegen den Eber und den Riesen aus der Dresdner Fassung mit der Episode der Burg Muter aus der Heidelberger Fassung. Am Ende heiratet Dietrich Virginal.

Auf den ersten Blick scheint die Geschichte ein wenig inkonsistent. Das ließe sich dadurch erklären, dass allem Anschein nach die Handlung auf der Basis einiger Motive und Traditionen konstruiert wurde, die wir aus anderen Texten kennen. Da ist einerseits die Gefangenschaft Dietrichs in einer Burg von Riesen, aus der er mit Hilfe von außen zu entkommen vermag, eine Episode auf die bereits ein so alter Text wie der angelsächsische ›Waldere‹ anspielt (vgl. Kapitel III,2, S. 108f.). Andererseits erscheint das Motiv des Reihenkampfes, das in den Geschichten um Dietrich recht häufig vorkommt, zum Beispiel in der ›Thidreksaga‹ beim Kampf von Thidreks Gesellen gegen die Söhne Isungs (vgl. Kapitel V,1) oder im ›Rosengarten zu Worms‹, der weiter unten besprochen werden soll. Das Erzählmuster ist überall das gleiche, wenn es auch in jedem Text unterschiedliche Funktionen ausüben kann. Bekannt ist auch das Motiv der durch einen Heiden oder einen wilden Menschen verfolgten Jungfrau, die vom Helden befreit wird; dieses Muster wird in einem Text aus dem 15. Jahrhundert, dem ›Wunderer‹, wieder erscheinen (vgl. Kapitel VII,2, S. 464–466). Schließlich ist auch das Motiv des halb von einem Drachen verschlungenen Ritters zu erwähnen, den der Held befreit; es ist nicht nur aus der ›Thidreksaga‹ bekannt, sondern auch aus christlicher Ikonographie und sogar aus einer schweizerischen Lokalsage.

Doch die besagte Inkonsistenz ist nur scheinbar, denn bei genauerer Betrachtung lässt sich eindeutig eine durchdachte Konstruktion erkennen, die auf einer sehr einfachen Grundhandlung basiert (Dietrich und Hildebrand besiegen einen gefährlichen Feind, der die Königin Virginal bedroht, die sie daraufhin zu sich einlädt), welche aber durch eine Reihe von Einschüben bereichert wird, die nicht nur die Handlung erweitern, sondern den Weg des Helden in eine Art Initiation in die verschiedenen Kampfmodalitäten verwandeln: gegen Heiden, Riesen und Drachen, einsam und im Wald oder an einem abgemachten Ort und vor Zeugen. Die Heidelberger Fassung verstärkt zudem die interne Kohärenz durch die Hervorhebung der zahlreichen Nachrichten und Briefe, die zwischen den Figuren des Textes verkehren und in denen das Geschehen mehrfach aus unterschiedlicher Perspektive wiederholt wird. Das hat dazu geführt, dass dieser Text als das Modell eines Vorlesebuchs verstanden wurde, da das Erzählte so oft neu zusammengefasst wird.

Die ›Virginal‹ bestätigt zudem einen wichtigen Sachverhalt, der im ›Goldemar‹ bereits erahnt werden konnte. Die ›aventiurehaften‹ Dietrichepen nutzen für ihren Aufbau jene Erweiterungsmöglichkeit, die in der französischen Heldendichtung als *enfances* bekannt ist, also die Erfindung von Jugendtaten der Hauptfigur. Zu jedem Heroen lassen sich beinahe beliebig viele solcher Episoden erfinden. Da kein Anspruch auf eine vollständige Heldenvita mehr erhoben wird, erscheinen die Taten meist nur als Husarenstücke. Dafür war aber der Blick zum Nachbarland nicht notwendig, denn bereits der ›Waldere‹ belegt, dass Geschichten um Dietrich von Bern schon sehr früh in diese Richtung gesponnen worden waren.

Einer der interessantesten Aspekte der ›Virginal‹ ist die Art, in der hier die ritterliche Handlung zur Verteidigung der Damen mit der heroischen Tat der Befreiung eines bedrohten Reiches verknüpft wird. Der junge Dietrich redet zu Beginn mit einigen Damen des Hofes, die ihn bitten, von einem seiner Abenteuer zu erzählen; der Jüngling weiß aber noch nicht, was ein Abenteuer ist, schämt sich sehr dafür und zieht sich zurück, um zu seinem Erzieher Hildebrand zu eilen und ihn zu bitten, ihn in *aventiuren* einzuführen. Der Alte erwähnt daraufhin Virginals Bedrohung durch Orkise, und so ziehen beide aus, um diese Königin von ihrem Feind zu befreien. Der Ausgangspunkt der Handlung ist somit der Wunsch der Damen, von Abenteuern erzählen zu hören. Der Weg des Helden, auf dem er in die Abenteuer eingeführt wird, scheint also darauf zu zielen, dass er *aventiure* und kriegerische Handlung als Frauendienst akzeptiert, nicht nur weil er Virginal erlöst, sondern auch, weil die Damen an seinem Hof den Ansporn zum Ausritt boten. Doch der Held widersetzt sich dem: »Es ist eine sonderbare Angewohnheit«, sagt er nach dem Kampf gegen die Heiden, »dass man hiermit Frauen dienen sollte« (Str. 111: *dient man hier schœnen vrouwen mite,/ daz ist ein wunderlîcher site*). Und er fügt hinzu:

Wê, warumbe tuont sî daz
die minneclîchen vrouwen,
daz ich hie habe bluotes naz
und durch sî bin verhouwen?
ich wolte daz in wurde kunt
von scharpfen swerten wunden tief,
sît vehten heizet mich ir munt. (Str. 112)

(»Ach, warum tun sie das, die lieblichen Damen, dass ich hier nass von Blut bin und durch sie voll von Schlägen? Da mich ihr Mund zu kämpfen befiehlt, wünschte ich, auch sie würden einmal tiefe Wunden von scharfen Schwertern erfahren.«)

Nicht einmal der Kuss der befreiten Jungfrau bewegt den unwirschen Jüngling, der sich bald in weitere Kämpfe verwickelt sieht, diesmal gegen Drachen und Riesen, wo er sein Handeln weniger in Frage stellt. Zwar besänftigt die Zuneigung, die er von Nitgers Schwester während seiner Gefangenschaft in Muter erfährt, seine Position ein wenig, doch am Ende hört er nicht auf das Eheangebot der Königin Virginal und reist bei der ersten Gelegenheit überstürzt ab. Offensichtlich bleibt Dietrich der prototypische Held, der seine Identität im Kampf findet; der Versuch, ihn auf die Abwege ritterlicher *aventiure* zu bringen, kann beachtliche Effekte erzeugen, vermag aber nicht, sein traditionelles Bild zu verändern. Die Wiener und die Dresdner Fassung allerdings (die beide sehr spät bezeugt sind) runden die Befreiung des Reichs sehr wohl mit der Eheschließung zwischen der Königin und dem Helden ab. Damit erfüllen sie sowohl das alte heroische Muster des Heilsbringers, der in die Dynastie integriert wird, wie auch die Erwartungen des ritterlichen Modells; seine negative Haltung gegenüber dem Frauendienst muss dann als Ausdruck von Unreife angesehen werden.

Die Initiation des Helden und das polemische Verhältnis zwischen *aventiure* und Frauendienst sind beides Themen, die auch in einem der berühmtesten Werke dieser Gruppe eine zentrale Rolle spielen, dem ›Eckenlied‹. Es handelt sich, wie bei den Vorigen, um einen Text im Bernerton, bei dem wir mindestens drei verschiedene Fassungen unterscheiden können: Die beiden vollständig erhaltenen Handschriften repräsentieren je eine eigene Version, die jeweils auch in fragmentarischen Zeugnissen aus dem 13. bis 15. Jahrhundert bezeugt sind. Die Drucke hingegen (zwölf bekannte Ausgaben vom Ende des 15. bis zum Ende des 16. Jahrhunderts) spiegeln eine dritte Fassung wider, die auch in einigen handschriftlichen Fragmenten zu finden ist. Dies belegt, dass die drei Bearbeitungen des Textes koexistierten und als gleichwertig angesehen wurden. Da eine Strophe des

›Eckenliedes‹ auch in der Handschrift der ›Carmina Burana‹ steht, die aus der Zeit um 1230 stammt, dürfte das Heldenepos bereits davor entstanden sein, also im ersten Drittel des 13. Jahrhunderts, wahrscheinlicher im zweiten oder dritten Jahrzehnt, da man es als eindeutig jünger als das ›Nibelungenlied‹ einschätzt. Sein Entstehungsraum wird aufgrund einiger geographischer Details, die erwähnt werden, gewöhnlich in Tirol vermutet.

ZUSAMMENFASSUNG

›Donaueschinger Eckenlied‹ (E_2)

[1] Der junge Riese Ecke, der nach Ruhm strebt, erklärt vor einigen seiner Artgenossen, er wolle sich im Zweikampf mit Dietrich von Bern messen. Die Königin Seeburg von Jochgrimm lobt sowohl den berühmten Helden von Bern wie auch Ecke dafür, dass er ihn herausfordern möchte. Sie schenkt dem Riesen die goldene Rüstung, die zuerst Ortnit und dann Wolfdietrich gehört hatte (vgl. Kapitel VI,3) und die für Waffen undurchdringlich ist; sie bewaffnet ihn vollständig und bittet ihn, Dietrich lebend an ihren Hof zu bringen, wofür sie ihm eine der drei Königinnen, die auf Jochgrimm leben, zur Frau verspricht. Um die Dame zu gewinnen und trotz der Ermahnung eines alten Mannes, zieht Ecke zum Kampf nach Bern aus, und zwar zu Fuß, weil er zu groß und zu schwer für ein Ross ist. Er springt durch den Wald wie ein Leopard, die Schellen an seinem Schild rasseln und sein Helm ertönt wie eine Glocke jedesmal, wenn er gegen einen Ast stößt. [42] In Bern erregt sein Aussehen einigen Schrecken, doch Hildebrand berichtet ihm, Dietrich befände sich im Wald in Tirol. Ecke gelangt dorthin und wird von einem Ungeheuer angegriffen, das er dank seines guten Schwertes tötet. [55] Dann begegnet er einem verwundeten Ritter, der ihm erzählt, er sei mit drei anderen Männern aus Deutschland gekommen, um den Damen zu dienen, sei aber auf Dietrich gestoßen, der seine Begleiter getötet und ihn verwundet habe. Trotz seiner Mahnungen zieht Ecke weiter und findet schließlich den Berner.

[70] Dietrich geht auf Eckes Herausforderung gar nicht ein und fragt den Riesen nach der Herkunft seiner Rüstung; der Riese erzählt sie ihm und fügt auch noch die Geschichte seines Schwertes bei. Da lehnt der Berner den Kampf ab; Ecke provoziert ihn mit Hohn und lässt nicht von ihm ab. Dietrich versucht, den Kampf auf den folgenden Tag zu verschieben, doch der Riese reizt ihn immer wieder, wobei er auch auf die Damen verweist, die ihn schicken. Da fragt Dietrich erzürnt, was denen denn der Kampf nützen würde, und behauptet, sie wollen nur einen von ihnen loswerden, um dann darüber zu lachen. [98] Doch Ecke hört nicht auf, Dietrich zu provozieren, bis dieser schließlich vom Pferd steigt und kämpft. Doch während der Berner der Rüstung seines Gegners nichts anhaben

kann, zerstört der Riese ihm den Schild und verwundet ihn mehrfach. Schließlich wird Dietrich darüber wütend, gewinnt neue Kraft, ringt mit den Händen, reißt dem Riesen den Helm ab, schlägt mit dem Knauf auf seinen Kopf ein, bis er betäubt ist und am Boden liegt, hebt ihm dann den Kettenpanzer ab und verwundet ihn tödlich mit dem Schwert. [140] Sofort aber bereut er es, einen so guten Krieger auf diese unfaire Weise getötet zu haben. Er nimmt dem Riesen seine Rüstung ab (die ihm viel zu groß ist) sowie sein Schwert und seinen Schild. Der sterbende Ecke bittet ihn noch, ihn zu töten. Da schlägt der Berner ihm den Kopf ab, bindet ihn an seinen Sattel und beschließt, ihn der Königin Seeburg zu bringen, damit sie sehe, was sie angerichtet hat.

[150] Im Wald begegnet Dietrich Frau Babehilt, Herrscherin über ein Reich unter Wasser, die ihm eine Salbe für die Wunden gibt und ihm schwere Kämpfe, aber auch große Erfolge vorhersagt. [160] Als er weiterreitet, begegnet er einer Jungfrau, die von Eckes Bruder Vasolt mit Hunden verfolgt wird. Dietrich stellt sich schützend vor das Mädchen, der Riese droht ihm mit Kampf, greift ihn aber nicht an, weil er ihn verwundet sieht. Über Nacht heilt der Held rasch von seinen Wunden dank eines Krauts, das ihm die Jungfrau verschafft, sodass er am folgenden Morgen kämpfen und Vasolt besiegen kann. Als dieser erfährt, dass der Held auch seinen Bruder getötet hat, wirft er ihm vor, ihn im Schlaf überfallen zu haben, und greift Dietrich erneut an, um den Bruder zu rächen. Der Berner muss seine ganze Kraft aufbringen, um ihn ein zweites Mal zu besiegen; er lässt ihn nur am Leben, weil die Jungfrau ihn darum bittet.

[201] Nun reiten sie zur Burg eines Zwergs, der früher Vasolt diente, sich jetzt aber Dietrich unterwirft. Am folgenden Tag begegnen sie im Wald dem Riesen Eggenot, der den Berner angreift, als er erfährt, dass er Ecke getötet hat. Nach einem kurzen Kampf stößt ihm Dietrich das Schwert ins Herz. [221] Vasolt bestätigt Dietrich seine Unterwerfung, bringt ihn aber vor seine Mutter, die den Helden angreift. Das Geschrei der tödlich verwundeten Riesin führt die Tochter herbei, die ebenfalls den Berner bedroht, sodass er sich mit dem Schwert wehren muss. [245] Hier bricht der Text ab.

›Dresdner Eckenlied‹ (E_7)

Diese Fassung stimmt bis zum Sieg Dietrichs über Vasolt im Wesentlichen mit der vorigen überein, wenn sie sie auch grundsätzlich neu formuliert. [246] Die beiden Kämpfer verbringen die Nacht im Wald, doch Vasolt schleicht sich davon, sucht den Riesen Zere auf und erzählt ihm, Dietrich habe ihn und seinen Bruder im Schlaf überfallen, Ecke getötet und ihn verwundet. Als Zeres Mutter Rachin dies hört, verspricht sie, Dietrich umzubringen. [253] Vasolt schleicht sich dann zurück zum Helden, während die Riesin sich wappnet und bei Tagesanbruch den Berner aufsucht, der sie im Zweikampf tötet. [267] Ihr Geschrei ruft ihre Söhne Zere und Welderich herbei, doch als der Berner den ersten getötet hat, unterwirft sich ihm der zweite, froh darüber, von Mutter und Bruder, die ihn angeblich misshandelten, befreit worden zu sein; als Dank informiert er den Helden über Vasolts Verrat. [279] Der Held tötet den Treulosen, geht seines Weges und trifft auf Eckenot, den er ebenfalls im Kampf erledigt. [288] Schließlich gelangt er nach Jochgrimm. Am Eingang der Burg bedrängen ihn zwei mit Keulen bewaffnete Automaten. Nachdem er sie überwunden hat, muss er noch mit dem König von Kerlingen und seinen Männern kämpfen. Erst als auch diese besiegt sind, gelangt er zur Königin Seeburg, wirft ihr vor, Ecke in den Tod gesandt zu haben, und lässt den Kopf des Riesen vor ihre Füße fallen. [302] Dann zieht der Held nach Bern zurück, begegnet unterwegs Hildebrand und Wolfhart und berichtet ihnen seine Abenteuer.

›Druckfassung‹ (E_1)
Auch diese Fassung stimmt bis zu Vasolts Niederlage mit der ersten grundsätzlich überein. [180] Vasolt und Dietrich reiten zur Burg eines Zwergs, doch in der Nacht sucht der Besiegte seine Base auf, die Riesin Rütze, um ihr Eckes Tod und seine eigene Niederlage zu beklagen. Der Zwerg berichtet dem Helden vom Verrat seines Begleiters, sodass er am folgenden Morgen auf der Hut ist, als ihn Rützes Söhne verfolgen, und sie leicht überwindet und tötet. [207] Kurz darauf erscheint Rütze selbst, fällt aber ebenfalls im Kampf. Nun bringt Vasolt den Helden zur Burg seines Vetters Eckenot, der vergeblich versucht, den Helden mit einem Zauberapfel zu beseitigen. Am nächsten Tag versucht Vasolt, den Berner hinterrücks zu töten, doch es gelingt ihm nicht, er wird gebunden und nach Jochgrimm gebracht. [240] Hier bittet der Riese den Helden, ihm die Fesseln zu lösen; doch dann führt er ihn heimtückisch vor zwei mit Keulen bewaffnete Automaten. Der Held kann dem ersten ausweichen, wird aber vom zweiten niedergeschlagen. Vasolt nutzt das aus, um ihn anzugreifen, aber Dietrich tötet ihn. [249] Königin Seeburg bietet dem Berner einen würdigen Empfang und dankt ihm dafür, dass er sie von den Riesen befreit habe, da sie sonst Ecke hätte heiraten und eine ihrer Freundinnen an Vasolt hätte geben müssen. Dietrich verabschiedet sich und kehrt nach Bern zurück. Unterwegs trifft er Hildebrand bei einem Bauern, der ihnen Unterkunft gibt. [282] Der Epilog bemerkt, Dietrich sei der größte aller Helden gewesen, der Eckes Schwert ein einziges Mal benutzt habe, als er die Lombardei vom Usurpator Odoaker befreite und für einunddreißig Jahre König von Rom wurde (vgl. Kapitel VII,1, S. 439).

Die Geschichte von Ecke und seinem Kampf gegen Dietrich von Bern erfreute sich im 13. Jahrhundert großer Popularität; vielleicht aber auch schon früher, denn um 1180 erwähnt Heinrich von Veldeke in einer Passage seines ›Eneasromans‹ unter anderen berühmten Schwertern eines mit Namen *Eckesas* (V. 160,22). Zwar bedeutet *sas* oder *sahs* auf Mittelhochdeutsch ›Schwert‹ und *ecke* ›Schneide‹, sodass es sich um einen sprechenden Namen des Typs ›schneidendes Schwert‹ handeln könnte, doch ist die Übereinstimmung mit dem Namen Ecke sehr auffällig. Wahrscheinlich waren mündliche Traditionen dieses Stoffes im Umlauf, worauf auch die Ekka-Episode in den Kapiteln 96–107 der ›Thidreksaga‹ (vgl. Kapitel V,1) hinweist, die offenbar dieselbe Handlung referiert, aber eindeutig eine unabhängige Fassung darstellt. Diese Tatsache belegt übrigens einmal mehr die Bedeutung der norwegischen Saga für die Erforschung der deutschen Heldenepik des 13. Jahrhunderts, was jedoch nicht bedeutet, dass sie für stoffliche Rekonstruktionen herangezogen werden könnte. Die Grundhandlung des ›Eckenliedes‹ weist außerdem große Ähnlichkeit mit der Geschichte des Ritters Jayant im altfranzösischen Roman ›Le Chevalier du Papegau‹ (Ende 13. Jh.) auf, doch konnte der Einfluss des einen Textes auf den anderen nicht belegt werden. Daher meint man heute, die Parallele sei dadurch entstanden, dass beide Geschichten nach dem gleichen Muster konstruiert wurden.

Das ›Eckenlied‹ ist gewiss eines der interessantesten ›aventiurehaften‹ Dietrichepen. In ihm zeigt sich am deutlichsten jener hybride Charakter des Helden, den uns die mittelhochdeutschen Texte des 13. Jahrhunderts präsentieren. Denn einerseits ist der Berner überall fraglos der größte Held, ungeheuer stark und äußerst gewandt im Umgang mit dem Schwert. Andererseits aber ist festzustellen, dass in den verschiedenen Werken der Gattung Dietrich immer wieder abgeneigt ist zu kämpfen. So auch im ›Eckenlied‹, wo er sich zunächst über viele Strophen hinweg weigert, mit dem unbekannten Riesen zu fechten, der ihn herausfordert, ohne dass ein Konflikt zwischen ihnen vorliegt. Dietrich versteht einfach nicht, warum er gegen jemanden kämpfen soll, gegen den er nichts hat. Noch schlimmer findet er, dass dies auf Anlass von irgendwelchen Damen geschehen soll: »Es bekümmert mich sehr«, sagt er zu Ecke, »dass Du mich durch Deine schöne Dame zum Kampf herausforderst« (E_2, Str. 89: *ich han sin grosse swære,/ das du durch dine vrouwen clar/ erbútest mir din striten*). Kurz darauf ist er aber vehementer:

das wir umb si hie fehten gar,
des munt si dort wol lachen.
ich wæn, sie ain des lebens bar
under uns zwain wellint machen.
mich wundert, was si das gefrumt,
ob ainer hie belibet
und der ander hinnan kumet. (E_2, Str. 98)

(»Wenn wir hier um ihretwillen kämpfen, haben sie dort was zu lachen. Ich glaube, sie wollen einen von uns sein Leben verlieren lassen. Ich frage mich, was es ihnen bringt, wenn einer hier tot liegenbleibt und der andere davonkommt.«)

Hier erscheint also wieder (wie schon in der ›Virginal‹) die Kritik an einer Vorstellung von Abenteuer, welche auf der Idee eines extrem verstandenen Frauendienstes gründet, der zufolge Kampf und Tod um der höfischen Damen willen geschehen und Ruhm einbringen. In die rein heroische Herausforderung des Riesen mischen sich sekundär die Damen ein, die Ecke ganz nach ritterlicher Manier ausrüsten und ihm eine Frau versprechen, wenn er Erfolg hat. Doch der Kampf verliert seinen Sinn. Erstens ist die Situation der *aventiure* auf den Kopf gestellt, denn der Riese begegnet einem völlig kampfunwilligen Helden und muss seine ganze Mühe (und 300 Verse) aufbringen, um ihn zum Gefecht zu bewegen. Zweitens wird der Held am Ende wütend und geht den offenbar unvermeidbaren Kampf ein; da aber kein Eisen die Rüstung des Riesen beschädigen kann, ist Dietrich der einzige, der verwundet wird. Fünfmal stößt er seinen Gegner zu Boden, doch der steht ebenso oft wieder auf, um mit gleicher Kraft weiterzukämpfen. Daher wird der Kampf unsauber: Dietrich legt das Schwert weg und ringt mit Ecke; da er ihn nicht zur Aufgabe bewegen kann und weil er von ihm immer weiter bedrängt wird, reißt er ihm den Helm ab und betäubt ihn so mit Schlägen, dass das Blut durch das Kettenhemd dringt. Nun kann der Berner ihn unter der Panzerung erstechen. Die Angst des Hünen vor der Schande, als Besiegter zu den Damen zurückkehren zu müssen, führt zu seiner brutalen Ermordung. Auf Dietrichs Gewissen lastet nun die Untat, jemanden auf gemeine Weise ermordet zu haben, gegen den er mit allen Mitteln versucht hat, nicht zu kämpfen.

Die Aufforderung der Damen, den Kampf in einen Frauendienst zu verwandeln, hat also in die Katastrophe geführt. Daher tritt Dietrich in der Dresdner Fassung am Ende wütend vor Seeburg, um ihr mit schweren Vorwürfen das abgeschlagene Haupt des Riesen vor die Füße zu werfen, dass das Blut spritzt und sie besudelt. Die sehr reale Brutalität des Waffenkampfes erreicht damit auch die feinen höfischen Damen. Da diese einen Kampf nach dem Vorbild des Ritterromans gewünscht hatten, werden somit auch die Waffenhandlungen dieser konkurrierenden Gattungen als irreal desavouiert: Wirklichkeit ist, dass Köpfe abgeschlagen werden und Blut und Hirnmasse durch die Luft schießen. Doch die brachiale Gewalt hat auch Dietrich getroffen, der einsehen muss, dass er Ecke schutzlos ermordet hat; auch der heroische Kampf gerät also ins Zwielicht. Zudem löst sich mit dem Ende des Kampfes die Gewalt nicht auf, sondern wird vielmehr unbändig: Immer mehr Riesen greifen Dietrich an, der Verrat prägt die Folgen des Kampfes. Am Ende sieht sich der Held sogar zwei Automaten gegenüber: Der Gegner des Kampfes ist damit völlig entmenschlicht worden. Allerdings wird der Widerspruch zwischen der heroischen Vorbildlichkeit Dietrichs und seiner Maßlosigkeit beim Mord an Ecke nicht gelöst. Beide Aspekte der Figur, seine Güte und seine Wut, der gerechte Herrscher und zugleich der brutale Draufgänger stehen einander gegenüber, ohne dass sich dieser Zwiespalt in ein Problem verwandeln würde, das die Handlung zu lösen suchte. Ziel war wohl eher die Kritik des Modells des Ritterromans.

Die Druckfassung möchte von dieser Auseinandersetzung nichts wissen und lässt die Damen nicht mehr den Kampf in Frauendienst umfunktionieren, sondern verwandelt sie in bedrohte Geschöpfe, die befreit werden müssen. Damit wird Dietrichs Kampf unproblematisch, egal ob er nun einem heroischen oder einem höfisch-ritterlichen Modell folgt. Allerdings sagt dies die Druckfassung nicht zu Beginn, bei Eckes Ausfahrt, sondern erst am Ende, als Dietrich zu Seeburg kommt. Offenbar ist dies als Rechtfertigung nachträglich eingebaut worden. Die Dresdner Fassung wiederum verstärkt den böswilligen Charakter der Riesen und die Schuldlosigkeit des Helden. Darin lässt sich erkennen, wie die Überarbeitungen dieser Epen die

Intention und Bedeutung des Werkes verändern, die unterschiedlichen Möglichkeiten der Stoffdarstellung ausnutzen und dazu unterschiedliche Aspekte hervorheben, die potentiell bereits in der Handlung oder in den Figuren angelegt sind. Eine Kohärenz von Anfang bis Ende war dabei offenbar weniger wichtig; die Widersprüche und Inkonsistenzen sind eine Eigenheit der Gattung. Man hat wohl die erzählerische Effektivität und die Unterhaltsamkeit höher geschätzt als die Kohäsion und Reflexion; gefördert wurde dies wahrscheinlich auch durch den die Mündlichkeit nachahmenden Vortragsstil.

Interessant an der Diskussion des Abenteuer-Modells ist aber noch ein weiterer Aspekt, der für die Gattung der Dietrichepik prägend ist. Die ritterlich-höfische *aventiure* wird abgewertet als ein leichtsinniger und verklärter Umgang mit der brutalen Wirklichkeit von Kampfhandlungen. Demgegenüber steht ein Bild des Helden, das keineswegs einen Draufgänger darstellt, der sich nur im Blutbad realisiert. Im Gegenteil: Der Held als adeliger Krieger ist zwar der Ausführer und Träger der Gewalt, doch gerade deswegen ist er sich auch sehr bewusst, wann und wo er sie einsetzt: als Verteidigung und im Kampf gegen Unholde, welche die Ordnung bedrohen, aber auch gegen andere Gewalt, die sinnlos verübt oder angeregt wird, wie die Eckes oder Seeburgs. Dietrichs vielberedete Zagheit, die im ›Eckenlied‹ ganz deutlich thematisiert wird, ist nichts anderes als die logische Reaktion auf das Bewusstsein, dass Waffenhandlungen brutal sind und nur mit Vorsicht eingesetzt werden dürfen; denn Dietrich symbolisiert ja in seiner Wut dann auch das Gegenbild der entbändigten, nicht mehr kontrollierbaren und sich von selbst ausdehnenden Gewalt. Als hyperbolisierte Vorzeitfigur spiegelt Dietrich von Bern möglicherweise die Sehnsucht des spätmittelalterlichen Adels nach einem verlorenen, vernünftig ausgeübten Gewaltmonopol.

Unser nächster Text, der ›Sigenot‹, ist ein Beleg dafür, dass die Epen um Dietrich von Bern nicht immer Modelle heroischen Handelns diskutieren, sondern auch eindeutig im Bereich des Topischen verharren können. Es handelt sich um einen vergleichsweise kurzen Text im Bernerton, der in sieben Handschriften und über zwanzig Druckausgaben überliefert ist, welche bis 1661 reichen. Das gibt zu erkennen, dass er besonders in der Spätzeit einer der erfolgreichsten Texte der Gattung war. In einer Handschrift aus dem Anfang des 14. Jahrhunderts ist zudem eine zweite Fassung überliefert (die fälschlicherweise ›Älterer Sigenot‹ genannt wird), welche vor dem ›Eckenlied‹ aufgezeichnet wurde und als Prolog für Letzteres dient; daher vermutet man, dass sie eine kürzende Anpassung für den genannten Zweck darstellt. Die Dichtung wird generell als relativ jung angesehen, und ihre Entstehung wird gegen Ende des 13. Jahrhunderts angesetzt, doch gibt es keine gesicherten Hinweise. Auch für eine Lokalisierung fehlt jeglicher Ansatz. Man situiert sie meist im Südwesten, jedoch nur, weil die meisten Handschriften aus dieser Gegend stammen.

ZUSAMMENFASSUNG

›Älterer Sigenot‹

[1] Dietrich von Bern reitet allein durch den Wald und begegnet einem schlafenden Riesen – es ist Sigenot. Als er ihn weckt, erkennt dieser den Helden als denjenigen, der seinen Vetter Grim getötet hat, und greift ihn an. Dietrich versucht zu verhandeln, doch der Riese gibt ihm einen furchtbaren Schlag mit der Keule, der ihn besinnungslos macht. Der Riese schleppt ihn fort und wirft ihn in ein tiefes Erdloch nahe seiner Höhle. [10] Sigenot geht nun nach Bern, trifft aber auf Hildebrand, der Dietrich nachreitet. Der Riese schlägt auch ihn nieder und schleift ihn am Bart in seine Behausung. Hildebrand sieht dort das Schwert seines Herren, kann sich von seinen Fesseln befreien, ergreift die Waffe und tötet den Unhold. [25] Die Versuche, Dietrich aus dem Erdloch zu holen, schlagen fehl. Daher geht Hildebrand in den Wald, wo er dem Zwerg Eggerich begegnet, den er zunächst für einen Gesellen Sigenots hält; doch der Kleine hilft ihm mit einer Schnurleiter, Dietrich aus dem Loch zu holen. Die Helden bedanken sich und kehren nach Bern zurück.

›Jüngerer Sigenot‹

Hildebrand berichtet Dietrich, der Riese Sigenot suche ihn, um den Tod Grims und Hildes zur rächen; der Berner beschließt auszuziehen, um sich mit ihm zu messen. Sein alter Erzieher rät ihm davon ab, und seine Leute in Bern äußern große Sorge, aber Dietrich ändert seine Meinung nicht. [26] Unterwegs jagt er zunächst eine Hirschkuh, und dann befreit er den Zwerg Baldung, den ein wilder Mann gefangen genommen hat; dazu muss er gegen den Mann kämpfen, kann ihn aber erst besiegen, als der Zwerg ihm ein Zauberkraut gibt. Als Dank für seine

Freiheit schenkt der Kleine dem Helden einen Stein mit schützenden Eigenschaften. [59] Nun findet Dietrich Sigenot im Schlaf; er weckt ihn, und es beginnt sofort ein wilder Kampf. Der Riese reißt Bäume aus, um den Berner mit ihnen anzugreifen. Nach langer Wehr unterliegt der ermattete Held und wird vom Riesen in ein Erdloch geworfen, in dem es von Schlangen wimmelt; der Zauberstein aber schützt ihn vor ihren Bissen. [116] Sigenot kehrt in den Wald zurück und begegnet Hildebrand. Nach einem wilden Kampf kann der Riese auch ihn gefangen nehmen und schleppt ihn in seine Höhle, die große Schätze birgt. Als der Hüne einmal kurz hinaus geht, kann sich Hildebrand von seinen Fesseln befreien und Dietrichs Rüstung anlegen. Nun kämpfen sie in der Höhle, und der alte Waffenmeister kann den Unhold töten. [185] Um Dietrich aus dem Erdloch zu holen, windet Hildebrand ein Seil aus Stoffstreifen, doch es reißt. Nun begegnet er dem Zwerg Eggerich, der ihm eine Leiter gibt, die er für Grim aus Lederriemen hergestellt hat. Damit gelangt der Held an die Oberfläche, und beide kehren nun nach Bern zurück.

Aus heutiger Sicht ist dies gewiss eine der weniger interessanten Geschichten aus dem Corpus der Heldendichtungen, die in diesem Kapitel behandelt werden, nicht nur in inhaltlicher, sondern auch in sprachlicher Hinsicht. Das kleine Werk ist ein Beispiel dafür, wie dem Grundgerüst von Dietrichs Jugendtaten immer neue Episoden beigefügt werden konnte indem man einfach auf Stereotypen zurückgriff. Doch war es sicherlich diese auf Topoi basierende Konstruktion der Erzählung, die ihren andauernden Erfolg förderte, und zwar sowohl auf literarischer Ebene wie auch auf ikonographischer, wie weiter unter noch festzustellen sein wird (vgl. Kapitel VII,1, S. 447 und 452).

Große inhaltliche Diskussionen sind hier weniger zu erwarten als in den übrigen Dichtungen. Der ›Jüngere Sigenot‹ enthält eine Strophe, die noch an die Diskussion um das Modell von *aventiure* erinnert, der wir in den bislang besprochenen Texten begegnet sind. Dietrich hat etwas über Ruhm und über Frauen gesagt, da fragt ihn Sigenot, ob er etwa kämpfe, um vor ihnen an Ansehen zu gewinnen, und warnt ihn, sollten sie ihn blutverschmiert sehen, so würden sie ihn sofort vergessen. Dietrich antwortet darauf mit einer Ausrede: Er kämpfe, um vor Damen, Rittern und vor sich selbst größere Anerkennung zu gewinnen (Str. 81 f.). Der Hinweis geht darüber nicht hinaus; die Gegenüberstellung von heroischem und ritterlich-höfischem Abenteuer-Modell ist damit selbst zum Topos geworden, der als Gattungskennzeichen angeführt werden kann.

Eines der interessantesten Details dieser Dichtung ist die Erwähnung von Grim und Hilde, von denen es heißt, Dietrich habe sie im Kampf getötet und dabei seinen berühmten Helm Hildgrim errungen. Es handelt sich um den einzigen kontinentalen Beleg für diese Geschichte, welche auch die ›Thidreksaga‹ in ihrem 17. Kapitel referiert. Das führt uns zum Thema der mündlichen Tradition, das bereits mehrfach am Rande erwähnt wurde. Die skandinavische Saga (vgl. Kapitel V,1) ist eines der besten Zeugnisse für die Existenz einer umfangreichen und komplexen mündlichen Tradition im deutschsprachigen Raum, die von der Figur Dietrichs von Bern und von seinen Waffenbrüdern Hildebrand, Wolfhart, Heime oder Witege zu berichten wusste. Wilhelm Grimm sammelte schon im ersten Drittel des 19. Jahrhunderts alle weiteren Zeugnisse für eine verbreitete Kenntnis von jenseits der Schriftlichkeit tradierten Sagen. Der außergewöhnlichen Popularität des Helden verdanken wir sicherlich die überraschende Kohärenz und Konsistenz der Materie in den unterschiedlichen Texten, die uns überliefert wurden. Die Namen der Helden, sogar die zweitrangiger Figuren, ihr Verhältnis zueinander, die Waffen und Rosse, die sie besitzen, sowie die Taten, die sie auszeichnen, bleiben in allen Dichtungen weitgehend konstant. Man erkennt hier das Substrat, welches das Literaturpublikum des 13. Jahrhunderts gekannt haben dürfte und das eine unversiegbare Stoffquelle für die Autoren darstellte. Der ›Sigenot‹ ist dafür ein eindeutiges Beispiel: Der Hinweis auf die Geschichte von Grim und Hilde, die Dietrich besiegt, um ihren unzerbrechlichen Helm zu erringen, ist hier wesentlich, weil Sigenot seinen Hass auf den Helden dadurch rechtfertigt, dass er ein Vetter oder Verwandter Grims ist. Das Werk erzählt die Episode, die vorausgegangen ist, nicht; es genügt dem Autor, mit wenigen Worten auf sie zu verweisen, da er beim Publikum die Stoffkenntnis voraussetzen darf.

Gleichzeitig lässt sich hierin eine charakteristische Kompositionsstrategie neuer Dichtungen um Dietrich von Bern beobachten: Man schließt an eine allgemein bekannte Episode an, um daraus ein neues

Abenteuer zu spinnen. So formt sich bald ein großer Kreis von Geschichten über den Helden aus Bern, welche dazu tendieren, sich alle miteinander in Beziehung zu setzen. Auch diese Tendenz findet wiederum in der ›Thidreksaga‹ sein eindrucksvollstes Beispiel. Die Entwicklung verläuft parallel zu dem, was gleichzeitig in der altfranzösischen *chanson de geste* geschieht, wo die Geschichten über *enfances*, Vorfahren oder andere Verwandte der Helden zur Bildung großer Zyklen führen, die dann in mehr oder weniger vollständigen Büchern – je nach Interesse oder Verfügbarkeit der Texte – gesammelt wurden. In Deutschland ist diese Tendenz zur Zyklenbildung zwar an den hier genannten Details – und an weiteren, die noch zu nennen sein werden – punktuell spürbar, doch sie kulminiert nicht in einem einzelnen Text und auch nicht in einer Handschrift. Jedenfalls nicht im 13. Jahrhundert, denn im 14. finden wir den ersten Beleg eines sogenannten ›Heldenbuchs‹; aber dieser Buchtypus entfaltet sich nach unseren Kenntnissen erst im letzten Drittel des 15. Jahrhunderts und bleibt weit entfernt von der zyklischen Kohärenz der französischen Epik oder der ›Thidreksaga‹. Später wird noch auf dieses Thema zurückzukommen sein. Hier soll lediglich angemerkt werden, dass augenscheinlich in Deutschland die Lebendigkeit, die eine Vielfalt von nur indirekt komplementären und verschränkten Texten und Fassungen erzeugte, der Unbeweglichkeit eines monolythischen Zyklus vorgezogen wurde. Man entschied sich für eine lockere Koexistenz und Collage von Abenteuern, Motiven und Stereotypen, die immer wieder abgewandelt und umgedeutet werden konnten, nicht für die Konstruktion einer erzählerischen Kontinuität. Der Mangel an Geschichtlichkeit trug sicherlich das Seine zu dieser Tatsache bei: Die Gattung bevorzugt die Zeitlosigkeit gegenüber einer radikalen Aktualisierung mit Anschluss an die Gegenwart des Publikums.

Noch ein letztes Detail über das Vorhandensein heroischer Traditionen im Hintergrund der hier besprochenen Werke soll festgehalten werden. In der Mündlichkeit ist der Stoff immer in seiner Ganzheit präsent, das Publikum weiß alles oder das meiste von dem, was man über Dietrich erzählt; und da es zudem keine zyklische Ordnung gibt, weil die Texte keiner konkreten Heldenbiographie folgen, bilden die Episoden nie eine bestimmte chronologische Sequenz, wie sie zum Beispiel in der norwegischen Saga festgelegt wurde, sondern schweben alle in einer unbestimmten Gleichzeitigkeit. Das erklärt, warum Dichtungen, die von Dietrichs Jugendtaten erzählen, wie das ›Eckenlied‹ oder ›Virginal‹, auch die Schlachten erwähnen, die er bei seiner Rückkehr aus dem Exil geschlagen hat, obwohl sie doch – wenn man eine logische Chronologie festmacht – in der Jugend des Helden noch nicht geschehen sein können. Die Verweise auf andere Episoden oder Momente des Stoffs dienen der kollektiven Bestätigung einer Traditionskenntnis, nicht aber der präzisen Einordnung derselben in eine konkrete Reihenfolge.

Ein weiteres, sehr berühmtes Gedicht in dieser Gruppe der ›aventiurehaften‹ Dietrichepen ist der ›Laurin‹. Im Unterschied zu den bislang präsentierten Texten handelt es sich um ein Werk, das auf die Strophenform verzichtet und in Reimpaaren komponiert ist, eine Form, die in Deutschland typisch für den Roman und für andere narrative Gattungen des 13. Jahrhunderts war. Es ist sicher, dass der ›Laurin‹ noch vor 1300 geschrieben wurde, doch für eine Datierung oder Lokalisierung fehlen jegliche Hinweise. Er ist in achtzehn Handschriften oder Fragmenten aus dem 14. und 15. Jahrhundert überliefert sowie in 11 Druckausgaben aus dem 15. und 16. Jahrhundert. Man kann bis zu fünf verschiedene Fassungen unterscheiden, wenn auch zwei von ihnen – die im ›Dresdner Heldenbuch‹, die den Text in Strophen umsetzt, und die aus Bratislava, die nur wenig mehr als hundert Verse umfasst – eindeutig marginale Fälle sind. Die drei Hauptversionen sind bekannt als die ›ältere Vulgat-Fassung‹ (die in der Mehrheit der Handschriften vertreten und nicht ganz 1600 Verse lang ist), die ›jüngere Vulgat-Fassung‹ (etwas über 2800 Verse, sie erscheint in einer späten Handschrift sowie in einigen frühen Drucken und dann – überarbeitet – auch in denen des 16. Jahrhunderts) und die sogenannte ›Walberan‹-Fassung, die der älteren Vulgat-Fassung folgt, aber das Ende abwandelt und unter dem Titel *liber secundus* eine Fortsetzung einfügt, die auch als ›Walberan‹ bekannt wurde, welche wiederum fast 1300 Verse lang ist. Zudem existiert noch eine tschechische Übersetzung, die in die zweite Hälfte des 14. Jahrhunderts datiert wird, sowie eine dänische Übertragung in einer Handschrift aus der Zeit um 1500.

ZUSAMMENFASSUNG

›Ältere Vulgat-Fassung‹
In Bern loben die berühmtesten Helden Dietrich von Bern, doch Hildebrand möchte sich diesem Lob erst anschließen, wenn der Held sich auch einmal mit jemandem wie dem Zwerg Laurin gemessen habe, wenn der seinen Rosengarten verteidige, der von einem dünnen Seidenfaden umgeben sei. Dietrich pirscht mit Witege sofort zum angegebenen Ort und zerstört den Rosengarten. [150] Daraufhin tritt Laurin auf, wirft ihnen vor, sein Land verwüstet zu haben, und fordert Entschädigung. Witege lacht ihn aus und beginnt den Kampf zu Pferd, wird aber schon beim ersten Lauf zu Boden geworfen. Der Zwerg schickt sich an, ihm Hände und Füße abzuschlagen, weil das die Gewohnheit des Landes sei, aber Dietrich greift ein, um es zu verhindern. [418] Nun erscheinen auch noch Hildebrand, Wolfhart und Dietleib. Der alte Waffenmeister erklärt nun seinem Schützling, dass er nicht zu Pferd kämpfen solle, sondern zu Fuß, und er müsse ihm auf den Helm schlagen, da sein Panzer undurchdringlich sei. Dietrich folgt den Ratschlägen, doch als Laurin sich bedrängt fühlt, zieht er einen Mantel über, der ihn unsichtbar macht. Der Berner versucht, mit den Händen zu ringen, wird aber von seinem Gegner zu Boden geworfen. Hildebrand ruft ihm zu, er müsse dem Zwerg seinen Gürtel abreißen. Als Dietrich dies gelingt, verliert Laurin seine große Kraft, wird wieder sichtbar und kann nun leicht von Dietrich besiegt werden, der auf ihn eindringt, um ihn zu töten. Der Gnom bemerkt, dass seine Bitten um Gnade beim wütenden Berner keinen Erfolg haben, und fordert nun Dietleib auf einzugreifen, da doch – wie er berichtet – dessen Schwester seine Frau werden solle. [578] Auch Dietleib gelingt es nicht, Dietrich zu besänftigen, daher ergreift er den Zwerg, flieht mit ihm und versteckt ihn im Wald. Dietrich verfolgt sie und kämpft gegen seinen Freund, aber Hildebrand und die anderen trennen sie und schaffen wieder Frieden, der auch Laurin einschließt.

[715] Laurin berichtet nun, dass er wenige Tage vorher Dietleibs Schwester entführt habe. Der verlangt, sie zu sehen, und erklärt sich bereit, sie ihm zur Frau zu geben, falls sie einwillige. Der Zwerg fordert daraufhin alle auf, an seinen Hof im Inneren des Berges zu kommen, wohin sie trotz der Bedenken Hildebrands und Wolfharts reiten. Als sich hinter ihnen die Bergtür schließt, beteuert Laurin wieder seine Treue und bietet ihnen einen festlichen Empfang. [1040] Dietleibs Schwester Künhilt erklärt, es gehe ihr gut, sie möchte aber den Ort verlassen, weil Laurin und sein Gefolge Heiden seien; der Bruder verspricht, sie zu befreien. In-

dessen hat Laurin einen Ring an seinen Finger gesteckt, der ihm wieder große Kraft verleiht, und plant einen Verrat, um seine Niederlage an Dietrich zu rächen. [1167] Als sich Dietleib, den er in seinen Plan einbeziehen möchte, distanziert, lässt der Zwerg ihn einsperren. Dann verabreicht er Dietrich und den anderen einen Schlaftrank und legt sie in eine andere Zelle. [1223] Künhilt aber nutzt eine günstige Gelegenheit, um ihren Bruder zu befreien und ihm einen Ring zu geben, mit dem er die Zwerge sehen kann, auch wenn sie sich unsichtbar machen. Nun holt Dietleib die Waffen für seine Freunde. Dietrich ist inzwischen aufgewacht und beim Anblick seiner Fesseln so wütend geworden, dass er Feuer spuckt und damit die Riemen versengt. Als Dietleib ihnen die Waffen bringt, schlagen die Zwerge Alarm und eilen unter Kappen, die sie unsichtbar machen, herbei. [1329] Dietleib kämpft gegen sie und tötet viele von ihnen dank seines Ringes, aber Laurin bedrängt ihn schwer. Dietrich hat sich inzwischen bewaffnet und einen Gürtel erbeutet, der die gleichen Kräfte hat wie Dietleibs Ring, sodass er den Zwergenkönig sehen und besiegen kann. Er reißt ihm seinen Ring ab und gibt ihn Hildebrand, der nun helfen kann, die übrigen Zwerge zu besiegen. [1459] Diese haben die Hilfe von fünf Riesen angefordert; Wolfhart und Witege (die inzwischen auch beide einen Ring haben) treten gegen sie an und erledigen sie kurzerhand. Dann rotten die beiden Krieger alle noch lebenden Zwerge aus. Dietrich und seine Krieger kehren nach Bern zurück und nehmen Laurin mit sich, der am Hof als Narr dienen muss. Künhilt heiratet einen Ehrenmann, und alle kehren in ihr Land zurück.

›Jüngere Vulgat-Fassung‹

Diese Version unterscheidet sich von der vorigen hauptsächlich dadurch, dass sie die Vorgeschichte erzählt: [1] Laurin entführt Künhilt mit Hilfe seines Mantels, der ihn unsichtbar macht. Dietleib kommt zu Hildebrand, bittet ihn um Hilfe, und beide ziehen gemeinsam aus, das Mädchen zu suchen. Im Wald begegnen sie einem wilden Mann, der von Laurin verbannt wurde und den Helden nun vom Zwergenkönig und seinem Rosengarten erzählt. Doch anstatt nun dorthin zu reiten, kehren sie nach Bern zurück und verbringen ein halbes Jahr tatenlos. [238] Dann beginnt die Handlung nach der älteren Fassung.

Der Schluss ist, wie auch der Hauptteil des Textes, leicht erweitert: [2695] Als die Helden die Zwerge töten, befreien sie auch eine Königin und ihre Jungfrauen. Bevor sie nach Bern zurückkehren, begleiten Dietrich und sein Gefolge Dietleib und Künhilt in ihr Land in der Steiermark, wo sie von ihrem Vater Biterolf freundlich empfangen werden.

›Walberan-Fassung‹

Diese Version folgt der älteren Vulgat-Fassung bis zu dem Punkt, an dem sich die Helden beim Endkampf anschicken, alle Zwerge zu massakrieren. [1568] Laurin bittet nun um Gnade, und auch Künhilt legt ein gutes Wort für ihn ein. Da beschließt Dietrich, sich das Königreich der Zwerge untertan zu machen und Laurin als Geisel nach Bern mitzunehmen; als Regent wird der Zwerg Sintram ernannt, der dem Berner Eide schwört. [1657] Als sie sich einige Tage in Bern ausgeruht haben, reisen Dietleib und seine Schwester heim. Künhilt bittet Dietrich noch, Laurin zu einer Taufe zu bewegen. Das gelingt dem Berner, indem er den Zwerg einige Zeit lang unter der Aufsicht Ilsungs lässt (Hildebrands Bruder, der Mönch ist). Das Sakrament bedeutet die Rehabilitierung Laurins, der Dietrich Freundschaft schwört. [1856]

Nun beginnt die Fortsetzung: [1] Sintram, der Regent im Zwergenreich, will die Niederlage rächen und schickt Boten an alle Zwerge, darunter auch an Alberich von Lombardei (vgl. Kapitel VI,3). Der schickt seinerseits einen Boten an Walberan, einem Vetter Laurins, der über alle Zwerge im Orient herrscht. Walberan sammelt ein riesiges Heer, dem Lidunc die notwendigen Schiffe besorgt, um nach Italien zu segeln. [203] Dort angekommen schickt Walberan einen Boten an Dietrich, um ihm den Krieg zu erklären. Laurin versichert dem Abgesandten, es gehe ihm gut, er unterstütze Dietrich; er lasse Walberan bitten, das Land nicht zu verwüsten, bis er vor Bern käme. [451] Der orientalische Zwerg folgt seiner Bitte, und bald befindet sich das Heer vor der Burg, doch nur die Helden, die die entsprechenden Ringe tragen, können sie sehen. Laurin geht auf Walberan zu, um mit ihm einen Frieden auszuhandeln. Man vereinbart, die Burg solle nicht angegriffen werden; stattdessen wolle man die Kräfte in Einzelkämpfen messen. [743] Auf beiden Seiten werden die Vorbereitungen getroffen; zum ersten Kampf tritt Wolfhart an, der von einem Zwerg besiegt und gefangen genommen wird. [1065] Nun kämpft Dietrich gegen Walberan; bei der ersten Begegnung sticht der Zwerg den Berner vom Ross, und beim nun folgenden Schwertkampf bringt er sogar sein Leben in Gefahr. Da greifen Laurin und Hildebrand ein, beenden den Kampf und erzwingen den Frieden. Dietrich und Walberan schwören sich Freundschaft, und der Berner richtet ein großes Fest für alle Gäste aus. Hier bricht der Text ab; es fehlt ein Blatt am Ende der Handschrift.

Die Beliebtheit von ›Laurin‹ und ›Sigenot‹ zeigt, dass das literarische Publikum im deutschen Sprachraum gerne Geschichten mit fantasievollem Inhalt hörte, mit Zwergen, Riesen, Wilden, magischen Objekten und Höhlen voll von reichen Schätzen. Doch über dieses anekdotische Detail hinaus zeigt das Werk, das uns hier beschäftigt, am deutlichsten die Arbeit der Dichter dieser Texte mit den Schemata und narrativen Mustern, die den Geschichten zugrunde liegen. Die ›aventiurehaften‹ Dietrichepen sind größtenteils auf der Basis von zwei ganz einfachen Modellen konstruiert. Auf der einen Seite gibt es die Befreiung einer Frau aus der Gefangenschaft oder von einem sie bedrängenden Fantasiewesen (›Goldemar‹, ›Virginal‹, ›Wiener Eckenlied‹). Auf der anderen Seite existiert die Herausforderung durch einen Antagonisten, die zum Auszug des Helden führt, zu Kampf und Rückkehr nach Bern (›Eckenlied‹, ›Rosengarten‹, ›Sigenot‹). Diese Schablonen werden natürlich jedesmal auf spezifische Weise ausgeführt. Sie können auch kombiniert werden, wie im ›Laurin‹ und in der ›Virginal‹, wo die Herausforderung auch eine Befreiung der Frau impliziert oder umgekehrt. Ebenso können sie verdoppelt werden, wie im ›Eckenlied‹, wo der Kampfansage Eckes diejenige Vasolts folgt, oder wie im ›Sigenot‹, wo der Riese zunächst gegen Dietrich und dann gegen Hildebrand kämpft. Sie können auch zur Abwandlung oder Umdeutung der vorliegenden Geschichte herangezogen werden, wie im ›Wiener Eckenlied‹, wo das Herausforderungsmuster am Ende durch die Erklärung Seeburgs in ein Befreiungsmuster umschlägt und dem Kampfgeschehen damit die Brisanz genommen wird.

Die unterschiedlichen Prototypen und ihre Variationen erfordern aber abweichende Situationen oder Reaktionen, die nicht immer sauber aufeinander abgestimmt erscheinen oder auf eine Weise gelöst werden, die wir nicht als geeignet bezeichnen würden. Daher rührt teilweise auch der doppeldeutige Charakter des Berner Helden, von dem vorhin die Rede war. Im ›Laurin‹ wird ein tapferer und kampfeslustiger Dietrich präsentiert, der sofort bereit ist, sich an die Verwüstung des Rosengartens zu machen, um seinen Gegner herauszufordern. Das Modell erinnert sehr an den höfischen Ritterroman (zu dem ja auch die Form des Reimpaarverses passt), wo die Nachricht von einem Abenteuer den Auszug des Helden motiviert; der Ritter muss es überwinden, indem er sich einem Gegner aus jenem Bereich stellt, der im Roman all das ist, was sich im Wald oder jenseits davon befindet und in der Heldenepik durch Riesen und Zwerge vertreten wird. Die Zerstörung des Blumengartens und der darauf folgende Auftritt seines Verteidigers erinnert jeden Kenner der mittelalterlichen Literatur an die Verwüstung des Waldes, der die wunderbare Quelle im ›Iwein‹ Hartmanns von Aue (ca. 1200, vgl. auch Chrétiens de Troyes ›Yvain‹, ca. 1170/1180) umgibt, und den Kampf gegen Askalon, der sich daraus entwickelt. Der ›Laurin‹ folgt also dem

Herausforderungsmuster, nähert es aber inhaltlich und formell an den Artusroman an. Im so geschaffenen Kontext muss die stürmische Handlung Dietrichs ebenso maßlos erscheinen, wie der Versuch Laurins, seinem Gegner Hände und Füße abzuschlagen (was allerdings die Strafe für Friedensbrecher ist). Die Unschicklichkeit erreicht beinahe den Höhepunkt mit Dietrichs Versuch, den hilflosen Zwerg zu erschlagen; da verrät Laurin, dass er Dietleibs Schwester entführt hat. Nun wäre der Tod des Übeltäters halbwegs gerechtfertigt, oder man könnte wenigstens sofort zur Befreiung aufbrechen – doch es geschieht das Gegenteil. Der Antagonist gewinnt an Anerkennung bei den Bernern, als ob die Entdeckung der Übeltat Respekt verdiente. Die jüngere Fassung ändert diese Konstellation übrigens nicht.

Das liegt daran, dass das Schema der Befreiung der Frau, das nun ansetzt, mit einem anderen Muster verknüpft wird, dem der verräterischen Einladung, das aus der nibelungischen Tradition bekannt ist. Der König, dessen Frau die Schwester einer der Helden ist, lädt diese in seinen Palast ein, wo sie verraten werden und es zum Kampf kommt, bei dem sie die Frau unterstützt. Die Parallele zur Burgundensage ist offensichtlich und muss vom Publikum zweifellos bemerkt worden sein; durch den Namen Künhilt drängt sie sich ja geradezu auf. Gewiss wird dieses Zusammenspiel der Muster nicht ausgenutzt für eine literarische Entfaltung oder gar eine intensive Reflexion; doch ihr Nebeneinander dürfte zum Kontrastieren und Vergleichen angeregt haben. Die Vernichtung der Zwerge durch die Recken erinnert an den Untergang des Hunnenreiches, ist aber in den zeitlosen Bereich der wunderbaren Zwergenwelt verlagert und rechtfertigt sich durch den Verrat Laurins. Allerdings bleibt der Bruch mit dem Anfang, bei dem die Reaktionen der Protagonisten noch maßlos schienen, ungelöst.

Diese Sprünge und Wechsel zwischen den Schemata sind die Stellen, an denen die Bearbeiter angesetzt haben. So versucht die Dresdner Fassung, die Zwerge von vornherein als böswillige Kreaturen darzustellen, die jeder Herrscher zu bekämpfen hat. Hier ist das Ansehen Laurins von seiner ersten Nennung an belastet, auch wenn dem die Handlung zu Beginn nicht entspricht, weil er ja nur seinen

Rosengarten verteidigt. Die ›Walberan‹-Fassung versucht umgekehrt, den Gnom zu rehabilitieren. Zwar wird der Verrat in der Burg nicht gestrichen, doch die Gnade der befreiten Frau, seine Darstellung als edler Gefangener und vor allem seine Taufe reinigen sein Ansehen und lassen ihn höfisch erscheinen. Das wird dann vor allem im ›Walberan‹ ausgeführt, wo er als Händler zwischen den Parteien agiert, die Verwüstung der Länder vermeidet und sogar die Schlacht zwischen den beiden Heeren verhindert. Sein Vetter Walberan legt ein ähnliches Benehmen an den Tag: Er erklärt förmlich den Krieg (im Gegensatz zu Dietrich, der einfach den Rosengarten verwüstete) und vermeidet jegliche Aggression bis zur Vereinbarung der Einzelkämpfe. Es ist erstaunlich zu beobachten, wie die Fassungen des ›Laurin‹ ganz unterschiedliche Vorstellungen von Gewaltanwendung vertreten. Gilt in der einen der Sturm auf den Rosengarten und die spätere Vernichtung des Zwergenreichs als gerechtfertigt, so versucht die andere, einen Respekt vor dem fremdartigen Volk zu verteidigen, das möglicherweise in konkreten Situationen falsch gehandelt haben kann, sich aber auch als höchst zivilisiert entpuppt. Der Auftritt der orientalischen Zwerge erinnert natürlich auch an die Thematik vom Gegensatz zwischen östlichem und westlichem Rittertum, die im ›Wolfdietrich‹ aufgenommen wird (vgl. Kapitel VI,3) und auch in einigen der den Heldenepen nahestehenden Texten wie dem ›Herzog Ernst‹ oder dem ›König Rother‹ präsent ist.

Das Echo der nibelungischen Tradition, das im ›Laurin‹ vernehmbar ist, verwandelt sich im letzten Werk dieser Gruppe, dem ›Rosengarten zu Worms‹, in direkte Anspielung und sogar in Parodie. Wie in den übrigen Fällen handelt es sich um eine Dichtung, für deren Datierung und Lokalisierung es keine genaueren Hinweise gibt. Ihre Entstehung wird von der Forschung gewöhnlich in der ersten Hälfte des 13. Jahrhunderts angesetzt. Sie wurde in einer Strophenform geschrieben, die der des ›Nibelungenliedes‹ sehr nahe steht: vier paarweise gereimte Langverse, bei denen aber der letzte Halbvers nicht um eine Hebung verlängert wird, wie im Epos, sondern gleich bleibt. Diese Strophenform ist als ›Hildebrandston‹ bekannt, weil sie unter anderem auch vom ›Jüngeren Hildebrandslied‹ benutzt wird (15. Jh., vgl. Kapitel VII,2, S. 472–474), für das aus späterer Zeit eine Melodie überliefert ist. Der ›Rosengarten zu Worms‹ ist in einundzwanzig Handschriften und Fragmenten aus dem 14. und 15. Jahrhundert überliefert und gelangte über die Heldenbücher (vgl. Kapitel VII,1, S. 422–430) in den Druck. Auch hier sind bis zu fünf Fassungen zu unterscheiden. Die Version *A* (ca. 390 Strophen) ist in sechs handschriftlichen Zeugnissen und (mit revidiertem Text) in den Drucken vertreten; zu ihr gehört auch die Variante des ›Dresdner Heldenbuchs‹. Die Fassung *DP* lässt sich in zwei Gruppen unterteilen: *D* mit 633 Strophen und fünf Zeugnissen und *P* mit 215 Strophen und zwei Textzeugen. Zudem gibt es noch die Fassung *C* (513 Strophen) in einer einzigen vollständigen Handschrift, die Fassung *F*, die nur in drei kurzen Fragmenten erhalten ist, die insgesamt 121 Strophen überliefern, sowie die niederdeutsche Fassung, von deren Existenz nur noch ein Bruchstück zeugt.

ZUSAMMENFASSUNG

Fassung *A*
[I] Kriemhilt, die Tochter des Burgundischen Königs, besitzt in Worms einen schönen Rosengarten, den zwölf Helden schützen, darunter ihr Vater Gibeche, ihre Brüder sowie ihr Verlobter Sifrit. Als die Jungfrau von Dietrich und seinen Taten hört, wünscht sie, dass sich Sifrit mit ihm im Kampf messe. Um das zu erreichen, schickt sie den Grafen Sabin, um den Berner die Herausforderung zu überbringen. Der Bote kommt in Bern aber bewaffnet an, was eine zweideutige Reaktion hervorruft: Man empfängt ihn freundlich, zeigt sich aber kampfbereit. Nun liest Sabin Kriemhilts Brief vor; darin fordert sie Dietrich und elf seiner Recken zum Kampf gegen die Krieger heraus, die ihren Rosengarten verteidigen. Der Sieger jedes Zweikampfes soll einen Kuss und eine Umarmung Kriemhilts bekommen sowie einen Rosenkranz. Aufgebracht über die Botschaft und ihren Ton, möchte Dietrich den Boten erschlagen, doch Wolfhart und Hildebrand besänftigen ihn. Der Berner nimmt die Herausforderung an, der Bote kehrt nach Worms zurück, und als Dank für den Erfolg seiner Botschaft gibt ihm Kriemhilt eine Dame aus ihrem Gefolge zur Frau.

[II] Hildebrand ernennt nun die Recken, die nach Worms sollen, und legt die Zweikämpfe fest. Sigestap wird ausgesandt, um Dietleib zu holen; er sucht ihn erst vergeblich bei seinem Vater Biterolf in der Steiermark auf und dann am Hof Rüedegers von Bechelaren (die beide der Meinung sind, Kriemhilts Einfall sei eine Dummheit), findet ihn schließlich in Wien und reitet mit ihm nach Bern. [III]

Inzwischen hat Dietrich ein Heer mit 60000 Mann versammelt, das sich nun in Bewegung setzt, um auch noch Hildebrands Bruder Ilsan zu holen, der sich in ein Kloster zurückgezogen hat. Als dieser das herannahende Heer sieht, kommt er ihm bewaffnet und wütend entgegen, in der Meinung, es handle sich um Feinde. Hildebrand reitet voraus und kämpft zum Spaß eine Weile mit ihm, gibt sich dann aber zu erkennen und erklärt den Grund seines Kommens. Ilsan beschließt, sie zu begleiten, nachdem er den Abt überzeugt hat, der ihn zunächst nicht gehen lassen wollte, und jedem seiner zweiundfünfzig Brüder einen Rosenkranz in Aussicht stellt; die Mönche aber wünschen ihn zum Teufel, weil sie seine brutalen Aggressionen satt haben. [IV] Das Heer zieht nun nach Worms, wo es freundlich empfangen wird, wenn auch die Kritik an Kriemhilt und ihrem Vater, der sie nicht unter Kontrolle halten könne, nicht verschwiegen wird.

[V] Nach einigen Tagen gibt eine neue Provokation Kriemhilts das Zeichen für den Beginn der Zweikämpfe. Zuerst werden die Riesen Pusolt [V], Ortwin [VI], Schrutan [VII], Asprian [VIII] und Studenvuhs [IX] von Dietrichs Recken (jeweils Wolfhart, Sigestap, Heime, Witege und Ilsan) besiegt, die jeder einen Kuss und eine Umarmung der Dame erhalten sowie einen Rosenkranz. Witege allerdings weigert sich zu kämpfen, bis ihm Dietrich sein Ross gibt. [X] Der Kampf zwischen Walther und Dietleib bleibt unentschieden, bis Hildebrand vorschlägt, ihn abzubrechen, was Kriemhilt sofort annimmt; beide erhalten den Preis. Dann werden Volker [XI], Hagen [XII], Gernot [XIII], Gunther [XIV] und Gibeche [XV] von Ortwin, Eckehart, Helmschrot, Amelolt und Hildebrand besiegt. [XVI] Schließlich muss Dietrich gegen Sifrit antreten, doch der Berner weigert sich zu kämpfen mit dem Argument, sein Gegner habe eine hörnerne Haut und zudem ausgezeichnete Waffen. Hildebrand versucht, ihn mit Worten zu überzeugen, als das aber nicht fruchtet, greift er zum probaten Mittel, ihm einen mächtigen Faustschlag zu verpassen. Dietrich wird darüber so wütend, dass er nicht nur zurückschlägt, sondern auch gegen Sifrit antritt. Doch seine Männer bemerken, dass er noch nicht aufgebracht genug ist, um zu siegen; daher ruft ihm Wolfhart zu, Hildebrand sei an dem Kinnhaken gestorben. Da wird der Berner so rasend, dass er seinem Gegner einen äußerst starken Stoß versetzt, der sogar seine Hornhaut durchschneidet. Dietrich ist völlig außer sich, Sifrit muss vor ihm fliehen und sucht Schutz in Kriemhilts Schoß. Als der Wüterich ihn dort töten will, erscheint Hildebrand und besänftigt ihn. [XVII] Ilsan fordert nun zweiundfünfzig burgundische Ritter zum Kampf heraus, besiegt sie alle hintereinander und zwingt Kriemhilt, ihm ebensoviele Rosenkränze und Küsse zu geben, sodass sein harter Bart die zarte Haut der Frau zum Bluten bringt. Das sei seine Rache für ihre sinnlose Herausforderung, sagt er.

[XVIII] Gibeches Reich wird Dietrich untertan, der nun mit seinem Heer nach Bern zurückkehrt. Ilsan kommt in sein Kloster, setzt jedem der Brüder einen Rosenkranz auf den Kopf und drückt ihn fest, bis sie bluten; so würden sie alle zusammen für die Sünden büßen, die er begangen habe.

Fassung *D*
Diese Version erzählt im Prinzip dieselbe Handlung, doch mit einigen Varianten und mit Verstärkung des sarkastischen Tons.

[I–III] Hier ist Gibeche Herr des Rosengartens, und folglich ist er es, der verkündet, er wolle sich dem unterwerfen, der seine Wächter besiege. Die Nachricht gelangt zu Etzel, der das Abenteuer versuchen möchte; er kommt zu Dietrich, damit er ihm dabei helfe, doch als beide den Palast betreten, ist soeben – wie in der Fassung *A* – der Herausforderungsbrief Kriemhilts eingetroffen. Während ein Ritter Dietleib holt, ziehen Dietrich und Hildebrand allein aus, um Ilsan zu suchen. [IV] Dietrich zieht nun zu Etzel und von dort aus reist der gesamte Zug nach Worms. Um den Rhein zu überqueren, müssen sie zuerst den Fährmann überwinden, der von jedem, der hinüber fahren will, eine Hand und einen Fuß fordert. Ilsan lockt ihn mit seiner Mönchskutte ans Ufer und schlägt ihn mit zwei kräftigen Fausthieben nieder. [VI] Die Fremden schlagen vor Worms ihr Lager auf und überbringen Kriemhilt ihre Herausforderung. [VII] Während einer nächtlichen Inspektion stößt Sigestap auf einen Vasallen Gibeches und verwundet ihn.

[VIII] Hildebrand und Gibeche leiten die Zweikampfreihe im Rosengarten [IX–XIX]. Wieder werden alle Wormser Kämpfer besiegt, ausgenommen Walther, der ein Unentschieden erreicht. Aber die Auseinandersetzungen und Zankereien zwischen Kämpfern desselben Lagers, das Zögern einiger zu kämpfen (Witege kämpft erst, als er dafür Dietrichs Ross bekommt, der Berner hat wieder Probleme, mit Sifrit zu streiten, und muss von Hildebrand und Wolfhart gebührend ›überzeugt‹ werden), der Wunsch anderer, dass der Kampf nie ende, ja das gesamte Verhalten der Recken verstärkt in dieser Fassung den ironischen Ton und die parodistische Konstruktion (anders als im ›Nibelungenlied‹ reisen Dietrich und Etzel nach Worms). [XX] Zum Schluss erhalten die Sieger einen Rosenkranz und einen Kuss von Kriemhilt (Ilsan bemerkt, er würde für ein solches Vergnügen glatt wieder ins Laienleben zurückkehren). Gibeche unterwirft sein Reich Dietrich. Hagen, der sich mit seinen Gegnern versöhnt hat, verwünscht Kriemhilt. Die Berner ziehen zu Etzel zurück, und dann kehrt jeder heim.

Fassung *F*
Die Fragmente dieser Fassung geben keinen Hinweis auf Veränderung der Handlung, lassen aber den Schluss zu, dass die Geschichte ganz anders erzählt wurde: Während im ersten Teil die Herausforderung auf einem diplomatischen Weg nach Bern gelangt, der Königinnen und edle Damen mit dem dazugehörigen höfischen Prunk und Aufwand einschließt, so scheint bei den Kämpfen die Brutalität der Gegner verschärft, die Spannung zwischen den Herrschern ist gesteigert, weil es eine reelle Gefahr des Todes gibt, und auch das Motiv des Verrats tritt auf: Ilsan tötet seinen Gegner mit einem Messer.

Fassung *C*
Diese Version ist eine Mischung aus Elementen der Fassungen *A* und *DP*.

Die Dichtung stellt sich in den Kontext der Burgundengeschichte, wie sie das ›Nibelungenlied‹ erzählt (vgl. Kapitel IV,1), denn die Handlung findet statt, als Sifrit bereits in Worms ist. Natürlich möchte der ›Rosengarten‹ nicht eine Erweiterung des Epos sein, auch wenn er eine ähnliche metrische Form benutzt. Zwischen beiden Werken gibt es dafür zu viele Widersprüche und Inkongruenzen. Am meisten zitiert werden in dieser Hinsicht folgende: Die Logik des ›Nibelungenliedes‹ lässt eine Episode wie die der Kämpfe zwischen Dietrich und den Burgunden nicht zu, noch weniger eine burgundische Niederlage; die Anwesenheit Brünhilds in Worms vor Kriemhilts Ehe mit Sifrit widerspricht dem Epos; der Vater Gunthers heißt Gibeche, wie in allen übrigen Zeugnissen der Sage – außer im ›Nibelungenlied‹, das ihn Dankrat nennt. Der ›Rosengarten‹ bezieht sich also auf die Sagentradition als Ganzes, sowohl auf die der Burgunden wie auf die um Dietrich von Bern; die Gleichzeitigkeit von Elementen, die keiner chronologischen Prüfung standhalten würden, ist der beste Beleg dafür. Dennoch ist diese neue Dichtung ohne ihren großen Vorläufer undenkbar. Die Parallelen und Anspielungen sind eindeutig und reichen bis zum wörtlichen Zitat einer vollständigen Strophe in der Fassung *P.* Die meisten Querverweise haben parodistische Funktion wie zum Beispiel die Wiederaufnahme der Metapher von Volkers Fidel, die sein Schwert meint und von der sein Gegner Ortwin sagt, er werde sie ihm zersplittern, damit er sie nicht mehr spielen könne. Parodistisch sind aber noch zahlreiche weitere Details wie die Darstellung Kriemhilts als unbelehrbare Streitmacherin; die Figur Ilsans, die das Muster der *moniage* abwandelt; die Art, wie Dietrich zum Kampf ›überredet‹ werden muss; Sifrits Flucht in Kriemhilts Schoß; die Fährmannsszene in der Fassung *DP* und andere mehr.

Der ›Rosengarten‹ entfaltet das Muster des Reihenkampfes, das wir schon in der ›Thidreksaga‹ (vgl. Kapitel V,1) und in der ›Virginal‹ vorgefunden haben. Auch die Begegnung der Berner Helden mit Ilsungs Söhnen gipfelt im skandinavischen Text im Kampf zwischen Thidrek und Sigurd. Das bedeutet aber nicht, dass beide Werke in Beziehung zueinander stünden; die Unterschiede sind unübersehbar, denn zum einen fehlt in der Saga jeglicher Hinweis auf

Worms und Kriemhilts Rosengarten und zum anderen sind die Kämpfe in der nordischen Prosa ganz anders motiviert; es sind dort auch die Männer Dietrichs (darunter auch Gunnar und Hogni, also die deutschen Gunther und Hagen), die schlecht davonkommen. Sicherlich hat es die Idee, Helden aus verschiedenen Sagen in einem Schaukampf zusammenzuführen, um sie sich gegenseitig messen zu lassen, schon viel früher gegeben. Das Muster erlaubt es, Recken aus ganz unterschiedlichen Traditionen zu vergleichen; zudem besaß dieses Motiv wohl gerade wegen seiner topischen Einfachheit ein beachtliches komisches oder parodistisches Potential. Die Trennung zwischen Wormser und Berner Helden war in Deutschland die logischste, da es sich um unterschiedliche Stoffkreise handelte. Denkbar ist aber auch die Existenz einer gewissen Rivalität zwischen beiden Traditionen; die letzten Aventiuren des ›Nibelungenliedes‹ sind das früheste Zeugnis einer bewaffneten Auseinandersetzung zwischen den Helden beider Seiten, und es könnte sein, dass das Epos diese Kontraposition verstärkte.

Der Ursprung des Motivs vom Rosengarten ist unklar. Es könnte mit dem ›Laurin‹ in Zusammenhang stehen; dorthin könnte es auch durch den Einfluss romanhafter Abenteuer gelangt sein. Neuerdings hat man eine Abwandlung des deutschen Wortes aus **Rusigard* diskutiert, was etwa ›russische Stadt‹ oder ›russische Festung‹ bedeuten würde und eine verkannte Erinnerung an die Zeit der deutsch-russischen oder auch der gotisch-slawischen Kriege wäre. Bedenkt man die nicht unbedeutende Zahl der Beziehungen zu Russland in der Heldenepik (von den Russen- und Wilzenkämpfen in der ›Thidreksaga‹ über das russische Märchen mit Parallelen zur Siegfried-Brünhild-Geschichte bis hin zu den Anbindungen im ›Ortnit‹) könnte der Rosengarten tatsächlich das durch Verwechslung oder literarische Verklärung abgewandelte Motiv vom Kampf um russische Städte sein (vgl. Kapitel VII,2, S. 481).

Interessant am Motiv des Rosengartens – wie es hier und auch im ›Laurin‹ erscheint – ist aber wiederum seine Nähe zur höfisch-romanhaften *aventiure*. In der Fassung *A* möchte Kriemhilt feststellen, ob Sifrit besser als Dietrich sei, und daher fordert sie alle Recken heraus, in den Rosengarten zu treten und sich zu verteidigen. Der Preis für den Sieg – der Rosenkranz und der Kuss – kann als typisch für ritterliche Abenteuer angesehen werden, nur wird er hier pervertiert. Denn erstens ist die Frau nicht eine bewundernswerte Dame, für die alle Ritter gerne kämpfen würden, sondern böswillig, hochmütig und verräterisch, was an Epitheta erinnert, die ihr im ›Nibelungenlied‹ zuteil werden – bis hin zum berüchtigten *vâlandinne* (»Teuflin«). Ihr Vergnügen beim Anblick der sich schlagenden und tötenden Männer ist mehr als zweifelhaft, und die Krieger hören auch nicht auf, sie deswegen zu verfluchen. Zweitens besteht die *aventiure* nicht darin, dass ein einziger Mann sie besteht und als der Beste erkannt wird; vielmehr liefert sie durch das Reihenkampfschema gleich zwölf Sieger, die alle einen Kranz und einen Kuss erhalten. Das Motiv wird dann gleich noch einmal parodiert, als sich der Mönch (gerade er) von der Kampfeslust anstecken lässt, zweiundfünfzig Ritter besiegt und ebenso viele Kränze und Küsse verlangt, bei denen er mit seinen Bartstoppeln das Gesicht der Frau zerkratzt, was den Preis in Strafe umwandelt.

In der Fassung *D* wird die Kritik an Kriemhilt dadurch zurückgenommen, dass der Rosengarten nicht ihr gehört; die Herausforderung kommt vielmehr von ihrem Vater Gibeche. Es ist ein für die Bearbeiter dieser Texte typischer Widerspruch, dass dann aber Kriemhilt doch noch einen Brief schickt, in dem sie die Helden zum Kampf aufruft, sodass es zu einer doppelten Provokation kommt. Am Ende aber gibt nicht sie allein die Küsse aus, sondern es steht dazu eine Jungfrau für jeden Sieger bereit, und die großspurige Heldentat des Mönchs wird gestrichen. Durch die Rücknahme der Kritik an der Frau aber kommt das gegen die Helden gerichtete parodistische Potential der Geschichte stärker zur Geltung, das hier auch nicht vor Dietrich und seinen Mannen halt macht. Die Prahlereien der Recken auf beiden Seiten, ihre Zankereien, das Geschwätz der Damen, die verborgenen Ängste, die Brutalität auf dem Kampfplatz und die beschämende Darbietung so manch eines Angebers beim Gefecht – das alles macht aus dieser Fassung eine grandiose Parodie auf die gesamte heroische Tradition und ein großartiges Gegenstück zu der im ›Nibelungenlied‹ eingeschlagenen Linie.

Die Fassung *F* scheint dagegen, nach den wenigen Fragmenten, die uns von ihr erhalten geblieben sind, die Parodie zurückgenommen und den Kontrast zwischen höfischer Welt und brutalen Reckenkämpfen verschärft zu haben. Am Ende wendet sich die Wut gegen Kriemhilt, die des Mordes beschuldigt wird. Da sie aber eine Frau ist und wegen Sifrit den Kampf ausgerufen hat, richtet sich die Handlung gegen ihn: Der Text bricht ab, als sich Burgunden und Berner gemeinsam an ihm rächen wollen. Möglicherweise wollte diese Fassung damit ein neues Motiv für die Ermordung Sifrits in der Nibelungensage liefern. In der ›Heldenbuch-Prosa‹ (vgl. Kapitel VII,1, S. 427–430) heißt es lapidar, Dietrich habe Sifrit im Rosengarten getötet; das könnte ein Hinweis darauf sein, dass diese Variante verbreitet war.

Aber noch ein weiterer Faktor darf beim Lesen des ›Rosengarten‹ nicht vergessen werden, jedenfalls bei den beiden Hauptversionen (*A* und *D*): Es handelt sich um einen Text, der eine sehr deutliche Trennung schafft zwischen zwei Gruppen literarischer Figuren, von denen die eine im Westen des deutschen Sprachraums angesiedelt ist (mit Worms als Mittelpunkt), die andere dagegen im Südosten (Bern und Etzels Hof). Diese Unterscheidung scheint mit gewissen geopolitischen Rivalitäten übereinzustimmen, aber auch mit einem kulturellem Gemeinplatz, dem zufolge das Rittertum und die höfische Kultur ihre höchste Entfaltung im Rheinland gefunden hätten, also im Westen und Nordwesten des Territoriums. Wenn Kriemhilt also das Abenteuer des Rosengarten erfindet, reproduziert sie im Grunde den Topos der höfischen Dame als Auslöser für ritterliches Handeln. Sie ist aber für diese Rolle allzu vorbelastet, wodurch das Modell eigentlich schon parodiert wird. Wie in diesem Kapitel wiederholt gesehen werden konnte, weist die Mehrheit der ›aventiurehaften‹ Dietrichepen (die von Helden aus Istrien, Steiermark und dem Donauland, also aus dem Südwesten, erzählen) das umgekehrte Modell auf: einen etwas draufgängerischen Heroismus, der sich weigert, die Dame zum Motor der kriegerischen Handlung zu machen. Die Reaktion Dietrichs auf Kriemhilts Herausforderung ist daher ein eindeutiger Reflex dieser Debatte:

wie sint dise vrouwen sô rehte wunderlîch,
daz ir vil selten keiniu wil nemen einen man,
ich enhabe mit ime gestriten oder muoz in noch bestân.
Sleht er mich ze tôde oder sêre wunt,
sô küsset er's minneclîche an ir rôten munt,
darzuo hât er verdienet einen rôsenkranz
[*D*: sô gât er an ein bette und vröuwet sich der zît] (Str. A 54f.)

(»Wie wunderlich sind doch die Damen, dass keine von ihnen einen Mann nehmen will, wenn ich nicht vorher mit ihm gekämpft habe oder es noch tun werde. Schlägt er mich tot oder verwundet er mich schwer, so küsst er sie leidenschaftlich auf ihren roten Mund und hat dazu noch einen Rosenkranz verdient [*D*: so geht er mit ihr ins Bett und verbringt eine schöne Zeit].«)

Die Reaktionen Biterolfs von Steiermark und Rüedegers von Bechelaren sind nicht weniger abschätzig: »Ihr seid verrückt, wenn ihr um Rosen an den Rhein reitet«, sagt der erste (Str. *A* 111: *ir mûget tôren sîn,/ daz ir durch rôsen willen rîtet an den Rîn*); und der zweite fügt hinzu: »Viel angenehmer wäre es, die Rosen in Bern wachsen zu lassen« (Str. *A* 115: *ir möhtet alsô sanfte ze Berne rôsen gezogen hân*). In diesem Sinne verstärkt die Fassung *A* den Kontrast zwischen den beiden Heldengruppen, um die Kritik stärker gegen die Wormser zu richten. Die Version *D* hingegen verteilt ihre parodistischen Peitschenschläge gleichmäßiger auf beide Seiten.

Die Gegenüberstellung eines ›westlichen‹ und eines ›südöstlichen‹ Ritterideals erklärt sich gänzlich aus der in den hier vorgestellten Texten zu beobachtenden Kollision zwischen der heroischen Welt Dietrichs von Bern und einem bestimmten Verständnis von höfischem Abenteuer. Die Übereinstimmung mit gewissen Gemeinplätzen bedeutet nicht unbedingt, dass über Differenzen regionaler Kultur debattiert wurde. Es ist unmöglich, die Beteiligung des steirischen, österreichischen, oberbayrischen oder tiroler Adels an der Entstehung dieser Texte glaubwürdig zu machen. Viele der erhaltenen Handschriften stammen aus dem alemannischen Südwesten.

LITERATUR

Das ›Goldemar‹-Fragment wird zitiert nach der Ausgabe *Deutsches Heldenbuch. V: Dietrichs Abenteuer von Albrecht von Kemenaten nebst den Bruchstücken von Dietrich und Wenzelan*, hg. von Julius Zupitza, Berlin 1870 (Nachdr.: Dublin/Zürich 1968). Dort findet sich auch die Ausgabe der ›Heidelberger Virginal‹; sie ist zwar veraltet, doch verfügen wir über keine neuere. Die Dresdner Fassung kann nun gelesen werden in *Das Dresdener Heldenbuch und die Bruchstücke des Berlin-Wolfenbütteler Heldenbuchs*, hg. von Walter Kofler, Stuttgart 2006; die ›Wiener Virginal‹ erschien in *Dietrichs erste Ausfahrt*, hg. von Franz Starck, Stuttgart 1860. Grundlegend sind die Lexikon-Artikel von Joachim Heinzle, »›Goldemar‹«, in *VL*, Bd. I, Berlin 1978, Sp. 195–198, sowie »›Virginal‹«, in *VL*, Bd. X, Berlin 1999, Sp. 385–388. Zum Initiationsweg Dietrichs vgl. Dietmar Peschel-Rentsch, »Schwarze Pädagogik – oder Dietrichs Lernfahrt: *er weste umb âventiure niht.* Hildebrands Erziehungsprogramm und seine Wirkung in der Virginal«, in ders., *Pferdemänner. Sieben Essays über Sozialisation und ihre Wirkungen in mittelalterlicher Literatur*, Erlangen/Jena 1998, S. 176–202. Die Funktion der Botschaften und Briefe hat Uta Störmer-Caysa, »Die Architektur eines Vorlesebuchs. Über Boten, Briefe und Zusammenfassungen in der Heidelberger Virginal«, in *ZfG* 1 (2002), S. 7–24, herausgearbeitet.

Das ›Eckenlied‹ ist neuerdings in einer kritischen Ausgabe aller Versionen erschienen: *Das Eckenlied. Sämtliche Fassungen*, hg. von Francis B. Brévart, Tübingen 1999 (ATB 111), immer noch brauchbar ist aber auch die zweisprachige Ausgabe vom selben Autor: *Das Eckenlied*, hg. von Francis B. Brévart, Stuttgart 1986 (RUB 8339). Eine zweite zweisprachige Ausgabe liegt vor in *Die aventiurehafte Dietrichepik. Laurin und Walberan, Der jüngere Sigenot, Das Eckenlied, Der Wunderer*, hg. von Christa Tuczay, Göppingen 1999. Grundlegend ist der Lexikon-Artikel von Joachim Heinzle, »›Eckenlied‹«, in *VL*, Bd. II, Berlin 1980, Sp. 323–327. In den vergangenen Jahren ist das Epos gewinnbringend untersucht worden von Michael Egerding, »Handlung und Handlungsbegründung im Eckenlied«, in *Euphorion* 85 (1991), S. 397–408, und von Matthias Meyer, *Die Verfügbarkeit der Fiktion. Interpretationen und poetologische Untersuchungen zum Artusroman und zur aventiurehaften Dietrichepik des 13. Jahrhunderts*, Heidelberg 1994. Vgl. auch die Diskussion des Gattungsproblems durch Hartmut Bleumer, »Narrative Historizität und historische Narration. Überlegungen am Gattungsproblem der Dietrichepik. Mit einer Interpretation des *Eckenliedes*«, in *ZfdA* 129 (2000), S. 125–153.

Der ›Ältere Sigenot‹ wird zitiert nach der Ausgabe von Zupitza (s.o. zu *Virginal*); der ›Jüngere Sigenot‹ liegt in der Edition *Der jüngere Sigenot. Nach sämtlichen Handschriften und Drucken*, hg. von A. Clemens Schoener, Heidelberg 1928, vor. Dieser letzte steht auch in der zweisprachigen Ausgabe von Christa Tuczay (s.o. zum ›Eckenlied‹). Beide sind auch in einer doppelten Faksimileausgabe greifbar:

Der ältere und der jüngere Sigenot. Aus der Donaueschinger Handschrift 74 und dem Straßburger Druck von 1577, hg. von Joachim Heinzle, Göppingen 1978. Grundlegend ist der Lexikon-Artikel von Joachim Heinzle, »›Sigenot‹«, in *VL*, Bd. VIII, Berlin 1992, Sp. 1236–1239.

Für den Text des ›Laurin‹ ist weiterhin maßgeblich die kritische Edition *Laurin und der kleine Rosengarten*, hg. von Georg Holz, Halle 1897, die alle Texte bietet. Die ›Walberan‹-Fassung steht außerdem in der zweisprachigen Ausgabe von Christa Tuczay (s.o. zum ›Eckenlied‹). Grundlegend ist auch hier der Lexikon-Artikel von Joachim Heinzle, »›Laurin‹«, in *VL*, Bd. V, Berlin 1985, Sp. 625–630. Außer dem Kapitel, das Matthias Meyer (s.o. zu ›Eckenlied‹) diesem Werk widmet, scheinen mir für eine erste Annäherung besonders nützlich die Arbeiten von Joachim Heinzle, »Überlieferungsgeschichte als Literaturgeschichte. Zur Textentwicklung des Laurin«, in *Deutsche Heldenepik in Tirol. König Laurin und Dietrich von Bern in der Dichtung des Mittelalters*, hg. von Egon Kühebacher, Bozen 1979, S. 172–191; Marina Cometta, »Il Laurin nella tradizione tedesca del XV e XVI secolo«, in *ACME (Annali della Facoltà di Lettere e Filosofia dell'Università degli Studi di Milano)* 37/1 (1984), S. 29–74; sowie George T. Gillespie, »Laurin«, in *Geistliche und weltliche Epik des Mittelalters in Österreich*, hg. von David McLintock, Adrian Stevens und Fred Wagner, Göppingen 1987, S. 107–117.

Der ›Rosengarten zu Worms‹ wird noch zitiert nach der maßgeblichen Ausgabe *Die Gedichte vom Rosengarten zu Worms*, hg. von Georg Holz, Halle 1893 (Nachdr.: Hildesheim 1982), da sie den Text der Fassungen *A*, *DP* und *F* bietet und eingehende Analysen der übrigen enthält. Grundlegend ist wiederum der Lexikon-Artikel von Joachim Heinzle, »›Rosengarten zu Worms‹«, in *VL*, Bd. VIII, Berlin 1992, Sp. 187–191. Die Erzählmuster und Rollenverteilungen sind neuerdings von Ingrid Bennewitz, »Kriemhild im Rosengarten. Erzählstrukturen und Rollenkonstellationen im *Großen Rosengarten*«, in *5. Pöchlarner Heldenliedgespräch. Aventiure-/märchenhafte Dietrichepik*, hg. von Klaus Zatloukal, Wien 2000, S. 39–59, untersucht worden. Die These von der möglichen russischen Herkunft des Rosengarten-Motivs stammt von Uta Störmer-Caysa, »Der Name des Unholds. Überlegungen zum *Wunderer* mit einem spekulativen Ausblick auf *Laurin* und *Rosengarten*«, in *Retextualisierung in der mittelalterlichen Literatur*, hg. von Joachim Bumke und Ursula Peters, Berlin 2005, S. 182–204 (*ZfdPh* 124, Sonderheft).

Die Strophenformen und ihre Melodien wurden untersucht in zwei Arbeiten von Horst Brunner, »Epenmelodien«, in *Formen mittelalterlicher Literatur. Siegfried Beyschlag zu seinem 65. Geburtstag*, hg. von Otmar Werner und Bernd Nauman, Göppingen 1970, S. 149–178, sowie »Strukturprobleme der Epenmelodien«, in *Deutsche Heldenepik in Tirol. König Laurin und Dietrich von Bern in der Dichtung des Mittelalters*, hg. von Egon Kühebacher, Bozen 1979, S. 300–328. Die Interaktion der Heldendichtung und der höfisch-romanhaften Muster ist bereits von Joachim Heinzle, *Mittelhochdeutsche Dietrichepik. Untersuchungen zur Tradierungsweise, Überlieferungskritik und Gattungsgeschichte später Heldendichtung,* München 1978 (MTU 62), herausgearbeitet worden. Im Anschluss daran hat Matthias Meyer (s.o. zum ›Eckenlied‹) die Aufbaumodelle der Dietrichepik mit denen des Romans verglichen. Manfred Kern, »Das Erzählen findet immer einen Weg. ›Degeneration‹ als Überlebensstrategie der x-haften Dietrichepik«, in *5. Pöchlarner Heldenliedgespräch. Aventiure-/märchenhafte Dietrichepik,* hg. von Klaus Zatloukal, Wien 2000, S. 89–113, hat nun feine, aber entscheidende Korrekturen in diese Überlegungen eingebracht. Den nur ansatzweise zyklischen Charakter dieser Werke hat Matthias Meyer, »Die aventiurehafte Dietrichepik als Zyklus«, in *Cyclification. The Development of Narrative Cycles in the Chanson de Geste and the Arthurian Romances,* hg. von Bart Besamusca u.a., Amsterdam 1994, S. 158–164, besprochen. Das Motiv von Dietrichs Zaghaftigkeit oder seinem Zögern vor jedem Kampf hat Jens Haustein, »Die ›zagheit‹ Dietrichs von Bern«, in *Der unzeitgemäße Held in der Weltliteratur,* hg. von Gerhard Kaiser, Heidelberg 1998, S. 47–62, untersucht. Der erste, der das Spiel mit den topischen Motiven der Gattung erkannte, war Michael Curschmann, »Dichtung über Heldendichtung: Bemerkungen zur Dietrichepik des 13. Jahrhunderts«, in *Akten des V. Internationalen Germanisten-Kongresses (Cambridge 1975),* hg. von Leonard Forster und Hans-Gert Roloff, Bern/Frankfurt 1976, S. 17–21.

2. Auflösung des heroischen Konflikts: ›Biterolf und Dietleib‹ und das ›Walther‹-Fragment

Bei aller Einfachheit im Bau und trotz der teilweise etwas grobschlächtigen Anwendung topischer Muster reflektiert die ›aventiurehafte‹ Dietrichepik doch ein gewisses literarisches Bewusstsein im Spiel mit den Modellen aus unterschiedlichen Gattungen, wie es beim engen Kreis des adeligen Publikums der Zeit vorauszusetzen war. Weitaus höher aber ist diese Selbstreflexion in einem Werk, das den Stoff der Dietrichepik auf gehobenerer Ebene bearbeitet, jedoch auch nicht auf einen ironisch-spielerischen Ton verzichtet. Die Rede ist von ›Biterolf und Dietleib‹, einem Werk von über 13500 Reimpaarversen, das von den Taten der beiden Titelhelden erzählt und davon, wie sie die Steiermark als Erblehen erhielten. Die Dichtung lässt sich nicht leicht mit anderen Epen der Zeit gruppieren; ich stelle sie hier mit zwei nur fragmentarisch überlieferten Stücken vor, doch nur, weil sich keines von ihnen ohne weiteres einer der anderen Gruppen zuordnen lässt, und nicht etwa, um eine direkte Zusammengehörigkeit zu signalisieren.

Der ›Biterolf‹ ist lediglich im ›Ambraser Heldenbuch‹ aus dem 16. Jahrhundert überliefert, dieselbe Handschrift, die auch als einzige die ›Kudrun‹ erhalten hat (Wien, Österreichische Nationalbibliothek, Ser. nova 2663, vgl. Kapitel VII,1, S. 430f.), und zwar gleich im Anschluss an diesen Text. Die Sprache des ›Biterolf‹ weist deutlich österreichische und steirische Eigenheiten auf, was mit der inhaltlichen Tendenz des Werkes übereinstimmt. Es wird gewöhnlich in die Mitte des 13. Jahrhunderts datiert.

ZUSAMMENFASSUNG

[1] Biterolf, König von Toledo, hört vom strahlenden Hof König Etzels, der allen anderen an Glanz überlegen sein soll. Er verlässt Heim und Reich, um mit zwölf Männern insgeheim aufzubrechen und ihn zu besichtigen. Nahe bei Paris begegnet er Walther, der lange Jahre als Geisel bei den Hunnen war. Zunächst beginnen sie einen Kampf, doch bald erkennen sie sich und legen den Streit bei, denn Biterolf ist Walthers Mutterbruder. Letzterer erzählt dem Toledaner von seinen Erfahrungen bei Etzel. [2] Biterolf setzt seine Reise fort, muss aber immer wieder gegen Landesherren kämpfen, die von ihm Tribut für die Durchreise verlangen; nur in Bechelaren wird er willkommen geheißen. Auch Etzel empfängt ihn freundlich und möchte ihn beschenken, aber Biterolf nimmt keine Präsente an und gibt sich auch nicht zu erkennen. Einige Zeit später unternehmen Rüedeger und Biterolf gemeinsam die Schlacht um die Stadt Gamaly, die dem König von Preußen gehört. Beide geraten in Gefangenschaft, aber Biterolf kann entkommen, nimmt den Burgherrn fest, ruft Etzel herbei, greift die Stadt mit dem Heer an, erzwingt ihre Übergabe und befreit den Gefangenen.

[3] Einige Jahre später hat Biterolfs junger Sohn Dietleib vom Verschwinden seines Vaters gehört, findet dessen Waffen, übt sich in ihnen und zieht ebenfalls heimlich davon, ihn zu suchen. Auch er muss sich bei manch einer Burg vor Übergriffen verteidigen, [4] besonders in Worms, wo er von Hagen, Gernot und Gunther angegriffen wird. Dietleib aber verletzt alle seine Gegner, die überrascht sind über seine Jugend und seine Geschicklichkeit im Umgang mit Waffen. Als er an den hunnischen Hof gelangt, nimmt Etzels Frau Helche den Jüngling auf, doch die Anonymität Biterolfs und die Diskretion Dietleibs verhindern das Erkennen der beiden. Bei der nächsten kriegerischen Unternehmung ziehen alle Männer am Hof aufs Schlachtfeld; Dietleib aber soll zu Hause bleiben, weil er zu jung ist. [5] Dennoch zieht er ungesehen aus, stößt zu dem Heer, als die Schlacht beginnt, und

vollbringt dort solche Taten, dass der Fähnrich ihm bald nicht mehr folgen kann. Unerkannt und allein trifft er nun auf Biterolf und kämpft gegen ihn, weil er ihn für einen Feind hält. Rüedeger aber entdeckt und trennt sie. [6] Nach der Schlacht, spricht Rüedeger mit Biterolf, den er schon seit längerer Zeit erkannt hat, bestätigt seine Identität und führt dann Vater und Sohn zusammen. Biterolf hatte ihn gebeten, weder Mann noch Frau zu verraten, wer er sei, doch Rüedeger verbreitet die Nachricht über eine Jungfrau (eine *maget* ist weder *man* noch *wîp*), die sie dem König weiterbringt. Die Könige loben sich gegenseitig.

Nun beschwert sich Dietleib vor Etzel über den Angriff Gunthers, als er an Worms vorbeiziehen wollte. Der hunnische Herrscher organisiert sofort eine Heerfahrt und zieht ins Burgundenreich, um die Beleidigung zu rächen. In seinem Gefolge befinden sich die Fürsten aus der Lombardei, Bern, Steiermark, Österreich, Hunnenland, Polen und der Türkei. [7] Rüedeger schickt Boten an Gunther, der seine Freunde und Vasallen in allen Ländern (Sachsen, Thüringen, Böhmen, Bayern, Schwaben, Lothringen und den Niederlanden) mit ihren Frauen zu einem Fest einlädt. [8] Etzels Heerzug setzt sich in Bewegung und schlägt nach der Ankunft in Worms sein Lager vor der Stadt auf. [9] Rüedeger kommt als Botschafter in die Burg. Nun werden die Helden auf beiden Seiten vorgestellt und die Absichten kundgetan. [10] Als Botengeld erhält Rüedeger die Möglichkeit, alle Damen im burgundischen Gefolge küssen zu dürfen. Die Damen beschenken ihn reich; Brünhild, die oberste Herrin, gibt ihm eine Lanze mit einer Reiterfahne und bittet ihn, dieses Zeichen aus Liebe zu den Damen zu tragen. Solle es ihm gelingen, sie bis an die Stadttore zu führen, so werde sie ihm den Sieg zuschreiben. Außerdem wollen die Damen bestimmen können, auf welche Weise die Helden vor Worms kämpfen sollen, ob in einer Schlacht oder in Einzelkämpfen.

[11] Rüedeger kehrt in sein Lager zurück und berichtet von seiner Botschaft. [12] Hildebrand organisiert daraufhin Etzels Heer für eine große Schlacht. Als Dietrich von Bern erfährt, dass er gegen den von Seyfrid (= Sifrit) angeführten Verband zu kämpfen habe, denkt er an die Taten dieses Helden und bekommt Angst; Hildebrand muss ihn beiseitenehmen und heftig provozieren, sogar ein wenig mit ihm kämpfen, bis der Berner wütend und wieder kampfeswillig wird. Indessen beklagt Wolfhart, dass die Wormser für ihre Turniere so berühmt seien, er hingegen dieses Spiel noch nicht kenne, da er sich ständig auf Heerfahrt befinde; da sie nun einmal dort wären, sei es doch angebracht, sich mit dieser Form von Unterhaltung vertraut zu machen. [13] Also führt Rüedeger das Heer nach Worms und handelt mit Gunther und Seyfrid die Bedingungen für das Turnier aus. Die Damen bilden das Publikum. Als aber die Fremden sehen, dass Wolfhart und einige weitere Männer gefangen genommen wurden, bitten sie um eine Regeländerung, die es Dietrich und den Seinen erlaubt, sie zu befreien. Das Turnier verwandelt sich nun in eine Schlacht, die auf beiden Seiten Tote und Verwundete hinterlässt. Die Nacht unterbricht den Kampf.

[14] Am folgenden Tag beginnt die Schlacht, die Hildebrand vorbereitet hatte. Zuerst werden die Verbände vorgestellt, die aufeinander stoßen werden; auch die Boten werden erwähnt, die unter den Verwandten verkehren, welche in konträren Bataillonen stehen, um sich auf dem Feld erkennen und vermeiden zu können. Das Hin und Her des Kampfes dauert den ganzen Tag und gipfelt in dem Moment, in dem Heime seine Einheit verlässt, um gegen Seyfrid zu kämpfen. Der aber schlägt ihm sein berühmtes Schwert Nagelring von der Hand. Nun dreht sich die ganze Schlacht um dieses auf dem Boden liegende Schwert; erst als die Dunkelheit hereinbricht, gelingt es Hildebrand, die Waffe zu erobern. Die Nacht unterbricht wieder den Kampf.

[15] Am nächsten Morgen beschließen die Heerführer, den Truppen einen Ruhetag zu gönnen und nur die Prinzen kämpfen zu lassen. Sechsundachtzig Helden stehen auf jeder Seite und treffen in einem denkwürdigen und ausgeglichenen Kampf aufeinander, bis es Rüedeger gelingt, mit seiner Fahne bis vor das Stadttor zu kommen; als sein Schwert die ersten Splitter aus dem Holztor schlägt, fordern die Damen das Ende des Kampfes. Die Männer, verwundet und müde, gewähren es. Gunther verleiht Dietleib die Anerkennung als bester Kämpfer und lädt die Fremden an seinen Hof ein, wo die Versöhnung mit gemeinsamen Bädern und Mahlzeiten gefeiert wird, mit belebten Gesprächen sowohl unter Männern wie auch mit den Frauen, mit gegenseitigem Lob und langem Abschied. Brünhild betont, sie habe Rüedeger die Fahne nicht gegeben, um zu sehen, wie sich die Männer umbringen, sondern damit die dort versammelten, berühmten Helden ihre Fähigkeiten beweisen könnten. [16] Dietrich zieht mit seinem Gefolge nach Bern; Hildebrand gibt vorher Heime sein Schwert zurück. Das hunnische Heer bricht auf und wird an Etzels Hof festlich empfangen. Als Dank für seine Leistungen schenkt Etzel Biterolf die Steiermark zum Erblehen. Der König von Toledo lässt dort die Stadt Treisenmauer bauen, kehrt mit seinem Sohn in die Heimat zurück und führt nun sein Volk in das neue Land, wo er eine Dynastie begründet.

Die Helden Biterolf und Dietleib waren schon lange vor der Abfassung dieses Werkes in der Sagentradition bekannt. Sowohl die ›Thidreksaga‹ wie auch andere Texte, die keine Spur einer Kenntnis des ›Biterolf‹ aufweisen, erwähnen beide Männer bereits als Vater und Sohn. Eine Geschichte von konkreten, unverwechselbaren Heldentaten wird von ihnen allerdings nirgendwo erzählt. Der Autor könnte also zwei Figuren als Protagonisten seines Werks ausgesucht haben, die ihm größtmögliche Freiheit bei der Gestaltung gaben. Denn eigentlich umfasst die Geschichte dieser Könige von Toledo und ihrer Umsiedlung in die Steiermark nur den kürzeren ersten Teil und das Ende des Epos. Sie dient offenbar dazu, im zweiten Teil eine andere, viel weiter gespannte Handlung zu entfalten, die Gelegenheit bietet, in einer Auseinandersetzung zwischen Worms und dem Etzelhof alle bekannten Helden der Literatur der Zeit zu versammeln. Das Prinzip ist ähnlich wie im ›Rosengarten‹, die Ausführung aber, wie noch zu sehen sein wird, ganz anders. Es besteht kein Zweifel daran, dass der Autor des ›Biterolf‹ ein sehr guter Kenner nicht nur der Sagentradition um Dietrich und die Nibelungen war, sondern insbesondere auch der deutschsprachigen Heldendichtungen des 13. Jahrhunderts und des ganzen literarischen Kontextes. Zwar finden sich auf der Textebene wörtliche Übereinstimmungen nur mit dem ›Rosengarten‹ (dem das Werk ja auch am nächsten steht), doch begegnen dem Leser Schritt für Schritt Anspielungen auf Erzählungen, die in den anderen Heldenepen enthalten sind. Ein kurzer Durchgang soll das zeigen.

Die Geschichte beginnt in Toledo, das dem deutschen Publikum der Zeit – trotz der glanzvollen Herrschaft Alfons X. (dem Weisen) und seines umfassenden Literaturprogramms – sicherlich zumindest als exotische Grenzstadt im Bewusstsein war. Der König verlässt sein Reich, um an Attilas Hof zu dienen, was nur als Suche nach besserer höfischer Ausbildung verstanden werden kann und ein topisches Motiv des höfischen Romans ist. Tatsächlich werden Etzel und Helche als Vertreter einer Idealität beschrieben, die unweigerlich an Artus und Ginover erinnern muss. Biterolf aber handelt wie Parzivals Vater Gahmuret, der in Wolframs von Eschenbach ›Parzival‹ ebenfalls das Reich verlässt, um auf Turniere zu reiten. Die Reise führt den erst in den Nordosten Frankreichs, wo er auf Walther von Spanien trifft, einem Helden, dem wir im ›Waltharius‹ und in der ›Thidreksaga‹ begegnet sind, von dem es aber auch ein mittelhochdeutsches Epos gab (s. u., S. 379f.). Die Szene dreht die Geschichte Walthers um: Dort versuchte der Flüchtling, der von Etzels Hof kam, sein Reich im Südwesten zu erreichen, begegnete aber den Burgunden und musste mit ihnen kämpfen. Nun stellt sich Walther dem Helden in den Weg, der vom Südwesten kommt und an Etzels Hof möchte. Die Umkehr betrifft auch die Dramatik: Biterolf erkennt seinen Verwandten sofort und beginnt nur zur Unterhaltung einen Kampf. Die Parallele zur Walthersage wiederholt sich etwas später im Werk, als auch Dietleib zu Etzel reitet und ihm diesmal die Wormser Herren den Weg versperren, die der Held nun überwinden muss. Der Unterschied liegt darin, dass es bei den Kämpfen nie zu größeren Verwundungen oder gar zum Tod eines der Gegner kommt. Wie bei anderen Konflikten entlang der Reise und im ganzen Werk werden die Differenzen einfach beiseitegestellt, ohne dass es zu einer wirklichen Lösung käme. Der Einzige, der offenbar über längere Zeit ein Rachebedürfnis hegt (das an Kriemhilt erinnern könnte), ist der noch jugendliche und unreife Dietleib; seine Klage über die Wormser führt dann auch zu einer Situation, die einer Katastrophe gefährlich nahe kommt, wenn auch am Ende alle Streitigkeiten friedlich beigelegt werden.

Nach der Ankunft des Sohnes am Etzelhof kommt es bald zum Kampf mit dem Vater, wie wir ihn aus dem ›Hildebrandslied‹ kennen (vgl. Kapitel II,1). Hier aber findet diese Begegnung auf neutralem Boden statt, ist eindeutig ein Versehen (denn beide kämpfen trotz der Verwechslung auf derselben Seite), und daher werden sie auch von einem Dritten getrennt. Vor allem aber fehlt die Anagnorisis, also die Wiedererkennung. Biterolf meint zwar, den Klang des Schwertes seines Gegners zu erkennen, doch die Männer vermeiden es, ihre Namen zu nennen. Im Übrigen kann dann der Autor die Mitteilung der Identitäten über ein nettes Spielchen mit enthüllten Geheimnissen konstruieren.

Der zweite Teil verändert gänzlich das Tempo und die Disposition der Erzählung. Jetzt treten auch die übrigen Figuren in den Vordergrund und spielen Rollen, die in ähnlicher Weise wie bei Biterolf und Dietleib Anklänge an ihre Sagengeschichte oder Kontraste zu ihr enthalten. Nach der Organisation des Heeres und dem langen Marsch kann Rüedeger seine traditionelle Rolle als höfischer Botschafter ausüben, natürlich in Worms, wie im ›Nibelungenlied‹. Sein Vertrauen zu vielen der anwesenden Helden gewährt ihm Zugang zum Frauensaal, wo Brünhild ihm eine Reiterfahne gibt, damit er ritterlich für die Damen kämpfe; die Aufforderung stammt von einer Königin, die nach allem, was wir aus der Literatur von ihr wissen, am wenigsten geeignet ist für ein solch höfisches Verhalten. Als dann der Botschafter wieder bei seinem Heer ist, kann Hildebrand nichts anderes tun, als das Heer für eine große Schlacht in Verbände einzuteilen, als ob

Brünhilds Bitte nicht existiert hätte. Nun wird das bekannte Motiv von Dietrichs Kampfesunlust eingebaut, die ihm der gute alte Waffenmeister zu überwinden hilft, indem er ihm mit erfahrener Hand eine präzise Dosis Wut verabreicht. Und schließlich fordert Wolfhart, dass ein ritterliches Turnier abgehalten werde – dabei wird er doch in allen übrigen Texten stets als der ungeduldigste und kampfeslustigste aller Helden charakterisiert und zeigt sich nie bereit, gesellschaftliche oder gar höfische Normen zu akzeptieren. Die letzte der drei vorgeschlagenen Kampfmodalitäten (für die Damen – Schlacht – Turnier) findet zuerst statt, und natürlich wird Wolfhart als Erster in diesem seltsamen Spiel besiegt und gefangen genommen, sodass er seine Idee verflucht. Am zweiten Tag wird nun das von Hildebrand organisierte Heer aktiv. Obwohl es sich nicht mehr um ein Turnier handelt, ist die Schlacht ein perfekt inszeniertes Stück, das einer bestimmten Ordnung folgt und konkrete Regeln hat; wer sie bricht – wie Heime, als er mit einem Gegner kämpft, der ihm nicht zusteht –, wird vom Erzähler bestraft. Es sterben aber nur die Bösewichter oder die Statisten. Erst am dritten Tag findet der Kampf der Herren statt, der die von Brünhild favorisierte Option gewesen war. Alle berühmten Helden der Literatur des 13. Jahrhunderts schreiten nun über diese Bühne, die das von den Damen beobachtete Schlachtfeld darstellt. Jedem im Publikum, der auch nur das Geringste von den Burgunden oder vom ›Nibelungenlied‹ gehört hatte, musste auffallen, dass der wichtigste Vasall Etzels mit Brünhilds Fahne den Kampf gegen die Wormser leitet – und dass dennoch alles einigermaßen gut endet.

Allein diese wenigen und gedrängten Beobachtungen lassen die Feststellung zu, dass der Dichter des ›Biterolf‹ es souverän verstanden hat, dieses sonderbare Experiment erzählerischer Organisation, das so viele Geschichten im Blick hat, zu meistern. Unter Einsatz einer Kombination aus solider Kenntnis der Texte und Traditionen und einer kritischen Distanz zu ihnen hat er eine Handlung erfunden, die sich in die Zeit vor den großen tragischen Begebenheiten der Sagen einordnet. Die ganze Dichtung lebt von einer eleganten Ironie, deren Grundlage der distanzierte Blick auf das Rollenverhalten der Figuren ist, die die richtige Rolle im falschen Kontext spielen oder umgekehrt ein Verhalten an den Tag legen, das dem, was in der Tradition fixiert ist, widerspricht. Das zeugt von einem hohen literarischen Bewusstsein bei Autor und Publikum. In diesem Sinne ist der ›Biterolf‹ nicht mehr ein Heldenepos, sondern – wie es Michael Curschmann formulierte – Dichtung ›über‹ Heldendichtung, ein *divertimento* mit den literarischen und kulturellen Topoi der Zeit.

Andererseits nähert der Autor die Geschichte auch der Welt seiner Zuhörerschaft an: Ungewohnt ist der Realismus seiner Beschreibungen, der von der sehr präzisen geographischen Aufteilung der sich gegenüberstehenden Heeren bis zu den zahlreichen Details über Rangordnungen und familiäre Beziehungen reicht, von den genauen Angaben über den Geldwert von Waffen und Geschenken bis zum Bericht über die Ausgaben der Figuren für Unterkunft, Verpflegung und Transport. Auch der stets sehr behutsame Einsatz von Gewalt, der darauf abzielt, diese immer unter Kontrolle zu halten, damit der Schaden minimal bleibt, entspricht eher einer historischen Realität als dem literarischen Topos der Heldendichtung. Daher sind die Kämpfe vor Worms nie eine entfesselte Schlacht, sondern stets ein Agieren in geordneten Formationen. Insofern Dietrich von Bern wie in vielen anderen Texten erst zur Gewalt provoziert werden muss, handelt es sich auch wieder nur um einen kontrollierten Einsatz derselben; Rüedeger und Hildebrand sorgen für einen gemäßigten Ablauf des Geschehens, und Wolfhart, der für dieses Spiel sowieso nicht geeignet ist, wird als Erster gefangen genommen, womit seine Unbändigkeit neutralisiert wird.

Der österreichische Adel des 13. Jahrhunderts hat in diesem Text mit Sicherheit viel Identifikationspotential gefunden, aber auch viele scharfsinnige Beobachtungen und Spitzen goutiert. Inwieweit die Tatsache, dass der König von Toledo mit der Steiermark belehnt wird, als eine – etwas sonderbare – Ursprungsgeschichte verstanden werden soll oder ob darin eine Anspielung an die Übergabe dieses Gebiets durch Rudolf von Habsburg an seinen Sohn (1282) mitschwingt sowie eine Anspielung an den durch die Krönung Rudolfs (1273) definitiv verdrängten Anspruch Alfons X. von Kastilien auf die Kaiserkrone, müsste noch untersucht werden.

Schwieriger zu beurteilen ist das nur fragmentarisch überlieferte Epos ›Walther und Hildegund‹, das offenbar die Geschichte Walthers von Aquitanien oder von Spanien erzählte. Dieses in vierzeiligen Langversstrophen komponierte Gedicht ist lediglich in zwei Fragmenten überliefert, die nicht aneinander anschließen. Das erste besteht aus Pergamentstreifen, die von einem Einband abgelöst wurden und aus denen nur Bruchstücke von 24 Versen gelesen werden können. Beim zweiten handelt es sich um ein Doppelblatt mit etwa 155 erhaltenen Versen.

ZUSAMMENFASSUNG

Erstes Fragment
Hagen verabschiedet sich von Etzel. Dann beklagt eine Frau (wohl Hildegund) vor ihrem Geliebtem (wohl Walther), dass auch er gehen wolle. Hagen hat offenbar diese Worte gehört, denn er erklärt nun seinem Freund, dass er anwesend war, als die Eltern Walthers und Hildegunds sie als kleine Kinder miteinander verlobten. Walther bedauert, dass die Frau so lange Zeit auf seinen Dienst verzichten musste.

Zweites Fragment
Walther und Hildegund befinden sich in den Vogesen und nehmen Volker und sein Gefolge als Eskorte, die sie vor möglichen Übergriffen durch einen burgundischen Herren oder durch Ortwin von Metz schützen soll. Dann schickt Walther einen Boten an seinen Vater, um seine Rückkehr anzukündigen; der Gesandte berichtet dem Vater, wie der Aufenthalt des Sohnes bei Etzel war und dass er bei seinem Aufbruch viele tötete, die sich ihm in den Weg stellten. Trotz so vieler Feindseligkeiten auf allen Seiten werden zur Hochzeit, die nun vorbereitet wird, sowohl Etzel als auch Gunther und Hagen mit ihren Frauen sowie zahlreiche andere Könige und Adelige eingeladen.

Die wenigen erhaltenen Verse erlauben kaum, sich ein Bild von diesem Werk zu machen. Sie bestätigen allenfalls, dass es die Geschichte von Walthers Flucht vom Etzelhof erzählte, die wir aus dem ›Waltharius‹ kennen (vgl. Kapitel III,2) wie auch aus dem ›Nibelungenlied‹ (vgl. Kapitel IV,1) und aus der ›Thidreksaga‹ (vgl. Kapitel V,1). Es lassen sich einige markante Unterschiede feststellen wie die Tatsache, dass Walther bei seiner Flucht gegen Hunnen gekämpft zu haben scheint und dass er von Volker Begleitschutz bekommt, damit andere Burgunden ihn nicht angreifen. Zweifellos besitzt der Text nicht die feinfühlige Ironie des ›Biterolf‹, er teilt mit ihm aber dieses Handlungsmuster, das von der langen Reise quer durch den europäischen Kontinent geprägt ist. Vor allem aber fällt die allseitige Bereitschaft zur Aussöhnung auf: Wenn Walther eskortiert wird, kann dies nur bedeuten, dass er den Burgunden Schaden zugefügt hat, den sie rächen möchten; dennoch wird er unter den Schutz eines Burgunden gestellt. Und dann nehmen alle, die kurz zuvor noch in bewaffnete Auseinandersetzungen mit Walther verwickelt waren, mit Freude die Einladung zum friedlichen Hochzeitsfest an. Auch wenn es eine generelle Tendenz der Gattung sein mag, die Konflikte mit einer verringerten Dramatik beizulegen, scheint dies hier – wie schon im ›Biterolf‹ – besonders ausgeprägt.

In eine andere Richtung geht offensichtlich ein ebenfalls fragmentarisch überliefertes Epos, ›Dietrich und Wenezlan‹, das ich nur wegen des offenbar weiter gefassten geographischen Rahmens, in dem es sich abspielt, in dieses Kapitel stelle. Man tendiert dazu, es in die Gruppe der ›historischen‹ Dietrichepen einzuordnen (vgl. Kapitel VI,4), doch scheint mir dies alles andere als gesichert. ›Dietrich und Wenezlan‹ wurde in Reimpaarversen gedichtet und hat sich nur in zwei Blättern einer Handschrift aus der zweiten Hälfte des 13. Jahrhunderts erhalten, die knapp 500 Verse enthalten.

ZUSAMMENFASSUNG

Erstes Fragment
Wolfhart und Hildebrand sind in die Gefangenschaft Wenezlans geraten, dem Prinzen von Polen. Ersterer ist als Bote zu Dietrich von Bern geschickt worden – welcher sich bei Etzel aufhält –, um ihm zu berichten [hier beginnt der Text], Hildebrand und er seien Geiseln des Polen und könnten nur befreit werden, wenn Dietrich gegen Wenezlan kämpfe. Dietrich möchte zunächst auf keinen Fall ohne Grund kämpfen, doch als Wolfhart ihn daran erinnert, dass es um sein und Hildebrands Leben geht, lenkt er ein und zieht mit einem Heer nach Polen.

Zweites Fragment
Dietrich und Wenezlan beginnen einen erbitterten Zweikampf. Gegen Mittag weicht Dietrich immer weiter zurück. Wolfhart muss ihn daher vom Feldrand aus beschimpfen; der Held wird darüber wütend und drängt nun seinen Gegner bis ans Ende des Lagers zurück.

Es ist nicht viel, was über diese beiden Episoden gesagt werden kann. Es fällt auf, dass einerseits – und im Unterschied zu den ›aventiurehaften‹ Dietrichepen – der Berner an Etzels Hof im Exil lebt, was die Situation der Verbannung voraussetzt, welche die bisher besprochenen Texte nicht berücksichtigen, sondern erst die sogenannten ›historischen‹ Dietrichepen. Andererseits aber wird das Modell der *aventiure* aufgenommen, indem Dietrich von außen eine Herausforderung zum Kampf erhält. Auch das Motiv des kampfunwilligen Dietrichs, der erst einmal in Rage gebracht werden muss, damit er richtig fechte, stammt aus diesem anderen Bereich. Interessant ist auch, dass dieser Text die Thematik der Slawenkriege zu entfalten scheint, der wir bereits in der ›Thidreksaga‹ begegneten, an die aber noch in anderen Texten Anklänge oder Erinnerungen zu finden sind.

LITERATUR

Vom ›Biterolf‹ gibt es eine gute moderne Ausgabe: *Biterolf und Dietleib*, hg. von André Schnyder, Bern/Stuttgart 1980. Zur Einführung vgl. den Lexikon-Artikel von Michael Curschmann, »›Biterolf‹«, in *VL*, Bd. I, Berlin 1978, Sp. 879–883. Der spielerische Umgang mit Topoi wurde herausgearbeitet von Michael Curschmann, »*Biterolf and Dietleib*: A Play upon Heroic Themes«, in *Germanic Studies in Honor of Otto Springer*, hg. von Stephen J. Kaplowitt, Pittsburgh 1978, S. 77–91. Die genaue Verteilung der kämpfenden Partien auf deutlich erkennbare Südost- und Nordwestgruppen hat Fritz Peter Knapp, »Sagengeographie und europäischer Krieg in *Biterolf und Dietleib*«, in *2. Pöchlarner Heldenliedgespräch: Die historische Dietrichepik*, hg. von Klaus Zatloukal, Wien 1992, S. 69–77, gesehen. Norbert Voorwinden, »Biterolf und Dietleib: Spiegel einer Spätzeit«, in *4. Pöchlarner Heldenliedgespräch: Heldendichtung in Österreich – Österreich in der Heldendichtung*, hg. von Klaus Zatloukal, Wien 1997, S. 231–253, hat die Merkmale herausgearbeitet, die dieses Werk an das Ende einer literarischen Gattungsentwicklung rücken. Die Bezüge zum ›Nibelungenlied‹ sind neuerdings wieder von Ruth H. Firestone, »*Biterolf und Dietleib* as *Nibelungenlied* Parody: Missing the Point *is* the Point«, in *Nu lôn' ich iu der gâbe. Festschrift for Francis G. Gentry*, hg. von Ernst Ralf Hintz, Göppingen 2003, S. 1–13, gedeutet worden.

Die Fragmente von ›Walther und Hildegund‹ liest man nach der Ausgabe *Ekkehards Waltharius*, hg. von Karl Strecker, Berlin 1907, S. 100–109. Grundlegend ist der Lexikon-Artikel von Walter Haug, »›Walther und Hildegund‹«, in *VL*, Bd. X, Berlin 1999, Sp. 644–646. Eine Kontextualisierung der Fragmente in der Walthersage findet sich in Victor Millet, *Waltharius – Gaiferos. Über den Ursprung der Walthersage und ihre Beziehung zur Romanze von Gaiferos und zur Ballade von Escriveta*, Bern/Frankfurt 1992. Die Problematik der Heimkehr hat jetzt auch an diesen Fragmenten herausgearbeitet Walter Haug, »Von der Schwierigkeit heimzukehren. Die Walthersage in ihrem motivgeschichtlichen und literaturanthropologischen Kontext«, in *Verstehen durch Vernunft. Festschrift für Werner Hoffmann*, hg. von Burkhardt Krause, Wien 1997, S. 129–144.

Die Fragmente von ›Dietrich und Wenezlan‹ sind erst vor kurzem neu ediert worden: *Alpharts Tod. Dietrich und Wenezlan*, hg. von Elisabeth Lienert und Viola Meyer, Tübingen 2007. Zur Einführung dient der Lexikon-Artikel von Joachim Heinzle, »›Dietrich und Wenezlan‹«, in *VL*, Bd. II, Berlin 1980, Sp. 149–151.

3. Neue Impulse für die Heldendichtung: ›Ortnit‹ und ›Wolfdietrich‹

Im 13. Jahrhundert wird in der deutschen Literatur ein neuer heroischer Stoff verschriftlicht, der wie andere viele Geschichten, die damals zu Pergament kamen, keine Wurzeln in der Völkerwanderungszeit hat (oder wenn, dann nur sehr diffuse) und Elemente sehr verschiedener Herkunft verschmilzt, vom zeitgenössischen Publikum aber – wie noch zu sehen sein wird – in die Nähe der Dietrichdichtungen gerückt und mit ihnen bald auch verbunden wurde. Eigentlich handelt es sich um zwei verschiedene Geschichten, die von Ortnit und die von Wolfdietrich; sie wurden möglicherweise auch von unterschiedlichen Autoren niedergeschrieben. Und doch erscheinen sie nur als miteinander verschränkte Erzählungen, die stets gemeinsam tradiert und daher auch immer zusammen gelesen wurden.

Die erste der beiden Dichtungen ist der ›Ortnit‹, ein Werk von etwa 600 Strophen im Hildebrandston (vier paargereimte Langzeilenverse). Er ist in elf Handschriften überliefert und erschien auch in den diversen Ausgaben des ›Gedruckten Heldenbuchs‹ (vgl. Kapitel VII,1, S. 426f.). Auf der Textebene lassen sich zwar bis zu sieben Fassungen unterscheiden, doch sind die Abweichungen im Handlungsverlauf minimal; der Hauptunterschied liegt darin, dass vier von ihnen den Schluss nicht erzählen, wofür es aber – davon wird noch die Rede sein – eine sehr einfache Erklärung gibt. Der ›Ortnit‹ wird gewöhnlich in das dritte Jahrzehnt des 13. Jahrhunderts datiert und in Oberbayern oder in der Alpenregion lokalisiert.

ZUSAMMENFASSUNG

[1] Der mächtige König Ortnit von Lamparten (Lombardei) beschließt zu heiraten, aber seine Ratgeber finden weder im eigenen Land noch in den angrenzenden Reichen eine geeignete Ehefrau. Endlich berichtet Ortnits Onkel Iljas von Russland, ein erfahrener Reisender, von einer Prinzessin, die in Syrien lebt und deren Vater alle Werber hinrichten lässt, die um ihre Hand anhalten. Der Rat beschließt, die Reise zu wagen und die Frau zu holen, wozu alle ihre Hilfe anbieten.

[2] Während der Tag der Abfahrt erwartet wird, zieht Ortnit auf Abenteuer aus. Seine Mutter gibt ihm dazu einen Ring mit einem magischen Stein und weist ihm eine Linde auf freiem Feld. Ortnit reitet dorthin und begegnet dem Zwerg Alberich; er hält ihn zunächst für ein Kind und will es fortschleppen, doch der Kleine ringt mit erstaunlicher Kraft mit ihm. Der Held überwindet ihn aber und will ihn töten, da bietet Alberich als Bezahlung für sein Leben eine hervorragende Rüstung an. Ortnit nimmt an. Dann bittet der Gnom den Helden um den Ring, den er an der Hand trägt; der König will ihn nicht hergeben, doch der Zwerg möchte ihn zumindest betrachten. Kaum aber hat der Ring Ortnits Hand verlassen, wird der Kleine unsichtbar. Ortnit will wütend davongehen, doch der Zwerg erscheint wieder, ruft ihn zurück, gibt ihm den Ring und erzählt ihm, er sei sein Vater, denn er habe ihn eines Nachts gezeugt, als er insgeheim mit der Mutter schlief, die bis dahin keine Kinder habe bekommen können. Alberich gibt nun seinem Sohn die vortreffliche Rüstung und ein gutes Schwert. Bei seiner Rückkehr in die Burg prüft er die Güte dieser Waffen.

[3] Nun segeln die Schiffe nach Syrien, doch bei der Ankunft am Hafen denkt der Held beim Anblick vieler feindlicher Schiffe, dass er seinen Vater hätte mitnehmen sollen. Alberich ist aber unsichtbar mitgereist und rät nun, sich als Kaufleute auszugeben. So werden sie in den Hafen eingelassen, und der Kleine geht nun bis zur Burg Montabur, wo sich der Hof befindet. Er stellt sich unsichtbar neben den König und fordert die Hand der Prinzessin, wenn er nicht mit Krieg überzogen werden wolle. Ob dieser Forderung und weil er den Sprecher nicht sehen kann wird der Syrer so wütend, dass seine Männer ihn festhalten müssen. Der Eindringling wird nun mit Stöcken gesucht. [4] Alberich ist aber wieder zu den Schiffen gelaufen, und Ortnit greift nun überraschend die Stadt an, die bald

erobert werden kann, weil der Zwerg die Krieger dorthin bringt, wo sie am meisten gebraucht werden. [5] Nun zieht das Heer nach Montabur weiter, und es beginnt eine Schlacht auf offenem Feld. Alberich aber dringt unterdessen wieder unsichtbar in den Hof ein und geht diesmal zu den Frauen, die ängstlich für ihre Männer beten. Der Zwerg behauptet, ein Gesandter des christlichen Gottes zu sein, und überzeugt die Damen mit Worten und Gesten (er wirft die Reliquien der heidnischen Götzen in den Graben), dass durch die göttliche Allmacht die Heiden bald besiegt und vernichtet würden. Um das Blutbad zu stoppen, habe sich die Prinzessin Ortnit als Frau zu geben. Als Alberich mit der Nachricht zu seinem Sohn kommt, die Jungfrau akzeptiere die Ehe, beenden die Christen den Kampf, und die Heiden ziehen sich in die Burg zurück. Ortnit schleicht mit seinem Vater an die Festung heran, um die Prinzessin zu entführen. Auf Anraten des Gnoms, der wieder unsichtbar zu den Damen gekommen ist, gibt die Prinzessin vor, zu den Idolen im Graben beten zu wollen, sie möchten doch wieder in die Kemenate zurückkehren. So gelangt sie aus der Burg heraus, und Ortnit (der eingeschlafen ist und erst geweckt werden muss) setzt sie auf sein Pferd und flieht. Alberich bringt einen der Götzen in die Burg, um den König zu täuschen, doch der bemerkt bald die Flucht und nimmt die Verfolgung auf. Als das Ross ermüdet ist, halten die Fliehenden nach der Überquerung eines Flusses; dort werden sie alsbald von den Verfolgern eingeholt, gegen die Ortnit nun kämpft. Das von Alberich angeführte Heer kommt gerade, als ihm die Kräfte schwinden; der Held fällt erschöpft in den Schoß der Frau. Kurze Zeit später ist er aber wieder frisch und hilft seinen Leuten, die Heiden zu besiegen. Die Lampartner kehren zu den Schiffen zurück und legen sofort ab. Die Prinzessin lässt sich taufen, und Ortnit heiratet sie.

[Vier Fassungen unterbrechen hier den Text, um mit dem ›Wolfdietrich‹ fortzufahren. Die Fassungen *AW* und *Ka* setzen fort:]

[6] Einige Zeit später schickt der syrische König einen freundlichen Versöhnungsbrief mit zahlreichen kostbaren Geschenken. Darunter befinden sich auch zwei Eier, die angeblich von exotischen Elefanten sind, in Wirklichkeit aber von Drachen stammen. Der Bote des Schwiegervaters wird beauftragt, sie in einer geeigneten Höhle in den Bergen zu züchten. Als sie herangewachsen sind, beginnen sie aber, das Land zu verwüsten.

[7] König Ortnit beschließt, gegen die Drachen zu kämpfen. Die Ehefrau bricht in große Klagen aus. Er nimmt ihr das Versprechen ab, dass sie, solle ihm etwas zustoßen, nur denjenigen heiraten werde, der die Bestien überwinde. Unterwegs trifft er Alberich, der ihm davon abrät, gegen die Drachen zu kämpfen. Da aber der Held darauf besteht, warnt er ihn, nicht einzuschlafen. Die Suche nach den Ungeheuern ist indes endlos, der Held wird müde und schläft ein. Da erscheint einer der Drachen, schleppt ihn in seinem Maul fort und wirft ihn im Horst seinen Jungen vor. Da diese die starke Rüstung nicht aufbrechen können, saugen sie das Fleisch und das Blut durch die Stahlringe auf. [8] Nun kehrt Ort-

nits Hund traurig und alleine an den Hof zurück, was alle auf den Tod seines Herrn schließen lässt. Nach langer Trauer wollen die Ratgeber die Königin wieder vermählen, doch diese hält sich an das Versprechen, das sie ihrem Ehemann gab, bevor er aufbrach. Der Text endet mit der Ankündigung eines Rächers.

Man erkennt auf Anhieb, dass die Erzählung beinahe als kanonisches Modell einer Brautwerbungsgeschichte gelten kann. Die traditionellen und charakteristischen Motive, die im Verlauf dieses Buches schon mehrfach genannt wurden, sind alle hier vertreten: der große König, der eine Frau sucht und sie im eigenen Land nicht findet (Bedürfnis nach dynastischer Kontinuität), der erfahrene Ratgeber, der von der fernen Prinzessin jenseits des Meeres weiß (Exogamie-Prinzip), der Vater der ersehnten Frau, der alle Werber umbringen lässt (inzestuöse Eingeschlossenheit), der listige Werbungshelfer und sein Gespräch mit der Dame, die Flucht des Paares, ihre Verfolgung und der Kampf (der Held erweist sich als der Beste). Aber auch der zweite Teil ist geläufig: Die Rache des Vaters kann zum Beispiel die Rückgewinnung der Frau sein, sodass der Held sie nun mit anderen Mitteln wieder holen muss, wie im ›König Rother‹. Hier handelt es sich um eine neue Probe, die den Helden als den Besten und damit als den richtigen Bräutigam ausweisen muss. Doch im Unterschied zu allen bekannten Modellen versagt der Held hier. Ortnit stirbt ja noch nicht einmal beim Drachenkampf, sondern wird einfach im Schlaf überrascht und von den Ungeheuern gefressen. Doch welcher Held versagt schon in seiner Begegnung mit dem Ungeheuer? Die Situation ist in den abendländischen Literaturen des Mittelalters einzigartig; nicht einmal Beowulf kann hier als Beispiel angeführt werden (vgl. Kapitel II,3), weil er ja siegend untergeht, was durchaus heroisch ist. In der Ortnitgeschichte lässt sich der Tod des Helden nur dadurch erklären, dass man einen Rächer einbauen wollte. Der ›Ortnit‹ lässt seinen Helden versagen, damit ein anderer die Aufgabe lösen kann, die er nicht zu vollenden vermochte. Doch davon soll gleich noch die Rede sein.

Als Brautwerbungsgeschichte speist sich der ›Ortnit‹ aus jenem reichhaltigen Traditionshintergrund der Abenteuerliteratur, der auch so wichtige Werke hervorbrachte wie den bereits erwähnten ›König Rother‹, aber auch die Tristangeschichte oder die ›Kudrun‹ (vgl. Kapitel IV,3). Wir befinden uns offenbar an der Grenze dessen, was wir noch als zur Gattung Heldenepik zugehörig bezeichnen dürfen. Offenbar aber hat sich das mittelalterliche Publikum nicht nach modernen Kriterien literarischer Typologie gerichtet, sondern hauptsächlich nach Stoffkreisen: Die Geschichte Ortnits wurde bereits früh an die Sagen um Dietrich von Bern geknüpft. In mehreren mittelhochdeutschen Epen wird an Ortnits tragischen Tod erinnert (das Aussaugen durch die Panzerringe); trotzdem wird er immer wieder als beispielhafter Held gefeiert. Seine Rüstung, die nicht einmal ein Drache knacken konnte, erlangt sogar eine Kontinuität: Zuerst erhält sie Ecke, dem sie dann Dietrich von Bern abnimmt.

Es ist möglich, dass die Ortnitsage aus dem europäischen Osten stammt oder dass sie mit Elementen konstruiert wurde, die dorther kamen. Der Onkel des Helden, Iljas von Russland, hat die Forschung immer an den großen russischen Helden Ilja Murom erinnert. Auch hat man erwogen, dass der Name von Ortnits Burg, Garda, kaum auf die norditalienische Stadt verweisen dürfte, die nie Residenzstadt war, sondern eine Anpassung des altkirchenslawischen Wortes *grad* oder *gard*, was so viel heißt wie ›Stadt‹ oder ›Burg‹. Man hat konkret auf *Holmgard* verwiesen, den alten Namen des heutigen *Novgorod*, eine für die deutsche Kultur nicht unbedeutende Stadt, da sie ein Knotenpunkt für den Handel zwischen dem tieferen Russland und dem Baltikum darstellte. Die ›Thidreksaga‹, in der übrigens mehrere russische Iljas vorkommen, erzählt außerdem eine Geschichte, die eine Anpassung oder ein Vorläufer der Ortnitsage gewesen sein könnte (vgl. Kapitel V,1). Dort wird in den Kapiteln 417–422 von einem gewissen König Hertnid (= Ortnit) berichtet, der von einem Drachen gefangen genommen, in seine Höhle gebracht und von den Jungen gefressen wird. Kurz darauf wird auch Thidrek von dem Drachen verschleppt, kann aber den Kleinen entkommen, findet daraufhin Hertnids Schwert, mit dem er die Drachen tötet, gelangt dann zu Hertnids Stadt und heiratet die Witwe des Königs. Die Saga erzählt nicht von einer Brautwerbung dieses Hertnid. Ist es richtig, dass die Saga eine Geschichte erzählt, die der in Deutschland bekannten Ortnitsage ähnlich war, dann würde das darauf hinweisen, dass diese bereits das

Muster vom versagenden Helden und der Rache durch einen zweiten Krieger kannte. Diesen Teil aber berichtet der ›Ortnit‹ nicht mehr, denn er findet sich gegen Ende des zweiten Werkes, das wir hier besprechen wollen, dem ›Wolfdietrich‹.

Der ›Wolfdietrich‹ ist eine ebenfalls im Hildebrandston geschriebene epische Dichtung. Sie ist in fünfzehn Handschriften und Fragmenten überliefert sowie im ›Gedruckten Heldenbuch‹ (vgl. Kapitel VII,1, S. 426f.). Es lassen sich in der Hauptsache vier Fassungen unterscheiden. Die Version *A* (etwas über 600 Strophen) ist nur in einem einzigen Zeugnis erhalten, dem der Schluss fehlt; sie wird gewöhnlich um 1230 datiert und im bayrisch-österreichischen Raum angesiedelt. Ihre Erzählweise steht der des ›Ortnit‹ *AW* sehr nahe, was zu – bisher nicht gelösten – Überlegungen geführt hat, ob beide Texte vielleicht von ein und demselben Autor stammen könnten. Die Fassung *B*, die ebenfalls in die erste Hälfte des 13. Jahrhunderts datiert wird und von der drei Textzeugen bekannt sind, umfasst über 930 Strophen. Allerdings scheint sie von Strophe 260 an die Zusammenfassung einer längeren Version. Diese könnte der Fassung *D* ähnlich gewesen sein, die mit ihren ca. 2240 Strophen bei weitem die längste ist und auch zu ihrer Zeit die bekannteste war, denn sie wird von der Mehrheit der Textzeugen vertreten, einschließlich der Druckversion. Sie stammt aus dem Südwesten des deutschen Sprachraumes und wird gewöhnlich in die zweite Hälfte des 13. Jahrhunderts datiert. Die Fassung *C* schließlich ist nur in einer kleinen Gruppe von Fragmenten überliefert.

ZUSAMMENFASSUNG

Fassung *A*
[1] König Hugdietrich von Griechenland befindet sich auf Heerfahrt, als seine Frau einen Sohn gebiert, den sie heimlich auf den Namen Dietrich taufen lässt. Der Einsiedler, der ihm das Sakrament verabreicht, weist die Mutter darauf hin, dass der Junge außerordentliche Kraft besitzen und sein Taufhemd ihn vor allen Gefahren schützen und mit ihm wachsen werde. [2] Der Junge beweist bald seine ungewohnte Stärke, und der Intrigant Sabene (der seinerzeit die Abwesenheit des Königs auszunutzen versucht hatte, um mit seiner Herrin zu schlafen, aber abgewiesen wurde) überzeugt den Herrscher, dass es ein Kind des Teufels sei und er es

durch seinen treuen Vasallen Berchtung im Wald töten lassen solle. [3] Der König erteilt den Befehl, aber der gute Mann ist einer solchen Freveltat nicht fähig und setzt das Kind an einer Wasserstelle aus. Der Junge fällt aber nicht hinein, und als die Wölfe kommen, setzen sie sich um ihn herum, anstatt ihn zu fressen. Das erkennt Berchtung als ein Zeichen, somit nimmt er den Jungen wieder mit, gibt ihm den Beinamen Wolfher und bringt ihn zu einem Jäger, damit er ihn pflege. [4] Am Hof klagt die Königin ihren Mann an, das Kind entführt zu haben; der böse Sabene rät, Berchtung festzunehmen und anzuklagen. [5] Bei Gericht befiehlt die Königin, eine schriftliche Erklärung des Angeklagten vorzulesen. Der König heißt das Kind holen und erkennt seine Schuld. [6] Er bietet an, den falschen Ratgeber zu verurteilen, aber Berchtung, der die Erziehung des Kindes übernimmt, verzeiht ihm.

[7] Nach einigen Jahren stirbt der König und Sabene bewegt die beiden älteren Brüder Wolfdietrichs, die Königin zu verbannen und den Erbteil des Bruders für sich zu behalten. Die Frau flüchtet in Berchtungs Burg Meran, [8] von wo aus der Junge und sein Erzieher ein Heer sammeln, das den Kampf gegen die Usurpatoren beginnt. Die Kräfte sind so ausgeglichen, dass beide Heere vernichtet werden. Berchtung verliert sechs seiner sechzehn Söhne, um die Wolfdietrich tief gerührt trauert. [9] Sie ziehen sich nun nach Meran zurück, wo sie alsbald vom griechischen Heer belagert werden. [10] Der Junge beschließt daraufhin, zu König Ortnit von Lamparten zu gehen, um ihn um Hilfe zu bitten. Seine Mutter gibt ihm dazu sein Taufhemd, das ihn vor Waffen, Feuer und Wasser schützt. [11] Dem Helden gelingt die Flucht. Unterwegs begegnet ihm eine Frau, die aus der Meerestiefe kommt und ganz von Schuppen bedeckt ist und ungeheuerlich aussieht. Dann aber legt sie ihr Äußeres ab wie ein Kleid und erscheint als schöne Jungfrau. Sie bietet dem Jungen Hilfe an, wenn er ihr einen seiner Brüder zum Ehemann verspreche. [12] Später befreit der Held eine Frau aus den Händen von Räubern und gibt sie in die Obhut eines Holzfällers. [13] Als er in Garda ankommt, hört er die Klage der Königin über Ortnits Tod durch einen Drachen. Er fragt sie nach den Umständen und beschließt, den König von Lamparten zu rächen. [14] Unterwegs findet er einen Grafen, der vom Drachen getötet wurde, und neben ihm die Witwe, bei der soeben die Geburtswehen eingesetzt haben. Wolfdietrich betätigt sich als Hebamme und gibt dann die Frau und das Kind in die Pflege eines Waldbewohners. [15] Als er sich einmal erschöpft schlafen legt, kommt das Ungeheuer. Ein Zwerg erscheint und versucht vergeblich, den Mann zu wecken; schließlich verscheucht das Ross den Drachen und weckt den Helden. [16] Wolfdietrich findet dann die Höhle des Ungeheuers, wo aber im Augenblick nur die Jungen sind. Er kehrt wieder in den Wald zurück und findet diesmal den Drachen im Kampf gegen einen Löwen. Der Text endet mit dem Angriff des Helden.

Das ›Dresdner Heldenbuch‹, das dieser Fassung stark kürzend folgt, beendet die Geschichte wie folgt:

Wolfdietrichs Waffen können dem Drachen nichts anhaben; dieser ergreift am Ende den Löwen und den Krieger und bringt sie in sein Nest. Die Jungen fressen zuerst den Löwen auf und machen sich dann auch am Krieger zu schaffen, doch die Rüstung und vor allem das Taufhemd schützen ihn, und die Drachenjungen schlafen gelangweilt ein. Nun kann sich der Held zurückziehen, findet Ortnits Leiche in seiner Rüstung, beerdigt die Reste und legt dessen Rüstung an. Dann tötet er den Drachen und die Jungen und nimmt die Zungen als Trophäen mit. Kurze Zeit darauf erscheint ein Mann aus Garda, findet die toten Drachen und kommt alsbald mit den abgeschlagenen Köpfen vor die Königin, behauptet, es selber getan zu haben, und fordert sie zur Ehefrau. Doch während des Festes erscheint Wolfdietrich und zeigt die Zungen und einen Ring Ortnits, den er bei seiner Leiche fand. Die Königin erkennt ihn als den Rächer ihres Ehemanns und heiratet ihn. Einige Zeit später fährt der Held wieder nach Griechenland, um die Lage dort zu erkunden. Seine Frau wird in der Zwischenzeit von Zwergen entführt, doch bei seiner Rückkehr befreit er sie bald und zieht daraufhin mit einem Heer nach Griechenland, um Sabene und seine Brüder zu besiegen und die Herrschaft zu übernehmen. Schließlich kehrt er nach Garda zurück.

Fassungen *B* und *D*

Der junge König Hugdietrich von Konstantinopel wird von Berchtung von Meran erzogen, dem er von seinem Vater anvertraut wurde. Mit zwölf Jahren beschließt er, sich eine Frau zu suchen, doch diejenigen, die verfügbar wären, sind nicht angemessen. Berchtung erzählt ihm daraufhin von der Prinzessin Hildburg von Salneke (Thessaloniki), deren Vater sie in einen Turm gesperrt hat, weil er sie nicht verheiraten möchte. Hugdietrich lernt zu nähen und zu stricken, verkleidet sich als Jungfrau und reist nach Salneke, wo er sich als Schwester Hugdietrichs ausgibt, die vor ihrem Bruder habe fliehen müssen. Mit seinen schönen Stickarbeiten gewinnt er das Vertrauen des Königs und bittet ihn, mit der Prinzessin im Turm leben zu dürfen. Einige Zeit darauf gibt er sich Hildburg zu erkennen und gewinnt ihre Liebe. Nach einiger Zeit wird sie schwanger. Nun erscheint Berchtung, der Hugdietrichs ›Schwester‹ abholen will, weil ihr Bruder sich mit ihr versöhnen wolle. Die Prinzessin und ihre ›Kammerjungfrau‹ weihen nun Wächter und Dienerinnen des Turms ein und vergewissern sich ihrer Hilfsbereitschaft. Einige Zeit nach Hugdietrichs Aufbruch gebiert Hildburg einen Jungen, der auf dem Rücken ein Kreuzzeichen trägt. Die Königin erfährt, dass die Tochter im Bett liegt, und stattet ihr einen Besuch ab, sodass ein Diener das Neugeborene in den Wald nehmen muss, bis die Gefahr vorbei ist. Aber eine Wölfin raubt das Kind und schleppt es in ihren Bau. Dort findet es alsbald ein Jäger des Königs, der es an den Hof bringt. Der König sieht den Jungen und das Zeichen und beschließt, ihm den Namen Wolfdietrich zu geben und es am Hof zu erziehen. Als Hildburg das erfährt, sagt sie der Mutter die Wahrheit; diese wiederum bringt ihrem Ehemann die Angelegenheit schonend bei, der König vergewissert sich, dass die Geschichte wahr ist, und beschließt, den Enkel zu akzeptieren und der Tochter zu verzeihen. Man signalisiert Hugdietrich über einen Boten die Bereitschaft zu einer Ehe. Der junge König erscheint alsbald und führt nach der Hochzeitsfeier seine Frau nach Konstantinopel, wo das Paar noch zwei weitere Kinder bekommt, Wachsmut und Bouge.

In Fassung *D* vollbringt der junge Wolfdietrich große Taten. Einmal wird die Stadt von einem heidnischen Heer angegriffen und Hugdietrich kann sie kaum verteidigen. Erst das Eingreifen des Helden, der von einer Jagd zurückkehrt, rettet die Festung. Einige Zeit später kommen Boten des Königs Ortnit von Lamparten nach Konstantinopel, die von Hugdietrich Tributzahlungen fordern. Der griechische König ist zu einer kleinen Schenkung bereit, doch der junge Prinz schwört, dass er Ortnits Thron übernehmen wolle. Wolfdietrich wird von Berchtung hervorragend ausgebildet und erhält dessen Söhne als Vasallen.

Nach Hugdietrichs Tod übernimmt Berchtung in Meran die Vormundschaft Wolfdietrichs, aber die Brüder des Helden usurpieren sein Erbteil. Der junge Prinz und sein Betreuer gehen daraufhin nach Konstantinopel, wo es bald zu einem Kampf kommt, bei dem sie alle Krieger verlieren, die sie mitgebracht haben; auch sechs Söhne Berchtungs fallen. Sie ziehen sich in den Wald zurück, aber kurz darauf werden Berchtung und die Jungen von Riesen gefangen genommen. Wolfdietrich kämpft allein gegen sie: Erst tötet er die zwölf Kolosse, die auch ihn holen wollten; in der Nacht erholt er sich von den Wunden dank eines Zauberwassers, das ihm ein Zwerg bringt, sodass er am Tag auch den Anführer Belmunt erschlagen kann und danach alle übrigen Riesen, die noch die Burg bewachen, bis seine Freunde befreit sind. In der nächsten Nacht erscheint dem Wache haltenden Wolfdietrich die Zauberin Else, die von ihm fordert, dass er sich ihr hingebe. Da er sie zurückweist, schläfert sie ihn kurz ein und raubt ihm Schwert und Ross. Als er wieder aufwacht, verfolgt er sie, doch weil er sich weiterhin nicht ihr hingeben will, verwandelt sie ihn in einen Waldschrat. Berchtung zieht ein Jahr lang durch die Wälder auf der Suche nach dem Helden, kehrt aber schließlich nach Meran zurück. Nun kommt ein Engel zu Else und befiehlt ihr, den Jungen von ihrem Zauber zu befreien. Sie tut es, bittet ihn aber wiederum um seine Liebe; Wolfdietrich stellt ihr die Bedingung, dass sie sich taufen lasse. Ein Jungbrunnen verwandelt sie in eine schöne Jungfrau, die den Namen Sigminne erhält und den Helden heiratet.

Wolfdietrich zieht nun zu König Ortnit, um Hilfe für die Befreiung seiner Vasallen zu holen, die von seinen Brüdern gefangen genommen worden sind. Als er in Garda ankommt, legt er sich unter einer Linde in der Nähe der Burg schlafen. Ortnit hält das für eine Herausforderung und tritt heraus, um mit dem Fremden zu kämpfen, wird aber von ihm bedrängt, bis er in Ohnmacht fällt. Seine Ehefrau Liebgart bittet den Fremden, Wasser zu holen, und als der König aufwacht, versöhnt er sich mit Wolfdietrich. Doch schon bald darauf bemerkt er die Blicke, die sich Wolfdietrich und Liebgart zuwerfen, und bittet den Fremden, wieder in seine

Heimat zurückzukehren. Dort zieht Wolfdietrich einmal mit seiner Frau zur Jagd aus, da sehen sie einen schönen Hirsch, der sofort von den Männern verfolgt wird. Ihre Abwesenheit nutzt der Zwergengraf Drasian aus, um die Frau zu entführen. Als er ihr Verschwinden bemerkt, zieht Wolfdietrich als Pilger durch die Länder, um sie zu finden. So kommt er wieder in Garda vorbei, wo er erkannt wird. Ortnit zieht mit ihm aus, doch der Held verlässt ihn heimlich in einer Nacht, die sie bei einem Zwerg verbringen. Einige Tage später gelangt Wolfdietrich zu einer Burg, in der er endlich Sigminne findet, die ihn erkennt, ihn heimlich einlässt und ihm Speisen bringt. Als Wolfdietrich sich ihrer Treue sicher ist, tötet er Drasian und zündet die Burg an, in der alle Zwerge umkommen. Auf dem Rückweg stoßen sie wieder auf Ortnit, der einige Riesen und einen weiteren Stamm Zwerge besiegt hat. Der Held zieht wieder in seine Heimat, doch bald darauf stirbt Sigminne.

Ortnit setzt dagegen seine Heldentaten fort, tötet zwei weitere Riesen und kämpft gegen einen Drachen, der einen Elefanten fortschleppt. Doch kurz darauf kommt er zu einer Linde, die jeden einschläfert, der sich darunter stellt. Während der König dort liegt, erscheint der Drache und tötet ihn.

Wolfdietrich reist inzwischen als Pilger nach Jerusalem. In Fassung *D* überfallen ihn zwölf Räuber, die er töten muss. Als er in See sticht, zwingt ihn ein Sturm, wieder an Land zu gehen, dort aber tötet ein Riese den Steuermann. Später hat der Held noch gegen siebzig Seeräuber zu kämpfen, von denen er nur einen am Leben lässt, um ihn zu taufen und zu seinem Gefährten zu machen. Auf Zypern tritt er mit vierzig Tempelherren gegen ein riesiges heidnisches Heer an, das sie besiegen. Auch in Jerusalem muss er gegen die Heiden kämpfen, die ihn gefangen nehmen und den Gefährten töten. Aber ein guter Heide befreit ihn wieder, und das christliche Heer kommt ihm dann im Kampf zu Hilfe.

Danach gelangt er nach Falkenie, dessen König jeden Fremden zwingt, mit seiner Frau zu schlafen, um ihn am folgenden Tag in einem Messerwurf-Duell zu töten; 500 Köpfe schmücken bereits die Zinnen seiner Burg. Wolfdietrich verbringt die Nacht bei der Frau, rührt sie aber nicht an, weil sie nicht getauft ist. Am nächsten Morgen besiegt er den König dank seiner von Berchtung erlernten Kunst des Messerwerfens. Danach muss er aber noch mit dem Schwert die Leute des Königs besiegen, die sich alle taufen lassen. Als der Held fortziehen möchte, setzt die Frau ihre magischen Kräfte ein: In Fassung *B* zaubert sie einen großen Fluss vor die Burg mit einer gläsernen Brücke, die zerbricht, als der Held sie überquert. Dann lässt sie zwölf Zwerge erscheinen, die sich vervielfältigen, wenn man sie tötet. Als der Held diese Hindernisse überwunden hat, stellt sie ihm einen großen Berg in den Weg, der von einem brennenden Wald umgeben ist; doch auch den kann der Held umgehen. In Fassung *D* dagegen zaubert die Frau zuerst einen großen See herbei und verwandelt sich dann in eine Krähe, die sich auf einen Baum setzt. Nun erscheinen mit Keulen bewaffnete Geister, die den Helden angreifen, von ihm aber mit Gottes Hilfe verscheucht werden; die Geister schleppen die Krähe in die Hölle. In Fassung *D* muss dann der Held auf seiner Rückkehr von Falkenie noch gegen 500 Heiden kämpfen, wird aber so bedrängt, dass er in den Fluss springt, aus dem er mit Hilfe eines Zwergs wieder herauskommt; der Kleine berichtet ihm von Berchtungs und seiner Söhne Gefangenschaft. Der Held reist nun nach Konstantinopel und hört unter dem Gefängnis stehend die Klagen der Gefangenen. Immer noch nach Fassung *D* reist der Held nun nach Lamparten, doch der Riese Baldemar stellt sich ihm in den Weg und muss im Kampf getötet werden. Der örtliche König dankt ihm für seine Hilfe. Als er seine Reise fortsetzt, begegnet er der Riesin Rome, die ihn nicht nur aufnimmt, sondern auch ihn und sein Ross über einen Gebirgskamm nach Lamparten trägt. Dort nimmt der Held an einem Turnier teil, dessen Preis ein Kuss von der Tochter des örtlichen Grafen ist. Die Jungfrau bietet dem Helden nach seinem Sieg, der sie von einem unerwünschten Werber befreit, die Ehe an, doch Wolfdietrich lehnt ab und erklärt seine Absichten: Ortnit zu rächen und die Königin zu heiraten.

Als Wolfdietrich schließlich nach Garda kommt, hört er Liebgarts Klage über den Tod ihres Ehemanns. Er zieht weiter, um den Freund zu rächen, und findet nach wenigen Tagen den Drachen, der gerade gegen einen Löwen kämpft. Er greift das Ungeheuer an, doch sein Schwert bricht, und das Biest schleppt ihn samt Löwen in seine Höhle, wo die Jungen das Tier sofort auffressen. Wolfdietrich kann sich dank seines Taufhemds vorerst retten, findet dann Ortnits Waffen und kann mit ihnen den Drachen und die Jungen töten. Auf dem Rückweg nach Garda begegnet er einem weiteren Untier, das gegen einen Löwen kämpft. Diesmal kann er es besiegen (obwohl er sich ins Wasser werfen muss, um den Flammen zu entgehen); den verwundeten Löwen bringt er nach Garda, wo er geheilt wird. Inzwischen hat ein Graf die toten Drachen gefunden und ist mit den Köpfen zur Königin gegangen, um sich als Rächer Ortnits zu präsentieren; doch als der falsche Held die Häupter der Untiere als Beweis hervorbringt, zieht Wolfdietrich die Zungen heraus, die er ihnen abschnitt. Die Königin, die ihn schon immer mochte, heiratet ihn.

Nach der Hochzeit besuchen sie die Drachenhöhle, doch plötzlich erscheint die Untier-Mutter und packt die Königin; Wolfdietrich greift sie an und tötet sie. In Fassung *B* erscheint, während der Held sich von diesem Kampf ausruht, der Zwerg Billung und entführt die Frau in eine Burg im Inneren eines Berges, in den man durch eine Quelle gelangt. Wolfdietrich verkleidet sich als Pilger und zieht wieder suchend umher. Im vierten Jahr gelangt er schließlich zur Quelle, wo ihn die Königin sieht. Sie bittet Billung, jenen Menschen einzulassen. Der Held beginnt im Berg alsbald den Kampf und tötet den Zwerg und sein gesamtes Gefolge, einschließlich einiger Riesen. Als er mit seiner Frau herauskommt, wirft sich ihm ein weiterer Zwerg zu Füßen und erklärt, ihm habe jenes unterirdische Reich gehört, bevor Billung es ihm abgenommen habe. Als Dank für die Befreiung schenkt er dem Helden eine Zauberbüchse, aus der Wolfdietrich jedes Mal, wenn er hineingreift, fünfzig gute Krieger herausholen kann. Als er nach Garda kommt, wollen die Fürsten den Fremden vertreiben, doch der kann sich dank der ersten fünfzig Männer aus seiner Büchse durchsetzen. In der Fassung *D*, die diese Episode nicht kennt, kehren die Könige nach Garda zurück, doch nach sechs Monaten beklagt sich Liebgart, dass Wolfdietrich noch nicht die Ehe erfüllt habe. Der Held muss nun erklären, woher er kommt und dass er um das Schicksal seiner Vasallen besorgt sei.

Man beschließt nun, gegen Konstantinopel zu ziehen. Wolfdietrich bringt das Heer in die Nähe der Stadt und versteckt es dort. Als Pilger verkleidet, geht er allein in die Burg und macht Berchtungs Söhne aus, die immer noch in qualvoller Gefangenschaft leben; der Vater ist einige Zeit vorher gestorben. In Fassung *B* schickt Gott angesichts des Schmerzes Wolfdietrichs ein Zeichen: Er löst die Ketten der Gefangenen und lässt den Verstorbenen aus seinem Grab heraus mit dem Helden sprechen. Beim Morgengrauen wird Alarm gegeben, Wolfdietrich beginnt den Kampf, Berchtungs Söhne ergreifen die Waffen der ersten Gefallenen, und der Held ruft mit einem Horn sein Heer herbei. In Fassung *D* gibt es das Wunder nicht; der Held befreit seine treuen Freunde und geht auf die Burg, in der seine Brüder wohnen, mit denen er gleich den Kampf beginnt. Nach seinem Sieg gibt er den Brüdern seine Länder zurück und schenkt jedem der Söhne Berchtungs ein Königreich. Er selbst kehrt nach Garda zu seiner Frau zurück, wird zum Kaiser von Rom gekrönt und von allen Fürsten bejubelt. Kurze Zeit später wird sein Sohn Hugdietrich geboren.

In der Fassung *D* beschließt der Held im Alter, das Reich seinem Sohn zu übergeben und sich in ein fernes Kloster zurückzuziehen, wo er seine Brüder durch die strikte Observanz der Regel quält. Eines Tages wird die Abtei von den Heiden bedroht; da ergreift der Held wieder seine Waffen und seine Kampfkleider und massakriert die Feinde. Zum Schluss kommt ihm das Heer seines Sohnes zu Hilfe, die Sarazenen werden besiegt und ihr König getauft. Später aber lässt sich der Held in eine Kammer einsperren und verbringt eine endlos lange Nacht im Streit mit den Geistern aller Menschen, die er getötet hat. Am Morgen ist er müde, weißhaarig und alt geworden. Einige Jahre später stirbt er.

Der Stoff, auf dem diese breit angelegte Dichtung basiert, hat keinen bekannten Ursprung. Gegenüber früheren Versuchen, nach einer fränkisch-merowingischen Abstammung zu suchen oder die Sage mit dem ursprünglichen Dietrichstoff in Verbindung zu bringen, die alle keine befriedigenden Ergebnisse gebracht haben, setzt sich heute eher Skepsis durch. Wirklich solide Hinweise auf eine frühe verbreitete Kenntnis einer Wolfdietrichsage gibt es nämlich nicht; alle Zeugnisse sind spät und könnten ebensogut auf die Texte des 13. Jahrhunderts zurückzuführen sein. Das bedeutet nicht, dass die Geschichte von Wolfdietrich, die uns die Dichtungen aus dieser Zeit überliefern, frei erfunden sei. Es ist unübersehbar, dass die Bausteine der Handlung allesamt Motive und narrative Muster sind, die in mittelalterlichen Erzähltraditionen äußerst weit verbreitet waren und in mehreren literarischen Gattungen zu finden sind. Die zeichenhafte Geburt des Helden, seine Aussetzung, die Usurpierung der Erbschaft, die Figur des Erziehers, die Begegnung mit Meeresungeheuern, die sich in schöne Frauen verwandeln, der Kampf gegen Heiden und böse Zauberer, Räuber, Riesen und Piraten, der Drachenkampf, der Streit mit dem Betrüger, der behauptet, selbst das Untier erlegt zu haben – alles das sind bekannte und häufige erzählerische Topoi der mittelalterlichen (volkssprachlichen oder lateinischen) Abenteuergeschichte, die zum Teil auch in der Dietrichepik vorkommen. Es ist keineswegs ausgeschlossen, dass es eine Sage gab, die einige oder mehrere dieser Elemente vereinte; möglicherweise könnte dieser Held auch Wolfdietrich geheißen haben. Doch für uns wird diese Geschichte erst in dem Moment relevant, in dem sie mit der Ortnit-Erzählung verbunden wird. Ebenso wie die Walthersage (vgl. Kapitel III,2) eine für uns kaum noch fassbare Brautraub-Flucht-Geschichte heranzog, um sie mit dem Burgunden-Stoff zu verbinden, und als solche erst zur Walthersage wird, so werden die verschiedenen stofflichen Grundlagen oder Anleihen erst als Ausweitung der Geschichte von Ortnits Rächer zur Wolfdietrichgeschichte.

Der Tod Ortnits und der Auftritt eines Rächers, der dann auch die Witwe heiratet, ist ein fester Bestandteil dieser Erzählung. In der Hertnid-Episode der ›Thidreksaga‹ (vgl. Kapitel V,1) wird diese Rolle Thidrek zugeschrieben, und es ist durchaus denkbar, dass mündliche Vorläufer dafür im deutschen Sprachraum verbreitet waren. Die Namensparallele zu Wolfdietrich und die Tatsache, dass man beide Figuren genealogisch verbunden hat, könnten als Reste dieser ursprünglichen Identität gedeutet werden. Umso mehr muss auffallen, dass man nun aus dieser ursprünglichen Rächerfigur einen neuen Helden mit einer eigenen, breit ausgestalteten Geschichte entwickelt hat. Offenbar wollte man damit die Erzählung ganz anders orientieren, als dies mit dem gewöhnlichen Personal möglich gewesen wäre. Die Länge des zweiten Textes, die in allen Fassungen die des ›Ortnit‹ übertrifft, macht deutlich, worauf es den zeitgenössischen Lesern ankam. Auch dass die Eingriffe der verschiedenen Redaktoren in der Hauptsache den ›Wolfdietrich‹ betroffen haben, während das erste Werk im Vergleich dazu nur geringfügig verändert wurde, weist auf seine größere Bedeutung hin; hier gab es offenbar deutlich mehr Sinngebungspotential. Eindeutig ist auch die Tendenz erkennbar, den ›Ortnit‹ stärker in den ›Wolfdietrich‹ zu integrieren, indem man die tödlich endende Drachenkampfgeschichte des ersten zunächst aussparte, um sie dann im Zusammenhang mit den Abenteuern des zweiten Helden nachzutragen.

Wie bereits hervorgehoben wurde, versagt Ortnit an seiner Heldentat. Doch dies nicht nur, weil er vom Drachen getötet wird, sondern weil er sich als unfähig erweist, allein zu handeln. Der König von Garda ist stets von der Hilfe seines Vaters abhängig, des Zwergs Alberich, dessen Überlegenheit schon bei der ersten Begegnung offenkundig wird, bei der sich Ortnit zwar als stärker erweist, der Gnom ihn aber überlistet. Gleich bei der ersten Schwierigkeit auf seiner Reise – beim Anblick der Kriegsschiffe im syrischen Hafen – weiß Ortnit keinen Ausweg und denkt an seinen Vater, der sich ihm prompt zu erkennen gibt, weil er freiwillig mit an Bord gekommen ist, wenn er auch stets unsichtbar bleibt. Im gefährlichen Land Montaburs hält Alberich alle Fäden in der Hand, kann in die Burg gelangen und mit der Prinzessin sprechen, kann aber auch wieder heraus und das Heer leiten, die Feinde täuschen oder den Helden zum rechten Zeitpunkt vor die Burg bringen, sodass er die Braut nur noch abzuholen braucht. Zwar spielt die Figur des Zwergs die klassische Rolle des Werbungshelfers, der für den König die Frau holt. Nur handelt es sich in diesem Fall nicht um einen Vasallen, der seinen König repräsentiert, sondern um den Vater. Das stellt eindeutig die Fähigkeit des Helden in Frage, eigenständig zu handeln und die Macht auszuüben. Wie sehr sich Ortnit auf Alberich verlässt, zeigt die Szene der Brautentführung: Der Zwerg dringt in die Burg ein und organisiert mit der Frau die Flucht, doch anstatt sich bereitzuhalten, legt sich der Held hin und schläft. Ebenso ist er beim Verfolgungskampf von der Hilfe der Freunde abhängig, die er ausnutzt, um sich in den Schoß der Frau zu legen (ob er schläft oder beischläft ist unklar).

Die Konsequenz hiervon ist, dass er – zumindest in der Fassung *AW*, die den Drachenkampf nicht verzögert in die Wolfdietrichgeschichte einbaut – gleich bei der ersten Handlung, die er ohne Alberichs Hilfe unternehmen möchte, stirbt. Der Zwerg rät ihm davon ab, gegen die Drachen zu kämpfen, und warnt ihn zudem davor, nicht einzuschlafen (wie es bei ihm üblich ist). Doch der Held bricht trotzdem auf, schläft ein und wird gefressen. Die anderen Fassungen relativieren das ein wenig, wenn Ortnit mit Wolfdietrich auf Abenteuer auszieht und sogar Gelegenheit bekommt, einige Zwerge und Riesen zu erlegen. Doch die Reduktion der Abhängigkeit des Königs von Garda von der väterlichen Hilfeleistung am Schluss (nicht aber bei der Brautwerbung) wird in diesen Versionen kompensiert durch die Überlegenheit des Griechen im Kampf, gleich bei ihrer ersten Begegnung. Auch hier also scheitert der Protagonist.

Wolfdietrich ist hingegen ein ganz anders gearteter Held. Das zeigt sich schon dadurch, dass die Dichtung wieder das alte Schema der Heldenbiographie aufnimmt und die Geschichte Wolfdietrichs von seiner Geburt bis zu seinem Tod darstellt. Die Umstände der Geburt und frühen Kindheit führen auch einen ganz neuen Heldentypus vor. Der Vater ist bei der Geburt abwesend. Der Held ist auch nicht der Erstgeborene. Die in Fassung *A* vom griechischen König angeordnete (und teilweise auch selbst durchgeführte) Aussetzung des kleinen Jungen symbolisiert eindeutig eine Distanzierung von der Vaterfigur, die im Kontrast zur engen Bindung zwischen Ortnit und Alberich steht. Die Erziehung erfolgt dann durch einen Vasallen. In den Fassungen *B* und *D* ist dieser Konflikt mit dem Vater zurückgenommen, doch dieser hat das Kind in seiner Verkleidung als Jungfrau gezeugt. Hierin manifestiert sich, was man die Bastardierung Wolfdietrichs genannt hat: Durch die Umstände der Zeugung und Geburt gerät die weibliche Abstammung bei ihm stärker in den Vordergrund; durch die Aussetzung und das Überleben bei den Wölfen verstärkt sich das tierische Element (was hier wohl nicht das Wilde, sondern eher das Naturnahe meint); durch die Taufe und das Taufhemd, das er trägt, sowie durch das Kreuzzeichen auf seinem Rücken ist er von Beginn an als christlicher Held geprägt. Dadurch besitzt er eine Reihe von Eigenschaften, die der normale Heros gewöhnlich von sich weist. Das erklärt, dass er die Gattungsgrenzen überschreiten und sich als Hebamme betätigen kann oder dass er in den befremdlichen Wesen, die ihm hin und wieder begegnen, auch das Gute zu erkennen vermag, was sie dann – wie Sigminne oder das Meerweib – in schöne Frauen verwandelt, aber auch das Böse, wie in Falkenie, wo die Frau in eine Krähe mutiert, die von den Geistern in die Hölle verschleppt wird.

Überhaupt haftet dem Helden ein stark legendenhafter Zug an. Das Kreuzzeichen bei seiner Geburt und das Taufhemd, das ihn vor Feuer, Wasser und Eisen schützt, sind Motive, die an die mittelalterliche Legendenliteratur erinnern. Das Taufhemd, das in Fassung *A* die wundersame Eigenschaft besitzt, mit dem Helden zu wachsen, stammt in den Fassungen *B* und *D* sogar vom Heiligen Georg, dem spätmittelalterlichen Drachentöter schlechthin. Es ist die moderne und christliche Antwort auf Siegfrieds Hornhaut, weniger verwundbar und weniger grobschlächtig. Wolfdietrich wird deutlicher als die meisten anderen Helden, die in diesem Buch vorgekommen sind, zum Heilsbringer stilisiert. Letztlich gelingen – besonders in *B* und *D* – Wolfdietrichs Abenteuer immer nur durch die göttliche Hilfe; das Reich, das er erobert (welches in geographischer Hinsicht mit dem hochmittelalterlichen Kaiserreich in Beziehung gebracht werden kann), ist somit auch ein von Gott ausgezeichnetes.

Daher wundert es nicht, dass sich in den Fassungen *B* und *D* ein kompletter geistlicher Weg neben den weltlichen stellt. Ist die Fassung *A* nur durch einen legendenhafteren Tod gekennzeichnet, der von den Umständen der Taufe und dem geheimen Christentum des Helden ausgeht, so entwickeln die beiden längeren Versionen einen religiösen Weg, der sich mit dem weltlichen überlagert. Die Handlungsstruktur dieser Versionen kennzeichnet ein Doppelweg, der parallel zu dem des Artusromans angelegt ist. Der Held zieht am Anfang aus Konstantinopel aus, besucht es in der Mitte des Textes wieder und kommt am Ende definitiv zurück. Dazwischen wird zweimal der Weg nach Garda beschrieben, bei dem sich die Hindernisse wie Riesen oder wilde Frauen an den gleichen Positionen wiederholen. Auch der Verlust der jeweils gewonnenen Ehefrau steht am Ende dieser Wege, doch findet sie der Held nicht durch Waffentaten wieder (obwohl er sie natürlich letztendlich befreien muss), sondern indem er jahrelang als Pilger umherirrt. Das ist eine neuartige, legendenhafte Form der Brautgewinnung; offenbar ist außer dem Helden auch die literarische Gattung bastardiert worden, indem man die Heiligenlegende mit der Heldensage verknüpft hat. Zwischen den beiden Garda-Fahrten und vor der Zwischeneinkehr in Konstantinopel wird dann, entsprechend dem Legendenmuster, eine lange Jerusalem-Reise eingeschoben, die den Helden auch noch nach Falkenie bringt. Missionierung und Kampf gegen das Böse prägen diesen Weg, der schon in der Heimat mit der Taufe und mit der Forderung an die Rauhe Else begann, sich taufen zu lassen, und der im Kloster im schwierigen Kampf gegen die Geister der Getöteten enden wird. Entsprechend ist übrigens in dieser letzten Szene das parodistische Element der *moniage* zurückgenommen, auch wenn es nicht vollständig verschwindet.

Der auf diese Weise ›montierte‹ Text mit seiner Hybridisierung des Protagonisten verändert Wolfdietrichs Heldentum. Der Junge aus Konstantinopel ist zweifellos außergewöhnlich und offensichtlich ein Erwählter, doch er lebt kein großartiges heroisches Leben, sondern eines, das mit Widrigkeit und Leid belastet ist. Schon als Kind muss er die Aussetzung im Wald ertragen, und seine Verbannung wird nicht nur durch einen mächtigeren Herrscher angeordnet, wie bei Dietrich von Bern, sondern ist geprägt durch die Erfahrung der Feindschaft der Brüder und des Todes oder der Gefangenschaft der treuen Vasallen. Seine Angst um das Schicksal Berchtungs und seiner Söhne durchzieht die ganze Handlung und ist am Ende sogar Grund für die (wiederum sehr geistliche) Keuschheit in der Ehe. Sein Bangen um die Ehefrau zwingt ihn dazu, jahrelang ziellos umherzupilgern, bis er sie wiederfindet. Die Sorge um die ihm Nahestehenden, aber auch um die, denen er auf seinem Weg begegnet oder die ihn ein Stück weit begleiten, zieht sich wie ein roter Faden durch das ganze Werk, begleitet vom immer wieder genannten mittelhochdeutschen Wort: *sorge*. Natürlich liegt darin ein Verweis auf den leidenden Dietrich von Bern, der alle seine Männer im Kampf verliert (*ich armer Dieterîch*, sagt er im ›Nibelungenlied‹, Str. 2319). Aber auch der Unterschied der beiden Heldenfiguren tritt dadurch schärfer hervor. Wolfdietrich ist kein Weichling, schließlich muss er in schwierigen Kämpfen und gefährlichen Begegnungen mit Ungeheuern ein Reich und eine Frau erobern, bevor er die Rückgewinnung seines väterlichen Erbes angehen kann. Aber er hat nicht immer Glück und muss durch endlose Mühen und Entsagungen hindurch. Er repräsentiert damit weder ein höfisch-ritterliches Heldenmodell noch eines, in dem nur die Gewalt zählt, obwohl er an beiden ebenso teilhat wie am göttlichen Schutz des Heiligen. In diesem Sinne stellen der ›Ortnit‹ und der ›Wolfdietrich‹ die bedeutendste Innovation in der mittelhochdeutschen Heldenepik des 13. Jahrhunderts dar. Das erklärt ihren anhaltenden Erfolg bis ins 16. Jahrhundert. Es kündigt aber auch eine Veränderung des Heldenbildes an, das letztlich zum Versiegen der alten heroischen Traditionen führen wird.

LITERATUR

Textgrundlage ist leider noch immer die Ausgabe aus dem 19. Jahrhundert: *Deutsches Heldenbuch, Bd. III & IV: Ortnit und die Wolfdietriche*, hg. von Arthur Amelung und Oskar Jänike, Berlin 1873 (Nachdr.: Dublin/Zürich 1968), die alle vier ›Wolfdietrich‹-Fassungen bietet. Der Text von ›Ortnit‹ und ›Wolfdietrich‹ *D* ist jetzt auch in einer Ausgabe nach einer bestimmten Handschrift greifbar: *Ortnit und Wolfdietrich D. Kritischer Text nach Ms. Carm. 2 der Stadt- und Universitätsbibliothek Frankfurt am Main*, hg. von Walter Kofler, Stuttgart 2001. Eine zweisprachige Ausgabe fehlt noch. Lediglich eine englische Übersetzung der Fassungen *A* liegt vor: *Ortnit and Wolfdietrich: two medieval romances*, translated and with an introduction by John W. Thomas, Columbia 1986.

Grundlegend für beide Texte sind die Lexikon-Artikel von Wolfgang Dinkelacker, »›Ortnit‹«, in *VL*, Bd. VII, Berlin 1989, Sp. 58–67, sowie ders., »›Wolfdietrich‹«, ebda., Bd. X, Berlin 1999, Sp. 1309–1322. Zum ›Ortnit‹ gibt es zudem die sehr philologische Untersuchung der Fassungen durch Wolfgang Dinkelacker, *Ortnit-Studien. Vergleichende Interpretation der Fassungen*, Berlin 1972, sowie die Monographie über die Grundlagen der Brautwerbungsgeschichten von Christian Schmid-Cadalbert, *Der Ortnit AW als Brautwerbungsdichtung. Ein Beitrag zum Verständnis mittelhochdeutscher Schemaliteratur*, Bern 1985. Das Motiv des Schlafes wurde untersucht von Claude Lecouteux, »Des Königs Ortnits Schlaf«, in *Euphorion* 73 (1979), S. 347–355, während Uta Störmer-Caysa, »Ortnits Mutter, die Drachen und der Zwerg«, in *ZfdA* 128 (1999), S. 282–308, das Problem von Ortnits Verhältnis zu Mutter und Vater bzw. sein Versagen behandelt hat.

Für den ›Wolfdietrich‹ ist die methodisch völlig veraltete Studie von Hermann Schneider, *Die Gedichte und die Sage von Wolfdietrich. Untersuchungen über ihre Entstehungsgeschichte*, München 1913, noch immer eine Fundgrube für Details. Sie wird jetzt aber ersetzt durch die hoch aktuelle und umsichtige Untersuchung von Lydia Miklautsch, *Montierte Texte – hybride Helden. Zur Poetik der Wolfdietrich-Dichtungen*, Berlin 2005. Zur Struktur und zur Arbeit an der Heldenfigur scheint mir sehr erhellend der Aufsatz von Andreas Kraß, »Der bastardierte Ritter. Zur Dekonstruktion höfischer Identität im *Großen Wolfdietrich*«, in *Ordnung und Unordnung in der Literatur des Mittelalters*, hg. von Wolfgang Harms u.a., Stuttgart 2003, S. 165–178. Eine Studie über Motivationsfragen in der Fassung *B* legte Hartmut Bleumer, »Motivation im *Wolfdietrich* B«, in *7. Pöchlarner Heldenliedgespräch. Mittelhochdeutsche Heldendichtung ausserhalb des Nibelungen- und Dietrichkreises (Kudrun, Ortnit, Waltharius, Wolfdietriche)*, hg. von Klaus Zatloukal, Wien 2003, S. 37–55, vor. Einen Versuch zu Komik und Gelächter machte Sebastian Coxon, »Komik und Gelächter in der *Wolfdietrich*-Epik«, ebda., S. 57–76.

4. Die ›historische‹ Dietrichepik

In der zweiten Hälfte des 13. Jahrhunderts, als die in diesem Kapitel vorgestellten Dichtungen wahrscheinlich in der Mehrheit schon geschrieben und verbreitet waren, entstand eine kurze Reihe von Werken über Dietrich von Bern, die nicht seine wunderbaren und zeitlosen Abenteuer zum Inhalt haben, sondern Begebenheiten, die man als ›geschichtlicher‹ betrachten darf oder wenigstens als ›historisierend‹, weil sie um den Kern der Dietrichsage kreisen. Es sind jene Ereignisse, von denen schon das ›Hildebrandslied‹ (vgl. Kapitel II,1) oder die ›Quedlinburger Annalen‹ (vgl. Kapitel III,3, S. 123–129) erzählen. Dietrichs Exil und Rückkehr sind keineswegs historisch, doch die Texte, die davon handeln, geben sich im Unterschied zu den ›aventiurehaften‹ Epen als Werke über geschichtlich verbürgte Begebenheiten aus. Daher nennt man die drei Werke, die diese Gruppe bilden, die ›historische‹ Dietrichepik.

Zwei der Dichtungen sind vollständig, die andere nur fragmentarisch überliefert. Die ersten beiden bilden, wie das ‹Nibelungenlied und die ›Klage‹ oder wie ›Ortnit‹ und ›Wolfdietrich‹ ein unzertrennliches Paar, obwohl sie nach allen Indizien von zwei verschiedenen

Autoren gedichtet worden sein dürften. Das erste von beiden, ›Dietrichs Flucht‹, ist ein Werk von etwas über 10000 Reimpaarversen, das von Dietrichs Verbannung durch Ermrich erzählt, sowie von zwei vergeblichen Versuchen, sein Reich zu erobern. Es ist auch als ›Buch von Bern‹ bekannt, weil der Autor es am Ende selber so nennt. Der andere Text, die ›Rabenschlacht‹, ist hingegen in Strophen komponiert und erzählt vom dritten Versuch Dietrichs, sein Reich zurückzugewinnen; es schließt also inhaltlich direkt an den vorigen Text an, wenn es auch in Form und Stil deutlich von ihm abweicht. Beide Epen sind gemeinsam in vier Handschriften überliefert, die älteste vom Ende des 13. Jahrhunderts, die jüngste von kurz nach 1500. Zwar können wir bei den beiden Fragmenten nicht sagen, ob die ursprünglich kompletten Codices ebenfalls beide Dichtungen enthielten, doch alles spricht dafür, dass sie für das zeitgenössische Publikum eine Einheit bildeten. Trotz der wenigen Zeugnisse lassen sich zwei Fassungen unterscheiden, deren wichtigster Unterschied darin besteht, dass die eine (Handschriften *R* und *W*) den langen Vorspann mit der Genealogie des Helden – die Ortnit und Wolfdietrich einschließt – zu einer knappen Zusammenfassung reduziert. Die Integration dieser beiden letzten Helden in die Ahnenreihe Dietrichs lässt aufmerken, weil sie die Möglichkeit zur Schaffung eines heldenepischen Zyklus eröffnete, der aber nie realisiert wurde. Die Forschung hält in der Regel (wenn auch nur mit vagen Indizien) die ›Rabenschlacht‹ für das ältere Gedicht und ›Dietrichs Flucht‹ für das jüngere.

ZUSAMMENFASSUNG

›Dietrichs Flucht‹

[1] König Dietwart von Rom hat lange Zeit beispielhaft über sein weites Reich geherrscht. Bei einem Fest, das er am Georgstag an seinem Hof feiert, gibt er bekannt, er wolle heiraten. Ein Ratgeber erzählt ihm von der Prinzessin Minne, der Tochter des Königs Ladiner von Westernmeer. Dietwart schickt Botschafter dorthin, die um ihre Hand anhalten sollen. Ladiner nimmt die Werbung an, sodass der Römer mit einem großen Gefolge die Fahrt antritt, um die Frau selbst zu holen. Obwohl ein Sturm die Schiffe in eine Einöde treibt, wo der Held einen Drachen töten muss, der sie angreift, kommen sie bald nach Westernmeer, feiern die Hochzeit und reisen zurück.

[1888] Nach seinem Tod überlässt Dietwart das Reich seinem Erstgeborenen Sigeher, der die Prinzessin Amelgard von Normandie heiratet und mit ihr einen Sohn hat, der Ortnit genannt wird. Ortnit möchte Prinzessin Liebgart heiraten, doch deren Vater lässt alle töten, die es wagen, um ihre Hand anzuhalten. Ortnit greift ihn aber mit einem großen Heer an und zwingt den Vater, ihm das Mädchen zur Frau zu geben. Doch dann schickt der Schwiegervater zur Rache vier Drachen in Ortnits Reich; dieser kämpft gegen sie, stirbt aber dabei. Daraufhin proklamiert Liebgart, nur den heiraten zu wollen, der Ortnit rächt. [2261] Diese Tat vollbringt Wolfdietrich, der mit Liebgart einen Sohn namens Hugdietrich hat, welcher die Königin von Frankreich heiraten und von ihr einen Nachkommen namens Amelung bekommen wird. Der wird die Prinzessin von Kerlingen ehelichen. Daraus gehen drei Söhne hervor: Diether, Ermrich und Dietmar. Unter ihnen wird das Reich geteilt. [2448] Dietmar stirbt jung, und seine Söhne Dietrich und Diether werden in Ermrichs Obhut gegeben und von Hildebrand aufgezogen. Damit begann der Jammer im römischen Reich.

[2546] Ermrich lässt seine Neffen, die Söhne seines Bruders Diether, töten. Sein Ratgeber Sibeche regt ihn auch dazu an, Dietrich an den Hof kommen zu lassen, um ihn ebenfalls zu ermorden. Doch der junge Mann wird gewarnt und geht nicht hin. Da fällt Ermrich in Dietrichs Land ein. Die Freunde des Helden aber verbünden sich, greifen Ermrichs Heer überraschend an, töten 26000 Männer und nehmen 1800 gefangen. Ermrichs Flucht können sie aber nicht verhindern. [3555] Diesem gelingt es seinerseits, die sieben besten Gefährten Dietrichs gefangen zu nehmen. Der versucht sofort, sie gegen seine Gefangenen einzutauschen, unter denen sich sogar Ermrichs eigener Sohn befindet. Der Herrscher aber geht auf keine Verhandlung ein und fordert Dietrichs Verbannung. Der Held zieht ins Exil, um seine Freunde nicht zu opfern; da hilft auch die Bitte aller Damen um Gnade nichts. Dietrich zieht mit seinen Leuten zu Fuß aus dem Land.

[4545] Nach einer langen Reise kommen sie nach Gran, dem Hof des Hunnenkönigs Etzel, der sich dort mit seiner Frau Helche und den Fürsten Rüedeger von Bechelaren und Dietleib von Steiermark aufhält. Sie bereiten dem Berner einen freundlichen und ehrwürdigen Empfang und versprechen ihm sofort so viele Kräfte, wie notwendig seien, um sein Land zurückzuerobern. [5439] Am folgenden Morgen kommt ein treuer Vasall Dietrichs mit der Nachricht, Bern sei zurückgewonnen und sofortige Hilfe notwendig. Dietrich marschiert sofort mit all den Männern, die er im Moment zusammenbringen kann, los. Ermrich sammelt ebenfalls sein Heer, um Bern wiederzugewinnen. Sein Graf Tidas von Mailand schlägt sich nun aber auf Dietrichs Seite, daher beschließt der König, erst diese Stadt zu belagern. Auch Dietrich zieht mit seinem hunnischen Heer nach Mailand. Ein Teil des römischen Heeres, das von Wate und Witege angeführt wird, will dem Berner in den Rücken fallen, doch der erfährt davon, legt ihnen eine Falle und vernichtet diese Truppeneinheiten. Währenddessen überfällt der übrige Teil von Dietrichs Heer Ermrichs Lager und tötet die Mehrheit der Krieger. Der König muss allein fliehen; die Toten gehen in die Zehntausende. [7130] Witege unterwirft sich Dietrich und leistet ihm einen Treueschwur; daraufhin vergibt ihm Dietrich, setzt ihn als Statthalter von Ravenna ein und reitet zurück nach Gran, wo Etzel und Helche besorgt auf das Ergebnis des Heerzuges warten. Nun wird die Verlobung Dietrichs mit Herrad vereinbart.

[7666] Kurze Zeit später erreicht sie die Nachricht, Witege habe Ravenna an Ermrich übergeben und die gesamte Bevölkerung ermorden lassen; 4000 Frauen wurden geköpft, obwohl sie um Gnade baten, und 600 Kinder wurden erhängt. Nach großer Klage über dieses Unheil verspricht Etzel dem Berner Hilfe und sammelt ein Heer von 150000 Mann. [8002] Auf dem Schlachtfeld vermag Dietrich, Ermrich gleichzeitig von vorn und von hinten anzugreifen; dennoch dauert die Schlacht drei Tage lang, in denen die Krieger zu Tausenden sterben. Schließlich flieht Ermrich mit seinen letzten 1100 Mann, von denen 900 bei der erbitterten Verfolgung getötet werden. [9835] Das Schlachtfeld ist von Leichen übersät, und es fließt so viel Blut, dass die Körper davon beinahe bedeckt sind. Dietrich beweint die Gefallenen auf beiden Seiten und veranlasst ihre Beerdigung. Bei seiner Rückkehr an Etzels Hof klagen Dietrich und der hunnische König erneut über die immensen Verluste.

›Rabenschlacht‹

[1] Dietrich von Bern verbringt den Winter an Etzels Hof mit Klagen über den Verlust seines Erblandes und der vielen Krieger. Die Ehe mit Herrad und die entsprechenden Festlichkeiten zum Georgstag verbergen nicht das Ziel, sein Reich zurückzuerobern. Sowohl der hunnische Herrscher wie auch seine Fürsten bieten dem Helden dazu ein riesiges Heer an. [152] Als sie zum Aufbruch bereit sind, bitten Etzels Söhne ihre Mutter Helche, am Heerzug teilnehmen zu dürfen. Helche gewährt ihnen diese Bitte wegen ihres noch zarten Alters nicht. Auch der König ist keineswegs bereit, seine jungen Söhne in einen gefährlichen Krieg zu schicken. Da aber die beiden Jünglinge eindringlich auf ihrem Wunsch bestehen, nimmt Dietrich sie unter seinen persönlichen Schutz, und der König lässt sie mitreisen.

[203] Das Heer zieht nach Ravenna, weil es Nachricht von Ermrichs Aufenthalt dort hat. Vor Padua, dessen Statthalter Rumolt von Burgund ist, wird ein kleines Turnier abgehalten, das Dietrichs Leute gewinnen. Bevor die Gefahr beginnt, ordnet Dietrich an, dass Etzels Söhne und sein ebenfalls noch junger Bruder Diether unter der Aufsicht des alten Elsan in Bern bleiben. [333] Kaum aber ist das Heer losgezogen, da möchten die drei rastlosen Jünglinge die Umgebung erkunden. Auf ihr Beharren hin erlaubt es ihnen der Alte, doch nur unter der Bedingung, ihnen folgen zu können. Bald aber verlaufen sich die drei im dichten Nebel, nehmen den falschen Weg und gelangen auf feindliches Feld. Dort begegnet ihnen Witege, den sie zum Kampf herausfordern, obwohl sie keine weitere Bewaffnung als ihre Schwerter dabeihaben. Witege, der vollständig ausgerüstet ist, versucht einen Kampf zu vermeiden oder zumindest, die Jünglinge dazu zu überreden, ihn gemeinsam anzugreifen, um die Chancen auszugleichen. Sie bestehen aber darauf,

sich ihm nur im Einzelkampf zu stellen. Alle drei sterben im Gefecht; ihr Gegner verliert das Bewusstsein über den Schmerz der Wunden und den unnötigen Tod der Jünglinge.

[464] Inzwischen sind sich Dietrichs und Ermrichs Heer näher gekommen, und die Späher auf beiden Seiten studieren ihre Aufstellung. Dietrich leitet die Vorbereitungen für den Kampf und spornt seine Leute an. Wieder gelingt es ihm, einen Teil des Heeres mit seinen besten Männern umzuleiten und Ermrich in den Rücken zu fallen. [586] Die Schlacht, die nun beginnt, ist ein endloses Gemetzel, das elf Tage und Nächte dauert. Ununterbrochen werden die Helden und ihre Gegner genannt, die Toten sind unzählbar, die Schwerter spucken pausenlos Feuer, die Luft wird dick vom Dampf der rauchenden Körper, die Krieger waten durch ein mit Blut durchsetztes Schlammfeld, die Lanzen durchdringen Schilder und Leiber, die Klingen reißen Panzerungen auf und spalten Häupter, sodass Eingeweide und Hirnmasse versprengt werden, die sich mit dem Blutstrom auf dem Feld mischen. Obwohl Dietrich Sigfrid und Fruote besiegt, zwei der herausragenden Männer Ermrichs, ziehen scheinbar unaufhörlich immer weitere Bataillone in die Schlacht, um sich wie die Lämmer massakrieren zu lassen. Schließlich muss Ermrich die Flucht ergreifen und verliert auch hier noch einmal viele Krieger. Der böse Ratgeber Sibeche wird gefangen genommen.

[868] Während man in dem Meer von Toten die Verletzten heraussucht, erreicht Dietrich die Nachricht vom Tod seines Bruders und der Söhne Etzels. Der Berner reitet eilig zum Ort des Unglücks und wird von einem grundlosen Schmerz erfasst. Da sieht man in der Ferne Witege reiten. Dietrich nimmt die Verfolgung auf und ruft ihm hinterher, er solle anhalten und den Kampf wagen. Witeges Begleiter tut es, aber Dietrich tötet ihn kurzerhand und reitet weiter seinem Feind hinterher. [954] Er tobt vor Wut und glüht regelrecht auf, als er den Fliehenden beinahe erreicht. In diesem Augenblick aber erscheint die Nymphe Wächild und verschleppt Witege in die Tiefe des Meeres. Dietrich dringt ebenfalls ins Wasser ein, muss aber bald an den Strand zurück, wo er vergeblich auf Witeges Auftauchen wartet. Die Nymphe erklärt ihrem Schützling, dass Dietrichs Rüstung leicht zu durchstoßen gewesen wäre, als sie glühte; jetzt aber sei sie wieder erkaltet und undurchdringbar.

[974] Ermrich ist nach Ravenna geflüchtet. Dietrich belagert die Stadt und erobert sie bald, doch Ermrich flieht allein in der Nacht und lässt seine Männer zurück. Dann schickt der Berner Rüedeger als Boten zu Etzel, um ihm vom Tod seiner Söhne zu berichten, Dietrichs Unschuld zu bezeugen und um Gnade zu bitten. [1026] Der treue Vasall reitet nach Gran und berichtet zunächst Helche, was sich ereignet hat, und dann erst Etzel. Beide sind schmerzerfüllt und klagen Dietrich der Fahrlässigkeit an. Rüedeger aber kann sie davon überzeugen, dass er an den Ereignissen nicht schuld ist, und erlangt Gnade für den Berner. Daraufhin reitet nun auch Dietrich vor Etzel und bittet ihn um Vergebung; sie wird ihm gewährt. Dietrich schwört Rache für den Verlust der beiden jungen Prinzen.

Trotz des Vorläufers in ›Nibelungenlied‹ und ›Klage‹ bleibt die Kombination von Paarreim und Strophe in zwei offenbar miteinander verbundenen Werken überraschend. Die strophische Dichtung kann, wie hier gezeigt wurde, auf eine lange Tradition innerhalb der Gattung im deutschen Sprachraum des 13. Jahrhunderts zurückblicken, doch der Paarreimvers bleibt in diesem Bereich ungewöhnlich. Wurde im Falle des ›Laurin‹ auf eine Nähe zum höfischen Roman verwiesen, so muss für ›Dietrichs Flucht‹ eine Annäherung an die Gattung der Reimpaarchronik angenommen werden, die noch bis ins 14. Jahrhundert hinein gepflegt wurde und über die sich auch die ausführliche Darstellung der Genealogie des Helden und der Legitimität seiner Herrschaft erklären ließe. Allerdings lässt die vergleichsweise häufige, wertende und beurteilende Intervention des Erzählers doch wieder an den höfischen Roman denken. Die ›Rabenschlacht‹ hingegen nimmt einen weniger wendigen und ruhigeren Stil an, der sich auf seine einzigartige Strophenform stützt, für die keine Melodie überliefert ist und deren Aufbau nicht evident ist. Sie kann je nachdem, wie man sie deutet, als ein Gebilde von vier oder von sechs Versen gesehen werden. Denn die ersten Zeilen lassen sich als vier Kurzverse mit Kreuzreim (abab) oder als zwei Langverse mit Paar- und Binnenreim verstehen, die metrisch den letzten beiden Versen der Nibelungenliedstrophe sehr nahe stehen. Ihnen folgen zwei Verse mit Paarreim, von denen der erste kurz ist und der zweite so lang, wie der Schlussvers der Kudrunstrophe. Es könnte sich also um eine Strophenform handeln, die Modelle aus ihren Vorläufern kombiniert. Jedenfalls ist es offensichtlich, dass ›Dietrichs Flucht‹ eine Art Chronik sein möchte, welche die Ereignisse vor dem großen Krieg Dietrichs von Bern erzählt, während sich die ›Rabenschlacht‹ vom Ton und der strophischen Form her als Heldenepos präsentiert, das sich auf die dichterische Ausgestaltung des Geschehens an sich konzentriert.

Die Anknüpfung an das ›Nibelungenlied‹, die möglicherweise in der Strophenform der ›Rabenschlacht‹ zu sehen ist, zeigt sich auch in einem eindeutigen wörtlichen Zitat in der ersten Strophe sowie in einer Reihe weiterer Anspielungen im Verlauf des Textes. Auch die

Anfangsverse von ›Dietrichs Flucht‹ enthalten nibelungische Reminiszenzen, die aber weniger deutlich sind. Die ›Rabenschlacht‹ spielt nicht nur auf das ›Nibelungenlied‹ an, sondern auch auf weitere Werke des frühen 13. Jahrhunderts. Diese Tatsache und die vergleichsweise gepflegte Komposition stellt diese beiden Epen auf ein Niveau, das eindeutig als ›literarischer‹ bezeichnet werden kann als die meisten anderen in diesem Kapitel vorgeführten Werke, wenn auch mit Vorsicht, denn auch diese Texte wurden wahrscheinlich wie die übrigen vorgetragen.

Hier schließt die Frage nach der Herkunft dieser Dichtungen an. Nach der Sprache und den Reimen zu urteilen, dürften beide in Österreich entstanden sein. In einem Exkurs im letzten Drittel von ›Dietrichs Flucht‹ (V. 7932–8001) kritisiert der Erzähler vehement die Willkür der Fürsten gegenüber ihren Vasallen und nennt dabei auch seinen Namen: Heinrich der Vogeler. Lange Zeit hat man gemeint, dass es sich hierbei tatsächlich um den Dichter handelte. Heute aber hält die Forschung diesen Absatz, der sehr gut mit einem weiteren zu Beginn des Werkes korrespondiert (V. 192–246) für eine Interpolation; Heinrich wäre demzufolge der Autor derselben und nicht der Dichter des gesamten Werkes. Beide Passagen scheinen auf die politische Situation in Österreich zu Beginn der Habsburgischen Herrschaft (1282) anzuspielen, als der Adel seine Rechte und Bestrebungen durch die großen Fürsten vermindert sah. Es gibt Anzeichen für ein kontinuierliches Interesse des niederen Adels Österreichs an diesem Aspekt der beiden Werke. Das war aber gewiss nicht der einzige Reiz dieser Dichtungen, wie die Tatsache belegt, dass Kaiser Maximilian sie später in die Sammlung aufnehmen ließ, die er um 1500 in Auftrag gab (vgl. Kapitel VII,1, S. 430f.).

Auf einer allgemeineren Ebene jedoch erweist sich das Verhältnis zwischen Herrscher und Vasall als eines der Hauptthemen dieses Doppelepos. Zum Beispiel schon in ›Dietrichs Flucht‹: Das Werk beginnt mit der ausführlichen Beschreibung der Ahnen Dietrichs von Bern, die sich besonders auf Dietwart konzentriert, dessen sonderbare und von Gefahren nur am Rande geprägte Brautwerbung – ebenso wie sein Tod und vorher die Geburt des Sohnes – mit großer Detailfreude beschrieben wird, weil sie offenbar als Modell dient für die Reihe von sechs Vorfahren des Helden, die das Land beispielhaft regiert haben. Es geht offensichtlich darum, eine langwährende und konsolidierte Situation legitimer und geordneter Herrschaft zu zeichnen. Wichtig ist dabei nicht die dynastische Kontinuität, denn die wird ja mit Ortnits Tod gebrochen, sondern die historisch verbürgte Legitimität. Das biblische Alter der jeweiligen Herrscher (von bis zu 400 Jahren) und die Tatsache, dass von sechs Generationen berichtet wird, lässt an die sechs Weltalter denken, mit denen mittelalterliche Chroniken gewöhnlich beginnen. Diese langjährige Stabilität, welche das Eindringen der Drachen, die Ortnit töten, nur vorübergehend stören kann, geht mit dem Auftritt Ermrichs zu Ende, welcher Verrat und Frevel in die Geschichte einführt, die sich ausbreiten und sich wie ein Ölfleck über das gesamte politische Handeln im Reich legen. Die Verbannung Dietrichs und die Usurpierung seiner Herrschaft durch Ermrich erscheinen dadurch wie eine Kainstat, die den Adel aus dem paradiesischen Zustand indiskutabler Herrschaftslegitimität und Friedens verstoßen. Die Figur Ermrichs wird zum Archetypen des Unheilstifters, zum mythischen Urheber des Bösen. Er bewegt Männer wie Witege und Heime zum Bruch des Treueschwurs und zwingt Dietrich, das Reich zu verlassen. Die Katastrophen werden immer größer: Witege lässt die gesamte Bevölkerung Ravennas ermorden, Dietrich verliert seine besten Männer, schließlich – in der ›Rabenschlacht‹ – sogar seinen Bruder und die unter seinem Schutz stehenden hunnischen Prinzen.

Auf der gegenüberliegenden Seite steht nicht nur Dietrich, sondern auch und vor allem Etzel, der hunnische König, dessen stets wohlwollendes und großzügiges Verhalten seinen Vasallen gegenüber immer wieder in Reden und Gesten eingehend dargestellt wird als Idealform der Interaktion zwischen König und Adel. Etzel und seine Frau Helche, die immer deutlicher ›österreichische‹ Herrscher sind und nicht mehr ›hunnische‹, sind das lebendige Beispiel von Monarchen, die sich wirklich um das Wohl ihrer Leute sorgen. Ihr Mitleid mit fremdem Schmerz, ihr Entschluss, die politische und moralische Ordnung zu restituieren, sowie ihre Großzügigkeit gegenüber den Untertanen sogar in den Momenten höchster Not oder größten Unglücks zeichnen ein idealisiertes Bild der Königsfigur. Obwohl Dietrich die direkte Verantwortung über die Jünglinge übernommen hatte und sich das Herrscherpaar in vollem Schmerz über den Verlust der Kinder befindet, vermag der König das Unglück zu akzeptieren und dem Helden zu verzeihen, der zudem die unschätzbare Hilfe Rüedegers genießt. Mehr denn in jedem anderen Text des deutschen Mittelalters wird Etzel hier mit arthurischen Zügen versehen; Helche musste sogar mit mütterlichen Merkmalen ausgestattet und der Held mit Herrad verlobt werden, damit nicht Erinnerungen an die Königin Ginover und ihr Verhältnis zu Lancelot geweckt würden. Ziel dieser Dichtungen war somit nicht die vermeintliche Geschichtlichkeit des Erzählten (die wohl auch angezweifelt wurde), sondern die Möglichkeit, ein Idealbild einer im Leid geprüften Adelsgesellschaft am Ende des 13. Jahrhunderts zu zeichnen.

In diesem Kontext erfährt auch das Heldentum eine bedeutende Veränderung. Es wird nicht nur, wie in zahlreichen anderen Werken auch, ein ungestümes Kriegerethos kritisiert, sondern Kampf und Krieg werden als Möglichkeiten für die Darstellung der Helden und Krieger überhaupt verneint. Der Einsatz von Gewalt wird vielmehr dargestellt als eine notwendige politische Praxis, die – wie alle übrigen Herrschaftshandlungen – weiser Ratsbeschlüsse unter allen Beteiligten bedarf, die die Entwicklung von Strategie, Taktik und List erfordert und schließlich Verhandlung und Ritterlichkeit voraussetzt. In allen bewaffneten Auseinandersetzungen, von denen diese beiden Werke erzählen, wird zunächst das feindliche Heer eingehend beobachtet, um dann sorgfältig überlegte Entscheidungen im Fürstenrat zu treffen, die eine genau definierte Strategie bestimmen. Da bleibt wenig Raum für den traditionellen Helden, der einsam große Taten vollbringt. Die Einzigen, die das tun, sind die drei Jünglinge in der ›Rabenschlacht‹. Ihr Handeln wird nicht nur von Witege als ein Ausweis fehlender Reife bezeichnet. Die Folgen ihres noch an einer topischen Heroik festhaltenden Benehmens könnten schlimmer nicht sein. Dietrichs Heldentum hingegen ist viel pragmatischer und gründet eher auf seiner globalen Eigenschaft, ein guter Fürst zu sein.

Dennoch vermag Dietrich von Bern angesichts des Frevels, das die Welt seit der Ankunft Ermrichs beherrscht, nicht siegreich zu sein. Seine Bemühungen zur Wiederherstellung der Ordnung sind mit Etzels Hilfe immer größer, sowohl im materiellen und strategischen Sinne als auch konkret auf dem Schlachtfeld. Seine Heere töten eine immer größer werdende Anzahl an Gegnern. Die Leichenberge und Blutlachen wachsen exponentiell und werden zu hyperbolischen Topoi. Die Männer kämpfen unter unmöglichen Bedingungen, waten im knöcheltiefen Blut, das sogar die Toten bedeckt; der Dampf des Schweißes und der Rauch des Feuers von den Schwertern und Panzern verdichtet sich zu einem undurchdringlichen Nebel; die Helden schlagen breite Schneisen in die feindlichen Heere. Doch je größer die Anstrengung, umso größer ist das Unglück; der Held erleidet wie gesagt immer gewaltigere Verluste. Dietrich ist ein Held mit Tugend, aber ohne Glück, denn die Höhe des Preises verwandelt den Sieg in eine Niederlage. Der Held bleibt der *arme Dietrich*. Ermrich aber entkommt immer wieder, schleicht sich fort bei Nacht und allein und sorgt dafür, dass Verrat und Meuchelei immer wieder von neuem beginnen. Die Welt kann das Übel trotz idealisierter Darstellung des Adels nicht überwinden.

Diesen beiden Texten sehr nahe steht ein Heldenepos, das wir unter dem Namen ›Alpharts Tod‹ kennen. Es ist in einer einzigen Handschrift aus dem 15. Jahrhundert überliefert, der ein Drittel der Blätter fehlt. Der Codex enthielt zudem weitere Werke, die heute voneinander getrennt sind und in unterschiedlichen Bibliotheken verwahrt werden; darunter befindet sich auch eine Überarbeitung des ›Nibelungenliedes‹, von der weiter unten die Rede sein wird (vgl. Kapitel VII,1, S. 439f.). Es ist bisher nicht gelungen, die Dichtung genauer zu datieren oder zu lokalisieren. Zwar hält die Forschung sie für ein Produkt aus der gleichen Zeit wie die vorigen beiden Werke, doch die Indizien sind unsicher. Der Stil des erhaltenen Textes ist jünger, aber es könnte sich auch um eine späte Überarbeitung eines älteren Epos handeln, wie es bei der erwähnten ›Nibelungenlied‹-Fassung derselben Handschrift der Fall ist. Der Text ist in zwei verschiedenen Strophentypen geschrieben, die nur minimal voneinander abweichen: ›Nibelungenlied‹-Strophen und Hildebrandston; der Unterschied zwischen beiden besteht lediglich darin, dass Letzterer nicht den um eine Hebung verlängerten letzten Halbvers hat. Es ist unklar, ob diese Alternanz bewusst eingesetzt wurde oder ob sie das Ergebnis einer unvorsichtigen Überarbeitung eines früheren Textes ist.

ZUSAMMENFASSUNG

[1] Ermrich schickt Heime als Boten zu Dietrich, um ihm den Krieg zu erklären, falls er ihm nicht das gesamte Land von Bern übergebe. Dietrich erinnert Heime wiederholt daran, dass er ihm Treue schwur; der Botschafter bekennt das, gibt aber unterschiedliche Ausreden für seine Position und beteuert am Ende, nicht an der Schlacht teilnehmen zu wollen. [170] Heime kehrt zu Dietrich zurück, dessen Heer von 80000 Mann bereits vor Bern lagert, und verkündet ihm Dietrichs Bereitschaft, sein Land zu verteidigen. Der Botschafter warnt den König außerdem, dass er Unrecht tue.

[266] Dietrich teilt seinen Baronen die Kriegserklärung mit; sie zeigen sich alle bereit zu kämpfen. Alphart verlangt, die Aufgabe des Spähers übernehmen zu dürfen. Obwohl alle meinen, er sei zu jung, besteht er auf seiner Forderung. Nicht einmal die Bitten der Damen halten ihn ab. [478] Da beschließt Hildebrand, ihm auf seinem Weg zu folgen, aber Alphart entdeckt ihn kurze Zeit später, erkennt ihn nicht und kämpft gegen ihn. Der Alte wird besiegt und gibt sich zu erkennen; er versucht, den Jüngling zur Rückkehr an den Hof zu bewegen, doch der weigert sich. [562] Als er seinen Weg zum feindlichen Lager fortsetzt, begegnet er einer Truppe von achtzig Kriegern, die von Wülfing angeführt wird. Er kämpft gegen sie und tötet sie alle außer acht, die fliehen und Ermrich von dem Vorfall berichten. Der König fordert Rache, doch niemand traut sich, sie auf sich zu nehmen, weil sie über die Tat des jungen Kriegers so verwundert sind. [818] Da muss Ermrich Witege auffordern, die Aufgabe zu übernehmen; Heime folgt ihm von weitem. Witege begegnet Alphart, der unter einem Baum wartet, beide provozieren sich gegenseitig und beginnen den Kampf. Der Jüngling bedrängt seinen Gegner, bis er ihn zu Boden wirft. [980] Jetzt greift Heime ein, um seinem Freund zu helfen, doch Alphart fordert einen Einzelkampf. Witege ist aber so erschrocken, dass er lieber die Freveltat begehen möchte, seinen Gegner zu zweit anzugreifen, als in den sicheren Tod zu gehen. So greifen beide gemeinsam den jungen Helden an; als sie aber auch so gefährliche Wunden erhalten, beschließen sie, von vorn und von hinten gleichzeitig auf ihn loszuschlagen. [1220]

[Lücke]

Hildebrand ist nach Deutschland geritten, um Eckehart, Walther und seinen Bruder Ilsan zu holen. Sie sollen Dietrich helfen, Alpharts Tod zu rächen. Unterwegs stoßen sie auf einen Flügel von Ermrichs Heer, den sie in einer schnellen Aktion vernichten. [1560] Dietrich empfängt sie vor Bern. Nun erscheint auch Ermrich mit seinem Heer, und die Schlacht beginnt. Der König von Rom erleidet eine vernichtende Niederlage und flieht mit Sibeche, Heime und Witege. Dietrich räumt das Schlachtfeld, kehrt nach Bern zurück und verabschiedet sich von den Gästen.

Auf den ersten Blick ist erkennbar, dass sich diese Dichtung zyklisch in die Handlungen einzubauen versucht, die ›Dietrichs Flucht‹ und ›Rabenschlacht‹ erzählen, indem sie die Taten eines der dort nur beiläufig genannten Kriegers hervorhebt und die Treulosigkeit Heimes und Witeges stärker herausarbeitet. Dieses Zeugnis weist also darauf hin, dass Werke über Dietrichs Versuche, sein Berner Reich zurückzuerobern, beinahe einen breiteren Zyklus gebildet hätten. Nach den erhaltenen Texten zu urteilen, ist die Initiative aber nicht gediehen.

Die Dichtung von ›Alpharts Tod‹ vertieft ein Thema, das auch in der ›Rabenschlacht‹ präsent ist: die blinde und unbedachte Besessenheit der jungen Männer zu kämpfen, ohne genügend Kenntnisse oder Erfahrung zu besitzen, um den Waffengang glücklich zu bestehen. Waren es dort Dietrichs Bruder Diether und die beiden Etzelsöhne, die nicht nur alle Vorsichtsmaßnahmen vergaßen und ihr Versprechen brachen, in Bern zu bleiben, sondern zudem noch Witege zum Kampf herausforderten, obwohl sie selbst nicht bewaffnet waren, so ist es hier Alphart, der darauf beharrt, das feindliche Heer auszuspähen, und nicht nur gegen die kämpft, die ihn angreifen, sondern danach noch geduldig auf jene wartet, welche die Toten rächen könnten. So muss am Ende Dietrich wieder den Verlust einer seiner besten Männer beklagen. Diesmal aber erhält man auch eine deutlichere Konturierung der Gegner, Witege und Heime, zwei traditionelle Figuren im Umkreis Dietrichs von Bern. Ihr Treuekonflikt zwischen Ermrich und dem Berner wirft von Beginn an ein zweifelhaftes Licht auf sie. Der Schrecken, den Alpharts Mut und Tüchtigkeit in ihnen auslöst, zeigt ihre Schwäche, und die abscheuliche Hinterhältigkeit, mit der sie Alphart von vorn und hinten gleichzeitig angreifen, lässt sie als schlimmste Übeltäter erscheinen. Dietrich von Bern ist in diesem Text erfolgreicher und siegesgewisser; Ermrich ist bei weitem nicht so stark, wie in den beiden anderen Epen.

›Alpharts Tod‹ bestätigt zudem eine Tendenz, die im Verlauf dieses Kapitels schon mehrfach beobachtet werden konnte und die darin besteht, die gattungstypische Heroik durch eine Kritik an der sinnlosen Kampfbesessenheit zu ersetzen. Kaum ein Kampf Dietrichs oder der anderen Helden wird fraglos hingenommen, wenn er sich nicht gegen Riesen oder Drachen wendet; mit den Zwergen ist es bereits anders. Eigentlich findet der erste Schritt in diese Richtung im schon ›Nibelungenlied‹ statt, wo die Kombination des Burgundenstoffs mit dem Figurenkreis um Dietrich von Bern bereits eine Verschiebung der Akzente und eine positivere Zeichnung des Berners gegenüber Kriemhilt oder Hagen bedeutete. Aber in den Texten des 13. Jahrhunderts, besonders in der historischen Dietrichepik, die hier zuletzt behandelt worden ist, drängt sich der Eindruck auf, dass die Helden des alten Schlags ersetzt worden sind durch modernere und friedliebende oder weniger draufgängerische Berufskrieger. Sie sind Kenner der Gefahren, welche die Gewalt birgt, folglich auch behutsamer in ihren Entscheidungen, weiterhin aber erbarmungslos und ausdauerfähig, wenn es zum Kampf kommt. Sie ähneln nicht mehr den Helden, die in den Büchern stehen, sondern eher den adligen Rittern, die man sich als Publikum zu denken hat.

LITERATUR

Die historischen Dietrichepen liegen seit neuestem in hervorragenden, von Elisabeth Lienert betreuten kritischen Ausgaben vor: *Dietrichs Flucht. Textgeschichtliche Ausgabe*, hg. von Elisabeth Lienert und Gertrud Beck, Tübingen 2003; *Rabenschlacht. Textgeschichtliche Ausgabe*, hg. von Elisabeth Lienert und Dorit Wolter, Tübingen 2005. Die Handschriften hat unlängst Renate Achenbach, *Handschriften und ihre Texte. ›Dietrichs Flucht‹ und ›Rabenschlacht‹ im Spannungsfeld von Überlieferung und Textkritik*, Frankfurt 2004, untersucht. Auch der dritte Text ist neu ediert: *Alpharts Tod. Dietrich und Wenezlan,* hg. von Elisabeth Lienert und Viola Meyer, Tübingen 2007; von ihm war bislang nur ein Abdruck der Handschrift in der Monographie von Uwe Zimmer, *Studien zu Alpharts Tod nebst einem verbesserten Abdruck der Handschrift*, Göppingen 1972, greifbar.

Die ersten Schritte hin zu einer modernen Deutung des Doppelepos taten Michael Curschmann, »Zur Struktur und Thematik des Buchs von Bern«, in *PBB* (Tübingen) 98 (1976), S. 357–383, und Walter Haug, »Hyperbolik und Zeremonialität. Zu Struktur und Welt von ›Dietrichs Flucht‹ und ›Rabenschlacht‹«, in *Deutsche Heldenepik in Tirol. König Laurin und Dietrich von Bern in der Dichtung des Mittelalters*, hg. von Egon Kühebacher, Bozen 1979, S. 116–134. Die Exkurse in ›Dietrichs Flucht‹ und die Anspielungen an eine außerliterarische Wirklichkeit haben die Aufsätze von Jan-Dirk Müller, »Heroische Vorwelt, feudaladeliges Krisenbewußtsein und das Ende der Heldenepik. Zur Funktion des ›Buchs von Bern‹«, in *Adelsherrschaft und Literatur*, hg. von Horst Wenzel, Frankfurt 1980, S. 209–257, und von Norbert Voorwinden, »Das intendierte Publikum von ›Dietrichs Flucht‹ und ›Rabenschlacht‹«, in *2. Pöchlarner Heldenliedgespräch: Die historische Dietrichepik*, hg. von Klaus Zatloukal, Wien 1992, S. 79–102, behandelt. Den genealogischen Aspekt, besonders der Vorgeschichte, hat Beate Kellner, »Kontinuität der Herrschaft. Zum mittelalterlichen Diskurs der Genealogie am Beispiel des ›Buches von Bern‹«, in *Mittelalter. Neue Wege durch einen alten Kontinent*, hg. von Jan-Dirk Müller und Horst Wenzel, Stuttgart/Leipzig 1999, S. 43–62, studiert. Den Modellen des Heldentums hat Michael Mecklenburg, *Parodie und Pathos. Heldensagenrezeption in der historischen Dietrichepik*, München 2002, seine Monographie gewidmet. Die Beziehungen zum ›Nibelungenlied‹ sind von Elisabeth Lienert, »Dietrich contra Nibelungen. Zur Intertextualität der historischen Dietrichepik«, in *PBB* 121 (1999), S. 23–46, wieder geprüft worden, doch schon Ruth H. Firestone, »Generic Fluidity in Alpharts Tod, Dietrichs Flucht, and the Rabenschlacht«, in *Genres in Medieval German Literature*, hg. von Hubert Heinen und Ingrid Henderson, Göppingen 1986, S. 114–128, hat auf die Schwierigkeit verwiesen, Gattungsgrenzen zu zeichnen.

Über ›Alpharts Tod‹ gibt grundlegende Information der Lexikon-Artikel von Hellmut Rosenfeld, »›Alpharts Tod‹«, in *VL*, Bd. I, Berlin 1978, Sp. 258–261. Das Problem des sinnlosen Kampfes behandelt Günter Zimmermann, »Wo beginnt der Übermut? Zu ›Alpharts Tod‹«, in *2. Pöchlarner Heldenliedgespräch: Die historische Dietrichepik*, hg. von Klaus Zatloukal, Wien 1992, S. 165–182. Zur Frage der gattungsgemäßen Einordnung vgl. Ruth H. Firestone, »Aside from that, what's wrong with Alphart?«, in *Canon and canon transgression in medieval German literature*, hg. von Albrecht Classen, Göppingen 1993, S. 123–134.

VII. Heroische Dichtung in der deutschen Frühen Neuzeit

Die Heldenepen, denen das vorige Kapitel gewidmet war, werden alle noch ins 13. Jahrhundert datiert und damit einer der fruchtbarsten Perioden der deutschsprachigen Literatur zugeschrieben. Zu Beginn des 14. Jahrhunderts betrachtet man gewöhnlich die produktive Phase der höfischen Literatur als weitgehend beendet. Bereits einige Jahrzehnte früher setzt eine Übergangszeit ein, in der die Adelshöfe als Produktionszentren volkssprachlicher Literatur allmählich an Bedeutung verlieren. Parallel dazu wird ein bürgerliches Publikum breiter, das graduell auch die Schichten unterhalb des höchsten Patriziats erreicht. Nicht zuletzt gehört auch der bedeutende Anstieg an geistlicher Dichtung in deutscher Sprache in diese Zeit. All dies bewirkt nicht nur deutliche Verschiebungen in der proportionalen Präsenz der Gattungen und ihrem Verhältnis zueinander, es verändert auch grundlegend die bis dahin üblichen Formen und Themen. Ab dem frühen 14. Jahrhundert entstehen an den Höfen keine neuen Romane und wie gesagt auch keine Heldenepen mehr. Dagegen wächst das (nicht nur höfische) Interesse an Geschichtsschreibung. Während das Bürgertum noch lediglich lose Versuche macht, sich den Roman anzueignen, erfreuen sich die kurzen narrativen Gattungen besonderen Interesses. Diese Entwicklungen fallen außerdem mit einem Sprachwandel vom Mittel- zum Frühneuhochdeutschen zusammen, der ebenfalls zu literarischen und poetischen Veränderungen beiträgt.

Im 15. Jahrhundert ist ein dann exponentielles Wachstum der literarischen Produktion insgesamt zu beobachten, das prinzipiell einen Durchbruch volkssprachlicher Literatur bedeutet, sowohl geistlicher wie auch weltlicher. Damit verbunden ist auch die Tatsache, dass nun die Mehrheit der Werke in Prosa abgefasst wird, während noch bis zum Beginn des Jahrhunderts der Vers dominierte. Im Unterschied zu den romanischen Ländern hatte sich die deutsche höfische Literatur im 13. Jahrhundert nicht für die erzählende Prosa interessiert, die nun allmählich – aber unter ganz anderen Bedingungen – überhand nimmt.

Das alles sollte aber nicht den Eindruck erwecken, dass die höfische Literatur und konkret die Heldenepen nach 1400 nicht mehr gelesen worden seien. Vielmehr genossen sie zwei Jahrhunderte lang noch ungebrochenes Interesse, wie die zahlreichen Handschriften und Drucke aus der Zeit bezeugen, seien sie nun vollständig oder fragmentarisch erhalten. Aber nicht nur die Anzahl der Zeugnisse ist wichtig, sondern vor allem die Anzeichen produktiver Rezeption. Die erhaltenen Texte spiegeln eine breit gefächerte Palette an Möglichkeiten, die von der getreuen Abschrift bis zur freien Neuschöpfung der Dichtung reicht und damit ebenso viele Arten des Lesens und der Aneignung des Textes belegt. Die vielen unterschiedlichen Fassungen der Heldenepen des 13. Jahrhunderts, von denen nur die wichtigsten im vorigen Kapitel vorgestellt werden konnten, sind ja nicht alle im 13. Jahrhundert entstanden, sondern zu einem nicht unerheblichen Teil auch im 14. und 15. Jahrhundert. Man kann also nicht behaupten, dass die produktive Phase der Heldenepik in der Frühen Neuzeit tatsächlich beendet sei, sondern allenfalls, dass sie sich verschiebt auf die Komposition neuer Versionen der alten Werke. Das vorliegende Kapitel beschäftigt sich mit diesem kontinuierlichen und teilweise produktiven Rezeptionsprozess, der sich über mehr als zwei Jahrhunderte erstreckt. Es fragt zunächst danach, wie die alten Werke gelesen und verstanden wurden. Das Augenmerk richtet sich dabei auf die Spuren der Wertschätzung der Heldenepen in den erhaltenen Handschriften sowie besonders auf neue Verständnisformen der alten Texte und sich wandelnde Buchformate, die für die Rezeption wahrgenommen wurden.

Dass keine neuen Heldenepen nach 1300 entstanden sind, bedeutet jedoch keineswegs, dass die heroischen Stoffe für die Literatur nicht mehr interessant gewesen seien. Vielmehr lässt sich beobachten, dass die alten Geschichten in neue Formen gegossen werden: zwei Kurzepen, zwei Balladen und zwei Fastnachtsspiele nutzen die alten

Stoffe für neue Schöpfungen. Gewiss, es sind nicht viele neue Dichtungen, die uns aus dieser Zeit erhalten geblieben sind, doch sie bereichern unser Verständnis von der Stellung der heroischen Tradition im 15. und 16. Jahrhundert; daher soll auch ihnen ein Kapitel gewidmet werden.

Schließlich stehen wir in der Frühen Neuzeit vor Transformationen des Verständnisses von Geschichte, die auch die Art betreffen, heroische Dichtung zu verstehen, da sich diese ja als historisch ausgibt. Daher soll sich ein letzter Abschnitt mit einigen Beispielen befassen, die einen Wechsel im Verständnis der Heldensage beobachten lassen und neue Formen, sie zu verstehen oder sie zu aktualisieren.

LITERATUR

Über die Veränderungen in der deutschen Literatur des 14. Jahrhunderts ist jetzt grundlegend das Buch von Johannes Janota, *Orientierung durch volkssprachige Schriftlichkeit*, Tübingen 2004 (Geschichte der deutschen Literatur von den Anfängen bis zum Beginn der Neuzeit III/1). Darin eingegangen sind viele der Überlegungen, die seinerzeit Hugo Kuhn, *Entwürfe zu einer Literatursystematik des Spätmittelalters*, Tübingen 1980, anstellte. Knapp, aber immer wieder trefflich formuliert ist der Band von Max Wehrli, *Geschichte der deutschen Literatur vom frühen Mittelalter bis zum Ende des 16. Jahrhunderts*, Stuttgart [3]1997. Materialreich ist auch Thomas Cramer, *Geschichte der deutschen Literatur im späten Mittelalter*, München 1990. Für den Roman der frühen Neuzeit ist immer noch sehr brauchbar das Buch von Xenja von Ertzdorff, *Romane und Novellen des 15. und 16. Jahrhunderts in Deutschland*, Darmstadt 1989. Die spätmittelalterliche Kurzerzählung hat neuerdings Klaus Grubmüller, *Die Ordnung, der Witz und das Chaos. Eine Geschichte der europäischen Novellistik im Mittelalter: Fabliau – Märe – Novelle*, monographisch abgehandelt.

1. Die Heldenepen im 14., 15. und 16. Jahrhundert

Ist uns der deutsche höfische Roman des 12. und 13. Jahrhunderts aus einer beachtlichen Menge von Handschriften oder Fragmenten bekannt (über 400), von denen jedoch nicht einmal ein Viertel aus der Zeit nach 1400 stammt, so zeigt die mittelhochdeutsche Heldenepik das umgekehrte Verhältnis. Die überlieferten Textzeugen aller bislang erwähnten deutschen heroischen Dichtungen erreichen nicht die Zahl 200, aber beinahe zwei Drittel von ihnen stammen aus dem 14. bis 16. Jahrhundert und innerhalb dieser Spanne ganz besonders aus den Jahren zwischen 1440 und 1490. Das ist ein deutlicher Hinweis dafür, dass sich die Heldengeschichten in der Frühen Neuzeit einer wachsenden Zuwendung in den Schichten erfreuten, die Zugang zur Schriftlichkeit besaßen. Die Gründe für diesen Anstieg sind schwer zu bestimmen. Möglicherweise hängen sie zusammen mit einem Publikumswachstum in den mittleren Schichten, das keinen Leserverlust in den Adelskreisen bedeutete, denn es finden sich Handschriften, die von fürstlichen Familien in Auftrag gegeben wurden, sogar vom Kaiser selbst, und andere, die von Bürgern oder Handwerkern finanziert wurden. Auch ist hervorzuheben, dass das Erscheinen des Prosaromans das Interesse für seine in Versen und im veralteten Mittelhochdeutsch komponierten Vorgänger minderte. Es wurden also weniger alte Romane gelesen, aber mehr alte Epen. Vielsagend ist auch die Tatsache, dass der Zuwachs an Textzeugnissen nicht mit der Dichtung neuer Heldenepen gepaart erscheint, was der deutlich wachsenden Produktion von Liebes- und Abenteuerromanen im 15. und 16. Jahrhundert entgegensteht.

In der handschriftlichen Überlieferung der Heldenepik lassen sich, auch wenn man sie wegen der Verzerrungen des Überlieferungszufalls insgesamt mit Vorbehalt betrachtet, einige bedeutende Akzentsetzungen beobachten. Im 14. Jahrhundert dominieren die Textzeugen des ›Nibelungenliedes‹ (vgl. Kapitel IV,1), die etwa die Hälfte aller Handschriften und Fragmente heroischer Literatur ausmachen. Im 15. Jahrhundert aber bestimmen die ›aventiurehafte‹ Dietrichepik und der ›Ortnit‹-›Wolfdietrich‹-Komplex (vgl. Kapitel VI,1–3) vier Fünftel aller bekannten Zeugen; zudem werden gerade diese Texte dann in den Buchdruck aufgenommen und überdauern dadurch das 16. Jahrhundert. Während andererseits das ›Nibelungenlied‹ fast nur in Codices eingetragen wurde, die ausschließlich für das Epos und die ›Klage‹ konzipiert waren (es gibt einige wichtige Ausnahmen, von denen zum

Teil noch die Rede sein wird), ist es selten, Handschriften mit Dietrichepik zu finden, die nur einen Text enthalten. Nur in vier Fällen wird ein Band ausschließlich einem Text gewidmet; allerdings müsste man hier sechs Fälle hinzuzählen, in denen zwei Texte – meistens ›Ortnit‹ und ›Wolfdietrich‹ – einen Band ausmachen. Selbstverständlich ist hierbei nur von vollständigen Handschriften die Rede oder von Fragmenten, die groß genug sind, um Aussagen über den Bestand des Bandes zu wagen, dem sie ursprünglich angehörten. Im Übrigen ist die deutsche Heldenepik in Handschriften sehr gemischten Inhalts überliefert, wenn auch immer in deutschsprachigen Codices und meist mit anderen Versdichtungen zusammen. In den etwa zwanzig weiteren Handschriften, über die noch eine Aussage möglich ist, erscheint die epische Dichtung neben Texten, die sowohl religiös wie profan sein können, kurz oder lang, narrativ, diskursiv oder lyrisch.

Einerseits bestätigen diese Daten die Beobachtung des vorigen Kapitels, dass die mittelhochdeutsche Heldenepik keinen Zyklus bildet. Nicht nur schließen die Dichtungen bloß auf sehr oberflächliche Weise aneinander an, man sah auch auf der Ebene der Überlieferung oder Rezeption keinen Bedarf, eine Reihe von Texten, zum Beispiel über ein und dieselbe Figur, zu gruppieren. Erst im 15. Jahrhundert erscheint eine kleine Gruppe von Büchern, die allein Heldenepik sammeln, die sogenannten ›Heldenbücher‹, denen weiter unten einige Absätze gewidmet werden. Andererseits stellt man fest, dass Sammelhandschriften mit geringem Repräsentationswert und eher zufälliger Textauswahl vorherrschen. Es gibt natürlich auch sehr bemerkenswerte Ausnahmen: große und ansehnliche Handschriften, die konzipiert wurden, um eine repräsentative Auswahl höfischer Literatur in ihrer ganzen Breite zu sammeln. Nur in dreien dieser Fälle (Berlin, Staatsbibliothek, Ms. germ 2° 1062; Wien, Nationalbibliothek, Ser. nova 2663; Wien, Nationalbibliothek, Vindob. 2779) – und in zwei weiteren, weniger relevanten – erscheint die Heldenepik neben Ritterromanen. Ebenfalls nur dreimal trifft eine Dichtung um Dietrich von Bern mit dem ›Nibelungenlied‹ zusammen (Darmstadt, Landes- und Hochschulbibliothek, Ms. 4257; Wien, Nationalbibliothek, Ser. nova 2663; Wien, Nationalbibliothek, Vindob. 15478), doch alle drei dürfen als

Ausnahmefälle gelten, wie noch zu sehen sein wird. Und nur zweimal steht ein Text mit ›germanischem‹ Stoff neben einem Werk, das in den Bereich der Rezeption französischer *chansons de geste* gehört (Sankt Gallen, Stiftsbibliothek, Ms. 857; Dessau, Stadtbibliothek, Cod. Georg 224 4°). Diese Überlieferungslage scheint darauf hinzuweisen, dass für einen wichtigen Teil des zeitgenössischen literarischen Publikums die Heldenepik eine Gattung war, die eindeutig von den Romanen und Chroniken des 13. Jahrhunderts geschieden werden konnte.

Diese letzte Aussage muss aber präzisiert werden, denn sie gilt weder für die ›historische‹ Dietrichepik oder für den ›Biterolf‹, die nur schwach bezeugt sind und überlieferungstypisch der Historiographie näherstehen, noch für das ›Nibelungenlied‹, das einen Sonderfall darstellt, mit dem wir uns noch befassen werden (vgl. unten, S. 431–443). Die ›aventiurehafte‹ Dietrichepik sowie ›Ortnit‹ und ›Wolfdietrich‹ beherrschen mit ihren zahlreichen Fassungen vollkommen die heldenepische Überlieferung. Die Verbreitung dieser Texte erreicht ihren Höhepunkt 1479 mit dem Erscheinen des ›Gedruckten Heldenbuches‹ (vgl. unten, S. 426f.), das ›Ortnit‹, ›Wolfdietrich‹ *D*, ›Rosengarten‹ und ›Laurin‹ enthält und bis 1590 mindestens fünfmal neu aufgelegt wurde. Wenige Jahre später wurden einige Epen auch einzeln gedruckt, in kleineren und weniger teuren Bändchen. Das ›Eckenlied‹ wurde zum Beispiel zwischen 1490 und 1590 zwölfmal einzeln gedruckt, der ›Sigenot‹ brachte es zwischen 1487 und 1661 sogar auf neunzehn Auflagen. Sogar der ›Laurin‹, der doch schon im ›Gedruckten Heldenbuch‹ vorlag, wurde in den ersten fünfzehn Jahren des 16. Jahrhunderts viermal separat gedruckt.

Es ist zu bedenken, dass sich dieser Erfolg der Heldenepik ungeachtet seiner veralteten Versform und der dadurch nur schwer aktualisierbaren Sprache einstellte. Der neue Liebesroman, der im 15. Jahrhundert entsteht, wird grundsätzlich in Prosa geschrieben, und in der zweiten Hälfte jener Periode wurden sogar einige höfische Versromane für Druckausgaben in Prosa umgesetzt. Auch die neuen Bearbeitungen später französischer *chansons de geste* durch Elisabeth von Nassau-Saarbrücken und andere verwenden diese Form, die auch in Frankreich für diese Gattung immer häufiger geworden war. Vor allem in der Geschichtsschreibung hat sich seit dem 13. Jahrhundert die Prosa durchgesetzt. Die deutsche Heldenepik wahrt aber, gerade als sich der Prosaroman am stärksten durchsetzt, ihre prinzipiell strophische Form. Dabei hat diese Bevorzugung des Verses nichts gemein mit dem Aufleben einer strophischen epischen Dichtung in Italien ab dem Ende des 14. Jahrhunderts, denn die hat humanistische Wurzeln, die von Dante und Petrarca ausgehen. Die deutschen epischen Strophen sind weit entfernt von der Kunstfertigkeit und formalen Korrektheit derjenigen, die in den italienischen Texten zu finden sind (auch wenn der Bernerton ein guter Ansatz für eine hoch gebildete Strophe gewesen wäre). Man kann aber auch nicht behaupten, dass die strophische Form der späten deutschen Heldenepik ganz einfach ein Relikt derjenigen sei, die bei den ersten Dichtungen im 13. Jahrhundert verwendet wurde, und dass sie sich aus Gewohnheit hielt. Die Benutzung des Verses ist ganz bewusst und offenbart sich nicht nur in der Organisation der handschriftlichen Abschrift, die dazu neigt, Verse abzusetzen, sondern vor allem in jenen Fällen, in denen spätere Fassungen die Metrik verändern oder verbessern, anstatt sie aufzulösen. Es entstehen sogar strophische Fassungen von den wenigen Werken, die ursprünglich in Paarreimversen geschrieben worden waren. Und diese Strophik bleibt sowohl in den teuren Handschriften und Heldenbüchern wie auch in den einfachsten Drucken des 16. Jahrhunderts erhalten; sogar die neuen Kurzepen (›Wunderer‹, ›Lied vom Hürnen Seyfrid‹; vgl. Kapitel VII,2) übernehmen sie. Man hat also ganz bewusst die Strophe als Gattungsmerkmal erkannt und sie bevorzugt. Das Archaische, das der heroischen Dichtung schon immer anhaftete, hat sich offensichtlich für das Publikum besonders in dieser veralteten Form manifestiert.

Spätestens seit dem ›Nibelungenlied‹ waren die Strophen der deutschen Heldenepik für den sanglichen Vortrag gedacht; das gehörte wohl zur Strategie der Nachahmung von Mündlichkeit. Auch wenn wir keine Melodie zu diesen Strophen kennen oder nur aus sehr späten und nicht immer verlässlichen Transkriptionen, besteht kein Zweifel daran, dass die Strophe es erlaubte, den epischen Text nach einer regulären Tonfolge zu singen, und dass dieser sangbare Charakter der deutschen Heldenepik, ob er nun ausgeführt wurde oder nicht, die Rezeption und Reproduktion der Texte geprägt hat. Mit Sicherheit war der Vortrag mit Gesang nicht die einzige Form, in der diese Werke ihr Publikum erreichten; er war wohl auf jene Gelegenheiten begrenzt, in denen jemand mit den entsprechenden Kenntnissen oder dem notwendigen Können zur Hand war. Wir wissen aber nicht, wie verbreitet diese Fähigkeit war. Im Übrigen dürfte der sangliche Vortrag mit dem schlichten Vorlesen oder gar mit der privaten Lektüre koexistiert haben. Doch die Erinnerung an diese Möglichkeit des Vorsingens als gattungstypisches Merkmal reicht bis zu den Drucken des 16. Jahrhunderts, die auf ihren Titelblättern oft einen Beisatz wie den folgenden abdruckten: *gar kurczweilig zuo lesen vnnd zuo hören auch zuo singen*. Es sind auch Fälle strophisch-poetischer Texte bekannt, zum Beispiel im Bernerton, die das explizit und sozusagen als Singanleitung angeben: *in dem Thone Dietrichs von Bern*. Durch die Strophe konnte sich die heroische Dichtung im 15. Jahrhundert als eine eigenständige literarische Tradition darstellen, eben jene, die im Unterschied zu anderen Gattungen gesungen wurde oder werden konnte. Das würde auch eine sehr bewusste Differenzierung von der Prosa-Historiographie einschließen. Wenn man bedenkt, dass die Chroniken stets bemüht waren, die Heldenepik mit topischen Angriffen auf die Traditionen der Ungebildeten zu verleumden, dann hätte die bewusste Differenzierung durch die Strophe auch einen programmatischen Charakter gehabt. Die heroische Dichtung stellte sich als Alternative neben die Geschichtsschreibung, als eine durchaus andere, aber ebenso legitime Form, der Taten der Vorzeit zu gedenken. Die Überlieferung zeigt, dass die Heldenepik vom Adel der frühen Neuzeit noch als kulturelles Erbe der Vorfahren angesehen wurde. Das bürgerliche Interesse dürfte, neben den spannenden Stoffen an sich, auch von einer Nachahmung der für die Aristokratie repräsentativen Werte geleitet gewesen sein.

Wie bereits mehrfach erwähnt wurde, erscheint im letzten Drittel des 15. Jahrhunderts in Deutschland ein neuer Buchtypus, der ausschließlich oder vorrangig heldenepische Texte versammelt: die sogenannten Heldenbücher. Der Terminus ist zeitgenössisch und steht bereits im Titel der gedruckten Fassung von 1479, doch während die heutige Forschung damit lediglich diese Buchsorte bezeichnet, konnte der Begriff damals auch für Bände mit ritterlichen Texten verwendet werden. Das älteste erhaltene Heldenbuch, von dem nur einige Fragmente erhalten sind, ist eine aufwendige Handschrift, die bereits in der ersten Hälfte des 14. Jahrhunderts geschrieben wurde und in uns unbekannter Reihenfolge zumindest ›Eckenlied‹, ›Virginal‹, ›Ortnit‹ und ›Wolfdietrich‹ enthielt. Wir wissen nicht, ob im Verlauf des 14. oder in der ersten Hälfte des 15. Jahrhunderts weitere Codices wie dieser entstanden. Der bibliographische Typus als solcher wird für uns erst in Nürnberg und Straßburg ab 1470 fassbar.

Um 1472 verfasste der Nürnberger Schreiber Kaspar von der Rhön – sicherlich im Auftrag des Grafen von Mecklenburg und mit Hilfe eines weiteren Kollegen –, was wir heute als das ›Dresdner Heldenbuch‹ kennen (Dresden, Sächsische Landesbibliothek, ms. M 201, in 4°, Papier, 349 Blätter). Es handelt sich um die Handschrift, welche die meisten heroischen Werke versammelt, denn sie enthält ›Ortnit‹, ›Wolfdietrich‹, ›Eckenlied‹, ›Rosengarten‹, ›Sigenot‹, ›Wunderer‹ (vgl. Kapitel VII,2, S. 464–466), ›Laurin‹, ›Virginal‹ und das ›Jüngere Hildebrandslied‹ (vgl. Kapitel VII,2, S. 472–474). Außerdem wurden zwei weitere kurze Werke zwischen die Lagen eingefügt: eine strophische Fassung über die Orientfahrt von ›Herzog Ernst‹ und das ›Meerwunder‹, eine nur hier überlieferte Geschichte von einem brutalen Ungeheuer, das eine Prinzessin vergewaltigt und einen gewalttätigen Sohn mit ihr zeugt. Für die moderne Forschung gelten diese beiden Dichtungen als gattungsfremd; sie weisen aber auf einen zweiten thematischen Kernpunkt der Sammlung hin: das Zusammenführen von Texten mit Ungeheuern und sonderbaren Wesen. Ein ähnliches Interesse prägte offenbar schon die ›Beowulf‹-Handschrift (vgl. S. 63f.).

Die Reihenfolge der Texte im ›Dresdner Heldenbuch‹ bezeugt, dass auch eine so umfangreiche Sammlung von Dichtungen über die Abenteuer Dietrichs von Bern nicht auf der Idee eines Zyklus fußt. Die Tatsache, dass jene Texte, die explizit von den frühesten Taten des

Helden berichten, also ›Wunderer‹ und ›Virginal‹, getrennt sind und nicht am Anfang stehen, weist darauf hin, dass das Ordnungsprinzip nicht in der Konstruktion einer biographischen Sequenz der Handlungen lag. Nach welchem Gedanken die Texte geordnet wurden, ist im Ganzen nicht festzustellen. Zu Beginn ging es offenbar darum, Dietrich von Bern mit Ortnit und Wolfdietrich zu verbinden, denn an diese beiden ersten Epen schließt sich das ›Eckenlied‹ an, in dem der Held die berühmte Rüstung Ortnits erhält. Möglicherweise steht das ›Jüngere Hildebrandslied‹ am Ende, weil es Dietrichs Rückkehr aus dem Exil voraussetzt.

Das Hauptmerkmal dieses Bandes ist aber, dass alle darin enthaltenen Texte ganz eigenartige Fassungen der jeweiligen Werke sind, sowohl was ihren Inhalt als auch was den Erzählstil betrifft. Sogar die Form ist eigenwillig, denn der Redaktor verwendet lediglich zwei Strophenformen, den Bernerton (dreizehn Kurzverse mit kombiniertem Kreuz- und Paarreim und die Heunenweise (acht Kurzverse mit Kreuzreim bzw. vier Langverse mit paarweisem Binnen- und Endreim). Diese Entscheidung implizierte eine durchgehende metrische Veränderung von einer Reihe von Werken; sogar der ›Laurin‹, der ursprünglich in Paarreimversen gedichtet wurde, erscheint hier in einer strophischen Fassung. Zudem wurden einige Epen (›Ortnit‹, ›Wolfdietrich‹ und ›Virginal‹) drastisch gekürzt und auf ein knappes Referieren der Handlung und der wichtigsten Dialoge reduziert, das nur halb so lang wie die verwendeten Quellen ist, wie der Schreiber im Kolophon dieser Werke ausdrücklich vermerkt (z. B. beim ›Wolfdietrich‹: *der alt hat 700 lied, der new 333 lied*). Der Urheber einer solchen Kürzung rechtfertigt sein Vorgehen in der letzten Strophe des ›Wolfdietrich‹ mit dem Argument, dass man so das Werk von Anfang bis Ende in einer einzigen Sitzung hören könne (*daz man auf einem sitzen dick /múg hórn anfanck und ent*, V. 334,4); wahrscheinlich folgte er aber auch ästhetischen Kriterien. Dagegen erscheinen das ›Eckenlied‹ wie auch der ›Sigenot‹ und das ›Jüngere Hildebrandslied‹ in den längsten bekannten Fassungen. Im Durchschnitt zählen die Texte jedoch etwas über 2500 Verse (ausgenommen der letzte, der wesentlich kürzer ist). Sprachlich sind alle Dichtungen grundlegend aktualisiert. Das alles offenbart einen Versuch der Homogenisierung, einen Wunsch, in Länge, Form, Sprache und Stil möglichst vergleichbare Fassungen zu bieten, die zum einen die größtmögliche Menge an heroischen Stoffen versammeln, sie zugleich aber in überschaubarer Form bieten: Das Dresdner ist das kürzeste überlieferte Heldenbuch.

Ebenfalls in Nürnberg wurde um 1490 das ›Heldenbuch Linhart Scheubels‹ geschrieben, das so genannt wird, weil dieser Reiche Bürger, der den Band um 1500 besaß, wahrscheinlich auch der Auftraggeber war (Wien, Österreichische Nationalbibliothek, Cod. Vindob. 15478, in 4°, Papier, 516 Blätter). Den Kern desselben bildeten der ›Ortnit‹, der ›Wolfdietrich‹ und das ›Nibelungenlied‹, Letzteres in einer eigenartigen Fassung (*k*) ohne die Klage, die noch besprochen werden soll (vgl. unten, S. 433f.). Das Zusammentreffen dieser drei Dichtungen ist, wie bereits bemerkt wurde, vollkommen ungewöhnlich und kann nur verstanden werden als Wunsch, die Texte zu vereinen, die den Beginn und das Ende der Heldenzeit darstellen. Dann wurde dem Band eine weitere Dichtung beigefügt, der ›Lorengel‹, der eine Fassung der Schwanrittersage ist, die mit der Legende der 11000 Jungfrauen von Köln verknüpft wurde. Eine Beziehung zwischen diesem romanhaften Text und dem ›Nibelungenlied‹ findet sich allein in der Benutzung der gleichen Strophenform; allenfalls die Tatsache, dass zu Beginn des ›Lorengel‹ König Etzel erwähnt wird, könnte noch einen Anknüpfungspunkt geboten haben. Bis zu diesem Zeitpunkt dürfte der Band noch ungebunden gewesen sein, wenn auch mit bereits numerierten Blättern. Ihm wurden dann noch zwei weitere Texte vorangestellt: die ›Virginal‹ und der nur hier überlieferte ›Antelan‹, welcher von dem gleichnamigen Zwerg erzählt, der gegen Parzival und andere arthurische Ritter kämpft. Das ›Heldenbuch Linhart Scheubels‹ ist also keine ausschließlich heldenepische Sammlung mehr, sondern öffnet sich zu anderen Themenbereichen hin: zum einen der Darstellung fürstlicher Heldenfiguren, die harten Proben unterworfen werden, um die Stellung zu erreichen, die ihre Abstammung ihnen zuweist, die aber auch unermüdlich für Frieden und Recht kämpfen; zum anderen den Eheschließungen von Paaren höchster Abstammung, welche die dynastische Kontinuität des Adels sichern. Zweifellos wird hier einer herrschaftlichen Lebensform die Ehre erwiesen. Dem entspricht auch der Erzählstil, der im Vergleich zu anderen Fassungen der mehrfach überlieferten Werke die Distanz zwischen Herren und Dienern vergrößert, den Sentimentalismus und die religiöse Frömmigkeit steigert, aber auch die Gewalt der Kämpfe und die Menge an vergossenem Blut erhöht.

Aus Straßburg ist hingegen eine kleine Gruppe von Heldenbüchern überliefert, zwei handschriftlich und eines in gedruckter Form. Sie weisen zwar, nach allem, was wir wissen können, keine direkte Abhängigkeit voneinander auf, dürften aber wegen der engen zeitlichen und örtlichen Nähe ihrer Entstehung und wegen der Übereinstimmung in der Textauswahl in irgendeiner Weise miteinander in Beziehung gestanden haben. Die beiden Handschriften gingen bei den Bränden, welche die Bombardierung Straßburgs im preussisch-französischen Krieg 1870 verursachten, verloren; wir besitzen lediglich einige, meist partielle Abschriften, die im 19. Jahrhundert angefertigt wurden. Es handelt sich zum einen um das ›Heldenbuch Diebolts von Hanau‹, das im letzten Viertel des 15. Jahrhunderts für diesen Straßburger Goldschmied angefertigt wurde. Es enthielt ›Ortnit‹, ›Wolfdietrich‹, ›Rosengarten‹, ›Laurin‹, ›Sigenot‹ und den ›Pfaffen Âmis‹, einen Schwankroman aus dem 13. Jahrhundert. Die andere Handschrift ist unter dem Namen ›Straßburger Heldenbuch‹ bekannt und stammte aus dem gleichen Zeitraum wie die vorige. Sie befand sich vor der Vernichtung in deutlich schlechterem Erhaltungszustand und enthielt ›Wolfdietrich‹, ›Rosengarten‹, ›Salman und Morolof‹ (ein Abenteuerbuch aus dem 12. Jahrhundert, das von der mehrfachen Entführung der Ehefrau König Salmans berichtet und von den Befreiungsversuchen durch ihn und seinen Bruder Morolf) sowie ›Ortnit‹, der vermutlich zunächst am Anfang gestanden hatte und bei einer Neubindung der Handschrift versehentlich falsch eingeordnet worden war.

Im Jahr 1479 brachte der Straßburger Drucker Johann Prüss das ›Gedruckte Heldenbuch‹ heraus, das ›Ortnit‹, ›Wolfdietrich‹,

›Rosengarten‹ und ›Laurin‹ vereinte. Der umfangreiche Band hatte offenbar anhaltenden Erfolg, denn er erfuhr bis 1590 noch fünf weitere Ausgaben, welche die Verbreitung der Heldendichtung um Dietrich von Bern bis ans Ende des 16. Jahrhunderts sicherten. Das Kennzeichen der elsässischen Heldenbücher ist somit die Verknüpfung der vier Werke, die auch in der Druckausgabe stehen; die Handschriften fügten diesem Kernkomplex allerdings noch den einen oder anderen Text bei. Das ›Gedruckte Heldenbuch‹ beschränkt sich dagegen auf diese vier Dichtungen, bietet aber die längste Fassung von ›Ortnit‹ und ›Wolfdietrich‹, die zusammen über drei Viertel des Bandes ausmachen. Der Drucker ließ außerdem eine bedeutende Reihe von Holzschnitten anfertigen, die in den erhaltenen Inkunabeln leider nicht koloriert wurden (vgl. unten, S. 452); auch die Initialen, für die der Setzer Raum ließ, wurden nicht ausgemalt. Dass Johann Prüss sich damit zufriedengab, auf den ›Ortnit‹-›Wolfdietrich‹-Komplex nur den ›Rosengarten‹ und den ›Laurin‹ folgen zu lassen, könnte dadurch erklärt werden, dass die erste dieser beiden Dichtungen fast alle bekannten Helden vereint und gegeneinander kämpfen lässt, während die zweite, die durch das Rosengarten-Motiv an die vorige anschloss, wohl das beste Beispiel für Riesen- und Zwergenkämpfe bot. In gewisser Weise offerierte also das ›Gedruckte Heldenbuch‹ einen Überblick über die heroische Literatur, wenn auch Dietrich von Bern darin nur eine untergeordnete Rolle spielt.

Die Handschrift Diebolts von Hanau und die Druckfassungen enthalten zudem einen weiteren Text, den die Forschung mangels eines besseren Namens als ›Heldenbuch-Prosa‹ kennt, weil er im Unterschied zum Rest der Sammlung in Prosa geschrieben ist. Es handelt sich um einen höchst unregelmäßigen Text von niedriger Qualität, der in der Handschrift am Anfang, in den Druckfassungen dagegen am Ende steht (obwohl er im ersten Druck durch einen Bindefehler wieder an den Anfang geriet) und der eine kurze Gesamtschau der germanischen Heldenzeit entwirft, von ihrem Beginn bis zu ihrem Untergang.

ZUSAMMENFASSUNG

Die ›Prosa‹ berichtet zunächst in wenigen Zeilen über den »ersten Helden«, Orendel von Trier, über die Abenteuer, die er auf seiner Fahrt nach Jerusalem erlebte, und wie er dort eine gute Frau heiratete. Dann zählt sie die wichtigsten Gegenden auf, in denen die Helden lebten (Niederlande, Burgund und das Hunnenreich). Des Weiteren erzählt sie, dass am Anfang Gott die Zwerge schuf und ihnen Weisheit verlieh, um die Mineralien und die Pflanzen zu kennen und zu bearbeiten; danach schuf er die Riesen, damit sie die Zwerge vor Drachen und anderen Ungeheuern schützten, doch als einige Zeit darauf die Riesen böse wurden, schuf er die Helden, die stark und tapfer waren und Ruhm suchten, damit sie die Zwerge sowohl gegen die Riesen als auch gegen die Drachen verteidigten. Nun folgt eine Liste berühmter Helden, denen bisweilen eine kurze Charakterisierung beigegeben wird, z.B. *Hagen von Troy, ein kiener* [kühner] *held*, oder *Marggraff Riedeger von bethelar, dem gab künig Ginther sein tochter, die was künig Gibichs suns tochter*, bisweilen auch etwas länger. Im Anschluss an diese Liste berichtet die ›Prosa‹ nun etwas ausführlicher von Kaiser Ortnit und fasst seine Taten zusammen, die im ersten Buch der Sammlung erzählt werden. Danach werden auch die Abenteuer Wolfdietrichs referiert, und es wird erzählt, wie er die Drachen erschlug, die Ortnit gefressen hatten, und wie er später der Großvater Dietrichs von Bern wurde. Daraufhin wird berichtet, dass die Mutter Dietrichs, als sie schwanger war, eines Nachts träumte, ihr verreister Mann liege bei ihr, doch als sie aufwachte, fand sie neben sich den Geist Machmet, der ihr verkündete, ihr Sohn werde ein großer Held werden, und der daraufhin in drei Tagen die Burg Bern baute, damit der Junge über sie regiere. Nun wird berichtet, wie es zu Dietrichs Verbannung kam: der Streit mit Ermenrich nach den falschen Ratschlägen Sibeches, die Gefangennahme von Dietrichs Freunden, das freiwillige Exil des Helden, um sie zu retten. Schließlich berichtet der Autor vom Ende der Helden, das damit beginnt, dass Etzel Kriemhilt heiratet; daran schließt der Bericht über den Untergang der Burgunden und vieler anderer Krieger an Etzels Hof an. Zuletzt bemerkt der Erzähler, es habe einige Zeit später eine gewaltige Schlacht vor Bern gegeben, bei der sich alle Helden gegenseitig getötet hätten; nur Dietrich von Bern sei am Leben geblieben. Dem sei daraufhin ein Zwerg erschienen, der ihn mit diesen Worten aufgefordert habe, ihm zu folgen: *Du solt mit mir gan* [gehen]. *Dein Reich ist nit me in diser Welt*. Seit jener Zeit sei der Verbleib des großen Helden unbekannt.

Die ›Heldenbuch-Prosa‹ ist einer der sonderbarsten Texte über die heroische Tradition in der Frühen Neuzeit. Außergewöhnlich ist an ihm die Gesamtschau der Heldenzeit, von deren Schöpfung bis zu ihrem Ende, die auch das Verhältnis zu Zwergen und Riesen klärt. Letztere werden als grundsätzlich böse dargestellt und damit dem

Kainsgeschlecht zugeordnet, dem schon Grendel im ›Beowulf‹ angehörte (vgl. Kapitel II,3). Die Helden wurden dazu geschaffen, sie zu bekämpfen. Die Argumentation der ›Prosa‹ ist im Grunde ketzerisch, denn sie stellt eine nicht vollendete Schöpfung dar, die von Gott korrigiert wird: Da die Riesen böse wurden, brauchte man Helden, um die Zwerge zu schützen. Damit wird auch das Zusammenspiel dieser drei Wesen in der heroischen Tradition ›mythisch‹ erklärt. Ob der Autor das Motiv in der Tradition vorgefunden oder es selber erfunden hat, können wir nicht wissen. Seine Darstellung vom Ursprung der Helden erinnert im Stil deutlich an den Prolog der ›Thidreksaga‹ (vgl. Kapitel V,1), die von der allmählichen Verkleinerung der Menschen berichtet, inhaltlich aber ganz anders ansetzt. Es darf als ausgeschlossen gelten, dass der Autor der ›Prosa‹ die ›Saga‹ kannte; zwar verbindet beide Texte besonders ein Detail über den Beginn der Kämpfe an Etzels Hof, das nur diese beiden Zeugen kennen, doch haben gewiss beide aus mündlicher (oder schriftlicher?) Tradition geschöpft.

Es ist ziemlich sicher, dass der Autor der ›Prosa‹ mündliche Traditionen kannte, denn er ist der Einzige, der Dietrichs dämonische Abstammung schildert. Es handelt sich um einen Charakterzug, der in den übrigen Texten nur verschleiert erscheint und der sich plastisch im Feuer äußert, das der Held spuckt, wenn er wütend wird. Zudem ist es bekannt, dass Dietrich zum Kämpfen erst in Rage gebracht werden muss. Auch wenn der Autor der ›Heldenbuch-Prosa‹ behauptet, die Mutter sei bereits schwanger gewesen, als ihr der Geist Mahmet erschien, vermag diese Darstellung kaum das Motiv einer Zeugung im Schlaf durch einen Inkubus zu verbergen; nur so erklärt sich ja der Bau der Burg. Der Autor hat also in den Stoff, den er referiert, eingegriffen. Dies lässt sich vor allem in der Geschichte von der Entrückung des Helden durch einen Zwerg feststellen. Es handelt sich um eine Variante von der Sage vom Ende Theoderichs, der zufolge er auf einem schwarzen Hengst in die Hölle ritt, wie sie die ›Thidreksaga‹ erzählt oder wie sie am Portal der Basilika von St. Zeno in Verona dargestellt ist (vgl. unten, S. 444f. und Abbildung 14). Doch statt einem Tier, das mit dem Bösen in Verbindung steht, erscheint hier ein Zwerg (ein Wesen, das der ›Prosa‹ zufolge von Gott geschaffen wurde, um die Natur zu pflegen), der den Helden mit einem Satz fortführt, der unmissverständlich die Worte Christi aus dem Johannesevangelium zitiert: »Mein Reich ist nicht von dieser Welt« (*Regnum meum non est de mundo hoc*, Joh 18,36). Die Verdammung Theoderichs, die seit Gregor dem Großen die gesamte klerikale Literatur und Chronistik durchzieht, ist hier ins Positive gewendet worden und ähnelt nun eher der Entrückung Enochs durch Yahve (Gen 5,24; Ecl 44,16). Während also die Dichtungen, welche die Straßburger Kompilatoren versammelten, einen mehr oder weniger repräsentativen Querschnitt durch die heldenepische Tradition bedeuten, rundet die ›Prosa‹ am Ende diese Gesamtschau mit komplementären Informationen ab, die Dietrich positiv darstellen, und lässt Anfang und Ende der Heldenzeit als göttlich verfügte Momente erscheinen.

Ganz anders als diese Heldenbücher sieht eine weitere große Handschrift der Zeit aus, eine der bedeutendsten der deutschen Literatur des Mittelalters, die sich ebenfalls *Heldenpuch* nennt. Ich meine den Codex, der auf Schloss Ambras bei Innsbruck gefunden wurde und der daher als ›Ambraser Heldenbuch‹ bekannt ist (Wien, Österreichische Nationalbibliothek, Cod. Ser. nova 2663). Es handelt sich um eine Pergamenthandschrift in Großfolio-Format (46 × 33,5 cm), für die Zeit der Konsolidierung der Druckkunst ein ungewöhnliches Ausmaß und ein noch ungewöhnlicheres Trägermaterial. Der Band besteht aus 243 Blättern, die dreispaltig beschrieben und mit Rubriken, Initialen und Randschmuck verziert sind. Kaiser Maximilian beauftragte seinen Schreiber Hans Ried im Jahr 1504 mit der Abfassung, nachdem ein voriges Heldenbuch-Projekt offenbar fehlgeschlagen war. Ried arbeitete an dem Band bis zu seinem Tod im Jahr 1516, konnte ihn aber nicht ganz zum Abschluss bringen. Die Bedeutung der Handschrift liegt darin, dass sie fünfundzwanzig höfische Dichtungen aus dem 13. Jahrhundert enthält, von denen nicht weniger als fünfzehn Unikate sind, also Werke, die nur in diesem Codex überliefert wurden. Zudem lagen dem Schreiber durchwegs sehr gute Quellen vor, was eine ausgiebige Suche in Adelsbibliotheken und sicherlich auch rudimentäre Textkritik impliziert haben dürfte. Die ersten sieben Titel sind ritterliche Texte. Ihnen folgt eine Gruppe von acht Heldenepen: ›Dietrichs Flucht‹, ›Rabenschlacht‹, ›Nibelungenlied‹, ›Klage‹, ›Kudrun‹ (einziger Textzeuge), ›Biterolf‹ (einziger Textzeuge), sowie die Fassung *A* von ›Ortnit‹ und ›Wolfdietrich‹ (einziger Textzeuge). Eine Gruppe Kurzerzählungen schließt das Buch ab.

Das Prinzip der Sammlung ist eng mit der reich dokumentierten historischen Vorstellung des Kaisers verbunden, der zufolge die Praxis der Erinnerung an die Vorfahren und an die Beispiele der Vergangenheit ein Mittel waren, sich selbst als Repräsentant der feudalen Kultur und des römischen Reiches zu bestätigen und den eigenen guten Ruf in der Zukunft zu sichern. Dies erklärt, warum die Handschrift keine jüngeren Texte aufnimmt und wir darin nur den ›historischen‹ Dietrich finden, dagegen die Texte über seine Kämpfe gegen Ecke, Sigenot oder Laurin, die zu jener Zeit leicht greifbar waren, vermissen. Auch die übrigen Heldenepen – vom ›Nibelungenlied‹ bis zum ›Biterolf‹ und sogar der ›Ortnit‹ und der ›Wolfdietrich‹ – sind literarische Werke, in denen Reiche und Dynastien gegründet werden oder zu Ende gehen und die folglich für die Geschichte ein größeres Interesse besaßen als irgendwelche Drachenkämpfe im dunklen Wald, aus denen sich keine politischen Konsequenzen ergaben. Die epische Auffassung, die diese Sammlung leitete, erinnert daher sehr an das mutmaßliche Projekt Karls des Großen, das Einhard in der ›Vita Karoli‹ mit seinem berühmten Satz erwähnt: »Er ließ auch uralte volkssprachliche Lieder, welche die Taten und Kriege alter Könige besangen, aufschreiben, um sie für die Nachwelt zu erhalten« (vgl. Kapitel III,1, S. 102f.). Heldenepik ist für Maximilian – wie wohl für einen weiten Teil des höfischen Publikums – aktive Erinnerung an die imaginären Waffentaten der Vorfahren und damit eine Gattung, die zwar von der Geschichtsschreibung zu unterscheiden ist, aber ein eigenes Recht beanspruchen darf. Zweifellos unterstreicht das ungewöhnliche Format des Buches (Pergament und Großfolio) diesen Gedanken der Hütung eines alten Vermächtnisses.

Im Kapitel über die mittelhochdeutsche Heldenepik (VI) konnte mehrfach der hohe Grad an Variabilität festgestellt werden, der in den zahlreichen unterschiedlichen Fassungen der einzelnen Dichtungen zu beobachten ist, insbesondere in jenen Texten, die eher fantastische Abenteuer erzählen als von Taten mit einer mutmaßlichen historischen Bedeutung, und es wurde angedeutet, dass diese Tatsache mit einer charakteristischen Position der Gattung zwischen Mündlichkeit und Schriftlichkeit zusammenhängen könnte. Dagegen fällt auf, dass das ›Nibelungenlied‹ in seinen Abschriften auf eindeutig ›literarischere‹ oder ›klerikalere‹ Weise behandelt wird. Das will nicht heißen, dass es keine Varianten und Verzweigungen in der handschriftlichen Überlieferung gäbe, denn auch hier koexistieren, wie zu sehen war, schon von Beginn an die Fassungen **B* und **C* sowie andere, deren Unterschiede geringere inhaltliche Auswirkungen haben, für die Textkritik jedoch wichtig sind. Aber in den handschriftlichen Textzeugen des ›Nibelungenlieds‹ aus dem 13. und 14. Jahrhundert werden nicht ganze Episoden ausgetauscht, hinzugefügt oder weggelassen, die Handlung wird nicht modifiziert, und es werden auch keine neuen Figuren eingefügt, wie es in den Dietrichepen der Fall ist. Dies könnte möglicherweise ein weiterer Grund dafür sein, weshalb Letztere und das ›Nibelungenlied‹ nur in einigen Ausnahmefällen im gleichen Codex stehen: Sie folgen separaten handschriftlichen Überlieferungen, wie auch die Lyrik oder die Antikenromane.

Aber diese Situation relativer Stabilität des ›Nibelungenliedes‹ in den Handschriften verändert sich vollkommen im 15. Jahrhundert. Von den acht Zeugnissen, die aus dieser Zeitspanne überliefert sind, führen vier Änderungen ein, die beim harmlosesten Beispiel nur die Bedeutung einiger Episoden abwandeln, in anderen Fällen aber die erste Hälfte des Werks komplett modifizieren. Dieses plötzliche Interesse an einer Anpassung des ›Nibelungenliedes‹ lässt sich kaum dadurch erklären, dass die Sprache des ursprünglichen Textes, die bislang in den Handschriften ohne größere Veränderungen beibehalten worden war, in der Mitte des 15. Jahrhunderts schwer verständlich wurde; das gilt für die Handschrift *h* von ca. 1450, die den Text von *J* (ca. 1300) mit so vielen Fehlern abschreibt, dass man nur ein mangelhaftes Verständnis durch den Schreiber als Erklärung mutmaßen kann. Es geht bei den erwähnten Veränderungen nicht um sprachliches Verständnis, das auch zur Abwandlung des zweiten Teils hätte führen müssen, sondern – wie gleich zu sehen sein wird – um wohlüberlegte Anpassungen des Inhalts.

In gewisser Weise ist die ›Nibelungenlied‹-Fassung, die im bereits erwähnten, aus Nürnberg stammenden ›Heldenbuch Linhart Scheubels‹ steht (Handschrift *k* des Epos), die Ausnahme innerhalb dieser Gruppe von Neuschöpfungen. Ihr Autor unternahm eine tiefgreifende sprachliche Anpassung, verfuhr dabei aber konservativ, versuchte also, sich vom Original nicht einmal in Handlungsdetails zu entfernen, wie es einem Patrizier entspricht, der an der hohen adligen Kultur teilhaben möchte. Er nutzte auch die Gelegenheit, um die Metrik des Liedes abzuwandeln, denn statt der klassischen ›Nibelungenlied‹-Strophe mit ihren vier paarweise gereimten Langversen und dem verlängerten letzten Halbvers verwendet der Bearbeiter durchweg den Hildebrandston, der sich wie gesagt durch das kleine, aber nicht unbedeutende Detail unterscheidet, dass er besagte Verlängerung nicht hat. Diese Anpassung geschah nicht durch Unkenntnis: Die Regelmäßigkeit der Verse und die Tatsache, dass der Bearbeiter trotz der sprachlichen und metrischen Änderungen drei Viertel der ursprünglichen Reime verwenden konnte, lässt auf eine Person mit soliden Kenntnissen schließen. Der Gedanke liegt nahe, dass hinter dieser Bearbeitung eine Person aus einer Meistersängerschule gestanden haben könnte, die ja beim Nürnberger Bürgertum tief verwurzelt waren; denn auch der ›Lorengel‹, das letzte Gedicht der Sammlung, wird mit der Tradition des Meistersangs in Verbindung gebracht.

Selbstverständlich bedeutete die neue Redaktion des Textes, so konservativ sie auch verfahren mochte, Veränderungen jenseits des Stils wie zum Beispiel eine Steigerung aller optischen und akustischen Effekte, eine Erhöhung der Anzahl von Kriegern, Toten und Verwundeten, größere Mengen Blut und Eingeweide, aber auch mehr fromme und sentimentale Ausdrücke. Die Fassung versucht, die Episoden des Textes enger miteinander zu verzahnen und unklare Bezüge zu präzisieren; sie ist auch bemüht, einige Details zu korrigieren, die im ursprünglichen ›Nibelungenlied‹ eindeutig der Tradition widersprachen, wie zum Beispiel den Namen von Gunthers Vater.

Die Burgundische Welt ist in dieser Fassung etwas weniger höfisch manieriert, Gunther regiert alleine, Kriemhilts Rolle der armen, leidenden Witwe wird zugunsten der der Königin etwas abgeschwächt, und der gesamte hohe Adel wird mit respektvoller Distanz behandelt. Die Bearbeitung stellt sich außerdem deutlicher als literarischer Text vor und tilgt eine Reihe jener charakteristischen Elemente einer fingierten Mündlichkeit, die im ›Nibelungenlied‹ zu beobachten waren, wie sich bereits durch die Streichung der ersten Strophe erkennen lässt. Der Redaktor hat also mit seinen Eingriffen eine Fassung des Epos bieten wollen, die an die Erwartungen und Ansprüche der Leser des ausgehenden 15. Jahrhunderts angepasst war. In diesem Sinne kann man behaupten, dass diese Version dem Epos ein höchstes Tribut leistete und sich äußerst bemühte, es in die neue Zeit hinein zu retten. In diesem Sinne dürfte die ›Klage‹ überflüssig gewesen sein und wurde nicht abgeschrieben.

Auch die ›Nibelungenlied‹-Handschrift *b* (Berlin, Staatsbibliothek, mgf 855, in Folio, Papier, 192 Blätter, entstanden ca. 1436–1442 im Umkreis von Augsburg, wegen ihres Entdeckers und Besitzers im 19. Jahrhundert bekannt als Hundeshagensche Handschrift) möchte eine treue Abschrift der alten Dichtung bieten, die sie kaum modernisiert. Es ist in dieser Hinsicht wohl kein Zufall, dass der Auftraggeber sich für einen schmalen Codex entschied, der ausschließlich ›Nibelungenlied‹ und ›Klage‹ enthält: Das ist nämlich der Buchtypus, in dem man das Epos im 13. und 14. Jahrhundert am häufigsten vorfindet. Zwar handelt es sich keineswegs um eine Prachthandschrift, sie besitzt aber dennoch einen gewissen repräsentativen Charakter, der insbesondere durch vierzig etwa halbseitige Miniaturen hervorgehoben wird, kolorierte Federzeichnungen, die zwischen den Aventiuren stehen. Es ist das erste Mal, dass das Epos illuminiert wurde; der Zeichner besaß also keine ikonographischen Vorbilder und führte jene Szenen aus, die ihm besonders signifikant erschienen. Mehrheitlich werden wenig spezifische Situationen abgebildet, wie Abschiede, Empfänge oder Dialoge, aber auch einige der bekanntesten Episoden lassen sich erkennen wie die Ermordung Sifrits oder die Burgunden, wie sie die Leichen aus dem Saal werfen (vgl. Abbildungen 12 und 13). Es fällt auf, dass meistens Kriemhilt die Protagonistin der Bilder ist, was ein besonderes Interesse für diese Figur spiegelt. Das ist aber im Übrigen ein verbreitetes Phänomen, das auch darin seinen Ausdruck findet, dass das Epos in einer Handschrift als das ›Buch von Kriemhilt‹ bezeichnet wird und nicht als das ›von den Nibelungen‹.

Die Handschrift *b* enthält aber auch zwei auffällige Zusätze. Bei der Ankunft der Burgunden an Etzels Hof fügt der Redaktor nach der Strophe 1718 dreiundzwanzig neue Strophen ein:

> Die Burgunden schlagen vor der Stadt ihre Zelte und Pavillons auf. Kriemhilt beobachtet sie von den Zinnen aus und beginnt zu weinen, in der Hoffnung, Sifrit rächen zu können. Da erscheint Dietrich von Bern und weist sie darauf hin, es sei nicht angebracht zu weinen, wenn man solche Gäste empfange. Sie bittet ihn, an Hagen Rache für Dietrich zu nehmen, doch der Berner weist sie vehement zurück weil sie Verwandte ermorden möchte. Er schickt Hildebrand aus, die Fremden zu empfangen. Der alte Waffenmeister reitet zu Gunther und warnt die Gäste vor der Bedrohung, der sie ausgesetzt sind. In ihrem Speisesaal, so sagt er, gebe es drei hohle Rohre, die mit Schwefelsäure und Kohle gefüllt seien und angezündet werden sollen, wenn sie sich drinnen befinden. Die Burgunden beklagen das, und Volker, der Spielmann, kündigt an, er wolle nicht mehr mit seiner Geige um Gaben bitten, sondern nur noch mit seinem Schwert. Hildebrand kehrt zu Dietrich zurück.

Die Szene versucht, die Tatsache zu rechtfertigen, dass die Burgunden bei ihrer Ankunft an Etzels Hof vor der Gefahr gewarnt sind. Auffällig sind sowohl die Vorbereitung von Volkers kämpferischem Eifer wie auch der anachronistische Hinweis auf die feuerspeienden Kanonen. Am Ende des ›Nibelungenliedes‹, in der Strophe 2376, fügt der Bearbeiter weitere zehn neue Verse ein:

> Hildebrands Schwert ist so scharf, dass Kriemhilt nicht bemerkt, dass er sie an der Hüfte durchgeschnitten hat. Sie macht sich daher über diese unbrauchbare Waffe lustig, die stumpf zu sein scheint. Da zieht der alte Krieger einen Ring vom Finger und wirft ihn ihr zu Füßen; wenn sie ihn aufheben könne, habe sie recht, behauptet er. Kriemhilt bückt sich, und ihr Körper fällt entzwei.

Dieses sarkastische Detail am Ende der ernsten Dichtung muss wohl als Konzession an einen weiten Stoffkreis angesehen werden, der gewiss auch noch mehr solcher grotesken Elemente kannte.

Abb. 12: Berlin, Staatsbibliothek, Ms. germ. fol. 855, fol. 58v.

Abb. 13: Berlin, Staatsbibliothek, Ms. germ. fol. 855, fol. 133r.

Die anderen drei Zeugnisse des ›Nibelungenliedes‹, die hier vorgestellt werden sollen, vertiefen auf unterschiedlichen Wegen diese Möglichkeit der Literarisierung von neuem Stoffmaterial. Das erste ist die Handschrift *a* (Genf, Bibliotheca Bodmeriana, Cod. Bodmer 117, in Quarto, Papier, 260 Blätter, entstanden im zweiten Viertel des 15. Jahrhunderts in Bayern). Es handelt sich um einen Codex, der wie gewöhnlich nur das Epos und die ›Klage‹ enthält. Doch das Lied erscheint in einer Fassung, aus der die ersten fünf Aventiuren und ein großer Teil der sechsten gestrichen wurden. Die Version tilgt also Sifrits Ankunft in Worms und seine Aufnahme am burgundischen Hof. Sifrit ist von Anfang an ein Mitglied der Wormser Gesellschaft, und die Handlung setzt mit der Werbung um Brünhilt ein. Folglich wird auch Sifrits und Kriemhilts Abreise nach der Hochzeit gestrichen sowie die zwölfte Aventiure, die ihre Einladung nach Worms beschreibt. Vor den Anfang der Handlung hat der Redaktor eine kurze Prosaeinführung gestellt, die versucht, die Geschehnisse des ›Nibelungenliedes‹ in einen historischen Kontext zu stellen. Ich übersetze:

> Als man 700 Jahre nach Christi Geburt zählte, da war vierzig Jahre später Pipanus von Frankreich römischer Augustus. Der verließ Rom und zog nach Konstantinopel wegen des Ungehorsams der Römer. Und er schwor, dass er nie mehr dorthin kommen würde. Auch setzte er als Vogt an seiner statt Herdietreich ein, König von Gotland, den man jetzt Herdietreich von Bern nennt. Zu jener Zeit lebte der weise Römer Boetius, den Herdietreich gefangen nahm, weil er die Römer mit seiner Weisheit zu sehr vor ihm schützte. Und er lag gefangen bis zu seinem Tod. In den Zeiten von Herdietreich, dem römischen Vogt, geschahen die Abenteuer des Buchs von den Recken und von Kreymhilden.

Sonderbar ist hier die Degradierung Dietrichs zum Vogt des Kaisers, die ja im Grunde die Abhängigkeit Theoderichs von Zeno spiegelt, nur dass hier die Kaiserkrone nicht in oströmischen Händen liegt, sondern vom Vorfahren Karls des Großen getragen wird. Die direkte Folge dieser Unterordnung Dietrichs ist, dass die Bedrängnis der Römer als positive Handlung im Dienst des Kaisers gesehen wird – im Gegensatz zum negativen Bild, das die Chronistik verbreitete. Damit verbunden ist auch der Versuch, die Ereignisse des ›Nibelungenliedes‹ und der germanischen Heldenzeit insgesamt in einen historischen Rahmen zu bringen, der nicht mehr nur mythische Vorzeit ist, sondern sich bereits in der christlich-feudalen Zeit befindet, die mit Jahreszahlen genau berechenbar ist. In die gleiche Richtung geht übrigens auch ein zweistrophiges Kolophon, das der Druckausgabe des ›Eckenliedes‹ von 1491 angehängt wurde. Darin heisst es, als Odoaker die Macht in Rom übernahm, sei Theoderich von Kaiser Zeno dorthin geschickt worden, weil sein Mut, seine Kraft und sein Geschick überall bekannt gewesen seien: der habe mit Eckes Schwert gekämpft, den Usurpator besiegt und einunddreißig Jahre lang, bis zu seinem Tod 497, regiert. In beiden Fällen handelt es sich offenbar um Versuche, die heroischen Erzählungen als historische Taten der feudaladligen Vorfahren darzustellen. Für diese Initiativen einer geschichtlichen Kontextualisierung dürfte die Figur Sifrits in der Tat störend gewesen sein, denn auch für das Publikum des 15. Jahrhunderts war klar, dass dieser Held keine bekannten historischen Wurzeln besaß und dass seine Taten (der Drache, der fabelhafte Hort) zu phantastisch erschienen.

Das würde erklären, warum nicht nur in der Handschrift *a* die ersten Aventiuren des ›Nibelungenliedes‹ gestrichen wurden, sondern auch in *n* (Darmstadt, Hessische Landesbibliothek, ms. 4257, in Quarto, Papier, 56 erhaltene Blätter, geschrieben ca. 1470–1480, wenn auch im Explicit das Datum 1449 steht). Dieser Textzeuge, der erst 1975 entdeckt wurde, gehörte ursprünglich zu dem selben Codex, der auch ›Alpharts Tod‹ überliefert (vgl. Kapitel VI,4, S. 409–412) sowie einen Minne- und Abenteuerroman des 14. Jahrhunderts, den ›Willhelm von Österreich‹, die heute allerdings voneinander getrennt sind. Die Fassung *n* des ›Nibelungenliedes‹ ist in ihrem Schnitt noch viel radikaler als *a*, denn sie lässt das Werk erst mit der Strophe 1521 beginnen, also in der Mitte der 25. Aventiure, als die Burgunden von Worms aufbrechen, um an Etzels Hof zu reisen. Davor hat der Bearbeiter lediglich einundzwanzig neue Strophen gestellt, welche die Handlung der gestrichenen Strophen kurz referieren.

ZUSAMMENFASSUNG

[1] Brünhilt und Kriemhilt beobachten das Turnier, und Erstere lobt ihren Ehemann. [2] Kriemhilt antwortet, es sei Sifrit gewesen, der ihr die Jungfernschaft nahm, und sie zeigt ihr den vermeintlich beweisenden Gegenstand. [3] Die Beschuldigte kündigt große Kämpfe an; Sifrit müsse deswegen sein Blut vergießen. [4] Dann erzählt sie es Gunther, [5] der versichert, er werde Sifrit töten. [6] Gunther und Hagen organisieren einen Jagdzug und [7] bitten Kriemhilt, ihren Ehemann mitziehen zu lassen. [8] Sie möchte es nicht gewähren, weil sie ihn sehr liebt, da er sie vom Drachenstein befreite. [9] Hagen versichert, sie würden ihn ihr zurückbringen. [10] Sifrit hatte eine Hornhaut, doch sein Schwager durchstach ihn mit seiner Lanze, als er an einem Brunnen trank. [11] Die Burgunden bringen den Leichnam nach Hause und legen ihn in Kriemhilts Bett, während sie schläft. [12] Als die Frau aufwacht, spürt sie, dass er neben ihr liegt, und spricht zu ihm, [13] dann aber bemerkt sie, dass er tot ist, und schwört Rache. [14] Der Held wird mit großer Klage beerdigt. [15] Die Witwe verbringt dreißig Jahre in tiefer Trauer um ihren Ehemann, bevor sie wieder heiratet; auch dann weint sie noch über seinen Tod. [16] Das geschah in der Zeit, als Etzels Frau starb und ihm von einer stolzen Königin aus dem Land der Nibelungen berichtet wurde. [17] Der hunnische König schickt Boten aus, um sie zu sich zu bringen; als er sie sieht, empfindet er große Freude. [18] Kriemhilt wird von vielen Herren und Helden empfangen; doch nun möchte sie sich rächen [19] und schickt Boten zu ihren Brüdern, die ihnen sagen sollen, Etzel sei gestorben und sie benötige ihre Hilfe. [20–21] Die Burgunden bewaffnen 1000 Mann und bereiten sich auf die Abreise vor.

Es überrascht zum einen die Kürze der Darstellung, die eine komplexe Handlungs- und Motivationskette auf minimale Angaben reduziert. Zum anderen fallen einige Details auf, die an die ›Thidreksaga‹ erinnern und auf die Übernahme von mündlich umlaufendem Stoffgut hinweisen. Es handelt sich um das Motiv, dass Sifrits Leichnam in Kriemhilts Bett gelegt wird (Kapitel 348 der Saga), sowie um die Erklärung, welche die Ehefrau Etzels ihren Brüdern für die Einladung gibt, die im norwegischen Text allerdings nicht Etzels Tod vortäuscht, sondern nur seinen Willen, ihnen die Regentschaft zu überlassen (Kapitel 360). Auch wenn der Erzähler der ›Nibelungenlied‹-Fassung *n*, als die Burgunden den Leichnam ins Bett der Witwe legen, anmerkt, das sei ein schwerer Verrat gewesen, geht das Detail durch die Kürze verloren; dagegen überwiegt durch die ausführliche Beschreibung der Rache, auf die sich diese Version konzentriert, und durch den Erzählstil des Redaktors die Hervorhebung von Kriemhilts Grausamkeit. Möglicherweise ging es dem Bearbeiter darum, den tragischen Tod der burgundischen Helden darzustellen, wie es auch in den beiden anderen Werken des ursprünglichen Codex mit den jeweiligen Helden geschieht. Allerdings könnte der Beginn des Hallenkampfes das widerlegen: Hagen beschließt, den jungen Ortlieb zu töten, doch der bittet mehrmals um Gnade, bis ihn schließlich die Mutter in die Arme nimmt; erst dann tötet ihn der Krieger. Gewiss steigert dieses Motiv die Dramatik und Grausamkeit der Szene, aber der heroische Charakter der Burgunden in dieser Fassung wird dadurch nicht in Frage gestellt.

Ein weiteres Detail in dieser Einführung der ›Nibelungenlied‹-Fassung *n* wird dem wachsamen Leser aufgefallen sein: Kriemhilt behauptet in Strophe 8, Sifrit habe sie vom Drachenstein befreit, wo sie sich in schrecklicher Not befunden habe und auch gestorben wäre. Dieses Abenteuer, das im ›Nibelungenlied‹ nicht erwähnt wird und auch sonst in den älteren Zeugnissen unbekannt ist, dürfte – wir wissen nicht, seit wann – in mündlicher Überlieferung bekannt gewesen sein, denn es wird in Texten ab dem Ende des 14. Jahrhunderts erwähnt. Aus dieser Zeit stammt das letzte Zeugnis des mittelhochdeutschen Epos, das hier vorgestellt werden soll. Es handelt sich um das Fragment *m* (Darmstadt, Hessische Landesbibliothek, ms. 3249, in Folio, Pergament, ein Blatt), welches das Inhaltsverzeichnis einer heute verlorenen Handschrift des ›Nibelungenliedes‹ enthält, mit dem Titel der jeweiligen Aventiure und der Angabe des Blattes, auf dem sie beginnt. Das Verzeichnis ist unvollständig, weil es am Ende der Rückseite des einzigen erhaltenen Blattes mit dem Titel der Aventiure endet, in der Etzels Boten mit der Einladung nach Worms kommen; trotzdem kann man sich bis zu diesem Punkt dank der Titel und Blattangaben ein Bild von der Handlung dieser Fassung machen. Ihr Redaktor baute demzufolge Materialien aus der mündlichen Tradition in das Epos ein. Zunächst einmal stellte er an den Anfang eine Aventiure, die entgegen dem ursprünglichen ›Nibelungenlied‹ von Sifrits Jugendtaten erzählte, wie er seine Hornhaut erhielt und den Hort bekam (*Abinture wie siferit wusch zu stride und wie er hurnyn wart/ vnd der nebulunge hurt gewan E er ritter wart*, ca. 6 Blätter). Das bedeutet, dass der Bearbeiter von *m* diesem mit Sicherheit populären Stoff einen beachtlichen Raum schenkte, den er bislang in der Überlieferung des Epos nicht genossen hatte. Doch der wichtigste Zusatz erfolgte in der sechsten Aventiure, die davon erzählt, wie Gunther um Brünhilt werben möchte (in der Handschrift steht »Kriemhilt«, aber es handelt sich wohl um einen Fehler) und ein Drache ihn daran hindert (*Abinture wie gunter noch kriemilde farin wolde vnd wie sie hindert ein wildir drache*, ca. 4 Blätter). Was es mit diesem Ungeheuer auf sich hat, wird durch die Titel der folgenden Aventiuren genauer erklärt: Kriemhilt wird von einem Drachen entführt und zu einem hohen Fels gebracht (*Abinture wie kriemilde nam ein wildir drache vnd furte sie uff einen hohin stein*, ca. 8 Blätter); Sifrit befreit sie von dort mit großer Mühe (*Abinture wie siferit die juncfrauwe von dem drachin steine gewan mit manchyr groszin arbeit*, ca. 4 Blätter) und kommt mit ihr nach Worms an den Rhein (*Abinture daz siferit den drachin hatte vbirwondin vnd fur mit siner juncfrauwe an den rin*, ca. 9 Blätter). Dies ist offenbar die Geschichte von Kriemhilts Entführung durch einen Drachen, auf die schon die achte Strophe der soeben besprochenen Fassung *n* des ›Nibelungenliedes‹ anspielt. Sie dürfte recht verbreitet gewesen sein, ist uns aber nur aus einem kleinen Werk aus dem 16. Jahrhundert bekannt, dem ›Lied vom Hürnen Seyfried‹ (vgl. Kapitel VII,2, S. 466–471).

Mit Blick auf diese Erweiterungen kann man behaupten, dass die Fassung *m* des Epos nicht beabsichtigte, die Handlung in einem historischen Rahmen anzusiedeln. Ihr Bearbeiter entschied sich für eine Möglichkeit, die dem Vorgehen der Redaktoren von *n* und *a* diametral entgegengesetzt war: Er erweiterte den Sifrit-Teil, anstatt ihn zu streichen, und fügte neue Abenteuer in ihn ein. Dadurch erscheint die Bedeutung des Helden aus den Niederlanden verstärkt und der Verrat der Burgunden umso gemeiner. Dies wird unterstrichen durch Titel wie »Abenteuer, wie der Teufel Brünhilt riet, Kriemhilt und Sifrit zu hassen« (*Abinture wie der bose fint rit daz brunhilt kriemilden und siferiden begunde haszinde*, ca. 2 Blätter), oder »Abenteuer, wie Gunther und Hagen Sifrit arglistig verrieten und wie sie ihn mit großer Untreue hintergingen« (*Abinture wie gunter vnd hagin siferiden boschlich vir riedin vnd wie sie en hindir gingen in groszin vntruwen*). Konsequenterweise wird dann auch Kriemhilts Rache nichts anderes als eine Antwort auf Brünhilts Intrige, wie der vorletzte erhaltene Titel deutlich macht: »Abenteuer, wie Kriemhilt erreichte, dass ihre Brüder ins Land der Hunnen kämen, wie zuvor Brünhilt erreicht hatte, dass Sifrit zu den Burgunden käme« (*Abinture wie daz kriemelt warp daz ir brudir kam zün hunen also det brunhilt vor daz siferit kam zün burgundin*). Die Rechtfertigung der Protagonistin verlässt somit die Ebene des Kommentars, auf der sie bedingt im ›Nibelungenlied‹ und deutlicher in der ›Klage‹ angesiedelt war, um sich als Aufbauprinzip der Handlung zu erweisen.

Trotz dieser verschiedenen Versuche, das ›Nibelungenlied‹ an die Erwartungen des literarischen Publikums des 15. Jahrhunderts anzupassen, erzielte das Werk offensichtlich nicht den Erfolg, den die Geschichten Dietrichs von Bern und besonders Ortnits oder Wolfdietrichs genossen. Neben der geringeren Anzahl von handschriftlichen Kopien ist das ›Lied‹ das einzige verbreitete mittelhochdeutsche Epos, das nicht in den Druck gelangte. Im Gegensatz zu dem, was mit den übrigen Heldendichtungen geschah – und mit Ausnahme der Ambraser Handschrift Kaiser Maximilians –, verliert sich seine Spur am Ende des 15. Jahrhunderts.

Im Unterschied zu den bildichen Darstellungen von Heldensagen, denen wir auf den Britischen Inseln und in Skandinavien im Hochmittelalter begegnet sind (vgl. Kapitel III,4), werden in Deutschland die heroischen Geschichten bis ins 15. Jahrhundert nicht in Illustrationen gefasst und besitzen daher auch keine klare Ikonographie. Das ›Nibelungenlied‹, zum Beispiel, wurde zwar in eine beachtliche Reihe von Handschriften kopiert, darunter manche, die nur für diese Dichtung hergestellt wurden, doch ihr einziger Schmuck war allenfalls eine dekorierte Initiale; die oben besprochene Handschrift *b* ist wie gesagt die Ausnahme. Dasselbe kann von den übrigen mittelhochdeutschen Texten gesagt werden. Die Gründe für dieses Ausbleiben von Bildern sind schwer zu erraten, doch gewöhnlich wird argumentiert, dass die mittelhochdeutsche Heldenepik offenbar nicht zu jenen Gattungen gehörte, denen ein vollständig literarisch-klerikaler Charakter zugesprochen wurde, wie es die Geschichtsschreibung oder die Antikenromane sein mochten, in deren Handschriften nicht nur Miniaturen, sondern ganze ikonographische Programme nicht unüblich sind. Auch die Texte, die in der französischen Tradition der *chanson de geste* stehen (Strickers ›Karl‹ und der ›Willehalm‹-Zyklus) kennen reich ausgestattete Bildsequenzen. Die von den Heldenepen gesuchte größere Nähe zur mündlichen Tradition, auch wenn sie oft mehr eine Nachahmung von Oralität gewesen sein mag, könnte eine bedeutende Rolle gespielt haben für die Wahl eines Handschriftentypus und das Ausbleiben von Illustrationen. Wie bereits mehrfach angedeutet worden ist, scheint die Epik eine Gattung gewesen zu sein, die – ähnlich wie die Lyrik – ihr natürliches Kommunikationsmedium in der Stimme hatte, vor allem wenn die Strophen tatsächlich gesungen wurden; daher fand sie ihre höchste Realisierung beim Vortrag und dürfte dort ihren repräsentativen Charakter am besten entfaltet haben. Bei der Handschrift hätte demzufolge primär die Funktion des Textträgers dominiert, und ihre Bedeutung als Buch im klerikalen Sinne wäre sekundär geworden. Zudem ist die Heldenepik anonym, sodass noch nicht einmal Dichterminiaturen entstanden, die häufig ein Motiv für die Illuminierung boten, wie die Liederhandschriften zeigen, in denen mehrfach Autorenbilder den Inhalt des Codex strukturieren. Die Veränderungen in der Handschriftenproduktion, die auf den vorangegangenen Seiten erwähnt wurden, könnten auch als ein Hinweis darauf gedeutet werden, dass sich diese Unterscheidung zwischen den Buchtypen verschoben hatte.

Auch im Bereich der Plastik hat es im Hochmittelalter keine ikonographische Tradition aus dem Bereich der Heldensagen gegeben. Einzige Ausnahme scheint eine Darstellung der Sage von Theoderichs Tod zu sein, obwohl es sich nicht um eine wirklich heroische Tradition handelt. Es wurde bereits mehrfach erwähnt, dass der Höllensturz des Gotenkönigs von Gregor dem Großen erfunden und dann vom Propagandaapparat der Kirche ausgenutzt wurde, um ihn als Ketzer und Sünder zu diffamieren (vgl. Kapitel II,1, S. 36). In der

›Thidreksaga‹ ist das Motiv in einen Höllenritt auf schwarzem Hengst umgewandelt worden (vgl. Kapitel V,1, S. 283), und es gibt deutliche Hinweise darauf, dass die Erzählung schon früh weit verbreitet war. Auf der Fassade der Basilika von San Zeno in Verona (ca. 1140, vgl. Abbildung 14) erscheint im Relief rechts vom Portal ein Reiter, der mit Jagdhorn und Hunden einen Hirsch verfolgt, welcher direkt auf ein Höllentor zuläuft, wo ihn ein Teufel erwartet. Das Bild wird begleitet von folgender Inschrift:

> O regem stultum! petit infernale tributum.
> moxque paratur equus quem misit demon iniquus.
> exit aquam nudus, petit infera non rediturus.
> nisus, equus, cervus, canis huic datur; hos dat avernus.
>
> (»Oh, närrischer König! Er jagt dem höllischen Tribut zu. / Schnell hat sich ihm das Ross dargeboten, das der ruchlose Teufel geschickt hat. / Er steigt nackt aus dem Wasser, rast zur Hölle, von der er nicht zurückkehren wird. / Der Falke, das Pferd, der Hirsch und die Hunde bieten sich ihm an; doch die Hölle stellt sie zur Verfügung.«)

Die Inschrift nennt den Gotenkönig nicht, doch die Szene ist unverwechselbar durch das spezifische Motiv des Bades, aus dem der König steigt, um die Jagd in die Hölle anzutreten. Spätere Quellen bestätigen, dass diese Geschichte in Verona bekannt war; sie gelangte dann wie gesagt nach Skandinavien, aber auch bis Spanien, wo eine Variante aus dem 15. Jahrhundert belegt ist. Andere Jagdszenen, die als Dietrichs Höllenritt identifiziert wurden – wie die auf der Nordfassade der Abteikirche von St. Peter und St. Paul in Andlau (Elsass, ca. 1130) oder die in der Hofkappelle von Schloss Hocheppan im Tirol –, zeigen das Höllentor nicht und sind auch sonst weniger spezifisch, können somit kaum als gesichert gelten.

Ab dem 15. Jahrhundert aber erscheinen einige Handschriften – es sind nicht viele –, welche den heldenepischen Texten Miniaturen beigeben. An der Auswahl der illustrierten Szenen und an der sehr verschiedenartigen Form der Darstellung der Episoden lässt sich wieder das Fehlen einer spezifischen Ikonographie erkennen, welche versuchen würde, die wichtigsten Inhalte und spezifischen Motive dieser Geschichten zu synthetisieren. Es scheint grundsätzlich zwei Arten

Abb 14: Basilika San Zeno (Verona, Italien), Portalrelief.

der Bebilderung eines heldenepischen Buches zu geben. Die einfachere Variante besteht in der Hervorhebung des Textanfangs durch eine ganzseitige Miniatur. Wir begegnen ihr in zwei Handschriften des ›Ortnit‹ (Heidelberg, cpg. 365, Bl. 1v–2r, vgl. Abbildung 15; Frankfurt, Ms. Carm. 2, Bl. 1r; beide elsässisch, um 1420), die aber den Beginn des ›Wolfdietrich‹ ohne Abbildung belassen. Auch das ›Dresdner Heldenbuch‹ stellt jedem Text ein farbiges Bild voran; und das ›Heldenbuch Linhart Scheubels‹ hat eine ganzseitige Miniatur sowohl am Anfang der ›Virginal‹ (Bl. 1v) wie zu Beginn des ›Nibelungenliedes‹ (Bl. 291v; vgl. Abbildung 16). Diese Titelbilder, die sich in der Regel auf einer Verso-Seite, also links vom Textanfang, befinden, geben ein charakteristisches Motiv der Dichtung wieder (z. B.: Ortnit greift die Drachen an, Sifrit wird ermordet), wenn auch die Übereinstimmung zwischen Text und Bild recht vage bleibt und die Illustrationen nur den Inhalt des Textes spiegeln möchten und keinen eigenen semantischen Kontext herstellen.

In der ersten Hälfte des 15. Jahrhunderts erscheint aber auch schon der zweite Illustrierungstypus, der Miniaturen neben den Text stellt. Er begegnet zusätzlich zum Titelbild in einigen Handschriften aus wichtigen Produktionszentren im Südwesten des deutschen Sprachraums, die dementsprechend qualitätsvoll sind. Es handelt sich zum einen um eine Abschrift des ›Rosengarten‹ (Heidelberg, cpg. 359, ca. 1420) und eine der ›Virginal‹ (Heidelberg, cpg. 324, ca. 1440), die jeweils 21 und 46 Bilder enthalten, welche allesamt Dialoge, Kämpfe oder Ausritte zeigen, also topische Situationen (vgl. Abbildung 17). Die Funktion eines Textkommentars, die oft die mittelalterliche Illuminierung kennzeichnet, ist hier nicht erkennbar. Dasselbe geschieht übrigens in der Handschrift *b* des ›Nibelungenliedes‹, von der bereits die Rede war.

Zum anderen besitzen wir, als ganz herausragenden Sonderfall, eine Handschrift des ›Sigenot‹, die um 1470 für Margarethe von Savoyen hergestellt wurde, deren 106 Blätter nicht weniger als 201 Miniaturen enthalten (Heidelberg, cpg. 67). Beinahe jede Strophe des Textes wird von einer gefärbten Federzeichnung begleitet, welche die obere Hälfte des Blattes einnimmt, während unten Raum für die jeweiligen dreizehn Zeilen des Bernertons frei bleibt (vgl. Abbildung 18).

Abb. 15: Heidelberg, Universitätsbibliothek, Cod. Pal. germ. 365, fols. 1v und 2r.

Abb. 16: Wien, Österreichische Nationalbibliothek,
cod. vindob. 15478, fol. 291v.

Abb. 17: Heidelberg, Universitätsbibliothek, Cod. Pal. germ. 359, fol. 29v.

Sy treiben ain ander uff der wal
Er schlug im vil der töte mäl
Dz er hin strucket uff den anger
Der wild enpfieng mengen hür
Das ward herdiettrich ze für
Der wild der zugt sin stange
Er schlug im uff den hilterem
Das er müst werden tunckel
Das es von des wildes fures schin
Er bran recht als der karfunckel
Wns liegen uns dan die büchstaben
So haut der vogt von berne
Die hertteren stryt gehaben

Abb. 18: Heidelberg, Universitätsbibliothek, Cod. Pal. germ. 67, fol. 18v.

Die dargestellten Szenen sind einander sehr ähnlich, nicht nur weil der Inhalt des Werks wenig Variation bietet (vgl. Kapitel VI,1, S. 349–354), sondern auch, weil der Maler bewusst die Perspektive und den Bildausschnitt wiederholt. Dadurch entstehen, besonders in den Kampfszenen (die im Text in der Überzahl sind), Bildsequenzen, die beinahe wie Fotogramme eines Films wirken (vgl. Abbildungen 19–23). Die Bilder verwandeln sich dadurch in einen Paralleltext, der das Lesen von dem ermöglicht, was wohl in der Regel gehört wurde. Aber die intensive und mechanische Illuminierung dieser Handschrift achtet besonders auf die formalen Aspekte der Dichtung, zeichnet die im Text beschriebenen Gesten ab und sucht nicht nach einer sinnstiftenden Ikonologie. Wahrscheinlich erwartete die Auftraggeberin – eine Person aus dem hohen Adel – nichts anderes als diese Umsetzung des Textes in gezeichnete Figuren und wählte dafür einen der heldenepischen Texte aus, dessen Handlung am oberflächlichsten ist; aber auch die Kürze des Textes könnte ausschlaggebend für die Wahl gewesen sein.

Mit dieser Tendenz der bebilderten Handschriften, die Illustrierung auf eine dekorative Begleitfunktion zu reduzieren, sich auf Szenen zu konzentrieren, die Gesten und Formen der höfischen Kultur zeigen, und auf die Schaffung eines ikonographischen Programms zu verzichten, bricht teilweise – aber eben nur teilweise – die Holzschnitzarbeit des ›Gedruckten Heldenbuches‹. Diese stellt einen wahren Meilenstein in der Illustrierung heroischer Stoffe dar, sowohl wegen ihrer Anzahl (156 verschiedene Holzschnitte, die – zählt man die Wiederholungen – 230 halbseitige Bilder mit ihren dazugehörigen Beischriften ergeben) als auch wegen ihrer Qualität und ihrem Einfallsreichtum. Die meisten Bilder halten sich sehr genau an den Text und werden dadurch zu präzisen Lektürebegleitern; auf die immer gleiche Wiederholung von Begegnungen, Gesprächen und Kämpfen wird dagegen weitgehend verzichtet (vgl. Abbildung 24).

Obwohl sie noch kaum untersucht wurden, kann man behaupten, dass ihre Technik und Ikonographie im 16. Jahrhundert so einflussreich waren, wie die Texte, die sie begleiteten. Die Bearbeiter der folgenden Ausgaben legten für ihre Holzschnitte dieses Modell

Sy hetten ein vngefügen striten
Vnd triben ain ander übern rin
Dar inn lag gefangen
Der vogt von bern her diettrich
Hiltbrant der hin so krefftiglich
vff den rysen lange
Das es also wyt erdoß
In dem tieffen kercker
Her diettrichs fröd die ward groß
Do sprach der berner
Dz ist recht der maister min
Dz hör ich an den schlögen
Er wil mir der getrüwe sin

Abb. 19: Heidelberg, Universitätsbibliothek, Cod. Pal. germ. 67, fol. 86r.

Abb. 20: Heidelberg, Universitätsbibliothek, Cod. Pal. germ. 67, fol. 86v.

Der vogt von bern do rieff
vff dem holen staine tieff
Bistu hyltbrant min maister
Durch got so solt du weren dich
Sy huwen baid so krefftiglich
Das die fure ganaister
Zfielen zu im in den turn
Von des staines orte
Herdiettrich rufft wol zwurnot
Ees hiltbrant erhort
Sines lieben herren ruff
Von den starcken schlegen
Die im sin h der ryse schuff

Abb. 21: Heidelberg, Universitätsbibliothek, Cod. Pal. germ. 67, fol. 87r.

13 Do hiltbrant das vernam
Das der fürste lobesan
Denocht het das leben
Do was er uß der mäßen fro
Und ward erst um sich howen do
Sin swert noch baß erhaben
Er schlug dem ungefügen man
Vast umb sine füsse
Do sprach der held so lobesan
Du müst mir och hie büessen
Das du min herrn gefangen hast
Ich truwen got von hymel
Das du es nit mer tust

Abb. 22: Heidelberg, Universitätsbibliothek, Cod. Pal. germ. 67, fol. 87v.

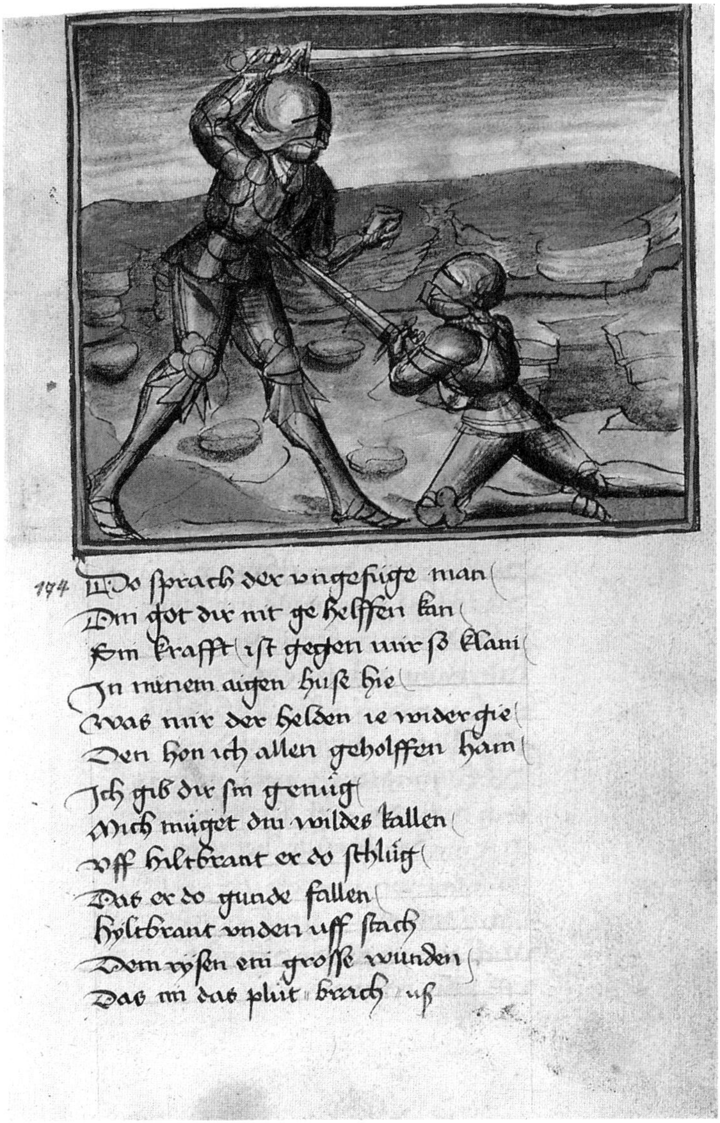
174 Do sprach der ungesigte man
Dem got dir nit gehelffen kan
Sin krafft ist gegen mir so klain
In minem aigen huse hie
Was mir der helden ie wider gie
Den hon ich allen geholffen ham
Ich gib dir sin genug
Mich müget din wildes kallen
Uff hiltbrant er do schlug
Das er do gunde fallen
Hyltbrant unden uff stach
Dem rysen ein grosse wunden
Das im das plut brach uß

Abb. 23: Heidelberg, Universitätsbibliothek, Cod. Pal. germ. 67, fol. 88r.

ich tarz jm nit ferſagen
würd du der bürge mein
es ſol zů diſen tagen
ſtet vnd auch feſte ſein
Was iſt dir noch zů ſinnen
ſprach meiſter hiltebrant
das ſoltu mir ferkünnen
wittich kiener wigant
beſtand den ryſen aſperian
das bitt ich dich held gemeit
ein herczogthům vndertan
iſt dir von dem berner bereit
Da ſprach wittich der güte
ich ſag dir hiltebrant
du ſolt mirs nit zůmüte
ich neme nit alles ſein lant
das ich hie ſölte ſterben
von dem vngefügen man
wer wölt mir huld erwerben
ich wils nit vnderſtan
Er bat wittich gar ſere
beſtand in du kiener tegen
ſo will dir mein here
ſeinen güten ſchymmel geben
vmb dem roſz falcke
geſigeſt du jm an
vnd erſchlechſtu den ſchalcke
ſo biſtu ein byderman

Hie ſtreit Wittich mit dem ryſen aſperian/ vnd ward der ryſe Aſperian flüchtig mit zweyen ſchwerten.

Abb. 24: Darmstadt, Hessische Landes- und Hochschulbibliothek, Inc. III,27, fol. 263v.

zugrunde. Auch die Offizinen, die einzelne heldenepische Texte in kleinen Büchern herausbrachten, dürften das Vorbild gekannt haben, insbesondere die frühen Drucke des ›Sigenot‹ (sechs Ausgaben aus der Inkunabelzeit), die einen Zyklus von über vierzig Abbildungen enthalten, der aus keiner bekannten Handschrift abzuleiten ist. Diese Formen der Textillustration implizieren keinen Wechsel in der soziologischen Zusammensetzung des Publikums, zeigen aber doch eine Distanzierung von der Konzentration auf Szenen, die für eine höfische Lebensart repräsentativ waren (wie noch in der ›Nibelungenlied‹-Handschrift *b*), um Situationen der Handlung zu zeigen, die für ein breiteres Publikum attraktiv sein konnten.

Die verbreitete Lektüre heldenepischer Dichtungen in der Frühen Neuzeit führte dazu, dass die Abbildungen auch aus den Buchdeckeln heraus in andere Medien drangen. Uns sind zwei reiche Männer bekannt, ein Adeliger und ein Bürger, deren Vorliebe für die heroischen Dichtungen so groß war, dass sie die Säle ihrer jeweiligen Paläste mit Motiven aus diesen Werken bemalen ließen. Am spektakulärsten ist die Burg Runkelstein, nördlich von Bozen in Südtirol, die am Ende des 14. Jahrhunderts von einer reichen Patrizierfamilie ausgeschmückt wurde und in der sich – trotz des schwer ruinösen Zustandes, in den der Komplex bis Mitte des letzten Jahrhunderts geraten war – mehrere Säle erhalten haben, die komplett mit Fresken verziert sind, welche höfische Romane illustrieren. Hinzu kommt eine Galerie mit Figurentriaden, unter denen sich die drei größten Helden (jeweils mit Schwert), drei Zwerge, drei Riesen und drei Riesinnen befinden; die meisten ihrer Namen finden sich in den Dietrichepen wieder. Interessant ist auch der Fall der Burg Wildenstein in Schwaben, in deren Hauptsaal im 16. Jahrhundert die Illustrationen eines zeitgenössischen ›Sigenot‹-Drucks als Fresken auf die Wände übertragen wurden. Diese Beispiele – es sind bei weitem nicht die einzigen dekorativen Wandgemälde, die nach literarischen Motiven gestaltet wurden, wohl aber die einzigen mit heldenepischen Motiven – geben zu erkennen, dass die Heldendichtung für dieses Publikum weiterhin einen beachtlichen Repräsentations- und Unterhaltungswert innehatte. Ausschließlich historischen Repräsentationswert besaßen hingegen die Figuren, die Kaiser

Maximilian, eingenommen vom Wunsch nach zeremonieller Ausübung der Memoria, an seinem Grabdenkmal im Dom zu Innsbruck aufstellen ließ. Darunter befindet sich je eine Statue von Dietrich von Bern und König Artus. Ihre Anwesenheit an diesem Ort ist nicht auf literarisches Interesse zurückzuführen, sondern wohl primär auf die Tatsache, dass beide Figuren königliche Sippen vertreten, als deren Erbe sich der Kaiser sehen konnte oder mit denen ihn eine Verwandtschaft verband. Als königlicher Vorfahre Maximilians erschien Dietrich von Bern auch schon auf der ›Ehrenpforte‹, einer aus Holzschnittdrucken zusammengesetzten, papiernen Schauwand, die einen Triumphbogen darstellte und deren Entwurf von Albrecht Dürer stammt. Wie Karl der Große hat also der deutsche Kaiser den Ostgotenkönig eher als politischen Vorgänger betrachtet.

LITERATUR

Die handschriftliche Überlieferung der mittelhochdeutschen Heldenepik vom 14. bis 16. Jahrhundert wird hervorragend erschlossen in der Monographie von Joachim Heinzle, *Mittelhochdeutsche Dietrichepik. Untersuchungen zur Tradierungsweise, Überlieferungskritik und Gattungsgeschichte später Heldendichtung*, München 1978 (MTU 62); bibliographische Aktualisierungen finden sich in seiner späteren Einführung: Joachim Heinzle, *Einführung in die mittelhochdeutsche Dietrichepik*, Berlin 1999. Leider besitzen wir für ›Ortnit‹ und ›Wolfdietrich‹ kein Werk von ähnlicher Nützlichkeit. Einige zusätzliche Details finden sich auch im Aufsatz von John L. Flood, »Some notes on German Heroic Poems in Print«, in *The Library* 22 (1967), S. 228–242. Die Bedeutung der strophischen Form in einem Kontext dominierender Prosaliteratur behandelt grundlegend die Arbeit von Gisela Kornrumpf, »Strophik im Zeitalter der Prosa: Deutsche Heldendichtung im ausgehenden Mittelalter«, in *Literatur und Laienbildung im Spätmittelalter und in der Reformationszeit*, hg. von Ludger Grenzmann und Karl Stackmann, Stuttgart 1984, S. 316–340.

Über die Heldenbücher findet man alle wichtigen Informationen in den Arbeiten, die im vorigen Absatz zitiert wurden; sie finden sich auch zusammengefasst bei Joachim Heinzle, »Heldenbücher«, in *VL*, Bd. III, Berlin 1981, Sp. 947–956. Das ›Dresdner Heldenbuch‹ bedarf eingehenderer Untersuchung, die jetzt durch die neue Edition *Das Dresdener Heldenbuch und die Bruchstücke des Berlin-Wolfenbütteler Heldenbuchs*, hg. von Walther Kofler, Stuttgart 2006, um ein Vielfaches erleichtert wird. Das ›Heldenbuch Linhart Scheubels‹ ist nie als Ganzes ediert worden; es liegen lediglich Ausgaben der einzelnen Texte vor. Über diese Sammlung kann immer noch vieles aus der Arbeit von Xenja von Ertzdorff, »Linhart Scheubels Heldenbuch«, in *Festschrift für Siegfried Gutenbrunner*, Heidelberg 1972, S. 33–46, gelernt werden. Das ›Heldenbuch Diebolds von Hanau‹ ist neuerdings auf der Grundlage der Abschriften aus dem 19. Jahrhundert ediert worden in einer guten, aber höchst undurchschaubaren Ausgabe: *Das Straßburger Heldenbuch: Rekonstruktion der Textfassung des Diebolt von Hanowe*, hg. von Walter Kofler, Göppingen 1999. Das ›Gedruckte Heldenbuch‹ hingegen wurde nicht nur schon längst komplett ediert (*Das Deutsche Heldenbuch: nach dem mutmaßlich ältesten Drucke*, hg. von Adelbert von Keller, Stuttgart 1867 [Nachdr.: Hildesheim 1966]), sondern liegt auch als Faksimile vor: *Heldenbuch. Nach dem ältesten Druck in Abbildung*, hg. von Joachim Heinzle, 2 Bde., Göppingen 1981–1987, dessen zweiter Band wertvolle Kommentare und Einführungen bietet. Das sog. ›Ambraser Heldenbuch‹ ist ebenfalls als Faksimile einsehbar: *Ambraser Heldenbuch: vollständige Faksimile-Ausgabe im Originalformat des Codex Vindobonensis Series Nova 2663 der Österreichischen Nationalbibliothek*, hg. von Franz Unterkircher, Graz 1973. Als Einführung dient der Artikel von Johannes Janota, »›Ambraser Heldenbuch‹«, in *VL*, Bd. I, Berlin 1978, Sp. 323–327.

Die ›Heldenbuch-Prosa‹ kann im soeben zitierten Faksimile des ›Gedruckten Heldenbuchs‹ gelesen werden. Untersucht wurde sie durch Kurt Ruh, »Verständnisperspektiven von Heldendichtung im Spätmittelalter und heute«, in *Deutsche Heldenepik in Tirol. König Laurin und Dietrich von Bern in der Dichtung des Mittelalters*, hg. von Egon Kühebacher, Bozen 1979, S. 15–31. Interessante Hinweise finden sich auch bei Hans Fromm, »Riesen und Recken«, in *DVjs* 60 (1986), S. 42–59.

Die unterschiedlichen Fassungen des ›Nibelungenliedes‹ aus dem 15. Jahrhundert sind nebeneinander gestellt worden von Lothar Voetz, »Die *Nibelungenlied*-Handschriften des 15. und 16. Jahrhunderts im Überblick«, in *Die Nibelungen. Sage – Epos – Mythos*, hg. von Joachim Heinzle und Ute Obhof, Wiesbaden 2003, S. 283–305; viel hermeneutischer ist der Vorstoß von Volker Mertens, »Nibelungische Metamorphosen. Zum Nibelungenlied im Spätmittelalter«, in *Les Nibelungen. Actes du Colloque du Centre d'Études Médiévales de l'Université de Picardie-Jules Verne, Amiens (12 et 13 Janvier 2001),* hg. von Danielle Buschinger und Jean-François Candoni, Amiens 2001, S. 99–110g. Die Fassung k aus dem ›Heldenbuch Linhart Scheubels‹ liest man in *Das Nibelungenlied nach der Piaristenhandschrift*, hg. von Adelbert von Keller, Stuttgart 1879. Zu ihr sind in den letzten Jahrzehnten einige wichtige Arbeiten entstanden: Werner Hoffmann, »Die spätmittelalterliche Bearbeitung des Nibelungenliedes in Linhart Scheubels Heldenbuch«, in *GRM* 29 (1979), S. 129–145; Margarethe Springeth, »Beobachtungen zur Nibelungenrezeption in der Wiener Piaristenhandschrift (k)«, in *3. Pöchlarner Heldenliedgespräch. Die Rezeption des Nibelungenliedes*, hg. von Klaus Zatloukal, Wien 1995, S. 173–185; sowie Jan-Dirk Müller, »*bei heldes zeiten*. Anmerkungen zum Beginn des ›Nibelungenliedes‹ k«, in *Verstehen durch Ver-*

nunft. Festschrift für Werner Hoffmann, Wien 1997, S. 271–278. Die Zusätze der Fassungen *a* und *b* kann man in der großen Ausgabe *Das Nibelungenlied. Paralleldruck der Handschriften A, B und C nebst Lesarten der übrigen Handschriften*, hg. von Michael Batts, Tübingen 1971, S. 795–796, lesen. Die Fassung *n* ist Gegenstand zweier konkurrierender Ausgaben gewesen: *Eine spätmittelalterliche Fassung des Nibelungenliedes. Die Handschrift 4257 der Hessischen Landes- und Hochschulbibliothek Darmstadt*, hg. von Peter Göhler, Wien 1999, und *Das Nibelungenlied nach der Handschrift n*, hg. von Jürgen Vordestemann, Tübingen 2000 (ATB 114). Ihr widmen sich zwei neuere Arbeiten: Edward R. Haymes, »Die Nibelungen im Spätmittelalter. Die Handschrift n und ihre Umgebung«, in *Vom Mittelalter zur Neuzeit. Festschrift für Horst Brunner*, Wiesbaden 2000, S. 447–461; sowie Joachim Heinzle, »Wiedererzählen in der Heldendichtung. Zur Fassung n des ›Nibelungenliedes‹«, in *Retextualisierung in der mittelalterlichen Literatur*, hg. von Joachim Bumke und Ursula Peters, Berlin 2005, S. 139–158 (*ZfdPh* 124 [2005], Sonderheft). Zur Fassung *m* gibt es weiterhin nur die Ausgabe und Untersuchung durch Helmut de Boor, »Die Bearbeitung m des Nibelungenliedes«, in *PBB* 81 (1959), S. 176–195.

Zur ikonographischen Darstellung von Theoderichs Ende vgl. Walter Haug, »Theodorichs Ende und ein Tibetisches Märchen«, in ders., *Strukturen als Schlüssel zur Welt. Kleine Schriften zur Erzählliteratur des Mittelalters*, Tübingen 1989, S. 339–363; Otto Gschwantler, »Zeugnisse zur Dietrichsage in der Historiographie von 1100 bis gegen 1300«, in *Heldensage und Heldendichtung im Germanischen*, hg. von Heinrich Beck, Berlin 1988, S. 35–80, beide mit weiterführender Literatur. Man vergleiche auch die Arbeit von Michael Curschmann, »Oral Tradition in Visual Art: The Romanesque Theodoric«, in ders., *Wort–Bild–Text. Studien zur Medialität des Literarischen in Hochmittelalter und früher Neuzeit*, Baden-Baden 2007 (Saecula Spiritalia 43&44), Bd. II, S. 869–893.

Über die Illustrierung der deutschen weltlichen Literatur des Mittelalters ist weiterhin grundlegend die Sammlung von Arbeiten von Hella Frühmorgen-Voss, *Text und Illustration im Mittelalter*, München 1975 (MTU 50), insbesondere S. 1–56. Neuerdings aber hat Michael Curschmann eine Reihe weitaus präziserer Untersuchungen veröffentlicht: Michael Curschmann, »*Pictura laicorum litteratura?* Überlegungen zum Verhältnis von Bild und volkssprachlicher Schriftlichkeit im Hoch- und Spätmittelalter bis zum Codex Manesse«, in *Pragmatische Schriftlichkeit im Mittelalter. Erscheinungsformen und Entwicklungsstufen*, hg. von Hagen Keller, Klaus Grubmüller und Nikolaus Staubach, München 1992, S. 211–229; ders., *Vom Wandel im bildlichen Umgang mit literarischen Gegenständen. Rodenegg, Wildenstein und das Flaarsche Haus in Stein am Rhein*, Freiburg (Schweiz) 1997. Hinzu kommt auch Norbert H. Ott, »Rodenegg revisited, oder: Zur Veränderung von Struktur und Gebrauchssituation literarischer Bildzeugnisse im historischen Prozeß«, in *helle döne schöne. Versammelte Arbeiten zur älteren und neueren deutschen Literatur. Festschrift für Wolfgang Walliczek*, hg. von Horst Brunner u.a.,

Göppingen 1999, S. 61–86; ders., »Mündlichkeit, Schriftlichkeit, Illustration. Einiges Grundsätzliche zur Handschriftenillustration, insbesondere in der Volkssprache«, in *Buchmalerei im Bodenseeraum, 13. bis 16. Jahrhundert*, hg. von Eva Moser, Friedrichshafen 1997, S. 37–51. Für die südwestdeutschen Bilderhandschriften ist jetzt das Buch von Lieselotte E. Saurma-Jeltsch, *Spätformen mittelalterlicher Buchherstellung. Bilderhandschriften aus der Werkstatt Diebold Laubers in Hagenau*, 2 Bde., Wiesbaden 2001, grundlegend. Über die Holzschnitte im ›Gedruckten Heldenbuch‹ gibt Auskunft der zweite Band des oben zitierten Faksimiles von Joachim Heinzle. Weitere heldenepische Drucke behandelt auch die Studie von Frieder Schanze, »*Volksbuch*-Illustrationen in sekundärer Verwendung. Zur Erschließung verschollener Ausgaben des *Pfaffen von Kalenberg, Herzog Ernst, Sigenot* und des *Eckenliedes*«, in *Archiv für Geschichte des Buchwesens* 26 (1986), S. 239–257.

Die Runkelsteiner Fresken können jetzt im prächtigen Bildband *Schloss Runkelstein: die Bilderburg*, hg. von André Bechthold, Bozen 2000, betrachtet werden. Ihr Wert für die Philologie wurde bereits im Sammelband *Runkelstein. Die Wandmalereien des Sommerhauses*, hg. von Walter Haug u.a., Wiesbaden 1982, untersucht. Die Fresken auf Burg Wildenstein wurden erst viel später durch Michael Curschmann und Burghart Wachinger, »Der Berner und der Riese Sigenot«, in *PBB* 116 (1994), S. 360–389, identifiziert. Die Bronzestatuen am Grabmal Kaiser Maximilians behandelt grundlegend Vinzenz Oberhammer, *Die Bronzestandbilder des Maximiliangrabmales in der Hofkirche zu Innsbruck*, Innsbruck/Wien/München 1935. Über die ›Ehrenpforte‹ gibt jetzt detaillierte Auskunft Thomas von Schauerte, *Die Ehrenpforte für Kaiser Maximilian I. Dürer und Althofer im Dienst des Herrschers*, Berlin/München 2001.

2. Alte Stoffe in neuen Schläuchen

In der Zeit zwischen Mitte des 15. und Mitte des 16. Jahrhunderts, als die deutschsprachige Heldenepik durch die zahlreichen Handschriften und besonders die Drucke ihre weiteste schriftliche Verbreitung genoss, entstanden auch neue Texte, welche die heroischen Stoffe verarbeiteten, die aber nicht als Epen bezeichnet werden können. Gewiss verstanden sich zumindest einige dieser Werke als Fortsetzer der Tradition, auch wenn sie sie in einem ganz anderen Format als die großen Dichtungen des 13. Jahrhunderts vermittelten. Für andere hingegen war der alte Stoff lediglich ein Steinbruch für ganz neue Unterhaltungsformen.

Als erster ist hier ein Text zu nennen, der unter dem Titel ›Der Wunderer‹ bekannt ist und von der frühesten Heldentat Dietrichs von Bern erzählt, als dieser in seiner Jugend von Etzel an seinem Hof aufgezogen wird. Das früheste Zeugnis dieser Dichtung ist das ›Dresdner Heldenbuch‹, in dem sie in einer Fassung von 215 Strophen in der Heunenweise (acht Kurzverse mit Kreuzreim bzw. vier Langverse mit paarweise Binnen- und Endreim) überliefert ist. Diese Version erschien zu Beginn des 16. Jahrhunderts zweimal im Druck. Um 1490 wurde auch eine Fassung in Reimpaarversen gedruckt, deren Länge wir aber nicht kennen, weil dem einzigen erhaltenen Exemplar die meisten Blätter fehlen; dasselbe geschieht mit einem handschriftlichen Fragment, das ein wenig später datiert wird. Wir wissen nicht, wann das Werk gedichtet wurde. Früher tendierte man dazu, es den Dichtungen des 13. Jahrhunderts zuzuordnen; heute dagegen halten wir es für ein Produkt des 15. Jahrhunderts.

ZUSAMMENFASSUNG

[1] König Etzel veranstaltet ein Fest für alle Barone in seinem Reich und für ihre Ehefrauen. Während des Banketts dringt eine außergewöhnlich hübsche Jungfrau mit einem vor Schreck verzerrten Gesicht in den Saal ein. Sie verlangt vom hunnischen König, er möge sie vor dem wilden Wunderer schützen, der sie seit drei Tagen mit seinen Hunden verfolge, um sie zu verspeisen. Auf die Fragen der Gäste hin erklärt das Mädchen, sie sei die Tochter eines Königs, die nach dessen Tod ewige Keuschheit geschworen habe. Als Lohn dafür habe ihr Gott drei Gaben geschenkt: Sie könne auf den ersten Blick das Innere der Menschen erkennen, Segen erteilen, die einen Menschen im Kampf unbesiegbar machen, und sich wie der Wind von einem Ort zum anderen begeben. [27] König Etzel, den die Jungfrau sofort als Feigling durchschaut, lehnt es ab, für sie zu kämpfen. Er will auch nicht ihrer wiederholten Bitte Folge leisten, die Tore schließen zu lassen, sondern fordert sie auf, einen der Helden im Saal um Schutz zu bitten. Sie blickt sie alle kurz an und wendet sich dann an Rüedeger, der aber ebenfalls den Kampf verweigert. [85] Im Nebensaal entdeckt das Mädchen dann den jungen Dietrich, den sie als tapfer erkennt und der sie auch verteidigen möchte. Etzel aber will das nicht zulassen, da der Jüngling ihm zur Erziehung anvertraut wurde und er Repressalien fürchtet, falls ihm etwas zustoßen sollte.

[108] Da dringt der Wunderer in die Burg ein, und weil Rüedeger sich weiterhin weigert zu kämpfen, beschließt Dietrich, die Jungfrau zu schützen. Sofort spricht sie ihren Schutzsegen über ihn aus. [134] Der Wunderer erscheint nun im

Saal und fordert die Herausgabe des Mädchens; seine Hunde beißen bereits in ihre Kleider, aber Dietrich tötet sie. Der Wilde versucht, die Frau zu ergreifen, wird aber vom Helden zu Boden geworfen. Der Fremde erklärt nun, er sei ein Prinz, dem das Mädchen von ihrem Vater vor dessen Tod zur Frau versprochen worden sei. Da sie nun aber eine Ehe ablehne, habe er gelobt, sie zu essen, bevor sie einen anderen Mann nehme. [168] Es kommt zum Zweikampf; sie kämpfen mehrere Tage lang, bis es Dietrich gelingt, dem Wunderer den Kopf abzuschlagen. Auf dem Fest, das daraufhin gefeiert wird, stellt sich das Mädchen als Frau Saelde vor, also als das Glück [208]. Der Text endet mit dem Abschied der Gäste.

Die Erzählung gehört zum Typus der gejagten Frau, der besonders durch eine Geschichte Boccaccios (›Decamerone‹, V,8) bekannt ist. Ähnliche Situationen, in denen eine adelige Jungfrau von einem Wilden oder einem Heiden verfolgt wird, finden sich auch im ›Eckenlied‹ oder in der ›Virginal‹, die dem Text gattungsmäßig nahestehen, doch es fehlt in ihnen das Motiv des abgewiesenen Liebhabers, das bei Boccaccio und im ›Wunderer‹ charakteristisch ist. Auch mit dem Einfluss mündlicher Traditionen muss gerechnet werden, da der Erzähltypus in verschiedenen Varianten auf dem ganzen Kontinent belegt ist.

Das Interessanteste am ›Wunderer‹ ist jedoch die Verschmelzung des epischen Stoffes mit einem Strukturmodell, das offenbar dem Artusroman entnommen ist. Die Anfangssituation mit dem Fest, das an einem idealisierten Hof gefeiert wird, und der Einbruch des Abenteuers, das einen der Höflinge einer Prüfung unterzieht, ist charakteristisch für die klassischen arthurischen Romane. Auch das Motiv der Figur aus der Jenseitswelt, welche die Idealität der Höflinge in Frage stellt, ist typisch für jene Gattung. Die Anspielung ist zudem explizit, weil der Erzähler in der dritten Strophe der Fassung des ›Dresdner Heldenbuchs‹ unterstreicht, Etzel habe gleich viel Macht besessen wie König Artus, um den Frieden in seinem Reich zu wahren. Im handschriftlichen Fragment sind außerdem wörtliche Zitate eines deutschen Artusromans entdeckt worden. Doch der ›Wunderer‹ versucht offenbar nicht, ein höfisches Rittertum im Dienst der Damen einem klassischeren Heldentum gegenüberzustellen, das den Kampf als einzige Form der persönlichen Erfüllung sieht. Hier geht es ganz konkret um die Hilfe, die der bedrohten Jungfrau zu leisten ist. In dieser Situation nämlich erweisen sich die glorreichen Helden an Etzels Hof als ungewohnt statisch und feige; die Jungfrau bestätigt das mit ihrer Gabe, die Menschen zu durchschauen. Die Situation ist nicht mit jenen vergleichbar, in denen Dietrich von Bern den Kampf verweigert und wütend gemacht werden muss. Rüedegers Ablehnung des Kampfes bleibt unverständlich und wird auch nicht rechtfertigt. Die Bereitschaft des Helden, die Jungfrau zu verteidigen, und seine Entschlossenheit werden durch seine Jugend und die Passivität des Hofes hervorgehoben.

Der ›Wunderer‹ ist ein sonderbares Geschöpf: Äußerlich besitzt er wohl ein menschliches Aussehen, doch sein stinkender Atem, seine menschenfressende Art und die Fähigkeit, die Jungfrau trotz ihrer Windeseile überallhin verfolgen zu können, verleihen ihm übermenschliche Eigenschaften, für die man neuerdings slawischen Einfluss vermutet hat. Der wunderbare Charakter des ›Wunderer‹ wird aber nicht nur vom riesenhaften Antagonisten bestimmt – dies ist schließlich auch ein topisches Motiv der heroischen Tradition –, sondern vor allem von der Frau, die drei übermenschliche Fähigkeiten besitzt und sich am Ende als Personifizierung des Glücks entpuppt – ein topisches Motiv der arthurischen Literatur. Dieser Umstand verleiht dem kurzen Werk den Anschein eines Spiels mit literarischen Charakteren, einer Inszenierung des Heldenkampfes in einem Kontext, in dem niemand mehr an ihn zu glauben scheint. Es ist wohl kein Zufall, wie Kurt Ruh sagte, dass das früheste Zeugnis dieser Dichtung das ›Dresdner Heldenbuch‹ ist, in dessen Fassungen der Heldenepen eine ähnliche Hervorhebung des Topischen und eine Typisierung der Figuren zu erkennen sind. Die Faszination für das Ungeheuer ist wie gesagt charakteristisch für das ›Dresdner Heldenbuch‹.

Mit seinen wenig mehr als 200 Strophen übertrifft der ›Wunderer‹ kaum die Länge einiger der Heldenlieder, die in den ersten Kapiteln dieses Buches vorgestellt wurden, und nähert sich der Länge der Ballade, die weiter unten behandelt werden soll. Von ähnlichem Ausmaß ist eine weitere der neuen Dichtungen aus der Spätzeit, das ›Lied vom Hürnen Seyfrid‹, welches von Kriemhilts Entführung durch einen Drachen und von ihrer Befreiung durch Siegfried erzählt. Es handelt sich um ein Gedicht von 179 Strophen im Hildebrandston (vier paargereimte Langzeilen), das trotz seiner zweifelhaften literarischen Qualität bis ins 18. Jahrhundert hinein einen beachtlichen Erfolg hatte. Es sind zwölf Ausgaben aus dem 16. und 17. Jahrhundert bekannt; die älteste erhaltene entstand um 1530, war aber möglicherweise nicht die erste. Um 1561 wurde der Text stilistisch überarbeitet, und seitdem wurde nur noch diese Fassung gedruckt. Das ›Lied vom Hürnen Seyfrid‹ ist die einzige heroische Dichtung der germanischen Literaturen, die in keiner einzigen Handschrift erhalten ist. Wir wissen nichts über Zeit und Ort ihrer Entstehung; der Stoff war – wie im vorigen Kapitel bereits festgestellt werden konnte – schon vor 1400 bekannt, denn er wurde in der Fassung *m* des ›Nibelungenliedes‹ verarbeitet.

ZUSAMMENFASSUNG

[1] Seyfrid, Sohn König Sigmunds, verlässt den väterlichen Hof, weil er niemandem untertan sein möchte. In einem Dorf trifft er einen Schmied, der ihn als Lehrling aufnimmt, doch der Jüngling zerstört ihm das Amboss mit seinen Schwerthieben und misshandelt die übrigen Lehrlinge, wie auch den Meister selbst. Daher schickt dieser ihn zu einer einsamen Linde, wo er angeblich den Köhler treffen werde, der ihm die Kohle bringen soll; in Wirklichkeit aber haust neben der Linde ein Drache, der – so hofft der Schmied – den Jüngling töten wird. Seyfried aber erlegt das Untier ohne Umstände, dringt auf der Suche nach dem Köhler in den Wald ein und entdeckt eine große Anzahl Drachen in einer Niederung. Er reißt schnell zahlreiche Bäume aus und wirft sie auf die Ungeheuer, sodass sie sich nicht rühren können. Dann sucht er den Köhler auf, bekommt von ihm einen brennenden Holzscheit und zündet damit die Baumstämme über den Drachen an, sodass diese elendiglich umkommen. Ihre Hornhaut schmilzt in der Hitze und bildet ein Rinnsal. Der Held steckt neugierig seinen Finger hinein und stellt fest, dass seine Haut vollkommen verhärtet; also schmiert er sich damit den ganzen Körper ein, außer zwischen den Schulterblättern. Später wird Seyfrid an den Hof König Gybichs in Worms gelangen, dem er dienen wird, um dessen Tochter Krimhilde zur Frau zu bekommen. Er wird auch den Schatz finden, den Nibelung, der König der Zwerge, seinen Söhnen in einem Berg verborgen hinterließ. Durch ihn geschah ein großes Morden bei den Hunnen, bei dem nur Dietrich von Bern und Hildebrand überlebten.

[16] In Worms herrscht König Gybich mit seinen drei Söhnen Gunther, Gyrnot und Hagen und seiner Tochter Krimhilde. Eines Tages erscheint ein Drache,

ergreift das Mädchen und verschleppt es auf den hohen Berg Trachenstein. Das Ungeheuer behandelt die Jungfrau gut, legt sogar sein monströses Haupt in ihren Schoß. Zu Ostern verwandelt es sich einmal in einen Mann; sie bittet ihn nun, ihre Familie sehen zu dürfen, verspricht auch zurückzukehren, doch er antwortet, sie müsse fünf Jahre bei ihm bleiben, dann werde er sie zur Frau machen und sie werde zur Hölle fahren. Nun gewinnt das Ungeheuer wieder sein natürliches Aussehen, und das Mädchen betet. [32] Gybich hat derweil Boten ausgesandt, um seine Tochter zu suchen. Der junge Seyfrid zieht eines Tages zur Jagd au, und sein Hund nimmt die Spur des Drachen auf, der sie nun drei Tage lang folgen. Als er das Ungeheuer endlich sieht und erkennt, wo er hingekommen ist, wird ihm bange, und er möchte fliehen. Da erscheint Eugel, König der Zwerge, der ihn beim Namen nennt. Als Seyfrid merkt, dass der Kleine einiges über ihn weiß, fragt er ihn nach den Namen seiner Eltern, die er vergessen habe. Der Zwerg bringt sie ihm in Erinnerung und berichtet auch über den Drachen und die entführte Jungfrau. Als er erfährt, wer es ist, beschließt der Held zu kämpfen; Eugel warnt ihn vor den Gefahren, aber Seyfrid zwingt ihn, ihm zu helfen. [60] Der Gnom berichtet, in der Nähe wohne der Riese Kuperan, der den Schlüssel zum Berg hüte. Sie reiten dorthin, doch der Riese greift den Helden an, wird aber von ihm verwundet und muss um Gnade bitten. Der Held gewährt sie ihm gegen die Auslieferung Krimhildes. [87] Während sie durch den Wald gehen, versetzt Kuperan Seyfrid einen Stoß, der ihn ohnmächtig werden lässt, doch der Zwerg bedeckt den Helden schnell mit einer Tarnkappe, sodass ihn der Verräter nicht sehen kann, bis er wieder zu Bewusstsein kommt. Der Held verwundet wieder den Riesen und will ihn töten, doch der erinnert ihn daran, dass er dann den Berg nicht wird öffnen können. So ziehen sie gemeinsam weiter, Kuperan öffnet den Berg, Seyfrid nimmt ihm den Schlüssel ab und befiehlt ihm zu gehen. [101] Die Jungfrau erkennt ihren Befreier, doch als der sie fortbringen will, erscheint wieder der Riese mit einem Schwert, das auch Drachenhaut schneidet; der Held kämpft erneut mit ihm und kann ihn trotz der Wunden, die er erhält, vom Trachenstein stürzen. [115] Eugel erfährt nun, dass Seyfrid seit vier Tagen nichts gegessen hat und ruft seine Leute herbei, damit sie ihm die besten Speisen bringen mögen. Da erscheint aber der Drache, von dem nun erklärt wird, er sei ein Mann, der durch den Fluch einer Frau in einem Liebszwist in einen Drachen verwandelt und vom Teufel besessen worden sei; er könne seine ursprüngliche Natur erst wieder erlangen, wenn eine Frau fünf Jahre lang an seiner Seite verbracht habe. Seyfrid kämpft gegen das Ungeheuer, muss sich aber vor der Hitze des Feuers schützen und flieht mit der Jungfrau ins Innere des Berges. Dort entdeckt er den Schatz Nibelungs, dem König der Zwerge und Vater Eugels. Eugels Brüder hatten ihn dort, ohne dass er es gewusst hätte, vor dem Riesen versteckt. [142] Nun kämpft der Held wieder mit dem Drachen, tötet und zerstückelt ihn und wirft ihn vom Berg hinab. Der Jüngling sieht und hört nichts und weiß auch nicht mehr, wo er sich befindet; sein Mund ist vollkommen schwarz und sein Gesicht bleich. [150] Als er wieder zu sich kommt, findet er die Jungfrau bewusstlos. Eugel erscheint wieder und gibt ihr ein Kraut, das sie erweckt. Eugel dankt ihm dafür, dass er ihn von Kuperan befreit hat, und führt ihn in sein Reich. [160] Bevor er aufbricht, bittet der Held den Zwerg um eine Weissagung seiner Zukunft; Eugel sagt, er werde acht Jahre später ermordet, aber von Krimhilde gerächt werden. Auf dem Rückweg holt Seyfrid noch den Schatz, ohne zu wissen, dass er seinem Beschützer Eugel gehört. Als er aber in die Nähe von Worms gelangt, denkt er an die kurze Zeit, die ihm noch zu leben bleibt, und an das furchtbare Morden, das dadurch entstehen wird, erkennt, wie wenig der Hort ihm nützen wird, und kippt ihn daher kurzerhand in den Rhein. [169] In Worms werden sie gut empfangen, und die Hochzeit wird prächtig gefeiert, doch bald beginnen Krimhildes Brüder, Seyfrid zu hassen wegen der Macht, die er ausübt, und der Gerechtigkeit, die er walten lässt. Daher ermorden sie ihn an einer Quelle. [179] Wer mehr über ihn hören möchte, der solle von Seyfrids Hochzeit lesen.

Trotz seines geringen künstlerischen Wertes ist das Werk interessant, denn es dokumentiert, zumindest für das 14. Jahrhundert, eine Reihe von Details der Sagen um Siegfried und die Burgunden, die wir für möglicherweise genuin halten, die aber in Deutschland vom ›Nibelungenlied‹ verändert worden waren. Es handelt sich zum einen um Siegfrieds Jugend, seine Erziehung im Wald bei einem Schmied und dessen Verrat am Helden, als er ihn hinterlistig in den Kampf gegen einen Drachen ziehen lässt (vgl. Kapitel III,4, S. 158–168). Des Weiteren sind Gunther, Gyrnot und Hagen in diesem späten Text Brüder, wie es Gunnar und Hogni schon im ›Atlilied‹ (vgl. Kapitel II,2) und in der ›Thidreksaga‹ (vgl. Kapitel V,1) waren. Ein drittes Detail wirft ein ganz neues Licht auf das Motiv der Ermordung des Helden: Am Ende des ›Liedes vom Hürnen Seyfrid‹ wird gesagt, dass Krimhildes Ehemann in Worms zusammen mit den burgundischen Brüdern regierte. Die Koregentschaft bietet viel einleuchtendere Motive für den Mord als Brünhilts Hass oder als der Versuch, den bedrohlichen Mitwisser auszuschalten.

Der Aufbau der Dichtung ist ganz offensichtlich forciert. Am Anfang steht ein Block mit fünfzehn Strophen, die davon erzählen, wie Seyfrid die Hornhaut erhielt, die ihn kennzeichnet; am Ende desselben werden weitere Taten und Katastrophen angekündigt. Es folgt dann der Hauptteil der Dichtung, der um das Abenteuer von der Befreiung Krimhildes kreist. Am Ende aber wird wieder auf zukünftige

Ereignisse verwiesen: auf den Tod des Helden und die Rache der Witwe. Diese Hinweise auf Episoden, die dem Publikum bekannt waren, aber nicht im Text stehen, lassen eine wenig achtsame Zusammenfügung von Teilen erkennen, die ursprünglich unabhängig waren. Dies hat zu dem Schluss geführt, dass die ersten fünfzehn Strophen erst später dem Hauptteil vorangestellt wurden, um ihn abzurunden. Das ist möglich, doch darf man dabei nicht vergessen, dass es sich lediglich um Vermutungen handelt, die auf modernen ästhetischen Kriterien fußen; auch wenn sie in uns weitere Erwartungen wecken, könnten die Vorausdeutungen lediglich als ein Hinweis auf eine noch lebendige mündliche Tradition gedacht sein.

Der Hauptteil des ›Liedes vom Hürnen Seyfrid‹ scheint eine Sammlung von topischen Motiven zu sein, was als eine gewisse Nähe zu mündlichen Traditionen gedeutet werden könnte. Da gibt es den Drachen, die Entführung der Prinzessin, den fernen Felsen, der einen Schatz birgt, den Wald, den beschützenden Zwerg mit seiner Tarnkappe, den verräterischen Riesen, die gerechte Bestrafung der Antagonisten, die Befreiung eines Volkes, das von einem Unwesen bedroht lebt. Die Struktur nimmt das traditionelle Modell der heroischen ›Vita‹ auf, also die Darstellung der Lebensgeschichte von der Geburt bis zum Tod, und präsentiert mit einer eindeutigen Linearität die Entwicklung des Helden vom Jüngling, der einer gesellschaftlichen Integration unfähig ist (er verlässt das Heim, weil er niemandem untertan sein möchte), zum herrschaftlichen Führer, der ermordet wird, weil er die anderen überschattet. Der politische Kontext am Wormser Hof und der Konflikt zwischen den Vertretern des Adels bleiben ausgeblendet; am Ende kippt Seyfrid selbst den Hort in den Rhein.

Es ist anzunehmen, dass diese Schlichtheit im Aufbau, der geringe Anspruch und die Tatsache, dass das Lied einen weit verbreiteten Stoff aufgreift, Gründe waren, die den Erfolg dieses Textes trotz seiner niedrigen poetischen Qualität ermöglichten. Man darf auch nicht vergessen, dass diese kleine Dichtung erstmals einem breiteren Publikum die Möglichkeit bot, von einem der berühmtesten Helden mündlich umlaufender Heldentraditionen zu lesen. Siegfrieds Kämpfe gegen Drachen und Riesen, sein fabelhafter Hort und seine Beziehung zu

Kriemhilt waren wahrscheinlich ähnlich bekannt wie die Abenteuer Dietrichs von Bern. Doch während dieser von Beginn an eine größere Präsenz in literarischen Werken hatte, scheint auf dem Helden mit der Hornhaut stets die schwere Last des ›Nibelungenliedes‹ gelegen zu haben. Daher kann es nicht überraschen, dass das ›Lied vom Hürnen Seyfrid‹ zu dem Zeitpunkt erschien, als das Epos nicht mehr gelesen wurde und der Buchmarkt ein weniger anspruchsvolles Publikum erreicht hatte, das von der Heldendichtung keinen historischen Kontext erwartete, der sie wahrhaftig erscheinen ließe.

Andererseits bieten sowohl das ›Lied vom Hürnen Seyfrid‹ wie auch die Fassung *m* des ›Nibelungenliedes‹ dem Philologen ein Beispiel dafür, wie außerordentlich phantasiereich die Abenteuer Siegfrieds in der Sagentradition sein konnten. Auch wenn es sich um späte Zeugnisse handelt, die eine gewisse Entwicklung zur Effekthascherei spiegeln könnten, sie geben dennoch eine gute Vorstellung von den Schwierigkeiten, vor denen sich der Autor des ›Nibelungenliedes‹ gesehen haben dürfte, um diese Figur für sein Epos zu bearbeiten. Seine Leistung in der dritten Aventiure (vgl. Kapitel IV,1, S. 202f.), Sifrits Jugendtaten auf dem Umweg über Hagens Bericht einzuführen, versteht sich aus dieser Perspektive noch besser als ein grandioser literarischer Einfall.

Der Erfolg des ›Liedes vom Hürnen Seyfrid‹ als Abenteuergeschichte hielt wie gesagt bis ins 17. Jahrhundert an. 1657 erschien in Hamburg eine leicht veränderte und in Prosa umgesetzte Fassung, die auch einige Namen abwandelte (insbesondere den von Krimhilde, die nun Florimunda genannt wurde) und einige kurze Episoden hinzufügte. Zwar ist von dieser Ausgabe kein Exemplar erhalten, sondern erst von einem Neudruck von 1726; sie dürfte sich aber gut verkauft haben, denn drei Jahre später, 1660, erschien in Erfurt eine Fortsetzung, welche die Geschichte Lonhards erzählt, dem Sohn Seyfrids mit Florimunda.

Die relative Kürze, die Verdunklung jeglicher historisierender Kontexte und das Ausbleiben eines Konfliktes charakterisieren nicht nur den ›Hürnen Seyfrid‹, sondern auch einen neuen literarischen Typus, der gegen Ende des 15. Jahrhunderts in Europa in Erscheinung tritt: die Ballade. Die Ballade ist eine Form von teilweise dialogisiertem, erzählenden Lied mit meist weltlichem und traditionellem Stoff; sie ist zugleich zeitlos und doch sehr gegenwartsnah, von stereotypem und subjektivem Stil und mit geringem künstlerischen Anspruch. Sie erscheint in allen westeuropäischen Kulturen zwischen dem 12. und dem 14. Jahrhundert in isolierten Zeugnissen, verwandelt sich dann aber mit der Erfindung des Buchdrucks und der Verbreitung billiger Drucksachen für ein weniger gebildetes Publikum (hauptsächlich in sogenannten Einblattdrucken oder Liedflugschriften) in eine der erfolgreichen literarischen Gattungen der Zeit, die bald auch auf die gebildete Literatur Einfluss ausübte. Auch wenn sie verschiedenartige Namen erhält (*folkevise* im Dänischen, *ballad* im Englischen, *romance* im Spanischen) und natürlich die Stilformen und die verwendeten Stoffe variieren, bot sie ein Format, über das einem literarischen Publikum niederer und mittlerer Schichten Stoffe vermittelt werden konnten, die dem Feudaladel eigen waren, indem sie von jenen Elementen entkleidet wurden, die das aristokratische ›Ethos‹ ausmachten und die ihnen eine geschichtliche Anknüpfung boten. Dass dies jedoch nicht unbedingt ein historischer Prozess des Zerfalls von Heldensagen gewesen sein muss, sondern von Beginn an eine Möglichkeit für die Vermittlung heroischer Geschichten darstellte, kann nicht genug hervorgehoben werden.

Aus dem deutschen Sprachraum sind uns nur zwei Balladen überliefert, die die heroische Tradition ausgenutzt haben: eine über den Kampf zwischen Hildebrand und Hadubrand und eine andere über den Tod König Ermanarichs. Die eine, die im vorigen Kapitel bereits erwähnt wurde, ist das ›Jüngere Hildebrandslied‹, welches so genannt wird, um es vom berühmten Text aus karolingischer Zeit zu unterscheiden, der die gleiche Geschichte erzählt (vgl. Kapitel II,1). Sie besteht in der Regel aus zwanzig Strophen im Hildebrandston (vier paargereimte Langverse), neunundzwanzig in der längsten Fassung, neunzehn in der kürzesten. Es sind fünf handschriftliche Kopien überliefert, darunter die des ›Dresdner Heldenbuches‹, und es sind über dreißig Ausgaben bekannt, hauptsächlich in Liedflugschriften und Liederbüchern des 16. und 17. Jahrhunderts, auf Deutsch, Niederländisch und Dänisch. Die Ballade und ihre Melodie dürften sehr berühmt gewesen sein, besonders im niederdeutschen Bereich, denn man begegnet des öfteren Hinweisen in anderen Lieddichtungen, sie seien nach der Melodie des ›Jüngeren Hildebrandsliedes‹ zu singen, z.B. *im Thon: Wie man den alten Hildenbrandt singt.*

ZUSAMMENFASSUNG

[1] Hildebrand sagt, er wolle nach Bern reiten, um endlich wieder seine Ehefrau Ute zu sehen. [2] Ein Ritter warnt ihn, wenn er dorthin käme, müsse er gegen Alebrand kämpfen, doch der Held meint, er könne ihn leicht besiegen. Dietrich von Bern bittet ihn, es nicht zu tun, da er jenen Jüngling sehr schätze. [5] Als Hildebrand am Berner Rosengarten vorbeigeht, tritt ihm ein junger Krieger entgegen, der ihn als »alt« beschimpft, ihn fragt, was er im Lande seines Vater suche, und ihm rät, wieder an seinen Herd heimzukehren. Der Alte lacht und antwortet, er habe das ganze Leben reiten und kämpfen müssen, um nach Hause zurückkehren zu können; daher sei sein Bart so weiß. [8] Der Junge behauptet, er werde ihm diesen Bart ausreißen, er solle ihm lieber seine Waffen geben, wenn er am Leben bleiben wolle. Hildebrand warnt, er werde sich verteidigen, und beide ziehen ihre Schwerter. [10] Plötzlich versetzt der junge Krieger dem alten einen Schlag, der diesen erschrocken zurückspringen lässt. Diesen Stoß, sagt er seinem Gegner, hat dich ein Weib gelehrt. [11] Der Junge will nichts von Frauen gelernt haben, doch da ergreift ihn Hildebrand, wirft ihn zu Boden und befiehlt ihm, sich zu erkennen zu geben; wenn er nicht dem Geschlecht der Wolfungen angehöre, werde er ihn umbringen. [14] Alebrand behauptet, nichts von dieser Familie zu wissen, seine Mutter aber heiße Ute und sein Vater Hildebrand. [15] Wenn Ute deine Mutter ist, sagt der Alte, dann bin ich dein Vater Hildebrand; er küsst ihn, und sie versöhnen sich, froh darüber, noch am Leben zu sein. Der Junge bereut die Wunde, die er dem Vater geschlagen hat. [17] Alebrand bringt Hildebrand nach Hause und setzt ihn an das Tischende. Die Mutter fragt, was das für eine Ehrerbietung sei, dass man einen Gefangenen am Tisch den Vorsitz lasse. Der Sohn antwortet, der Fremde sei kein Gefangener, sondern der alte Hildebrand. Ute gießt ihm Wein ein und heißt ihn willkommen.

Schon auf den ersten Blick ist zu erkennen, dass die Situation in diesem Text ganz anders ist als im alten ›Hildebrandslied‹, weil der gesamte historische Hintergrund fehlt und weil Hildebrand von vornherein weiß, wem er begegnen wird. Das ganze Lied – und nicht nur das Ende des Kampfes – besitzt außerdem einen ausgeprägt versöhnlichen Charakter, der schon in der Warnung vor dem Kampf mit Alebrand und in der Bitte Dietrichs, ihn zu verschonen, angelegt ist. Dies ist allerdings nicht neu, denn bereits in der ›Thidreksaga‹ (vgl. Kapitel V,1) wird von einem Scheinkampf Hildibrands mit seinem Sohn Alibrand erzählt, der freundschaftlich endet (Kapitel 406–409). Es ist anzunehmen, dass bereits im 13. Jahrhundert die Fassung mit dem tragischen Ende (auf das noch einige Anspielungen verweisen, wie z. B. die ›Saga von Asmund Kappabani‹, vgl. Kapitel II,1, S. 38) in mündlicher Überlieferung mit der versöhnlichen Variante koexistierte. Das bedeutet nicht unbedingt, dass das ›Jüngere Hildebrandslied‹ so alt sei wie die norwegische Saga; aber das Lied, welches in der zweiten Hälfte des 15. Jahrhunderts zu Papier gelangt, geht auf die gleiche Sagentradition zurück, die auch der skandinavische Autor kannte. Es ist wohl kaum ein Zufall, dass sehr viele Zeugnisse der Ballade aus dem niederdeutsch-niederländischen Sprachraum kommen, woher laut eigener Angabe auch der Sagaautor seine Stoffe erhalten hatte. Die Übereinstimmungen zwischen der norwegischen Prosa und der Ballade gehen bis zu einem so spezifischen Detail wie dem starken oder überraschenden Schlag, den der Junge dem Alten versetzt und von dem dieser sagt, er müsse ihn von einer Frau gelernt haben. Das belegt wieder einmal, dass charakteristische Motive oder gelungene Formulierungen in mündlicher Tradition jahrhundertelang überleben können; der Kampf selbst dagegen ist auf allein zwei Bewegungen reduziert worden. Die Szene der Begegnung mit der Frau allerdings spiegelt das typische Interesse der Ballade für sentimentale Elemente; offenbar hat hierauf der Typus der Heimkehrer-Balladen eingewirkt, bei dem die Wiederbegegnung von Mann und Frau häufig im Motiv des Weineinschenkens gefasst ist.

Ganz anders ist der Fall der zweiten Ballade, ›Ermenrikes Dot‹, die in einem Liedflugblatt überliefert ist, das 1560 in Lübeck gedruckt wurde, sowie in einem wenig später entstandenen Liederbuch. Sie besteht aus vierundzwanzig Strophen im Hildebrandston.

ZUSAMMENFASSUNG

[1] Dirick van dem Berne (Dietrich von Bern) möchte die Freude des Königs vom fernen Frankreich beenden, der ihm seine Burgen und Länder genommen hat. [2] Er bittet Hilldebrandt um Rat und erfährt von ihm, dass König Armentrike (Ermenrike) Dirick und seine elf Gesellen erhängen wolle. [4] Nun spricht Hilldebrandts Frau von der Zinne herab und berichtet, Armentrike halte sich mit 350 Mann in Freisack auf, doch sie rät, ihn nicht anzugreifen ohne zuvor aus Frankreich König Bloedelink zu holen, den Sohn einer Witwe, der mit zwölf Jahren schon so groß sei wie ein Riese. [7] Dirick und seine Freunde ziehen seidene Gewänder über ihre Rüstungen und schmücken ihre Köpfe mit Blumen, als ob sie zum Tanz wollten. Unterwegs kommen sie an einem Galgen vorbei, und Bloedelink berichtet, Armentrike habe ihn für sie aufstellen lassen. [10] Sie gelangen vor das Tor in Freisack und bitten den Pförtner, er solle ihnen öffnen, sie wollten vor den König, um ihn zu fragen, warum er ihnen das Leben zu nehmen trachte. Der Pförtner weigert sich zunächst, geht aber dann doch zum König, der ihn das Tor öffnen lässt, weil er glaubt, er könne sie entwaffnen und hängen lassen. [15] Zuerst tritt Dirick ein, und dann folgen die anderen, die sich alle vorstellen. [19] Der letzte nimmt den Schlüssel und schließt das Tor, damit niemand entfliehen könne. Dann treten sie vor den König und fragen ihn, warum er ihnen einen Galgen in den Weg gestellt habe. [21] Da der König schweigt, zieht Dirick sein Schwert und schlägt ihm den Kopf an. Dann werden alle übrigen in der Burg getötet; nur der Pförtner nicht, weil er seinem Herren treu blieb. [23] Dirick vermisst Bloedelink und beklagt den Verlust, doch der junge Riese ruft aus dem Keller heraus, er habe allein 350 Mann erschlagen. [24] Gelobt sei Gott, dass die zwölf Helden nicht verwundet wurden.

Dieser kurze Text enthält ebenso viele Anspielungen auf die Heldensagentraditionen um Dietrich von Bern wie dunkle Stellen. Um nur die wichtigsten zu nennen: Die Schlussszene – der Tod Ermenrikes in seiner Halle durch Eindringlinge, denen er feindlich gesinnt war – entspricht dem, was auch der ›Hamdirspruch‹ in der ›Lieder-Edda‹ erzählt (vgl. Kapitel III,3, S. 127f.), wo Hamdir und sein Bruder Sorli den König tödlich verwunden; nur wird hier diese Geschichte auf Dietrich von Bern und Hildebrand übertragen. Der junge Bloedelink, in der Ballade Sohn einer Witwe und von maßloser Gestalt, erinnert an den Halbbruder Erp, den die Protagonisten des skandinavischen Liedes zuerst töten und dann vermissen, um auch Jormunreks Haupt abschlagen zu können. Doch der Name entspricht dem von Etzels Bruder. Die Anfangssituation scheint zunächst die von Dietrichs Rückkehr aus dem Exil zu sein, weil Dirick sagt, er wolle seine Burgen und Länder zurückerobern. Das passt auch sehr gut zum Tod Ermanarichs. Doch der Text des Liederbuches formuliert hier anders: Armentrike will Dirick verbannen und um seine Burgen und Länder bringen. Die Ballade könnte also auch die Situation der Verbannung schildern.

Trotz der zahlreichen Versuche, diese Dichtung in eine Entwicklungsgeschichte der Ermanarichsage einzuordnen, kann das Lied von ›Ermenrikes Dot‹ nicht für eine Rekonstruktion mutmaßlicher Traditionen und Varianten um den Tod dieses sagenhaften Königs dienen. Der Grund liegt nicht nur in den vielen Inkongruenzen, die den Text entstellen, wie zum Beispiel die Tatsache, dass die Helden zunächst ihre Waffen unter schönen Kleidern verstecken, dann aber dem König den Anlass ihres Kommens anmelden, oder dass der Pförtner ihnen zunächst den Eintritt verweigert und am Ende dafür belohnt wird. Vielmehr werden Rekonstruktionsversuche vor allem dadurch methodisch fragwürdig, weil auch auf dieses Lied wieder jene Faktoren eingewirkt haben, welche die Gattung der Ballade kennzeichnen, insbesondere die Aussonderung aller geschichtlichen Verweise oder die Verstärkung der Stereotypen, die jegliche stoffliche Reminiszenz in einen Topos verwandelt, mit dem frei umgegangen werden kann. Daher ist der Kontext, in dem diese Ballade veröffentlicht wurde, viel interessanter: Auf dem Flugblatt erscheint sie neben einem Lied über die Taten einer Gruppe von Landsknechten während einer militärischen Aktion des dänischen Königs Christian II. von seinem niederländischen Exil aus, um sein Reich zurückzuerobern (1531–1532). Beide Lieder stünden damit über die thematische Übereinstimmung der Rückkehr eines Königs zu dem Reich, aus dem er vertrieben wurde, in Verbindung. Zwar ist diese Verknüpfung nicht zwingend, und sie würde auch als Voraussetzung fordern, dass das niederdeutsche und dänische Publikum in der Lage war, die Ermanarich-Ballade mit dem Sagenkontext von Dietrichs Verbannung und Rückkehr zu verknüpfen. Doch die Tatsache, dass in der Liedblattfassung im Gegensatz zur Liederbuchversion von der Rückeroberung von Burgen und Ländern die Rede ist, um die es im weiteren Verlauf des Textes gar nicht mehr geht, könnte das unterstützen.

Auch in Dänemark war die Gattung der Ballade verbreitet, und es sind zwölf Lieder überliefert, die auf die weiten Stoffkreise um die Nibelungen und Dietrich von Bern zurückgreifen. Sie fanden wohl in ganz Skandinavien Verbreitung, denn es sind auch Zeugnisse aus Schweden und den Färöer-Inseln überliefert. Manche dieser Balladen nutzen die Namen der Protagonisten, insbesondere Sigurd und Gudrun, doch die Geschichten, die sie erzählen, enthalten allenfalls vage Erinnerungen an die Handlung der entsprechenden Sagen. In anderen Fällen, besonders in zwei dänischen Liedern über Dietrich von Bern, finden sich genauere Details; eine Beziehung zum Quellenbereich der ›Thidreksaga‹ ist hier wahrscheinlich. Als Lieder des 16. Jahrhunderts ist es selbstverständlich schwer, sie von der beginnenden nordischen Renaissance und ihrer Suche nach einer autochthonen Literatur abzulösen. Deutlicher als bei den deutschsprachigen Balladen lässt sich in diesen Texten eine reiche stoffliche und thematische Kombinatorik beobachten.

In der Frühen Neuzeit überschritten die heroischen Stoffe schließlich auch die Grenzen der narrativen Gattungen und wurden für dramatische Werke fruchtbar gemacht. Im fünfzehnten Jahrhundert konzentrierte sich fast die gesamte Produktion von weltlichen Spielen in deutscher Sprache in der Gattung des Fastnachtsspiels. Das größte Produktionszentrum der überlieferten Fastnachtsspiele ist Nürnberg, doch auch andere Gebiete pflegen diesen Typus, von Tirol und dem alemannischen Raum (Schweiz und Elsass) bis Lübeck. Die Fastnachtsspiele sind kurze, für die Aufführung konzipierte Stücke, die generell von nicht professionellen Gruppen dargeboten wurden, welche in private Salons oder öffentliche Lokale kamen, ihr Werk vorführten und dann weiterzogen, wahrscheinlich nicht ohne vorher eine Kollekte durchgeführt zu haben. Der Kontext, für den diese Spiele komponiert wurden, erforderte somit eine bemerkenswerte Menge an Witz und Aufmachung sowie eine klare Handlungslinie mit Problemaufbau und Lösung. Die Autoren nutzten fast immer bekannte Stoffe der volkssprachlichen Literatur, also Geschichten, die dem Publikum in der Regel vertraut gewesen sein dürften. Das vereinfachte die Inszenierung, da einige wenige Hinweise genügten, um die Handlung in Erinnerung zu rufen, und es steigerte auch die Komik dank des parodistischen Effekts, den der neue Kontext erzeugte. Das Publikum des Fastnachtsspiels war grundsätzlich bürgerlich, was durchaus die Behandlung der Stoffe bedingte. Seine Form ist stets der paargereimte Kurzvers.

Soweit wir wissen, wurden zwei heroische Materien, über die in Deutschland epische Dichtungen geschrieben worden waren, dramatisiert. Zum einen besitzen wir ein kurzes Stück mit dem Titel ›Ein spil von dem Perner und Wunderer‹, das in einer umfangreichen Sammlung von Fastnachtsspielen überliefert ist, die der Kaufmann Claus Spaun zwischen 1486 und 1494 in Augsburg anfertigen ließ. Das Stück könnte in Nürnberg entstanden sein, wenn man nicht nur die hohe Anzahl an Spiele in Rechnung stellt, die dort gedichtet wurden, sondern vor allem die Tatsache, dass in jener Stadt auch das ›Dresdner Heldenbuch‹ entstand, das eine strophische Fassung des ›Wunderer‹ enthält. Aber der 134 Verse lange Spiel-Text steht dem Augsburger ›Wunderer-Druck‹ von ca. 1490 näher, der in Reimpaarversen geschrieben ist. Das Spiel ist eine geschickte Dramatisierung der Dichtung. Ein Ansager kündigt die Vorstellung an (am Ende verabschiedet er sich auch und dankt für Speise und Wein) und stellt in wenigen Zeilen die Figuren vor; sofort erscheint die Jungfrau, die einen Kämpen sucht, sich an Rüedeger wendet – der ablehnt – und dann Hilfe bei Dietrich findet, den man sich im Publikum sitzend zu denken hat. Er setzt sie an seine Seite, da erscheint auch schon der Wunderer mit großem Getöse. Der Auftritt des Ungeheuers und der Kampf mit dem Helden erlaubten die Ausführung von leicht erreichbaren und doch sehr wirksamen Effekten, die der Text nicht wiedergibt (weil er wie die meisten Zeugnisse der Gattung keine Regieanweisungen enthält), die der Forscher jedoch als ›Potential‹ bedenken muss, um sich die möglichen Darbietungsformen vorzustellen. Einerseits ist da die Charakterisierung des Menschenfressers, der gerade in einem karnevalistischen Kontext viel Spielraum für Phantasie ließ. Dietrich widmet ihm einige sarkastische Bemerkungen; er bietet ihm zum Beispiel an, ihm ein Hospital zu weisen, in dem er genügend

Tote finden würde, um seinen Hunger zu stillen, ohne die arme Jungfrau fressen zu müssen. Andererseits haben wir Grund zur Annahme, dass der Kampf eine Fechtvorführung einschließen konnte.

Ein wichtiges Indiz für diese letzte Überlegung bietet das andere Fastnachtsspiel mit heroischer Handlung. Es wurde unter dem Titel ›Das recken spil‹ 1511 in Sterzing (Tirol) vom berühmten örtlichen Maler und Dramaturgen Vigil Raber abgeschrieben. Es handelt sich um eine Dramatisierung der ›Rosengarten‹-Fassung, die im ›Gedruckten Heldenbuch‹ erschien, wenn auch in sehr reduziertem Format, denn anstatt der zwölf Einzelkämpfe kommen in den 483 Reimpaarversen lediglich sechs vor. Wahrscheinlich ist der Text von Raber die gekürzte Fassung eines etwas längeren Spiels, das alle zwölf Kämpfe enthielt und von dem ein auf 1533 datiertes, handschriftliches Fragment überliefert ist, das durch eine Reihe von Federzeichnungen hervortritt und besonders durch eine Disposition, die eher für die Lektüre konzipiert scheint, denn für die Aufführung (vgl. Abbildung 25).

Nach der Vorstellung durch den Ansager tritt Krimhild auf, die ihre Entscheidung darlegt, die Helden gegeneinander kämpfen zu lassen. Als nächster erscheint der Bote, der Dietrich die Herausforderung überbringt, und gleich darauf wird schon die Ankunft Dietrichs in Worms präsentiert, die sofort zu den Kämpfen führt. Sie werden lediglich mit kurzen Regieanweisungen erwähnt, wie etwa folgende: *Vnd schlagent die zben ananderl vnd Pusolt leyt darnider vndl von dannen getragen* (V. 248–250). Doch die Dynamik der Dialoge, in denen sich die Figuren herausfordern und provozieren, scheint eine gewisse Dauer der Gefechte zu erfordern. Der Prolog bestätigt das, denn der Ankündiger bittet nicht nur um Ruhe, sondern auch darum, dass Tische und Stühle beiseite geräumt werden, um genügend Platz zu haben, vor allem weil *der hirnen seyfrid ist gar ungelenckh* (V. 41); die Frauen werden darauf hingewiesen, dass sie nicht erschrecken mögen, wenn sie sehen, dass die Säbel Blitze schlagen, denn der Kampf sei nur vorgetäuscht, auch wenn er ernst aussehe (V. 30–33). Am Schluss bittet dann der Ansager noch das Publikum um Vergebung, falls jemand einen Stoß abbekommen haben sollte. All dies weist darauf hin, dass

Abb. 25: Berlin, Staatsbibliothek, Ms. germ. fol. 800, fol. 2v.

das Gefecht ein Element von ganz besonderer Attraktivität innerhalb der Vorführung war. Der Stoff selbst bietet ja die idealen Voraussetzungen für eine solche Darbietung. Wir wissen, dass es in Sterzing eine Waffenschmiedezunft gab, die Säbelgefecht-Vorführungen bot. Auch in Nürnberg gab es Fechtschulen, an denen die Mitglieder der Zünfte eine Kunst ausübten, die früher dem Adel vorbehalten gewesen war. Darin lag wohl auch einer der interessantesten Aspekte, die das bürgerliche Publikum in den heroischen Stoffen erkennen konnte; die Helden sind nicht mehr ferne Vorfahren, Gründer von Adelsgeschlechtern oder Vorbilder feudalen Handelns, sondern hyperbolisierte Figuren, Schauspieler in einer Karnevalsposse, deren Taten keinen größeren (aber auch keinen geringeren) Wert besaßen als den des Schauspiels. So hatte sie ja in gewisser Weise schon der Prolog der ›Thidreksaga‹ gesehen (vgl. Kapitel V,1).

Das Schauspiel der Reihenkämpfe im ›Rosengarten‹ und im ›Recken spil‹ ist offenbar ein literarischer Reflex einer spätmittelalterlichen Unterhaltungsform. Eine Reihe von Dokumenten aus dem 14. und 15. Jahrhundert erwähnen, dass einige Städte Schauspiele von Säbelfechtern auf Plätzen oder Wiesen organisierten; diese Vorführungen wurden generell ›Rosengarten‹ genannt. Es scheint sich um eine Variante städtischer Turniere gehandelt zu haben (die gewöhnlich, in Anspielung an den Hof König Artus', als *Tafelrunde* bezeichnet wurden). Wir wissen nicht, woher der Terminus ›Rosengarten‹ für einen Fechtkampf kommt; eine Ableitung aus dem gleichnamigen mittelhochdeutschen Epos führt nicht viel weiter, weil sich dann die Frage stellt, woher das Motiv des Rosengartens stammt, in dem die Kämpfe stattfinden. Der jüngste Vorschlag von Uta Störmer-Caysa, es könnte sich um eine Abwandlung des Wortes ›Rusigard‹ handeln, was so viel bedeuten würde wie ›russische Stadt‹, muss noch weiter untersucht werden, scheint aber sehr attraktiv. Die Fechtkämpfe könnten in Erinnerung an die Schlachten um die slawischen Städte im Osten so genannt worden sein.

Das Ende dieser Entwicklung der großen Helden hin zu Schauspielfiguren ist ihre Verwandlung in Marionetten, wie sie zahlreiche ambulante Truppen mit sich führten, um mit ihnen die alten Geschichten zu erzählen. Wir besitzen keinen Beleg dafür, dass es im deutschen Sprachraum Puppentheater gab, die heroische Stoffe aufführten. Doch das Puppentheater des Maese Pedro im ›Don Quijote‹ (II, 26) oder die Stücke der sizilianischen *pupi*, welche die Geschichten der französischen *chansons de geste* in Szene setzten, sind eindrucksvolle Zeugnisse vom Unterhaltungswert, den die heroischen Stoffe noch in der Neuzeit besaßen.

Eine andere Möglichkeit der Dramatisierung von Heldenfiguren bestand darin, die Kurzweil der Lehre zu unterstellen. Dafür entschied sich kein anderer als Hans Sachs (1494–1564), der bedeutendste deutsche Dramatiker des 16. Jahrhunderts. Der Nürnberger Dichter nutzte den Erfolg des ›Liedes vom Hürnen Seyfrid‹ aus, um auf dessen Grundlage ein kurzes Drama zu schreiben, ›Der Hürnen Sewfrid‹, das nach Angabe des Autors im September 1557 beendet wurde. Wir besitzen eine handschriftliche Abschrift des selben Jahres und eine korrigierte Druckausgabe in den gesammelten Werken des Autors, die 1561 erschienen und im 16. und 17. Jahrhundert mehrfach neu aufgelegt wurden. Sachs verwandelte das Lied in ein 1142 Verse langes Drama. Dass er nicht den Typus des Fastnachtsspiels wählte, den Sachs ebenfalls fleißig gepflegt hatte, zeigt an, dass er mit diesem Stück etwas mehr als Unterhaltung suchte. Allerdings baute er am Ende seiner ›Tragedi‹ auch eine besonders spektakuläre Szene ein, in der Sewfrids Kampf gegen Dietrich im Wormser Rosengarten stattfindet (den er nach der Fassung im ›Gedruckten Heldenbuch‹ gestaltet); auch diese Szene gibt Raum für ein Schaugefecht und endet komisch mit Sewfrids Flucht in Kriemhilds Schoß. Doch der Auftritt, dem noch der Hinweis auf den Tod Sewfrids folgt, könnte auch eingefügt worden sein, um die Lebensbeschreibung des Helden abzurunden und um ihn, der *die juegent/ on zuecht gueter siten vnd tuegent/ derwegen, frech vnd vnferzaget,/ die sich in all gferlikeit waget (V. 1115–1118),* repräsentiert, mit Dietrich von Bern zu konfrontieren, in dem der Autor *ain füersten, der strebet nach ern,/ treibt kain schinterey vmb reichtum,/ helt sich gerecht, aufricht und frum* (V. 1128–1130) sieht, wie die Deutung des Ansagers es am Ende des Werks in einer Abschlussüberlegung formuliert. In Übereinstimmung mit dieser Moral, die auch die übrigen Figuren einschließt, tendiert Sachs zu einer Darstellung, die genau jene Elemente hervorhebt, die seine Didaktik besonders augenscheinlich machen können, also bei Sewfrid das Jugendhaft-Stürmische und den Mut oder bei Dietrich den inneren und äußeren Adel und ähnlich bei allen anderen Hauptpersonen.

Übrigens hat auch der letzte große Nürnberger Theaterautor, Jakob Ayrer (1543–1605), auf heroische Stoffe zurückgegriffen, um eine umfangreiche Ortnit-Wolfdietrich-Trilogie nach der Fassung des ›Gedruckten Heldenbuchs‹ zu schaffen. Der erste Teil, der noch *comedia* genannt wird, inszeniert Hugdietrichs Werbung um Salneke, die Geburt Wolfdietrichs und seine Verbannung; der zweite kondensiert Ortnits Geschichte bis zu seinem Tod, und der dritte hat wieder Wolfdietrich zum Protagonisten, der nun bis zur Thronnachfolge Ortnits in Garda geführt wird. Wir besitzen keine Daten über eine Aufführung dieser Trilogie; gedruckt wurde sie erst nach dem Tod des Autors. Ayrer ist ein erfahrener Dramatiker und Vorläufer des Barocktheaters, der unter anderem auch Inszenierungstechniken der englischen Wanderbühnen nutzte. Doch die drei Stücke über Ortnit und Wolfdietrich bieten unseres Erachtens keine Neuigkeit, die über ein solides Handwerk hinausgeht. Und am Ende jedes Teilstücks erscheint nach dem Vorbild von Sachs' ›Hürnen Sewfrid‹ wieder der Ansager, um die Lehre zusammenzufassen, die eine allegorische Deutung der Figuren ermöglicht.

Offenbar vermitteln die Heldensagen in den Händen des Bürgertums im 16. Jahrhundert nicht mehr ein Vorbild aristokratischen Lebens der Vorfahren, sondern haben sich in eine Gattung verwandelt, aus deren süßer Unterhaltung in einer ewigen Aktualisierung von Horaz' berühmtem Diktum die nützliche Lehre gezogen werden kann. Darin spiegelt sich aber eine verbreitete Einstellung gegenüber dem Heroischen im 16. Jahrhundert, die im folgenden Kapitel kurz skizziert werden soll. Charakteristisch für diese Bearbeitungen ist übrigens, dass sie gar nicht oder kaum noch auf mündliche Traditionen zurückgreifen, sondern das ›Gedruckte Heldenbuch‹ als beinahe einziges literarisches Modell vor sich haben. Gewiss wusste man noch im

16. Jahrhundert, dass es von Siegfried und Dietrich von Bern noch viel mehr zu erzählen gab, aber die mündliche Sagentradition war nicht mehr präsent genug, oder man kam nicht mehr an sie heran, oder sie war weitgehend versiegt.

LITERATUR

Der ›Wunderer‹ kann sowohl in der Ausgabe des ›Dresdner Heldenbuchs‹ gelesen werden, *Das Dresdener Heldenbuch und die Bruchstücke des Berlin-Wolfenbütteler Heldenbuchs*, hg. von Walter Kofler, Stuttgart 2006, oder im Faksimile des Straßburger Druckes von 1503: *Le Wunderer. Fac-similé de l'édition de 1503*, hg. von Georges Zink, Paris 1949. Zusätzlich zum Artikel von George T. Gillespie, »Probleme um die Dichtungen vom *Wunderer* oder *Theoderichs Glück und Ende*«, in *Deutsche Literatur des späten Mittelalters. Hamburger Colloquium 1973*, hg. von Wolfgang Harms und L. Peter Johnson, Berlin 1975, S. 99–115, ist die Materialsammlung von Lutz Röhrich, *Erzählungen des späten Mittelalters und ihr Weiterleben in Literatur und Volksdichtung bis zur Gegenwart*, Bd. II, Bern/München 1962, S. 5–52 und 393–407, herbeizuziehen. Den möglichen slawischen Einfluss auf die Wunderer-Figur hat zusammen mit weiteren Überlegungen zum Text sehr schön und akkurat Uta Störmer-Caysa, »Der Name des Unholds. Überlegungen zum *Wunderer* mit einem spekulativen Ausblick auf *Laurin* und *Rosengarten*«, in *Retextualisierung in der mittelalterlichen Literatur*, hg. von Joachim Bumke und Ursula Peters, Berlin 2005 (*ZfdPh* 124, Sonderheft), S. 182–204, herausgearbeitet.

Das ›Lied vom Hürnen Seyfrid‹ liest man in der Ausgabe *Das Lied vom Hürnen Seyfrid. Critical edition with introduction and notes*, hg. von Kenneth Charles King, Manchester 1958. Sehr nützlich sind die Einführungen von Werner Hoffmann, *Mittelhochdeutsche Heldendichtung*, Berlin 1974, und von Horst Brunner, »›Hürnen Seyfrid‹«, in *VL*, Bd. IV, Berlin 1983, Sp. 317–326. Das Verhältnis zu den skandinavischen Texten wurde sondiert von K. C. King, »Siegfried's Fight with the Dragon in the *Edda* and the *Hürnen Seyfrid*«, in ders., *Selected Essays on Medieval German Literature*, London 1975, S. 7–13. Eine anthropologische Deutung hat Ralph Breyer, »*Der hürnen Seyfrid*. Die Form des Inhalts«, in *3. Pöchlarner Heldenliedgespräch. Die Rezeption des Nibelungenliedes*, hg. von Klaus Zatloukal, Wien 1995, S. 53–65, versucht.

Zur Ballade ist die klassische Monographie von William J. Entwistle, *European Balladry*, Oxford 1939 (Nachdr.: Whitefish [Montana] 2005), immer noch sehr lehrreich. Das ›Jüngere Hildebrandslied‹ wird weiterhin zitiert nach John Meiers Ausgabe von vier unterschiedlichen Fassungen: *Deutsche Volkslieder. Balladen*, hg. von John Meier, Bd. I, Berlin/Leipzig 1935, S. 1–21. Alle grundlegenden Informationen bietet der Artikel von Michael Curschmann, »›Jüngeres Hildebrandslied‹«, in *VL*, Bd. IV, Berlin 1983, Sp. 918–922. Auch ›Ermenrikes Dot‹ wurde im soeben zitierten Band von John Meier ediert, S. 21–27, ist aber jetzt wesentlich greifbarer in der monographischen Untersuchung und Ausgabe durch Hilkert Weddige, *Koninc Ermenrîkes Dôt. Die niederdeutsche Flugschrift ›Van Dirick van dem Berne‹ und ›Van Juncker Baltzer‹. Überlieferung, Kommentar, Interpretation*, Tübingen 1995. Die dänischen Balladen finden sich in der grundlegenden Sammlung *Danmarks gamle Folkeviser*, hg. von Sven Grundtvig, die in Kopenhagen 1853 begonnen und nach elf Bänden von verschiedenen Nachfolgern 1976 beendet wurde. Die Texte mit nibelungischer Thematik wurden ediert, ins Deutsche übersetzt und kommentiert von Otto Holzapfel, *Die dänischen Nibelungenballaden. Texte und Kommentare*, Göppingen 1974. Die färöischen Sigurdlieder wurden vor nicht allzu langer Zeit ediert: *Die färöischen Lieder der Nibelungensage: Text, Lesarten und Übersetzung*, hg. von Klaus Fuss, 3 Bde., Göppingen 1985/1987 (GAG 427–429).

Über das Fastnachtsspiel in Deutschland ist grundlegend die Monographie von Eckehart Simon, *Die Anfänge des weltlichen deutschen Schauspiels 1370–1530. Untersuchung und Dokumentation*, Tübingen 2003 (MTU 124). Der Text des *Spils von dem Perner und Wunderer* erschien zuerst in *Fastnachtspiele aus dem fünfzehnten Jahrhundert*, hg. von Adelbert von Keller, Bd. II, Stuttgart 1853, Nr. 62, S. 547–552, kann aber jetzt auch im oben zitierten Band von Lutz Röhrich gelesen werden, S. 34–38. Das ›Recken spil‹ ist ediert und kommentiert worden in *Sterzinger Spiele. Die weltlichen Spiele des Sterzinger Spielarchivs nach den Originalhandschriften (1510–1535) von Vigil Raber und nach der Ausgabe Oswald Zingerles (1886)*, hg. von Werner M. Bauer, Wien 1982, S. 9–27, 481–485 und 529. Das handschriftliche Fragment wurde veröffentlicht von Wilhelm Grimm, »Bruchstücke einer Bearbeitung des Rosengartens«, in *ZfdA* 11 (1859), S. 243–253. Die Dokumente über Fechtschauspiele wurden von Eckehart Simon, »Rosengartenspiele: Zu Schauspiel und Turnier im Spätmittelalter«, in *Entzauberung der Welt. Deutsche Literatur 1200–1500*, hg. von James F. Poag und Thomas C. Fox, Tübingen 1989, S. 197–209, untersucht. Sachsens ›Der Hürnen Sewfrid‹ kann jetzt in der Ausgabe *Der hürnen Sewfrid. Tragoedie in sieben Acten von Hans Sachs*, hg. von Edmund Goetze, Tübingen ²1967, gelesen werden. Vgl. auch den Aufsatz von Hans Weinacht, »Das Motiv vom hürnen Seyfrid im Nürnberg des 16. Jahrhunderts. Zum Problem der bürgerlichen Rezeption heldenepischer Stoffe«, in *Hans Sachs und Nürnberg. Bedingungen und Probleme reichsstädtischer Literatur*, hg. von Horst Brunner, Gerhard Hirschmann und Fritz Schnelbögl, Nürnberg 1976, S. 137–181. Das ›Ortnit‹-Drama Jakob Ayrers liest man immer noch in der Ausgabe *Ayrers Dramen*, hg. von Adelbert von Keller, 5 Bde., Stuttgart 1865 (Nachdr.: Hildesheim 1973), Bd. 2, Nr. 12–14, S. 943–1205.

3. Das Ende der Heldendichtung

Die ›Heldenbuch-Prosa‹ präsentiert dem Leser eine Heldenzeit, die längst abgeschlossen und beendet ist. Ihr zufolge schuf Gott zuerst die Zwerge, damit sie den Reichtum der Schöpfung pflegten, dann die Riesen, um die Gnome vor Drachen und anderen Ungeheuern zu schützen, und schließlich die Helden, um die bösartig gewordenen Riesen zu bekämpfen. Die Zeit der Taten jener »mittleren Leute« (*mittel volck*) wird nicht bestimmt, ist aber nicht weit von der Schöpfung zu denken, da Gott augenscheinlich an seinem Werk noch einiges korrigiert. Offenbar stellt man sich aber eine zweite, ›parallele‹ Weltgeschichte vor, da dieser Bericht von der Schöpfung von Zwergen, Riesen und Helden nicht mit den zentralen Daten der Heilsgeschichte übereinstimmt. Auch wenn die dem Autor der Prosa zeitgenössischen Könige und Fürsten offenbar Nachfahren jener Helden sind (*Und was kein held nie kein paur. Und da von seind all herren vnd edel leut kumen*, S. 1vb), ordnet sich die Epoche jener Heroen in eine Zeit vor der Zivilisation ein, also in eine Vor-Geschichte im wörtlichen Sinne. Als die Helden die Riesen liquidiert oder beherrscht hatten, endete die Zeit der wilden Anarchie, und die Zivilisation begann. Der ›Laurin‹ des ›Dresdner Heldenbuches‹ bietet eine Variante dieses Mythos: In seinen ersten drei Strophen erklärt er, die Helden seien Fürsten und Könige gewesen, die Burgen und Länder besaßen und gegen andere Helden zu kämpfen hatten, die keine Adeligen und Christen waren, im Wald hausten und keine Freude kannten. Andere Texte sprechen nicht mehr von den *alten mæren* (›Nibelungenlied‹, V. 1) oder von den »alten Tagen« (*geardagas*, ›Beowulf‹, V. 1) wie von einer Vergangenheit, die noch eine gewisse Kontinuität in die Gegenwart hinein haben könnte, weil man ihre Helden als Vorfahren konzipiert, sondern von *heldes zeiten* (›Nibelungenlied‹, Fassung des ›Heldenbuchs Linhart Scheubels‹, Str. 2) als eine abgeschlossene Epoche, seit der sich vieles verändert hat: *seint han verkeret sich dy lant*, sagt das ›Eckenlied‹ in der Fassung des ›Dresdner Heldenbuchs‹ (V. 4), und die Druckfassung von 1491 präzisiert: *mang nam hat sich verkeret der land*.

Diese Tendenz der frühneuzeitlichen Texte, die Heldenzeit als abgeschlossene, gar mythische Vorzeit darzustellen, ist nicht neu, denn sie war in einigen klerikalen Werken des hohen Mittelalters bereits vorgeprägt. Ihre Verbreitung ist sicherlich auch den erweiterten historischen Kenntnissen eines Adels zuzuschreiben, der zwar bereit war, das Alter der Heroen in größere Distanz zu rücken, aber entgegen der Forderungen der Kleriker die Heldensagen als uralte Adelstradition nicht aufgeben mochte. In der Frühen Neuzeit ist die Heldendichtung – wie übrigens insgesamt die höfische Dichtung – nicht mehr ein kulturelles Mittel, um Handlungsformen der feudalen Aristokratie zu debattieren, sondern nur noch eine Bestätigung derselben. Die Helden sind dadurch nicht mehr fragwürdig, sie genießen vielmehr eine unanfechtbare Idealität, wenn auch zu dem Preis, in jene archaische Vorzeit eingekapselt worden zu sein, aus der sie nicht mehr in die Gegenwart zurückkehren können.

Das deutlichste Indiz dafür, dass die Heldenzeit als lange abgeschlossen gilt, ist ihre Verwandlung in einen Gegenstand der Archäologie: Die Wormser Chroniken des beginnenden 16. Jahrhunderts berichten vom Besuch Kaiser Friedrichs III. in der Stadt im Jahr 1488; der Herrscher soll dabei erfahren haben, dass man sich im Volk erzähle, auf dem Friedhof zu St. Meinhard liege der Riese Sifrid der Hörnerne begraben (*qui gigas dicebatur Sifridus des Hörnen*), woraufhin er anordnete, den Gottesacker auszugraben. Das Ergebnis dieses Unternehmens ist ungewiss: Eine lateinische Chronik behauptet, es sei nichts gefunden worden, wodurch die Falschheit der Geschichte bewiesen sei; eine deutsche Chronik versichert dagegen, man habe lediglich einen Schädel und einige Gebeine gefunden, die größer waren als üblich. Eine dürftige Ausbeute. Doch nicht das Resultat verdient unsere Aufmerksamkeit, sondern das Interesse des Kaisers, eine faktische Gewissheit über die Existenz von Siegfrieds Grab zu erlangen. Es ist nicht der einzige Fall einer Suche nach historischen Reliquien, welche – wie die der Heiligen – die tatsächliche Existenz der jeweiligen Helden bescheinigen sollten. Auch in Frankreich wurde nach Rolands Grab gesucht, und in Großbritannien hatte man längst die Begräbnisstätte von König Artus ›entdeckt‹.

Und auch die zahllosen Reiseberichte der Zeit gehören hierher, die darüber Auskunft geben, dass man an diesem oder jenem Ort Gebäude, Gräber, Knochen oder andere Überreste der alten Helden besichtigen könne.

Aus dieser Perspektive sind auch die Versuche zu verstehen, das ›Nibelungenlied‹ in einer konkreten historischen Zeit anzusiedeln, wie sie die Fassung der Handschrift *a* bezeugt, oder ihm den fantastischeren Teil zu nehmen, wie es die Handschrift *n* tut (vgl. oben S. 438–441). Stehen die Ereignisse an sich nicht in der offiziellen Geschichtsschreibung, so musste wenigstens eine chronologische Lücke für sie gefunden werden. Auch der ›Eckenlied‹-Druck von 1491 verknüpft das fiktionale Abenteuer mit der Geschichte über das Schwert Eckes, das in Theoderichs Händen gedacht wird (vgl. oben S. 439).

Am dezidiertesten in diese Richtung ging eine gereimte ›Weltchronik‹ aus der zweiten Hälfte des 14. Jahrhunderts, die unter dem Namen Heinrichs von München steht. Es handelt sich um eine Kompilation früherer Chroniken und anderer literarischer Materialien (Troja-Erzählungen, Adaptationen französischer *chansons de geste* und ein Marienleben), deren neunzehn überlieferte Handschriften ganz beachtliche Unterschiede im Umfang aufweisen (zwischen 30000 und 100000 Verse). In gewisser Weise ist es ein unzeitgemäßes Werk, denn im 14. Jahrhundert werden im deutschsprachigen Raum keine Reimchroniken mehr geschrieben, da bereits die ›Sächsische Weltchronik‹ (ca. 1230) den Grundstein für eine moderne volkssprachliche, historiographische Prosa gelegt hatte. Heinrich von München dagegen dichtet alle Texte, die er bearbeitet, in Verse um. Sein Rückgriff auf höfische Erzählliteratur schließt sogar die Heldenepik ein, etwas, das keine deutsche Chronik bislang gewagt hatte und auch nicht wieder versucht wurde. Heinrich baut in sein Werk Auszüge aus ›Dietrichs Flucht‹ sowie eine Zusammenfassung des ›Nibelungenliedes‹ ein, als ob es sich um geschichtliche Ereignisse handelte. Damit sie nicht mit der Reihe der Päpste und Kaiser kollidieren, welche die ›Weltchronik‹ in dieser Partie strukturiert, ortet er sie als Vorgeschichte des Ostgoten Theoderichs vor dessen Ankunft in Konstantinopel an. Seine Verbannung, die Exilzeit bei Attila und das Blutbad, das später dort wegen Kriemhilds Rache geschah, also die gesamte ›heroische‹ Geschichte Dietrichs von Bern, wird als Jugendzeit des Helden dargestellt. Nach der Katastrophe am Etzelhof geht Dietrich also nicht zurück nach Italien, wie der ›Klage‹-Dichter und viele andere behaupten, sondern nach Konstantinopel, wo er seinen ›historischen‹ Lebensweg als Theoderich beginnt, mit allen Stationen, die die lateinische Literatur kennt: Eroberung Italiens, ostgotisches Reich, Arianismus, Hinrichtung des Boetius, schändlicher Tod. Auf diese Weise gelingt es Heinrich von München, dem heroischen Stoff eine neue Geschichtlichkeit zu verleihen. Er scheint sich damit auch einem Publikum anzupassen, das sich zwar immer mehr für die *res facta* interessierte, aber gleichermaßen seine Begeisterung für das Pseudohistorische oder das rein Fiktionale nicht aufgeben wollte. Trotz dieser Errungenschaft hatten das Werk und die Idee Heinrichs keinen weiteren Erfolg. Das deutsche Literaturpublikum zog es offenbar vor, den Mythos von der Geschichtsschreibung zu unterscheiden. Dem widerspricht nicht die Tatsache, dass der Nibelungenstoff später sogar in einer Historienbibel erwähnt wurde.

Andererseits könnte gerade dieses gesteigerte Interesse für Geschichte die Distanzierung des adligen Publikums von jenen Heldenepen motiviert haben, die größere Ansprüche an Historizität erhoben, wie ›Dietrichs Flucht‹ und ›Rabenschlacht‹. Das würde auch das Vorherrschen der aventiurehaften Dietrichepik in einem Kontext erklären, in dem die Heldenepen neben den Chroniken stehen und nach Möglichkeit nicht mit ihnen interferieren. Die fabelhaften Heldentaten Dietrichs und Seyfrids, Ortnits und Wolfdietrichs konnten – zur Verzweiflung der Kleriker – ihre ganze Faszinationskraft ausüben, weil sie sich in einen Bereich am Rande der offiziellen Geschichte stellten. Das ermöglichte auch die unabhängige Entwicklung der Siegfriedsage; möglicherweise ist der größere Raum, der diesem Helden in der Fassung *m* des ›Nibelungenliedes‹ gegönnt wird, als ein Versuch zu deuten, das Epos deutlicher auf die Seite der Fiktion zu stellen und es einem Bereich zu entziehen, in dem es wegen der mangelhaften historischen Glaubwürdigkeit konfliktträchtiger war. Auch die Fassungen *a* und *n* haben an diesem Problem gearbeitet, wenn auch in entgegengesetzte Richtung. Heldenepik ist demnach eine Geschichtsschreibung anderer Natur, die nicht versucht, eine Sequenz von Kaisern und Päpsten zu bieten, sondern die Erinnerung an die Taten der Vorfahren wachzuhalten und übersteigerte und symbolisierte Nachricht von der Vergangenheit zu geben. Die Helden bewegen sich in einer verzerrten Welt, die der wirklichen gegenübersteht. Was dort erlaubt und machbar ist, weicht von den Normen, Hierarchien, Möglichkeiten und Konflikttypen deutlich ab, welche die Wirklichkeit des Publikums regieren. Gerade die Grenzen, mit denen sich das individuelle Handeln in der Spätzeit konfrontiert sah, scheinen als Antwort die Entwicklung einer hypertrophen literarischen Welt gefördert zu haben, in der die Helden zu Riesen werden, deren extreme Brutalität und groteske Komik kompensatorische Effekte erzielen konnten. Das ›Ambraser Heldenbuch‹ (vgl. oben S. 430f.) ist ein weiteres Beispiel dafür, dass dieser Gedanke eines von der wirklichen Welt deutlich unterscheidbaren heroischen Chronotopos beim hohen Adel der Frühen Neuzeit fortlebte.

In den intellektuellen Kreisen des 16. Jahrhunderts wurde dagegen weiterhin über Wahrhaftigkeit und Nutzen der Heldendichtung diskutiert. Die Theologen folgten der Tradition, die heroischen Stoffe als Gegenstück zu Gottes Wort einzusetzen und als Beispiel dessen, was nicht gelesen werden soll. Der Reformator Joachim Aberlin bemerkt im Prolog zu seinem Psalter: *Es soll sich auch nyemandts ob der lenge des Psalters beschwern* [...] *kain Psalm ist vunder allen der nit kürtzer vnn eh zulernen sey/ dann der Berner/ Ecken außfart/ Hertzog ernst/ Der hürne Seüfrid/ auch andere vnnitze/ langwirige/ haillose/ lieder vnd maistergsang* [...] *damit man* [...] *die zeit über angelegt* (Flood, S. 655). Andere scheinen hingegen eine allegorische Deutung der Figuren versucht zu haben, wie sie uns bereits bei Sachs und Ayrer begegnete. Das lässt sich auch einer Bemerkung Martin Luthers entnehmen, der dieses Verfahren kritisiert, weil das sei, als ob *ich aus Dietrich von Bern wollt Christum machen und aus dem Rysen mit dem er streytt den teuffel und aus dem zwarge die demut, aus seynem gefengnis den tod Christi oder sonst yrgent eyn ritterspiel oder historien fur mich neme, da ich meyne gedanken an ubet und damit spielet, wie der gethan hat, der*

Ouidij Methamorphosin gantz auff Christum zogen hat (Weimarer Ausgabe, Bd. 18, S. 178).

Die Humanisten entdeckten ihrerseits den Euhemerismus, um die Heldensagen neu zu deuten. Zur Erinnerung: Der Euhemerismus ist eine aus der Antike stammende exegetische Theorie, der zufolge die römischen oder griechischen Götter keine falschen Götzen waren, sondern als überzogene Darstellungen der Vorfahren verstanden werden mussten. Wir begegneten ihm in Skandinavien in Snorri Sturlusons Kommentaren zur heidnischen Mythologie (vgl. Kapitel V,2, S. 292). Nun wird diese Methode auch in Deutschland auf die Heldendichtung übertragen: Der Grundgedanke ist, dass die Helden, Riesen, Zwerge und Drachen, welche die Epen füllen, historisch nicht existiert haben; vielmehr müssten sie verstanden werden als stilisierte und symbolische Darstellungen der Vorfahren. Auf diese Weise seien bestimmte politische Situationen und beispielhafte Handlungsweisen in Fabeln verwandelt worden, die den Nachfahren die Lehren der Alten zu vermitteln suchten. Die deutlichste Darlegung dieser Idee findet sich m. E. im ›Adels Spiegel‹ (1591–1594) des Cyriacus von Spangenberg (1528–1604):

> Es sind aber solches nicht so schlechte Gedichte/ als mancher/ so die nur nach dem Buchstaben vberhin lieset/ meinen möchte/ sondern grosse Geheimnisse darinnen verborgen/ vnd viel trefflicher Historien darunter verdeckt/ die nicht jederman zu verstehen gegeben/ und auch nicht leichtlich von einem jeglichen mag errhaten werden/ was für Leute dadurch gemeinet [...]
> Aber dieses ist sonderlich zu behalten/ das in den alten Heldenbüochern vnter den Riesen/ Drachen/ Lindwürmen/ vnd andern wilden Leuten vnd Thieren/ so die Helden vmbgebracht/ anders nicht dann Tyrannen/ böse/ gottlose/ schedliche Leut/ Landverwüester/ Möerder vnd Strassenreuber verstanden/ vnd vnter den Zwärgen gemeine Unterthanen/ so Land vnd Berge gebawet/ vnd sonst vernünfftige/ tieffsinnige/ künstreiche Leut/ gute getrewe Rhäte vnn Diener gemeinet werden/ deren Edelgesteine/ die da stercke vnd krefte gegeben/ vnd ihre Nebelkappen/ so vnsichtbar gemacht/ anders nichts anzeigen/ denn jre wolbedachte/ tieffbesonnen/ heimliche anschlege/ grosse Sachen/ ehe es jemands gewar werden mag/ auszurichten. Ihre Berge/ höle/ klüfften vnd Löcher/ bedeuten jre fürsichtigkeit/ behütsam vnd listigkeit. Die Helden aber sind fürbilde fromer Oberherrn/ vnd aller andern trewen Erretter/ derer mit vnrechter gewalt vnterdrückten Leute. (Bd. II, Buch 11, Kap. 48)

Die Wahrheit der Heldendichtung ist hier nicht mehr historisch, nicht einmal fiktional, sondern nur noch allegorisch. Die Gattung hat aufgehört, Modelle für einen Feudaladel zu diskutieren, und sich in Schlüsselliteratur verwandelt. Der Held und sein Abenteuer sind zu Fabeln geworden, die als Lehren für die Erziehung braver Prinzen oder guter Bürger dienen sollen. Die Größe der Figuren und die Außergewöhnlichkeit der Taten sind reduziert worden zu Hyperbeln beispielhafter, aber alltäglicher Handlungen. Auf diese Weise ist kein einziges der großen Momente der Heldensagen mehr zu retten. Es gibt weder Spannung noch Dramatik, Schauspiel oder Abenteuer, das einem solchen hermeneutischen Schlüssel standhalten könnte, der nichts mehr goutiert und alles nur noch auf eine bildliche Darstellung von etwas anderem reduziert.

Es ist das Ende der Heldendichtung. Denn in der Zeit um 1600 verschwinden die heroischen Stoffe definitiv aus der schriftlichen Literatur. Wir wissen nicht, in welchem Maße sie sich in mündlicher Tradition hielten, doch wahrscheinlich waren sie schon seit längerer Zeit deutlich im Rückgang. Die Philologen des 19. Jahrhunderts fanden in Deutschland keine Lieder oder Balladen mit heroischen Stoffen mehr, wie sie noch Ende des 20. Jahrhunderts in Spanien und Portugal aufgezeichnet werden konnten. Zweifellos wirkte die Geringschätzung gegenüber diesen Geschichten, welche sich in den kulturtragenden Schichten verbreitete, besonders negativ. Sie zeigt sich besonders deutlich in einem späten Zeugnis, das aus einer Zeit stammt, als die Vorgänger der Romantik wieder das Interesse für diese Werke zu wecken suchten. Es handelt sich um einen Brief Friedrichs des Großen von Preußen an den Gelehrten Christoph Heinrich Myller, der ihm ein Exemplar der ersten vollständigen Ausgabe des ›Nibelungenliedes‹ (1782) zugeschickt hatte. Der Kaiser schreibt am 22. Februar 1874:

> Ihr urteilt viel zu vorteilhaft von den Gedichten des zwölften, dreizehnten und vierzehnten seculi, deren Druck ihr befördert habt, und zur Bereicherung der deutschen Sprache so brauchbar haltet. Meiner Einsicht nach, sind solche, nicht einen Schuß Pulver werth; und verdienten nicht aus dem Staube der Vergessenheit, gezogen zu werden. In meiner Büchersammlung wenigstens würde ich dergleichen elendes Zeug nicht dulden, sondern hinausschmeißen.

Solche Urteile sind nicht rar in der Zeit; nicht einmal Goethe ließ sich für das Epos erwärmen. Nichts erlaubte also, das Wiederaufleben des Interesses für die Heldendichtung im 19. Jahrhundert vorauszuahnen. Doch das wäre Stoff für ein anderes Buch.

LITERATUR

Über die veränderte Einstellung zum Geschichtlichen in der späteren Heldendichtung gibt es einen grundlegenden Aufsatz von Jan-Dirk Müller, »Wandel von Geschichtserfahrung in spätmittelalterlicher Heldenepik«, in *Geschichtsbewußtsein in der deutschen Literatur des Mittelalters*, hg. von Christoph Gerhardt, Nigel Palmer und Burghart Wachinger, Tübingen 1985, S. 72–87; vgl. auch ders., »*bei heldes zeiten.* Anmerkungen zum Beginn des *Nibelungenliedes* k«, in *Verstehen durch Vernunft. Festschrift für Werner Hoffmann*, Wien 1997, S. 271–278. Die ›Weltchronik‹ Heinrichs von München ist noch unediert. Über sie informieren jetzt eine Reihe von Arbeiten in *Studien zur ›Weltchronik‹ Heinrichs von München*, hg. von Horst Brunner, 3 Bde., Wiesbaden 1998. Über die Dietrich von Bern gewidmete Passage kann zusätzlich der Aufsatz von Gisela Kornrumpf, »Heldenepik und Historie im 14. Jahrhundert. Dietrich und Etzel in der Weltchronik Heinrichs von München«, im soeben zitierten Band *Geschichtsbewußtsein*, S. 88–109, herangezogen werden. Zu den von Kaiser Maximilian angeregten kulturellen Erzeugnissen bietet einen breiten Hintergrund und detaillierte Analysen das Buch von Jan-Dirk Müller, *Gedechtnus. Literatur und Hofgesellschaft um Maximilian I.*, München 1982. Die Anspielungen auf Heldensagen aus dem 16. Jahrhundert hat John Flood, »Zur Präsenz der Heldenepik im Bewusstsein des 16. Jahrhunderts«, in *8. Pöchlarner Heldenliedgespräch: Das Nibelungenlied und die Europäische Heldendichtung*, hg. von Alfred Ebenbauer und Johannes Keller, Wien 2006, S. 103–120, gesammelt; vgl. auch schon ders., »Theologi et gigantes«, in *MLR* 62 (1967), S. 654–660, dem ich die Zitate von Aberlin und Luther entnommen habe. Den ›Adels Spiegel‹ zitiere ich nach der Ausgabe Cyriacus Spangenberg, *Adels Spiegel*, Bd. II, Schmalkalden, Michel Schmück, 1594. Über die frühe Erforschung der Heldenepik handelt die Untersuchung von Jens Haustein, *Der Helden Buch. Zur Erforschung deutscher Dietrichepik im 18. und frühen 19. Jahrhundert*, Tübingen 1989. Über die Rezeption des ›Nibelungenliedes‹ im 19. Jahrhundert gibt es eine Reihe von Arbeiten in *Die Nibelungen. Ein deutscher Wahn, ein deutscher Alptraum. Studien und Dokumente zur Rezeption des Nibelungenstoffs im 19. und 20. Jahrhundert*, hg. von Joachim Heinzle und Anneliese Waldschmidt, Frankfurt 1991, worin man weitere Literatur finden wird.

Verzeichnisse

Abkürzungen

ATB	Altdeutsche Textbibliothek
DVjs	Deutsche Vierteljahrsschrift für Literaturwissenschaft und Geistesgeschichte
GAG	Göppinger Arbeiten zur Germanistik
GRM	Germanisch-romanische Monatsschrift
MGH	Monumenta Germaniae Historica
MlatJb	Mittellateinisches Jahrbuch
MLR	The Modern Language Review
MTU	Münchener Texte und Untersuchungen zur deutschen Literatur des Mittelalters
PBB	Beiträge zur Geschichte der deutschen Sprache und Literatur
RGA	Reallexikon der germanischen Altertumskunde
RUB	Reclams Universal-Bibliothek
VL	Die deutsche Literatur des Mittelalters. Verfasserlexikon, hg. von Kurt Ruh und Burghart Wachinger, 12 Bde., Berlin 1978–2006.
ZfdA	Zeitschrift für deutsches Altertum und deutsche Literatur
ZfG	Zeitschrift für Germanistik
ZfdPh	Zeitschrift für deutsche Philologie

Abbildungen

Abb. 20, S. 454: Heidelberg, Universitätsbibliothek, Cod. Pal. germ. 67, fol. 86v.
© Universitätsbibliothek, Ruprecht-Karls-Universität Heidelberg.
Abb. 21, S. 455: Heidelberg, Universitätsbibliothek, Cod. Pal. germ. 67, fol. 87r.
© Universitätsbibliothek, Ruprecht-Karls-Universität Heidelberg.
Abb. 22, S. 456: Heidelberg, Universitätsbibliothek, Cod. Pal. germ. 67, fol. 87v.
© Universitätsbibliothek, Ruprecht-Karls-Universität Heidelberg.
Abb. 23, S. 457: Heidelberg, Universitätsbibliothek, Cod. Pal. germ. 67, fol. 88r.
© Universitätsbibliothek, Ruprecht-Karls-Universität Heidelberg.
Abb. 24, S. 458: Darmstadt, Hessische Landes- und Hochschulbibliothek, Inc. III,27, fol. 263v.
© Hessische Landes- und Hochschulbibliothek.
Abb. 25, S. 480: Berlin, Staatsbibliothek, Ms. germ. fol. 800, fol. 2v.
© Staatsbibliothek zu Berlin – Preußischer Kulturbesitz.

Handschriften

Autoren und Werke

Die Werke namentlich bekannter Autoren stehen unter dem Namen desselben. Bei anonymen Werken entfallen die Artikel; sie sind nach dem Buchstaben des ersten Hauptwortes geordnet. Seitennummern in Kursivschrift zeigen an, dass dort ausführlichere Informationen oder eine tiefergehende Besprechung der jeweiligen Dichtung zu finden sind (nur bei Texten, auf die mehrfach verwiesen wird). Hinweise auf Autoren oder Werke in den Literaturverzeichnissen werden nicht erfasst.